# Tutoriais em análise de dados aplicados à psicometria

**Coleção Avaliação Psicológica**

*Coordenador*:
Makilim Nunes Baptista

*Conselho editorial de especialistas*:
Daniela Sacramento Zanini (PUC-GO)
Katya Luciane de Oliveira (UEL)
Marcela Mansur Alves (UFMG)
Monalisa Muniz (UFSCar)

**Dados Internacionais de Catalogação na Publicação (CIP)**
**(Câmara Brasileira do Livro, SP, Brasil)**

Tutoriais em análise de dados aplicados à psicometria / Cristiane Faiad, Makilim Nunes Baptista, Ricardo Primi, (organizadores). – Petrópolis, RJ : Vozes, 2021. – (Avaliação Psicológica)

Vários autores.
ISBN 978-65-5713-293-7

1. Dados – Análise 2. Psicometria I. Faiad, Cristiane. II. Baptista, Makilim Nunes. III. Primi, Ricardo. IV. Série.

21-64373                                                      CDD-150.287

Índices para catálogo sistemático:

1. Análise de dados : Psicometria : Psicologia
150.287

Cibele Maria Dias – Bibliotecária – CRB-8/9427

# Tutoriais em análise de dados aplicados à psicometria

Cristiane Faiad
Makilim Nunes Baptista
Ricardo Primi
(orgs.)

© 2021, Editora Vozes Ltda.
Rua Frei Luís, 100
25689-900  Petrópolis, RJ
www.vozes.com.br
Brasil

Todos os direitos reservados. Nenhuma parte desta obra poderá ser reproduzida ou transmitida por qualquer forma e/ou quaisquer meios (eletrônico ou mecânico, incluindo fotocópia e gravação) ou arquivada em qualquer sistema ou banco de dados sem permissão escrita da editora.

### CONSELHO EDITORIAL

**Diretor**
Gilberto Gonçalves Garcia

**Editores**
Aline dos Santos Carneiro
Edrian Josué Pasini
Marilac Loraine Oleniki
Welder Lancieri Marchini

**Conselheiros**
Francisco Morás
Ludovico Garmus
Teobaldo Heidemann
Volney J. Berkenbrock

**Secretário executivo**
João Batista Kreuch

*Editoração*: Leonardo A.R.T. dos Santos
*Diagramação*: Sheilandre Desenv. Gráfico
*Revisão gráfica*: Nilton Braz da Rocha / Fernando Sergio Olivetti da Rocha
*Capa*: WM design

ISBN 978-65-5713-293-7

Editado conforme o novo acordo ortográfico.

Este livro foi composto e impresso pela Editora Vozes Ltda.

# Sumário

*Prefácio*, 7
William Revelle

1 Introdução ao uso do R, 11
Raissa Damasceno Cunha e Víthor Rosa Franco

2 Análise exploratória de dados utilizando o R, 32
Raissa Damasceno Cunha, Cristiane Faiad, Everson Meireles e Claudette Maria Medeiros Vendramini

3 Análises de correlação, 51
Felipe Valentini e Fabio Iglesias

4 Testes *t* para amostras independentes e pareadas, 64
Fabio Iglesias e Felipe Valentini

5 Análise de variância univariada e multivariada, 74
Elaine Rabelo Neiva, Luís Gustavo do Amaral Vinha e Saulo Barros de Melo

6 Regressão múltipla linear, 102
Luciana Mourão, Maria Cristina Ferreira e Leonardo Fernandes Martins

7 Indicadores de acurácia diagnóstica, 128
André Pereira Gonçalves, Giselle Pianowski e Lucas de Francisco Carvalho

8 Contribuições da análise fatorial confirmatória para a validade de instrumentos psicológicos, 143
Evandro Morais Peixoto e Gustavo Henrique Martins

9 Análise de regressão multinível com R, 161
Víthor Rosa Franco e Jacob Arie Laros

10 Teoria de resposta ao item paramétrica e não paramétrica, 183
Josemberg Moura de Andrade, Jacob Arie Laros e Kaline da Silva Lima

11 Teoria de resposta ao item thurstoniana para itens de escolha forçada, 205
Felipe Valentini, Leonardo de Barros Mose e Ana Carla Crispim

12 Aplicações da psicometria bayesiana: Do básico ao avançado, 225
Víthor Rosa Franco e Josemberg Moura de Andrade

13 TRI e mapas de construto, 246
Karen Cristine Teixeira e Carlos Henrique Sancineto da Silva Nunes

14 Funcionamento diferencial do item (DIF) e invariância da medida, 268
Alexandre Jaloto

15 Análise fatorial exploratória (AFE) e teoria de resposta ao item via software Factor, 292
Bruno Figueiredo Damásio, Douglas de Farias Dutra e Makilim Nunes Baptista

16 Análise fatorial confirmatória com o R, 320
Víthor Rosa Franco e Gabriela Yukari Iwama

17 Análise bifator exploratória com o pacote Psych, 342
   Nelson Hauck Filho, Ariela Raissa Lima-Costa e Bruno Bonfá-Araujo

18 Contribuições da Esem para a verificação da estrutura fatorial de fenômenos psicológicos, 360
   Gustavo Henrique Martins, Evandro Morais Peixoto e Rodolfo Augusto Matteo Ambiel

19 Uma introdução à modelagem de equações estruturais, 380
   Nelson Hauck Filho, Ariela Raissa Lima-Costa e Pedro Afonso Cortez

20 Análise de rede de variáveis psicológicas: estimação, acurácia, estabilidade e preditabilidade, 400
   Wagner de Lara Machado, Raissa Damasceno Cunha e João Ricardo Nickenig Vissoci

21 Análise de dados textuais com a Interface de R Pour les Analyses Multidimensionalles de Textes et de Questionnaires (Iramuteq), 420
   Cristiane Faiad, Carlos Manoel Lopes Rodrigues e Tiago Jessé Souza de Lima

22 Processamento da linguagem natural: Modelagem de tópicos, 436
   Alexandre José de Souza Peres

23 Uso do *word-to-vec (word embeddings)* para análise de textos, 460
   Ricardo Primi

*Índice analítico*, 477

*Sobre os autores*, 485

# Prefácio

*William Revelle*
(revelle@northwestern.edu)

PMC lab
Universidade Northwetern

A psicometria é a ciência que aplica números às observações, de uma maneira que nos permite compreender melhor os fenômenos. Ela evoluiu de estatísticas descritivas simples de tendências centrais, variância e covariância para um campo de estudo e teste de diferentes modelos para os dados. Evoluiu para a equação: dados = modelo + resíduo. Os capítulos deste volume tratam de como testar modelos alternativos para os dados. A maioria dos capítulos tira proveito do poder da linguagem R.

Como o R (R Core Team, 2021) é considerado a língua franca das estatísticas (de Leeuw, 2006; Mizumoto & Plonsky, 2015), julgo apropriado escrever um prefácio para um livro que, a despeito dos códigos em R, escrito em português, eu não consigo ler.

R é chamado de linguagem e ambiente para cálculos estatísticos e gráficos; mas, na verdade, é muito mais. É uma demonstração incrível do poder do *crowd sourcing* e da ciência aberta. Originalmente desenvolvido por dois estatísticos sofisticados na Nova Zelândia, cresceu para incluir um *grupo nuclear* de cerca de 20-30 estatísticos de todo o mundo que apoiam e mantêm o *R central*. Mas o que o tornou tão bem-sucedido é que milhares de dedicados cientistas (muitos que não se autodenominam estatísticos) contribuíram com mais de 17.000 *pacotes* para o site *Comprehensive R Archive* (Cran), que distribui o R e esses pacotes. Milhares de pacotes adicionais residem em outras plataformas de código aberto, como GitHub ou BioConductor.

Para aqueles entre nós com idade suficiente para lembrar quando carregávamos caixas com cartões perfurados para as centrais de computação com nossos códigos escritos sob medida em Fortran para resolver nossos problemas específicos, o desenvolvimento de R parece ser mágico (Revelle et al., 2020). Em vez de depender de sistemas estatísticos proprietários, desenvolvidos para aplicações nas áreas agrícola, médica e ciências sociais, agora somos todos parte de uma comunidade aberta na qual todos podem contribuir, aprender uns com os outros, e todos podem produzir em benefício mútuo.

Este livro é uma prova do poder do software de código aberto para resolver problemas do mundo real. Os autores dos vários capítulos demonstram como uma variedade de problemas descritivos, inferenciais e psicométricos básicos pode ser endereçada com alguns dos muitos pacotes em R disponíveis para o usuário. Seja fazendo modelagem de equações estruturais com o pacote *lavaan* (Rosseel, 2012), análise fatorial exploratória básica e modelos hierárquicos com o pacote *psych* (Revelle, 2021) ou Teoria de Resposta ao Item, todos os métodos são implementados de maneira simples e direta usando o R.

Dada sua natureza de código aberto, uma vez que o sistema básico é aprendido, é fácil aplicar aos resultados qualquer função de qualquer pacote para usar em qualquer outro novo pacote. Caso o usuário precisar de ajuda, há uma ampla comunidade de usuários respondendo às dúvidas e dando sugestões. Ao contrário dos sistemas proprietários, conforme os bugs são descobertos nos pacotes R (o que acontecerá), os desenvolvedores responderão rapidamente com correções.

A ênfase deste livro e dos pesquisadores que escreveram os vários capítulos é avaliar nossos modelos ao tentarmos compreender dados complexos que nos permitirão endereçar problemas reais da educação, economia e meio ambiente.

## Referências

DE LEEUW, J. (2006). Review of robost statistical methods in R. *Journal of Statistical Software*, 16 (2).

MIZUMOTO, A. & PLONSKY, L. (2015, 06). R as a Lingua Franca: Advantages of Using R for Quantitative Research in Applied Linguistics. *Applied Linguistics*, 37 (2), 284-291. Doi: 10.1093/ applin/amv025

R CORE TEAM (2021). R: *A language and environment for statistical computing* [Computer software manual]. Viena. Recuperado de https://www.R-project.org/

REVELLE, W. (2021, 03). *Psych: Procedures for personality and psychological research* (Tech. Rep.).

Https://CRAN.r-project.org/package=psych (R package version 2.1.3).

REVELLE, W.; ELLEMAN, L. G. & HALL, A. (2020). Statistical analyses and computer programming in personality. In P. J. Corr (ed.). *Cambridge University Press Handbook of Personality* (p. 495-534). Cambridge University Press.

ROSSEEL, Y. (2012). Lavaan: An R package for structural equation modeling. *Journal of Statistical Software*, 48 (2), 1-36. Doi: 10.18637/jss.v048.i02

# Preface

*William Revelle*
(revelle@northwestern.edu)

PMC lab
Northwestern University

Psychometrics is the science of applying numbers to observations in a manner that allows us to better understand phenomena. It has grown from simple descriptive statistics of central tendencies, variation, and covariation into a field that emphasizes evaluating alternative models of data. For Data = Model + Residual. The many chapters of this volume address how to assess a number of different models of data. Most of the chapters take advantage of the power of the R language.

As R (R Core Team, 2021) is said to be the lingua franca of statistics (de Leeuw, 2006; Mizumoto & Plonsky, 2015) it is appropriate to write a preface to a book in a language that other than the R code, I can not read.

R is called a language and environment for statistical computing and graphics, but it is in fact much more. It is an amazing demonstration of the power of crowd sourcing and open science. Originally developed by two sophisticated statisticians in New Zealand, it has grown to include a core group of about 20-30 statisticians from around the world who support and maintain core R. But what had made it so successful is that thousands of dedicated scientists (many who would not call themselves statisticians) have contributed more than 17,000 packages to the Comprehensive R Archive (Cran) website which distributes R and these packages. Additional thousands of packages reside on other open source platforms such as GitHub or BioConductor.

For those of us old enough to remember lugging boxes of punch cards to central computer centers with our code tailored made in Fortran to solve our own unique problems, the development of R has seemed to be magic (Revelle et al., 2020). Rather than have to rely on proprietary statistical systems, developed for agricultural, medical, or social science applications, we are now part of an open community where all can contribute, all can learn from each other, and we can all benefit.

This volume is a testament to the power of open source software for solving real world problems. The authors of the various chapters demonstrate how a range of basic descriptive, inferential and psychometric problems can be addressed with a few of the many packages available to the user. Whether doing structural equation modeling with the lavaan package (Rosseel, 2012), basic exploratory factor analysis and higher level models with the psych package (Revelle, 2021), or Item Response Theory analysis, the analysis is straightforward with R.

Given its open source nature, once the basic system is learned, it is easy to apply the results of any function in any package to use in any other package. If the user needs help, the broader user community responds rapidly with suggestions. Unlike proprietary systems, as bugs are discovered in R packages (which they will), the developers will respond rapidly with corrections.

The emphasis of this book and of the researchers who wrote the various chapters is to evaluate our models as we try to understand the complex data that allows us to assess the real world problems of education, economics, and the environment.

## References

DE LEEUW, J. (2006). Review of robost statistical methods in R. *Journal of Statistical Software*, 16 (2).

MIZUMOTO, A. & PLONSKY, L. (2015, 06). R as a Lingua Franca: Advantages of Using R for Quantitative Research in Applied Linguistics. *Applied Linguistics*, 37 (2), 284-291. Doi: 10.1093/ applin/amv025

R CORE TEAM (2021). R: *A language and environment for statistical computing* [Computer software manual]. Vienna. Retrieved from https://www.R-project.org/

REVELLE, W. (2021, 03). *Psych: Procedures for personality and psychological research* (Tech. Rep.).

Https://CRAN.r-project.org/package=psych. (R package version 2.1.3).

REVELLE, W.; ELLEMAN, L. G., & HALL, A. (2020). Statistical analyses and computer programming in personality. In P. J. Corr (ed.). *Cambridge University Press Handbook of Personality* (p. 495-534). Cambridge University Press.

ROSSEEL, Y. (2012). Lavaan: An R package for structural equation modeling. *Journal of Statistical Software*, 48 (2), 1-36. Doi: 10.18637/jss.v048.i02

# 1
# Introdução ao uso do R

*Raissa Damasceno Cunha*
Universidade de Brasília

*Víthor Rosa Franco*
Universidade São Francisco

Você certamente já ouviu falar que agora pesquisadores em psicologia estão aprendendo linguagem de programação para realizar suas análises, mas você talvez ainda esteja resistente a essa ideia. Neste capítulo vamos ensinar todas as competências necessárias para avançar seus conhecimentos nesse meio que evolui com muita velocidade. O nosso foco será a linguagem/programa R, bastante utilizado no meio acadêmico. Vamos apresentar como o programa pode ser bastante intuitivo e, acima de tudo, como ele possibilita uma grande flexibilidade em comparação com programas mais famosos na área de psicologia, como o SPSS. Ao final do capítulo iremos indicar referências de onde encontrar referências para realizar pesquisas avançadas usando o R.

Como este livro contém vários capítulos sobre como usar o R para desenvolver diversos tipos de análise, nosso foco aqui será ensinar passos básicos de programação em R com algumas funções fundamentais e, por fim, ajudá-lo a desenvolver a sua independência. Dentre as linguagens de programação que têm ganhado um mundo da estatística e da ciência de dados, como Python e C++, o R tem reconhecidamente uma comunidade muito ativa e prossocial. Isso significa que, caso você tenha uma dúvida de como fazer algo usando o R, muito certamente você irá achar a resposta dessa sua dúvida a dois cliques de distância na sua plataforma preferida de busca.

O restante deste capítulo está estruturado da seguinte forma. Primeiro, iremos contar uma breve história sobre o desenvolvimento do R. Em seguida iremos mostrar os procedimentos para que você possa baixar e instalar tanto o R quanto o RStudio, um excelente ambiente de desenvolvimento integrado (Integrated Development Environment, IDE) que facilitará bastante a sua vida. A terceira seção envolverá identificação dos elementos básicos que compõem o R para que você nunca mais fique em dúvida sobre a diferença entre uma matriz e um *data frame*. A quarta e quinta seções, respectivamente, focarão em como rodar algumas análises básicas e o que fazer caso você entre em um "beco sem saída" em suas análises. Finalizamos o capítulo com algumas considerações sobre a abrangência do R, que vai muito além deste capítulo e até mesmo deste livro.

## Uma breve história do software R

O R é tanto uma linguagem de programação interpretada quanto um software gratuito e open-source (ou seja, o código fonte do software está disponível a qualquer pessoa) para a execução de códigos escritos nessa linguagem. Ele foi criado por Ross Ihaka e Robert Gentleman na University of Auckland na Nova Zelândia (R Core Team, 2020), tendo como base o software pago chamado de S-Plus, sendo que a maioria de suas funções básicas foram escritas nas linguagens de programação C, Fortran e R. Atualmente uma organização sem fins lucrativos, a R Foundation fornece suporte de desenvolvimento ao "projeto R" e outras inovações em computação estatística, garantindo assim o desenvolvimento contínuo e de futuras inovações, além de administrar os direitos autorais do software e da documentação do R.

Apesar de ser uma linguagem e um software de propósito geral de programação, o R tem sido usado amplamente para análise de dados e para criação de gráficos relacionados a essas análises. Isso se dá principalmente por sua origem, dado que o programa que o baseou, o S-Plus, era usado exclusivamente para análises estatísticas. O R conquistou tanto o meio acadêmico quanto o corporativo por ser gratuito, de livre-acesso e por viabilizar uma cooperação que facilita muito o desenvolvimento e aplicação de novas análises e apresentações gráficas. Pessoas do mundo todo têm divulgado novos métodos de análise, formas simplificadas de plotagem de gráficos e tabelas. E principalmente, dúvidas, muitas dúvidas, e a solução para praticamente todas elas!

A numerosa comunidade de usuários do R não inclui apenas programadores e pesquisadores de ciências ditas exatas. Ela inclui psicólogos e pesquisadores de ciências humanas ao redor do mundo que também estão "sofrendo" para fazer suas análises de mestrado, doutorado e afins. Todos têm dúvidas e estão a todo o momento divulgando perguntas na internet e sendo respondidos por seus pares com mais experiência.

Pesquisadores que trabalham para melhorar ou criar métodos de análise de dados têm cada vez mais aderido ao uso do R como uma linguagem de simples divulgação e implementação. Isso acontece porque, ao invés de descrever uma série de procedimentos para analisar os dados, o leitor pode simplesmente copiar e colar o *script*. Mas o que são *scripts*? Da mesma forma que os *scripts* de peças teatrais contêm as informações sobre a condução dos espetáculos com a descrição de como os atores deverão se comportar em cada cena, o *script* do R (como de qualquer outro software) é um conjunto de instruções escritas em linguagem que o computador entende, ou seja, uma linguagem lógica e precisa.

Como este é um capítulo feito por psicólogos para psicólogos que, como nós, aprenderam nada, ou quase nada, sobre programação durante a graduação, faremos uma familiarização com o que julgamos ser o básico para que você seja capaz de caminhar com as próprias pernas. Aprender o R é parecido com aprender uma nova língua. De fato, como dito anteriormente, o R é uma linguagem que lhe permite conversar com o seu computador. A principal diferença em relação a outras línguas é que ele é bem mais fácil. Sim, bem mais fácil! Você já tentou aprender alemão? Ou russo (Ни пýха ни пепá!)?

No R, depois que você aprender a estrutura e alguns comandos básicos você compreenderá a lógica e verá como é melhor e mais fácil fazer suas análises de dados nele. Talvez você esteja se perguntando: "mas por que abandonar o tradicional SPSS® que é tão amigável com seus vários botões e manuais engraçadinhos?" (Field, 2017). Um dos pontos principais é que o SPSS® não faz todas as análises de que os pesquisadores em psicologia precisam. Pelo contrário, frequentemente é preciso aprender a usar um novo software. Por exemplo, a maioria das metodologias multiníveis modela apenas situações em que preditores no nível de grupo (p. ex., nível de absenteísmo na organização) ou do indivíduo (p. ex., personalidade) são usados para prever uma variável-critério em nível individual (p. ex., satisfação com o trabalho). No entanto, existe no R um pacote que permite aos pesquisadores modelar situações em que preditores em nível individual (e outros preditores em nível de grupo) possam ser usados para prever uma variável de resultado em nível de grupo (p. ex., Lu, 2017). Análise similar a essa não está disponível no SPSS®. Assim, se você também quiser se tornar um psicometrista atualizado em relação às mais novas formas de análise possíveis, para ficar por dentro de modelagem bayesiana, *Network psychometrics*, TRI não paramétrica ou qualquer outra coisa bem nova e desafiadora que estiverem desenvolvendo no mundo da psicometria, você provavelmente terá que recorrer ao R. Então, ao invés de aprender algo novo do zero toda vez que um novo desafio aparece, por que não aprender logo o R e poder encarar qualquer desafio? A internet apresenta um extenso meio para você conseguir resolver dúvidas mais avançadas que possam aparecer, se souber procurar. É importante salientar que a maior parte do material está disponível em inglês, embora existam também boas referências em português.

## Como baixar e instalar o R

A instalação básica do R é simples, basta seguir o link http://cran.r-project.org/ – lembre-se de que é comum endereços de site acabarem mudando; por isso, caso esse endereço não funcione, busque por "software R" na internet. Além disso, tome cuidado com o que você baixa e instala em seu computador. Ao entrar na página, será possível identificar uma seção nomeada "Download and Install R". Tal seção apresentará links para sistemas operacionais Linux, MacOS e Windows. Obviamente, você deve baixar aquele que corresponde ao sistema operacional instalado em seu computador. Após clicar no link, você precisará baixar apenas a versão "base", que irá levá-lo para a versão mais recente do R. Após o download, você precisará seguir os procedimentos de instalação conforme seu sistema operacional.

Algo importante de se ter em mente é que o R e seus pacotes (os conjuntos de programações básicas agrupadas em uma mesma fonte) evoluem ao longo do tempo. Existem mudanças sendo implementadas todos os dias e, talvez, até mesmo de um dia para o outro você precise atualizar o seu R e RStudio, seja qual for o sistema operacional no qual você está trabalhando (Mac, Linux ou Windows). Não há um indicativo da necessidade de atualização, você provavelmente vai descobrir quando não conseguir realizar análises utilizando pacotes antigos.

## O ambiente do RStudio

Olhando a figura 1, percebe-se como é simples a interface-padrão do R (sim, nós também estranhamos a primeira vez que vimos essa janela com poucos botões). Para usuários que já conhecem bem alguns comandos essa interface pode ser suficiente. No entanto, para aplicações mais complexas e para começar a gerar facilidades ao uso, é interessante utilizar alguma outra interface gráfica para o R. Existem diversas interfaces disponíveis pela internet, gratuitas e pagas. Mas, por sua popularidade e nosso julgamento sobre a sua qualidade, sugerimos que você também use

**Figura 1**
*Interface gráfica do R base*

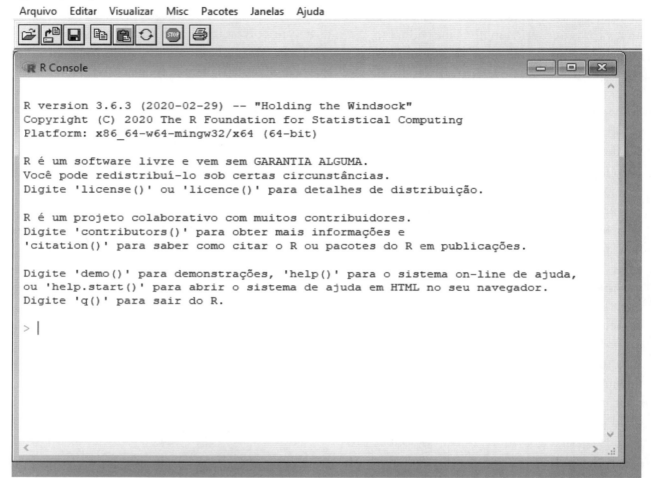

o RStudio. Para baixar e instalar o RStudio, basta acessar o link https://www.rstudio.com/products/rstudio/download/ e baixar a versão apropriada para seu sistema operacional. A interface do RStudio é apresentada na figura 2.

Bem mais simpático esse RStudio, não é mesmo? Vamos explorar um pouco essa interface antes de começar as análises. Dividimos a interface do RStudio em quatro quadrantes para podermos nos localizar. Observe na figura 2 no primeiro quadrante que fica no canto superior esquerdo (identificado com o número 1). Nesse quadrante temos uma aba nomeada como Untitled1 (para criar uma pasta basta clicar em ). Nessa parte você colocará o seu *script*. Para salvar temos um botão logo abaixo do nome da aba que contém o conhecido ícone de salvar (save current document). Observe que existe outro ícone para salvar que fica logo abaixo da tecla "View". Ao

**Figura 2**
*Interface do RStudio*

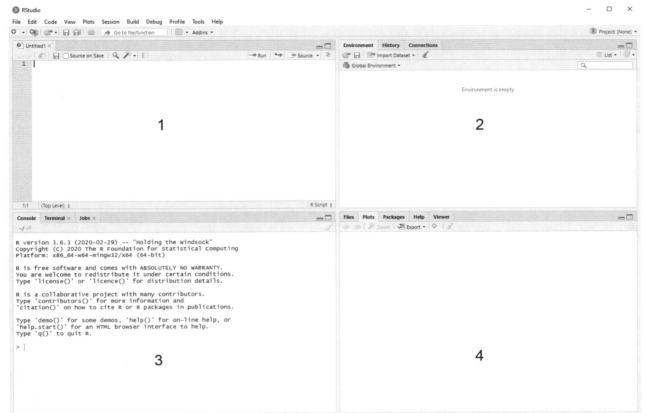

salvar clicando nessa tecla você salvará todo o ambiente. Em outras palavras, isso quer dizer que você salvará os pacotes que está rodando e todos os resultados também. Isso pode ser especialmente útil quando decidir deixar para terminar determinada análise no dia seguinte.

No quadrante 2, nas abas *Environment*, *History* e *Connections* você encontrará o *Global Environment* com o(s) banco(s) de dados que inseriu na plataforma utilizando o *Import Dataset* e uma série de outros tipos de objetos que você aprenderá a criar. Abaixo, no quadrante 3, temos o console; nele temos automaticamente descrita a versão do R na qual você está trabalhando (no caso da imagem, a versão 3.6.3). Os resultados das análises que você executar irão aparecer no console e os gráficos no Plots ao lado. Você também pode executar funções diretamente no console sem registar no seu *script* (vamos explorar isso melhor depois). Por fim, para apagar o texto você pode usar essa "vassourinha" que fica no canto superior direito do quadrante.

No quadrante 4 temos cinco abas. A primeira, *Files*, mostra as pastas de documentos em seu computador, padronizadamente abrindo as pastas do seu diretório de trabalho. A aba *Plots* é onde aparecerão os gráficos que você irá gerar. A aba *Packages* é uma biblioteca que lista todos os pacotes que você já instalou em seu R. Ao clicar em qualquer pacote na pasta *Packages* você é transferido para a documentação do pacote, a qual contém as funções, explicações e geralmente exemplos sobre as análises que o pacote pode fazer. Uma das maiores vantagens é que muitos dos pacotes apresentam referências e explicações sobre as análises que eles oferecem. Por fim, a aba *Viewer* pode ser usada para exibir um conteúdo da rede local, como aplicações em HTML, gráficos iterativos e muito mais. Essa aba é principalmente utilizada por usuários avançados de R, então iremos esquecer um pouco dela no resto do capítulo.

## Algumas utilidades básicas

Para motivar você a abrir e brincar um pouco com o R, vamos começar com algumas de suas utilidades mais básicas: fazer contas simples de soma, subtração, multiplicação e divisão. Esse tipo de conta geralmente não é realizado diretamente por nós nas análises de dados em psicologia (gostamos de deixar tudo para o computador), no entanto, ao executá-las, você começará a entender como o R "pensa" e isso facilitará bastante a sua vida no futuro. O melhor jeito de aprender é aplicando os conhecimentos que você for adquirindo. Por isso, convidamos você a fazer conosco os exemplos que demonstraremos aqui. Para diferenciar o nosso texto didático dos códigos digitados no R usaremos a fonte Courier New.

A interface do RStudio apresenta uma gama de opções mais vasta do que você precisa conhecer para realizar boa parte de suas análises e por isso não vamos explicar cada tecla. Não tenha medo de clicar e explorar o que o RStudio pode lhe oferecer. A cada atualização ele tem ficado melhor, mas isso não quer dizer que ele sempre será a melhor interface, você precisará se atualizar constantemente. Isso não será um problema, pois com o básico que ensinaremos aqui você sempre poderá trabalhar com o R. Vamos ao trabalho.

Vamos começar trabalhando direto no console (quadrante 3). Ao clicar o seu mouse no console o símbolo ">" indica no R uma linha de comando. Ao digitar 2 + 6 em seu console do RStudio e pressionar a tecla *enter*, você irá observar o seguinte resultado:

```
1   > 2 + 6
2   [1] 8
```

A resposta dessa soma é 8 e aparece depois do [1]. Isso ocorre porque algumas funções no R frequentemente geram mais de uma linha de resultado por apresentarem componentes múltiplos. Por isso, muitas vezes é necessário que haja numeração da linha do resultado para facilitar a compreensão.

Agora que já sabem como realizar uma soma em nosso console, podemos tentar fazer também multiplicação, subtração, divisão e exponenciação, respectivamente:

```
1   > 2 * 6
2   [1] 12
3   > 2 - 6
4   [1] - 4
5   > 2 / 6
6   [1] 0.3333333
7   > 2 ^ 6
8   [1] 64
```

Uma observação importante: veja que a divisão 2/6 resultou em 0.33 e não 0,33. Como o R foi desenvolvido por falantes da língua inglesa, tudo está escrito em inglês e, portanto, os decimais vêm separados por ponto e não por vírgula como fazemos em português. Observe isso ao analisar e compreender os resultados de todas as análises que fizer.

## Tipos de dados e objetos do R

Retornando à ideia de que o R é uma linguagem, agora vamos explorar os tipos de dados com os quais o R consegue trabalhar. Tudo que pode ser salvo no R é considerado um objeto. Por exemplo, os dados de sua pesquisa compõem um objeto (geralmente uma matriz ou um *data frame*). Ao mesmo tempo, a função que roda o teste *t* também é considerada uma função. O R trabalha com duas formas de identificação de "tipos" de dados: modos e classes. O modo é uma classificação mutuamente exclusiva de objetos (ou seja, um objeto tem um e apenas um modo) de acordo com sua estrutura básica. Entre os modos, existem dois tipos. Os modos chamados de "atômicos" são aqueles relacionados aos valores possíveis de um dado. Já os objetos recursivos vão ser compostos de modos que permitem a reutilização de uma informação. Por exemplo, listas e funções.

Já a classe é uma propriedade atribuída a um objeto que determina como as funções genéricas operam com ele e não uma classificação mutuamente exclusiva. Se um objeto não tem uma classe específica atribuída a ele (p. ex., um vetor numérico simples), sua classe geralmente é igual ao seu modo, por convenção. Como mostrar todos os modos e classes existentes no R pode, por si só, já ser conteúdo de um capítulo inteiro (p. ex., Crawley, 2012), iremos focar apenas aqui nas classes e modos mais comumente utilizados nas análises mais comuns. Assim, iremos agora discutir os modos numérico, caracteres e listas, além das classes de matrizes e *data frames*.

## Modos numérico e de caracteres

Os dois principais tipos de variáveis no R são as variáveis numéricas e os caracteres. As variáveis numéricas são aquelas que apresentam apenas números, como:

```
1   > 2
2   > 4.76
```

As variáveis de caracteres são aquelas contidas entre aspas, podendo conter qualquer caractere alfanumérico, espaço, alguns símbolos especiais, entre outros. Essa informação é importante, pois se você deixar uma palavra sem aspas é possível que o programa acuse um erro:

```
1   > "psicologia"
2   > "3 tigres tristes"
3   > "Hello_world!"
4   > "2"
```

Existem ainda outros modos, como o complexo e booleano, que identificam números complexos e valores de lógica booleana (ou seja, verdadeiro ou falso). Não iremos nos aprofundar nesses modos, pois eles são raramente usados nas análises mais comumente usadas (leia-se, basicamente, todas as análises apresentadas neste livro). Para o leitor interessado, sugerimos a leitura do capítulo 2 de Crawley (2012) ou do capítulo 2 de Allerhand (2011).

## Vetores

Os vetores não apresentam uma classe ou modo específico por si mesmos. O vetor é, na verdade, a forma mais simples de estrutura em

R que pode conter diversos números ou caracteres. Isso significa que você pode ter tanto um vetor numérico quanto um vetor de caracteres, mas não com ambos. Caso você tente criar um vetor tanto com números quanto com caracteres, o R automaticamente transformará seu vetor em um vetor de caracteres. Para fazer um vetor numérico nomeado dd, deve-se utilizar o seguinte comando:

```
1    > dd <- c(7, 2, 3, 3)
2    > dd
3    [1] 7 2 3 3
```

O vetor apresentado acima foi criado por meio da função que combina diversos valores em um único vetor. Essa função é declarada pelo comando c(), em que todos os valores entre parênteses são considerados como valores contidos no vetor. Vetores são usados para registrar respostas múltiplas de um mesmo indivíduo ou de respostas de múltiplos indivíduos a uma mesma variável. Os vetores são usados, por exemplo, para registrar as respostas de uma ou mais variáveis para se realizar análises descritivas e inferenciais. Para criar um vetor de caracteres, é necessário identificá-lo como tal colocando as palavras entre aspas:

```
1  > gg <- c("azul", "amarelo", "verde",
   "verde")
2  > gg
3  [1] "azul" "amarelo" "verde" "verde"
```

## Listas

Como dito anteriormente, não é possível criar um vetor que contenha tanto números quanto caracteres. Tentando fazer isso com o comando abaixo, podemos ver que, no resultado,

```
1    > dg <- c(1, 2, "verde", "verde")
2    > dg
3    [1] "1" "2" "verde" "verde"
```

todos os elementos do vetor dg estão contidos entre aspas, mesmo que inicialmente não tenhamos incluído as aspas para os números 1 e 2. No entanto, em alguns casos, pode ser interessante ter uma variável que possa ser composta tanto de números quanto de caracteres. Por exemplo, pesquisas sobre atenção difusa algumas vezes exigem que o participante dê respostas verbais enquanto faz operações numéricas. Para isso, nós usamos as listas. Para criar uma lista, basta rodar o seguinte código:

```
1    > ldg <- list(1, 2, "verde", "verde")
2    > ldg
3    [[1]]
4    [1] 1
5    [[2]]
6    [1] 2
7    [[3]]
8    [1] "verde"
9    [[4]]
10   [1] "verde"
```

Repare que o resultado de uma lista, salva no objeto/variável ldg, é um pouco mais complexo do que o resultado de um vetor. Cada elemento específico é identificado com o sufixo [[n]], onde n representa qual a posição do sufixo. No entanto, repare que para cada elemento [[n]], há também um elemento identificado com o sufixo [k], onde k representa qual a posição do elemento dentro do elemento. Isso mesmo: elemento dentro do elemento. Como dito anteriormente, uma lista é um objeto recursivo e, por isso, pode ser composta por elementos bastante complexos, como um vetor ou até mesmo outra lista. Apenas para usos mais aplicados geralmente se usa estruturas complexas como listas de listas e, por isso, não iremos nos adentrar mais neste tópico. Ao leitor interessado, sugerimos a leitura de Wickham (2019).

### Matriz e *data frames*

Em sua definição matemática, uma matriz é uma organização de vetores em linhas e colunas. No caso do R, é necessário que os valores preenchendo essa matriz sejam todos do mesmo modo. Isso significa, no nosso caso, que ou a matriz contém somente números ou ela contém somente caracteres. Em termos mais técnicos, uma matriz é uma classe de objetos e ela pode ser de apenas um dos modos possíveis. Os *data frame* se organizam no mesmo formato das matrizes, mas permitem que os dados sejam tanto numéricos quanto textuais na mesma linha. No entanto, considerando as informações de uma mesma coluna, é necessário que todas as informações sejam do mesmo modo. Para criar um *data frame* usando os vetores do exemplo acima, deve-se apenas inserir:

```
1    > df <- data.frame(dd,gg)
```

Como temos quatro números e quatro cores, o R automaticamente cria um *data frame* com dimensões 4 linhas por duas colunas 2 (ou simplesmente 4 x 2). Isso possibilita que nossas duas variáveis, dd e gg, fiquem registradas num único objeto, facilitando a condução de análises diversas:

```
1    > df
2    Dd    gg
3    1  7  azul
```

```
4    2  2  amarelo
5    3  3  verde
6    4  3  verde
```

Para criar uma matriz similar a esse *data frame*, basta rodarmos o seguinte código:

```
1    > mt <- matrix(c(dd, gg), nrow=4,
     ncol=2)
```

Repare que no caso da matriz precisamos usar uma função diferente, matrix, além de especificarmos mais argumentos. Primeiro, é necessário criar um único vetor contendo os dois vetores que queremos inserir na nossa matriz: c(dd, gg). Após isso, também é necessário dizer para o R quantas linhas, nrow=4, e quantas colunas, ncol=2, nossa matriz vai ter. Um pouco mais trabalhoso, né? Pensando em nós, usuários, os desenvolvedores do R criaram uma função cbind que pega uma sequência de argumentos como vetores, matrizes ou *data frames* e os combina por colunas, gerando como resultado uma matriz. Também foi criada uma função irmã, rbind, que faz o mesmo tipo de combinações, mas por linhas. Para ver como gerar uma matriz usando nossos vetores dd e gg, use o código:

```
1    > mc <- cbind(dd, gg)
```

Recupere agora tanto a matriz mt quanto a matriz mc; elas devem ser iguais. Deixaremos esse exercício por sua conta. Salientamos também que, se possível, mantenha todas as suas variáveis no modo numérico. Por exemplo, ao invés de salvar as respostas dos participantes como "sim" e "não", prefira usar 0 e 1. Muitas das funções do R são baseadas na premissa de que todos os seus dados são numéricos.

Vetores, *data frames* e matrizes podem ser criados no R, mas o uso mais comum é a tabulação dos dados em outra plataforma e depois a sua importação para o R. Vamos explicar isso passo a passo logo mais. O importante de saber o significado de cada um desses tipos de variáveis é que se o seu banco não estiver sendo lido pelo R ele acusará algum erro. Nesse caso será preciso que você entenda o que o programa "disse" para poder continuar com suas análises. Pode ser, como dissemos anteriormente, que sua variável esteja como caractere ao invés de numérico. No entanto, as chances de cometer erros são infinitas. Portanto, tenha resiliência e paciência!

## Analisando dados no R

Antes de começar a analisar seus dados no R limpe todas as informações deixadas de usos anteriores do software. Nem sempre você irá querer remover todas essas informações, mas essa é uma prática que evita que erros inesperados aconteçam e você não saiba nem por onde começar a corrigi-los. Dessa forma, atenção ao usar os seguintes comandos:

```
1  > rm(list =      # remove todos os
     ls())          objetos
2  > dev.off()      # limpa todos os
                    componentes gráficos
3  > cat("\014")   # limpa o console
```

Veja que ao colar os comandos acima no console, o R não irá ler o que estiver escrito depois do #. O antífen (popularmente conhecido como hashtag) é usado para demarcar comentários no R e nada que vier após ele será computado pelo programa. Lembre-se sempre de comentar os seus códigos da maneira mais prolixa possível. Você pode lembrar agora que a função rm(list = ls()) remove todos os objetos do seu ambiente de trabalho, mas será que se você ficar dois meses sem mexer no R você irá lembrar disso? Provavelmente não.

O R vem pronto para que você faça uma série de análises como correlações, teste *t*, Anova, qui-quadrado, regressão simples e múltipla, entre outras. Análises menos tradicionais demandarão que você crie as suas próprias funções do zero ou que você baixe e instale pacotes adicionais. Para que reinventar a roda, não é mesmo? Por isso, sugerimos que sempre busque por pacotes que já realizem as análises que você deseja fazer, antes mesmo de tentar implementar sua própria função (não estamos nem perto de discutir como fazer isso neste capítulo, mas acreditamos que um dia você chegue lá). Para baixar um novo pacote é muito simples: estando com acesso à internet, a única coisa que você precisa fazer para, por exemplo, baixar o pacote *psych* (um pacote criado para psicólogos poderem realizar as diversas análises que eles mais gostam; Revelle, 2020), basta digitar o seguinte comando em seu console:

```
1  > install.packages("psych")
```

O pacote *psych* é especialmente útil para psicometristas que precisam analisar seus dados segundo a teoria de resposta ao item, mas também pode ser usado para fazer análise paralela (Horn, 1965) que indica a dimensionalidade na extração de fatores na tão utilizada Análise Fatorial, entre outras diversas funções voltadas especificamente para psicólogos. Depois de instalado, você não precisará instalar o *psych* novamente, mas precisará ativá-lo. Para ativar um pacote para uso, você deve iniciar o seu *script* com:

```
1   > library(psych)
```

ou

```
1   > require(psych)
```

Para importar seus dados utilizando o RStudio basta clicar na tecla *Import Dataset* que fica no quadrante esquerdo acima e selecionar o seu banco de dados. O RStudio reconhece dados que foram tabulados usando o SPSS, Excel, SAS e Stata. No entanto, um formato de dados mais comumente utilizado no R, e no campo de ciências de dados no geral, é o formato de variáveis separadas por vírgulas (*comma separated variables*, csv). Criamos um banco de dados de exemplo para você poder aprender tanto a carregar seu banco de dados quanto para rodar as análises de exemplo logo mais.

Antes de importar os dados é preciso verificar duas coisas: qual o seu diretório de trabalho e se o seu banco de dados está salvo neste diretório. O diretório de trabalho é a pasta no seu computador onde o R irá procurar por arquivos e também salvar novos arquivos. Para verificar qual a sua atual pasta de trabalho basta usar o comando:

```
1   > getwd()
```

Se você estiver usando o Windows, provavelmente o uso desse comando irá gerar um resultado similar a:

```
1   [1] "C:/Users/Public/Documents"
```

Se por acaso você tiver colocado seus documentos em outra pasta, é necessário apenas dizer ao R qual é realmente o seu diretório de trabalho. Isso é feito usando a função setwd(), sendo que entre parênteses deve estar contido o endereço para a sua pasta; por exemplo:

```
1   > setwd("C:/Users/Public/Documents")
```

Após ter dito ao R qual é o seu diretório de trabalho, para poder carregar o banco de dados que disponibilizamos de exemplo, o qual de forma muito original chamamos de "Exemplo.csv", basta usar a seguinte função:

```
1   > read.csv("Exemplo.csv")
```

Aqui é importante notar que nem sempre os arquivos csv vão separar as variáveis usando vírgulas. Por exemplo, caso você tenha uma variável de caracteres que é uma frase, e na frase houver uma vírgula, o R não vai saber como abrir o arquivo adequadamente. Por *default*, muitos programas, como o Excel e o SPSS, quando identificam que uma variável é do tipo de caracteres, eles automaticamente trocam o símbolo separador do arquivo de uma vírgula por um ponto e vírgula. Caso esteja trabalhando com arquivos csv, sugerimos que sempre antes de tentar abri-los no R, você confira qual o símbolo separador que está sendo usado. Por exemplo, caso seja o ponto e vírgula que esteja separando suas variáveis, você pode rodar o seguinte comando para abrir seu banco de dados no R:

```
1   > read.csv("Dados_hipotéticos.csv",
    sep=";")
```

Não fornecemos o banco "Dados_hipotéticos.csv", mas esperamos que o exemplo tenha sido suficientemente esclarecedor.

Vamos supor, agora, que você deseja criar um banco de dados no próprio RStudio. Para isso, primeiro é necessário criar uma matriz ou um *data frame* vazio. Em seguida, precisamos dizer ao R que queremos editar esse nosso banco de dados. Assim, respectivamente, basta você rodar as duas linhas de código.

```
1   > df <- matrix(NA, nrow=15, ncol=3)
2   > dfn <- edit(df)
```

No código acima, na linha 1, criamos uma matriz de valores não disponíveis (*Not Available*, NA; sinônimo para *missing* ou simplesmente um banco vazio) com 15 linhas e 3 colunas. Na linha 2, com a função edit(), nós dizemos ao R que gostaríamos de editar o arquivo df e salvar essas edições num objeto chamado dfn. Sugerimos que sempre salve as edições de um banco de dados em um novo objeto, evitando assim a perda de informações (a não ser, é claro, que você esteja trabalhando com *big data*, mas aí já foge bastante de nossa discussão). Ao usar a função edit(), a janela apresentada na figura 3 será aberta e, então, será possível editar os dados conforme a necessidade.

**Figura 3**

*Editor de dados do R*

Apesar de termos ensinado como usar o editor de dados do R, sugerimos que você evite usá-lo. Ele pode ser uma ferramenta útil, mas ele é muito mais simples do que editores mais famosos de dados em matriz, como o Excel, o SPSS e o próprio Bloco de Notas. Por isso, use sim, mas com moderação.

Imagine que agora, por exemplo, você quer salvar um novo arquivo csv baseado no seu novo banco de dados dfn. Para exportar seus dados, basta usar a seguinte função:

```
1   > write.csv(dfn, "Nome.csv", row.
    names = FALSE)
```

Os argumentos principais dessa função são: o nome do objeto que você quer salvar no csv (no nosso caso, o objeto dfn); qual o nome você quer dar para o arquivo que você irá salvar (no nosso caso, novamente de forma criativa, o arquivo irá se chamar "Nome.csv"); e, por fim, se você quer ou não salvar o nome das linhas do seu banco de dados (no caso, não queremos, por isso: row.names = FALSE). Salvar o nome das linhas pode ser útil, por exemplo, caso você queira salvar uma matriz de correlação. É importante salientar aqui que existem outras formas de exportar os dados, para formatos xlsx, sav, e muitos outros. No entanto, essas formas de exportação não estão disponíveis no R base e, por isso, é necessário o uso de outros pacotes para poder fazer isso (p. ex., o pacote *xlsx*, Dragulescu & Arendt, 2020; e o pacote *haven*, Wickham & Miller, 2019).

Finalmente, antes de introduzirmos nossas análises de exemplo, achamos importante fazer um comentário. Quem é familiarizado com SPSS poderá observar que enquanto SPSS fornece um conjunto farto de resultados das análises em seu *output*, o R muitas vezes oferece um *output* mínimo e armazena os resultados num objeto (geralmente uma lista) que pode subsequentemente ser acessado por outras funções do R. No entanto, todas as informações básicas que você provavelmente já está acostumado a procurar no SPSS serão facilmente identificadas também nos *outputs* gerados no R. Não iremos nos aprofundar na interpretação dos *outputs*, dado que outros capítulos do presente livro são dedicados a isso. Vamos agora explorar no R como fazer algumas das principais análises feitas por psicólogos.

## Como fazer análise descritiva de dados no R

Antes de tudo, sugerimos que no início do seu *script* você insira logo já todos os pacotes que você irá precisar. No nosso caso, iremos usar apenas o pacote *psych*. Caso ainda não tenha baixado o pacote *psych*, basta escrever em seu *script* install.packages("psych") antes de escrever require. Da próxima vez você pode usar apenas a função require(), pois o pacote já estará instalado e precisará apenas ser requerido. No pacote *psych* há uma função chamada describe() que gera estatísticas descritivas para variáveis medidas nos níveis intervalar ou de razão de medida. Para carregar o pacote, carregar o banco de dados de exemplo e usar a função describe(), basta rodar:

```
1   > require(psych)
2   > dt <- read.csv("Exemplo.csv")
3   > describe(dt)
```

Passo a passo, no 1 pedimos para o R "chamar" o pacote psych que já temos instalado em nosso RStudio. Em 2 dizemos para o R colocar em dt (usamos <- para dizer isso) o que ele ler da pasta Exemplo.csv. Em 3 usamos a função que gera o *output* de dados descritivos. Este é o resultado da função describe:

| | | vars | n | mean | sd | median | trimmed | mad | min | max | range | skew | kurtosis | se |
|---|---|---|---|---|---|---|---|---|---|---|---|---|---|---|
| 1 | | vars | n | mean | sd | median | trimmed | mad | min | max | range | skew | kurtosis | se |
| 2 | grupo | 1 | 15 | 2.00 | 0.85 | 2.00 | 2.00 | 1.48 | 1.00 | 3.00 | 2.00 | 0.00 | -1.69 | 0.22 |
| 3 | sexo | 2 | 15 | 0.47 | 0.52 | 0.00 | 0.46 | 0.00 | 0.00 | 1.00 | 1.00 | 0.12 | -2.11 | 0.13 |
| 4 | qualidade | 3 | 15 | 7.47 | 1.96 | 8.00 | 7.77 | 1.48 | 2.00 | 9.00 | 7.00 | -1.68 | 1.80 | 0.51 |
| 5 | preço | 4 | 15 | 53.85 | 21.12 | 57.06 | 53.60 | 30.99 | 19.85 | 90.99 | 71.14 | 0.08 | -1.27 | 5.45 |

Como você pode perceber, são devolvidos diversos valores para cada variável na seguinte ordem: qual o número que identifica cada variável (vars); a quantidade de observações (n); a média aritmética (mean); o desvio-padrão (sd); a mediana (median); a média truncada (trimmed) (?); a mediana truncada (mad); o valor mínimo (min); o valor máximo (max); a amplitude (range); a assimetria (skew); a curtose (kurtosis); e o erro-padrão da média (se). Apesar de ser um *output* bastante completo, ele não é muito adequado para variáveis medidas no nível nominal ou ordinal de medidas. Como para esses níveis o mais adequado é a frequência de observações de categorias específicas, usamos o seguinte comando para explorar essas variáveis:

```
1  > table(dt$grupo)
2  > table(dt$sexo)
```

Repare, antes de tudo, que estamos usando o indexador $ para identificar nossas variáveis. Isso apenas é possível quando as nossas variáveis estão nomeadas. Por isso, lembre-se sempre de dar nomes significativos e, de preferência, curtos para as suas variáveis. Ao usar esse comando, você irá gerar uma tabela bem simples das frequências observadas de cada categoria possível das variáveis "grupo" e "sexo". Se você fez tudo certinho até agora, você deve ter obtido como resultado uma tabela que diz que, para a variável grupo, cada grupo, representado pelos números 1, 2 e 3, têm cinco observações cada. No caso da variável sexo, você deve ter obtido como resultado uma tabela mostrando que para o sexo codificado como 0 há 8 respondentes, enquanto para o sexo codificado como 1 há 7 respondentes.

É importante comentar neste momento que o R fornece uma ampla gama de funções para a descrição de estatísticas de dados. Por exemplo, um método para obter a média de uma variável x é usar a função mean(x). Para obter a variância de x, var(x), e para o desvio-padrão, sd(x). Lembrando que x representa qualquer variável numérica que você queira analisar e que o R apresenta comandos para outras funções que podem facilmente ser encontradas na internet. Caso a sua coleta de dados tenha passado por uma tabulação, com o uso da média e variância você já consegue identificar se houve a tabulação errada de algum dado. Por exemplo, caso haja algum dado faltante na sua variável x, o R irá retornar o valor NA. Outras estratégias para identificar *missings* e *outliers* serão explicadas em outros capítulos deste livro.

## Como fazer uma correlação

Suponhamos que você fez uma coleta com casais e esteja interessado na correlação entre a autopercepção de bem-estar (bem) e a satisfação conjugal (satcoj). Vamos utilizar apenas 10 casais para fins didáticos. Perceba que o nível de bem-estar em nossa amostra varia de 16 a 28 e a de satisfação varia de 19 a 32 e cada número é a resposta de um sujeito. Esse exemplo é meramente ilustrativo. Com poucos números você tem a liberdade de modificar os números e explorar os impactos que variações terão nos resultados. Pedimos para que, ao invés de importar um banco dados, você insira os dados abaixo no seu *script* e depois clique no botão *Run*, uma linha de cada vez, no seu RStudio.

```
1  > bem = c(16, 20, 21, 22, 23, 22, 27,
   25, 27, 28)
2  > satcoj = c(19, 22, 24, 24, 25, 25,
   26, 26, 28, 32)
```

Você acabou de criar dois vetores, bem e satcoj. Para correlacionar esses vetores você usará o seguinte comando:

```
1  > cor.test(x, y, method = "method")
```

Substituindo o x por "bem" que representa a variável de bem-estar e o y por "satcoj" que representa a variável de satisfação conjugal. A palavra method deve ser substituída pelo tipo de coeficiente de correlação que será calculado, no nosso caso faremos a correlação de Pearson, mas também poderíamos fazer a de Spearman. Temos, portanto:

```
1  > cor.test(bem, satcoj, method =
   "pearson")
```

Ao inserir a frase acima você terá pedido um teste *t* da correlação de Pearson entre bem-estar e a satisfação conjugal. Os resultados devem ser iguais a esses:

```
1  Pearson's product-moment correlation
2  data:  reg and prem
3  t = 6.8928, df = 8, p-value = 0.0001254
4  alternative hypothesis: true
   correlation is not equal to 0
5  95 percent confidence interval:
6  0.7078058 0.9824795
7  sample estimates:
8  cor
9  0.9251404
```

É possível observar que a correlação foi significativa com $t(8) = 6,89$, $r = 0,92$, 95% IC $[0,71; 0,98]$, $p = 0,0001$.

## Como fazer uma regressão linear simples

Suponhamos que você coletou dados sobre a qualidade do ambiente familiar de crianças e gostaria de testar o poder preditivo dessa variável no desempenho escolar. Vamos usar apenas 6 crianças neste exemplo para fins didáticos, perceba que o ambiente varia de 0 a 50 e o desempenho de 4 a 100. Agora você deverá inserir os seguintes dados no R:

```
1  > amfa = c(0,10,20,30,40,50)
2  > desmp = c(4,22,44,60,82,100)
```

Da mesma forma que foi feito na correlação, substituiremos os dados no pedido para o R realizar a análise. A regressão múltipla é um modelo linear de análise e por isso seu comando é lm(Y ~ model), em que Y é variável dependente a ser predita, no nosso caso o desempenho escolar. O model é a fórmula que especifica o modelo a ser testado. Portanto, a seguinte função testará uma função linear, por método de regressão, das nossas variáveis:

```
1  > lm.r = lm(desmp ~ amfa)
```

Repare que salvamos o resultado da análise em um objeto nomeado lm.r. Conforme dito anteriormente, várias informações podem ser extraídas dessa função; mas, ao apenas rodá-lo, nem todas as informações relevantes serão apresentadas. Dessa forma, é necessário rodar a seguinte função para gerar o *output* com os principais valores para interpretar corretamente uma regressão:

```
1   > summary(lm.r)
2   Output
3   Call:
4   lm(formula = desmp ~ amfa)
5   Residuals:
6   1           2           3           4           5           6
7   0.2857      -1.0286     1.6571      -1.6571     1.0286      -0.2857
8   Coefficients:
9                Estimate    Std.        Error       t value     Pr(>|t|)
10  (Intercept)  3.71429     1.00880     3.682       0.0212      *
11  amfa         1.93143     0.03332     57.967      5.3e-07     ***
12  ---
13  Signif.      0 '***'                 '**' 0.01   '*' 0.05    '.' 0.1     ' ' 1
    codes: 0     0.001
14  Residual standard error: 1.394 on 4 degrees of freedom
15  Multiple R-squared: 0.9988, Adjusted R- squared:0.9985
16  F-statistic:  3360 on 1 and 4 DF,  p-value: 5.304e-07
```

É possível observar (na linha 16) que o modelo geral de regressão foi significativo com $F(1, 4) = 3360$, $p < 0,0001$. Mais especificamente, vemos que também tanto o intercepto (na linha 10), $t(4) = 3,68$, $\beta_0 = 3,71$, $p = 0,021$ quanto o coeficiente de regressão (na linha 11), $t(4) = 57,97$, $\beta_1 = 1,93$, $p < 0,0001$, foram significativos. Por fim, podemos observar (na linha 15) que a variância explicada foi quase perfeita, $R^2 = 0,99$.

## Como fazer um teste *t*

Suponhamos que você fez uma pesquisa em uma organização e observou que as diferenças na gestão de dois chefes levam os trabalhadores a diferentes níveis de estresse. Vamos utilizar dados de apenas seis trabalhadores apenas por fins didáticos. Ao coletar os dados você quer comparar as médias de estresse no trabalho dos grupos coordenados por esses dois chefes, o chefe líder e o chefe mandão. Perceba que o nível de estresse em nossa amostra varia de 0 a 100 e cada número é a resposta de um sujeito.

```
1   > lider = c(0,10,20,30,40,50)
2   > mandao = c(4,22,44,60,82,100)
```

Ao fazer testes *t* no R é preciso prestar atenção que o comando mais simples realiza o teste *t* de Welch, que supõe variâncias iguais entre amostras. Vamos demonstrar aqui um teste *t* para amostras independentes que pressupõe variâncias iguais, pois isso é o tradicionalmente usado. Abaixo no *script* para o teste *t* temos a palavra "alternative" que especifica se o teste é unicaldal ("less", "greater") ou bicaudal ("two.

sided"). A palavra "mu" especifica a média do parâmetro sob a hipótese nula, como usamos como parâmetro a distribuição normal, sempre colocaremos mu = 0. A palavra "paired" especifica se é um teste $t$ de amostras dependentes (=FALSE) ou de amostras independentes (=TRUE). A palavra "var.equal" especifica se variâncias iguais são assumidas (=TRUE) ou não (=FALSE). E por fim, conf.level a amplitude do intervalo de confiança que na psicologia tem sido usado o valor de 0,95.

```
1   > t.test(lider, mandao, alternative =
    c("greater"), mu = 0,
2   paired = TRUE, var.equal = FALSE,
    conf.level = 0.95)
```

O *output* gerado é o seguinte:

```
1              Paired t-test
2    data:         líder and mandão
3    t = -3.7857, df = 5, p-value = 0.9936
4    alternative   true difference in means
     hypothesis:   is
5                  greater than 0
6    95 percent confidence interval:
7    -41.3715      Inf
8    sample estimates:
9    mean of the differences
10                -27
```

É possível observar que o teste $t$ não foi significativo com $t(5) = -3,78$, $p = 0,99$.

## Como fazer uma Anova

Suponha que você queira comparar os efeitos de dois tipos de distração em uma tarefa de memória explícita, utilizando uma distração sonora, outra visual e um grupo-controle. Digamos que havia apenas 5 pessoas em cada grupo e que os padrões de respostas foram os seguintes:

```
1   > memoria = c(2,13,17,13,8,5,11,2,10,
    14,9,12,11,18,14)
2   > grupo = c(1,1,1,1,1,2,2,2,2,2,3,3,3,
    3,3)
```

Para realizar uma Anova de uma via você deve utilizar a seguinte função:

```
1   > fit <- aov(memoria ~ grupo)
```

Repare que devemos salvar o resultado da análise em um objeto específico (fit). Dessa forma, novamente, poderemos recuperar o *output* dos resultados com as informações relevantes executando a seguinte função:

```
1   > summary(fit)
2            Df  Sum   Sq     Sq F   Pr(>F)
                       Mean   value
3   grupo     1  12.1  12.10  0.508  0.489
4   Residuals 13 309.5 23.81
```

É possível observar que o modelo geral da Anova não foi significativo com $F(1, 13) = 0,51$, $p = 0,489$.

## Como fazer um Qui-quadrado

Suponha que você está fazendo uma pesquisa em psicologia do consumidor e gostaria de comparar os efeitos de uma propaganda sobre a compra. Para isso usaremos dados de apenas 12 consumidores que informaram se compraram ou não o produto após assistir ou não a sua propaganda. Perceba que aqui codificamos as respostas em sim = 1 e não = 2 no caso do produto e sim = 2 e não = 3 para propaganda. Não existe uma regra nesse sentido, o importante no qui-quadrado é que as informações tenham códigos distintos.

```
1  > produto = c(1,0,0,1,1,0,0,1,1,1,1,1)
2  > propaganda =
   c(2,2,2,2,2,3,3,3,3,3,2,2)
```

Da mesma forma que em outras análises, o x e o y foram substituídos pelas variáveis em questão.

```
1  > chisq.test(produto, propaganda)
```

Ao mandar rodar o *script* ou inseri-lo diretamente em seu console você obterá os seguintes resultados:

```
1  Pearson's Chi-squared test with
   Yates' continuity correction
2  data:  produto and propaganda
3  X-squared = 1.7327e-31, df = 1,
   p-value = 1
```

Como interpretar? É possível observar que o teste qui-quadrado não foi significativo com $\chi^2(1) = 1,73e{-}31$, $p = 1$.

## O que fazer se minha análise der errado?

Muitas vezes, principalmente quando você começar a criar sua própria independência usando o R, você irá se deparar com mensagens de erros e de *warnings*. Erros são mensagens que impossibilitam seu programa de rodar. Ou seja, quando houver um erro, sua função não irá retornar qualquer resultado. Eles podem ocorrer em uma diversidade de casos: quando a função esperava uma matriz e você insere um *data frame*; quando você tenta fazer cálculos com objetos do tipo caracteres; quando um algoritmo falha em convergir para o resultado correto; quando você tem dados faltantes no seu banco de dados; entre outros.

*Warnings* são mensagens indicando que provavelmente algo de errado ou estranho aconteceu com sua análise. Nesse caso, diferentemente dos erros, sua função irá retornar um resultado, mas talvez haja algo errado com ele. *Warnings* também podem ocorrer em uma diversidade de casos: quando a função esperava uma matriz e você insere um *data frame*; quando você tenta fazer cálculos com objetos do tipo caracteres; quando um algoritmo falha em convergir para o resultado correto; quando você tem dados faltantes no seu banco de dados; entre outros.

Reparou que os exemplos foram todos iguais? Isso não foi um erro de "copia e cola" que cometemos, mas sim a intenção de ilustrar um ponto importante: é difícil saber o que irá ou não gerar essas mensagens. Dado que os pacotes podem ser criados de forma independente, não há um padrão para qual tipo de ações irá necessariamente gerar um erro ou necessariamente gerar um *warning*. Dessa forma, é importante que você aprenda a usar ferramentas de busca para poder sanar suas dúvidas, caso as mensagens de erro ou *warning* não sejam suficientemente claras para você, sozinho, resolver o problema (isso acontece com certa frequência).

Para acessar a documentação das funções sem sair do R (mas ainda utilizando acesso à internet), você pode digitar help.start(), com espaço vazio entre os parênteses. Ao rodar esse comando você terá acesso a informações sobre os pacotes que você tem; informações introdutórias sobre o R; como exportar e importar dados; como escrever extensões; entre outros. É possível também inserir um ponto de interrogação antes de qualquer função para obter informações sobre ela. Por exemplo, ao rodar ?plot você abrirá a documentação da função plot, na aba Help do quadrante 4 do RStudio. A documentação de uma função terá a descrição geral do que a função faz e quais argumentos você deverá escrever para poder obter o tipo de gráfico que almeja. Outra vantagem de se utilizar o RStudio é que, ao começar a digitar a função, ele sugere a você funções que usam as palavras digitadas. Quando você digitar "plot", por exemplo, aparecerá uma lista de funções que utilizam essa palavra, como plot.default. Ao escolher a função desejada, aparecerão informações sobre os principais argumentos utilizados pela função.

A segunda coisa a se fazer quando encontrar um erro ou *warning* é fazer um debug do seu código: verificar se tudo está corretamente escrito em seu *script*. Às vezes o R pode ser terapêutico (ou fonte de muita raiva e frustração), mas fato é que você precisa pacientemente procurar erros em seu *script*. Você pode até não ser disléxico, mas após um tempo trabalhando com diversas funções distintas, naquele dia que você está atolado de trabalho e bastante estressado, certamente muitas coisas irão passar. Por consequência, mensagens de erro e *warning* vão saltar várias vezes na tela. Não desanime! Após praticar as coisas que ensinamos neste capítulo algumas vezes, dê uma olhada nos outros capítulos deste livro que usam o R. Temos certeza de que você ficará espantado sobre como é fácil transitar de uma análise mais simples, como uma correlação, para análises mais complexas, como uma modelagem por equação estrutural bayesiana.

Outra coisa importante de se fazer é verificar se a sua versão do R, RStudio e dos seus pacotes é a mais atual possível. Caso contrário, atualize os seus programas. Se você só precisar instalar uma nova versão do R, basta fechar o RStudio e baixar e instalar essa nova versão, a qual será carregada automaticamente pelo RStudio. É importante salientar que quando você instala uma nova versão do R é como se você estivesse instalando um novo programa. Isso significa que a

nova versão do R que você instalou não apaga automaticamente a versão antiga. Essa prática é comum no meio da computação para se testar compatibilidade entre versões distintas de programas distintos. Caso também precise atualizar o RStudio, vá para Help e Check for Updates para verificar as atualizações e instalar a versão mais recente do RStudio. Verifique se todos os pacotes estão atualizados. Para atualizar pacotes, vá até Tools e clique em Check for Package Updates. Se houver atualizações disponíveis, selecione All ou apenas selecione aqueles que forem de interesse e clique em Install Updates.

A última sugestão que gostaríamos de lhe dar sobre como resolver problemas com o seu código é usar uma prática bem tradicional na internet: copiar a mensagem de erro/*warning* que o programa lhe der como retorno, ou simplesmente digitar sua dúvida, no seu buscador de preferência. Muito provavelmente você achará alguém que já teve a mesma dúvida que você e, com igual probabilidade, alguém já deve ter respondido à questão e resolvido o problema. Muito material estará publicado em inglês e, portanto, é importante que você consiga entender um pouco essa língua. No entanto, você não precisa ser fluente e sempre poderá usar algum tradutor. Esse desafio da linguagem também é transponível com a crescente comunidade de R no Brasil (p. ex., o grupo do Facebook "R Brasil – Programadores": https://www.facebook.com/groups/1410023525939155/), o que tem se traduzido na produção cada vez maior de conteúdos em português.

Como fontes de informação, gostaríamos também de sugerir algumas delas as quais acreditamos merecer destaque. O primeiro é o Stack Overflow: https://stackoverflow.com Com um banco de perguntas e respostas sobre uma ampla gama de tópicos em programação, o site permite que você pergunte e também leia perguntas anteriores sobre as mais variadas dificuldades que se pode encontrar ao tentar rodar seus *scripts*. O segundo site é o Quick-R: https://www.statmethods.net/index.html Neste site você irá encontrar diversos tutoriais das análises mais simples até os recursos mais avançados de programação em R. Inclusive, esse site é tão completo que existe um livro (Kabacoff, 2015) que foi escrito baseado no conteúdo do Quick-R.

Há também os sites oficiais do próprio R. Por exemplo, no endereço https://www.r-project.org você encontrará as novidades que os desenvolvedores do R publicam e atualizações que você também pode acompanhar pelo Twitter oficial deles (https://twitter.com/_r_foundation). O outro site oficial é CRAN Task View (https://cran.r-project.org/web/views/), uma espécie de blog que lista pacotes com funcionalidades similares. Por exemplo, há uma página de pacotes sobre inferência bayesiana (https://cran.r-project.org/web/views/Bayesian.html), tratamento de dados faltantes (https://cran.r-project.org/web/views/MissingData.html), análises robustas na presença de *outliers* (https://cran.r-project.org/web/views/Robust.html), pacotes importantes para análises em psicologia (https://cran.r-project.org/web/views/Psychometrics.html), entre muitos outros.

## Considerações finais

O R é uma ferramenta valiosa e tem apresentado um uso cada vez mais frequente no meio acadêmico e empresarial. Aprender uma ferramenta que pode ser usada transversalmente para analisar qualquer tipo de dado – sim, inclusive análises textuais – pode ser de grande serventia tanto profissional quanto acadêmica. Além disso, o R lhe permite estar atualizado em relação a novos métodos estatísticos de análise de dados ou, até mesmo, que você proponha métodos novos. Geralmente novas análises são divulgadas em artigos científicos, mas demoram muito para ser implementadas em softwares pagos. No R, caso alguém ainda não tenha feito, você mesmo pode, potencialmente, criar seu código para realizar tal análise.

Outra característica relevante é que o R apoia o desenvolvimento científico. Há uma forte corrente discutindo a replicação e o compartilhamento de dados em psicologia, um movimento que ficou conhecido como Open Science (Spellman, Gilbert & Corker, 2018). Havendo um software livre e *scripts* de análise que possibilitam que se reproduza fielmente uma análise feita previamente, há, obviamente, maior transparência nos procedimentos utilizados em qualquer pesquisa. Além disso, o fato de o R ser gratuito possibilita que esse compartilhamento seja feito sem ferir direitos autorais ou haver necessidade de recorrer à pirataria ou outras práticas indevidas.

Para aqueles já familiarizados com análises no SPSS® utilizar o R é uma mudança de paradigma. Dizemos isso porque o processo de análise de dados muda completamente. Nós que primeiro aprendemos a analisar nossas pesquisas no SPSS vemos como no R precisamos ter um conhecimento muito maior sobre cada etapa do processo de análise e sobre cada decisão que tomamos e pacote que usamos. Em vez de apertar uma sequência de botões e ter um resultado completo de uma só vez, a análise no R é mais interativa. Você tem muito mais decisões a serem tomadas. Por exemplo, em uma análise fatorial, você usa uma função para determinar a quantidade de fatores e outra para estimá-los. Começa explorando os dados e para só depois usar diversas funções distintas e concluir que alcançou o melhor resultado. Esse processo é trabalhoso, mas resulta em pesquisas mais elaboradas e bem-feitas.

Por fim, novamente, o R é uma linguagem de programação para uso amplo. Utilizando funcionalidades, como o Shiny (shiny.rstudio.com/) e o Rmarkdown (rmarkdown.rstudio.com/), é possível criar aplicativos e relatórios autoatualizáveis, respectivamente. Dessa forma, os limites do que se pode fazer com o R são apenas aqueles que você impõe a si mesmo. Esperamos que a partir deste capítulo esses limites sejam cada vez mais percebidos como transponíveis.

## Referências

Allerhand, M. (2011). *A tiny handbook of R.* Springer. http://doi.org/10.1007/978-3-642-17980-8

Crawley, M. J. (2012). *The R book.* John Wiley & Sons.

Dragulescu, A., & Arendt, C. (2020). xlsx: Read, Write, Format Excel 2007 and Excel 97/2000/XP/2003 Files. *R package version 0.6.3.* http://CRAN.R-project.org/package=xlsx

Field, A. (2017). *Discovering statistics using IBM SPSS® statistics.* Sage.

Kabacoff, R. I. (2015). *R in Action Data analysis and graphics with R. Manning.*

Lu, J. (2017). MicroMacroMultilevel: Micro-Macro Multilevel Modeling. *R package version 0.4.0.* http://CRAN.R-project.org/package=MicroMacro Multilevel

R Core Team (2020). *R: A language and environment for statistical computing.* R Foundation for Statistical Computing. http://www.R-project.org/

Revelle, W. (2020). Psych: Procedures for Psychological, Psychometric, and Personality Research. *R package version 1.9.12.31.* http://CRAN.R-project.org/package=psych

Spellman, B. A., Gilbert, E. A., & Corker, K. S. (2018). Open science. In J. Wixted & E.-J. Wagenmakers (orgs.), *Stevens' handbook of experimental psychology and cognitive neu-roscience: Vol. 5. Methodology* (pp. 729-776). John Wiley.

Wickham, H. (2019). *Advanced R.* CRC.

Wickham, H., & Miller, E. (2019). Haven: Import and export SPSS, Stata and SAS files. *R package version 0.6.3.* http://CRAN.R-project.org/package=haven

# 2
# Análise exploratória de dados utilizando o R

*Raissa Damasceno Cunha*
*Cristiane Faiad*
Universidade de Brasília

*Everson Meireles*
Universidade Federal do Recôncavo Baiano

*Claudette Maria Medeiros Vendramini*
Universidade São Francisco

A análise exploratória de dados é a primeira etapa da série de procedimentos que você irá realizar para testar suas hipóteses. Há uma série de obras que abordam as questões elementares sobre o delineamento, planejamento e execução de uma pesquisa, temas que fogem ao escopo deste capítulo. Para um melhor aproveitamento e compreensão dos temas que serão abordados a seguir recomenda-se, entre outras obras, a leitura prévia de Vendramini (2007) sobre estatística e delineamentos de pesquisa e Pasquali (2017a; 2017b) sobre métodos e técnicas de pesquisa em ciências do comportamento e psicometria, bem como Aera (2014), Muñiz e Fonseca-Pedrero (2009), Pasquali et al. (2010) e Damasio e Borsa (2018) sobre a elaboração de instrumentos de medida e montagem do banco de dados.

Toda análise de dados é conduzida com base nas hipóteses de pesquisa e nunca o contrário. Existem, inclusive, iniciativas que recomendam o registro da pesquisa e da análise que será feita com os dados (Wagenmakers et al., 2012). Antes de iniciar suas análises **é esperado que conheça** a natureza das variáveis, o nível de medida, o que as respostas numéricas dos participantes repre-

sentam e quais hipóteses irá testar. Boa parte das análises feitas para testar hipóteses com exigências e pressupostos precisa ser verificada antes da realização das análises em si. Diferentes tipos de análises exigem a satisfação de pressupostos variados e por isso é importante conhecer bem o significado do pressuposto, bem como os riscos atrelados à sua violação (Garson, 2012; Hair et al., 2010; Kline, 2011). De qualquer modo, mesmo que a análise que irá executar não tenha pressupostos, é preciso que você explore seus dados para identificar possíveis erros e vieses.

Este capítulo apresenta a análise exploratória de dados e fornece um guia de referência prático para sua realização. Para melhor compreensão deste capítulo sugerimos que leia o capítulo 1 deste livro no qual são ensinados os primeiros passos para realizar análises de dados por meio do software R. No atual capítulo, abordaremos a importância da realização de um tratamento inicial na base de dados com a identificação de dados ausentes e *outliers* e, em seguida, a necessidade de que alguns pressupostos sejam avaliados para que se possa prosseguir para o teste de hipóteses.

Importante enfatizar que as análises que realizamos estão em constante avanço, por isso não se limite a realizar apenas as que apresentamos neste capítulo. Conheça sua pesquisa e as análises que precisará realizar e avalie, sempre de forma crítica, a necessidade de relatar determinada análise. Embora a análise exploratória de dados receba pouca atenção de alguns/algumas pesquisadores/as, é ela que fornece importantes subsídios para a tomada de decisão coerente e adequada sobre os seus dados. Portanto, tenha sempre em mente que o relato resumido dos principais resultados da análise exploratória de dados indica postura comprometida do/a pesquisador/a e agrega valor e informação à pesquisa. Sem contar que também compõe algumas das exigências de revistas científicas de referência.

## Tratamento inicial da base de dados

Se a sua coleta de dados foi feita usando lápis e papel é possível que durante a tabulação tenham ocorrido erros de digitação e de codificação das variáveis. É preciso um cuidado especial na tabulação das respostas na planilha de dados, uma vez que respostas digitadas incorretamente, se não puderem ser corrigidas adequadamente por meio da consulta aos questionários originais, precisam ser apagadas da base de dados. Por isso, o primeiro passo da análise exploratória consiste em verificar se todos os dados coletados foram registrados corretamente na base de dados. Essa inspeção inicial é bastante simples! Basta verificar se a amplitude (valores mínimos e máximos) da escala numérica utilizada para codificar as respostas dos participantes aos questionários está adequadamente representada no banco de dados.

Para executar esse primeiro comando, vamos primeiro importar nosso banco de dados

que será usado de exemplo. O banco que usaremos para os nossos exemplos neste capítulo vem de uma pesquisa com 149 estudantes sobre sexismo. O inventário de sexismo ambivalente (ISA) (Ferreira, 2004) foi utilizado para acessar as atitudes sexistas que, segundo a teoria, podem ser divididas em hostis e benevolentes (Glick & Fisk, 1996; 2001). Brevemente, as atitudes sexistas hostis vêm expressas em itens como "As mulheres se ofendem muito facilmente", enquanto as atitudes sexistas benevolentes vêm expressas em itens como "As mulheres costumam ter mais sensibilidade moral que os homens".

Para importar o banco de dados identificado como sexismoambivalente.xlsx basta clicar na tecla *Import Dataset* no RStudio e selecionar *From Excel*. Veja que existem outras opções e, caso o seu banco de dados esteja tabulado em um documento do SPSS, por exemplo, você pode importá-lo para o RStudio selecionando a opção *From SPSS*. Nesta etapa não há dificuldade, ao importar o banco ele aparecerá da seguinte forma em seu diretório (cf. fig. 1).

Agora que o seu banco está disponível para ser utilizado em seu RStudio, vamos iniciar a sua exploração. Você pode abrir o script completo, *Análise Exploratória de dados.R*, e apenas seguir os passos que indicaremos aqui. Alguns comandos para análise descritiva de dados foram apresentados no capítulo 1 deste livro. Já neste capítulo, vamos retomar algumas análises e avançar para a realização de uma análise exploratória completa. Sugerimos que leia e faça as análises propostas no capítulo 1 e depois inicie as análises deste capítulo.

Vamos começar com pacote *psych* (Revelle & Revelle, 2015). Caso ainda não tenha baixado o pacote *psych*, basta escrever em seu script install.packages("psych") ou selecionar na tecla

**Figura 1**

*Interface do RStudio após a importação do banco que usaremos de exemplo*

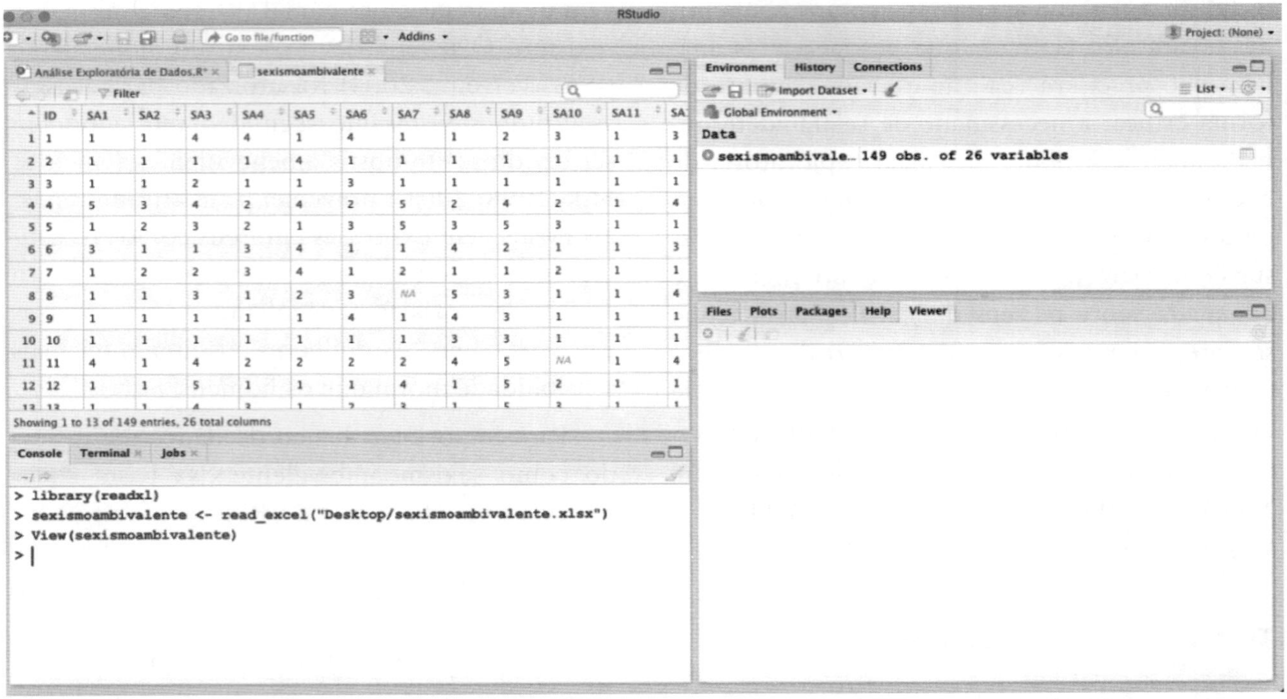

*Packages* a opção *Install* e digitar o nome do pacote que queira instalar. Caso já tenha seguido todos os passos descritos no capítulo 1, basta escrever require(psych) o pacote já está instalado e não precisa ser instalado novamente, mas é preciso "chamá-lo".

Antes de procedermos às análises, vamos entender o banco de dados que estamos utilizando como exemplo. Os dados ora apresentados não correspondem a uma pesquisa completa, mas a um recorte que serve apenas para fins didáticos. Ao abrir o arquivo em Excel que disponibilizamos, *sexismoambivalente.xlsx*, você perceberá que a primeira linha "ID" contém números em sequência. Essa primeira linha é para identificação dos participantes e facilita muito quando você quer encontrar um questionário que foi mal tabulado. Em seguida temos os 22 itens do ques-

tionário nomeados sequencialmente com SA1, SA2 e assim por diante até o SA22. Os participantes responderam ao questionário de 22 itens usando uma escala de concordância *Likert* de 5 pontos. Por fim, temos os dados do curso de graduação dos participantes (tabulados com 1 Biologia, 2 Letras e 3 Engenharias) e a idade.

Como descrito no capítulo 1, o pacote *psych* tem uma função chamada describe() que gera estatísticas descritivas para variáveis medidas nos níveis intervalar ou de razão de medida. Vamos executar essa função em nosso banco utilizando o seguinte *script*:

```
1  > require(psych)
2  > describe(sexismoambivalente)
```

Uma sugestão importante é que exporte os resultados do RStudio para o Excel, para visualizar melhor os resultados. Para exportar seus dados em formato Excel, instale o pacote openxlsx e use o *script* descrito abaixo.

```
1  install.packages("openxlsx")
2  require(openxlsx)
3  DSC <- describe(sexismoambivalente)
4  write.xlsx(DSC, "/Users/
   meucomputador/Desktop/
   resultadodescribe.xlsx", row.names =
   FALSE)
```

Veja a seguir na figura 2 o resultado da função describe() exportado para o Excel. O resultado das nossas 25 variáveis se inicia com o número que identifica cada variável (vars); a quantidade de observações (n); a média de (mean); o desvio-padrão (sd); a mediana (median); a média truncada (trimmed); a mediana trunca (mad); o valor mínimo (min); o valor máximo (max); a amplitude (range); a assimetria (skew); a curtose (kurtosis); e o erro-padrão da média (se). Observe na coluna B do Excel que contém a quantidade de observações (n) que, apesar de termos 149 respondentes, nem todos responderam a todas as perguntas do questionário. Especificamente, veja que a variável (vars) de número 8 contém apenas 97 observações (no caso, respostas).

**Figura 2**

*Output gerado utilizando a função describe() e exportado utilizando a função write.xlsx()*

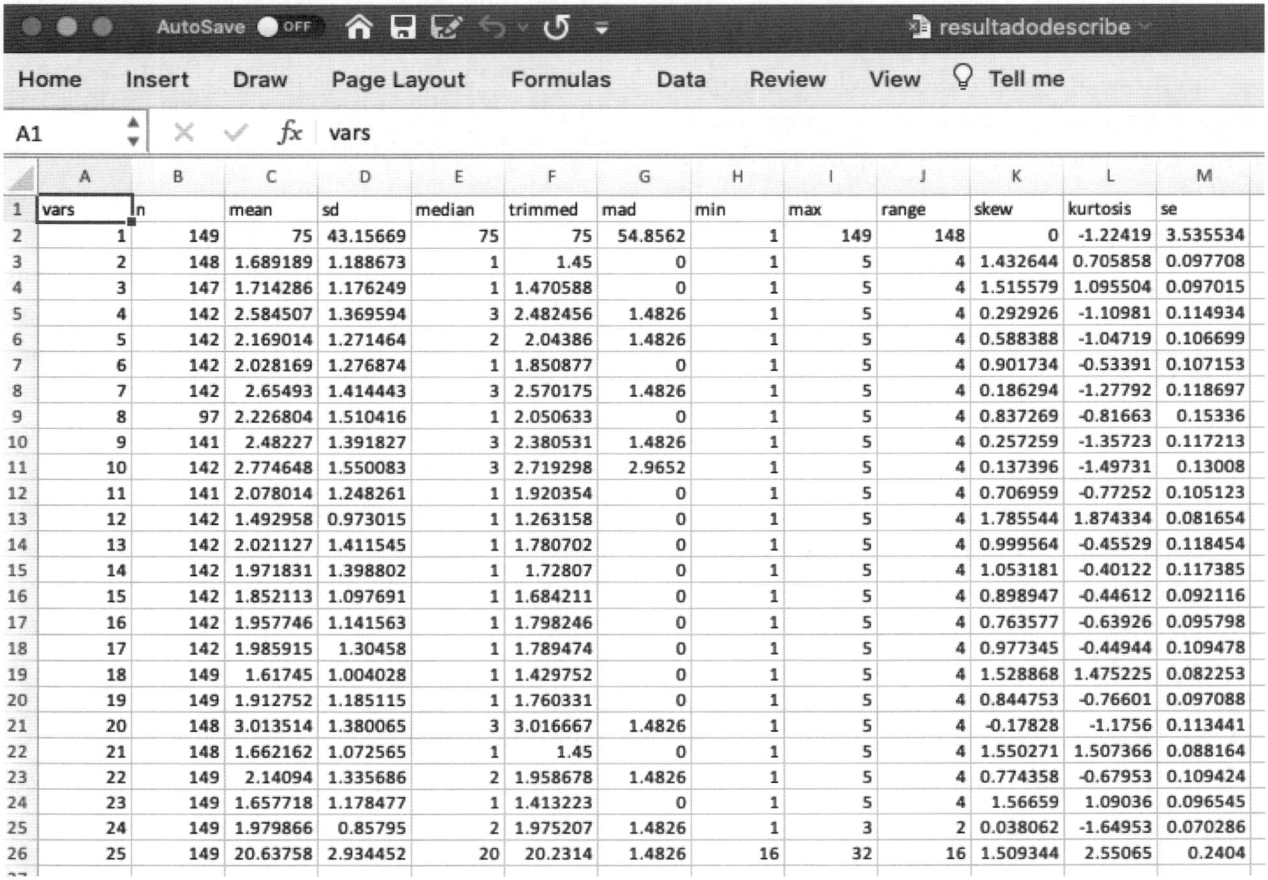

| | A | B | C | D | E | F | G | H | I | J | K | L | M |
|---|---|---|---|---|---|---|---|---|---|---|---|---|---|
| 1 | vars | n | mean | sd | median | trimmed | mad | min | max | range | skew | kurtosis | se |
| 2 | 1 | 149 | 75 | 43.15669 | 75 | 75 | 54.8562 | 1 | 149 | 148 | 0 | -1.22419 | 3.535534 |
| 3 | 2 | 148 | 1.689189 | 1.188673 | 1 | 1.45 | 0 | 1 | 5 | 4 | 1.432644 | 0.705858 | 0.097708 |
| 4 | 3 | 147 | 1.714286 | 1.176249 | 1 | 1.470588 | 0 | 1 | 5 | 4 | 1.515579 | 1.095504 | 0.097015 |
| 5 | 4 | 142 | 2.584507 | 1.369594 | 3 | 2.482456 | 1.4826 | 1 | 5 | 4 | 0.292926 | -1.10981 | 0.114934 |
| 6 | 5 | 142 | 2.169014 | 1.271464 | 2 | 2.04386 | 1.4826 | 1 | 5 | 4 | 0.588388 | -1.04719 | 0.106699 |
| 7 | 6 | 142 | 2.028169 | 1.276874 | 1 | 1.850877 | 0 | 1 | 5 | 4 | 0.901734 | -0.53391 | 0.107153 |
| 8 | 7 | 142 | 2.65493 | 1.414443 | 3 | 2.570175 | 1.4826 | 1 | 5 | 4 | 0.186294 | -1.27792 | 0.118697 |
| 9 | 8 | 97 | 2.226804 | 1.510416 | 1 | 2.050633 | 0 | 1 | 5 | 4 | 0.837269 | -0.81663 | 0.15336 |
| 10 | 9 | 141 | 2.48227 | 1.391827 | 3 | 2.380531 | 1.4826 | 1 | 5 | 4 | 0.257259 | -1.35723 | 0.117213 |
| 11 | 10 | 142 | 2.774648 | 1.550083 | 3 | 2.719298 | 2.9652 | 1 | 5 | 4 | 0.137396 | -1.49731 | 0.13008 |
| 12 | 11 | 141 | 2.078014 | 1.248261 | 1 | 1.920354 | 0 | 1 | 5 | 4 | 0.706959 | -0.77252 | 0.105123 |
| 13 | 12 | 142 | 1.492958 | 0.973015 | 1 | 1.263158 | 0 | 1 | 5 | 4 | 1.785544 | 1.874334 | 0.081654 |
| 14 | 13 | 142 | 2.021127 | 1.411545 | 1 | 1.780702 | 0 | 1 | 5 | 4 | 0.999564 | -0.45529 | 0.118454 |
| 15 | 14 | 142 | 1.971831 | 1.398802 | 1 | 1.72807 | 0 | 1 | 5 | 4 | 1.053181 | -0.40122 | 0.117385 |
| 16 | 15 | 142 | 1.852113 | 1.097691 | 1 | 1.684211 | 0 | 1 | 5 | 4 | 0.898947 | -0.44612 | 0.092116 |
| 17 | 16 | 142 | 1.957746 | 1.141563 | 1 | 1.798246 | 0 | 1 | 5 | 4 | 0.763577 | -0.63926 | 0.095798 |
| 18 | 17 | 142 | 1.985915 | 1.30458 | 1 | 1.789474 | 0 | 1 | 5 | 4 | 0.977345 | -0.44944 | 0.109478 |
| 19 | 18 | 149 | 1.61745 | 1.004028 | 1 | 1.429752 | 0 | 1 | 5 | 4 | 1.528868 | 1.475225 | 0.082253 |
| 20 | 19 | 149 | 1.912752 | 1.185115 | 1 | 1.760331 | 0 | 1 | 5 | 4 | 0.844753 | -0.76601 | 0.097088 |
| 21 | 20 | 148 | 3.013514 | 1.380065 | 3 | 3.016667 | 1.4826 | 1 | 5 | 4 | -0.17828 | -1.1756 | 0.113441 |
| 22 | 21 | 148 | 1.662162 | 1.072565 | 1 | 1.45 | 0 | 1 | 5 | 4 | 1.550271 | 1.507368 | 0.088164 |
| 23 | 22 | 149 | 2.14094 | 1.335686 | 2 | 1.958678 | 1.4826 | 1 | 5 | 4 | 0.774358 | -0.67953 | 0.109424 |
| 24 | 23 | 149 | 1.657718 | 1.178477 | 1 | 1.413223 | 0 | 1 | 5 | 4 | 1.56659 | 1.09036 | 0.096545 |
| 25 | 24 | 149 | 1.979866 | 0.85795 | 2 | 1.975207 | 1.4826 | 1 | 3 | 2 | 0.038062 | -1.64953 | 0.070286 |
| 26 | 25 | 149 | 20.63758 | 2.934452 | 20 | 20.2314 | 1.4826 | 16 | 32 | 16 | 1.509344 | 2.55065 | 0.2404 |

Para avaliar se existem erros de digitação na sua base de dados, considere a amplitude da escala de resposta do seu instrumento. Em nosso exemplo, os itens da escala variam de 1 a 5 e correspondem às variáveis vars 2 até 23, à variável vars 24 corresponde o curso de graduação e varia de 1 a 3. Por fim, à variável vars 25 corresponde a idade dos participantes. Valores fora desses limites representam erros de digitação e podem ser observados nas linhas: o valor mínimo (min); o valor máximo (max); a amplitude (range). Os resultados de assimetria (skew) e curtose (kurtosis) são relevantes para análise sobre normalidade e serão discutidos no tópico de "Pressupostos de análises multivariadas – Normalidade".

Para corrigir os dados, acesse o questionário e digite o valor correto. Caso não tenha acesso aos questionários respondidos pelos participantes para fazer essa verificação, os valores digitados incorretamente devem ser apagados da base de dados, implicando a perda de informações para a sua pesquisa.

### Dados omissos ou perdidos – missing values

Algo que você pôde observar na exploração inicial dos dados é que o oitavo item do questionário, que aparece na tabela da figura 2 na nona posição, teve apenas 97 respostas. Isso é algo que deve chamar a sua atenção! Dentre os seus 149 participantes 52, aproximadamente um terço, escolheu não responder ao item. Esse fenômeno, chamado de dados **omissos ou perdidos** (*missing values*), é um problema na realização de uma pesquisa e devemos minimizar a sua ocorrência.

A adoção de procedimentos preventivos na elaboração do questionário/instrumento e na coleta de dados incluem: pré-testes e ou estudo-piloto para verificar a adequação das perguntas, número razoável de itens, formatação do questionário, condições e tempo necessário para a aplicação dos questionários, dentre outras medidas (cf. Günther, 2003; Pasquali et al., 2010; Muñiz & Fonseca-Pedrero, 2009). Já com formulários eletrônicos este problema pode ser sanado ao pedir que todas as respostas sejam obrigatórias, o que também não garante que todas as respostas dadas foram de perguntas lidas e pensadas. Apesar desses esforços, o processo de dados perdidos não é decorrente apenas das ações e procedimentos adotados pelo/a pesquisador/a. Em realidade, na maioria das vezes, eles são desconhecidos e envolvem ações por parte do respondente que podem incluir: esquecimento; engano; incapacidade de opinar sobre o tema enunciado pelo item/pergunta; tentativa de não ser identificado; ou mesmo a recusa deliberada em não responder determinadas perguntas/itens.

Dados perdidos representam um problema para as análises estatísticas, para a interpretação e a generalização dos resultados. Em diversas análises que você irá conduzir no R não se admite dados omissos, isso porque os algoritmos matemáticos precisam da informação completa em todas as variáveis para proceder corretamente aos cálculos estatísticos. Um dos grandes desafios do/a pesquisador/a é avaliar a ocorrência (quantidade) e o grau de sistematicidade dos dados perdidos em relação a outras variáveis da amostra, buscando compreender sua natureza, para então avaliar a pertinência e adequação de diferentes formas de tratamento desses dados, conforme comentado a seguir.

Os processos de dados omissos/perdidos podem ser classificados como sistemáticos/não aleatórios (*missing not at random* – NMAR), quando podem ser atribuídos ao próprio procedimento da pesquisa (p. ex., tempo insuficiente destinado para as pessoas responderem o questionário; itens mal-elaborados, tendenciosos ou que não são compreendidos pelos participantes, dentre outros), ou mesmo devido a características/tendências de determinados grupos de participantes que podem ser conhecidas do/a pesquisador/a. Por outro lado, eles podem ocorrer por causas completamente aleatórias (*missing completely at random* – MCAR) ou apenas aleatórias (*missing at random* – MAR), que constitui um nível menor de aleatoriedade.

Considera-se como baixa a ocorrência de 3% a 5% de dados omissos para um participante ou uma variável individual. Esses dados poderiam ser ignorados, já que não trariam problemas substanciais nas análises futuras (Hair et al., 2010; Kline, 2011). No entanto, naquelas variáveis em que forem identificados maiores percentuais de dados perdidos é necessário um exame mais cuidadoso sobre sua sistematicidade. Assim, vamos utilizar o R para calcular essa porcentagem. No R os valores ausentes (dados omissos) são codificados pelo símbolo NA. Usando a função abaixo verificaremos a proporção das observações que está ausente.

```
1  > mean(is.na(sexismoambivalente)
```

No *output* que aparecerá em seu console o resultado de 0.04026846, o que corresponde a 4,0% de dados perdidos, o que nos diz que não precisamos nos preocupar com dados ausentes observando o banco todo. Podemos fazer o mesmo procedimento para cada variável. Para isso, ao invés de deixar o banco todo sob análise, podemos selecionar algumas variáveis. Vamos selecionar duas: o décimo oitavo item e o sétimo item.

```
1  > Item18 <- sexismoambivalente[19]
2  > mean(is.na(Item18))
3  > Item8 <- sexismoambivalente[8]
4  > mean(is.na(Item18))
```

Em seu console o resultado para o item 18 (SA18) será [1] 0, já o resultado para o item 8 (SA8) será [1] 0.3489933. Veja que o item 8 apresenta 34,89% de *missing* e ultrapassa o limite aceitável de 5%. Com essas análises observamos problemas com *missing* relacionados a uma variável, faça você mesmo e veja o resultado das outras variáveis.

Observe que o percentual de dados perdidos é relativamente baixo (< 5%) para a maioria das variáveis analisadas, podendo ser ignorados tendo em vista que não trariam problemas substanciais nas análises futuras (Hair et al., 2010; Kline, 2011). Mas para as variáveis com percentual alto é necessário um exame mais cuidadoso sobre a sistematicidade desses dados perdidos. Outra forma de explorar os *missings* é visualizá-los a partir de uma representação gráfica. Para isso, instale o pacote naniar() e aplique no banco de dados.

```
1  > require(naniar)
2  > vis_miss(sexismoambivalente)
```

Há uma grande variedade de funções que você poderá usar para explorar seus dados, não tenha receio de usar outros recursos e buscar funções mais atuais, simples e adequadas aos seus dados. Cada tipo de processo de dados perdidos implica diferentes formas e métodos de tratamento, podendo envolver a eliminação de casos ou variáveis, ou mesmo a imputação de valores, isto é, a substituição de dados ausentes/perdidos, utilizando estimativas calculadas a partir da amostra para serem inferidas para a população. Pode-se simplesmente eliminar casos

**Figura 3**
*O gráfico fornece uma visualização da quantidade de dados ausentes, mostrando em preto a localização dos valores ausentes. Na legenda em inglês gerada automaticamente temos as informações sobre a porcentagem de valores ausentes*

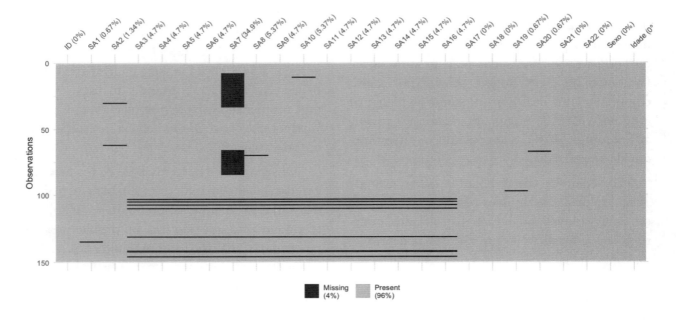

que apresentam até 5% de dados perdidos, sejam eles sistemáticos ou não, se essa opção não comprometer substancialmente o número total da amostra (Hair et al., 2010; Kline, 2011).

## Opções de imputação

Uma forma de lidar com dados perdidos e não descartar participantes é utilizar os procedimentos de imputação de valores estimados com base em outras informações disponíveis na amostra. A maneira mais simples de fazer essa imputação consiste em considerar a média de todas as respostas válidas de uma variável e substituir os dados perdidos por esse valor médio, calculado a partir das respostas da própria amostra. Embora esse procedimento viabilize a obtenção de casos com informação completa para cada variável, esse tipo de tratamento de dados perdidos tem algumas desvantagens, pois pode subestimar a verdadeira variância dos dados, distorcer a real distribuição dos dados e comprimir a correlação observada, uma vez que os dados perdidos recebem o mesmo valor (Hair et al., 2010; Kline, 2011).

O pacote psych() tem algumas opções de imputação e como esse é um pressuposto de muitas análises que fazemos na psicologia, a implementação da imputação pode ser feita simplesmente escolhendo entre "median" ou "mean". Veja esse exemplo de análise fatorial. Primeiro selecionamos no banco de sexismo ambivalente apenas os itens do questionário e colocamos no objeto dados. Depois montamos um modelo contendo a análise fatorial dos dados com número de fatores iguais a 2, rotação varimax, dizemos que, sim, temos *missings* e para a função imputar usando a média. Para ver o resultado, basta clicar em *Run* até o passo 3.

```
1  > dados <- sexismoambivalente [2:23]
2  > modelo <- fa(dados, nfactors = 2,
   rotate = "varimax", missing = TRUE,
   impute = " mean")
3  > modelo
```

Agora vamos realizar algumas formas de imputação para serem feitas antes de realizar as análises. Para isso, vamos instalar o pacote Test-DataImputation(). Esse pacote nos permite realizar uma série de distintas imputações. Para isso, vamos selecionar as variáveis que vamos realizar a imputação da mesma forma que realizamos anteriormente, vamos colocar apenas os itens do questionário em um objeto no R. Usando a função ImputeTestData() podemos realizar uma ampla variedade de métodos de imputação.

```
1  >   dados <- sexismoambivalente [2:23]
2  >   Dadosimputados <-
   ImputeTestData(dados, Mvalue = "NA",
   max.score = 5, method = "LW")
```

Na linha 2 criamos o objeto "Dadosimputados", no qual foram colocados os itens do questionário imputados usando o method = "LW" que representa o método *listwise* no qual se exclui todos os participantes para os quais foram identificadas respostas ausentes. O max.score é igual a cinco porque no questionário a resposta mais alta possível é 5. Caso seu questionário contenha apenas duas variáveis ou mais do que cinco esse valor precisará ser ajustado. Caso queira, você pode escrever em seu *script* describe(Dadosimputados) e veja que agora a quantidade de respondentes reduziu para apenas 94. As outras opções de imputação podem ser executadas mudando o *script* para method = "IN" que significa tratar todos os dados omissos como incorretos. Ou method = "PM" que imputará todas as respostas ausentes de um sujeito usando a sua média nos itens disponíveis enquanto o method = "IM" imputará as respostas ausentes de um item por sua média. Ou seja, o PM se ancora no sujeito para realizar a média enquanto o método IM se ancora na média dos itens.

Outro procedimento de imputação comumente utilizado envolve análises de regressão (cf. cap. 6). Esse procedimento consiste na predição de dados perdidos de uma variável com base em sua relação com outras variáveis da base de dados. A desvantagem desse método, para citar pelo menos uma, é que reforça as relações já presentes nos dados, tornando-os mais característicos da amostra e menos generalizáveis.

```
1  >   dados <- sexismoambivalente [2:23]
2  >   Dadosimputados <-
   ImputeTestData(dados, Mvalue = "NA",
   max.score = 5, method = "LR")
```

Idealmente, os métodos de tratamento dos dados perdidos deveriam ser utilizados quando esses dados pudessem ser atribuídos a motivos completamente aleatórios (i. e., MCAR). Dados perdidos que não são completamente aleatórios podem apresentar elementos sistemáticos que, se forem simplesmente ignorados, podem embutir tendências nos dados e prejudicar a generalização dos resultados para a população. No entanto, na realidade cotidiana da pesquisa, nem sempre se obtém dados MCAR e, mesmo assim, o/a pesquisador/a tem de lidar com a falta de informação para alguns casos/variáveis para prosseguir com as análises. Para lidar com essa questão, é aconselhável avaliar o impacto de diferentes formas de tratamento dos dados perdidos nos resultados das análises estatísticas, qualificando a interpretação dos resultados da pesquisa.

É possível ainda utilizar procedimentos que incorporam modelos de estimação de máxima verossimilhança (Maximum-Likelihood Estimation – MLE) (cf. o pacote amelia) para fazer estimativas dos valores mais precisos e razoáveis para os dados perdidos. A utilização da imputação também deve levar em conta o tipo de análise que irá realizar. Discussões mais avançadas em caso de *missing*, por exemplo em análises multinível, têm apontado a imputação baseada em um modelo de efeitos mistos lineares multivariados (*multivariate linear mixed effects model*) como a única estratégia para produzir inferências válidas sob a maioria das condições investigadas no estudo de simulação (Lüdtke, Robitzsch & Grund, 2017). Nesses casos recomendamos que verifique os pacotes mais atuais para realização da imputação.

## Valores extremos ou atípicos (*outliers*)

Assim como os dados perdidos, também é comum que existam dados com valores extremos ou atípicos (*outliers*), que se diferenciam muito dos demais valores obtidos para uma ou mais variáveis da base de dados. Imagine, por exemplo, que uma pesquisa foi desenvolvida com o objetivo de avaliar a relação entre a idade e a habilidade de raciocínio entre jovens. A amostra contém 100 participantes, a maioria com idades na faixa dos 15 aos 18 anos. Acontece que o pesquisador se surpreende com dois casos nos quais, para a variável idade, existem valores de 70 e 80, indicando a presença de participantes mais velhos na base de dados (provavelmente devido a algum erro na coleta de dados, já que a pesquisa é focada no público jovem). Certamente a idade desses dois participantes idosos terá impacto na média de idade da amostra como um todo, afetando o valor médio para cima. Isso seria verdade se houvesse participantes com 5 e 8 anos, por exemplo, mas agora a idade média da amostra seria afetada para baixo. Nesses exemplos, os valores 70 e 80, ou 5 e 8, poderiam ser considerados como observações influentes, uma vez que impactam substancialmente a média de idade da amostra.

Os *outliers* podem ocorrer por diversos motivos, por exemplo, podem ser devidos a erros de digitação, à inclusão de participantes que não deveriam compor a amostra da pesquisa (como no exemplo dado acima, caracterizando um erro metodológico na inclusão destes participantes numa amostra que deveria ser apenas de jovens), em função da combinação atípica de valores entre as variáveis, dentre outros motivos. Eles podem ser classificados como univariados, quando existem valores atípicos em uma única variável, ou multivariados, quando a combinação de mais de uma variável gera valores que se afastam muito dos valores da maioria da amostra. Por isso, é importante identificar a quantidade e tipo de *outliers* presentes na base de dados, considerando, sempre que possível e adequado ao escopo da pesquisa, as perspectivas univariada e multivariada.

Uma questão fundamental é avaliar até que ponto os dados atípicos se configuram como observações influentes (que, potencialmente, terão impactos negativos para as análises) e tomar decisões sobre como lidar com esse problema. É possível eliminar observações influentes (sobretudo quando representam de 3 a 5% da amostra total), ou mesmo adotar procedimentos de transformação dos dados. Essas opções costumam melhorar os resultados das análises multivariadas, mas também podem restringir a generalização dos resultados da pesquisa para a população, sobretudo quando eles representam características extraordinárias dessa população, por isso devem ser utilizadas com cautela (Hair et al., 2005).

O mais importante nesse momento é compreender que ao utilizar qualquer uma das formas de tratamento anteriormente listadas, seja para lidar com os dados perdidos ou *outliers*, deve-se ter em mente que não existem soluções estatísticas mágicas para esses problemas. Qualquer que seja a opção adotada para tratar esses casos levará a maiores ou menores impactos nos resultados. Por isso, no relato da pesquisa, deve-se sempre indicar a quantidade das observações em falta (*missing values*), classificá-los em sua natureza (se sistemáticos, ou não) e os procedimentos adotados para lidar com essa questão nas análises estatísticas – isso vale também para os *outliers*. Deve-se, sempre que possível e pertinente, avaliar o impacto de diferentes formas de tratamento desses casos nos resultados das análises futuras para identificar o grau de sensibilidade dos resultados diante de diferentes formas de tratar esses dados (Kline, 2011).

Para verificar a ocorrência de observações extremas você deve considerar o escopo de sua pesquisa e fazer a inspeção univariada e multivariada (sempre que se aplicar), conforme os exemplos a seguir.

### Detecção univariada

Uma forma simples de identificar os *outliers* é fazer uma inspeção gráfica por meio de gráficos de caixas (*Boxplots*), os quais trabalham com a seguinte ideia: Intervalo interquartílico (IQ) = Quartil 3 (Q3) – Quartil 1 (Q1) (cf. fig. 4). Para gerar o gráfico usaremos a função boxplot() em cada variável. Para selecionar o item 1 do instrumento usaremos sexismoambivalente$SA1. É importante ressaltar que os gráficos estatísticos

foram apresentados neste capítulo tal qual aparecem na saída do programa R e deverão ser editados para serem apresentados segundo normas científicas padronizadas, por exemplo as normas da American Psychological Association (APA).

```
1  > boxplot(sexismoambivalente$SA1)
```

**Figura 4**
*Boxplot do item 1*

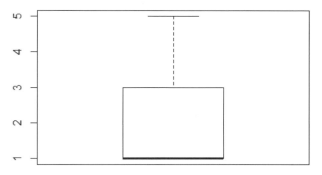

Outra opção é realizar um *Boxplot* com todos os itens do questionário de uma vez só (gráfico não editado segundo normas científicas padronizadas). Para isso use o *script* abaixo:

```
1  > dados <- sexismoambivalente [2:23]
2  > boxplot(dados)
```

Nesse tipo de gráfico as linhas da caixa (retângulo) são definidas de forma a delimitar os quartis da distribuição dos dados: a linha inferior do retângulo identifica o 1º quartil, a linha do meio o 2º quartil / mediana, e a linha superior o 3º quartil, a altura da caixa, indica o IQ (amplitude interquartílica). Fora da caixa, as linhas externas delimitam os limites inferior e superior da distribuição dos dados, que tem por tamanho máximo uma vez e meia o tamanho da caixa (1,5 . IQ). Valores fora desses intervalos inferiores e/ou superiores são considerados casos *outliers*, isto é, estão fora do intervalo (Q1 – 1,5 . IQ)

**Figura 5**
*Boxplot com todos os itens*

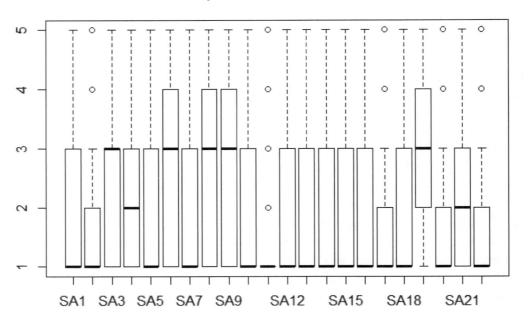

a (Q3 + 1,5 . IQ) e são representados por "o" (Pasquali, 2006). Quando os valores distam da caixa a mais de três vezes de seu tamanho (3 . IQ), são considerados valores *outliers* extremos, isto é, estão fora do intervalo (Q1 – 3 . IQ) a (Q3 + 3 . IQ) e são representados por "*".

No *output* você deve observar os gráficos produzidos para cada variável analisada. Observe que para a variável *SA19* nenhum caso ficou plotado fora dos limites superior ou inferior, indicando não haver casos extremos nessa variável. Quanto às demais variáveis, observa-se valores extremos (*outliers*) no limite superior para SA2, SA11, SA17, SA20 e SA22. Para obter os dados numéricos representados no *boxplot* use a função summary() e para saber os valores discrepantes use boxplot.stats.

```
1  > summary(sexismoambivalente$SA2)
   > boxplot.
2  stats(sexismoambivalente$SA2)$out
```

Uma outra maneira de identificar valores extremos para uma variável métrica consiste em converter os valores em escore z. Se sua amostra é pequena (< 80 observações), as orientações sugerem que valores $z \geq \pm 2{,}50$ podem indicar valores extremos (Hair et al., 2005). Agora se a amostra é maior, o valor crítico recomendado é de $z \geq \pm 3{,}29$ (Pasquali, 2006). Você pode gerar escores z usando a função scale().

### Detecção multivariada

As variáveis/itens podem ser avaliadas também em termos da sua combinação com as demais variáveis da base de dados para verificar se existem valores extremos ou atípicos do ponto de vista multivariado. A distância de *Mahalanobis* (sobrenome do matemático indiano que introduziu este conceito) pode ser utilizada com esse objetivo. Ela permite a estimativa de uma medida de centralidade multidimensional que possibilita a avaliação do quanto uma dada observação se distancia significativamente do centro médio de todas as demais observações. É importante que as variáveis inseridas nessa análise sejam todas da mesma natureza, por isso, no exemplo que se segue, analisamos apenas os itens (variáveis *X*). Instale o pacote MVN, *install.packages ("MVN")*, antes de utilizá-lo, caso ainda não esteja instalado. Para fazer essa análise utilize o *script* a seguir.

```
1   > require(MVN)
2   > mvn(dados[,1:22], showOutliers =
    TRUE)
```

Após fazer essas análises, você deve fazer uma avaliação geral para decidir o que fazer com os casos extremos identificados na sua base de dados. Do ponto de vista univariado, você utilizou dois métodos para avaliar os casos extremos. No caso do nosso exemplo, como se trata de um percentual muito baixo de casos extremos, eles podem ser ignorados pois não representam problemas significativos para as análises estatísticas.

Ao analisar seus dados, caso encontre um número elevado de *outliers* (sobretudo $\geq 5\%$), você precisará tomar algumas decisões sobre eles, dado que podem se configurar como observações influentes que podem impactar seus resultados. Essas ações geralmente envolvem a eliminação dos casos considerados como *outliers*; o estudo em separado do grupo classificado como *outlier*; ou mesmo a transformação das variáveis que provocam esse padrão atípico. O detalhamento desses procedimentos ultrapassa o escopo do presente capítulo, mas pode ser obtido em outras obras que tratam do tema (p. ex., Tabachinick & Fidel, 2007).

## Pressupostos das análises multivariadas

Além de efetuar o tratamento inicial da base de dados (i. e., avaliação de erros de tabulação, dados perdidos e atípicos) é necessário avaliar se os dados empíricos atendem aos principais requisitos e pressupostos exigidos para a análise estatística que será empregada, por exemplo, para o Modelo Linear Geral (*General Linear Model* – GLM). O GLM constitui o padrão de referência para a maioria dos métodos de análise de dados utilizados em pesquisas em Psicologia, tais como a correlação, regressão, análise de variância, análise fatorial, modelagens por equação estrutural, dentre outras (Garson, 2012; Hair et al., 2010; Kline, 2011; Pasquali, 2006) – todas essas análises são abordadas neste livro em forma de capítulos.

A maioria dos procedimentos de estimação multivariados produzem resultados (incluindo resultados significativos!), mesmo quando os pressupostos são gravemente violados. A verificação dos pressupostos de normalidade, linearidade, homoscedasticidade e multicolinearidade, muitas vezes negligenciada em relatos de pesquisa, é condição fundamental para a realização de um trabalho comprometido com o rigor metodológico inerente à produção científica. Violações graves desses pressupostos podem introduzir vieses nos resultados, comprometendo a interpretação dos achados, a generalização dos mesmos e, consequentemente, o avanço/acúmulo do conhecimento científico. Esses pressupostos são rapidamente apresentados a seguir. Esse é um dos pontos positivos do uso do R e de alguns outros softwares mais avançados, visto que temos algumas possibilidades de indicadores de correção que tratam alguns desses pressupostos.

## Normalidade

A normalidade da distribuição dos dados é um pressuposto fundamental para a maioria das análises estatísticas. A distribuição normal padrão refere-se a uma "distribuição contínua de probabilidade puramente teórica, em que o eixo horizontal representa todos os valores possíveis de uma variável e o eixo vertical representa a probabilidade desses valores ocorrerem" (Hair et al., 2005, p. 50). Nesse tipo de distribuição, os valores probabilísticos sobre uma variável são agrupados em torno da média, formando um padrão simétrico e unimodal.

A normalidade pode ser examinada a partir da identificação do grau em que a distribuição dos dados da amostra se afasta da distribuição normal padrão (distribuição Z). Na avaliação da distribuição dos dados o elemento de referência é o modelo da curva normal padronizada, no qual a média e a assimetria são iguais a *zero,* a curtose é igual a 0,263 e a variância é igual a 1. Além disso, a moda, mediana e média são sempre iguais.

Os dados podem assumir distribuição normal univariada, quando se trata da distribuição de uma única variável, ou multivariada, quando o efeito conjunto de duas ou mais variáveis tem distribuição normal. De acordo com Hair et al. (2005) "apesar de a normalidade univariada não garantir a normalidade multivariada, se todas as variáveis atendem essa condição, então desvios da normalidade multivariada são inócuos" (p. 287). Geralmente, violações do pressuposto da normalidade têm maiores impactos em amostras pequenas (n < 200), sendo as análises multivariadas relativamente robustas para pequenos desvios da normalidade, sobretudo em amostras maiores (Moore, 2005; Pasquali, 2006).

A análise da normalidade pode ser feita a partir de, pelo menos, cinco procedimentos:

a) análise algébrica dos dados, por meio da média, mediana, variância, e principalmente pela assimetria e curtose;

b) testes estatísticos de normalidade, por exemplo, o teste *Shapiro-Wilks* que calcula a significância do teste para diferenças em relação à distribuição normal esperada;

c) análise gráfica por meio de histogramas;

d) análise gráfica por meio de gráficos de probabilidade normal (*P-P Probability Plots*), que comparam a distribuição cumulativa de valores reais com a distribuição cumulativa de uma distribuição normal;

e) análise da distribuição dos resíduos padronizados de regressão (Hair et al., 2005; Tabachinick & Fidel, 2007).

O procedimento descrito em "a)" é realizado utilizando a função describe() apresentada no início deste capítulo. O procedimento "b)" é realizado utilizando a função shapiro.test(). Como o teste é feito para cada variável, você precisa dizer qual variável do seu banco deseja analisar, para isso insira dentro dos parênteses o nome do banco, o símbolo $ e o nome do item (variável). No banco que usamos de exemplo os itens estão nomeados como SA1, SA2 até SA22. Será preciso fazer o mesmo procedimento para todos os itens, mas você pode simplesmente copiar e colar alterando o número do item e, com o *script* salvo, não precisará escrever tudo novamente caso tenha que refazer as análises.

```
1   > shapiro.test
    sexismoambivalente$SA1)

2   > shapiro.test
    sexismoambivalente$SA2)
```

O teste *Shapiro-Wilk*, em particular, é indicado como o teste mais poderoso para detectar desvios significativos da normalidade (Razali & Wah, 2011). Note que os resultados para SA1 e SA2 não são normais. Com o *p* valor abaixo de 0,05 (no caso o resultado de p-value < 2.2e-16, notação científica do número 0,00000000000000022) indicando que essas distribuições diferem significativamente da distribuição normal-padrão.

Com base nesses resultados encontrados até o momento você poderia dizer que a distribuição das variáveis SA1 e SA2 apresenta padrão não normal, correto? A resposta é sim! Mas você deve se perguntar até que ponto esse desvio é substancial a ponto de impactar as análises estatísticas que você precisará executar para a consecução dos objetivos da sua pesquisa. Nessa avaliação você deve considerar que em amostras pequenas (n < 200) a assimetria e a curtose costumam afetar bastante as análises estatísticas, mas se a amostra é maior, esses desvios tendem a ter menos impactos (Pasquali, 2006).

Essa inferência pode ser mais bem avaliada se você prosseguir com a análise dos resultados expressos em gráficos. Seguindo o procedimento c), vamos iniciar com a inspeção dos histogramas. Os resultados dessa análise são apresentados na figura 6 (gráfico apresentado conforme *output* do "R") e mostram claramente certo afastamento da distribuição normal-padrão. Para gerar o gráfico da figura 6, use o *script* abaixo. Veja que para gerar o gráfico para os outros itens do questionário basta mudar o nome do item de $SA1 para $SA2 e assim por diante.

```
1  > hist(sexismoambivalente$SA1)
```

**Figura 6**
*Distribuição dos escores da variável SA1*

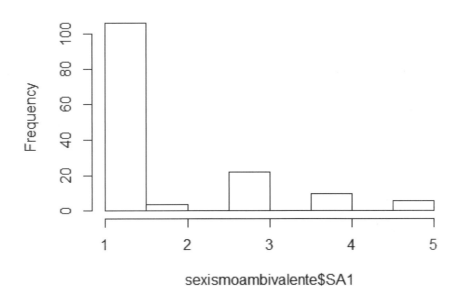

Para verificar a normalidade multivariada instale o pacote MVN. Essa função é usada para calcular os coeficientes de assimetria e curtose multivariados de Mardia (Korkmaz, Goksuluk & Zararsiz, 2014), bem como sua significância estatística.

```
1  > require(MVN)
2  > mvn(dados[,1:22], cov = TRUE)
```

Além dos procedimentos descritos neste capítulo, você também pode inspecionar a normalidade da distribuição dos seus dados por meio da análise dos resíduos padronizados de regressão. A suposição é a seguinte: se há padrão de normalidade na distribuição dos dados, então a distribuição dos resíduos de regressão também deverá ser normal. Para testar essa hipótese você deve avaliar a relação entre variáveis preditoras (denominadas variáveis Y ou VIs) e uma variável-critério (denominada variável X ou VD). A demonstração da testagem desse pressuposto será apresentada nos capítulos em que a sua verificação for necessária.

## *Linearidade*

A linearidade é um pressuposto básico de uma variedade de estatísticas baseadas no modelo linear geral, tais como: a correlação bivariada de Pearson, a regressão linear múltipla, a regressão logística, a análise fatorial, as equações estruturais, dentre outras. Para a aplicação de cada uma destas técnicas estatísticas aos dados empíricos é importante que o/a pesquisador/a tenha algum respaldo teórico e/ou de pesquisas anteriores que apontem para o padrão linear entre as variáveis de interesse, uma vez que todas essas estatísticas partem do pressuposto de que as variáveis se associam de forma linear entre si.

O pressuposto da linearidade apresenta a seguinte lógica: por meio da previsão de valores a partir de uma linha reta, com unidades de mudança constantes (coeficiente angular), qualquer mudança na variável-critério (VD) relaciona-se de forma linear às mudanças na(s) variável(is) preditora(s) (VIs). Ocorre, no entanto, que na análise da relação entre VD e VI, muitas vezes o pesquisador se depara com porções lineares e não lineares do componente em questão. Assim, a simples adoção de procedimentos estatísticos que adotam o pressuposto da linearidade diante desses casos pode levar à subestimação da força real da relação entre essas variáveis (Hair et al., 2005). Por esse motivo, é importante avaliar a porção de não linearidade presente na relação entre as variáveis em análise. A demonstração da testagem desse pressuposto será apresentada nos capítulos em que a sua verificação for necessária.

## *Homoscedasticidade*

A homoscedasticidade diz respeito à suposição de igualdade de variância entre os erros das variáveis preditoras (VIs) e da variável-critério (VD). Isso implica que os resíduos das variáveis preditoras são aproximadamente iguais para todas as pontuações previstas da variável-critério (VD). Quando há diferença marcante entre a variância da VD e das VIs, diz-se que os dados são heteroscedásticos (Rawlings, Pantula & Dickey, 1998). A presença de heteroscedasticidade acentuada pode levar a graves distorções dos resultados, sobretudo porque impacta nos intervalos de confiança e, consequentemente, nos testes de hipóteses (Berry & Feldman, 1985).

Se você quiser avaliar a igualdade de variância de uma única variável métrica para $n$ grupos de sujeitos (p. ex., em função de diferentes níveis de escolaridade), você pode utilizar o teste de

*Levene* levene.test(). Agora, se pretender avaliar mais do que uma variável métrica, a comparação irá envolver a igualdade de matrizes de variância/covariância, de modo que o teste *M de Box* é o recomendado (Hair et al., 2005). Resultados significativos do teste de *Levene* ou *M de Box* ($p < 0,05$) indicam que a relação entre as variáveis é heteroscedástica, ou seja, não há homogeneidade de variâncias entre variáveis preditoras (Vis) e variável-critério (VD), ao passo que resultados não significativos ($p > 0,05$) indicam homoscedasticidade.

Outra forma de diagnosticar a homoscedasticidade é a análise dos resíduos em modelos de regressão, por meio da plotagem dos valores preditos padronizados *versus* os resíduos padronizados. Nesse tipo de gráfico, espera-se que os pontos estejam distribuídos aleatoriamente em torno de 0 (zero), sem nenhum padrão definido, caracterizando ausência de relação entre os valores preditos e os resíduos. Uma regra prática de inspeção gráfica da homoscedasticidade consiste em avaliar se os dados têm a mesma largura para todos os valores previstos da variável-critério (VD), não demonstrando padrões de resíduo crescentes ou decrescentes. Essa análise de regressão, e seu resultado, é a mesma feita no tópico que trata da avaliação da linearidade. Caso haja padrão uniforme na distribuição dos resíduos, comumente em formato de triângulo ou retângulo, tem-se indicação de heteroscedasticidade (Garson, 2012; Hair et al., 2005).

### Colinearidade e multicolinearidade

O termo "colinearidade" é utilizado para indicar a relação entre duas variáveis preditoras (VIs). Essas variáveis exibem colinearidade perfeita se o seu coeficiente de correlação bivariada for igual a 1,0 (um). Nesse caso, fala-se em singularidade, uma vez que uma variável preditora é perfeitamente prevista por outra variável preditora. Por outro lado, se o coeficiente for igual a 0,0 (zero), diz-se que existe completa falta de colinearidade entre as variáveis. Por seu turno, o termo multicolinearidade é utilizado para indicar a extensão em que uma variável preditora (VI) é altamente correlacionada com um conjunto de outras VIs (três ou mais).

Nas pesquisas em psicologia é esperado certo nível de colinearidade entre as variáveis, uma vez que, na maioria dos casos, busca-se estudar o padrão de relação entre duas ou mais variáveis. No entanto, se essa relação for muito intensa o/a pesquisador/a terá problemas na interpretação das variáveis estatísticas resultantes das análises multivariadas, tendo em vista que se torna mais difícil verificar o efeito de qualquer variável preditora (VI) na variável-critério (VD), devido às inter-relações fortes que podem gerar redundância e inflacionar a análise. Na análise de regressão, por exemplo, busca-se inserir no modelo variáveis preditoras com baixa relação entre si, mas que apresentem correlações mais fortes com a variável-critério.

Uma forma simples de avaliar a força da relação entre duas variáveis consiste em analisar o coeficiente de correlação r de *Pearson*, cor(), podendo-se adotar como critério correlações superiores a 0,80 (Dancey & Reidy, 2006; Garson, 2012) ou superiores a 0,90 (Tabachnick & Fidell, 2007) como indicadores de alta correlação que podem indicar graves problemas de colinearidade ou de multicolinearidade entre as variáveis preditoras (VIs). Embora os problemas graves de multicolinearidade sejam mais comuns naqueles casos cujas correlações entre duas ou mais VIs seja maior que 0,80 ou 0,90, a ausência de altas correlações não indica, necessariamente, ausência de problemas de colinearidade que podem afetar os resultados e o poder explicativo em análises como a regressão múltipla, por exemplo. Por isso é importante fazer a avaliação da multicolinearidade considerando mais do que um indicador.

## Considerações finais

Durante o capítulo abordamos a importância da realização de análises exploratórias de dados antes da realização de análises estatísticas mais complexas. Buscamos oferecer ao leitor um guia de referência prático para a realização de análises iniciais da base de dados no software R, incluindo a verificação dos principais pressupostos subjacentes à maioria das análises estatísticas empregadas em pesquisas quantitativas em psicologia.

Por meio dos procedimentos analíticos sugeridos ao longo deste capítulo, com base em exemplos práticos (esperamos que tenham sido replicados por você, com sua base de dados), foi possível identificar os erros de digitação na base de dados e tomar decisões sobre eles, corrigindo-os ou eliminando-os. Também foi possível avaliar a quantidade e sistematicidade dos dados perdidos (*missing values*) e dos dados atípicos univariados e multivariados (*outliers*) que, potencialmente, podem se configurar como observações influentes. Além disso, foi possível avaliar até que ponto os seus dados atentam aos principais pressupostos (p. ex., normalidade, linearidade, homoscedasticidade e multicolinearidade) exigidos pelas análises mais utilizadas em pesquisas quantitativas em psicologia. De posse desse importante conjunto de informações é pertinente agora fazer uma avaliação geral sobre possíveis problemas e/ou graves violações dos pres-

supostos estatísticos. No decorrer do capítulo oferecemos diretrizes e exemplos de análises que podem contribuir com essa avaliação e com a sua tomada de decisão sobre a maneira mais adequada de lidar com os problemas identificados.

É importante ter em mente que dificilmente em pesquisas empíricas em psicologia se consegue um perfeito ajustamento dos dados aos pressupostos estatísticos, os quais representam modelos matemáticos abstratos e puramente teóricos. Geralmente em amostras maiores (n > 200) pequenos desvios não inviabilizam as análises – a maioria dos pacotes e estimadores estatísticos é robusta e acomoda relativamente bem pequenas violações. Mas se você identificou grandes problemas/desvios/violações nos seus dados, é preciso ter cautela quanto às decisões a serem tomadas para lidar com eles. Efetuar transformação dos dados pode ser uma opção, mas você deve estar ciente de que esse procedimento, além de prejudicar a generalização dos seus resultados para a população, torna a interpretação dos resultados mais complexa, uma vez que a métrica das variáveis é modificada. Optamos por não alongar o capítulo discutindo as opções e formas de transformação dos dados, mas se esse é o seu interesse, o livro de Tabachinick e Fidel (2007) pode ser uma boa opção para aprofundamentos.

Para finalizar o capítulo, gostaríamos de insistir no argumento de que não existem soluções estatísticas mágicas para lidar com problemas nos dados empíricos. A estatística não deve ser utilizada como ferramenta de tortura dos dados observados até que eles confessem o que o pesquisador quer escutar. Qualquer que seja a opção adotada pelo/a pesquisador/a para lidar com eventuais problemas identificados na fase exploratória de dados levará a impactos nos resultados. Assim, recomenda-se fortemente que no relato da pesquisa sejam indicados resumidamente os procedimentos de análise exploratória de dados adotados, os resultados encontrados e a forma de tratamento empregada, quando se aplicar. Juntamente com Kline (2011) recomendamos que, sempre que possível e pertinente ao escopo da pesquisa, se avalie o impacto de diferentes formas de tratamento para casos/variáveis "problemáticas" nos resultados das análises estatísticas durante o teste de hipóteses. A comparação de resultados encontrados a partir de dados tratados e não tratados e, obviamente, seu relato nas comunicações científicas, é um tipo de conduta que deve ser encorajada entre os pesquisadores. Acreditamos que esse tipo de postura pode contribuir para dar maior robustez aos resultados das nossas pesquisas, favorecendo o acúmulo de conhecimento científico em futuras tentativas de replicação dos resultados dos nossos estudos.

## Referências

American Educational Research Association, American Psychological Association & National Council on Measurement in Education (2014). *Standards for educational and psychological testing*. American Educational Research Association.

Berry, W. D., & Feldman, S. (1985). *Multiple regression in practice*. Sage.

Damásio, B. F., & Borsa, J. C. (orgs.). (2018). *Manual de desenvolvimento de instrumentos psicológicos*. Vetor.

Dancey, C. P., & Reidy, J. (2006). *Estatística sem matemática para psicologia usando o SPSS para Windows* (3. ed.). Artmed.

Ferreira, M. C. (2004). Sexismo hostil e benevolente: inter-relações e diferenças de gênero. *Temas em Psicologia, 12*(2), 119-126.

Garson, D. G. (2012). *Testing statistical assumptions*. Statistical Association Publishing. http://www.statistical associates.com/assumptions.pdf

Glick, P., & Fiske, S. T. (1996). The ambivalent sexism inventory: Differentiating hostile and benevolent sexism. *Journal of Personality and Social Psychology, 82*(6), 878-902.

Glick, P., & Fiske, S. T. (2001). Ambivalent stereotypes as legitimizing ideologies: Differentiating paternalistic and envious prejudice. In J. T. Jost & B. Major (orgs.), *The psychology of legitimacy: Ideology, justice, and intergroup relations* (pp. 278- 306). Cambridge University Press.

Günther, H. (2003). *Como elaborar um questionário*. (Planejamento de Pesquisa nas Ciências Sociais, 1). Universidade de Brasília, Laboratório de Psicologia Ambiental. http://www.unb.br/ip/lpa/pdf/01 Questionario.pdf

Hair, J. F., Anderson, R. E., Tathan, R. L., & Black, W. C. (2005). *Análise Multivariada de Dados* (5. ed.). Bookman.

Hair, J. F. Jr., Black, W. C., Babin, B. J., & Anderson, R. E. (2010). *Multivariate data analysis* (7. ed.). Pearson Education International.

Kline, R. B. (2011). *Principles and practice of structural equation modeling* (3. ed.). Guilford.

Korkmaz, S., Goksuluk, D., & Zararsiz, G. (2014). MVN: An R package for assessing multivariate normality. *The R Journal, 6*(2), 151-162.

Lüdtke, O., Robitzsch, A., & Grund, S. (2017). Multiple imputation of missing data in multilevel designs: A comparison of different strategies. *Psychological methods, 22*(1), 141.

Moore, D. S. (2005). *A estatística básica e sua prática* (3. ed.). LTC.

Muñiz, J., & Fonseca-Pedrero, E. (2009). *Construcción de instrumentos de medida en psicología* (6. ed.). Consejo General de Colegios Oficiales de Psicólogos; Universidad de Oviedo.

Pasquali, L. (org.). (2010). *Instrumentação psicológica: Fundamentos e práticas*. Artmed.

Pasquali, L. (2017a). *Delineamento de pesquisa em ciência: A lógica da pesquisa científica* (vol. 1). Vetor.

Pasquali, L. (2017b). *Delineamento de pesquisa em ciência: Fundamentos estatísticos da pesquisa científica* (vol. 2). Vetor.

Rawlings, J. O., Pantula, S. G., & Dickey, D. A. (1998). *Applied regression analysis: A research tool* (2. ed.). Springer.

Razali, N. M., & Wah, Y. B. (2011). Power comparisons of Shapiro-Wilk, Kolmogorov-Smirnov, Lilliefors, and Anderson-Darling tests. *Journal of Statistical Modeling and Analytics, 2*(1), 21-33.

Revelle, W., & Revelle, M. W. (2015). Package psych. *The Comprehensive R Archive Network*.

Tabachinick, B. G., & Fidell, L. S. (2007). *Using multivariate statistics* (5. ed.). Pearson.

Vendramini, C. M. M. (2007). Estatística e delineamentos de pesquisa. In M. N. Baptista & D. C. Campos (orgs.), *Metodologias de pesquisa em ciências: Análise quantitativa e qualitativa* (pp.161-182). LTC.

Wagenmakers, E. J., Wetzels, R., Borsboom, D., van der Maas, H. L., & Kievit, R. A. (2012). An agenda for purely confirmatory research. *Perspectives on Psychological Science, 7*(6), 632-638.

# 3
# Análises de correlação

*Felipe Valentini*
Universidade São Francisco

*Fabio Iglesias*
Universidade de Brasília

## O que é correlação e quais seus objetivos?

Por mais óbvio que pareça, uma variável recebe esse nome porque "varia", ou seja, ela apresenta alguma variância. Quando duas variáveis variam de uma forma associada, a relação entre elas é chamada de covariância. Assim, por exemplo, o número de defeitos em um carro covaria com seu tempo de uso, a inteligência de um aluno covaria com seu desempenho escolar e os comportamentos de cooperação covariam com o tamanho do grupo. Trata-se de um raciocínio muito útil mas, como fica claro nesses exemplos, a covariância pode assumir qualquer valor se baseada nas medidas utilizadas originalmente (número de defeitos e anos de uso; QI e notas de 0 a 10; comportamentos de ajuda e número de integrantes no grupo), sendo difícil de se interpretar ou comparar uma medida de covariância. A correlação nada mais é do que uma solução para esse problema, pois padroniza qualquer covariância numa escala de −1,0 a +1,0 (expressa pela letra minúscula "r"). Da mesma forma que a covariância, a correlação é a relação que duas variáveis compartilham, só que muito mais fácil de interpretar.

Correlações positivas perfeitas (r = 1,0) significam que conforme aumentam os valores de uma variável, aumentam em proporção perfeita os valores da outra variável, isto é, movem-se na mesma direção e com proporção perfeita. Correlações negativas perfeitas (r = −1,0) significam que conforme aumentam os valores de uma variável, diminuem em proporção perfeita os valores da outra variável, isto é, movem-se em direções opostas e com proporção perfeita. Os valores entre esses extremos é que são muito mais frequentemente encontrados e, conforme mais próximos de zero, mais fracos são. Cohen (1969) propôs uma tipologia em que recomendou que valores de r (negativos ou positivos) de 0,10 a 0,30 (inclusive) devem ser tratados como indicativos de correlações fracas, valores de 0,30 (exclusive) a 0,50 como moderadas e acima de 0,50 como fortes. É um julgamento qualitativo que deve ser sempre relativizado, pois o que é fraco, moderado ou forte depende de muitas considerações. Mas essa tipologia ficou muito popular e é amplamente citada, não livre de muitos que criticam seu uso e abuso (Funder & Ozer, 2019). O importante é interpretar os coeficientes de correlação estatisticamente e teoricamente, considerando o comportamento das variáveis em estudo.

Embora haja um repertório cada vez maior de técnicas estatísticas à disposição de um pesquisador, tais como as diversas que são descritas neste livro, uma pergunta básica que se faz em qualquer pesquisa é se uma variável aleatória contínua se relaciona com outra variável aleatória contínua. Isso faz da análise de correlação um dos procedimentos estatísticos mais popularmente utilizados e um dos primeiros que se aprende quando um aluno é introduzido aos métodos inferenciais em ciências sociais e naturais. No entanto, justamente por sua popularidade e por ser aparentemente simples, é também uma análise muito sujeita a equívocos sobre a sua lógica e sobre a sua interpretação. Como qualquer teste estatístico, exige que se verifiquem os pressupostos para seu uso e depende de muitos cuidados que são aqui detalhados e exemplificados, para que o pesquisador aumente as chances de tomar boas decisões e relacione variáveis de modo coerente, estratégico e edificante para análises posteriores mais complexas que dependem diretamente dessas correlações.

Chen e Popovich (2002) apontam que antes de concluir pela existência de uma relação positiva ou negativa entre duas variáveis, devem-se responder às seguintes perguntas: De que tipo de correlação se trata? A correlação está adequada ao nível de medida das variáveis? A correlação é estatisticamente significativa? Quão grande é a correlação? Ela é uma correlação verdadeira? Mais ainda, acrescentaríamos a seguinte: a correlação é de fato o procedimento mais adequado para responder às suas questões de pesquisa?

Tomando essas perguntas como uma estrutura didática inicial, este capítulo examina a tipo-

logia que distingue correlação não paramétrica e correlação paramétrica. Considera o problema dos níveis de medida das variáveis envolvidas e os testes que mais se utilizam na pesquisa em ciências sociais e humanas, especialmente a correlação de Spearman e a correlação de Pearson. O capítulo também descreve exemplos de como se podem fazer essas operações com o software estatístico Jamovi e quais informações são relevantes para o relato das análises no contexto acadêmico e profissional.

## Tipos de correlação

Uma vantagem importante do raciocínio de correlação é que pode ser apropriado para variáveis em qualquer nível de medida (nominal, ordinal, intervalar e de razão), desde que se use o teste especificamente recomendado. Mas existem testes que são obviamente mais populares e mais facilmente acessíveis, porque se aplicam às típicas pesquisas que são feitas na área de psicologia quando envolvem itens respondidos em um contínuo, sendo este o caso da correlação de Spearman e da correlação de Pearson, a que se dá maior destaque no capítulo.

Quando as perguntas de uma pesquisa são respondidas em um contínuo, elas podem atender ao nível de medida ordinal (p. ex., ordem de chegada), intervalar (p. ex., escore de depressão) e de razão (p. ex., número de filhos). A possibilidade de um zero absoluto é a característica que distingue a escala de razão e a escala intervalar. Em outras palavras, é possível um casal "ter 0 filhos", mas não é conceitualmente coerente afirmar que uma pessoa tem ausência completa de depressão, embora possa existir a categoria 0 na escala. Deste modo, um cuidado importante no momento da tabulação e formatação de um banco de dados é informar ao software estatístico o nível de medida que cada variável atende, para que se utilizem as correlações apropriadas no momento da análise.

Uma expressão conhecida como Gigo (*Garbage in, garbage out*), originada no campo da ciência da computação, alerta que se uma pessoa coloca lixo na máquina (o *input*), terá lixo como resultado (*output*). Ou seja, se o pesquisador inadvertidamente pedir uma correlação de Pearson da variável sexo (que é nominal) com a variável classe socioeconômica (que é ordinal), o resultado não será adequado (ainda que alguns softwares possam apresentar o *output* do resultado). O computador realiza muitas análises sem qualquer questionamento, mesmo que os dados não façam sentido algum, por isso o pesquisador deve estar atento para o problema do nível de medida. A princípio não existe qualquer restrição matemática para que o software correlacione, por exemplo, o número de CPF dos respondentes com o número de seus registros de identidade, podendo-se até encontrar correlações estatisticamente significativas entre eles, mas que são obviamente absurdas (correlações lombrosianas).

Como um guia geral, a tabela 1 sumariza os testes que são indicados em cada situação, incluindo a representação do coeficiente em cada caso, posteriormente comentados em detalhe. São tratadas aqui em maior destaque, por sua popularidade, as correlações bivariadas:

Além das correlações listadas na tabela é importante citar as correlações bisseriais, pontobisseriais e tetratóricas, muito utilizadas em psicometria quando as variáveis estudadas são dicotômicas. A discussão dessas correlações está além do propósito deste capítulo. Uma boa introdução sobre correlações com variáveis dicotômicas pode ser encontrada no livro de psicometria de

## Tabela 1

*Tipos de correlação, seus testes e representação dos coeficientes para cada situação de análise*

| Tipo | Situação | Teste | Representação |
|---|---|---|---|
| Correlações não paramétricas bivariadas | Uma variável é nominal ou as duas são nominais | Coeficiente de contingência | Letra C maiúscula |
| | Duas variáveis ordinais | Coeficiente de correlação de postos de Spearman | Letra grega rho minúscula (r) ou simplesmente por rs |
| | Duas variáveis ordinais | Coeficiente de correlação de postos de Kendall | Letra grega tau em minúscula (t) |
| | | Coeficiente de correlação parcial de postos de Kendall | txy,z |
| Correlação não paramétrica multivariada | Mais de duas variáveis ordinais | Coeficiente de concordância de Kendall | Letra *W* em maiúscula e itálico |
| Correlações paramétricas bivariadas | Duas variáveis escalares (de nível intervalar ou de razão) | Coeficiente de correlação de Pearson | Letra r minúscula |
| Correlação paramétrica parcial | Interferência de uma terceira variável escalar sobre a relação entre duas variáveis escalares | Coeficiente de correlação de Pearson | Letras *pr* minúsculas |

Nunnally e Bernstein (1994). As correlações não paramétricas são adequadas para variáveis que atendem aos níveis de medida nominal e ordinal. Os coeficientes rho de Spearman e tau de Kendall podem ser usados na mesma situação (duas variáveis ordinais, para correlacionar postos), mas devem ser interpretados de modo distinto e não são numericamente comparáveis.

A correlação de Spearman é o equivalente não paramétrico da correlação de Pearson, que se elevado ao quadrado indica a porcentagem da variância que uma variável compartilha com a outra. Nesse contexto, na figura 1 é representado um diagrama de Venn. Nesse exemplo, as variáveis 1 e 2 apresentam uma área sobreposta. Essa área representa a variância compartilhada entre as variáveis, e sua porcentagem pode ser obtida ao elevar o coeficiente de correlação ao quadrado. Note também que existe uma parte das variáveis que não é compartilhada, e representa a porcentagem de variância única (U1 e U2).

**Figura 1**
*Diagrama de Venn*

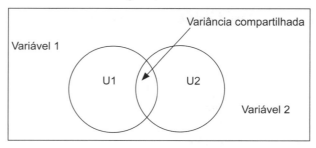

No caso da correlação de Kendall o coeficiente expressa uma probabilidade de que haja a mesma ordenação de postos das duas variáveis na direção positiva ou na direção negativa. Além disso, este tipo de correlação pode ser usado no caso de correlações parciais (coeficiente de correlação parcial de Kendall).

## Como analisar as correlações no Jamovi

Discutir em detalhes e ilustrar todos os tipos de correlações extrapola os objetivos deste texto. Entretanto, apresentaremos dois exemplos de pesquisas que utilizaram correlações. Os dados foram analisados por meio do software Jamovi, pois é gratuito e bastante intuitivo. Você pode fazer o download no site do desenvolvedor (https://www.jamovi.org/download.html). Algumas análises também foram realizadas no R.

Antes de iniciar o uso do software, não se esqueça de que é necessário incluir, ao menos, duas variáveis para iniciar a análise. Tanto para a correlação de Pearson quanto para a de Spearman, é necessário abrir a janela de análise pelo seguinte caminho: Analyses/Regression/Correlation Matrix.

Na parte superior esquerda da janela serão listadas as variáveis do banco de dados. Para incluir alguma delas na análise, arraste-a para a parte superior direita. Lembre-se que é necessário incluir, ao menos, duas variáveis para iniciar a análise. Note que o resultado da análise é automaticamente reportado, bem como ele é atualizado à medida que você insere novas variáveis. Logo abaixo, na janela de análise, você pode escolher quais os tipos de correlação serão utilizados nas análises. Caso marque mais de uma opção, os resultados serão apresentados separadamente. Por exemplo, se quiser solicitar, ao mesmo tempo, que o programa analise as correlações de Pearson e Spearman, marque estas duas opções. Mas lembre-se que, no *output*, será apresentada uma linha para Pearson e outra para Spearman.

Você pode ainda selecionar se o teste estatístico (para estimar a significância estatística) a ser utilizado é uni ou bilateral, conforme as suas hipóteses. Quando a sua hipótese de pesquisa não contempla uma previsão da direção do relacionamento entre as variáveis (+ ou − ), utilize testes bilaterais (opção "Correlated"). Os testes unilaterais ("correlated positively" ou "correlated negatively") devem ser utilizados somente quando o pesquisador pretende testar uma direção específica das correlações (p. ex., inteligência tem correlação positiva com o desempenho acadêmico?).

Sugerimos que marque a opção *flag significant correlation* (localizada nas "additional options"). Caso você não marque esta opção, o software **não assinalará (com asteriscos) as** correlações estatisticamente significativas ($p < 0,05$).

Se tudo estiver correto, você deve visualizar uma tabela semelhante à que apresentamos a seguir. Os resultados dessa tabela foram retirados de uma pesquisa de validação convergente entre dois testes de raciocínio (BPR-5 e Trae). Nesse caso, os autores do teste Trae esperavam encontrar correlações positivas com o teste BPR-5 (Primi & Almeida, 1998). Assim, poderiam reunir evidências de que ambos os instrumentos estariam avaliando o mesmo construto psicológico.

**Tabela 2**

*Correlações entre a BPR-5 e o Trae*

| Correlation Matrix | | | |
|---|---|---|---|
| | | BPR Total | Escore Trae |
| BPR_TOTAL | Pearson's r | – | |
| | p-value | – | |
| | N | – | |
| Escore_Trae | Pearson's r | 0.662 *** | – |
| | p-value | <.001 | – |
| | N | 91 | – |

Note. $H_a$ é correlação positiva.

* $p < .05$, ** $p < .01$, *** $p < .001$, one-tailed.

Optamos pela manutenção dos termos em inglês para que a tabela apresentada seja idêntica ao *output* do Jamovi. Note que a tabela 2 relaciona as variáveis dispostas nas linhas e colunas. Se limparmos as células irrelevantes, teremos uma tabela mais fácil de ser interpretada:

O valor mais importante da tabela 3 é o *r* (*Pearson Correlation*), pois informa a "força da relação". Nesse exemplo, o $r = 0,66$ (arredondado) indica que os testes apresentam relação importante (de moderada a forte) entre si. Além disso, ao elevar o *r* ao quadrado ($0,66^2 = 0,436$), percebe-se que os testes BRR-5 e Trae compartilham, aproximadamente, 44% da variância (0,436 * 100). Esses são números expressivos para as ciências humanas. Ressalta-se ainda que a relação é positiva. Ou seja, o aumento dos escores da BRP-5 é acompanhado pelo aumento dos escores da Trae (e vice-versa).

Além do *r*, é importante que o leitor atente para o valor de *p* (Sig.). Esse valor está relacionado à probabilidade de ocorrência do erro estatístico de tipo I. Ou seja, qual a probabilidade do pesquisador concluir, com base na sua amostra, que existe relação entre as variáveis estudadas, quando, na realidade, tais relações não existem

**Tabela 3**

*Resultados relevantes da correlação entre a BPR-5 e o Trae*

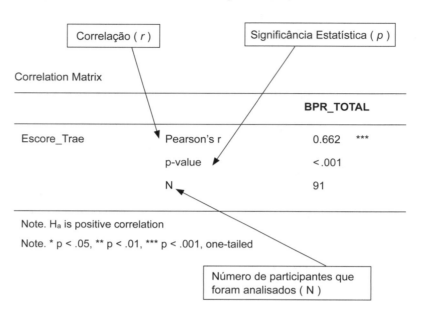

na população. Lembre-se que, a partir de uma amostra, buscam-se inferências sobre a população estudada. O *p*, em outras palavras, diz respeito à "segurança" em realizar tais inferências. Valores abaixo de 0,05 indicam que a probabilidade de cometer um erro do tipo I é de, no máximo, 5%. No exemplo da tabela 3, o Jamovi indicou o valor de *p* < 0,001. Isso indica que a probabilidade de erro estatístico é muito baixa. Entretanto, ressalta-se que sempre existe alguma probabilidade de o pesquisador cometer o erro do tipo I. Bom, essa interpretação da significância estatística é didática, mas não está 100% correta. Tecnicamente, na correlação, o valor de *p* indica a probabilidade de a correlação não ser diferente de 0. Uma correlação igual a 0 significaria total ausência de relação entre as variáveis.

O Jamovi também apresenta o número de participantes contabilizados na análise. Você deve estar se perguntando: mas o número de participantes não é o número de pessoas do meu banco de dados? A resposta é: não exatamente. Para contabilizar os resultados de um participante é necessário que ele tenha respondido a ambos os testes. Caso ele tenha respondido apenas um, então, será excluído da análise (mas não do banco de dados).

No decorrer da investigação, os pesquisadores perceberam que utilizaram, nas análises, os escores brutos totais. Tais escores são influenciados pela idade do participante. Espera-se que o aumento da idade acompanhe o aumento dos escores brutos. Nesse contexto, os pesquisadores questionam se a correlação entre a BPR-5 e o Trae pode ser atribuída à diferença de idade dos participantes. Para resolver esse problema, eles resolvem testar a correlação entre a BPR-5 e o Trae controlando o efeito da idade, por meio das correlações parciais. Infelizmente, o Jamovi não oferece essa análise de maneira intuitiva.

Assim, optamos pela utilização do R (sugerimos a leitura do capítulo 1 deste livro). Ressaltamos que essa parte no R é um pouco mais difícil de obter do que as correlações de Pearson no Jamovi (então, tudo bem se você quiser pular essa parte). Para obter as correlações parciais, você vai precisar do pacote "psych" e pode utilizar o seguinte *script*:

```
# tudo após '#' é entendido como comentário pelo R (não será analisado)
# Análise de correlação parcial no pacote psych do R:
install.packages("psych")
library(psych)
CP <- partial.r(banco)          # o resultado foi salvo em um objeto chamado 'CP'
# OU se você quiser rodar a análise somente em parte do seu banco:
CP <-                           # aqui estamos rodando a correlação parcial entre as
partial.r(banco[,c(5,10,11)])   # variáveis que estão nas colunas 5,10 e 11 do banco
                                # o resultado foi salvo em um objeto chamado 'CP'
corr.p(CP, n=91)                # aqui solicitamos o valor de p. Você vai precisar
                                informar a matriz de
                                # correlações que foi estimada no passo anterior
                                ('CP')
```

Se tudo estiver correto, no seu console do R você irá observar uma matriz de correlações (parciais), e a relação entre a BPR-5 e o Trae, controlando o efeito da idade foi igual a 0,656. Ou seja, após o controle da idade, a correlação reduziu de 0,662 para 0,656. Essa diminuição é normal e esperada, pois uma parte da variância compartilhada entre a BPR-5 e a Trae também é compartilhada pela idade. Entretanto, essa diferença é tão pequena que é possível concluir uma relação forte e positiva entre os dois testes, mesmo quando controlado o efeito da idade. Tal relação permanece estatisticamente significativa ($p<0,001$).

## Como relatar os resultados

O relato da análise de correlação é simples e você precisa descrever, basicamente, o coeficiente de correlação (p. ex., *r ou pr* ou *rho*) e a significância estatística. Ao descrever a interpretação, concentre-se no coeficiente, que é a parte mais importante da análise.

Caso esteja avaliando apenas duas ou três variáveis sugerimos relatá-las no corpo do texto. Uma tabela, nesse caso, aumentaria, desnecessariamente, o tamanho do texto. Veja o exemplo:

> O desempenho na bateria de raciocínio BPR-5 relacionou-se positivamente ao desempenho no teste Trae (r = 0,66; p <0,001). Tais relações podem ser consideradas fortes. Além disso, quando controlado o efeito da variável idade, a correlação entre a BPR-5 e o Trae permaneceu positiva, forte e estatisticamente significativa (pr =0,66; p<0,001).

Entretanto, quando o número de variáveis testadas é grande, uma tabela organiza a apresentação dos resultados e facilita a leitura! Não há um padrão único para formatação da tabela. Contudo é importante que você "limpe" os resultados e não apresente informações repetidas. Por isso, sugerimos fortemente que nunca "cole" a tabela do *output* do programa estatístico sem nenhum tratamento. Além disso, as revistas têm preferido algo parecido com a tabela abaixo. Na tabela 4, além das correlações, são indicadas as médias e desvios-padrão das variáveis.

Tabela 4

*Correlações entre os subtestes da BPR-5 e do Trae*

| Variável | Média | Desvio-padrão | Correlações | | | | |
|---|---|---|---|---|---|---|---|
| | | | 1 | 2 | 3 | 4 | 5 |
| 1 – BPR – RV | 16,27 | 3,00 | | | | | – |
| 2 – BPR – RA | 16,78 | 3,02 | 0,40 | | | | |
| 3 – BPR – RE | 12,75 | 3,90 | 0,45 | 0,53 | | | |
| 4 – BPR – RN | 11,26 | 3,49 | 0,28 | 0,38 | 0,49 | | |
| 5 – Trae – RE | 8,96 | 2,62 | 0,33 | 0,53 | 0,55 | 0,42 | |
| 6 – Trae – RA | 12,09 | 2,41 | 0,32 | 0,42 | 0,47 | 0,29 | 0,43 |

Notas: Todas as correlações apresentadas são estatisticamente significativas ($p < 0,001$; unilateral); para todas as análises, N = 91; RV = Raciocínio Verbal, RA = Raciocínio Abstrato, RE = Raciocínio Espacial, RN = Raciocínio Numérico.

Para a compreensão do exemplo, é importante destacar que os testes BPR-5 e Trae são compostos de subtestes (RV, RA, RE e RN). Portanto, os autores apresentaram os resultados das análises **de** correlações entre os subtestes. Os nomes das variáveis são disponibilizados nas linhas e não há necessidade de repeti-los nas colunas. Portanto, é descrito nas colunas apenas o número da variável. Por exemplo, a correlação entre RA e RV é representada pelos números 2 x 1 ($r = 0,40$), a correlação entre a Trae-RA e BPR-RA é 6 x 2 ($r = 0,42$).

Na tabela não são apresentadas as informações repetidas. Por exemplo, a correlação entre RV (variável 1) e RA (variável 2) é apresentada uma única vez. Consequentemente a célula que deveria conter a informação repetida é deixada em branco. Para todas as correlações foram observados 91 participantes. Então, optou-se por inserir uma nota de rodapé com esta informação. Preste atenção: se as análises de correlações apresentarem n distintos, sugerimos informar os diferentes valores de *n* dentro da tabela.

Considerando que todas as correlações foram estatisticamente significativas, optamos por apresentar essa informação na nota da tabela. Os tradicionais "asteriscos" tendem a poluir a visualização, sem acrescentar informação relevante, pois todas são significativas. No entanto, sugerimos utilizar asteriscos (ou qualquer outra sinalização dentro da tabela), quando houver correlações significativas e não significativas na mesma tabela, para diferenciá-las.

## Pressupostos

Os pressupostos irão depender do tipo de procedimento estatístico de correlação. Para a correlação de Pearson é necessário que as variáveis sejam escalares e paramétricas. Ou seja, é exigido que os escores apresentem uma distribuição normal (análise de normalidade). A correlação de Spearman não exige normalidade! Correlações bisseriais, por sua vez, lidam com variáveis dicotômicas. Portanto, avalie bem os seus dados e escolha o tipo de correlação mais adequado, conforme a tabela 1.

Para as análises apresentadas neste capítulo um pressuposto importante é a linearidade: as relações entre as variáveis estudadas sejam lineares. Em outras palavras, é necessário que a relação entre as variáveis siga apenas um padrão de direção. Na figura 2A, por exemplo, a relação entre ansiedade e depressão apresenta uma distribuição linear. Embora a relação não seja perfeita, observa-se uma única direção positiva. Ou seja, o aumento da ansiedade é acompanhado pelo aumento da depressão. Observe, no entanto, o que ocorre na figura 2B, o aumento do nível de ansiedade melhora o desempenho em matemática até o nível de ansiedade 4 ou 5. Quando os níveis de ansiedade aumentam demasiadamente, acima de 6 ou 7, o desempenho começa a piorar. Esses resultados formam uma espécie de curva em "U" invertida. Em outras palavras, a relação entre o desempenho em matemática e a ansiedade depende do nível da ansiedade. Nesse caso, a distribuição é curvilínea e não linear. Portanto, as correlações discutidas neste capítulo não podem ser utilizadas. Maiores detalhes sobre a análise exploratória dos dados podem ser consultados no capítulo 2 deste livro.

**Figura 2**
*Relação entre ansiedade e depressão (A) e ansiedade e desempenho em matemática (B)*

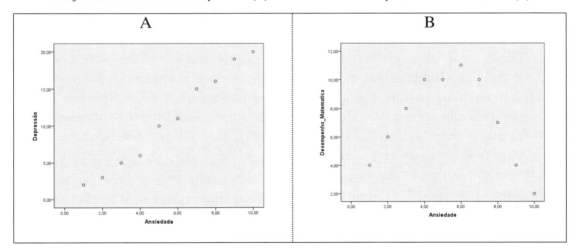

## Falsas concepções estatísticas sobre correlação

Tendo-se revisado os principais tipos de correlação, devem ser consideradas algumas falsas concepções estatísticas sobre correlação que são fundamentais para o bom uso da técnica. Um primeiro esclarecimento, já conhecido por qualquer leitor que tenha tido contato com a estatística e o delineamento de pesquisa, refere-se ao alerta de que correlação não implica causalidade. Na área de lógica, em filosofia, essa falácia é sumarizada na frase em latim "*cum hoc, ergo propter hoc*", significando literalmente "com isto, então causa disto", ou seja, se duas coisas ocorrem juntas, então uma deve ser causa da outra.

Uma célebre anedota, de origem desconhecida, conta que um pesquisador foi chamado a investigar por que estavam ocorrendo tantos afogamentos nas praias de uma cidade em uma época de verão. Após examinar uma série de fatores que ele julgou relevante, constatou que o número de afogamentos apresentava uma alta correlação com o número de palitos de picolé descartados na areia pelos banhistas. Sua conclusão: os picolés estavam causando os afogamentos! Ele então recomendou às autoridades que proibissem de imediato sua venda nas praias, para prevenir mais ocorrências, sendo prontamente atendido pelos que confiaram no rigor metodológico de sua abordagem científica.

Obviamente o pesquisador ingênuo chegou a essa conclusão por desconsiderar toda uma cadeia de outras variáveis que explicam melhor a relação encontrada entre a ocorrência de afogamentos e a frequência de palitos de picolé na areia. Em primeiro lugar, para que haja muitos afogamentos é condição fundamental que haja muitos banhistas na praia, o que tipicamente ocorre no verão. Pela alta temperatura dos dias de verão, os banhistas ficam ainda mais sujeitos a afogamentos, porque precisam entrar na água com mais frequência para se refrescar, sendo muitos deles turistas inexperientes com o mar, com as ondas e com a correnteza. Da mesma forma, no verão o consumo de picolés aumenta muito, porque as pessoas precisam se refrescar e se hidratar para compensar o forte calor. Poder-se-ia também examinar se a praia tem lixeiras suficientes e próximas aos banhistas, o que seria mais um motivo para que descartassem inadequadamente muitos palitos de picolé na areia.

Em suma, as variáveis causadoras de afogamentos não são de fato baseadas no consumo de picolé, que está meramente associado, de forma indireta, aos acidentes. Mas o pesquisador, não satisfeito com a mera proibição de sua venda, ainda poderia de forma paranoica chamar as autoridades de vigilância sanitária para examinar em laboratório a composição dos picolés, em busca de evidências de que haja alguma substância que, por exemplo, possa estar deprimindo as pessoas, gerando tendências suicidas e fazendo com que elas se dirijam ao mar sem critérios de segurança.

A anedota é claramente exagerada, mas o processo de tomar correlações como relações causais ocorre bastante na vida real das pesquisas, implicando não só gastos desnecessários como também a geração de outros problemas maiores. Em um plano mais imediato, as pessoas são seduzidas no dia a dia a interpretar meras ocorrências simultâneas como uma relação imediata de causa e efeito (Chapman, 1967). A área de cognição social em psicologia social investiga uma série desses fenômenos, que envolvem heurísticas e outras tendências cognitivas que já garantiram até um Prêmio Nobel de Economia ao psicólogo social Daniel Kahneman (Kahneman, 2003), dada a importância do tema.

No entanto, cabe reconhecer que não é sempre adequado dizer que correlação não é causalidade, uma vez que duas variáveis correlacionadas podem sim, em alguns casos, ter uma relação causal. Assim, para que se identifiquem causas e efeitos, a correlação é uma condição necessária, mas nunca uma condição suficiente. Hatfield, Faunce e Job (2006) recomendam, portanto, que se evite perpetuar a frase "correlação não implica causalidade" no ensino de estatística, porque a fraqueza, nesses casos, não é do tipo de teste, mas do delineamento da pesquisa se ela não é realmente experimental. Mais apropriado, segundo esses autores, seria dizer que "sem manipulação, uma associação entre variáveis não implica correlação".

Correlações iguais a zero também devem ser interpretadas com cuidado, porque não significam necessariamente que não existe correlação entre duas variáveis. A correlação de Pearson, que é mais frequentemente utilizada, depende de uma relação linear entre as variáveis, cuja existência deve ser verificada antes que se faça qualquer teste. Isso pode ser facilmente inspecionado por meio de um diagrama de dispersão, exemplificado na figura 2. Se as variáveis têm uma relação curvilínea, a correlação de Pearson subestima a real associação entre elas, problema que poderia ser resolvido com o uso da correlação eta, uma medida que é relativamente menos conhecida. Para tornar mais claro o caso da relação curvilínea, pode-se tomar como exemplo a relação entre estimulação e *performance*. As pesquisas sobre essas variáveis mostram que níveis baixos de estresse geram baixa *performance*, que níveis médios aumentam a *performance* e que níveis altos geram uma nova baixa na *performance*, apresentando uma relação em forma de U invertido e não uma reta. Vale lembrar que na história da psicologia essa relação em forma de U invertido ficou conhecida como Lei de Yerkes-Dodson (1908), tal a sua força empírica no caso de muitas outras variáveis, mas ainda assim as variáveis associadas são errônea e frequentemente tratadas com correlações comuns.

Uma outra falsa concepção estatística, segundo Huck (2009), é a de que os valores de uma correlação sempre variam de −1,0 (correlação negativa perfeita) a +1,0 (correlação positiva perfeita). Esse autor mostra que os valores só variam realmente entre esses extremos sob certas circunstâncias e que as variáveis frequentemente produzem correlações que se apresentam ape-

nas em um segmento desse contínuo. No caso da correlação de Pearson, por exemplo, se uma variável tem distribuição assimétrica positiva e a outra variável tem distribuição assimétrica negativa, a correlação nunca poderá ser negativamente ou positivamente perfeita, excluindo assim os valores extremos das possibilidades de resultado que se poderia obter no teste. Verifica-se, em suma, que tomar como regra única que as correlações variam de −1 a +1 pode fazer com que uma correlação realmente forte seja interpretada como fraca (e vice-versa), gerando conclusões equivocadas sobre a qualidade de uma relação.

Como este capítulo se concentra principalmente nas correlações de Pearson, essa última falsa concepção não é tão ameaçadora, mas ainda assim deve-se considerar o modo como a distribuição das variáveis pode enviesar os valores de uma correlação e diminuir sensivelmente a amplitude idealmente esperada de −1 a +1. Huck (2009) também mostra que um único valor extremo na distribuição pode influenciar bastante o valor de uma correlação, mesmo que a amostra utilizada seja grande. É comum nos relatos de uso da estatística que pesquisadores e profissionais apresentem argumentos do tipo "apenas um caso extremo (*outlier*) foi identificado na amostra e não foi considerado uma ameaça às análises". Mas um erro na tabulação dos dados ou a existência de um caso realmente extremo pode até mesmo inverter a direção de uma correlação (p. ex., um estudante universitário com 100 anos de idade é raro, embora possível, assim como um professor com 18 anos). Isso traz à tona uma discussão ainda mais fundamental, que diz respeito aos cuidados que qualquer pesquisador deve ter com a análise exploratória do seu banco de dados (cf. capítulo 2 deste livro). Correlações podem ser especialmente sensíveis a esses problemas e nenhuma análise inferencial deveria ser realizada sem os cuidados iniciais de limpeza do banco.

## Considerações finais

Neste capítulo foram apresentadas uma definição sumária de correlação, seus tipos, suas condições de uso e algumas falsas concepções que envolvem sua interpretação e a tomada de decisão estatística, de modo que o leitor possa testar correlações bivariadas com os softwares Jamovi e R. Mas para alguns autores a identificação de uma correlação simples entre variáveis nada mais é do que apenas um primeiro passo de análise inferencial, para que se possa conduzir então algumas análises mais elaboradas, preferencialmente aquelas que lidam com um raciocínio multivariado. De fato, boa parte das análises inferenciais estatísticas pode ser compreendida como uma expansão da lógica de uma correlação entre variáveis e boa parte dos capítulos deste livro relata análises que são diretamente dependentes de correlação (cf. especialmente os casos de regressão e análise fatorial, em que isso é mais evidente).

A atenção que as normas da American Psychological Association e muitas revistas científicas dão ao relato do tamanho do efeito de uma variável sobre a outra deu também à correlação um papel de maior destaque e transversalidade em análises estatísticas nos últimos anos, uma vez que ele é frequentemente expresso a partir de uma medida de correlação (Rosenthal, Rosnow & Rubin, 2000). Isso facilita sobremaneira a interpretação de resultados e principalmente a comparação de diferentes pesquisas, a despeito das medidas específicas que tenham originalmente utilizado, como é o caso das meta-análises. Um atualizado guia para esse tipo de uso da correlação pode ser encontrado em Cumming (2012), que nomeia o cenário atual de análise de dados como "a nova estatística", dadas as mudanças que o processo de testagem de hipóteses e relato de parâmetros tem sofrido nas ciências sociais e humanas.

Uma restrição importante da correlação, especialmente criticada por pesquisadores que zelam pela validade interna de suas pesquisas é que ela não ajuda a descartar explicações alternativas, de modo que pode comprometer a descoberta posterior de uma relação causal, que dependeria, neste caso, de delineamentos de pesquisa controlados, tal como nos experimentos (Shadish, Cook & Campbell, 2002). Conclui-se assim, como já alertado no início do capítulo, que correlação é uma análise simples e facilmente utilizável, mas que esconde também muitos problemas que precisam ser levados em conta pelo pesquisador.

## Sugestões de leitura complementar

Field, A., Miles, J., & Field, Z. (2012). *Discovering statistics using R*. Sage.

Fox, C., & Kahneman, D. (1992). Correlation, causation, and inference in surveys of life satisfaction. *Social Indicators Research, 27*, 221-234.

Tabachnick, B. G., Fidell, L. S. (2006). *Using multivariate statistics*. Allyn and Bacon.

# Referências

Chapman, L. (1967). Illusory correlation in observational report. *Journal of Verbal Learning and Verbal Behavior,* 6(1), 151-155.

Chen, P. Y., & Popovich, P. M. (2002). *Correlation: Parametric and nonparametric measures.* Sage.

Cohen, J. (1969). *Statistical power analysis for the behavioral sciences.* Erlbaum.

Cumming, G. (2012). *Understanding the new statistics: Effect sizes, confidence Intervals, and meta-analysis.* Routledge.

Field, A., Miles, J., & Field, Z. (2012). *Discovering statistics using R.* Sage.

Fox, C., & Kahneman, D. (1992). Correlation, causation and inference in surveys of life satisfaction. *Social Indicators Research, 27,* 221-234.

Funder, D. C., & Ozer, D. J. (2019). Evaluating effect size in psychological research: Sense and nonsense. *Advances in Methods and Practices in Psychological Science, 2*(2), 156-168.

Hatfield, J., Faunce, G. J., & Job, R. F. (2006). Avoiding confusion surrounding the phrase "correlation does not imply causation". *Teaching of Psychology, 33,* 49-51.

Huck, S. W. (2009). *Statistical misconceptions.* Psychology Press.

Kahneman, D. (2003). Maps of bounded rationality: A perspective on intuitive judgment and choice. In T. Frangsmyr [Nobel Foundation] (org.), *Les Prix Nobel: The Nobel Prizes 2002* (pp. 449-489). The Nobel Foundation.

Nunnally, J. C., & Bernstein, I. H. (1994). *Psychometric theory* (3. ed.). McGRaw-Hill.

Primi, R., & Almeida, L. S. (1998). *Bateria de provas de raciocínio 5: Manual técnico.* Casa do Psicólogo.

Rosenthal, R., Rosnow, R. L., & Rubin, D. B. (2000). *Contrasts and effect sizes in behavioral research: A correlational approach.* Cambridge University Press.

Shadish, W., Cook, T., & Campbell, D. T. (2002). *Experimental and quasi-experimental designs for generalized causal inference.* Houghton Mifflin.

Tabachnick, B. G., & Fidell, L. S. (2006). *Using multivariate statistics.* Allyn and Bacon.

Yerkes, R. M., & Dodson, J. D. (1908). The relation of strength of stimulus to rapidity of habit-formation. *Journal of Comparative Neurology and Psychology, 18,* 459-482.

# 4
# Testes *t* para amostras independentes e pareadas

*Fabio Iglesias*
Universidade de Brasília

*Felipe Valentini*
Universidade São Francisco

## O que é o teste *t* e quais seus objetivos?

Como o mais simples e popular, o teste *t* é um procedimento estatístico usado para a comparação de médias, usado na maior parte das vezes com dois grupos, sejam eles dependentes (pareados) ou independentes. Dissemos "na maior parte das vezes" porque, embora não seja objeto deste capítulo, o teste *t* também pode ser usado para a situação de um grupo só, quando se quer comparar uma média obtida com uma outra média definida (p. ex., para comparar se a média das notas numa turma é maior do que um valor determinado que garanta a aprovação dos alunos). O "na maior parte das vezes" não esconde também um tom irônico, mas que consideramos bem-intencionado, por alertar sobre o que não deveria ser um objetivo do teste *t*. Ocorre que muitos pesquisadores, em situações que devem comparar mais de dois grupos ao mesmo tempo, acabam por usá-lo inapropriadamente.

Se você encontrar uma situação em que haja três ou mais grupos, você deve recorrer ao raciocínio da análise de variância (Anova), que é objeto do capítulo 5 deste livro. Não é estratégico nem apropriado usar testes *t* para comparar diversos grupos, dois a dois, se eles fazem parte da mesma pesquisa. Isso mascara as conclusões que se pode tirar sobre a significância das diferenças investigadas, porque aumentam as chances de erro do tipo I. O teste *t* só faz sentido quando apenas duas amostras estão em jogo para serem comparadas ao mesmo tempo (como verá adiante, os pacotes estatísticos sempre pedem que você especifique quais são esses dois grupos).

Feitos os alertas iniciais, vale ainda contar o porquê de o teste ter esse nome. Seu inventor foi William Sealy Gosset (1876-1937), que tinha sido por algum tempo um aluno de Karl Pearson (inventor, por sua vez, da famosa correlação). Apesar de ter se tornado um estatístico muito influente por essa e por outras contribuições à área, tinha como principal atividade ser um cervejeiro na famosa Guinness. Como a empresa tinha receio de que seus empregados revelassem segredos industriais, ele decidiu por assinar suas publicações como Student, depois de convencer seus chefes de que isso não representaria qualquer risco (Zabell, 2008). Gosset desenvolveu o teste *t* para analisar amostras de tamanho pequeno, de modo a poder analisar, por exemplo, o efeito de variedades de cevada e lúpulo necessários à boa produção de uma cerveja (Ziliak & McCloskey, 2007). Mais recentemente, seu nome tem sido muito associado aos fundamentos que se usam para apontar as limitações do teste estatístico da hipótese nula, como procedimento-padrão na psicologia e muitas áreas científicas.

## Pressupostos para a realização do teste *t*

O teste *t* é um tipo de análise paramétrica, ou seja, depende de alguns parâmetros de distribuição da variável a ser comparada, que incluem principalmente a normalidade dos dados. É fundamental investigar, antes de qualquer procedimento, se a variável é contínua e apresenta um nível de medida intervalar (ou de razão), para que a média e o desvio-padrão possam ser calculados. Variáveis com distribuição normal perfeita em um histograma não existem, mas sua curva deve se aproximar minimamente de um formato de sino (também chamado de "U" invertido), com alguma simetria entre suas duas caudas. A distribuição adequada deve revelar que a maior parte dos dados se concentra em torno da média e que eles vão ficando cada vez mais escassos conforme os valores se afastam para os extremos da escala usada. O exame da relação entre a média e o desvio-padrão já é um indicativo preliminar, pois uma média acompanhada de desvio-padrão muito alto ou muito baixo revela problemas de assimetria e de achatamento da curva, que ameaçam o raciocínio paramétrico. Neste caso a análise pode exigir um teste não paramétrico que seja equivalente ao teste *t*, como é o caso do teste de Mann-Whitney e do teste de Wilcoxon. Como também não são objeto deste capítulo, recomendamos o livro de Siegel e Castellan (2006) como uma excelente referência na área.

O tamanho da amostra é outro pressuposto importante para o teste, diretamente relacionado à qualidade da distribuição da variável. Embora Student (William Gosset) tenha desenvolvido o teste *t* para comparar amostras pequenas, isso não significa que elas possam ser tão pequenas ao ponto de não apresentar médias e desvios-padrão adequados. Quando uma amostra é dividida, por exemplo, entre homens e mulheres, para que se comparem os sexos numa determinada variável, é fundamental que se encontre um equilíbrio nos respectivos tamanhos das amostras (os *n*s), ainda que seja um equilíbrio aproximado. Por sua vez, isso guarda relação direta com o pressuposto conhecido como igualdade das variâncias (ou homogeneidade das variâncias), isto é, os grupos devem ter uma variância pelo menos semelhante para que possam ser efetivamente comparados. Em suma, a análise exploratória dos dados, verificando a ocorrência de casos extremos, de casos omissos, a normalidade das distribuições e o equilíbrio dos grupos, é uma etapa essencial para que se decida pelo uso do teste *t* (cf. cap. 2 deste livro). A decisão seguinte é sobre qual o tipo de teste *t* mais apropriado, conforme o delineamento da pesquisa (intra ou intersujeitos).

## Como analisar o teste *t*

Configurar e solicitar a análise do teste *t* é uma tarefa bastante simples, mas por isso mesmo a sua interpretação é que requer maior cuidado. A seguir, serão apresentados dois exemplos de pesquisa cujos dados foram analisados por meio do teste *t*. Para tanto, usamos o software Jamovi (versão 1.1.9). Você pode fazer o download no site do desenvolvedor (https://www.jamovi.org/downlad.html). Se usa versões anteriores ou posteriores não entre em pânico: o menu o e *output* da análise sofrem apenas pequenas alterações entre as diferentes versões.

## Teste *t* para amostras independentes

O primeiro exemplo se refere a uma pesquisa sobre o consumo de chocolate. Ressaltamos que os dados dessa pesquisa foram inventados para fins didáticos (infelizmente não vimos, nem comemos qualquer pedaço!). Num supermercado foi oferecido chocolate suíço aos clientes, como amostra grátis. Eles poderiam comer a quantidade que desejassem. Os pesquisadores anotaram o número de chocolates consumidos e o sexo de cada participante. A pergunta de pesquisa foi: Quem consumiu mais chocolates, homens ou mulheres? As diferenças encontradas são estatisticamente significativas? Nesse caso, as amostras são independentes (o participante é do sexo masculino ou do sexo feminino). Ressalta-se que o consumo de chocolate (quantidade) é a variável dependente e o sexo é a variável-critério (ou independente). Os autores analisaram os pressupostos e concluíram que os dados apresentavam distribuição normal e não foram encontrados casos extremos que pudessem afetar a média e a variância. Assim, escolheram analisar os dados por meio do teste *t* para amostras independentes. Para tanto, é necessário abrir a janela do teste *t* pelo seguinte caminho: Analyses/T-Tests/ Independent Samples T-Test.

Na parte esquerda da janela serão listadas as variáveis do banco de dados. A variável dependente (consumo de chocolate) deve ser arrastada para a parte superior direita (para a janela *Dependent Variables*). A variável-critério (sexo) deve ser arrastada para a pequena janela na parte inferior direita (para a janela *Grouping Variables*). Nesta última janela sempre entrarão os dois grupos de comparação, sendo eles homens e mulheres, altos e baixos, depressivos e não depressivos etc. No exemplo os pesquisadores querem comparar o grupo do sexo masculino (código 1) com o grupo do sexo feminino (código 2). Portanto, é necessário digitar 1 no campo *Group 1*, e digitar 2 no campo *Group 2*. Você poderia ter usado outros códigos, sem problemas! Apenas certifique-se que os códigos inseridos na análise correspondem exatamente aos grupos que você irá comparar. Você pode nominar os grupos no próprio software, para facilitar a interpretação dos resultados gerados (p. ex., como "homens" e "mulheres"ou como "masculino" e "feminino").

Ao arrastar as variáveis, o Jamovi já analisa instantaneamente em uma janela com o *output* que aparecerá na parte direita da tela. Recomendamos também que você marque a opção Descriptives para obter as estatísticas descritivas. Se tudo estiver correto, você deve visualizar algo semelhante às tabelas 1 e 2. Após clicar no botão *ok*, uma janela com o *output* aparecerá na sua tela direita. Se tudo estiver correto, você deve visualizar algo semelhante à tabela 1 e à figura 1.

Tabela 1

*Estatísticas descritivas*

| Group descriptives | | | | | | |
|---|---|---|---|---|---|---|
| | Group | N | Mean | Median | SD | SE |
| Momento1_ | 1 | 50 | 2.22 | 2.00 | 1.07 | 0.152 |
| comRotulo | 2 | 50 | 4.20 | 4.00 | 1.14 | 0.162 |

Na tabela 1 são informadas as estatísticas descritivas separadas para os grupos analisados. Perceba que os grupos contêm a mesma quantidade de participantes ($n = 50$), o que configura uma situação ideal e nem sempre possível! As mulheres (grupo 2) consumiram, em média, 4,20 chocolates suíços; e os homens (grupo 1) consumiram, em média, 2,20 chocolates (não há necessidade, aqui, de considerar qualquer informação depois da segunda casa decimal para as médias e demais medidas). Baseada na média, a conclusão mais óbvia, se feita a partir desses dados descritivos, é: as mulheres consumiram mais chocolates! Entretanto, a pergunta fundamental é: essa diferença é estatisticamente significativa? Ou seja, é preciso responder se existe realmente uma diferença confiável entre os dois grupos. Para respondê-la devemos analisar a tabela 2.

### Tabela 2
*Resultados do Teste* t *para Amostras Independentes*

| Independent Samples T-Test | | | | |
|---|---|---|---|---|
| | | statistic | df | p |
| Momento1_comRotulo | Student's t | -8.93 | 98.0 | <.001 |

A tabela apresenta o valor de *t* (na coluna *statistic*), os graus de liberdade (*df = degrees of freedom*) e a significância estatística (p). O *t* é o resultado do teste estatístico que avalia se as médias dos dois grupos são iguais. Quanto maior for o valor de *t*, maior é a probabilidade de os grupos serem diferentes. Para saber se o valor de *t* é grande ou pequeno deve-se ponderar os graus de liberdade (*df*, sigla de "degrees of freedom") e buscar esses valores numa tabela de distribuição *t*. No entanto, ainda há a possibilidade de se pedir um valor para o *d* de Cohen, que lhe dará dicas sobre a magnitude da diferença entre as médias (assunto que será abordado mais à frente). Se você ficou "zonzo" em tentar saber se há diferença ou não, pode ficar tranquilo... o Jamovi já fez isso para você! Basta olhar para o valor de *p*!

O *p* (ou significância estatística) do teste *t* está relacionado à probabilidade de ocorrência do erro estatístico de tipo I. Ou seja, indica qual a probabilidade do pesquisador concluir, com base na sua amostra, que existem diferenças en-

tre os grupos estudados, quando, na realidade, tais diferenças não existem. Em outras palavras, indica qual é a probabilidade de as médias serem diferentes. Assim, o *p* diz respeito à "segurança" em realizar tais inferências. Valores abaixo de 0,05 indicam que a probabilidade de cometer um erro do tipo I é de, no máximo, 5%. Ou seja, assume-se, com uma margem de erro, que as diferenças são estatisticamente significativas.

No exemplo apresentado na tabela 2 o Jamovi indicou o valor de $p < 0.001$. Isso indica que a probabilidade de erro estatístico é muito baixa. Diz-se, portanto, que a diferença encontrada entre homens e mulheres no que se refere ao consumo de chocolate é estatisticamente significativa. Repare que por vezes o valor pode ser informado como $p = 0,000$. Isso indica que a probabilidade de erro estatístico é tão baixa que o software não a estimou depois de algumas casas decimais (mas cuidado, isso não significa que o erro é zero, pois isso seria impossível em qualquer análise!). Neste caso o valor de *p* deve ser citado como $p < 0,001$.

Se você marcar, na parte esquerda da tela do Jamovi a opção Mean Difference, o software indicará o valor da diferença das médias entre os grupos (coluna Mean Difference). Os resultados são apresentados na tabela 3. Embora o Jamovi forneça o valor automaticamente, ele é facilmente calculado: basta diminuir uma média de outra! Por exemplo: média de chocolates consumidos por homens = 2,22; e média de chocolates consumidos por mulheres = 4,20; diferença = 2,22 – 4,20 = –1,98 (exatamente o valor fornecido pelo Jamovi). O software ainda fornece uma estimativa do Erro-padrão da Diferença (*SE Difference*, sigla de standard error difference). Se você também marcar a opção Confidence Interval, na parte esquerda da tela, o Jamovi irá apresentar o intervalo de confiança (IC) para valores mínimos e máximos da diferença. Lembre-se que a diferença encontrada é referente à sua amostra. O IC oferece uma estimativa/inferência da diferença entre os grupos na população de referência (observe que na inferência dos resultados para a população a amostragem deve ter sido aleatória). Neste exemplo, o IC indica, com 95% de confiança, que a diferença de consumo de chocolate, entre homens e mulheres, é algo entre –2,42 e –1,54. O IC oferece uma estimativa/inferência da diferença entre os grupos na população de referência, como mais um indicativo importante da qualidade de sua análise. A tendência é que os relatos de análises passem a depender cada vez mais da informação sobre os intervalos de confiança, como discutido por Cumming (2012) e previsto no Manual de Publicação da American Psychological Association (APA, 2020).

Tabela 3

*Resultados da diferença de médias*

| Independent Samples T-Test | | | | | | | 95% Confidence Interval | |
|---|---|---|---|---|---|---|---|---|
| | | statistic | df | p | Mean difference | SE difference | Lower | Upper |
| Momento1_comRotulo | Student's t | -8.93 | 98.0 | <.001 | -1.98 | 0.222 | -2.42 | -1.54 |

Um importante pressuposto desse modelo de teste $t$ é a igualdade das variâncias. Para testar esse pressuposto você pode usar o teste de Levene. Para analisá-lo, você pode marcar a opção *Assumption Checks / Equality of variances*, na parte de configuração da análise (na esquerda da tela) e surgirá um *output* semelhante à tabela 4.

Tabela 4

*Teste de Levene para igualdade das variâncias*

| | F | df | df2 | p |
|---|---|---|---|---|
| Momento1_comRotulo | 0.245 | 1 | 98 | 0.621 |

Note: A low p-value suggests a violation of the assumption of equal variances.

O teste avalia se os grupos se diferem quanto à variância interna (intra), por meio do teste de hipóteses: $H0$ = grupos não apresentam variâncias distintas; $H1$ = grupos apresentam variâncias distintas. Se o valor da significância do teste ($p$) for menor do que 0,05, para o teste de Levene, rejeita-se a hipótese nula. Ou seja, os grupos apresentam variâncias distintas e, portanto, a igualdade das variâncias não pode ser assumida. Caso o valor da significância do teste ($p$), para o teste de Levene, seja maior do que 0,05 é possível assumir a igualdade das variâncias. Neste exemplo, como não foram encontradas diferenças no teste de Levene ($p = 0,621$), é possível assumir a igualdade das variâncias. Ou seja, é seguro assumir o pressuposto do teste $t$. Caso o valor de $p$ fosse maior que 0,05, então a opção seria realizar um teste não paramétrico de diferença de grupos (p. ex., o teste de Mann-Whitney) que o software também oferece, ao clicar na aba *tests* e em Mann-Whitney.

## Teste *t* para amostras pareadas

No segundo exemplo de pesquisa usaremos o teste $t$ para amostras pareadas (também chamado de amostras repetidas). Imagine que os pesquisadores do chocolate anotaram o e-mail de todos os participantes. Depois de seis meses da primeira coleta de dados, os participantes foram convidados para a segunda etapa da pesquisa. Novamente foram oferecidos chocolates aos mesmos participantes. Entretanto, os rótulos de "chocolate suíço" foram retirados. Os pesquisadores queriam saber se a retirada da marca do chocolate poderia diminuir o consumo.

Neste segundo exemplo, as mesmas pessoas participaram de dois momentos da pesquisa. Ou seja, os participantes que consumiram chocolates com o rótulo suíço eram os mesmos que consumiram depois os chocolates sem o rótulo. Portanto, as médias do consumo de chocolate com e sem o rótulo são pareadas, pois são calculadas a partir da mesma amostra de pessoas. Assim, os pesquisadores optaram pelo uso do teste $t$ para amostras pareadas. Para realizar esta análise é necessário que você digite os seus dados em duas colunas/variáveis: uma para o momento 1 (consumo com o rótulo suíço) e outra para o momento 2 (consumo sem o rótulo suíço).

Para acessar o menu do teste $t$ para amostras pareadas, é necessário abrir a janela pelo seguinte caminho:

```
Analyses / T-Tests / Paired Samples T-Test
```

Na parte esquerda da janela serão listadas as variáveis do banco de dados. Se você digitou corretamente os dados, as duas variáveis devem aparecer na parte esquerda da janela. Você precisa selecioná-las e arrastá-las para a janela Paired Variables. Sugerimos também marcar as opções Mean Difference e Descriptives.

Uma janela com o *output* aparecerá na sua tela. Se tudo estiver correto, você deve visualizar algo semelhante às tabelas 5 e 6.

### Tabela 5
*Estatísticas descritivas para amostras pareadas de consumo de chocolate*

| Descriptives | | | | |
|---|---|---|---|---|
| | N | Mean | Median | SD | SE |
| Momento1 – Com rótulo | 100 | 3.21 | 3.00 | 1.49 | 0.149 |
| Momento2 – Sem rótulo | 100 | 1.90 | 2.00 | 1.07 | 0.107 |

Na tabela 5 são informadas as estatísticas descritivas para os diferentes momentos da pesquisa. Observa-se que o consumo médio de chocolate diminuiu quando os pesquisadores resolveram retirar o rótulo suíço ($M = 3,21$ para chocolates consumidos no Momento1 e $M = 1,90$ para chocolates consumidos no Momento2).

Na tabela 6 são apresentados os principais resultados do teste $t$. A diferença das médias do consumo de chocolates no momento 1 e no momento 2 é de 1,3. Se você duvidar do programador, pode fazer o cálculo manualmente: média do tempo 1 – média do tempo 2 ($3,21 - 1,90 = 1,31$). A tabela apresenta o erro-padrão (*SE difference*) para a diferença do consumo ($SE = 1,112$). Esse é um valor relativamente alto, o que indica que a redução do consumo de chocolate com a retirada do rótulo suíço não é igual para

### Tabela 6
*Teste t para amostras pareadas*

| | | | statistic | df | p | Mean difference | SE difference |
|---|---|---|---|---|---|---|---|
| Momento1_comRotulo | Momento2_semRotulo | Student's t | 11.7 | 99.0 | < .001 | 1.31 | 0.112 |

todos os participantes. Ou seja, algumas pessoas ('chiques') sofrem mais com a retirada do rótulo suíço e passam a consumir menos chocolate.

O valor do $p$ (significância estatística) é baixo ($p < 0,001$). Portanto, é possível assumir que existem diferenças, estatisticamente significativas, entre o consumo de chocolates no Momento 1 (com o rótulo suíço) e no Momento 2 (sem o rótulo suíço). Em outras palavras, a manipulação experimental da retirada do rótulo suíço gerou uma diminuição do consumo de chocolate. Dica nossa para dietas: retire o rótulo antes de comer um chocolate! Mas se você for o fabricante, faça rótulos bem bonitos.

## Tamanho do efeito para o teste *t*

Ressaltamos que a significância estatística (ou valor $p$) indica apenas a probabilidade de assumir que existe diferença significativa entre os grupos (o erro tipo I). No entanto, o pesquisador pode se interessar pela força dessa diferença, senão pode concluir, erroneamente, que o efeito em sua amostra é também plenamente verificado na população. Em outras palavras, ele deve conhecer a força que a diferença dos grupos exerce sobre a variável dependente. Chamamos a isso de significância prática (que não é somente uma significância estatística) (Kline, 2013). Seguindo os exemplos anteriores, qual é a relevância prática da variável sexo para explicar as diferenças no consumo de chocolate?

Para avaliar essa força da diferença entre os grupos deve-se considerar o tamanho do efeito, que é definido, nesse caso, como uma medida padronizada do tamanho das diferenças observadas (Cohen, 1994; Thompson, 1998; Vacha--Haase & Thompson, 2004). O tamanho do efeito fornece uma medida objetiva e comparável da

relevância das diferenças entre os grupos. Assim, diversas medidas foram propostas para avaliar esse aspecto. As mais comuns são o $d$ de Cohen e o $r$ de Pearson. O $d$ representa as diferenças entre os grupos em unidades de desvios-padrão. Já o $r$ é padronizado numa escala de 0 a 1 (positivos ou negativos), o que equivale ao coeficiente de correlação de Pearson. Quanto mais próximo de 1 (positivo ou negativo), maior é o tamanho do efeito (Field, 2009). Valores até 0,30 indicam um tamanho de efeito pequeno; de 0,30 a 0,50, moderado; de 0,50 a 0,80, forte; e maiores do que 0,8, muito forte. Ressalta-se ainda que o $d$ de Cohen pode ser facilmente convertido em $r$ para que se possam fazer quaisquer comparações mais intuitivas.

Como alertamos no capítulo de correlação deste livro, os termos fraco, pequeno, moderado, forte, muito forte, robusto etc. são muito relativos nesse julgamento e devem ser usados com cuidado! Além disso, infelizmente muitos pacotes não fornecem imediatamente o tamanho do efeito para o teste $t$, mas ele pode ser facilmente calculado até mesmo em buscas rápidas no Google por "calculador de tamanho de efeito". Para obter o $d$ de Cohen no Jamovi basta simplesmente marcar a opção *Effect Size*. Já o *ViSta – The Visual Statistics System* –, também gratuito e de fácil manuseio (www.uv.es/visualstats), calcula o $d$ de Cohen e o transforma, automaticamente, em $r$ de Pearson (Ledesma, Macbeth & Kohan, 2009; Young, Valero-Mora & Friendly, 2006).

Com base na literatura da área e em relatos anteriores, poderíamos dizer que a diferença de consumo de chocolate entre os sexos teve tamanho de efeito forte ($d$ de Cohen = –1,79), indicando que o consumo de chocolate pelo sexo masculino foi, em média, 1,79 desvios-padrão menor do que pelo sexo feminino. Para o segundo exemplo, a diferença entre o Momento 1 e Momento 2 também foi forte ($d$ de Cohen = –1,17), evidenciando que o consumo de chocolate foi reduzido em 1,17 desvios-padrão após a retirada do rótulo suíço.

Assim, como alertamos sobre o relato de intervalos de confiança, chamamos a sua atenção para a importância do relato do tamanho do efeito nos manuscritos de pesquisa. Algumas revistas internacionais tendem fortemente a rejeitar os manuscritos que não informam o tamanho do efeito, algo que está também ficando claro no Brasil, finalmente. Além disso, o relato de pesquisa é extremamente pobre caso se apresente apenas o valor do teste e do $p$ (sem discutir o tamanho do efeito). O problema desta abordagem é que muitas vezes as diferenças são estatisticamente significativas ($p < 0,05$), mas apresentam pouca importância prática. Voltando ao nosso exemplo do chocolate suíço, de que adiantaria verificar que existe uma diferença entre homens e mulheres se esse efeito tivesse sido muito pequeno? Na prática, é como se a diferença fosse irrelevante. Portanto, todo relato de teste $t$ deve ser acompanhado do tamanho do efeito verificado.

## Como relatar os resultados

Ao relatar uma análise de teste $t$, conforme as normas da APA, sugerimos que você descreva o valor de $t$, graus de liberdade ($df$), significância estatística ($p$) e tamanho do efeito ($d$ ou $r$). Ao descrever a interpretação, concentre-se na significância estatística e, principalmente, no tamanho do efeito, para que as suas conclusões sejam coerentes e fundamentadas. Caso tenha realizado apenas duas ou três análises com o teste $t$, sugerimos relatá-las no corpo do texto. Uma ta-

bela, nesse caso, aumentaria desnecessariamente o tamanho do texto. Veja um exemplo de como poderiam ser adequadamente relatados os resultados de nossa pesquisa com chocolate:

> Os participantes do sexo masculino consumiram menos chocolate ($M = 2,22$), em média, do que as participantes do sexo feminino ($M = 4,20$), $t$ (98) = –8,93; $p < 0,001$, $r = 0,67$.
>
> Ademais, os resultados indicam uma tendência forte de as mulheres consumirem mais chocolates do que os homens, $d = 1,79$; $r = 0,67$.

Já quando o número de variáveis testadas é grande, uma tabela organiza a apresentação dos resultados e facilita a leitura! Um bom exemplo de como organizar e apresentar os seus dados é oferecido pelo Manual da APA. A tabela 7 foi construída com base nesse manual, mas também com dados fictícios. Além dos valores do teste $t$, são indicados de uma só vez os tamanhos de efeito, médias e desvios-padrão das variáveis, separadas por grupos. Não se preocupe com o sinal na coluna do $d$ de Cohen. Diferentemente de uma correlação, em que o sinal é muito importante para demonstrar se a correlação é positiva ou negativa, no $d$ o sinal dependerá se a variável com média maior entrar como primeira variável no cálculo ou como segunda variável. Logo, no $d$ o que importa é somente o valor da magnitude, já que você saberá qual grupo é maior visualizando as médias dos dois grupos, como já explicado anteriormente.

Se você optar pelo uso de uma tabela para descrever os resultados, cuide para não repetir simplesmente no texto o que está sumarizado nesse elemento visual. Exemplo de uma descrição ruim: os participantes do sexo masculino compraram, em média, 10,6 latas de cerveja, e as do sexo feminino compraram, em média, 1,2

**Tabela 7**

*Diferenças de Média, Teste t e Tamanhos de Efeito*

| Compras de: | Homens | | Mulheres | | $t$ (gl) | $p$ | $d$ de Cohen |
|---|---|---|---|---|---|---|---|
| | M | DP | M | DP | | | |
| Chocolate | 2,22 | 1,07 | 4,20 | 1,14 | -8,92 (98) | 0,001 | -1,79 |
| Cerveja | 10,6 | 2,08 | 1,20 | 2,09 | 22,54 (98) | 0,001 | 4,51 |
| Carvão para o churrasco | 2,31 | 1,09 | 0,21 | 1,03 | 9,90 (98) | 0,001 | 1,98 |

latas. Essa frase não acrescenta nada ao que já foi exposto na tabela! Sugerimos que se concentre, ao invés disso, na descrição dos principais resultados, conduzindo o leitor para os aspectos mais relevantes. Por exemplo: conforme os resultados apresentados na tabela 7, os homens compraram mais cerveja e carvão para o churrasco e as mulheres mais chocolate. Além disso, o efeito das diferenças entre os participantes do sexo masculino e feminino é forte para todos os produtos comprados, especialmente para a cerveja.

## Considerações finais

Em suma, o teste $t$ é uma ferramenta estatística muito útil para a comparação de médias em delineamentos de pesquisa que sejam mais simples, isto é, que envolvam uma lógica univariada. Vimos que o teste $t$ é geralmente usado em duas modalidades, que dependem de se tratar da comparação de amostras independentes ou de amostras pareadas (dependentes/repetidas). Os cuidados que envolvem sua adequação ao nível de medida, a qualidade das distribuições e o número de grupos comparados devem ser centrais e anteceder qualquer cálculo. Há sempre um risco de se concluir por diferenças, a partir de sua amostra, que são inexistentes na população. Além disso, elas podem existir, mas apresentar um tamanho de efeito irrelevante.

Considerando os exemplos que apresentamos e muitos outros possíveis, pode-se supor que um bom pesquisador incluiria outras variáveis na pesquisa, para juntá-las num só modelo de análise, ao invés de se dar por satisfeito com testes $t$. Imagine que ele se interesse por questões como as diferenças individuais no consumo típico de chocolate, a idade, o peso, a renda, o dia da semana etc. Se essas variáveis pudessem ser analisadas em conjunto, isso configuraria uma abordagem multivariada, como no caso da família das ANOVAs. O que mostramos aqui é que, embora simples e univariado, o teste $t$ é uma análise importante para explorar diferenças entre grupos (ou entre momentos diferentes de coleta) antes que se passe inadvertidamente para análises mais complexas.

## Referências

American Psychological Association. (2020). *Publication manual of the American Psychological Association* (7. ed.). American Psychological Association.

Cohen, J. (1994). The Earth is round ($p < .05$). *American Psychologist, 49*, 997-1.003.

*Cumming, G. (2012). Understanding the new statistics: Effect sizes, confidence intervals, and meta-analysis.* Routledge.

Field, A. (2009). *Descobrindo a estatística usando o SPSS*. Bookman.

Kline, R. B. (2013). *Beyond significance testing: Statistics reform in the behavioral sciences*. American Psychological Association.

Ledesma, R., Macbeth, G., & Cortada de Kohan, N. (2009). Computing Effect Size Measures with ViSta – The Visual Statistics System. *Tutorials in Quantitative Methods for Psychology, 5*, 25-34.

Siegel, S., & Castellan, N. J. (2006). *Estatística não paramétrica para ciências do comportamento*. Artmed.

Thompson, B. (1998). Statistical significance and effect size reporting: Portrait of a possible future. *Research in the Schools, 5*, 33-38.

Vacha-Haase, T., & Thompson, B. (2004). How to estimate and interpret various effect sizes. *Journal of Counseling Psychology, 51*, 473-481.

Young, F. W., Valero-Mora, P. M., & Friendly, M. (2006). *Visual statistic: Seeing data with dynamic interactive graphics*. Wiley.

Zabell, S. L. (2008). On Student's 1908 article "The probable error of a mean". *Journal of the American Statistical Association, 103*(481), 1-7.

Ziliak, S. T., & McCloskey, D. N. (2007). *The cult of statistical significance: How the standard error cost us jobs, justice, and lives*. University of Michigan Press.

# 5
# Análise de variância univariada e multivariada

*Elaine Rabelo Neiva*
*Luís Gustavo do Amaral Vinha*
*Saulo Barros de Melo*
Universidade de Brasília

Todos os grupos populacionais podem ser divididos por atributos como sexo, nível de escolaridade, raça etc. Essa divisão dos grupos também pode ocorrer em função do tratamento recebido, como por exemplo níveis de manipulação de uma variável em um desenho experimental. Nesse caso é possível avaliar o desempenho de indivíduos trabalhando em equipes (ou o desempenho da equipe no conjunto) considerando várias situações específicas (quando recebem recompensas coletivas, quando recebem recompensas individuais, quando não recebem recompensas). O recebimento de recompensas coletivas (todos ganham a mesma coisa), o recebimento de recompensas individuais (cada um ganha proporcionalmente ao que fez) e o não recebimento de recompensas constituem níveis de manipulação de uma variável numa condição experimental de execução de tarefas específicas. Esses níveis de manipulação caracterizam o grupo de indivíduos ou as equipes e geram condições para que elas sejam comparadas.

Vamos considerar três situações (A, B e C) em que os grupos "controle" e os grupos que receberam tratamento apresentam a mesma média amostral, porém, diferem em termos de variabilidade (em dispersão, ou seja, em desvio-padrão) (fig. 1).

No Caso A as médias dos grupos tratamento e controle são diferentes, não podemos dizer outra coisa, senão que diferem numericamente, uma vez que não existe variação em torno delas (situação teórica em que todas as observações do grupo são iguais). Por outro lado, no Caso B, as mesmas duas médias (de A) são observadas, mas os valores individuais são bem dispersos, logo não é possível afirmar que a diferença é estatisticamente significativa, dada a dispersão dos valores. Por fim, no Caso C temos as mesmas médias dos grupos, como nos outros casos, com valores mais concentrados do que no Caso B (mais próximos ao valor médio), assim temos indícios de que a diferença é estatisticamente significativa.

O problema de inferência nesse caso busca decidir quando as médias populacionais são diferentes, a partir das médias amostrais e da dispersão dos valores observados para os grupos. A análise de variância nos ajuda a responder esta questão. O que temos a fazer é descobrir um modo de avaliar (medir) numericamente o quão diferentes são as médias amostrais dos grupos e o quanto as observações se afastam (encontram-se

# 5 Análise de variância univariada e multivariada

**Figura 1**
*Três situações diferentes na comparação de tratamento e controle*

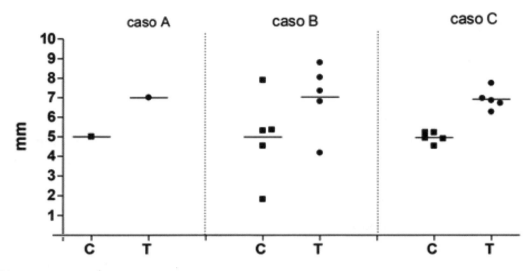

C = grupo-controle
T = grupo com tratamento

dispersas) ao redor das respectivas médias. Com essas duas medidas (avaliações) à nossa disposição, somos capazes de dizer se as médias populacionais diferem significativamente ou não.

Essa é a proposta dos testes estatísticos que atuam com a decomposição da variância. Eles se destinam a comparação de grupos populacionais ou grupos definidos a partir de alguma condição no desenho experimental. Para realização dessa comparação há a necessidade de uma (ou mais) variáveis independentes não métricas e uma (ou mais) variáveis dependentes métricas. A variável independente (VI) irá separar os grupos a serem comparados de acordo com um atributo ou condição experimental. A variável dependente (VD) ou resposta será mensurada e comparada entre os grupos.

O objetivo do presente capítulo é apresentar três variações da análise de variância: Anova (análise de variância oneway e fatorial) e Manova (análise de variância multivariada). Todos os exemplos serão dados a partir de uma pesquisa que avalia características e reações dos indivíduos em um contexto de mudança em algumas organizações brasileiras. Nesses exemplos são utilizadas três variáveis dependentes: o nível de apoio e resistência às mudanças apresentadas pelos colaboradores e o bem-estar deles nas organizações. As variáveis de grupo (independentes) serão atributos que caracterizam os colaboradores.

## Análise de variância one-way

A análise de variância é um teste paramétrico equivalente ao teste $t$ (para dois grupos) que compara médias de uma variável métrica entre três ou mais grupos. A realização da Anova para amostras independentes, foco deste capítulo, considera que os grupos são formados por indivíduos diferentes e que as diferenças entre as médias ocorrerão *entre grupos* (*between-groups*). Essa comparação exige a análise dos pressupostos de independência de observações, normalidade e de homogeneidade de variâncias. O teste inferencial Anova avalia a probabilidade de que qualquer diferença entre as duas condições é devida ao erro amostral. A rejeição da hipótese nula em favor da hipótese alternativa indica que essas diferenças se devem ao fator (ou fatores), que surtiram efeitos estatisticamente significativos sobre os resultados dos participantes.

Em outras situações, os mesmos indivíduos são submetidos a tratamentos diferentes e deseja-se verificar a diferença entre os tratamentos, com isso as análises das diferenças entre médias ocorrerão *entre participantes* (*within-subjects*). A Anova com medidas repetidas exige, além da normalidade e homogeneidade de variância, a verificação da esfericidade (Field, Miles & Field, 2012).

Na Anova para amostras independentes procura-se diferenças entre médias de grupos. Quando as médias são bem diferentes, existe muita variação entre as condições. Se não existirem diferenças entre as médias dos grupos, não existe tal variação. As variações entre e dentro dos grupos surgem como efeito de tratamentos ou experimentos, diferenças individuais e erros experimentais. Para analisar essas variações, a Anova compara a variação entre grupos e a variação intragrupo ou dentro do grupo.

Por que é denominada análise da variância o procedimento que compara médias de grupos diferentes? Porque no cálculo das variações *entre* e *dentro* dos grupos são utilizados os quadrados dos desvios dos valores das amostras em relação à média, que fazem parte da definição da variância.

*A análise da variância one-way decompõe a variância da seguinte forma:*

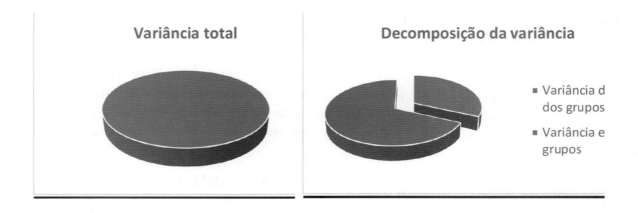

1) Primeiro, as médias dos grupos são calculadas.

2) Em seguida, a média geral é calculada a partir da ponderação das médias dos grupos (três ou mais) em relação aos tamanhos das amostras.

3) Para cada grupo, separadamente, a variação dos valores observados para os participantes em relação à média do grupo é calculada. Essa é a variância dentro dos grupos (*within-groups*). Esse cálculo é feito a partir da soma dos quadrados.

4) Por fim, a variação da média de cada grupo em relação à média geral é calculada. Essa é a variância entre os grupos (*between-groups*).

A estatística F, utilizada no teste da Anova, é a razão entre a variância entre os grupos e a variância dentro do grupo. Quando a variância entre grupos for bem maior do que a variância dentro dos grupos, o valor F é grande. Quanto maior o valor da estatística F, maior a probabilidade da diferença entre grupos se dever ao tratamento ou condições e não ao erro amostral. Leia mais sobre essa técnica para ficar por dentro dos cálculos e pressupostos nela envolvidos (p. ex., em Dancey & Reidy, 2020; Field, Miles & Field, 2012).

Como mencionado anteriormente, para a realização da análise de variância, são considerados os seguintes pressupostos básicos:

• a amostra ser retirada de uma população normal;

• independência entre observações;

• homogeneidade de variâncias.

De maneira formal, no teste realizado por meio da Anova para $k$ níveis de um fator temos as seguintes hipóteses:

$$H_0: \mu_1 = \mu_2 = \mu_3 \ldots = \mu_k,$$

$H_1$: Nem todas as subpopulações têm a mesma média, onde $\mu_k$ é a média populacional da variável depende para o $k$-ésimo grupo.

A variabilidade total é representada pela soma de quadrados total, $SQT = \Sigma (x_i - \underline{x})^2$, onde $x_i$ é o valor da variável resposta para o indivíduo $i$ e $\underline{x}$ é a média amostral global. Essa soma de quadrados é igual a soma dos quadrados entre os grupos (SQE) e soma dos quadrados dentro dos grupos (SQD).

No cálculo abaixo, considerando quatro grupos, a soma dos quadrados dentro dos grupos é equivalente a

$$SQD = \Sigma_{gp1} \left(x_i - \underline{x}_1\right)^2 + \Sigma_{gp2} \left(x_i - \underline{x}_2\right)^2 + \Sigma_{gp3} \left(x_i - \underline{x}_3\right)^2 + \Sigma_{gp4} \left(x_i - \underline{x}_4\right)^2,$$

onde $\underline{x}_k$ é a média amostral do grupo $k$.

E ainda considerando quatro grupos, a soma dos quadrados entre grupos é equivalente a

$$SQE = n_1(\underline{x}_1 - \underline{x})^2 + n_2(\underline{x}_2 - \underline{x})^2 + n_3(\underline{x}_3 - \underline{x})^2 + n_4(\underline{x}_4 - \underline{x})^2,$$

em que $nk$ é o tamanho amostral do grupo $k$.

Agora tendo separado a variabilidade, é possível mostrar que podemos obter estimativas *independentes* da variância populacional comum $\sigma^2$ a partir destas duas quantidades. Elas são chamadas de **valores quadrados médios** (*QME* e *QMD*), e obtemos as seguintes estimativas:

$$S_1^2 = QME = SQE/(m - 1),$$
$$S_2^2 = QMD = SQD/(N - m),$$

em que $m$ é o número de grupos, e $N$ é o tamanho amostral total. Como estas estimativas de variância são construídas a partir de dois tipos diferentes de variabilidade, quanto mais elas diferirem, mais evidência de diferença existirá nas médias.

A estatística *F* conduzirá a decisão de aceitar ou rejeitar a hipótese nula, a partir do valor observado $F_0$ calculado com a expressão:

$$Fo = \frac{Variância\ entre}{Variância\ dentro} = \frac{S_1^2}{S_2^2}.$$

Essa estatística de teste tem distribuição F com *m – 1* e *N – m* graus de liberdade. De acordo com o nível de significância ($\alpha$) – alfa) adotado pode-se determinar o valor crítico da estatística ($F_c$). A hipótese nula de igualdade das médias ($H_0$) será rejeitada se F observado ($F_o$) for superior ao valor crítico. A conclusão do teste também pode ser feita com a comparação do p-valor relativo ao valor observado ($F_o$) e o $\alpha$ adotado (se p-valor menor que $\alpha$ a hipótese $H_0$ deve ser rejeitada).

### A estatística F da Anova

| F = variação (entre médias amostrais) / variação (entre indivíduos dentro das amostras) |
|---|

\* Adaptado de Field, 2013.

Existem várias variações na Análise de Variância que são classificadas de acordo com a existência de 1 (ou mais) variáveis dependentes e 1 (ou mais) variáveis de grupo.

Relembrando:

| Anova = sempre envolverá uma variável de grupo (chamada fator, não métrica) + uma variável resposta (métrica). |
|---|
| Anova one-way = avalia um fator (grupo, tratamento, condição, variável independente) e uma variável dependente métrica por vez. |
| Anova fatorial = avalia mais de um fator para uma única variável dependente métrica. Pode incluir mais de um fator, o que remete aos efeitos de interação. |
| Manova = avalia um fator ou mais de um fator para mais de uma variável dependente métrica. |

Assim, vejamos como se pode realizar essa análise por meio do software R. Inicialmente, observa-se o banco de dados com 962 casos. A base apresenta cinco variáveis:

• Função – variável não métrica que descreve o cargo dos participantes da pesquisa divididos em níveis de 1 a 4, correspondendo, respectivamente, a Administrativo, Técnico ou Assessoramento, Operacional e Gerencial.

• Sexo – variável não métrica que indica o sexo do respondente da pesquisa, variando de 1 a 2, que são, respectivamente, masculino e feminino.

• Apoio às mudanças – variável métrica que indica o grau em que os colaboradores apresentam comportamentos de apoio ao processo de mudança organizacional (variação de 1 a 7).

• Resistência às mudanças – variável métrica que indica o grau em que os colaboradores apresentam comportamentos de resistência ao processo de mudança organizacional (variação de 1 a 7).

• Bem-estar no trabalho – variável métrica que indica o nível de bem-estar no trabalho dos indivíduos durante o processo de mudanças (variação de 1 a 7).

```
> head(base)
  Função Sexo Apoio   Resistência Bem-estar
1      1    1 4.888889 5.100000    4.750000
2      1    1 4.888889 4.100000    4.857143
3      1    1 5.500000 6.500000    5.785714
4      1    1 5.400000 3.333333    7.166667
5      1    1 5.400000 3.333333    7.000000
6      1    1 4.625000 5.000000    7.000000
```

Para realizar as análises de Anova/Manova usaremos o R, tendo entrado com os dados no software e feito as manipulações específicas de cada base, definiu-se os pacotes para a execução da análise.

```
> install.packages("psych")
> install.packages("car")
> install.packages("heplots")
> library(psych)
> library(car)
> library(heplots)
```

Esses pacotes do R foram baixados e carregados e serão usados nas análises. Como o banco de dados já foi tratado com a retirada de dados ausentes e casos extremos, é necessário ainda realizar as análises de pressupostos. A análise do pressuposto de independência de observações é considerada quando se avalia se os casos/dados dos grupos ou tratamento não têm uma mesma fonte. Na sequência serão realizadas as análises de normalidade e homocedasticidade.

Objetivando exemplificar os procedimentos da análise de variância univariada, formula-se o seguinte problema:

---

Existe efeito da função ou cargo dos participantes sobre o nível de apoio e resistência às intervenções realizadas em um contexto de mudanças?

---

Observa-se que nesta situação as variáveis dependentes são apoio e resistência à mudança. A variável independente, não métrica ou de separação dos grupos, é a variável função que comporta 4 níveis diferentes. Esta é a ideia principal para a comparação de médias: o que importa não é somente o quanto as médias amostrais estão distantes, mas o quão distantes estão *relativamente à variabilidade de observações individuais*. Inicialmente serão realizados os testes univariados dos pressupostos citados. Para avaliação da normalidade foram realizados os testes KS e Shapiro-Wilk, além da análise do gráfico de probabilidade normal na versão Q-Q (Quantil-Quantil).

```
> ks.test(base$apoio,"pnorm",mean
(base$apoio),sd(base$apoio))
    One-sample Kolmogorov-Smirnov test
data: base$apoio
D = 0.027073, p-value = 0.5122
alternative hypothesis: two-sided
> shapiro.test(base$apoio)
    Shapiro-Wilk normality test
data: base$apoio
W = 0.99772, p-value = 0.2409
> ks.test(base$resistencia,"pnorm"
,mean(base$resistencia),sd(base$
resistencia))
    One-sample Kolmogorov-Smirnov test
data: base$resistencia
D = 0.036069, p-value = 0.1839
alternative hypothesis: two-sided
> shapiro.test(base$resistencia)
    Shapiro-Wilk normality test
data: base$resistencia
W = 0.99674, p-value = 0.05619
```

Há inúmeros testes estatísticos que verificam o ajuste dos dados à distribuição normal a partir de diferentes pressupostos e algoritmos. Todos os testes pressupõem a hipótese de normalidade dos dados ($H_0$), logo quando p-valor $> 0,05$ os procedimentos indicam a aderência aos parâmetros de normalidade. Diversas simulações demonstram um melhor desempenho para os testes de Shapiro-Wilk e Shapiro-Francia. Aqui no exemplo, foram usados os testes Kolmogorov-Smirnof e Shapiro-Wilk. Os testes de normalidade sofrem influência do tamanho amostral quanto a sua eficiência. Em amostras pequenas (entre 4 e 30 unidades) há inflação do erro tipo I, sendo preferidos os testes de Shapiro-Wilk e Shapiro-Francia. À medida que aumentam as amostras, especialmente acima de 500 observações, todos os testes apresentam melhores desempenhos; entretanto, é prudente adotar o nível de significância de p < 0,01, uma vez que os testes ficam mais sensíveis a pequenas fugas de normalidade.

No caso citado, as duas variáveis, apoio e resistência das intervenções, foram consideradas com aderência à distribuição normal. No caso dos testes citados, esse resultado é incomum, tendo em vista que em grandes amostras muitos testes podem apresentar inflação do erro do tipo II.

Uma opção aos testes KS e Shapiro-Wilk são os gráficos de Probabilidade Normal e a análise de significância dos índices de simetria e curtose. Diagramas quantil-quantil (diagramas Q-Q) são representações gráficas das proporções dos dados da amostra original em comparação com os quantis esperados para uma distribuição normal (fig. 1 e 2). Nesses casos, o diagrama Q-Q deve, idealmente, se apresentar como uma linha diagonal caso os dados sejam próximos à distribuição normal. A mesma análise pode ser conduzida por diagramas P-P, em que a distribuição dos dados observados é comparada com o percentil cumulativo esperado de uma distribuição normal. Há uma tolerância para pequenos desvios que ocorrem nos valores mais extremos. De forma geral, análises da normalidade baseadas nos diagramas Q-Q são consideradas mais confiáveis para amostras de grande dimensão (> 5.000 observações), quando os testes de normalidade inflacionam sobremaneira o erro tipo II. Abaixo seguem os comandos para realização do gráfico pelo R e os resultados encontrados.

```
> qqnorm(base$apoio)
> qqline(base$apoio, col="red")
```

**Figura 2**
*Gráfico QQ para a variável apoio*

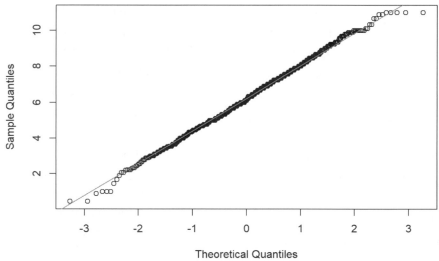

```
> qqnorm(base$resistencia)
> qqline(base$resistencia, col="red")
```

**Figura 3**
*Gráfico QQ para a variável resistência*

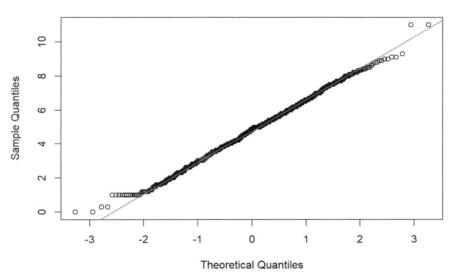

As figuras 2 e 3 indicam que não existem grandes fugas à normalidade para as variáveis do estudo, o que confirma os resultados dos testes, pois as alterações apresentadas pelos gráficos Q-Q são mínimas (equivalência da distribuição com os parâmetros da distribuição normal). Assim, podemos prosseguir com a análise.

Outro pressuposto importante para a Anova é o pressuposto da homogeneidade de variâncias, testado na forma univariada pelo teste Levene.

```
> leveneTest(anv1)
Levene's Test for Homogeneity of Variance (center = median)
Df F value  Pr(>F)
group  3 2.8802 0.13503
      913
---
Signif. codes: 0 '***' 0.001 '**' 0.01 '*' 0.05 '.' 0.1 ' ' 1
> leveneTest(anv2)
Levene's Test for Homogeneity of Variance (center = median)
      Df F value Pr(>F)
group  3 0.8248 0.4803
      913
```

Os dados apresentados mostram que a variável apoio tem homogeneidade de variância, dado que a hipótese nula não foi rejeitada. Resultado semelhante foi observado na variável resistência, o que permite dar continuidade à análise.

Verificados os pressupostos, serão analisados os dados descritivos para a análise. Os resultados por grupo podem ser observados abaixo.

```
> describeBy(base$apoio, base$funcao)
Descriptive statistics by group
group: 1
   vars   n    mean  sd   median  trimmed  mad   min   max    range   skew   kurtosis  se
X1  1    361  5.47  1.91  5.33   5.42    1.98  0.44  10.89  10.44  0.19   -0.22    0.1
group: 2
   vars   n    mean  sd   median  trimmed  mad   min   max    range   skew   kurtosis  se
X1  1    387  6.65  1.67  6.67   6.61    1.65  1     11     10     0.13   -0.02    0.09
group: 3
   vars   n    mean  sd   median  trimmed  mad   min   max    range   skew   kurtosis  se
X1  1    82   6.98  1.77  7      6.95    1.89  1     11     1      -0.14  0.35     0.2
group: 4
   vars   n    mean  sd   median  trimmed  mad   min   max    range   skew   kurtosis  se
X1  1    87   6.42  1.52  6.44   6.43    1.65  3     9.89   6.89   -0.02  -0.53    0.16

> describeBy(base$resistencia, base$funcao)
Descriptive statistics by group
group: 1
   vars   n    mean  sd   median  trimmed  mad   min   max   range  skew   kurtosis  se
X1  1    361  4.61  1.81  4.63   4.6     1.68  0     11    11     0.12   0.03     0.1
group: 2
   vars   n    mean  sd   median  trimmed  mad   min   max   range  skew   kurtosis  se
X1  1    387  4.85  1.78  5      4.84    1.78  1     11    10     0.07   -0.32    0.09
group: 3
   vars   n    mean  sd   median  trimmed  mad   min   max   range  skew   kurtosis  se
X1  1    82   4.95  1.99  4.95   4.98    1.95  1     8.9   7.9    -0.09  -0.59    0.22
group: 4
   vars   n    mean  sd   median  trimmed  mad   min   max   range  skew   kurtosis  se
X1  1    87   4.85  1.65  5      4.87    1.78  1     8.6   7.6    -0.15  -0.63    0.18
```

Podemos verificar que as diferenças entre as médias amostrais são maiores para a variável apoio. Além das medidas descritivas, podemos construir os intervalos confiança para as médias dos grupos. A situação de sobreposição dos intervalos de confiança indica igualdade de médias entre os grupos. A partir do comando abaixo, estrutura-se o gráfico de Barra de Erros a fim de ilustrar a situação. Neste sentido, de acordo com a figura 3, os grupos 2, 3, 4 têm intervalos de confiança sobrepostos, o que indica igualdade entre as médias dos grupos no que diz respeito à variável de apoio.

```
> error.bars.by(base$apoio,base$funcao,
eyes=FALSE,by.var=TRUE,ylim=c(4,8))
```

**Figura 4**
*Intervalo de confiança para as médias das quatro funções – variável apoio*

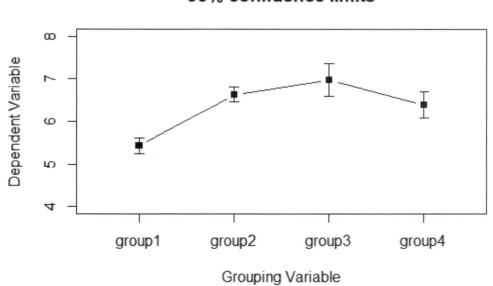

Pela figura 4, é possível verificar que a média da função 1 é diferenciada das demais, tendo seus intervalos de confiança inferiores aos dos outros grupos, ou seja, os colaboradores do cargo administrativo apresentam menos comportamentos de apoio às mudanças quando comparados aos outros grupos.

Para a variável de resistência, pela figura 5, utilizando o comando a seguir, pode-se verificar que os intervalos apresentam sobreposição. Por essa figura não é possível identificar possíveis diferenças entre as médias.

```
> error.bars.by(base$resistencia,
base$funcao,eyes=FALSE,by.var=TRUE,
ylim=c(4,8))
```

**Figura 5**
*Intervalo de confiança para as médias das quatro funções – variável resistência*

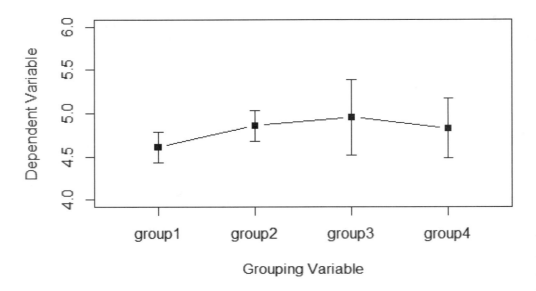

```
> anv1<-aov(base$apoio ~ as.factor(base$funcao))
> anv2<-aov(base$resistencia ~ as.factor(base$funcao))
> summary(anv1)
                         Df  Sum Sq  Mean Sq  F value  Pr(>F)
as.factor(base$funcao)    3   324.2   108.07    34.74  <2e-16 ***
Residuals               913  2840.5     3.11
Signif.       codes:  0 '***' 0.001 '**' 0.01 '*' 0.05 '.' 0.1 ' ' 1
> etasq(anv1)
                         Partial eta^2
as.factor(base$funcao)       0.1024475
Residuals              NA
> summary(anv2)
                         Df  Sum Sq  Mean Sq  F value  Pr(>F)
as.factor(base$funcao)    3    15.3    5.104    1.576   0.194
Residuals               913  2957.4    3.239
> etasq(anv2)
                         Partial eta^2
as.factor(base$funcao)     0.005151173
Residuals              NA
```

A análise dos intervalos de confiança é interessante para verificar as possíveis diferenças entre as médias populacionais, no entanto, em diversas situações não fornece um resultado conclusivo. A partir dos comandos abaixo são apresentados os resultados do efeito da Anova para cada variável dependente separadamente. Nesse sentido, o **eta** ao quadrado também é apresentado a seguir. O eta quadrado é uma medida do efeito da variável de grupo sobre cada uma das variáveis dependentes.

É importante salientar que, apesar da diferença significativa entre as médias, o efeito do grupo sobre a variável apoio a mudanças é aproximadamente 0,10. Para a variável resistência a mudanças, o efeito é praticamente nulo, o que era esperado dada a conclusão de não diferença entre as médias. Como visto, o software R fornece o tamanho do efeito para a Anova One-way, contudo é possível também calculá-lo a partir da seguinte equação:

$$\eta^2 = \frac{SQE}{SQT} \; .$$

Esses valores são dados pela saída do R, o que permite calcular o $\eta^2$ pela divisão entre a soma dos quadrados entre grupos ($SQE$) sobre soma dos quadrados total ($SQT$). Por se tratar de uma análise de variância, ele adquire o nome de **eta** ao quadrado ($\eta^2$). Esse tamanho do efeito não considera ajustes em virtude da população, o que é usado por Field et al. (2012) para justificar o uso do **ômega** ao quadrado para estimar o efeito na análise da variância. O eta quadrado nos dá a percentagem de variabilidade da variável dependente (VD) explicado pela variável independente (VI) quando não se assume **uma relação linear** entre ambas e é apropriado quando os níveis da VI são categorias sem qualquer ordem intrínse-

ca. O ômega ao quadrado considera os graus de liberdade e a média quadrática em seu cálculo, da mesma forma que a razão F. Os dois índices devem ser lidos de forma equivalente ao $R^2$ da regressão. O cálculo do ômega segue a seguinte equação:

$$\omega^2 = \frac{SQE - (\kappa - 1). \; QME}{SQT + QME} \; .$$

Segundo os resultados da Anova (One-way), pode-se observar que existiram duas situações de rejeição e não rejeição das hipóteses nulas. Existe diferença significativa entre as médias populacionais dos grupos pesquisados para a variável dependente apoio das mudanças. Para a variável resistência não há diferenças estatísticas entre as médias populacionais. Após a comparação geral dos quatro grupos, os testes *post hoc* realizam comparações dois a dois, entre os grupos. Pelo quadro a seguir pode-se observar as comparações dois a dois com informações detalhadas a respeito das diferenças que são realmente significativas. O sinal da diferença amostral (*diff* no quadro) indica qual média amostral é maior, porém pode ser mais fácil olhar novamente as descritivas e os intervalos de confiança para uma compreensão adequada das diferenças.

No que diz respeito ao apoio, como já verificado pelos intervalos de confiança da figura 4, há diferenças significativas para os indivíduos da função 1 em comparação com os demais grupos. A média dos indivíduos que pertencem à função 1 é menor, ou seja, estes tiveram uma percepção menor de apoio à mudança. Entre os grupos 2, 3 e 4 não foram identificadas diferenças significativas. Além do p-valor associado aos testes, o R apresenta também os intervalos de confiança para as diferenças, o que pode ser interessante para a interpretação dos resultados. Quando a

```
> TukeyHSD(anv1)

Tukey multiple comparisons of means 95% family-wise confidence level

Fit: aov(formula = base$apoio ~ as.factor(base$funcao))

$`as.factor(base$funcao)`
          diff              lwr               upr               p adj
2-1       1.1794161         0.8472354         1.5115969         0.0000000
3-1       1.5065694         0.9512101         2.0619287         0.0000000
4-1       0.9516791         0.4094803         1.4938778         0.0000418
3-2       0.3271532        -0.2247421         0.8790486         0.4224605
4-2      -0.2277370        -0.7663872         0.3109131         0.6968773
4-3      -0.5548903        -1.2536205         0.1438399         0.1727466

> TukeyHSD(anv2)

Tukey multiple comparisons of means 95% family-wise confidence level

Fit: aov(formula = base$resistencia ~ as.factor(base$funcao))

$`as.factor(base$funcao)`
          diff              lwr               upr               p adj
2-1       0.24386337       -0.09508029        0.5828070         0.2498886
3-1       0.34379198       -0.22287399        0.9104579         0.4013200
4-1       0.24232900       -0.31090845        0.7955664         0.6726984
3-2       0.09992861       -0.46320287        0.6630601         0.9683176
4-2      -0.00153437       -0.55115099        0.5480822         0.9999999
4-3      -0.10146298       -0.81441876        0.6114928         0.9832002
```

diferença entre as médias é significativa o intervalo tem os dois limites positivos ou os dois negativos, caso contrário o intervalo tem um limite negativo e outro positivo (ou seja, o zero está dentro do intervalo).

Para a variável resistência, como era esperado uma vez que o teste F mostra que não existe diferença significativa, os p-valores das comparações múltiplas são elevados e todos os intervalos de confiança para as diferenças contém o zero.

## Análise de variância fatorial (com dois ou mais fatores)

A análise de variância fatorial univariada testa a diferença de médias para uma única variável dependente métrica, considerando dois ou mais fatores e é conceitualmente muito similar à Anova de um fator. Quando se analisam dois fatores, há a identificação da influência de cada um dos dois fatores e a da interação entre eles. Todos os pressupostos e considerações são aplicáveis aqui. A interação é que acrescenta alguns aspectos à análise.

Neste caso, a variância se decompõe da seguinte forma:

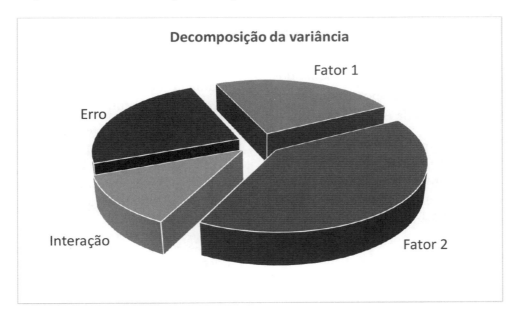

Há, além da variância dos fatores (grupos), a variância de erro e a variância da interação entre os fatores. Outra questão a ser pontuada diz respeito aos cálculos na Anova fatorial usarem efeitos fixos ou randômicos (Clark & Linzer, 2012), pois as funções são de natureza diferenciada. Como não há uma teoria que discrimine efeitos fixos e randômicos, os efeitos fixos são relatados neste capítulo por se considerar que todas as funções fazem parte de organizações que estão em processo de mudanças, o que as torna similares, justificando o efeito fixo.

Na Anova de dois fatores, a variância explicada pelo modelo é decomposta em variância explicada pelo primeiro fator, variância explicada pelo segundo fator e uma variância explicada pela interação. Assim, são computados os efeitos da primeira variável independente, da segunda variável independente e da interação entre elas. No caso, a variância total é calculada a partir da soma da variância de todos os escores quando os grupos aos quais eles pertencem são desconsiderados.

Cada efeito (os efeitos principais das duas variáveis independentes e o efeito da interação) apresenta sua própria razão F na análise de variância de dois fatores. O cálculo do F segue a ordem descrita abaixo.

• Calcula-se a soma de quadrados total ($SQT$).

• No segundo momento, calcula-se a soma dos quadrados do modelo. Essa soma de quadrados inclui a soma dos quadrados para cada efeito (SQ da primeira variável independente, SQ da segunda variável independente e o SQ da interação entre elas).

• O SQ do modelo considera o número total de grupos da análise. Por exemplo, as organizações da pesquisa são quatro (neste caso, quatro grupos), o tipo de organização apresenta dois grupos (pública e privada). Para saber o número de grupos total basta multiplicar a quantidade de grupos de cada variável. No caso $4 \times 2$ ou oito grupos.

• No próximo passo, calcula-se a soma dos quadrados dentro dos grupos utilizando o mesmo procedimento da Anova One-way.

• Para calcular a razão F, utilizamos os quadrados médios para cada efeito, tomando a soma dos quadrados e dividindo-a pelos graus de liberdade específicos de cada variável. Também calculamos os quadrados médios dentro dos grupos. A razão F para as duas variáveis independentes e a sua interação são calculadas dividindo seus quadrados médios pelos quadrados residuais médios. Cada valor da razão F (com seus respectivos graus de liberdade) deve ser comparado aos valores críticos para verificar se esses efeitos são significativos.

A grande questão da Anova de dois fatores é a interação. Quando existe uma interação significante, o efeito de uma variável independente (VI) sobre a variável resposta ou dependente (VD) depende do valor (nível) de alguma outra VI incluída no delineamento experimental ou nos grupos das variáveis independentes. Em outras palavras, o teste de interação dá ênfase (*focus*) na questão de se o efeito de um fator é o mesmo para cada nível do outro fator A interação pode ser indicada no gráfico pelo desenho (cruzamento entre variáveis), mas pode não ser significativa nos resultados da análise.

Como exemplo deste capítulo, será realizada uma análise de variância com dois fatores: *função/cargo e sexo dos respondentes*. A variável dependente será o *bem-estar*. Dessa forma, o problema a ser investigado é o seguinte:

---

Existe efeito do cargo/função e do sexo dos respondentes sobre o bem-estar? Dito de outra forma, o bem-estar será percebido de maneira diferente considerando o tipo de cargo/função e o sexo dos participantes da pesquisa?

---

O referido problema a ser investigado pode ser estruturado no software estatístico R a partir do seguinte comando:

```
> anv3<-aov(base$bemestar ~ as.factor
(base$funcao)*as.factor(base$sexo))
```

Os resultados da análise de variância envolvendo dois fatores são desenvolvidos passo a passo a seguir. Inicialmente, pelo comando describeBy verifica-se as médias descritivas da variável resposta para a combinação dos dois fatores.

```
> describeBy(base$bemestar,list(base$funcao,base$sexo))

Descriptive statistics by group
: 1
: 1
      vars   n    mean   sd    median trimmed mad   min   max   range skew   kurtosis  se
X1     1    164  7.23   1.92  7.21   7.2     2.17  2     11    9     0.03   -0.76     0.15
: 2
: 1
      vars   n    mean   sd    median trimmed mad   min   max    range skew   kurtosis  se
X1     1    178  8      1.76  8.25   8.11    1.96  2.75  10.93  8.18  -0.5   -0.56     0.13
```

```
: 3
: 1
      vars  n    mean   sd    median trimmed mad  min   max    range skew  kurtosis  se
X1    1     48   7.88   1.77  8.39   7.95    2.12 4     10.71  6.71  -0.37 -1.03     0.26
: 4
: 1
      vars  n    mean   sd    median trimmed mad  min   max    range skew  kurtosis  se
X1    1     40   8.13   1.67  8.5    8.32    1.16 3     10.5   7.5   -1.1  0.94      0.26
: 1
: 2
      vars  n    mean   sd    median trimmed mad  min   max    range skew  kurtosis  se
X1    1     197  6.6    1.76  6.5    6.56    1.8  2     10.71  8.71  0.17  -0.43     0.13
: 2
: 2
      vars  n    mean   sd    median trimmed mad  min   max    range skew  kurtosis  se
X1    1     209  8.7    1.59  9.07   8.88    1.27 2.57  11     8.43  -1.16 1.39      0.11
: 3
: 2
      vars  n    mean   sd    median trimmed mad  min   max    range skew  kurtosis  se
X1    1     34   8.46   1.73  8.79   8.57    1.85 3.79  10.93  7.14  -0.66 -0.25     0.3
: 4
: 2
      vars  n    mean   sd    median trimmed mad  min   max    range skew  kurtosis  se
X1    1     47   8.06   1.75  8.36   8.16    1.69 4.07  10.79  6.71  -0.49 -0.62     0.25
```

O teste de Levene apresenta os resultados da homogeneidade de variâncias para todos os grupos das duas variáveis independentes (fatores). Para a variável bem-estar, a hipótese nula foi não rejeitada, o que mostra que há homogeneidade de variância para os grupos da análise no que diz respeito ao bem-estar. O resultado foi não significativo tanto para a variável sexo quanto para a variável função ou cargo. No caso deste teste Levene são considerados todos os grupos das variáveis independentes. Essa informação permite dar continuidade aos resultados da análise.

```
> anv4<-aov(base$bemestar ~as.factor(base$sexo))
> anv5<-aov(base$bemestar ~as.factor(base$funcao))

> leveneTest(anv4)
Levene's Test for Homogeneity of Variance (center = median)
Df F value Pr(>F)
group  1 1.2962 0.2552
915

> leveneTest(anv5)
Levene's Test for Homogeneity of Variance (center = median)
Df F value Pr(>F)
group  3 2.0507 0.1052
913
```

Após a verificação do pressuposto, são apresentados nos resultados abaixo os testes dos efeitos dos grupos. No resultado apresentado abaixo, considerando os efeitos principais, existe efeito da variável função sobre o bem-estar, mas não existe efeito da variável sexo sobre a variável dependente. A interação entre função e sexo é significativa, ao nível de p ≤0,001. Segundo os cálculos do eta parcial, o modelo testado explica pouco mais de 14% da variabilidade da variável dependente.

```
> summary(anv3)
                 df     sum    sq     mean  sq     f      value   Pr(>F)
as.factor(base$funcao)     3 441.9       147.28 48.259<2e   -16     ***
as.factor(base$sexo)       1     1.8    1.82   0.597 0.44
as.factor(base$funcao):as.factor(base$sexo)     3       86.4   28.82 9.442 3.8e-06 ***
Residuals       909 2774.2    3.05
---
Signif. codes: 0 '***' 0.001 '**' 0.01 '*' 0.05 '.' 0.1 ' ' 1
> etasq(anv3)
      Partial eta^2
as.factor(base$funcao)       0.1376235723
as.factor(base$sexo)         0.0006568371
as.factor(base$funcao):as.factor(base$sexo)       0.0302191275
Residuals
```

## Efeitos de interação

O gráfico apresentado pela figura 6 e os da análise de variância apresentados indicam a presença de interação entre os fatores em questão. O efeito da variável sexo, que isoladamente não se revela, muda de acordo com o nível da variável função. Nota-se que, no grupo dos ocupantes de cargos administrativos, indivíduos do sexo masculino apresentam maior índice de bem-estar que os indivíduos do sexo feminino, por outro lado, nos grupos Técnico ou Assessoramento e Operacional a situação se inverte (sexo feminino apresentando maiores índices de bem-estar) e volta novamente a mudar ligeiramente no grupo 4 (Gerenciamento).

```
> interaction.plot(base$funcao,
base$sexo, base$bemestar)
```

## Testes post hoc

Os testes *post hoc*, com dois fatores, apresentados a seguir, mostram comparações múltiplas para cada fator e do cruzamento deles. Como no exemplo utilizado existe efeito de interação entre os fatores devemos analisar os resultados do cruzamento entre as duas variáveis.

As diferenças significativas entre as médias dos grupos estão em destaque no resultado acima. Por exemplo, existe diferença significativa entre as médias de bem-estar quando comparamos homens e mulheres que trabalham em funções administrativas, nesse caso os homens apresentam melhores resultados (a diferença é 0.629 e p-valor 0,016). Por outro lado, para os funcionários com funções técnicas ou de assessoramento, as mulheres mostram média maior para o bem-estar, com diferença de 0,694 (p-va-

**Figura 6**
*Efeitos de interação do cargo e sexo sobre o bem-estar dos participantes*

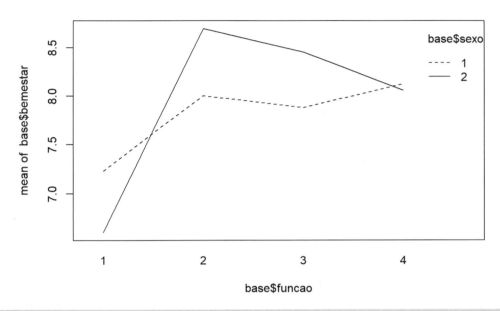

```
> TukeyHSD(anv3)
Tukey multiple comparisons of means 95% family-wise confidence level
Fit: aov(formula = base$bemestar ~ as.factor(base$funcao) * as.factor(base$sexo))
$`as.factor(base$funcao)`
```

| diff | lwr | upr | p | adj |
|---|---|---|---|---|
| 2-1 | 1.48948739 | 1.1604817 | 1.8184931 | 0.0000000 |
| 3-1 | 1.23206206 | 0.6820109 | 1.7821132 | 0.0000001 |
| 4-1 | 1.20244730 | 0.6654309 | 1.7394637 | 0.0000001 |
| 3-2 | -0.25742533 | -0.8040456 | 0.2891950 | 0.6192966 |
| 4-2 | -0.28704009 | -0.8205418 | 0.2464616 | 0.5092218 |
| 4-3 | -0.02961476 | -0.7216665 | 0.6624370 | 0.9995219 |

```
$`as.factor(base$sexo)`
```

| diff | lwr | upr | p | adj |
|---|---|---|---|---|
| 2-1 | 0.08911641 | -0.1377663 | 0.3159991 | 0.4409823 |

```
$`as.factor(base$funcao):as.factor(base$sexo)`
```

| diff | lwr | upr | p | adj |
|---|---|---|---|---|
| 2:1-1:1 | 0.77169295 | 0.19723887 | 1.34614703 | 0.0012605 |
| 3:1-1:1 | 0.65118973 | -0.21977301 | 1.52215248 | 0.3106303 |
| 4:1-1:1 | 0.89448893 | -0.04142811 | 1.83040597 | 0.0730424 |
| 1:2-1:1 | -0.62908273 | -1.19009551 | -0.06806995 | 0.0157361 |
| 2:2-1:1 | 1.46514507 | 0.91149732 | 2.01879282 | 0.0000000 |
| 3:2-1:1 | 1.22417165 | 0.22406710 | 2.22427620 | 0.0052118 |
| 4:2-1:1 | 0.82907957 | -0.04902162 | 1.70718076 | 0.0803282 |

| | | | |
|---|---|---|---|
| 3:1-2:1 | -0.12050322 | -0.98367610 | 0.74266967 | 0.9998875 |
| 4:1-2:1 | 0.12279598 | -0.80587621 | 1.05146817 | 0.9999220 |
| 1:2-2:1 | -1.40077568 | -1.94961689 | -0.85193447 | 0.0000000 |
| 2:2-2:1 | 0.69345213 | 0.15214153 | 1.23476272 | 0.0026919 |
| 3:2-2:1 | 0.45247870 | -0.54084926 | 1.44580667 | 0.8646638 |
| 4:2-2:1 | 0.05738662 | -0.81298860 | 0.92776185 | 0.9999993 |
| 4:1-3:1 | 0.24329920 | -0.89292729 | 1.37952570 | 0.9981145 |
| 1:2-3:1 | -1.28027246 | -2.13455888 | -0.42598605 | 0.0001618 |
| 2:2-3:1 | 0.81395534 | -0.03551259 | 1.66342328 | 0.0715651 |
| 3:2-3:1 | 0.57298192 | -0.61667309 | 1.76263693 | 0.8268120 |
| 4:2-3:1 | 0.17788984 | -0.91120687 | 1.26698655 | 0.9996783 |
| 1:2-4:1 | -1.52357166 | -2.44398998 | -0.60315334 | 0.0000163 |
| 2:2-4:1 | 0.57065614 | -0.34529166 | 1.48660394 | 0.5562714 |
| 3:2-4:1 | 0.32968272 | -0.90831714 | 1.56768258 | 0.9926348 |
| 4:2-4:1 | -0.06540936 | -1.20711696 | 1.07629824 | 0.9999998 |
| 2:2-1:2 | 2.09422781 | 1.56720313 | 2.62125248 | 0.0000000 |
| 3:2-1:2 | 1.85325438 | 0.86763869 | 2.83887007 | 0.0000004 |
| 4:2-1:2 | 1.45816230 | 0.59659926 | 2.31972535 | 0.0000092 |
| 3:2-2:2 | -0.24097342 | -1.22241562 | 0.74046877 | 0.9955299 |
| 4:2-2:2 | -0.63606550 | -1.49285099 | 0.22071998 | 0.3198204 |
| 4:2-3:2 | -0.39509208 | -1.58998314 | 0.79979898 | 0.9737969 |

lor=0,003). Essas diferenças já eram sugeridas no gráfico de interação, mas com as comparações múltiplas é possível afirmar que estatisticamente significativa.

## Análise de variância multivariada

A análise multivariada de variância é uma extensão da Anova. A Manova permite trabalhar com mais de uma variável dependente simultaneamente. Alguns pesquisadores, quando têm mais de uma variável dependente métrica, fazem várias Anovas separadamente, como foi feito nos exemplos anteriores. O grande problema dessa estratégia é que o erro do tipo I do conjunto fica inflacionado. Se você tiver cinco variáveis dependentes, o erro do tipo I do conjunto será $1 - (0,95)^5 = 0,226$ (alfa de 22,6%). Com a Manova

é possível avaliar o relacionamento entre todas as variáveis, incorporando informações sobre as correlações entre as variáveis. Resumidamente, a Manova avalia se grupos se diferem ao longo de uma combinação de dimensões.

A Manova trabalha com uma variável estatística que é a combinação linear das variáveis dependentes métricas escolhidas na pesquisa. O teste utiliza essa combinação como se fosse uma única variável dependente, consequentemente, a análise identifica o efeito de uma ou mais variáveis independentes na combinação linear das variáveis dependentes. Tal combinação pode ser uma simples soma das variáveis dependentes, ou ainda a soma ponderada das variáveis, incluindo pesos na equação, por exemplo: (x1 * 3) + (x2 * 2). A Manova escolhe a combinação por meio do critério de maximizar as diferenças entre as várias condições das variáveis independentes. Por isso, ela utiliza vários testes para indicar o valor de F.

### Pressupostos da Manova

Os pressupostos da Análise Multivariada de Variância incluem a normalidade multivariada, a homogeneidade da matriz de variância-covariância, a linearidade, a homogeneidade de regressão, a multicolinearidade e a singularidade.

*Normalidade multivariada* – A normalidade multivariada é difícil avaliar. Refere-se à suposição de que as distribuições de médias amostrais das VDs em cada grupo (combinação dos níveis das variáveis independentes) e todas as combinações lineares delas sejam normalmente distribuídas. É importante verificar a normalidade da distribuição de todas as variáveis dependentes. A Manova é robusta a uma modesta violação da normalidade, se essa violação for resultante de assimetria da distribuição e não da presença de *outliers*.

*Homogeneidade das matrizes de variância e covariância* – A homogeneidade de variância é obtida pelo teste Box M. Porém, segundo Tabachnick e Fidell (2014), se o tamanho das amostras for desigual, esse teste não tem resultado confiável. Se os subgrupos com amostras maiores apresentarem maiores variâncias e covariâncias, o nível alfa é conservador, podendo-se, nesse caso, rejeitar a hipótese nula sem preocupação. Entretanto, quando as celas com menores amostras apresentarem as maiores variâncias e covariâncias, o teste de significância é muito liberal. Nesse caso a hipótese nula pode ser rejeitada, porém com cuidado.

*Linearidade* – A Manova supõe um relacionamento linear entre todos os pares de VDs em cada grupo. Desvios da linearidade reduzem o poder do teste. Quando houver um pequeno número de VDs e de covariantes, é possível e desejável o exame de *scatterplots* para análise das combinações entre pares de VDs, de covariantes e de VD-covariantes.

*Multicolinearidade e singularidade* – Quando as correlações entre VDs são altas, uma variável dependente é uma combinação linear de outras, então ela produz informação redundante. Nesses casos, pode-se excluir a VD redundante. Se for necessário manter essa VD, é possível aplicar uma análise dos componentes principais e utilizar os escores fatoriais e não as VDs originais.

*Independência de observações* – As observações devem ser estatisticamente independentes.

A Manova é um teste geral seguido por testes mais específicos. Contudo, os testes específicos somente devem ser considerados se houver diferença global. Existem quatro maneiras de avaliar a análise principal realizada pela Manova, e os debates giram em torno de qual dos métodos é o melhor considerando o poder e o tamanho da amostra. Alguns autores (Ramsey, 1982; Tabachnick & Fidell, 2014) argumentam que a Manova perde poder do teste quando as correlações entre as variáveis dependentes aumentam. Contudo, a maioria dos estudos mais recentes mostra que o poder da Manova está associado a uma combinação das correlações entre variáveis e o tamanho do efeito (Bray & Maxwell, 1985). Cole, Maxwell, Arvey, e Salas (1994) descobriram que se você espera um tamanho de efeito grande, então a Manova terá grande poder se as medidas forem pouco correlacionadas e se as diferenças entre os grupos estão na mesma direção para cada medida, no caso de combinações entre dois grupos. Os autores mencionados não avaliaram mais do que dois grupos.

O teste principal da Manova é realizado por meio da comparação da variância sistemática dividida pela variância não sistemática envolvendo todas as variáveis dependentes, mas nesse caso as somas de quadrados são substituídas por matrizes. Esse cálculo é realizado com a razão de uma matriz que representa as variâncias sistemáticas (soma dos quadrados do modelo para todas as variáveis) de todas as variáveis dependentes para uma matriz representando as variâncias não sistemáticas (soma dos quadrados dentro dos grupos) de todas as variáveis dependentes.

A combinação linear de variáveis dependentes na Manova é obtida por um procedimento matemático que gera uma variável estatística (ou mais de uma, dependendo do número de variáveis dependentes) por meio de um método de maximização. Por esse método são obtidas as combinações lineares das variáveis dependentes que maximizam as diferenças entre os grupos. Essa variável estatística pode ser descrita em termos de uma equação de regressão:

$$Y = b_o + b_1 X_1 + b_2 X_2.$$

É importante notar que X1 e X2 são as duas variáveis dependentes da Manova. Quando existirem mais de duas variáveis dependentes, existirão mais do que uma combinação linear (k - 1, onde k é o número de variáveis dependentes). Para gerar esses cálculos é necessário gerar autovetores e autovalores para as matrizes (para maiores informações, cf. Bray & Maxwell, 1985). Após um complexo mecanismo de redução de dados (pelos cálculos das matrizes, autovetores e autovalores das matrizes), existem quatro testes usados para avaliar os efeitos principais da Manova:

1) Traço de Pillai (é calculado pela soma das proporções de variância explicada nas funções geradoras das combinações lineares).

2) T2 de Hotteling (é calculado pela soma dos autovalores para cada combinação linear).

3) Lambda de Wilks (é calculado pelo produto da variância não explicada em cada combinação linear).

4) Maior raiz de Roy (é calculado pela proporção de variância explicada pela variância não explicada para a primeira função geradora de combinações lineares).

Segundo Field et al., (2012), somente quando os testes multivariados são realizados com duas variáveis dependentes (portanto, uma variável estatística), há necessidade de que os resultados sejam os mesmos. Em relação à violação de pressupostos, os quatro testes são relativamente robustos a violações de normalidade multivariada, embora o tamanho dos grupos possa afetar isso. Em caso de grupos desiguais, verifique os pressupostos de normalidade e homogeneidade de variâncias e utilize o traço de Pillai.

Segundo Olson (1974, apud Field et al., 2012), quando os testes são usados para tamanhos amostrais pequenos e moderados, as quatro estatísticas diferem pouco em termos de poder. Se as diferenças estiverem concentradas na primeira combinação linear, recomenda-se o uso da maior raiz de Roy, por ser a mais poderosa. Contudo, quando os grupos diferem em mais de uma combinação linear, o traço de Pillai é o mais poderoso. O traço de Pillai também é o mais poderoso quando existem violações de pressupostos, mas os tamanhos dos grupos são iguais. Quando o tamanho dos grupos não é igual, o traço de Pillai é suscetível a violações da homogeneidade da variância. A maior raiz de Roy é influenciada por distribuições com problemas de curtose e por distribuições que não apresentam homogeneidade de variâncias.

O poder dos testes também é afetado pelo número de variáveis dependentes, portanto, recomenda-se usar menos de dez variáveis dependentes. Com amostras maiores, esse número pode ser aumentado.

## *Etapas da rotina de análise da Manova no R*

Antes de iniciar a Manova, é importante avaliar se há presença de correlação entre as variáveis dependentes. Tabachnick & Fidell (2014) consideram que é necessário a presença de correlações para uso da Manova. Outros autores não são tão categóricos assim. A existência de correlações mostra as vantagens da Manova.

```
> cor(base$apoio,base$resistencia)
[1] -0.2930852
```

No exemplo abaixo, iremos verificar a influência da Função (VI) sobre o Apoio (VD) e o Resistência (VD) à mudança, conjuntamente. No caso, teremos uma VI e duas VDs. O início da Manova envolve também o modelo linear geral (na versão multivariada). Neste sentido a estrutura da Manova no R é feita a partir do seguinte comando:

```
> Y = cbind(base$apoio,base$resistencia)
> mnv = manova(Y ~ as.factor(base$funcao))
```

Inicialmente são apresentados os dados descritivos dos grupos da Manova. Em seguida, são apresentados os resultados dos testes de homogeneidade. Segundo Hair e colegas (2009), há necessidade de 20 casos por cela e não podem existir grandes diferenças entre os tamanhos das amostras dos grupos (maior grupo ÷ menor grupo < 1,5) (Hair et al., 2009). No caso abaixo, pelo cálculo das medidas descritivas, existem diferenças entre os grupos maiores que o referido valor. Neste caso, é necessário interpretar os resultados com cautela.

```
> describeBy(base$apoio, base$funcao)
Descriptive statistics by group
group: 1
     vars   n    mean   sd    median trimmed mad    min    max    range  skew   kurtosis  se
X1   1      361  5.47   1.91  5.33   5.42    1.98   0.44   10.89  10.44  0.19   -0.22     0.1
group: 2
     vars   n    mean   sd    median trimmed mad    min    max    range  skew   kurtosis  se
X1   1      387  6.65   1.67  6.67   6.61    1.65   1      11     10     0.13   -0.02     0.09
group: 3
     vars   n    mean   sd    median trimmed mad    min    max    range  skew   kurtosis  se
X1   1      82   6.98   1.77  7      6.95    1.89   1      11     10     -0.14  0.35      0.2
group: 4
     vars   n    mean   sd    median trimmed mad    min    max    range  skew   kurtosis  se
X1   1      87   6.42   1.52  6.44   6.43    1.65   3      9.89   6.89   -0.02  -0.53     0.16
```

```
> describeBy(base$resistencia, base$funcao)
Descriptive statistics by group
group: 1
    vars    n    mean   sd    median trimmed mad    min    max    range  skew   kurtosis se
X1  1       361  4.61   1.81  4.63   4.6     1.68   0      11     11     0.12   0.03     0.1
group: 2
    vars    n    mean   sd    median trimmed mad    min    max    range  skew   kurtosis se
X1  1       387  4.85   1.78  5      4.84    1.78   1      11     10     0.07   -0.32    0.09
group: 3
    vars    n    mean   sd    median trimmed mad    min    max    range  skew   kurtosis se
X1  1       82   4.95   1.99  4.95   4.98    1.95   1      8.9    7.9    -0.09  -0.59    0.22
group: 4
    vars    n    mean   sd    median trimmed mad    min    max    range  skew   kurtosis se
X1  1       87   4.85   1.65  5      4.87    1.78   1      8.6    7.6    -0.15  -0.63    0.18
```

A avaliação da normalidade multivariada é realizada pelo teste Mardia no R. O teste Mardia avalia se os índices de assimetria e curtose na combinação linear das variáveis dependentes têm aderência à distribuição normal. Os resultados do teste Mardia indicam que a combinação linear entre apoio e resistência a mudanças apresenta desvios de assimetria, mas não apresenta desvios de curtose. Considerando esse resultado, vamos prosseguir a análise apesar do indício de assimetria, como pode ser visto no gráfico de probabilidade normal (fig. 7). Seguem as instruções para realização do teste Mardia no R:

```
> vds<-cbind(base$resistencia,base$apoio)
> mardia(vds)
Call: mardia(x = vds)

Mardia tests of multivariate skew and kurtosis
Use describe(x) the to get univariate tests
n.obs = 917 num.vars = 2
b1p = 0.27   skew = 40.87 with probability = 2.9e-08
small sample skew = 41.1 with probability = 2.6e-08
b2p = 8.42   kurtosis = 1.6 with probability = 0.11
```

**Figura 7**
*Gráfico de probabilidade normal para a combinação linear*

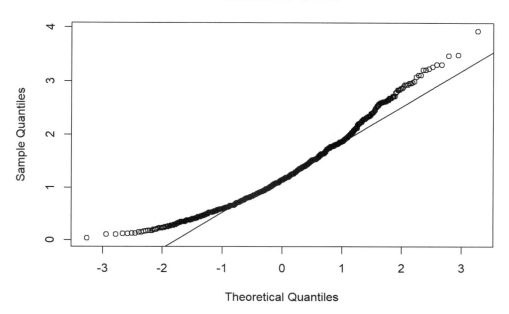

O teste M de Box traz o resultado da comparação entre as matrizes de variância-covariância entre as variáveis testadas, considerando os grupos da variável explicativa. No caso apresentado, o teste indicou a rejeição da hipótese de igualdade das variâncias. Nesse caso, a Manova deve ser usada com bastante cautela.

```
> boxM(vds, base$funcao)
        Box's M-test for Homogeneity of Covariance Matrices
data: vds
Chi-Sq (approx.) = 29.674, df = 9, p-value = 0.0004985
```

Finalmente, iremos abordar os efeitos principais e efeitos univariados da Manova. Todos os testes multivariados apresentam resultados similares. Há um efeito da variável função sobre a combinação linear de duas variáveis dependentes. Todos os testes multivariados da Manova foram significativos, contudo, o efeito foi bastante reduzido. O eta quadrado indicou uma relação de 6 ou 7%.

```
> summary(mnv, intercept=TRUE) #por padrão teste Pillai
 Df Pillai approx F num Df den Df Pr(>F)
(Intercept)   1 0.96656 13181.2   2        912 < 2.2e-16 ***
as.factor(base$funcao)     3 0.13235     21.6   6      1826 < 2.2e-16 ***
Residuals     913
---
Signif. codes: 0 '***' 0.001 '**' 0.01 '*' 0.05 '.' 0.1 ' ' 1
> etasq(mnv) #por padrão teste Pillai
       eta^2
as.factor(base$funcao) 0.06617439
> summary(mnv, intercept=TRUE, test = "Wilks")
       Df    Wilks approx F num Df den Df      Pr(>F)
(Intercept)   1 0.03344 13181.2   2        912 < 2.2e-16 ***
as.factor(base$funcao)     3 0.86766     22.4   6      1824 < 2.2e-16 ***
Residuals     913
---
Signif. codes: 0 '***' 0.001 '**' 0.01 '*' 0.05 '.' 0.1 ' ' 1
> etasq(mnv, test="Wilks")
       eta^2
as.factor(base$funcao) 0.06851816
> summary(mnv, intercept=TRUE, test = "Hotelling")
       Df Hotelling-Lawley approx F num Df den Df      Pr(>F)
(Intercept)   1      28.9061 13181.2     2      912 < 2.2e-16 ***
as.factor(base$funcao)     3       0.1525 23.2   6      1822 < 2.2e-16 ***
Residuals     913
---
Signif. codes: 0 '***' 0.001 '**' 0.01 '*' 0.05 '.' 0.1 ' ' 1
> etasq(mnv, test="Hotelling")
       eta^2
as.factor(base$funcao) 0.07085605
> summary(mnv, intercept=TRUE, test = "Roy")
       Df    Roy approx F num Df den Df Pr(>F)
(Intercept)   1 28.9061 13181.2   2        912 < 2.2e-16 ***
as.factor(base$funcao)     3 0.1525     46.4   3       913 < 2.2e-16 ***
Residuals     913
---
Signif. codes: 0 '***' 0.001 '**' 0.01 '*' 0.05 '.' 0.1 ' ' 1
> etasq(mnv, test='Roy')
       eta^2
as.factor(base$funcao) 0.1322944
Warning message:
In etasq.Anova.mlm(Anova(x, ...)) : eta^2 not defined for Roy's test
```

A explicação proporcional de cada variável dependente é apresentada a seguir. O $\eta^2$ apresentado por Tabachnick e Fidell (2014) é o *Partial Eta Squared*. A partir da identificação dos efeitos multivariados, há verificação dos efeitos univariados. O comando abaixo apresenta os efeitos de função sobre cada uma das VDs separadamente. Tais resultados são similares aos resultados apresentados anteriormente pela Anova One-way. Field et al. (2012) apresenta uma alternativa para os testes univariados da Anova por meio da análise da função discriminante. A prática de realizar Anovas como acompanhamento de testes de Manova significativo tem sido criticada porque Anovas univariadas não levam em conta a natureza multivariada das variáveis presentes da Manova. Uma alternativa é a realização de análises de acompanhamento por meio da análise da função discriminante (DFA). DFA pode ser usado depois da Manova para ver como cada variável dependente pode discriminar os grupos. Na análise univariada de acompanhamento (Anovas das duas Vds), o efeito da função/cargo é perceptível na variável apoio às mudanças organizacionais, sendo esse o efeito maior (10%).

```
> summary(anv1)
        Df Sum Sq Mean Sq F value Pr(>F)
as.factor(base$funcao)    3 324.2 108.07       34.74 <2e-16 ***
Residuals    913 2840.5    3.11
---
Signif. codes: 0 '***' 0.001 '**' 0.01 '*' 0.05 '.' 0.1 ' ' 1
> etasq(anv1)
        Partial eta^2
as.factor(base$funcao)       0.1024475
Residuals    NA
> summary(anv2)
        Df Sum Sq Mean Sq F value Pr(>F)
as.factor(base$funcao)    3     15.3   5.104 1.576 0.194
Residuals    913 2957.4    3.239
> etasq(anv2)
        Partial eta^2
as.factor(base$funcao)       0.005151173
Residuals    NA
```

Após a comparação geral dos quatro grupos, os testes *post hoc* realizam comparações dois a dois, entre os grupos. A tabela seguinte traz essas comparações. As comparações dois a dois trazem informações detalhadas a respeito das diferenças que são realmente significativas. Há necessidade de olhar novamente as descritivas para uma compreensão adequada das diferenças.

```
> TukeyHSD(anv1)
Tukey multiple comparisons of means 95% family-wise confidence level
Fit: aov(formula = base$apoio ~ as.factor(base$funcao))
$`as.factor(base$funcao)`
 diff        lwr                 upr                 p                   adj
2-1     1.1794161           0.8472354           1.5115969           0.0000000
3-1     1.5065694           0.9512101           2.0619287           0.0000000
4-1     0.9516791           0.4094803           1.4938778           0.0000418
3-2     0.3271532          -0.2247421           0.8790486           0.4224605
4-2    -0.2277370          -0.7663872           0.3109131           0.6968773
4-3    -0.5548903          -1.2536205           0.1438399           0.1727466
> TukeyHSD(anv2)
Tukey multiple comparisons of means
95% family-wise confidence level
Fit: aov(formula = base$resistencia ~ as.factor(base$funcao))
$`as.factor(base$funcao)`
 diff        lwr                 upr                 p                   adj
2-1     0.24386337         -0.09508029          0.5828070           0.2498886
3-1     0.34379198         -0.22287399          0.9104579           0.4013200
4-1     0.24232900         -0.31090845          0.7955664           0.6726984
3-2     0.09992861         -0.46320287          0.6630601           0.9683176
4-2    -0.00153437         -0.55115099          0.5480822           0.9999999
4-3    -0.10146298         -0.81441876          0.6114928           0.9832002
```

Como as comparações do teste Tukey são realizadas de forma univariada, não foi possível detectar efeitos da função sobre a variável resistência. No que diz respeito à variável apoio às mudanças, o grupo 1 (administrativo) apresenta-se bastante diferenciado dos demais grupos com um índice de apoio às mudanças muito inferior aos demais grupos. Além disso, os resultados devem ser olhados com cautela, considerando que os pressupostos não foram atendidos.

## Considerações finais

A análise de variância, que foi o objeto deste capítulo, se mostra eficiente como teste estatístico que mantém o erro tipo I em um nível constante e controlado, favorecendo uma única tomada de decisão para casos em que mais de dois grupos são analisados. Assim a diferença significativa entre três, seis ou $n$ médias amostrais pode ser considerada aceitável em um nível de 5% de significância.

A aplicação da análise de variância se mostra pertinente em experimentos em que se deseja testar se existe diferença entre as médias dos tratamentos no teste de hipóteses, bem como em contextos de estudos correlacionais, considerando amostras maiores.

A análise Multivariada de Variância é especialmente aplicável quando são analisados conjuntos de fatores de um instrumento que medem um construto geral. Existem perigos de se cometer erros estatísticos no uso de cálculos em série para cada variável separada (fator separado), o que remete à necessidade de uso da Manova que tem a possibilidade de controlar o erro do tipo I para uma sequência de análises de fatores de um mesmo construto. O uso da Manova possibilita o artifício de combinar linearmente as variáveis e mensurar os efeitos globais (considerando a combinação linear) e os efeitos univariados controlados para o erro do tipo I.

## Referências

Bray, J. H., & Maxwell, S. E. (1985). *Multivariate analysis of variance*. Sage.

Clark, T. S., & Linzer, D. A. (2012). *Should I use fixed or random effects?* Unpublished paper at Emory University.

Cohen, J. (1992). The power prime. *Psychological Bullettin, 112*(1), 155-159.

Dancey, C. P., & Reidy, J. (2020). *Statistics without Math for Psychology* (8. ed.). Pearson Education.

Elashoff, J. D. (1969). Analysis of Covariance: a delicate instrument. *American Educational Research Journal, 6*(3), 383-401.

Field, A., Miles, J., & Field, Z. (2012). *Discovering statistics using R*. Sage.

Hair Jr., J. F., Anderson, R. E., Tatham, R. L., & Black, W. C. (2017). *Multivariate data analysis* (7. ed.). Pearson International.

Howell, D. C. (2010). Analyses of Variance and covariance as general linear models. In D. C. Howell (org.), *Statistical methods for Psychology* (7. ed., pp. 579-627). Cengage Learning.

Kvanli, A. H., Guynes, C. S. e Pavur, R. J. (2000). *Introduction to business statistics: A computer integrated, data analysis approach* (5. ed.). West.

Miles, J., & Shevlin, M. (2001). *Applying regression & correlation: A guide for students and researchers*. Sage.

Rutherford, A. (2000). *Introducing Anova and Ancova: GLM Approach*. Sage.

Tabachnick, B. G., & Fidell, L. S. (2014). *Using multivariate statistics* (6. ed.). Pearson International.

# 6
# Regressão múltipla linear

*Luciana Mourão*
*Maria Cristina Ferreira*
*Leonardo Fernandes Martins*
Universidade Salgado de Oliveira

A regressão múltipla consiste em uma técnica de análise de dados bastante utilizada em diversos tipos de pesquisas, para investigar as inter-relações entre um conjunto de variáveis antecedentes e uma variável consequente. Duas razões justificam o uso frequente dessa técnica: sua relativa simplicidade e a possibilidade que ela oferece de prever o comportamento de uma determinada variável em função de outras variáveis.

Assim como no caso da correlação, na regressão também analisamos dados amostrais para saber se e como as variáveis estão relacionadas umas com as outras em uma população. Porém, na regressão pressupomos uma relação de predição. Assim, a regressão múltipla vai além de medir a força e a direção entre duas variáveis, como acontece na correlação, em função de se constituir em uma análise multivariada, permitindo, assim, a pesquisa da influência de um conjunto de variáveis sobre o comportamento de outra variável.

De maneira simplificada, podemos dizer que, na regressão múltipla, uma variável é explicada por uma combinação linear de outras variáveis. Desse modo, poderíamos, por exemplo, utilizar um modelo de regressão para explicar o desempenho acadêmico, a partir das horas de estudo semanais e da motivação para aprender. À variável a ser explicada damos o nome de variável dependente (VD) ou variável-critério, que geralmente usa a notação $y$, e, às variáveis explicativas, denominamos variáveis independentes (VIs), variáveis preditoras ou, ainda, explicativas, que normalmente recebem a notação $x$. Assim, com a regressão podemos afirmar que para cada unidade de mudança em $x$ (VI), $y$ (VD) muda uma quantia específica (Dancey & Reidy, 2007). Quatro aspectos são importantes para delimitarmos o uso da regressão linear múltipla:

1) Ter apenas uma variável dependente (no caso de mais de uma variável dependente pode-se utilizar outros modelos como a Manova, os Modelos de Equações Estruturais ou mesmo a correlação canônica, embora esta última não faça distinção entre variáveis independentes e dependentes).

2) Ter mais de uma variável independente (no caso de uma única variável independente teríamos uma regressão simples, que se aproxima de uma correlação, mas que é defendida por alguns autores como sendo útil, em função de permitir que se assuma uma direção na relação analisada).

3) Ter como variável dependente uma variável contínua, com distribuição normal (no caso de variáveis que têm outros níveis de mensuração, tais como as dicotômicas, multinominais, contagens, ou que seguem outras distribuições, os modelos lineares generalizados são mais adequados, por assumir tais especificidades por meio de função de ligação.

4) Ter uma teoria que dê suporte à suposição de predição entre as variáveis, isto é, que a direção da relação possa ser sugerida a partir de estudos prévios da literatura da área.

Vamos apresentar alguns dos principais elementos matemáticos que facilitam a compreensão do modelo de regressão, com um caráter ilustrativo, uma vez que os princípios matemáticos que fundamentam esse tipo de análise, assim como suas demonstrações, não fazem parte do objetivo deste capítulo. De fato, a regressão é um modelo matemático que assume ser possível descrever a variabilidade de $Y$ em função da variabilidade de $X$, por meio de uma relação linear, ou seja, mediante uma única reta que melhor representa esta variabilidade conjunta. Em termos algébricos, o modelo de regressão pode, então, ser representado inicialmente pela equação da reta:

$$Y = a + b\,X$$

onde o "b" é um parâmetro do modelo e corresponde ao coeficiente angular da reta, representando a inclinação desta, sendo dado pela sua tangente. O parâmetro "a", por sua vez, é o intercepto, correspondendo ao valor que $Y$ assume quando $X = 0$. Em termos gráficos, corresponde ao ponto em que a reta cruza o eixo de $Y$. Como este valor não é multiplicado por nenhum outro, ele também é denominado de elemento constante do modelo e representa um valor natural médio de $Y$, sem considerar qualquer influência de $X$.

No entanto, do ponto de vista estatístico, o modelo de regressão precisa não só representar a reta, mas também representar a variabilidade de $X$ e $Y$ e ser capaz de fazer predições acerca de $Y$ a partir de $X$, para cada sujeito $i$. Assim, consideramos que cada sujeito observado pode ser representado por um índice $i$ e que, apesar de a reta ser um bom modelo, sempre existirá a possibilidade de a estimativa obtida a partir do valor individual de $X$ ($Xi$) não ser exatamente o valor estimado de $Y$ ($Yi$). Nesse sentido, é necessário considerar, nesta diferença, o erro da estimativa para o sujeito $i$ (ei). Vale lembrar que é comum termos observações que não são pontos da reta, embora, ainda assim, tenhamos um valor projetado para esse valor $Xi$. Portanto, para cada valor de $Xi$ existirá um desvio $Di$ (ou erro $Ei$), que revela a diferença entre o modelo projetado e o que se obtém com os dados da amostra.

A regressão permite então prever os valores de $Y$ (VD), com base em valores conhecidos de $X$ (VI). Para conhecermos os valores dos coeficientes "a" e "b", há duas possibilidades: (1) ajustar uma reta horizontal de valor igual à média dos valores de $y$; ou (2) ajustar uma reta que divida os pontos observados de forma que a soma dos desvios seja nula. Para evitar uma compensação entre os desvios positivos e negativos, esses desvios são somados após serem elevados ao quadrado.

No método dos mínimos quadrados, a soma dos desvios verticais dos pontos em relação à reta é zero e a soma dos quadrados desses desvios é a menor possível, ou seja, nenhuma outra reta daria menor soma dos quadrados de tais desvios. Contudo, alguns aspectos precisam ser considerados na equação de regressão. A reta de regressão passa pelo ponto formado pelos valores das médias das duas séries (VD e VI) de observações.

Por tratar-se de uma média, seria muito arriscado extrapolar essa equação para fora do âmbito dos dados, sem tomar alguns cuidados. Minimizar a soma dos quadrados dos desvios não garante que se tenha obtido a melhor reta ajustada. Contudo, o método de ajuste dos mínimos quadrados é preferível, porque ele: obtém as melhores estimações (redução da tendenciosidade das estimativas); onera os desvios maiores (o que ajuda a evitar grandes desvios); permite realizar testes de significância na equação de regressão.

Sobre a escolha de qual variável será a VD e qual será a VI, o principal critério deve ser o teórico, isto é, a direção da relação deve ser determinada por estudos prévios sobre as variáveis que estão sendo pesquisadas. Um exemplo típico deste tipo de direção pode ser encontrado na etiologia dos transtornos depressivos que apontam a exposição ao estresse crônico como uma das causas do surgimento de sintomas de depressão. Uma relação contrária tende a ser muito menos frequente ou provável, fazendo com que o subsídio teórico e os estudos empíricos da área apoiem a escolha do nível de exposição ao estresse crônico como VI e a apresentação de sintomas depressivos como VD. Essa direção da relação poderá ser checada, utilizando-se as diferentes formas de cálculo das retas de regressão linear. Com os mesmos dados, podemos calcular as duas possíveis retas, permutando as variáveis de dependente ($Y$) para independente ($X$) e vice-versa. Nesse caso, o valor do coeficiente "b" resulta da divisão da covariância das duas variáveis aleatórias pela variância da variável independente, enquanto o valor do coeficiente "a" resulta da subtração da média da variável dependente, menos o produto do coeficiente "b", pela média da variável independente. Isso será útil para encontrar o sentido mais provável da relação de predição.

**Figura 1**
*Principais pressupostos de uma análise de regressão*

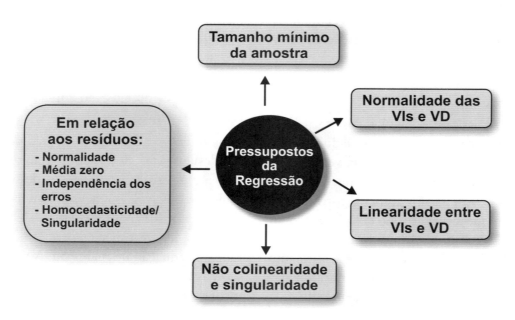

# 1 Pressupostos da regressão linear múltipla

Antes de iniciar uma análise de regressão, precisamos realizar a análise exploratória e limpeza do banco de dados, levando em conta aspectos como precisão da entrada dos dados (checagem da ocorrência de valores espúrios), dados faltosos (*missings*) e *outliers* (valores extremos). Após a análise preliminar do banco de dados, o passo seguinte é a checagem dos pressupostos específicos da regressão, apresentados na figura 1 e detalhados a seguir (Para mais informações, cf. cap. 2).

## 1.1 Pressuposto do tamanho mínimo da amostra

A checagem sobre a amostra atender ou não ao número mínimo de casos exigidos para uma regressão deve preceder às demais análises de pressupostos. O tamanho requerido para a amostra depende de uma série de questões como o tamanho do poder desejado, o nível de precisão, o número de preditores e a expectativa do tamanho dos efeitos. A melhor forma de se verificar se o tamanho da amostra é suficiente para garantir potência estatística ao teste da regressão consiste na utilização de softwares específicos sobre o poder da amostra, tais como o GPower (Faul et al., 2007), o SAS Power ou o SPSS Sample Power (Tabachnick & Fidell, 2007), que realizam as análises de potência da amostra, permitindo que sejam relatados não apenas o tamanho do efeito observado, mas também a potência dos testes utilizados.

## 1.2 Pressuposto de normalidade das VIs e VD

Sugerimos que o segundo pressuposto a ser checado seja o da normalidade, que se refere ao fato de os dados se encontrarem normalmente distribuídos. Existem várias formas de checar visualmente a normalidade dos dados. Uma delas é construir histogramas com curva normal e observar como ocorre a distribuição dos dados e se a curva normal segue o formato de sino que lhe é característico. Uma segunda possibilidade de inspeção visual é construir um gráfico de probabilidade normal em que os valores reais são classificados e ordenados, e um valor esperado como normal é calculado e comparado com um valor real normal para cada caso. Nesse caso, desejamos que as retas diagonais da distribuição normal esperada e da distribuição obtida com os nossos dados sejam muito próximas, isto é, que os nossos valores reais se alinhem ao longo da diagonal que vai do canto inferior esquerdo para o canto superior direito do gráfico. Porém, nem sempre a inspeção visual da normalidade é suficiente. Nesse sentido, podemos também calcular a assimetria e a curtose para cada variável.

## 1.3 Pressuposto de linearidade entre VIs e VD

O pressuposto de linearidade diz respeito ao fato de existir uma relação linear entre as VIs e a VD. Esta suposição é importante porque a análise de regressão é apenas um teste para uma relação linear entre as variáveis independentes e a variável dependente. Podemos testar a linearidade entre uma VI e a VD a partir de um gráfico de dispersão. Se as duas variáveis estiverem relacionadas linearmente, a dispersão será oval e na diagonal. Se os pontos indicarem uma relação curvilínea entre as variáveis, então o pressuposto da linearidade terá sido violado. O mesmo ocorre se os dados assumem uma forma retangular ou disforme, espalhando-se por todo o espaço do gráfico de dispersão, ou se eles se apresentam em formato de uma linha paralela a um dos eixos.

Quando a relação não é linear, podemos tentar transformar as VIs ou a VD, para que haja uma relação linear entre elas. A conversão de uma ou de ambas as escalas em logaritmos dá, por vezes, um modelo linear. Também é possível elevar uma variável ao quadrado ou extrair a sua raiz quadrada. Porém, nem sempre essas transformações corrigem o problema, porque algumas variáveis simplesmente não são linearmente relacionadas. Contudo, o fato de não haver linearidade entre as VIs e a VD não invalida completamente a análise de regressão, embora a enfraqueça, uma vez que o coeficiente de regressão linear não pode capturar totalmente a extensão de uma relação curvilínea. Caso seja encontrada uma relação curvilinear entre a VI e a VD, podemos adotar diferentes caminhos: (a) dicotomizar a VI (transformando-a em uma variável *dummy*); ou (b) elevar a VI ao quadrado antes de incluí-la na regressão (regressão quadrática).

## 1.4 Pressuposto de não colinearidade e singularidade

Multicolinearidade é uma condição na qual as VIs são altamente correlacionadas. Um coeficiente de Pearson igual ou superior a 0,80 (Dancey & Reidy, 2007) ou a 0,90 (Tabachnick & Fidell, 2007) é um indicador de alta correlação. Singularidade consiste em um caso especial de multicolinearidade, em que as VIs são perfeitamente correlacionadas ou quando uma VI consiste em uma combinação de uma ou mais VIs. A multicolinearidade e a singularidade podem ser causadas por elevadas correlações bivariadas ou multivariadas. Portanto, ocorrem quando as VIs que colocamos nos nossos modelos são redundantes entre si. Nesse caso, uma VI não adiciona valor preditivo sobre a outra e nós perdemos um grau de liberdade em nossas análises. Isso significa que a multicolinearidade e a singularidade devem ser evitadas porque enfraquecem nossas análises de regressão.

## 1.5 Pressuposto de normalidade da distribuição dos resíduos

O pressuposto de normalidade da distribuição dos resíduos é muito importante para uma regressão linear, porque o cálculo dos intervalos de confiança e os testes de significância são todos baseados nos pressupostos de que os erros têm média zero e são distribuídos normalmente. Se a distribuição de erros é significativamente não normal, os intervalos de confiança podem ser muito largos ou muito estreitos.

Um aspecto a ser considerado é que a distribuição de erro pode ser distorcida pela presença de valores extremos (*outliers*) influentes, uma vez que a estimação de parâmetros é baseada na minimização dos erros quadráticos (método dos mínimos quadrados). Logo, um valor muito distante dos demais pode gerar um resíduo com influência desproporcional sobre as estimativas dos parâmetros.

Podemos identificar se os erros estão distribuídos normalmente a partir de um gráfico de probabilidade normal dos resíduos. Se a distribuição é normal, os pontos da distribuição devem ficar perto da linha diagonal. Um padrão em forma de arco de desvios da diagonal nos indica que os resíduos têm problemas de assimetria (*skewness*). Um padrão de distribuição no formato de um "S" nos indica que os resíduos têm problemas de curtose (*kurtosis*).

## 1.6 Pressuposto de independência dos erros

O pressuposto da independência dos erros baseia-se na ideia de que a magnitude de um resíduo não influencia a magnitude do resíduo seguinte e, portanto, a correlação entre resíduos sucessivos seria nula. Quando, ao contrário do esperado, identificamos que há uma correlação serial nos resíduos, isso significa que há espaço para melhorias no modelo e se houver uma correlação serial extrema provavelmente o modelo foi mal-especificado. Portanto, quando coletamos dados ao longo do tempo (série temporal) ou quando adotamos algum outro tipo de sequência (p. ex., dados coletados em diferentes cidades ou diferentes unidades de uma organização em períodos subsequentes), devemos fazer um gráfico dos resíduos *versus* a sequência em que os dados foram coletados.

A correlação serial pode decorrer da violação da suposição de linearidade, quando há uma linha de tendência ajustada aos dados que estão crescendo exponencialmente ao longo do tempo. Nesse caso, se conseguimos resolver o problema da linearidade, provavelmente também resolveremos o de correlação serial. Outro aspecto relevante para a análise da independência dos erros é o tamanho da amostra. Quanto temos uma amostra grande (considerando-se o número de VIs no modelo de regressão), o efeito de dependência entre os resíduos não costuma ocorrer. Assim, especial atenção à verificação de independência dos erros deve ser dada quando a amostra é menor ou está muito próxima dos parâmetros mínimos aceitos para uma regressão com aquele determinado número de parâmetros (VIs). O melhor teste para checar o atendimento ao pressuposto da independência dos erros consiste na análise do gráfico de autocorrelação dos resíduos. Quando os resíduos são independentes, eles devem se distribuir aleatoriamente (de forma alternada) em torno de zero.

## 1.7 Pressuposto de homocedasticidade

A suposição de homocedasticidade associa-se ao fato de que a variabilidade nos escores das VIs deve ser a mesma em todos os valores da VD. Isso significa que os resíduos são aproximadamente iguais para todas as pontuações previstas para a VD. Podemos verificar a homocedasticidade a partir de uma análise dos resíduos. Teremos atendido ao pressuposto da homocedasticidade se os dados no gráfico dos resíduos tiverem a mesma largura para todos os valores previstos da VD. De forma oposta, encontraremos heterocedasticidade se encontrarmos um conjunto de pontos que se torna mais largo à medida que os valores previstos para a VD se tornam maiores. Na verdade, se a distribuição dos dados de resíduos for retangular, com uma concentração de pontos ao longo do centro, isso será um indicador de que atendemos não somente às hipóteses de homocedasticidade, mas também às de linearidade e de normalidade.

A heterocedasticidade costuma ocorrer quando há algumas variáveis distorcidas. Assim, se verificamos a normalidade na distribuição dos nossos dados provavelmente vamos também reduzir o problema da heterocedasticidade. É importante registrar que a violação da suposição de homocedasticidade – assim como a de linearidade – enfraquece o modelo de regressão, mas não invalida completamente a sua utilização.

## 2 Interpretação dos coeficientes da regressão múltipla

Uma análise de regressão gera uma série de coeficientes que são importantes e que devem ser considerados na interpretação dos resultados. Um primeiro aspecto é indicar o quanto da variância da VD foi contabilizado pelo poder preditivo do conjunto das VIs incluídas no modelo. Esse valor é indicado por "$R^2$". Porém, como nossas pesquisas são quase sempre amostrais e circunscritas a determinadas VIs, seria mais indicado olhar para essa variância considerando o $R^2$ ajustado, podendo-se apresentar o resultado em termos percentuais. Assim, um $R^2$ ajustado = 0,48 indicaria que o modelo de pesquisa que foi testado permite explicar 48% das variações da VD. Outra informação importante é se o modelo explicativo da VD consegue explicar mais do que uma explicação meramente casual derivada exclusivamente de erro amostral. Isto é indicado pelo nível de significância do $F$ geral do modelo. Em ciências sociais, se o valor de $p$ atribuído ao $F$ for igual ou inferior a 0,05, então o modelo é considerado significativo. No exemplo ao final do capítulo essa mesma análise será retomada.

Mas além de dizer o valor preditivo do modelo global, também é importante analisar que variáveis contribuem para a explicação das variações na VD. Para isso deve-se checar se cada uma das VIs incluídas no modelo apresenta ou não um nível de significância igual ou inferior a 0,05. Somente variáveis com este nível de significância ($p \leq 0,05$) são consideradas como preditores significativos.

Após checar o nível de significância de cada VI, o passo seguinte é examinar mais detidamente a relação entre cada VI e a VD. Nesse caso, é preciso olhar para o valor do $B$ (valor dado em termos das unidades desta variável) e também do Beta (valor padronizado, adotando-se uma unidade-padrão para todas as variáveis na equação). O primeiro aspecto a ser considerado é se esses valores são positivos ou negativos. Valores positivos indicam que tais variáveis se movem na mesma direção, ou seja, um aumento na VI resultaria

em um acréscimo na VD. Já os valores negativos indicam o oposto, isto é, um aumento na VI levaria a um decréscimo na VD. Também é importante olhar para a magnitude da relação, isto é, qual o valor do $B$ e do *Beta*, considerando que eles variam de menos um a mais um e que valores mais próximos de zero indicam relações mais fracas, enquanto valores mais próximos de ± 1 indicam relações mais fortes entre a VI e a VD.

Também é importante analisar os resultados das correlações bivariadas, que nos mostram como as VIs estão correlacionadas com a VD. As correlações parciais (*part correlation* ou $Sr^2$) e semiparciais (*partial correlation* ou $pR^2$) indicam a contribuição individual de cada VI na predição da VD.

## 3 Tipos de regressão múltipla

A escolha do tipo de regressão que será utilizada depende de um conjunto de aspectos, entre os quais destacamos: (a) as hipóteses de pesquisa; (b) o grau de avanço das pesquisas da área; (c) as características da escala de mensuração e de distribuição da VD. De forma mais genérica, as regressões dividem-se em dois grandes tipos: regressões não lineares, sobretudo quando a VD é categorizada (regressão logística), e regressões lineares (para VDs que são variáveis contínuas e com uma distribuição dentro dos parâmetros de normalidade). Essa última modalidade de regressão se subdivide em modelos de acordo com as hipóteses de pesquisa, compreendendo os modelos mais simples, em que se supõe relacionamento direto entre as VIs e a VD, e modelos nos quais essa relação entre VI e VD é mediada ou moderada por outras variáveis. Entre os modelos de relação direta entre VIs e VDs encontram-se três tipos de análise de regressão: regressão-padrão, regressão hierárquica e regressão *stepwise*. A primeira é característica de uma entrada simultânea das VIs na testagem do modelo, enquanto as outras duas apresentam entradas sequenciais, respectivamente determinadas pelo pesquisador ou pelos valores estatísticos. A figura 2 mostra diferentes possibilidades do tipo de análise de regressão.

**Figura 2**
*Principais possibilidades de análise de regressão múltipla*

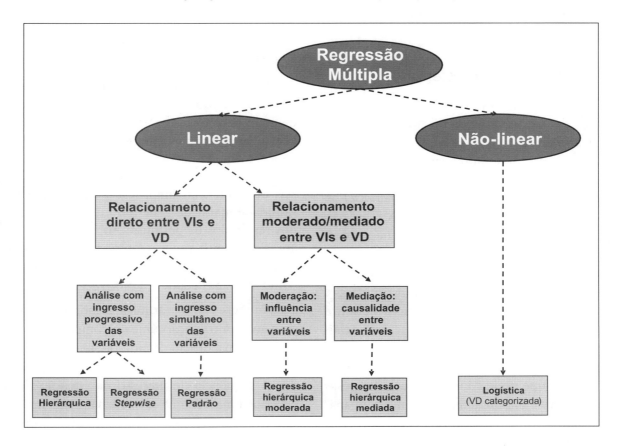

## 3.1 Regressão múltipla-padrão

De todas as possibilidades de análise de regressão, provavelmente a mais utilizada é a Regressão múltipla padrão, que é aquela na qual as variáveis independentes entram simultaneamente na equação de regressão. Neste caso, analisamos a contribuição de cada VI na equação, em termos do quanto cada uma acrescenta de explicação à VD. Às vezes uma VI fortemente correlacionada com a VD, ao entrar no modelo com outras VIs, pode ter seu valor explicativo reduzido em função da variância compartilhada com outras VIs do modelo. Isso acontece porque na regressão-padrão a contribuição de cada variável na equação é referente apenas à contribuição única, ou seja, a contribuição compartilhada pelas VIs entra no cálculo do $R^2$ (junto com o cálculo das contribuições de cada variável individualmente), mas sem ser atribuída a nenhuma VI. Nesse sentido, a regressão-padrão tende a reduzir o poder de explicação das variáveis preditoras separadamente, uma vez que o valor do B e do β indicam tão somente a contribuição individual de cada variável em relação à VD, sem considerar as contribuições compartilhadas entre as VIs.

## 3.2 Regressão múltipla stepwise

Quando optamos por uma regressão múltipla *stepwise* ou por uma regressão múltipla hierárquica, a entrada das variáveis na equação de regressão não será simultânea; mas, ao contrário, obedecerá a uma sequência lógica, que pode ser baseada em critérios estatísticos (*stepwise)* ou em critérios teóricos (hierárquica). A regressão *stepwise* é moderadamente utilizada na prática, sendo indicada apenas para pesquisas exploratórias, cujos resultados não serão generalizados, e que ainda não contam com apoio teórico e empírico suficiente para o pesquisador definir a melhor sequência de preditoras a serem incluídas no modelo. Esse tipo de análise pode ser útil para testar quais variáveis deverão compor o modelo, o que pode contribuir para pesquisas futuras, sobre a mesma temática, utilizarem análises mais rigorosas e confiáveis como a regressão hierárquica.

Do ponto de vista prático, a primeira VI a ser incluída na equação de regressão é aquela que está mais fortemente correlacionada com a VD. O valor do Beta dela vai incluir a variância que ela tem em comum com a VD e também a possível variância que ela e outras VIs subsequentes venham a ter com a VD. Isso significa que quando a segunda variável entrar na equação, o Beta desta segunda será relativo exclusivamente à sua contribuição única na explicação da VD. Isso sugere que a análise considere, além dos valores do Beta, também as correlações bivariadas entre as VIs do modelo e as correlações parciais. Se os preditores não estiverem muito correlacionados, a regressão *stepwise* pode ser uma estratégia interessante para selecionar o modelo explicativo que mais se ajusta aos dados.

## 3.3 Regressão múltipla hierárquica

A regressão múltipla hierárquica é a mais utilizada nos estudos de Psicologia, por ser aquela que consegue fornecer um conjunto de informações mais relevantes para o pesquisador. O fato de a escolha da ordem de ingresso das variáveis preditoras no modelo ser feita a partir de teorias ou evidências empíricas permite uma possibilidade maior de generalização e comparação dos resultados da pesquisa. Ao final do capítulo apresentaremos um exemplo deste tipo de regressão tendo como VD o rendimento escolar e como VIs a ansiedade e a motivação.

Na regressão hierárquica, a cada VI é atribuída a sua contribuição única e compartilhada, de acordo com a ordem de entrada. Isso faz com que a importância de cada VI possa variar, dependendo da sequência de ingresso na equação de regressão, uma vez que tal ordenamento faz com que cada variável assuma, além de sua contribuição única, também a contribuição compartilhada com a variável que vem a seguir no modelo.

É importante considerar que, em uma análise de regressão hierárquica, não importa apenas o valor do $R^2$; mas, sobretudo, a variação do $R^2$ ($\Delta R^2$), que indica o quanto a inclusão de uma nova variável no modelo conseguiu agregar, em termos de modelo explicativo adicional, ao modelo inicialmente testado. Em outras palavras, a cada variável ou conjunto de variáveis incluídas na regressão, devemos olhar para a sua capacidade de contribuir para ampliar o poder explicativo do modelo.

No caso da regressão hierárquica, mesmo quando se tem uma variação pequena do $R^2$, ela costuma ser levada em consideração, uma vez que a primeira variável (ou conjunto de variáveis) a entrar no modelo é privilegiada, no sentido de atribuir-se a ela a variância compartilhada entre ela e o conjunto seguinte de possíveis variáveis preditoras.

### 3.4 Regressão múltipla com variável moderadora

A variável moderadora é aquela que afeta a direção e a magnitude do relacionamento entre uma variável independente e a variável dependente. Ela é geralmente usada nos casos em que pelo menos uma das variáveis independentes é contínua. O que é esperado neste caso é que a variável moderadora interaja com a VI, modificando o efeito desta sobre a VD. Assim, se pensarmos em um modelo de regressão com uma VI ($X$), uma VD ($Y$) e uma variável moderadora ($Z$), teremos a possibilidade de três tipos de predição: (a) a predição direta da VI em relação à VD ($X$ *sobre* $Y$); (b) a predição da variável moderadora em relação à VD ($Z$ *sobre* $Y$); e (c) a predição da interação da VI com a variável moderadora em relação à VD ($XZ$ *sobre* $Y$). Nesse sentido, pode-se considerar que os efeitos de interação em Anova são um caso especial de uma moderadora com variáveis categóricas.

A moderadora não necessariamente precisa ser variável métrica, pode ser categórica. Uma variável moderadora, dentro de uma análise de regressão, é, portanto, uma terceira variável que afeta as correlações entre duas outras variáveis.

De forma sintética, pode-se dizer que um efeito moderador é representado por uma *interação* entre uma VI métrica e uma variável categórica ($Z$), que especifica as condições sob as quais esse fator afetará a VD.

Um exemplo muito simples é dado por Miles e Shevlin (2001), que considera a velocidade de um carro como uma variável de predição (VI) sobre o nível de ferimento dos passageiros de um carro (VD) se ele colidir com um muro. Neste exemplo, ele considera que o uso ou não do cinto de segurança poderia ser considerado como variável moderadora, uma vez que essa variável irá moderar a relação entre a velocidade do carro e o grau de ferimento dos passageiros do carro.

É possível também termos tanto a variável moderadora como a VI como variáveis contínuas. Por exemplo, o suporte da chefia à aplicação de competências aprendidas em ações de treinamento poderia ser uma variável moderadora da relação entre aprendizagem de novas competências e grau de utilização dessas competências no dia a dia do trabalho.

Um aspecto importante é que em todas as regressões em que se queira testar a possível moderação de uma variável em um modelo será necessário criar uma variável que represente este efeito moderador. Essa nova variável é dada pela interação da VI com a variável moderadora. Nos exemplos mencionados anteriormente, essa nova variável seria, respectivamente, a interação entre a velocidade do carro e o uso ou não do cinto de segurança; e a interação entre o suporte da chefia e o grau de aprendizagem do trabalhador.

A criação desse termo de interação (que é a terceira variável do modelo) é feita automaticamente pelos pacotes estatísticos. Assim, para testar uma relação de moderação, incluiremos na testagem do modelo três variáveis como preditoras: a VI, a variável moderadora e a variável resultante da interação entre a VI e a variável moderadora. Somente poderemos considerar que houve moderação quando os resultados da regressão mostrarem predição significativa do termo XZ. Portanto, em uma análise de regressão múltipla com variável moderadora, devemos relatar não apenas os valores do *B* e do *Beta* e do $Sr^2$, como também o grau de alteração do $R^2$ quando o segundo bloco de variáveis é inserido; o mesmo quando o terceiro bloco for inserido; e assim sucessivamente. Nesse caso, é interessante verificar se, com a inclusão de novas variáveis, as anteriores permanecem ou não como modelos válidos e o quanto de variância explicada da VD é possível acrescer a cada passo da inserção de variáveis ou de conjunto de variáveis.

## 3.5 Regressão múltipla com variável mediadora

Uma variável é considerada como mediadora do relacionamento entre uma VI e uma VD se a referida VI tiver um efeito sobre a variável considerada mediadora e se esta, por sua vez, influenciar a VD. Miles e Shevlin (2001) apresentam como um exemplo simples a relação entre os genes (masculino e feminino) e o peso. Os autores esclarecem que os homens tendem a ser mais altos e pesados do que as mulheres, mas que não é o gene que influencia o peso, mas sim os hormônios, ou seja, os genes (masculino ou feminino) influenciam os hormônios que, por sua vez, influenciam o peso da pessoa. Assim, fica fácil compreender que o conceito de mediação envolve a suposição de relacionamentos sequenciais.

É preciso considerar que uma variável também pode ser uma mediadora parcial da relação entre uma VI e uma VD. Isso acontece quando a VI apresenta uma influência direta sobre a VD e, ao mesmo tempo, ela influencia a variável mediadora que, por sua vez, influencia a VD. O exemplo aqui seria do relacionamento entre festas, fadiga e resultados escolares. Estudantes que vão a muitas festas apresentam maior fadiga e essa fadiga reduz o rendimento escolar. Porém, além da fadiga reduzir o rendimento, é preciso considerar que o rendimento na escola pode ser reduzido não só pela fadiga, mas também pelo fato de que estudantes que vão a muitas festas têm menos tempo para ler e estudar, ou seja, a quantidade de festas apresenta uma relação direta com os resultados escolares e, ao mesmo tempo, uma relação mediada pela fadiga. Nesse caso, a fadiga seria uma variável de mediação parcial da relação entre a quantidade de festas que o estudante frequenta e o seu respectivo rendimento escolar (Miles & Shevlin, 2001).

Uma variável mediadora é aquela, portanto, que, ao estar presente na equação de regressão, diminui a magnitude do relacionamento entre a VI e a VD. Significa dizer que, se houver uma mediação parcial, a relação entre a VI e a VD ficará enfraquecida, enquanto que, no caso de uma variável mediadora pura, o relacionamento entre VI e VD deixa de existir.

Uma forma de identificar a presença de variáveis mediadoras é analisar os padrões assumidos pelos pesos b das variáveis envolvidas. Uma variável mediadora pura apresenta um b significativo da VI para a VD antes da entrada da variável mediadora na equação. Quando a variável mediadora é adicionada, o *b* desta em relação à VD torna-se significativo, enquanto a significância do *b* da VI desaparece. Já a mediação parcial não iria capturar totalmente a relação entre a VI e a VD, mas iria reduzir o *b*, que indica a força desta relação.

## 4 A análise de regressão múltipla no R

Todos os procedimentos analíticos a seguir foram realizados utilizando a *Linguagem e Ambiente de Computação Estatística R versão 3.6* (R Core Team, 2019), e mais informações sobre como usá-lo podem ser obtidas no capítulo 1. O primeiro passo foi o cálculo do tamanho da amostra utilizando o pacote WebPower 0.5.2 (Zhang & Mai, 2019). Definido o tamanho da amostra, as variáveis foram agrupadas em um banco de dados no formato .csv que foi utilizado para as análises descritas a seguir. Para apresentar de forma mais amigável o uso do R, optamos por adotar a interface gráfica do software Jamovi 1.2.9 (The Jamovi Project, 2020). Todos os exemplos foram também descritos utilizando o código do R e adotando a biblioteca *jmv 1.2.5* (Selker et al., 2020). Cabe destacar que esta biblioteca usa ativamente o pacote "car" para modelagem a partir de regressões lineares (Fox & Weisberg, 2019) e o pacote emmeans v.14.5 (Lenth, 2020) para estimação de médias marginais utilizando o método dos mínimos quadrados.

Todo o código utilizado que torna reprodutível os procedimentos apresentados aqui, além do banco de dados e roteiro de simulação, acrescidos de exemplos adicionais de análises de regressão múltipla envolvendo moderação, mediação e mediação moderada estão disponíveis no repositório https://github.com/leomartinsjf/IbapCap6RegressaoMult Uma página do *Rpubs* tem o código e os principais resultados disponíveis on-line por meio do link: https://rpubs.com/leomartinsjf/IbapCap6RegMult

### 4.1 Tamanho da amostra para análises de regressão múltipla

O código do R apresentado na figura 3 utiliza o pacote WebPower que permite o cálculo do tamanho de amostra para vários modelos estatísticos, incluindo o método aqui apresentado (Zhang & Yuan, 2018). O código pode ser copiado e colado diretamente no console do R. O uso do símbolo # indica um comentário que não é lido pelo programa e apenas explica a linha de código que vem a seguir e que representa uma função. A primeira linha de código *install.packages ("WebPower")* instala a partir da internet o pacote e você não precisará utilizá-la novamente. A segunda linha de código, *require (WebPower)*, requisita que o pacote instalado seja ativado e a cada sessão em que iniciarmos o R precisaremos novamente usar essa função. Como exemplo, calculamos o tamanho da amostra (*Sample Size*) para um modelo de regressão múltipla hierárquico considerando os valores de poder de teste (*Power*) – que geralmente é definido como um valor acima de 80% (*Power>0.8*), indicando as chances de rejeitar corretamente a hipótese nula a partir da amostra, quando essa é de fato falsa para a população. Nesse exemplo, vamos considerar o mínimo de amostra que maximiza os valores do poder de teste até um ponto em que não observamos ganhos de eficiência quando aumentamos a amostra.

Adotamos o nível de significância de 5% *(alfa=0.05)*, indicando a chance que teríamos de rejeitar a hipótese nula a partir da amostra, quando essa de fato fosse verdadeira para a população. Em seguida, definimos como modelo completo aquele com seis variáveis (*Pcompleto=6*), considerando que todas as variáveis presentes nos blocos de uma regressão múltipla hierárquica seriam capazes de explicar 10% da variância da

VD ($R^2completo=0.10$). Como modelo reduzido vamos assumir aquele com três variáveis (*Preduzido=3*), considerando todos os blocos hierarquicamente inferiores ao último bloco do modelo completo, e que explicam 5% da variância ($R^2reduzido=0.05$). Além dos valores descritos até aqui, precisamos, ainda, calcular o tamanho de efeito $f^2$ por meio da função *$f^2=(R^2completo - R^2reduzido)/(1-R^2completo)$*. Cabe ressaltar que a definição do número de variáveis em cada bloco precisa ser definida em princípio pelo modelo teórico e pelas hipóteses a serem testadas. Os valores de variância explicada podem ser definidos por estudos anteriores consultados na revisão de literatura ou estudos-piloto.

Definido todos estes valores é possível calcular o poder de testes para cada tamanho de amostra por meio da função *poder=wp.regression(n, Pcompleto, Preduzido, $f^2$, alfa)*. O próximo passo seria utilizar a função *plot(poder)* para gerar o gráfico da figura 3. No interesse de observar os valores exatos de poder associados a cada valor de *n* bastaria usar a função *print(poder)*. Como o objetivo do cálculo é considerar um tamanho de amostra que maximize os valores do poder, assumimos, com base no gráfico, um tamanho de amostra n=600, sabendo que valores acima de n=200 já seriam suficientes para atender à exigência de poder >80% e que o tamanho de *n* adotado aproxima o poder de teste em torno de 100%.

Uma vez definido o tamanho da amostra, os dados foram simulados por meio do código *simulacao.R* disponível no repositório. Os dados brutos foram salvos no formato .csv nesse mesmo repositório e podem ser acessados diretamente no endereço: https://raw.githubusercontent.com/leomartinsjf/IbapCap6RegMult/master/data.csv

**Figura 3**
*A) Código R para cálculo do tamanho da amostra*
*B) Gráfico Power vs. Sample Size*

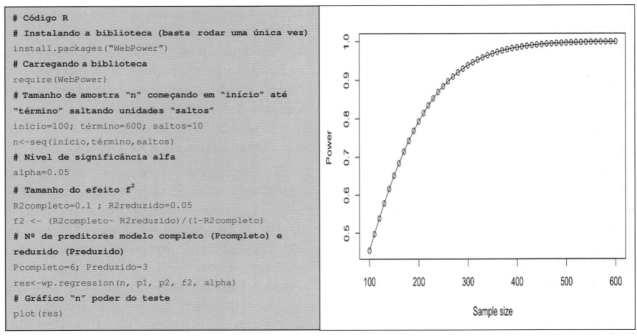

## 4.2 Análise de regressão múltipla linear-padrão

O Jamovi é capaz de ler dados em diferentes extensões, incluindo a leitura de arquivos como este que está presente em um repositório, mas também dados no formato do *SPSS, Stata, Excel, R e SAS*. Para acessar o arquivo basta ir em *Menu* ▤ > *Open* > *Data Library* e colar o endereço no campo de busca, clicando em seguida na imagem do arquivo. No caso de um banco de dados que está no computador basta trocar *Data Library* por *This Pc,* clicando em seguida em *Browse* para procurar seu arquivo em seu computador.

O passo seguinte envolve a modelagem da VD a partir de um conjunto de VIs. No presente caso, vamos modelar a VD *Rendimento Escolar*, considerando que esta pode ser explicada pela contribuição conjunta obtida por meio da combinação linear entre Motivação e Ansiedade. Para realizar esta análise seguiremos o seguinte caminho *Analysis > Regression > Linear Regression*. Na caixa de diálogo *Dependente Variable* incluiremos a VD *Rendimento Escolar* e, como ambas as VIs são numéricas e contínuas, estas serão inseridas em *Covariates*. Neste último campo também seriam inseridas variáveis numéricas discretas, tal como contagens. Caso o modelo tivesse alguma VI categórica ou ordinal, estas seriam incluídas em *Factors*. Para o caso da regressão linear múltipla-padrão, no passo seguinte, todas as VIs do modelo precisam estar incluídas em *Block1* presente na caixa de seleção *Model Builder*. Ainda em *Model Builder* é possível criar termos de interação para serem acrescidos ao modelo, selecionando duas variáveis ou mais (mantendo pressionado o botão "Ctrl" ou "Command" no teclado), clicando em *interaction* por meio da caixa de seleção como uma opção na seta que aponta para a direita. Além de interações, é possível criar blocos de variáveis que serão acrescentados ao modelo passo a passo, de forma hierárquica, bastando clicar em *add new block*s. Tais recursos serão utilizados no próximo exemplo.

Uma vez que o modelo esteja construído, o próximo passo é checar a opção de alguns dos principais pressupostos de uma regressão, mediante os recursos presentes em *Assumption Checks*. O primeiro teste inferencial presente nesta seção é referente à normalidade da VD, calculado mediante o teste de *Shapiro-Wilk*, em que aceitamos que a distribuição na amostra é normal quando aceitamos a hipótese nula ($p > 0,05$). O segundo é referente ao pressuposto de independência ou ausência de autocorrelação dos resíduos, podendo ser avaliado do teste de *Durbin-Watson*, em que se espera um valor da estatística DW próximo de 2 e que a hipótese nula seja também rejeitada ($p > 0,05$). O pressuposto de ausência de multicolineariedade ou singularidade é considerado com os valores de *VIF (Variance Inflated Factor)* > 10. A presença de *outliers* multivariados ou casos influentes é analisada por meio da Distância de Cook, sendo que valores maiores do que um apontam para observações que influenciam o modelo. A distribuição normal dos resíduos pode ser verificada pelo Q-Q plot, sendo que, na ausência de sua violação, esperamos uma correlação perfeita entre os resíduos padronizados e os quartis de uma distribuição normal teórica. Por meio dos gráficos de resíduos, a linearidade esperada para a relação entre resíduos e valores preditos pode ser observada em inspeção visual, assim como a homocedasticidade, que pode ser observada quando não existe correlação ou padrão de tendência de preditores individuais e resíduos. Tais pressupostos serão testados marcando todas as opções (fig. 4).

Figura 4

Código em R para abertura do banco de dados, tela de abertura Jamovi e visualização dos dados

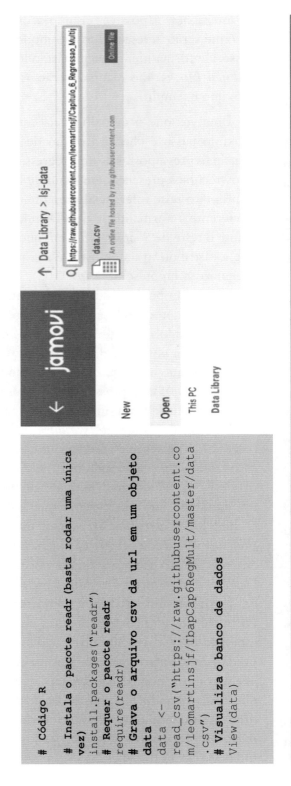

Após a verificação dos pressupostos, o passo seguinte é considerarmos o ajuste do modelo aos dados em *Model Fit*, obtendo estatísticas que se referem à capacidade de o modelo explicar, por meio de seus preditores, a variabilidade da VD por meio de uma relação linear. O $R^2$ajustado (*Adjusted R²*) é uma das medidas de variabilidade explicada que aponta para essa relação. Essa estimativa é chamada de ajustada por ser penalizada pelo número de preditores, sendo possível avaliar a sua significância estatística por meio do *teste F (Overall Model F test)*. A significância do *teste F* ($p < 0,05$) constitui um pressuposto básico e não violável, pois indica que o conjunto de variáveis preditoras explica, em alguma medida, a variável-critério, rejeitando a hipótese nula de que o $R^2$ajustado seja igual a zero. Indicadores adicionais em *Model Fit* podem ser utilizados, quando o objetivo é comparar, hierarquicamente, a variância explicada de modelos. Nesse tipo de análise, os modelos são considerados hierárquicos quando as variáveis são organizadas em blocos, que são incluídos de forma subsequente, fazendo com que as variáveis preditoras de um novo bloco sejam adicionadas ao modelo que já conta com as variáveis preditoras do bloco anterior. O próprio *teste F* pode ser utilizado para comparar a significância da diferença entre dois modelos, com base na comparação dos resultados da diferença de $R^2$ em relação à hipótese nula que será rejeitada. O valor de $p < 0,05$ indica, então, que tal diferença entre os dois modelos é diferente de zero. Adicionalmente, é possível considerar outros índices para comparar a *performance* de modelos, tais como os valores de referência BIC (*Bayesian Information Criterion*), AIC (*Akaike Information Criterion*) para amostras pequenas e RMSEA (*Root Mean Square Error Aproximation*). Para todos esses três últimos indicadores,

quanto menor são seus valores, melhor é o modelo em termos do seu ajuste aos dados e parcimônia. No exemplo a seguir, marcaremos todas as opções, exceto essas três últimas.

Em *Model Coefficients,* estimativas referentes aos coeficientes do modelo podem ser obtidas junto do seu intervalo de confiança e do teste *t* que, quando significativo ($p < 0,05$), permite rejeitar a hipótese nula de que este coeficiente é igual a zero. Nesse modelo, o coeficiente pode ser interpretado como o número de unidades que a VD aumenta/diminui, a partir do aumento/diminuição de uma unidade na VI. É possível também obter os coeficientes padronizados nessa seção, resolvendo o problema da diferença de escala entre duas VIs e a VD que têm métricas diferentes. Para isso, deve-se padronizá-las com média igual a zero e desvio-padrão igual a uma unidade. Também é possível escolher nesta seção o teste *Omnibus,* utilizando a Anova, considerando a contribuição de cada uma das VI para explicação da variabilidade da VD. Essa avaliação, diferentemente do teste *F*, permite considerar a contribuição de cada variável para o modelo, sendo especialmente interessante quando há variáveis categóricas ou ordinais tratadas como *dummy*. Nesses casos, é possível considerar o efeito global da variável para o modelo, ao invés da significância dos coeficientes relacionados com cada grau de comparação. Para esse primeiro exemplo, utilizaremos todas as opções e um intervalo de confiança de 95%.

Por fim, em *Estimated Marginal Means,* as médias marginais estimadas permitem analisar o efeito principal (*main effect*) de cada VI, interpretado como a influência de diferentes valores da VI sobre a VD, quando mantidas constantes as demais VIs do modelo. Para alcançar essa interpretação é necessário que todos os pressupos-

**Figura 5**
*Modelo de regressão múltipla-padrão utilizando o Jamovi e seu código para o R*

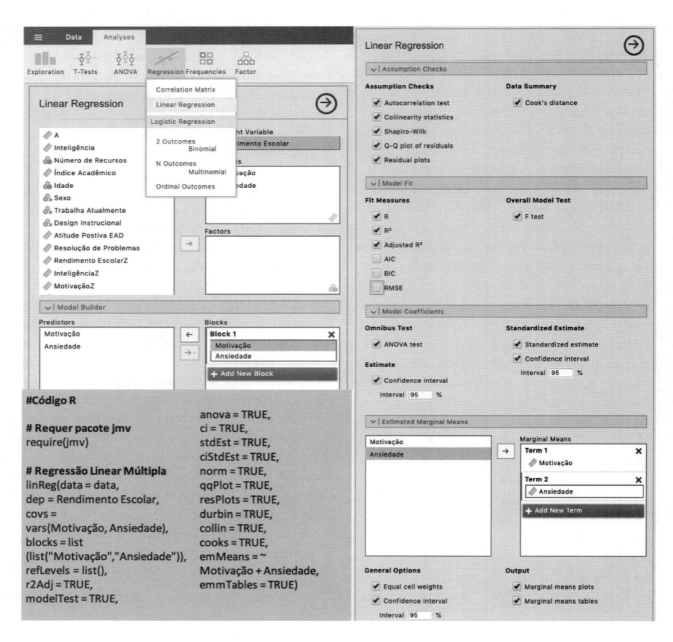

tos mencionados tenham sido atendidos e que os coeficientes das variáveis sejam estatisticamente significativos. Cada variável do modelo pode ser considerada individualmente como um termo, começando por *Term1*, e, a cada nova variável, pode ser acrescido um novo termo, por meio do botão *add new term*. Quando um modelo tem termos de interação, é possível criar um termo novo, que inclua as duas variáveis da interação, sendo que a última variável assume o papel de variável moderadora. Dessa forma, é possível avaliar a modificação do efeito da primeira variável em função de diferentes níveis da moderadora, mantendo-se constante as demais variáveis do modelo. Tal análise pode ser feita considerando um intervalo de confiança de 95%, a partir da seleção da opção *Interval Confidence*. Duas opções podem ser feitas para prosseguir com as análises, sendo a primeira uma forma gráfica e muito comum para demonstrar efeitos de moderação por meio da opção *Marginal Means Plots* e a segunda, mediante uma tabela por meio da opção *Marginal Means Table*. Para a presente análise, apenas os termos relativos ao efeito principal da motivação foram acrescentados como *Term1*, seguido pelo efeito principal da Ansiedade como *Term2*. Na figura 5, observamos a caixa de diálogo do Jamovi apresentando todas as opções assumidas acima, representando o modelo de regressão múltipla-padrão para explicar a VD Desempenho Escolar por meio das VIs Motivação e Ansiedade.

## 4.3 Reportando os resultados da regressão múltipla linear-padrão

O primeiro passo para reportar a análise dos resultados envolve considerar o ajuste do modelo aos dados, seguido da análise dos pressupostos da regressão. Na figura 6 são apresenta-

das as tabelas e gráficos que permitem fazer tais considerações.

A primeira tabela *Model Fit Measures* apresenta o $R^2$ajustado do modelo (*adjusted $R^2$*). Esta estimativa indicou que 25,6% da variância dos escores do Rendimento Escolar pode ser explicada por meio desse modelo que considera como preditoras as variáveis Motivação e Ansiedade. Tal estimativa tem um valor que permite rejeitar a hipótese nula que assumia que este valor não seria maior do que zero ($R^2$adj$=0,256$; $F(2,597)=104$; $p<0,001$). Caso este valor não fosse estatisticamente significativo, a análise pararia por aqui e assumiríamos a hipótese nula indicando que o conjunto de variáveis no modelo não contribui para a predição da variável-critério, rejeitando o pressuposto de linearidade.

A tabela *Omnibus Anova test* aponta, de modo semelhante, a capacidade do modelo de explicar a variabilidade da VD. Contudo, ela permite considerar a contribuição individual da predição de cada variável presente no modelo. No presente caso, Motivação ($F(1,5970)= 66,3$; $p< 0,001$) e Ansiedade ($F(1,5970)= 66,3$; $p< 0,001$) podem ser consideradas como contribuindo para a explicação da variabilidade do modelo, indicando que cada uma delas tem linearidade em relação à VD.

Começando pelo pressuposto de normalidade da VD, por meio da tabela *Normality Test,* observamos, por meio do teste de *Shapiro-Wilk,* que não é possível rejeitar a hipótese nula, que afirma que a distribuição da VD é igual em termos estatísticos a uma distribuição normal teórica ($W=0,997$; $p=0,417$). Mediante a inspeção visual do Q-Q plot é possível assumir que os resíduos padronizados apresentam distribuição normal centrada em zero, uma vez que se correlacionam quase que perfeitamente à distribuição

**Figura 6**
*Ajuste do modelo, checagem de pressupostos, coeficientes do modelo e médias marginais*

## Linear Regression

**Model Fit Measures**

| Model | R | R² | Adjusted R² | F | df1 | df2 | p |
|---|---|---|---|---|---|---|---|
| 1 | 0.508 | 0.258 | 0.256 | 104 | 2 | 597 | <.001 |

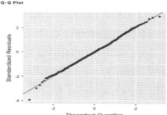

**Omnibus ANOVA Test**

| | Sum of Squares | df | Mean Square | F | p |
|---|---|---|---|---|---|
| Motivação | 2639 | 1 | 2639.2 | 66.3 | <.001 |
| Ansiedade | 6028 | 1 | 6028.0 | 151.5 | <.001 |
| Residuals | 23752 | 597 | 39.8 | | |

*Note.* Type 3 sum of squares

**Data Summary**

Cook's Distance

| | | | Range | |
|---|---|---|---|---|
| Mean | Median | SD | Min | Max |
| 0.00187 | 5.12e–4 | 0.00408 | 8.62e–10 | 0.0509 |

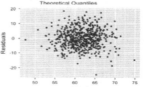

**Collinearity Statistics**

| | VIF | Tolerance |
|---|---|---|
| Motivação | 1.00 | 0.997 |
| Ansiedade | 1.00 | 0.997 |

**Assumption Checks**

Durbin–Watson Test for Autocorrelation

| Autocorrelation | DW Statistic | p |
|---|---|---|
| –0.0527 | 2.10 | 0.214 |

Normality test (Shapiro-Wilk)

| statistic | p |
|---|---|
| 0.997 | 0.417 |

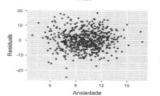

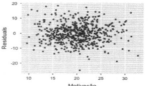

**Model Coefficients - Rendimento Escolar**

| | | | 95% Confidence Interval | | | | | 95% Confidence Interval | |
|---|---|---|---|---|---|---|---|---|---|
| Predictor | Estimate | SE | Lower | Upper | t | p | Stand. Estimate | Lower | Upper |
| Intercept | 67.427 | 1.7911 | 63.910 | 70.945 | 37.65 | <.001 | | | |
| Motivação | 0.512 | 0.0629 | 0.389 | 0.636 | 8.14 | <.001 | 0.288 | 0.218 | 0.357 |
| Ansiedade | –1.606 | 0.1304 | –1.862 | –1.349 | –12.31 | <.001 | –0.435 | –0.504 | –0.365 |

Estimated Marginal Means - Ansiedade

| Ansiedade | Marginal Mean | SE | 95% Confidence Interval | |
|---|---|---|---|---|
| | | | Lower | Upper |
| 8.08 ⁻ | 64.7 | 0.365 | 64.0 | 65.5 |
| 10.06 μ | 61.6 | 0.258 | 61.1 | 62.1 |
| 12.04 ⁺ | 58.4 | 0.365 | 57.7 | 59.1 |

*Note.* ⁻ mean − 1SD, μ mean, ⁺ mean + 1SD

Estimated Marginal Means - Motivação

| Motivação | Marginal Mean | SE | 95% Confidence Interval | |
|---|---|---|---|---|
| | | | Lower | Upper |
| 16.0 ⁻ | 59.5 | 0.365 | 58.7 | 60.2 |
| 20.1 μ | 61.6 | 0.258 | 61.1 | 62.1 |
| 24.2 ⁺ | 63.7 | 0.365 | 62.9 | 64.4 |

*Note.* ⁻ mean − 1SD, μ mean, ⁺ mean + 1SD

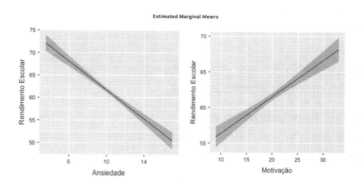

dos quartis de uma distribuição normal teórica. A tabela *Cook's Distance* não indicou a presença de valores influentes ou *outliers* com D<1 inclusive no seu ponto máximo. A Tabela *Collinearity Statistics* apresentou valores VIF<10, não evidenciando a presença de multicolinearidade, permitindo assumir o pressuposto de singularidade das VIs. A homocedasticidade analisada por meio da inspeção visual da distribuição dos resíduos (*residuals*) em relação aos valores preditos da VD (*fitted*), assim como em relação aos valores de cada VI e os seus resíduos, não estão correlacionados com dispersão homogênea em torno dos diversos valores das VI e dos valores preditos. Por fim, o teste de *Durbin Watson* não indicou a existência de dependência dos resíduos ou autocorrelação ($DW=2,1$; $p>0,214$). Em síntese, o modelo proposto atendeu a todos os pressupostos que foram considerados, sendo os coeficientes das VI interpretáveis como preditores lineares da VD.

Os valores de *t* significativos na tabela *Model Coefficients* assinalam que as variáveis a que eles se referem têm coeficientes diferentes de zero. Logo, elas contribuem significativamente para a predição da variável-critério. A comparação dos valores dos coeficientes β padronizados (*Stand. Estimate*) revela as variáveis que têm maior peso, isto é, que mais contribuem para tal predição, bem como sua direção. Nesse sentido, podemos concluir que a análise de regressão múltipla linear evidenciou que o conjunto de variáveis preditoras (Motivação e Ansiedade) envolvidas no estudo contribuiu significativamente para a predição da variável-critério rendimento escolar. Dentre elas, a que mais contribuiu para a explicação do rendimento acadêmico foi a Ansiedade, como preditora negativa ($\beta = -0,43$; $t = -12,31$;

$p < 0,01$), seguida da Motivação, como preditora positiva ($\beta = 0,29$; $t = 8,14$; $p < 0,001$).

As médias marginais presentes nas tabelas *Estimated Marginal Means* indicam que alunos com níveis altos de ansiedade (um desvio-padrão acima da média, $M^+=12,04$), controlados os níveis de motivação, alcançam um rendimento médio de 58,4 ($IC_{95\%} = 57,7 - 59,1$) pontos, em contraposição àqueles com ansiedade baixa (um desvio-padrão abaixo da média, $M^- = 8,08$) com rendimento escolar médio de 64,7 pontos ($IC_{95\%} = 64,0 - 65,5$). A ausência de sobreposição dos intervalos de confiança destas estimativas caracteriza dois grupos diversos em relação à ansiedade e ao rendimento acadêmico, controlando os efeitos da motivação. Em um sentido inverso, maiores níveis de motivação ($M^+ =24,2$) estiveram associados com maior rendimento acadêmico médio 63,7 ($IC_{95\%} = 62,9 - 64,4$), quando controlados os níveis de ansiedade. Já os menores níveis de motivação ($M^- =16,0$) estiveram associados com rendimento médio 59,5 pontos ($IC_{95\%} = 58,7 - 60,2$). Também se observa que não existiu, para estes grupos, sobreposição dos intervalos de confiança.

## 4.4 Análise de regressão múltipla linear hierárquica com moderação

Após a realização da análise de regressão múltipla linear-padrão, algumas perguntas podem nos conduzir para uma análise de regressão múltipla linear hierárquica com moderação. Um primeiro aspecto geralmente considerado para estes modelos é a necessidade de controlar o efeito de variáveis de base que podem ser confundidas com o efeito da ansiedade e da motivação. Um exemplo comum deste tipo de preocupação envolve considerar um passo anterior de criação de um bloco com variáveis controle – no caso variáveis sociodemográficas e de inteligência. Uma vez que essas variáveis estejam controladas, uma pergunta interessante seria o quanto as variáveis Ansiedade e Motivação ainda contribuem para a explicação da VD e se os seus coeficientes padronizados continuam os mesmos. Essa abordagem permitiria observar um efeito mais claro da motivação e da ansiedade sobre o desempenho escolar. Além disso, uma pergunta adicional e pertinente seria considerar se essas duas variáveis têm algum tipo de interação. Uma investigação decorrente desta pergunta poderia levar em conta o papel que os altos níveis de motivação teriam para diminuir os efeitos deletérios da ansiedade. Quando este direcionamento está presente, podemos falar que esta análise poderia considerar o efeito moderador da motivação que, a depender dos seus níveis, modificaria os efeitos da ansiedade.

Para essa análise serão adotados os mesmos princípios apresentados anteriormente, assumindo o rendimento escolar como variável dependente ou critério, as variáveis ansiedade e motivação como variáveis independentes ou preditoras principais, um termo de interação entre estas duas pressupondo um efeito de moderação da motivação para a ansiedade e as variáveis sexo (como variável *dummy*, com 1 = sexo masculino e 0 = sexo feminino), idade e inteligência como variáveis controle ou preditoras secundárias. Isso implica a necessidade de uma análise de regressão hierárquica, com as variáveis controle entrando em um primeiro bloco ou modelo, para em seguida entrarmos com as variáveis preditoras principais e, por fim, entrarmos com o termo de interação. Todos os procedimentos de preparação da análise de regressão hierárquica

múltipla serão exatamente os mesmos da regressão múltipla-padrão. As únicas diferenças já foram citadas anteriormente e serão apresentadas neste exemplo.

Todo o primeiro passo é repetido. A diferença é que agora em *Covariates*, além de Ansiedade e Motivação, vamos incluir as demais variáveis numéricas de Idade e Inteligência. Além dessas, temos agora a variável sexo, que será incluída em *Factors*, por ser categórica. O passo seguinte é iniciarmos o nosso modelo com as variáveis controle, por meio da seção *Model Builder*. Vamos manter no primeiro bloco (Block 1) apenas as variáveis Idade, Sexo e Inteligência. Clicando em *"add new block"*, iremos acrescentar as variáveis independentes Ansiedade e Motivação. Um último bloco será criado, clicando novamente em *"add new block"*, para inserirmos a interação entre Ansiedade e Motivação. Vamos, então, selecionar ambas as variáveis utilizando a tecla "Ctrl" ou *"Command"*, selecionando a opção *Interaction*, que existe na seta à direita.

As demais opções explicadas e selecionadas anteriormente podem ser mantidas exatamente do modo descrito no exemplo anterior. A única diferença adicional será incluirmos o termo de interação para a estimação das médias marginais. Como nosso interesse agora envolve conhecer a moderação dos efeitos da Ansiedade por meio da Motivação, vamos acrescentar em *Estimate Marginal Means* um novo termo, além dos dois que já tínhamos acrescentado anteriormente. Para isso, vamos clicar em *"add new term"* e inserir, neste novo termo, as variáveis Ansiedade e Motivação nesta ordem, considerando que a última variável é a moderadora. Os novos procedimentos podem ser observados na figura 7.

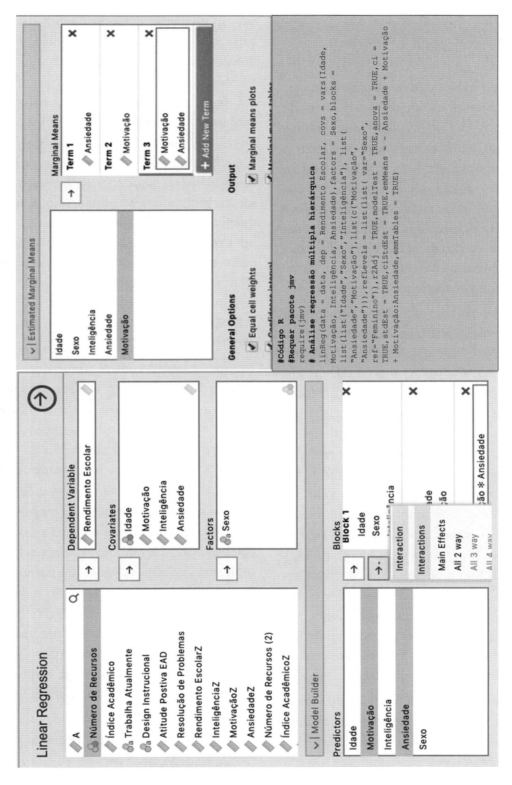

**Figura 7**
Modelo de regressão múltipla hierárquica com moderação

## 4.5 Reportando os resultados da regressão múltipla linear hierárquica com moderação

As etapas de análise dos resultados e de suas interpretações são praticamente as mesmas da seção anterior, com a diferença de que teremos agora três modelos. O primeiro, apenas com o primeiro bloco de variáveis; o segundo modelo terá o primeiro e o segundo bloco de variáveis; e o terceiro, com todas as variáveis, incluindo a interação. A ordem hierárquica permite que possamos comparar a variabilidade que cada passo tem para a explicação da variância. Os resultados são apresentados na figura 8.

O primeiro modelo, contendo somente as variáveis controle, foi capaz de explicar 25% da variância da VD ($R^2$ =0,254; $R^2$Ajustado=0,250; $F(3,596)$= 67,5; $p<0,001$). O modelo seguinte, com a entrada do segundo bloco, passou a explicar 48% da variância da VD ($R^2$ =0,485; $R^2$Ajustado=0,480; $F(5,594)$= 111,7; $p<0,001$). A comparação entre o primeiro e o segundo modelo pode ser feita por meio da tabela *Model Comparisons*, que utiliza o valor de $R^2$ como base de comparação, indicando a existência de uma diferença estatisticamente significativa entre eles ($R^2_\Delta$ =0,231; $F(2,594)$= 133,1 $p<0,001$). O último modelo explica 51% da variância da VD ($R^2$ =0,515; $R^2$Ajustado=0,510; $F(6,593)$= 105,0; $p<0,001$), sendo que este incremento na variância explicada pode ser considerado estatisticamente significativo ($R^2_\Delta$ =0,030; $F(1,593)$= 37,4; $p<0,001$).

No seu conjunto, essas análises permitem considerar que a escolha das variáveis controle foi adequada, uma vez que um quarto da variância da VD pode ser por elas explicada. Ainda assim, as variáveis independentes acrescentam capacidade explicativa ao modelo. Por fim, a moderação da motivação na relação entre ansiedade e rendimento acadêmico também pode ser considerada, uma vez que é possível observar ganhos em termos explicativos, quando se insere o termo de interação no modelo. Caso apenas o primeiro modelo tivesse um valor de $F$ no *Overall Model Test* significativo, apenas este deveria ser considerado. Esse raciocínio é importante quando termos de moderação estão presentes, uma vez que o seu poder explicativo tende a ser baixo em relação ao modelo anterior, que tem os efeitos principais. Apesar disso, ainda que baixo, se o teste do $F$ for significativo, os termos de interação devem ser retidos, pois eles mudam a compreensão do modelo.

Em seguida, considerando que o terceiro modelo foi aquele com melhor capacidade explicativa em relação aos demais, em *Model Specific Results* vamos escolher a opção *Model 3*. A primeira tabela *Omnibus Anova test* indica que todas as variáveis têm capacidade explicativa, exceto sexo ($F(1,593)$=0,76; $p$=0,384). Apesar disso, é possível optar por manter a variável no modelo como controle e analisar os demais coeficientes. Considerando os valores de $\beta$, é possível identificar uma valência inversa na influência das variáveis sobre a VD, sendo a Inteligência uma preditora positiva ($\beta$=0,39; $t$=13.780; $p<0,001$) e a Ansiedade uma preditora negativa do rendimento acadêmico ($\beta$ = –0,40; $t$ = –8,902; $p< 0,001$), seguida pela Motivação ($\beta$ = 0,28; $t$ = –4,07; $p< 0,001$) e Idade ($\beta$ = 0,26; $t$ = 8,95; $p< 0,001$).

Por fim, temos o termo de interação Motivação*Ansiedade, que também foi estatisticamente

## Figura 8
*Resultados do modelo de regressão hierárquico múltiplo*

Model Fit Measures

| | | | | Overall Model Test | | | |
|---|---|---|---|---|---|---|---|
| Model | R | R² | Adjusted R² | F | df1 | df2 | p |
| 1 | 0.504 | 0.254 | 0.250 | 67.5 | 3 | 596 | <.001 |
| 2 | 0.696 | 0.485 | 0.480 | 111.7 | 5 | 594 | <.001 |
| 3 | 0.718 | 0.515 | 0.510 | 105.0 | 6 | 593 | <.001 |

Model Comparisons

| Comparison | | | | | | |
|---|---|---|---|---|---|---|
| Model | Model | ΔR² | F | df1 | df2 | p |
| 1 | - 2 | 0.2310 | 133.1 | 2 | 594 | <.001 |
| 2 | - 3 | 0.0305 | 37.4 | 1 | 593 | <.001 |

Model Specific Results [Model 3 ▼]

Omnibus ANOVA Test

| | Sum of Squares | df | Mean Square | F | p |
|---|---|---|---|---|---|
| Idade | 2098.2 | 1 | 2098.2 | 80.148 | <.001 |
| Sexo | 19.9 | 1 | 19.9 | 0.761 | 0.384 |
| Inteligência | 4971.3 | 1 | 4971.3 | 189.896 | <.001 |
| Ansiedade | 2074.7 | 1 | 2074.7 | 79.249 | <.001 |
| Motivação | 434.7 | 1 | 434.7 | 16.605 | <.001 |
| Motivação * Ansiedade | 977.9 | 1 | 977.9 | 37.355 | <.001 |
| Residuals | 15524.3 | 593 | 26.2 | | |

*Note.* Type 3 sum of squares

Model Coefficients - Rendimento Escolar

| | | | 95% Confidence Interval | | | | | 95% Confidence Interval | |
|---|---|---|---|---|---|---|---|---|---|
| Predictor | Estimate | SE | Lower | Upper | t | p | Stand. Estimate | Lower | Upper |
| Intercept [a] | 56.087 | 5.9986 | 44.306 | 67.868 | 9.350 | <.001 | | | |
| Idade | 0.935 | 0.1044 | 0.730 | 1.140 | 8.953 | <.001 | 0.2561 | 0.200 | 0.3123 |
| Sexo: | | | | | | | | | |
|   Masculino – Feminino | -0.380 | 0.4355 | -1.235 | 0.476 | -0.872 | 0.384 | -0.0520 | -0.169 | 0.0650 |
| Inteligência | 0.214 | 0.0155 | 0.183 | 0.244 | 13.780 | <.001 | 0.3952 | 0.339 | 0.4515 |
| Ansiedade | -4.601 | 0.5168 | -5.616 | -3.586 | -8.902 | <.001 | -0.4037 | -0.460 | -0.3470 |
| Motivação | -1.057 | 0.2595 | -1.567 | -0.548 | -4.075 | <.001 | 0.2808 | 0.224 | 0.3372 |
| Motivação * Ansiedade | 0.155 | 0.0253 | 0.105 | 0.205 | 6.112 | <.001 | 0.1719 | 0.117 | 0.2272 |

[a] Represents reference level

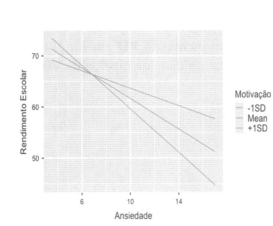

Ansiedade * Motivação

Estimated Marginal Means - Ansiedade * Motivação

| | | | | 95% Confidence Interval | |
|---|---|---|---|---|---|
| Motivação | Ansiedade | Marginal Mean | SE | Lower | Upper |
| 16.0 ⁻ | 8.08 ⁻ | 63.7 | 0.403 | 62.9 | 64.5 |
| | 10.06 μ | 59.5 | 0.300 | 58.9 | 60.1 |
| | 12.04 * | 55.3 | 0.431 | 54.4 | 56.1 |
| 20.1 μ | 8.08 ⁻ | 64.5 | 0.298 | 63.9 | 65.1 |
| | 10.06 μ | 61.5 | 0.217 | 61.1 | 62.0 |
| | 12.04 * | 58.6 | 0.306 | 58.0 | 59.2 |
| 24.2 * | 8.08 ⁻ | 65.3 | 0.433 | 64.4 | 66.1 |
| | 10.06 μ | 63.6 | 0.303 | 63.0 | 64.2 |
| | 12.04 * | 61.9 | 0.419 | 61.1 | 62.7 |

*Note.* ⁻ mean - 1SD, μ mean, * mean + 1SD

significativo ($\beta = 0{,}17$; $t = 6{,}11$; $p < 0{,}001$), permitindo a análise do efeito moderador da Motivação sobre a Ansiedade, em relação à predição do Desempenho Escolar. A análise do gráfico permite identificar com clareza que apesar de a Ansiedade ter um efeito geral negativo para o Desempenho Escolar, controlando as demais variáveis, este efeito é modificado, ou seja, moderado pelos níveis de motivação. Pessoas com níveis mais altos de motivação (acima de 1 desvio-padrão da média), mesmo nos mais altos níveis de Ansiedade, apresentam melhores resultados acadêmicos do que as pessoas com nível de Motivação médio ou baixo (abaixo de 1 desvio-padrão da média). No gráfico é possível observar que este efeito moderador já começa a ter efeito protetor em relação à Ansiedade, mesmo em níveis abaixo da média de Ansiedade. Portanto, o modelo testado permite avanços à hipótese inicial de que a Ansiedade e a Motivação eram preditoras do Rendimento Escolar, uma vez que essas variáveis têm efeito sobre a VD, mesmo após a presença de variáveis controle como Inteligência e Idade. O modelo ainda permitiu testar o efeito moderador da Motivação sobre a Ansiedade, elucidando como contextos de baixa motivação e alta ansiedade podem ser ainda mais críticos, em termos de prejuízo ao rendimento escolar, independentemente da idade e do nível de inteligência.

## Considerações finais

Este capítulo teve como objetivo apresentar uma síntese sobre a regressão múltipla, com foco no seu uso em pesquisas na área de Psicologia. O capítulo não tinha a pretensão de esgotar o debate acerca desse tipo de análise, pois há vários aspectos que não caberiam em um único capítulo. Contudo, apresentamos o conceito de regressão múltipla e suas indicações de uso, os pressupostos vinculados à regressão, os principais tipos de regressão, e aspectos importantes na interpretação dos coeficientes gerados com este tipo de análise.

A regressão múltipla é uma análise de dados que permite dizer o quanto as alterações em um conjunto de VIs afetarão a variação em uma VD, o que não significa autorizar o estabelecimento de relações causais entre as variáveis. A causalidade depende, entre outros, do delineamento da pesquisa. Apesar disso, a regressão múltipla é muito aplicada na prática, em função de permitir: (a) a determinação da magnitude do relacionamento entre a VD e cada uma das VI; (b) a identificação da melhor equação de predição para um determinado fenômeno; (c) a análise das contingências entre variáveis (o modo que uma VI influencia a VD, quando outra(s) VI(s) é (são) controladas); e (d) a estimação de parâmetros (as mudanças no escore da VD em função da mudança de uma unidade de medida da VI).

## Referências

Dancey, C. P., & Reidy, J. (2006). *Estatística sem matemática para psicologia.* Artmed.

Faul, F., Erdfelder, E., Lang, A. G., & Buchner, A. (2007). G*Power 3: A flexible statistical power analysis program for the social, behavioral, and biomedical sciences. *Behavior Research Methods, 39*(2), 175-191.

Fox, J., & Weisberg, S. (2019). *An {R} Companion to Applied Regression* (3. ed.). Sage.

The Jamovi Project (2020). *Jamovi* (Version 1.6) [Computer Software]. https://www.jamovi.org

Lenth, R. (2020). *emmeans: Estimated Marginal Means, aka Least-Squares Means. R package* (Version 1.4.5) [Computer Software]. https://CRAN.R-project. org/package=emmeans

Miles, J., & Shevlin, M. (2001). *Applying regression and correlation: A guide for students and researchers.* Sage.

The Jamovi Project (2020). *Jamovi* (Version 1.2) [Computer Software]. URLhttps://www.jamovi.org

R Core Team (2019). *R: A language and environment for statistical computing. R Foundation for Statistical Computing* (Version 3.6) [Computer Software]. https://www.R-project.org/.

Tabachinick, B. G., & Fidell, L. S. (2007). *Using multivariate statistics* (5. ed.). HarperCollins.

Selker, R., Love, J., & Dropmann, D. (2020). *Jmv: The jamovi Analyses. R package* (Version 1.2.5) [Computer Software]. https://CRAN.R-project.org/ package=jmv

Zhang, Z., & Yuan, K.-H. (2018). *Practical statistical power analysis using webpower and R.* ISDSA.

Zhang, Z., & Mai, Y., (2019). *WebPower: Basic and advanced statistical power analysis.* [Computer Software]. https://CRAN.R-project.org/package= WebPower

# 7
# Indicadores de acurácia diagnóstica

*André Pereira Gonçalves*
*Giselle Pianowski*
*Lucas de Francisco Carvalho*
Universidade São Francisco

O objetivo deste capítulo é apresentar os indicadores da capacidade de uma ferramenta avaliativa em identificar corretamente pessoas com e sem determinada condição. Nosso foco será em indicadores tipicamente usados em ferramentas avaliativas na área de saúde mental. Esses indicadores se referem à acurácia diagnóstica de um teste. Por meio dos indicadores de acurácia diagnóstica, o profissional tem à disposição informações sobre o quanto o escore do instrumento utilizado é capaz de identificar corretamente as pessoas em seus respectivos grupos, ou seja, positivos e negativos para determinada condição. Conhecer a capacidade de identificação de um teste está diretamente relacionado com as forças e limitações da ferramenta avaliativa, algo que deve ser ponderado pelo profissional em uma situação diagnóstica. No caso de um diagnóstico positivo (i. e., presente), o profissional pode propor intervenções adequadas para o caso; e, em caso de um diagnóstico negativo (i. e., ausente), pode descartar a presença da condição e investigar outras possibilidades para o caso. Neste capítulo, o texto é focado em saúde mental, portanto, foi preferido o uso do termo psicopatologia em detrimento a outros para nos

referirmos às condições médicas. Apesar disso, também prezando pela riqueza do texto, em alguns momentos outros termos (sinônimos ou similares) foram utilizados.

## Definição de acurácia diagnóstica e principais indicadores

O diagnóstico de uma psicopatologia é fundamental para a escolha do tratamento apropriado e que responderá às demandas clínicas do paciente. O processo diagnóstico refere-se à busca e ao acúmulo de informações que tem como objetivo concluir se há ou não uma patologia (Kassirer, 1989; Langlois, 2002). Por exemplo, em um caso de suspeita de gripe, o médico deve realizar o levantamento dos sintomas do paciente e, no caso de serem compatíveis com os sintomas que caracterizam a doença, o médico diagnostica a pessoa com a condição. Outro exemplo é um psicólogo que elabora uma hipótese diagnóstica quanto à presença do transtorno depressivo maior para determinado paciente. Esse profissional pode coletar informações por meio de entrevistas e de escalas padronizadas que mensuram sintomas depressivos. A partir dessa avaliação, o profissional pode concluir se o paciente tem ou não o transtorno.

Diferentes métodos são utilizados para avaliação e diagnóstico de psicopatologias (e. g., entrevistas, escalas de autorrelato). Para verificar o quanto um teste é capaz de identificar corretamente a presença e ausência de psicopatologias, estudos de acurácia diagnóstica são conduzidos (e. g., Baptista & Carvalho, 2018; Van Alphen et al., 2006). A acurácia diagnóstica pode ser definida como a capacidade de uma ferramenta avaliativa para discriminar pessoas positivas para determinada condição de pessoas negativas para essa mesma condição (Bossuyt & Leeflang, 2008; Faraone & Tsuang, 1994; Parshall, 2013). Os estudos de acurácia diagnóstica são de caráter clínico, que em última instância informam o quanto o teste auxilia o profissional na tomada de decisão de acordo com condições ou características, cuja presença está sendo investigada. Além disso, com estas informações disponíveis, o profissional pode, também, elaborar com maior detalhamento o prognóstico dos casos avaliados (Glasser, 2014).

Para a realização de estudos de acurácia diagnóstica é preciso respeitar determinados critérios. Esses critérios têm como objetivo assegurar que os resultados dos estudos correspondam ao real potencial do instrumento na identificação da psicopatologia, diminuindo a influência do erro metodológico nestes estudos (Bossuyt & Leeflang, 2008; Bossuyt et al.,2003; Deeks et al., 2013; Macaskill, Gatsonis, Deeks, Harbord & Takwoingi, 2010). Aqui listamos essas condições em seis tópicos:

1) condução de coleta de dados com pessoas positivas para determinada psicopatologia e pessoas negativas para a psicopatologia;

2) utilização de um instrumento ou método *gold standard*, i. e., um instrumento reconhecidamente capaz de determinar se a pessoa é ou não positiva para a psicopatologia;

3) estabelecimento de critérios de inclusão e exclusão para amostra do estudo e informações descritivas dos sujeitos e do ambiente em que os dados foram coletados;

4) utilização de um teste índice, que diz respeito ao instrumento que será avaliado (i. e., foco do estudo de acurácia diagnóstica);

5) quando possível/cabível, aplicar os instrumentos (*gold standard* e índice) sob as mesmas condições de testagem (p. ex., a pessoa avaliada sem efeitos de medicamentos, após a mesma intervenção, entre outros);

6) apresentação dos indicadores de acurácia diagnóstica (e. g., sensibilidade, especificidade).

Entre os indicadores de acurácia diagnóstica mais utilizados estão: sensibilidade e especificidade, valor preditivo positivo e negativo, e razões de probabilidade. Esses indicadores estão apresentados detalhadamente na tabela 1.

A *area under the curve* (AUC) indica qual o melhor ponto de corte para o instrumento foco do estudo. Os valores da AUC variam entre 0 e 1, e quanto maior o valor da AUC mais discriminativo é o instrumento. A Ss e a Sp são os indicadores de base para o cálculo dos demais indicadores. Idealmente, uma ferramenta diagnóstica deveria atingir 100% de Ss e Sp, porém, na prática, esses indicadores são mais baixos, já que a avaliação por instrumentos sempre implica erro (AERA, APA, NCME, 2014; Urbina, 2007). Especificamente, instrumentos de triagem, isto é, que visam rastrear psicopatologias e indicar sujeitos para uma avaliação mais completa (i. e.,

## Tabela 1
*Indicadores de acurácia diagnóstica e respectivas definições*

| Indicadores | Sigla | Definição |
|---|---|---|
| Área sob a Curva ROC | AUC | Capacidade discriminativa global de um instrumento. |
| Sensibilidade | Ss | Capacidade do teste para identificar o paciente como positivo para a psicopatologia, quando de fato ele tem essa condição. |
| Especificidade | Sp | Capacidade do teste para identificar o paciente como negativo para a psicopatologia, quando de fato ele não tem essa condição. |
| Valor preditivo positivo | VPP | Proporção de pacientes, com resultados positivos nos testes, que são diagnosticados corretamente. |
| Valor preditivo negativo | VPN | Proporção de pacientes, com resultados negativos nos testes, que são diagnosticados corretamente. |
| Razão de verossimilhança positivo | RV+ | Chance do paciente, positivo no teste, ter a psicopatologia. |
| Razão de verossimilhança negativo | RV- | Chance do paciente, com a psicopatologia, ser negativo no teste. |
| Acurácia | AC | Capacidade geral do teste para identificar os pacientes como positivos ou negativos para a psicopatologia. |

Nota: ROC abreviatura para Receiver Operating Characteristic.
Fontes: Glasser, (2014), Lalkhen e McCluskey (2008) e Van Stralen et al. (2009).

diagnóstica), devem apresentar Ss mais alta em relação a Sp. Em outras palavras, uma ferramenta de triagem deve priorizar a seleção de todos os casos que têm a psicopatologia (verdadeiro positivo; VP) mesmo que aconteça de selecionar também algumas pessoas que não têm essa condição (falso positivo, FP). Essa característica da triagem busca assegurar que todas as pessoas com a psicopatologia sejam indicadas para um diagnóstico mais detalhado e, consequentemente, recebam tratamento no futuro. Em uma avaliação com intuito diagnóstico, a exigência quanto aos níveis de Ss e Sp é maior, sendo que os instrumentos utilizados com esta finalidade precisam apresentar Ss e Sp altos, já que nesses casos é determinado se a pessoa tem determinada psicopatologia (e. g., depressão, ansiedade, transtorno de personalidade) ou não, e, portanto, deve receber tratamento (Lalkhen & McCluskey, 2008; Van Stralen et al., 2009).

## Área sob a curva ROC

A AUC é obtida por meio da análise da curva ROC (abreviatura para *Receiver Operating Characteristic*) e corresponde ao indicador mais geral e mais comum em estudos sobre a capacidade discriminativa de um instrumento. A AUC indica quão bem o instrumento discrimina pessoas com uma psicopatologia de pessoas sem essa mesma condição (Metz, 1978; Šimundić, 2009). Quanto maior o ângulo de abertura da curva, ou seja, quanto mais distante estiver da linha de referência, maiores serão os valores de AUC e maior será a capacidade discriminativa geral do instrumento (fig. A). Ao contrário, quanto menor o ângulo de abertura da curva, ou seja, mais próximo da linha de referência, menor será a capacidade discriminativa do instrumento (fig. B).

Figura A

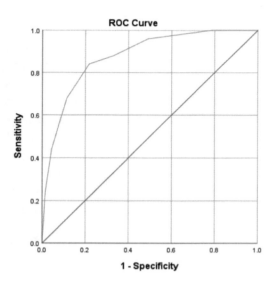

Figura B

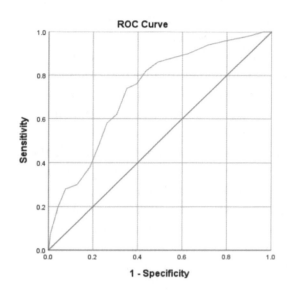

Como pode ser visto, a curva na figura A está mais próxima da extremidade esquerda e mais distante da reta de referência, e o valor da AUC, nesse caso, é 0,87. Na figura B, a curva está mais distante da extremidade esquerda e mais próxima da reta de referência, e o valor de AUC, nesse caso, é 0,73. Lembrando que os valores de AUC variam entre 0 e 1, sendo que um instrumento com capacidade discriminativa perfeita tem AUC igual a 1. A expectativa é que os instrumentos apresentem capacidade perfeita de discriminação, porém na prática isso não ocorre (Hosmer & Lemeshow, 2000). Os testes, independentemente de sua forma (e. g., autorrelato, heterorrelato), têm erros de medidas atrelados a seus escores (Urbina, 2007). A literatura tende a indicar o valor de 0,70 como sendo o limite mínimo para assegurar a utilidade discriminativa de um instrumento. Na tabela 2 estão descritos os valores da AUC com suas respectivas interpretações.

Tabela 2
*Valores e interpretações da AUC*

| Área | Interpretação |
|---|---|
| ≥ 0,9 | Excelente |
| Entre 0,8 e 0,9 | Muito bom |
| Entre 0,7 e 0,8 | Bom |
| Entre 0,6 e 0,7 | Suficiente |
| Entre 0,5 e 0,6 | Ruim |
| < 0,5 | Não sugere que o teste discrimina |

Fontes: Hosmer e Lemeshow (2000) e Šimundić (2009).

Ressalta-se ainda que a AUC é uma medida geral, e não indica se um teste é mais sensível ou mais específico, se ele é mais acurado na identificação de pessoas sem uma condição ou mais acurado na identificação da pessoa com uma condição (Šimundić, 2009). Para isso, outras medidas de acurácia são utilizadas, como a sensibilidade e especificidade.

A saída (*output*) da curva ROC produz uma tabela 2 × 2 que é a base para os cálculos dos demais indicadores de acurácia (e. g., sensibilidade, especificidade). A tabela 2 × 2 indica quantas pessoas foram identificadas corretamente pelo teste em seus respectivos grupos (i. e., verdadeiros positivos e verdadeiros negativos) e quantas pessoas foram identificadas incorretamente (i. e., falsos positivos e falsos negativos). O verdadeiro positivo corresponde a pessoas com determinada psicopatologia que são identificadas corretamente como positiva pelo teste; o verdadeiro negativo corresponde à pessoa que não tem a psicopatologia e é identificada corretamente pelo teste; os falsos positivos são pessoas que não têm a psicopatologia, mas o teste a classifica como positiva; falso negativo é quando uma pessoa tem a psicopatologia e o teste a classifica como negativa. A tabela 3 ilustra a estrutura da tabela 2 × 2.

**Tabela 3**
*Tabela 2 × 2*

| Teste | Condição | |
|---|---|---|
| | Positivo | Negativo |
| Positivo | VP | FP |
| Negativo | FN | VN |

Nota: VP = verdadeiro positivo; FP = falso positivo; FN = falso negativo; VN = verdadeiro negativo.

## Sensibilidade e especificidade

Como dito anteriormente, não existe um teste perfeito para discriminar pessoas com uma condição clínica de pessoas sem essa condição; mas, caso existisse, ele teria alta sensibilidade e alta especificidade. A sensibilidade de um teste corresponde à capacidade do teste para identificar corretamente pessoas com uma psicopatologia (Glasser, 2014; Lalkhen & McCluskey, 2008). Por exemplo, um teste com sensibilidade igual a 70% é capaz de identificar corretamente 70% das pessoas com uma condição, que são os verdadeiros positivos (VP); os outros 30% são falsos negativos (FN), ou seja, são pessoas com a psicopatologia, mas que não foram identificadas pelo teste. A sensibilidade alta é uma característica importante de instrumentos que visam rastrear a presença de uma psicopatologia. Nestes casos, os FN são mais raros, ou seja, mais pessoas são corretamente identificadas como positivas para a psicopatologia. Essa é uma característica importante para testes de rastreio e diagnóstico. Por outro lado, mais pessoas sem uma psicopatologia são incorretamente classificadas como positivas (FP), ressaltando a importância de uma avaliação em duas etapas para casos com essa característica.

A fórmula para o cálculo da sensibilidade de um teste é a seguinte:

$$\text{Sensibilidade} = \frac{VP}{VP+FN}$$

O cálculo da sensibilidade, portanto, se refere à proporção de VP em um total de pessoas positivas para uma condição.

A especificidade, por outro lado, diz respeito à capacidade do teste em corretamente identificar pessoas que não têm a psicopatologia que está sob investigação (Glasser, 2014; Lalkhen & McCluskey, 2008; Šimundić, 2009; Van Stralen et al., 2009). Um teste com 90% de especificidade indica que 90% das pessoas sem uma determinada condição são corretamente identificadas pelo teste como negativas para essa condição (VN); nesse caso, 10% das pessoas sem a condição são incorretamente identificadas pelo teste como positivas (FP). Enquanto testes mais sensíveis são desejáveis para ferramentas de triagem, testes mais específicos são indicados para uma avaliação pós-triagem, em que se busca identificar realmente quem tem a presença de uma determinada condição para a proposta de tratamento. Neste caso, além de alta especificidade é indicado que o teste tenha, também, alta sensibilidade.

A fórmula para o cálculo da especificidade de um teste é a seguinte:

$$Especificidade = \frac{VN}{VN+FP}$$

O cálculo da especificidade, portanto, se refere à proporção de VN em um total de pessoas negativas para uma determinada condição.

## Valor preditivo

O valor preditivo de um teste se divide em dois, o positivo (VPP) e o negativo (VPN). O VPP refere-se à proporção de pacientes com resultados positivos nos testes que são diagnosticados corretamente. O VPN é a proporção de pacientes com resultados negativos nos testes que são diagnosticados corretamente (Altman & Bland, 1994; Streiner; 2003). Os cálculos são realizados da seguinte forma:

$$VPP = \frac{VP}{VP+FP}$$

$$VPN = \frac{VN}{VN+FN}$$

Quanto maior o valor de VPP, menor o número de FP no teste. Já quanto maior o valor de VPN, menor o número de FN no teste.

## Razão de verossimilhança

A razão de verossimilhança busca verificar, com base na sensibilidade e especificidade, a chance de uma pessoa que obteve resultado positivo no teste para uma psicopatologia ter de fato essa condição (razão de verossimilhança positivo; RV+); além disso, informa a chance de uma pessoa, com a condição, testar negativo (razão de verossimilhança negativo; RV-; Ferreira & Patino, 2018; Šimundić, 2009; Streiner, 2003). As fórmulas para calcular a razão de verossimilhança são as seguintes:

$$RV+ = \frac{Sensibilidade}{1-Especificidade}$$

$$RV- = \frac{1 - Sensibilidade}{Especificidade}$$

Para interpretação, deve-se considerar que quanto maior o valor de RV+, maior a capacidade do instrumento para identificar pessoas com uma psicopatologia. Segundo Šimundić (2009), bons instrumentos diagnósticos têm valores de RV+ maiores do que 10. Já os valores de RV- devem ser menores do que 1 para indicar a utilidade do teste.

## Acurácia

A acurácia é uma medida geral que dá a ideia da capacidade do instrumento em identificar pessoas com uma psicopatologia quando ela tem essa psicopatologia, e identificar uma pessoa que não tem uma psicopatologia quando ela não tem essa condição. O cálculo da acurácia é realizado utilizando a seguinte fórmula:

$$AC = \frac{VP+VN}{VP+VN+FP+FN}$$

Esse indicador deve ser observado com muito cuidado. É recomendado que ele sempre seja analisado considerando, principalmente, os valores de sensibilidade e especificidade. Essa recomendação se faz necessária, porque um teste pode ter acurácia igual a 80% e ter mais sensibilidade do que especificidade, ou seja, o teste tende a dar mais FP, enquanto outro teste tem o mesmo valor de acurácia (80%), porém tem maior especificidade do que sensibilidade, ou seja, tende a dar mais FN. Portanto, testes com o mesmo valor de acurácia podem apresentar características distintas.

## Exemplo da aplicação dos indicadores de acurácia diagnóstica

Neste tópico nós apresentamos os passos necessários para análise dos indicadores de acurácia diagnóstica que foram explorados neste capítulo. Para isso, utilizamos um banco de dados com 180 pessoas. Desse total de pessoas, 52 tiveram diagnóstico de transtorno depressivo maior (TDM) e 128 pessoas tiveram a ausência de diagnóstico de TDM. Os participantes com TDM foram classificados utilizando um instrumento de referência, além do diagnóstico feito por psiquiatra. Os participantes sem diagnóstico de TDM foram coletados da população geral, utilizando um teste de referência. Os dados foram analisados utilizando o programa Jamovi versão 1.2.17.

## Preparação do banco de dados

A primeira tarefa a ser realizada após a coleta de dados é a preparação do banco para as análises que serão conduzidas. Para iniciar as análises de acurácia diagnóstica de um teste, o

**Figura 2**
*Exemplo da construção do banco de dados*

| | A | B | C | D | E | F | G | H | I | J | K | L | M | N |
|---|---|---|---|---|---|---|---|---|---|---|---|---|---|---|
| | Item01 | Item02 | Item03 | Item04 | Item05 | Item06 | Item07 | Item08 | Item09 | Item10 | Item11 | Escore do teste indice | Grupo diagnóstico | |
| 2 | 0 | 0 | 0 | 0 | 0 | 0 | 0 | 0 | 0 | 0 | 0 | 0 | 0 | |
| 3 | 0 | 0 | 0 | 0 | 0 | 0 | 0 | 2 | 0 | 0 | 0 | 2 | 0 | |
| 4 | 2 | 2 | 2 | 2 | 3 | 0 | 2 | 0 | 3 | 0 | 0 | 16 | 1 | |
| 5 | 0 | 0 | 0 | 0 | 0 | 0 | 0 | 0 | 0 | 0 | 0 | 0 | 0 | |
| 6 | 0 | 2 | 2 | 0 | 0 | 0 | 0 | 2 | 0 | 0 | 0 | 6 | 0 | |
| 7 | 0 | 0 | 0 | 0 | 2 | 0 | 0 | 0 | 0 | 0 | 0 | 2 | 0 | |
| 8 | 2 | 2 | 3 | 2 | 0 | 0 | 3 | 0 | 3 | 0 | 0 | 15 | 1 | |
| 9 | 0 | 0 | 0 | 0 | 0 | 0 | 0 | 0 | 0 | 0 | 0 | 0 | 0 | |
| 10 | 3 | 3 | 3 | 2 | 0 | 0 | 0 | 0 | 0 | 0 | 2 | 13 | 1 | |
| 11 | 0 | 0 | 2 | 0 | 3 | 2 | 2 | 0 | 2 | 2 | 2 | 15 | 1 | |
| 12 | 0 | 0 | 2 | 0 | 0 | 0 | 0 | 0 | 3 | 0 | 0 | 5 | 0 | |
| 13 | 0 | 0 | 3 | 0 | 0 | 0 | 0 | 0 | 3 | 0 | 0 | 6 | 0 | |
| 14 | 0 | 0 | 0 | 0 | 0 | 0 | 0 | 0 | 0 | 0 | 0 | 0 | 0 | |
| 15 | 0 | 0 | 0 | 2 | 3 | 0 | 0 | 0 | 0 | 0 | 2 | 7 | 0 | |
| 16 | 0 | 2 | 2 | 2 | 0 | 0 | 0 | 0 | 0 | 0 | 0 | 6 | 1 | |
| 17 | 0 | 0 | 0 | 0 | 0 | 0 | 0 | 0 | 0 | 0 | 0 | 0 | 0 | |
| 18 | 3 | 3 | 3 | 2 | 0 | 2 | 2 | 0 | 0 | 0 | 0 | 15 | 1 | |
| 19 | 0 | 0 | 0 | 0 | 0 | 0 | 0 | 0 | 0 | 0 | 0 | 0 | 0 | |
| 20 | 0 | 2 | 0 | 0 | 0 | 0 | 0 | 0 | 2 | 0 | 0 | 4 | 0 | |
| 21 | 3 | 3 | 0 | 2 | 0 | 0 | 0 | 3 | 2 | 0 | 2 | 15 | 1 | |
| 22 | 0 | 0 | 0 | 0 | 0 | 0 | 0 | 0 | 0 | 0 | 0 | 0 | 0 | |
| 23 | 2 | 2 | 2 | 2 | 2 | 2 | 2 | 2 | 2 | 2 | 2 | 22 | 1 | |
| 24 | 0 | 0 | 0 | 0 | 0 | 0 | 0 | 0 | 0 | 0 | 2 | 2 | 0 | |
| 25 | 0 | 0 | 0 | 0 | 0 | 0 | 0 | 0 | 0 | 0 | 0 | 0 | 0 | |
| 26 | 0 | 0 | 0 | 0 | 0 | 0 | 0 | 0 | 0 | 0 | 0 | 0 | 0 | |
| 27 | 2 | 2 | 3 | 3 | 0 | 3 | 2 | 0 | 0 | 0 | 0 | 15 | 1 | |
| 28 | 2 | 0 | 0 | 0 | 0 | 0 | 0 | 0 | 3 | 0 | 2 | 7 | 0 | |
| 29 | 0 | 0 | 3 | 2 | 0 | 3 | 0 | 3 | 2 | 0 | 0 | 13 | 1 | |

Nota: Os quadros em vermelho sinalizam, da esquerda para a direita, as colunas com o escore total do teste e a variável grupo, respectivamente.

banco de dados precisa conter os itens do teste que será avaliado, uma coluna com os escores obtidos e uma coluna apresentando se as pessoas têm ou não a psicopatologia, isto é, os grupos. Um exemplo de como deve ser o banco está demonstrado na figura 2.

Na coluna grupo, 0 representa pessoas sem a psicopatologia e 1 representa as pessoas com a psicopatologia. Ressalta-se que, para verificar a acurácia diagnóstica de um instrumento, é necessário um grupo conhecidamente diagnosticado com a condição investigada. Por exemplo, para verificar os indicadores de acurácia diagnóstica de um teste de depressão é necessário um grupo com diagnóstico de depressão e um grupo conhecidamente sem diagnóstico de depressão. A identificação do grupo deve ser feita utilizando um teste ou método-padrão ouro (*gold standard*), ou seja, um instrumento ou método reconhecidamente capaz de identificar corretamente a presença e ausência da condição-alvo na amostra investigada.

## Curva ROC, área sob a curva ROC, sensibilidade e especificidade

Após a preparação do banco com as informações necessárias para as análises, o primeiro passo é estabelecer um ponto de corte adequado para o teste que está sendo avaliado. Para tanto, utiliza-se a curva ROC. A curva ROC consiste em testar a capacidade discriminativa de um teste em diferentes pontos de corte, calculados por meio da sensibilidade e especificidade. A escolha do ponto de corte ideal é realizada por quem está buscando verificar a acurácia diagnóstica do teste. Por exemplo, caso precise de um instrumento mais sensível, deve escolher o ponto de corte que favoreça a sensibilidade; por outro lado, caso precise de um instrumento mais específico, deve escolher o ponto de corte que favoreça a especificidade. Nos próximos parágrafos está demonstrado como utilizar o Jamovi para realizar a curva ROC.

O primeiro passo é a preparação do programa para a análise da curva ROC. Na figura 3A e 3B está demonstrado como instalar o pacote apropriado para a curva ROC.

**Figura A**

*Caminho para instalação do pacote necessário para análise da curva ROC*

• **Figura B**
*Pacote para análise da curva ROC*

No canto superior direito do programa você pode observar o escrito *Modules*. Clique na palavra e em seguida em *jamovi library* (fig. A). Uma janela será aberta, e nela vários pacotes estão indicados. Instale o pacote psychoPDA (fig. B).

Após a instalação do pacote e a abertura do banco de dados, o programa jamovi está apto para a realização das análises. Com o banco preparado para a análise, o caminho a percorrer no programa para chegar na análise da curva ROC é clicar em PPDA e posteriormente em Test ROC, como demonstrado na figura 4.

Em seguida, é aberto o local para preenchimento das variáveis que serão utilizadas no estudo. O *layout* está apresentado na figura 5.

O escore do teste índice, que é o teste que está sendo avaliado, deve ser colocado na janela *Dependent Variable*. Na janela *Class Variable* deve ser inserida a variável de grupo, lembrando que o grupo corresponde a ter ou não diagnóstico para psicopatologia investigada. No caso exemplificado neste capítulo, a variável grupo é ter ou não ter diagnóstico de TDM. Para que a saída da análise considere todos os pontos e forneça informações suficientes para a tomada de decisão de qual o ponto de corte ideal para o teste nesta amostra, é necessário marcar a opção *All observed scores*. Por fim, o usuário identifica para o programa, o número que representa o grupo que é positivo para a psicopatologia, neste caso, como orientado na montagem do banco, a condição positiva é igual a 1. Na figura 6 estão apresentados os

**Figura 4**
*Caminho para análise da curva ROC*

## Figura 5
*Escolha das variáveis* dependent *e* class variable

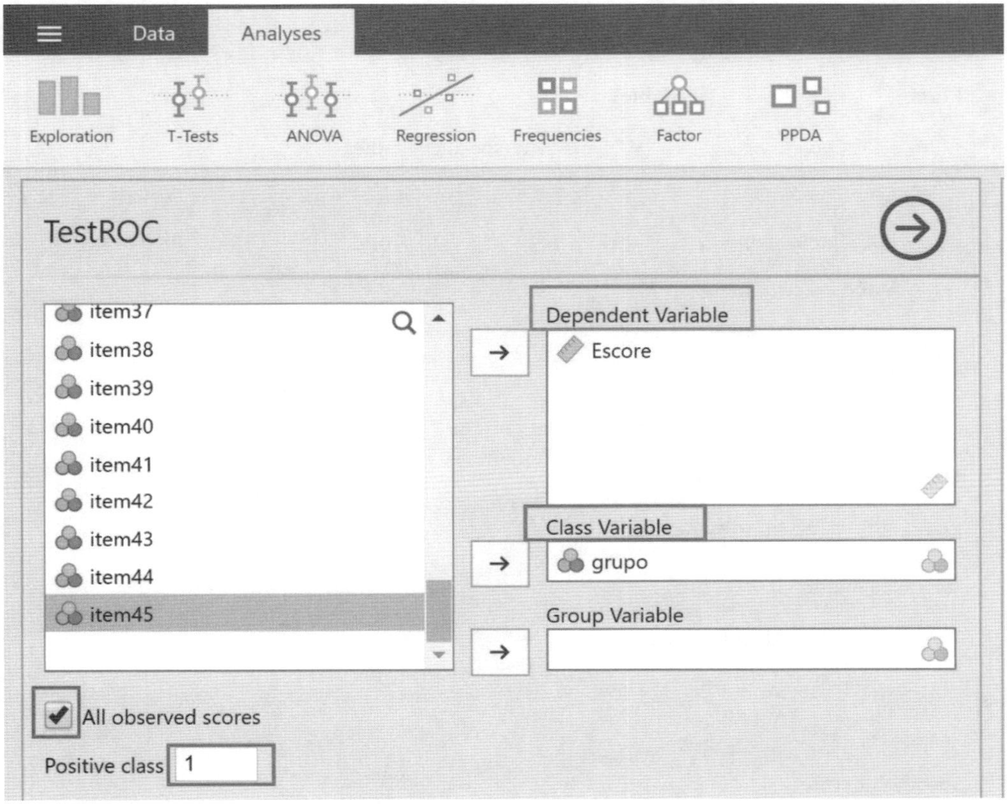

ajustes necessários para extrair as informações da curva ROC.

As configurações apresentadas na figura 6 são aquelas necessárias para que todos os dados desejados sejam extraídos com a análise da curva ROC. Em *visualization* deve ser configurado como o gráfico da curva ROC será apresentado. Em *advanced* são apresentados os métodos para escolha do ponto de corte. Na figura 7 está apresentado o gráfico da curva ROC e na figura 8 está apresentada a tabela com os resultados, tal qual *output* do programa.

A AUC para identificação de pessoas com TDM foi igual a 0,96, e é considerada como excelente. O ponto de corte indicado como o mais equilibrado entre a sensibilidade e a especificidade foi 55. Contudo, levando em conta que o objetivo da escala é triagem de psicopatologia, optamos por um ponto de corte que beneficia a sensibilidade em detrimento à especificidade. O ponto de corte adotado foi 48. A sensibilidade para esse ponto de corte é de aproximadamente 96%, isto é, a escala é capaz de identificar a maioria das pessoas com a psicopatologia; e a es-

**Figura 6**
*Configurações da curva ROC*

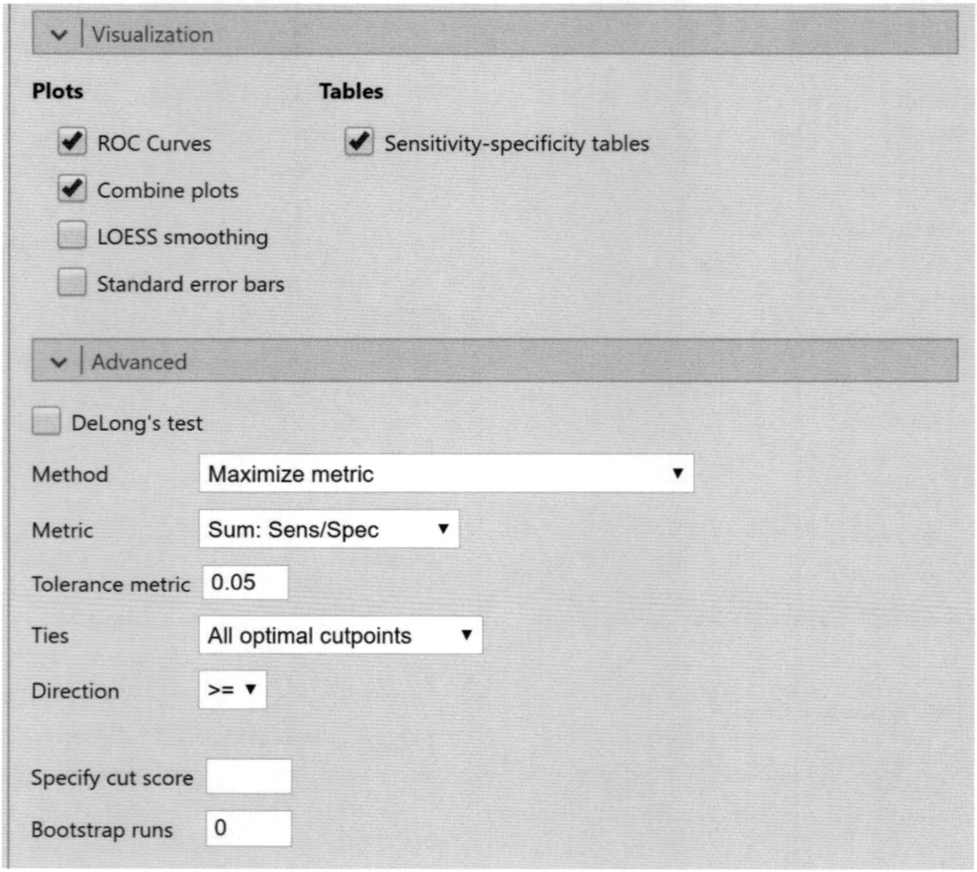

pecificidade foi igual a aproximadamente 81%, indicando a capacidade para corretamente identificar quem não tem a condição. Além disso, o VPP indica que a chance das pessoas que foram indicadas pelo teste como positivas realmente terem a psicopatologia investigada é de 67,57%, enquanto a chance de quem foi identificado como negativo para a psicopatologia ser realmente negativo foi igual a 98,11%. O resultado da tabela 2 × 2 para este ponto de corte está apresentado na figura 9.

Pode-se observar que, com ponto de corte 48, praticamente todas as pessoas (n = 50) com TDM foram corretamente identificadas pelo teste. Sobre as pessoas sem essas psicopatologias, o teste foi capaz de identificar 104 das 128 pessoas. Como este instrumento tem o objetivo de triagem, entende-se que sua capacidade de diferenciar os grupos é satisfatória, com poucos FP. Para calcular os valores das razões de verossimilhança positiva e negativa, foram utilizadas as fórmulas apresentadas anteriormente:

**Figura 7**
*Resultado gráfico da curva ROC para análise do teste índice*

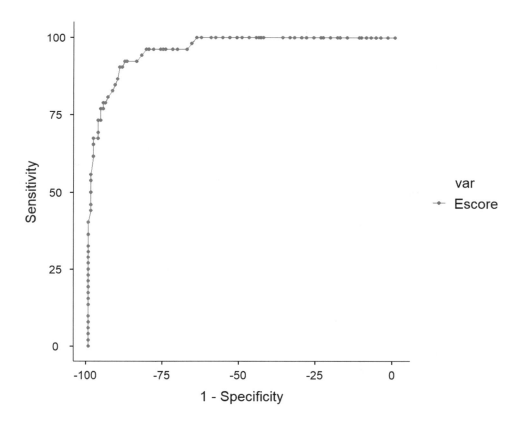

$$RV+ = \frac{0,96}{1-0,85} = 6,4$$

$$RV- = \frac{1-0,96}{0,85} = 0,05$$

O valor de RV+ foi igual a 6,24, o que indica que o teste é útil na identificação de pessoas com a psicopatologia. O valor para RV- também indicou adequação do instrumento, sendo que apontou uma chance pequena de uma pessoa com a psicopatologia ser identificada como não tendo essas condições. Por fim, foi calculada a acurácia, utilizando a fórmula exposta anteriormente.

$$AC = \frac{50+104}{50+104+2+24} = 0,85$$

O resultado demonstrou que o instrumento utilizado no estudo apresentou uma acurácia total igual a 0,85, ou seja, foi capaz de identificar corretamente 85% das pessoas em seus respectivos grupos; por outro lado, 15% da amostra foi incorretamente identificada. Ressalta-se que este indicador não deve ser analisado sozinho, sendo necessário a análise dos outros indicadores de acurácia diagnóstica.

**Figura 8**
*Tabela com sensibilidade, especificidade, VPP, VPN e AUC*

## Results Table

Scale: Escore

| Cutpoint | Sensitivity (%) | Specificity (%) | PPV (%) | NPV (%) | Youden's index | AUC | Metric Score |
|---|---|---|---|---|---|---|---|
| 31 | 100% | 56.25% | 48.15% | 100% | 0.5625 | 0.962 | 0.5625 |
| 32 | 100% | 58.59% | 49.52% | 100% | 0.5859 | 0.962 | 0.5859 |
| 33 | 100% | 60.16% | 50.49% | 100% | 0.6016 | 0.962 | 0.6016 |
| 34 | 100% | 63.28% | 52.53% | 100% | 0.6328 | 0.962 | 0.6328 |
| 35 | 100% | 64.84% | 53.61% | 100% | 0.6484 | 0.962 | 0.6484 |
| 36 | 98.08% | 66.41% | 54.26% | 98.84% | 0.6448 | 0.962 | 0.6513 |
| 37 | 96.15% | 67.97% | 54.95% | 97.75% | 0.6412 | 0.962 | 0.6535 |
| 38 | 96.15% | 71.09% | 57.47% | 97.85% | 0.6725 | 0.962 | 0.6836 |
| 39 | 96.15% | 72.66% | 58.82% | 97.89% | 0.6881 | 0.962 | 0.6986 |
| 40 | 96.15% | 75% | 60.98% | 97.96% | 0.7115 | 0.962 | 0.7212 |
| 41 | 96.15% | 75.78% | 61.73% | 97.98% | 0.7194 | 0.962 | 0.7287 |
| 43 | 96.15% | 76.56% | 62.5% | 98% | 0.7272 | 0.962 | 0.7362 |
| 44 | 96.15% | 78.91% | 64.94% | 98.06% | 0.7506 | 0.962 | 0.7587 |
| 45 | 96.15% | 80.47% | 66.67% | 98.1% | 0.7662 | 0.962 | 0.7737 |
| 48 | 96.15% | 81.25% | 67.57% | 98.11% | 0.7740 | 0.962 | 0.7813 |
| 49 | 94.23% | 82.81% | 69.01% | 97.25% | 0.7704 | 0.962 | 0.7803 |
| 50 | 92.31% | 84.38% | 70.59% | 96.43% | 0.7668 | 0.962 | 0.7788 |
| 54 | 92.31% | 87.5% | 75% | 96.55% | 0.7981 | 0.962 | 0.8077 |
| 55 | 92.31% | 88.28% | 76.19% | 96.58% | 0.8059 | 0.962 | 0.8149 |
| 57 | 90.38% | 89.06% | 77.05% | 95.8% | 0.7945 | 0.962 | 0.8050 |
| 58 | 90.38% | 89.84% | 78.33% | 95.83% | 0.8023 | 0.962 | 0.8120 |
| 60 | 86.54% | 90.62% | 78.95% | 94.31% | 0.7716 | 0.962 | 0.7843 |
| 62 | 84.62% | 91.41% | 80% | 93.6% | 0.7602 | 0.962 | 0.7734 |

**Figura 9**
*Tabela 2 × 2*

| Scale: Escore \| Score: 48 | | |
|---|---|---|
| **DECISION BASED ON MEASURE** | | |
| | Negative | Positive |
| CRITERION  Negative | 104 (TN) | 24 (FP) |
| Positive | 2 (FN) | 50 (TP) |

## Considerações finais

Diagnosticar uma psicopatologia diz respeito a acumular informações sobre uma pessoa, visando concluir se há ou não a presença de determinado transtorno mental. Estudos de acurácia diagnóstica têm como objetivo verificar o quão corretamente ferramentas avaliativas são capazes de identificar pacientes com e sem determinada psicopatologia. Recomendamos que qualquer ferramenta de triagem tenha estudos de acurácia diagnóstica, já que apenas os estudos de evidências de validade e fidedignidade não bastam para uma tomada de decisão diagnóstica. Neste capítulo, nosso escopo específico foi fornecer informações gerais sobre os indicadores de acurácia diagnóstica, bem como explicitar como os principais cálculos podem ser conduzidos utilizando um software gratuito. De maneira mais ampla, nosso objetivo foi sinalizar, para o profissional de saúde mental, a necessidade do uso de ferramentas avaliativas cujos indicadores de acurácia diagnóstica sejam conhecidos. É por meio desses indicadores que se pode conhecer as fraquezas e pontos fortes dos instrumentos para identificação de psicopatologias. Esperamos que este capítulo contribua para estudos que venham a ser conduzidos na área de acurácia diagnóstica, e também com uma visão crítica sobre as ferramentas avaliativas que estão disponíveis.

## Referências

Altman, D. G., & Bland, J. M. (1994). Statistics Notes: Diagnostic tests 2: predictive values. *BMJ, 309*(6947), 102. https://doi.org/10.1136/bmj.309.6947.102

American Educational Research Association, American Psychological Association, National Council on Measurement in Education (2014). *The standards for educational and psychological testing.*

Baptista, M. N., & Carvalho, L. F. (2018). Diagnostic accuracy of a Brazilian depression self-report measure (Ebadep): Original and short versions. *Avaliação Psicológica, 17*(4), 484-492. https://dx.doi.org/10.15689/ap.2018.1704.8.08

Bossuyt P. M., Leeflang M. M. (2008). Developing criteria for including studies. In *Cochrane handbook for systematic reviews of diagnostic test accuracy*. The Cochrane Collaboration.

Bossuyt, P. M., Reitsma, J. B., Bruns, D. E., Gatsonis, C. A., Glasziou, P. P., Irwig, L. M., ... & Lijmer, J. G. (2003). The STARD statement for reporting studies of diagnostic accuracy: Explanation and elaboration: The Standards for Reporting of Diagnostic Accuracy Group. *Croatian Medical Journal, 44*(5), 639-650.

Deeks, J. J., Wisniewski, S., & Davenport, C. (2013). Chapter 4: guide to the contents of a Cochrane Diagnostic Test Accuracy Protocol. *Cochrane Handbook for Systematic Reviews of Diagnostic Test Accuracy Version, 1*(0).

Faraone, S. V., & Tsuang, M. T. (1994). Measuring diagnostic accuracy in the absence of a "gold standard". *The American Journal of Psychiatry, 151*(5), 650. https://doi.org/10.1176/ajp.151.5.650

Ferreira, J. C., & Patino, C. M. (2018). Entendendo os testes diagnósticos. Parte 3. *Jornal Brasileiro de Pneumologia, 44*(1), 4-4. https://doi.org/10.1590/s1806-37562018000000017

Glasser, S. P. (2014). Research methodology for studies of diagnostic tests. In *Essentials of Clinical Research* (pp. 313-326). Springer; Cham.

Hosmer, D. W., & Lemeshow, S. (2000). *Applied logistic regression* (2. ed.). John Wiley.

Kassirer, J. P. (1989). Diagnostic reasoning. *Annals of Internal Medicine, 110*(11), 893-900. https://dx.doi.org/10.7326/0003-4819-110-11-893

Lalkhen, A. G., & McCluskey, A. (2008). Clinical tests: sensitivity and specificity. *Continuing Education in Anaesthesia Critical Care & Pain, 8*(6), 221-223. https://dx.doi.org/10.1093/bjaceaccp/mkn041

Langlois J. P. (2002) Making a Diagnosis. In M. B. Mengel, W. L. Holleman & S. A. Fields (orgs.), *Fundamentals of clinical practice*. Springer. https://dx.doi.org 10.1007/0-306-47565-0_10

Macaskill, P., Gatsonis, C., Deeks, J., Harbord, R., & Takwoingi, Y. (2010). *Cochrane handbook for systematic reviews of diagnostic test accuracy*. The Cochrane Collaboration.

Metz, C. E. (1978). Basic principles of ROC analysis. *Seminars in nuclear medicine, 8*(4), 283-298. WB Saunders.

Parshall, M. B. (2013). Unpacking the $2 \times 2$ table. Heart & Lung: *The Journal of Acute and Critical Care, 42*(3), 221-226. https://doi.org/10.1016/j.hrtlng.2013.01.006

Šimundić, A. M. (2009). Measures of diagnostic accuracy: basic definitions. *Ejifcc, 19*(4), 203.

Streiner, D. L. (2003). Diagnosing Tests: Using and Misusing Diagnostic and Screening Tests. *Journal of Personality Assessment, 81*(3), 209-219. https://doi.org/10.1207/S15327752JPA8103_03

Urbina, S. (2007). *Fundamentos da testagem psicológica*. Artmed.

Van Alphen, S. P. J., Engelen, G. J. J. A., Kuin, Y., Hoijtink, H. J. A., & Derksen, J. J. L. (2006). A preliminary study of the diagnostic accuracy of the Gerontological Personality Disorders Scale (GPS). *International Journal of Geriatric Psychiatry: A journal of the psychiatry of late life and allied sciences, 21*(9), 862-868. https://dx.doi.org/10.1002/gps.1572

# 8
# Contribuições da análise fatorial confirmatória para a validade de instrumentos psicológicos

*Evandro Morais Peixoto*
*Gustavo Henrique Martins*
Universidade São Francisco

Este capítulo tem como principal objetivo apresentar as contribuições da análise fatorial confirmatória (AFC) para a estimação de evidências de validade de instrumentos psicológicos. Mais especificamente, a estimação de evidências de validade baseadas na estrutura interna, a estimação dos parâmetros de medida do instrumento e a avaliação da estabilidade desses parâmetros entre diferentes grupos. Para tanto, este capítulo está organizado em três partes: (a) teórica, que apresenta um breve panorama histórico e definições da AFC, (b) exemplo prático de aplicação da AFC nos pacotes estatísticos lavaan e semTools, e (c) exemplo de descrição e apresentação dos resultados.

## Aspectos teóricos da análise fatorial confirmatória: Histórico e definições

A análise fatorial é um dos métodos mais utilizados para a avaliação de evidências de validade de instrumentos de avaliação psicológica. A história desse método se confunde com a própria história da Psicologia, haja vista suas contribuições para a operacionalização de pesquisas quantitativas que envolviam a compreensão de

variáveis psicológicas, também denominadas de variáveis latentes, e com isso o desenvolvimento e refinamento de importantes teorias psicológicas. Esse movimento de aprimoramento do método estatístico/teorias psicológicas pode ser observado a partir dos trabalhos de Spearman (1904) sobre desenvolvimento do construto inteligência, bem como os trabalhos de Thurstone que contribuíram para avanços da compreensão desse construto e também do método estatístico (Jones, 2007). A história da análise fatorial já passa dos cem anos (Cudeck, 2007) e, como apontado por Morin et al. (2020), como um bom vinho, esse método melhorou substancialmente com a idade.

A evolução da análise fatorial deu origem a métodos como a Modelagem de Equações Estruturais (MEE; em inglês, *Structural Equation Modeling* – SEM), uma técnica que pode ser entendida como uma combinação entre análise fatorial, regressão e análise de trajetórias (*path analysis*), e que permite aos pesquisadores avaliar as estruturas fatoriais de instrumentos psicológicos por meio de uma perspectiva confirmatória. Nesse sentido, a MEE permite não apenas o teste da estrutura psicométrica de instrumentos de medida, mas também a análise de relações explicativas entre múltiplas variáveis simultaneamente, sejam elas latentes ou observadas (Pilati & Laros, 2007; para saber mais sobre o tema, cf. cap. 19 deste livro).

De acordo com Marôco (2010), a MEE pode ser definida como "uma técnica de modelagem generalizada, utilizada para testar a validade de modelos teóricos que definem relações causais, hipotéticas, entre variáveis" (p. 3). Essas relações são representadas por parâmetros que indicam a magnitude do efeito que as variáveis independentes apresentaram sobre as variáveis dependentes dentro desse modelo composto por hipóteses relacionais. Adicionalmente, possibilita a estimação do erro de medida associado às variáveis do modelo.

O advento da MEE possibilitou uma mudança de postura dos pesquisadores em relação às técnicas estatísticas clássicas. Na perspectiva clássica, buscava-se uma exploração dos dados e, a partir dos resultados obtidos, um modelo teórico que pudesse explicar essas associações. Nessa perspectiva os dados levavam à dedução ou desenvolvimento de teorias. Por outro lado, a MEE compreende modelos teóricos estabelecidos *a priori*, assim o pesquisador começa pelo estabelecimento do modelo teórico (hipótese de associação entre variáveis) e depois recolhe dados que permitam confirmar ou refutar o modelo teórico. Portanto, a teoria ocupa um lugar central na aplicação da MEE (Marôco, 2010).

Essas potencialidades rapidamente se tornaram populares nas ciências humanas e sociais, e esse movimento não foi diferente nas pesquisas em Psicologia, que passou a enxergar na MEE a possibilidade de analisar os instrumentos de medida a partir de uma perspectiva confirmatória. Antes disso, vale destacar que a MEE pode ser dividida em duas categorias: modelos de mensuração que avaliam a relação entre os itens do teste e as variáveis latentes (fatores que compõem o instrumento), e modelos estruturais que avaliam as hipóteses de relações entre variáveis latentes (Fife-Schaw, 2010). São muitas as possibilidades de aplicação desses modelos, podendo variar desde a avaliação dos parâmetros psicométricos dos testes psicológicos até a avaliação de modelos causais transversais ou longitudinais (Campos & Marôco, 2017). Em acordo com o objetivo deste capítulo, será abordado o primeiro modelo que é voltado especificamente para mensuração psicológica, uma vez que estabelece a relação entre os itens de um instrumento de medida e a variável latente alvo da mensuração. Esse modelo é, portanto, denominado de AFC (Millsap & Meredith, 2007; para aprofundar o conhecimento em outras aplicações da MEE, cf. cap. 19 deste livro).

Na AFC, as respostas aos itens do teste (escores dos itens) são consideradas como resultantes de duas fontes: a variável latente (fator psicológico) e o erro de medida associado ao item. Para a estimação desses parâmetros, a AFC propõe a análise da matriz de covariância entre os itens, de forma a verificar se o padrão de covariância é causado pela variância da variável latente (Fife-Schaw, 2010). Como um modelo teoricamente orientado, para a realização da AFC o pesquisador estabelece restrições claras (modelo restrito), as quais representem o número de fatores a compor o modelo e os itens correspondentes a cada fator (Damásio, 2013). Em outras palavras, isso significa que antes de empregar a AFC o pesquisador deve ter informações teóricas ou empíricas que descrevam esse padrão de correlação entre os itens e os fatores. Nesse contexto se estabelece uma das importantes potencialidades da AFC, a possibilidade do teste de modelos teóricos concorrentes.

Os modelos de AFC são comumente representados por meio de gráficos/diagramas. Diferentes elementos são utilizados para representar as variáveis em análise, bem como as associações entre elas. Por exemplo, nos pacotes lavaan e semTools, utilizados no presente capítulo, as variáveis latentes (fatores) são representadas por círculos, as variáveis observadas (itens do instrumento) por quadrados, os coeficientes de regressão são representados por setas unidirecionais, as correlações entre variáveis são representadas por setas bidirecionais (Franco et al., 2017), conforme apresentado na figura 1.

Uma das principais características dos modelos de medida representado pela AFC diz respeito ao fato de serem modelos restritos, assim cada item do modelo, geralmente, é explicado por apenas um fator. Importantes discussões têm sido propostas na literatura especializada sobre as limitações desses modelos em representar o cenário real, em especial quando se propõem a avaliação de instrumentos extensos, com números expressivos de fatores e itens por fator. Nesses casos, os itens tendem também a apresentar correlações mesmo que baixas com fatores para os quais não foram projetados para representar. Assim, ao forçar essas correlações em zero, os modelos podem se tornar muito restritivos a ponto de prejudicar os indicadores de ajuste. Diante de casos como esses, sugerimos a leitura do capítulo 18 deste livro sobre *Exploratory Structural Equation Modeling* (Esem), bem como as discussões propostas por Marsh et al. (2020) e Morin et al. (2020).

Ao realizar a AFC, o pesquisador vai se deparar então com o desafio de avaliação da adequação do modelo hipotetizado teoricamente. De acordo com Marsh (2007) essa não é uma tarefa fácil e se caracteriza como um dos principais desafios no uso desse procedimento, haja vista a ausência de uma única estatística capaz de indicar a adequação/inadequação do modelo. Nessa direção, o autor sugere a combinação de diferentes informações como inspeção dos parâmetros estimados, adequação dos índices de ajustes, interpretabilidade do modelo e a comparação da *performance* de modelos concorrentes.

A maneira mais popular de avaliação da discrepância entre a matriz teórica hipotetizada no modelo de medida e a matriz observada é a estatística qui-quadrado ($\chi^2$). Contudo, devido às restrições desse teste e à sua sensibilidade ao tamanho da amostra, outros índices de ajustes foram propostos na literatura. Para maior aprofundamento, sugerimos a leitura de alguns autores que debruçaram sobre o tema como Hu e Bentler (1999) e Xia e Yang (2019). A avaliação da adequação do modelo de medida por meio desses índices alternativos ao $\chi^2$ procura cobrir diferentes aspectos que indicam o quão bem esse modelo teórico (a matriz de covariância teoricamente prevista) é reproduzível nos dados empíricos (matriz de covariância observada). Basicamente esses índices de ajuste podem ser divididos em dois grupos: 1) os índices incrementais que comparam o modelo hipotético com um modelo nulo, no qual as variáveis não são correlacionadas; e 2) os índices absolutos que avaliam em que medida o modelo se distancia de um modelo perfeito.

Marsh (2007) sugere a utilização dos índices *Comparative Fit Index* (CFI) e *Tucker Lewis Index* (TLI; ou *Relative Noncentrality Index* – RNI) como representantes dos índices incrementais e *Root Mean Square Error of Approximation* (RMSEA) como representante dos índices absolutos. Outros pesquisadores também sugerem a inclusão do *Standardized Root Mean Square Residual* (SRMR) como um índice absoluto (Hu & Bentler, 1999). Baseados em estudos de revisão, Marsh (2007) propõe que valores superiores a 0,90 e 0,95 para CFI e TLI (ou RNI) refletem ajustes aceitáveis e excelentes para o modelo, respectivamente. Valores RMSEA e SRMR inferiores a 0,05 e 0,08 indicam bom e razoável ajuste, respectivamente, enquanto valores RMSEA e SRMR entre 0,08 e 0,10 refletem ajustes apenas aceitáveis e valores maiores que 0,10 são considerados inaceitáveis. Por fim, o autor destaca que esses pontos de corte devem ser interpretados como uma diretriz suplementar à avaliação do modelo como um todo, e que em última análise é necessária expertise no construto avaliado para selecionar o melhor modelo. Isso fica mais evidente ao se constatar que esses pontos de corte foram estabelecidos com base em estudos que faziam uso de métodos de estimação tradicionais como *Maximum Likelihood* (cf. Beauducel & Herzberg, 2006).

Atualmente, a literatura enfatiza a utilização de métodos adequados às características das variáveis (ordinal ou escalar) e suas distribuições (apresentar ou não aderência à normalidade). Nessas condições, o estabelecimento desses pontos de corte ainda não é um consenso na literatura. Devido a abrangência desse tema, não será possível realizar aqui uma discussão detalhada, no entanto encorajamos a leitura de Xia e Yang (2019) e acesso a um guia prático para escolha do estimador adequado à natureza das variáveis submetidas às análises proposto pelo próprio desenvolvedor do pacote lavaan (https://lavaan. ugent.be/tutorial/est.html; Rosseel, 2020).

Como apontado anteriormente, a AFC oferece diversos recursos para a avaliação de mo-

delos de medida, os quais são impossíveis de serem descritos em apenas um capítulo. Nessa direção, sugere-se a leitura de diferentes obras que se concentraram em discutir profundamente as potencialidades desse procedimento (Brown, 2015; Li, 2016). Contudo, destacamos um procedimento muito relevante nos estudos de evidências de validade dos instrumentos de mensuração psicológica, a possibilidade de avaliação da estabilidade/equivalência dos parâmetros dos modelos entre diferentes grupos ou populações por meio da Análise Fatorial Confirmatória Multigrupo (AFCMG) (Damásio, 2013; Milfont & Fischer, 2010).

## Análise fatorial confirmatória multigrupo

Um dos principais objetivos da AFCMG é examinar a invariância da medida para diferentes grupos. Por meio desse método, respondemos a perguntas como: a medida é igual para homens e mulheres? A medida é equivalente para brasileiros e pessoas de outras nacionalidades? A avaliação da invariância da medida pode ser realizada em quatro níveis distintos: 1) da estrutura fatorial (configural), 2) da carga fatorial dos itens nos respectivos fatores (métrica), 3) do intercepto dos itens (escalar) e 4) do erro de medidas apresentado pelos itens (residual). Quando se trata de dados ordinais, além destes quatro níveis, deve-se também restringir os *thresholds* dos itens (Wu & Estabrook, 2016). Nessas situações, espera-se responder se essas propriedades dos instrumentos são equivalentes entre os grupos ou populações.

O conhecimento dessas propriedades do instrumento tem se mostrado cada vez mais essencial à psicologia, em especial pelo fato dos construtos psicológicos serem avaliados em função de respostas a variáveis observadas. Ao reunir evidências empíricas de que essas variáveis observadas estão relacionadas aos construtos latentes da mesma maneira para os diferentes grupos ou populações, torna-se possível a comparação dos mesmos diante dos resultados brutos do instrumento. Sem essas evidências o pesquisador pode fazer inferências de diferenças entre os grupos influenciadas pelo erro associado à medida e não necessariamente por diferenças reais nas variáveis latentes (Borsboom, 2006; Milfont & Fisher, 2010). Um exemplo disso seria um teste de depressão que não apresente invariância escalar devido sua composição de itens (e. g., "choro com facilidade") ser mais endossada por mulheres em comparação com homens que tenham o mesmo nível de depressão. Assim, como a invariância não foi evidenciada, ao comparar as médias de homens e mulheres no construto, o pesquisador pode encontrar uma diferença de média entre sexo explicada pelo erro de medida e não propriamente por uma diferença real do construto entre os sexos.

A avaliação dos modelos de invariâncias é realizada de maneira hierárquica de modo que o modelo mais complexo só é avaliado no caso de o modelo anterior ter se demonstrado invariante. Dessa forma, são estimados índices de ajustes para os diferentes modelos de invariância (configural, *thresholds*, métrico, escalar e residual). Assim, o modelo configural é avaliado com os mesmos parâmetros da AFC, a adequação desses índices indicará a equivalência da estrutura fatorial entre os grupos avaliados. Para a avaliação dos modelos subsequentes o pesquisador deve avaliar em que medida as restrições de invariância entre os grupos promovem variabilidades nos índices de ajustes desses modelos (Damásio, 2013).

Existem importantes discussões na literatura sobre estratégias e índices a serem considerados para a avaliação de variabilidade entre os modelos. Propostas atuais de AFCMG, baseadas em estudos de simulação, têm destacado a utilidade da avaliação das diferenças entre os índices: CFI, RMSEA, SRMR, *Non-centrality Index* (NCI de McDonald ou *McDonald Fit Index –* MFI) e Gamma hat (Chen, 2007; Cheung & Rensvold, 2002). Gamma hat e NCI de McDonald são índices de ajuste global, próprios para a comparação de modelos entre grupos, desde que o modelo assuma um número de indicadores iguais entre os grupos (West et al., 2012). Assim, é verificada a variação (representada pela letra grega delta: $\Delta$) dos índices apresentados pelo modelo estimado em relação ao modelo prévio, sendo considerados indicadores de não invariância $\Delta CFI \geq -0,01$, $\Delta RMSEA \geq 0,015$, $\Delta SRMR \geq 0,01$ (ou 0,03 na invariância métrica), $\Delta NCI$ de McDonald $\geq -0,02$ e $\Delta Gamma$ hat $\geq -0,001$ (Chen, 2007; Cheung & Rensvold, 2002).

Outra relevante discussão observada na literatura diz respeito ao nível de invariância a ser alcançado em relação aos parâmetros da medida. Se por um lado é consenso entre os autores a necessidade de invariância configural, *thresholds*, métrica e escalar, observa-se uma discordância em relação à necessidade da invariância residual. Haja vista algumas posições de que esse seria um modelo altamente restritivo ou mesmo de que as diferenças nos resíduos dos itens não refletem diferenças no modelo de medida, mas sim no nível de erro associado aos itens. Quanto à classificação da invariância, essa pode ser classificada como completa, quando todos os modelos forem invariantes (ou ao menos os modelos configural, *thresholds*, métrico e escalar), ou parcial, quando ao menos um modelo for invariante entre os grupos (Damásio, 2013; Maroco, 2010).

## Exemplo aplicado da AFC e da AFCMG

### Objeto de pesquisa e descrição das variáveis

Como mencionado anteriormente, a AFC pode ser utilizada para a avaliação de modelos concorrentes de medida. Neste capítulo será apresentado um exemplo de aplicação da AFC para a verificação do ajuste de modelos concorrentes difundidos na literatura para uma escala de avaliação de indicadores de saúde mental: depressão, estresse e ansiedade. Essa estratégia é importante à medida que possibilita a estimação de novas evidências de validade baseadas na estrutura interna dos instrumentos de avaliação psicológica e fornece informações relevantes ao desenvolvimento e compreensão de modelos teóricos.

Para a realização dessa etapa, é disponibilizado ao leitor um banco de dados referente à Escala de Depressão, Ansiedade e Estresse (DASS-21; para acesso aos itens do instrumento, cf. Patias et al., 2016). A DASS-21 é um instrumento originalmente composto por três fatores desenvolvidos para a avaliação dos sintomas de depressão, ansiedade e estresse (Lovibond & Lovibond, 1995). O instrumento conta com estudos de adaptação e estimativa de evidências de validade para diferentes culturas e populações, onde diferentes propostas de estrutura interna têm sido encontradas como o modelo unidimensional, representando distresse psicológico global (Ali & Green, 2019) e o modelo composto por três fatores correlacionados, correspondente aos fatores originais do instrumento (Patias et al., 2016).

Com base nesses apontamentos, neste capítulo foram realizadas comparações entre os modelos confirmatórios compostos por um fator e três fatores correlacionados entre si. Vale ressaltar que essas estratégias já foram adotadas

por pesquisadores brasileiros como Peixoto et al. (no prelo) e Zanon et al. (2020), sendo evidenciado que uma terceira estrutura *bifactor*[1] seria a mais adequada ao instrumento. As representações gráficas dos dois modelos de medida que serão testados neste capítulo são apresentadas na figura 1. No modelo unidimensional (M-1F) observa-se que todos os itens são explicados por um único fator. Já no modelo de três fatores correlacionados (M-3F), os itens 1, 6, 8, 11, 12, 14 e 18 são explicados pelo fator Estresse, os itens 2, 4, 7, 9, 15, 19 e 20 pelo fator Ansiedade e os itens 3, 5, 9, 13, 16, 17 e 21 pelo fator Depressão. Note que esse modelo de três fatores correlacionados restringe que os itens sejam explicados por apenas um fator e, portanto, são fixados para apresentarem cargas fatoriais iguais a zero nos outros fatores.

Com base no exposto, este capítulo tem como principal objetivo a apresentação de procedimentos metodológicos que permitam a realização da AFC, comparação de modelos de medida concorrentes e avaliação da invariância do modelo por meio da AFCMG. Todos esses procedimentos serão realizados por meio dos pacotes estatísticos R: lavaan e semTools. Para a operacionalização das análises, assim como para a apreciação e interpretação dos resultados, disponibilizamos um banco de dados real que conta com 400 respondentes (50% mulheres), adultos, provenientes do interior do estado de Pernam-

---

1. Devido à limitação de espaço do presente capítulo, optamos por apresentar exemplos apenas com as estruturas unidimensional e de três fatores correlacionados. Contudo, encorajamos que após a leitura e operacionalização dessas análises você execute as análises considerando o modelo *bifactor*. Os materiais necessários para realização das análises deste capítulo, incluindo o *script* do modelo *bifactor*, encontram-se disponíveis neste link: https://github.com/GustavHM/Capitulo-8_AFC. Mais informações sobre as características desse modelo podem ser obtidas no cap. 17 deste livro.

**Figura 1**
*Modelos de AFC testados com a DASS-21*

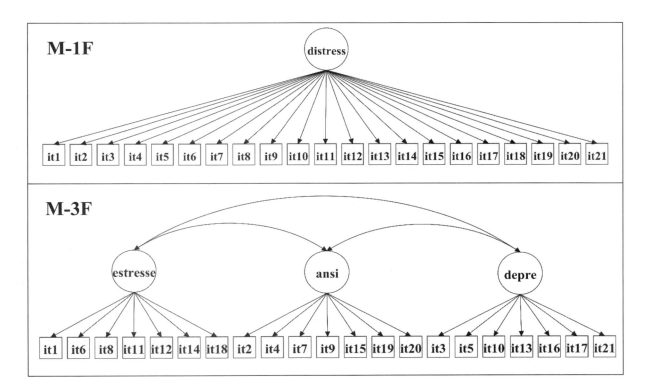

buco. Esse banco de dados foi extraído aleatoriamente de um banco maior que corresponde ao projeto de pesquisa aprovado no Comitê de Ética da Universidade de Pernambuco (UPE).

## Como executar uma AFC e interpretar os resultados

Nesta seção serão apresentados os comandos e os resultados das análises empregadas: AFC e AFCMG. Recomendamos que você tenha os softwares R e RStudio instalados em seu computador para que você acompanhe a leitura deste capítulo executando os comandos aqui descritos. Caso tenha dificuldade com a utilização do software R, sugerimos a leitura do capítulo 1 deste livro. Além disso, todo o material necessário para replicar essas análises está disponível no link: https://github.com/GustavHM/Capitulo-8_AFC Para isso você deve instalar e habilitar os pacotes lavaan e semTools. Note que a instalação deve ser realizada apenas uma vez, mas a ativação dos pacotes deve ser realizada todas as vezes em que o RStudio for aberto. Em seguida, você deve carregar o banco de dados da DASS-21 com 400 casos utilizando as duas últimas linhas de comando para baixar o banco da nuvem e importar diretamente para o R. Ao clicar no banco você pode verificar que ele é composto pelas variáveis sexo codificadas como 1 = feminino e 2 = masculino e os 21 itens que correspondem a DASS-21.

```
#instalar e habilitar os pacotes lavaan e
semTools
install.packages("lavaan")
install.packages("semTools")
library(lavaan)
library(semTools)

#carregar o banco de dados
banco<- readRDS(
url("https://github.com/GustavHM/
Capitulo-8_AFC/raw/main/banco_DASS21.rds"))
```

Para realizar a AFC no lavaan é necessário criar um objetivo com o modelo/estrutura fatorial a ser testado (para mais informações sobre como montar modelos lavaan acesse http://lavaan.ugent.be/tutorial/syntax1.html). Nas linhas de comando apresentadas a seguir foram criados dois modelos. O primeiro é de um modelo unifatorial denominado na linha de comando como "M_1F", o segundo é um modelo com três fatores correlacionados entre si, denominado "M_3F", ambos estão representados também na figura 1 apresentada na seção anterior. No modelo unifatorial o fator Distresse é mensurado por todos os itens, por isso o sinal "=~". Por sua vez, no modelo com três fatores, os fatores Estresse, Ansiedade e Depressão são mensurados ("=~") por um conjunto exclusivo de sete itens cada, não havendo, portanto, itens com cargas fatoriais em mais de um fator.

Após os modelos serem salvos em objetos, é possível rodar as AFCs, seguindo as quatro últimas linhas de comando apresentadas a seguir. Observe que, neste caso, demos os nomes aos objetos "resultados_1F" e "resultados_3F", além disso, informamos os modelos a serem analisados "M_1F" e "M_3F", informamos o banco de dados a ser considerado na análise "banco" e pelo fato de a DASS-21 ser um instrumento de autorrelato no formato de escala Likert, optamos por considerar os itens como variáveis ordinais, e assim, utilizamos o estimador "WLSMV" (*Weighted Least Square Mean and Variance adjusted*).

```
########################### AFC ###########################
#modelo 1 fator
M_1F <- `
Distress =~DASS1 + DASS2 + DASS3 + DASS4 + DASS5 + DASS6 + DASS7 +

DASS8 + DASS9 + DASS10 + DASS11 + DASS12 + DASS13 + DASS14 +

DASS15 + DASS16 + DASS17 + DASS18 + DASS19 + DASS20 + DASS21`
#modelo 3 fatores
M_3F <- `
Estresse =~ DASS1 + DASS6 + DASS8 + DASS11 + DASS12 + DASS14 + DASS18
Ansi     =~ DASS2 + DASS4 + DASS7 + DASS9 + DASS15 + DASS19 + DASS20
Depre    =~ DASS3 + DASS5 + DASS10 + DASS13 + DASS16 + DASS17 + DASS21`

#rodar os resultados da AFC
resultados_1F <- sem(model=M_1F, data=banco,
      ordered=names(banco), estimator="WLSMV")
resultados_3F <- sem(model=M_3F, data=banco,
      ordered=names(banco), estimator="WLSMV")
```

Com os resultados das AFCs salvos em um objeto, é possível comparar os dois modelos por meio da função "anova". Essa função irá comparar o $\chi^2$ obtido nos dois modelos. A partir do nível de significância (*p*) dessa comparação é possível identificar se há diferenças significativas entre os modelos testados, e caso haja, o modelo que apresentar o menor $\chi^2$ pode ser considerado como mais promissor. Além desse método de comparação, é possível também verificar os índices de ajuste obtidos nos dois modelos utilizando a função "fitMeasures". Ressalta-se que os índices CFI, TLI, RMSEA e SRMR não devem ser utilizados para comparar modelos concorrentes. Entretanto, caso um dos modelos testados não apresente índices de ajuste adequados isso pode indicar que aquela não é uma boa estrutura fatorial para representar os dados. Os comandos para realizar a comparação de $\chi^2$ e para obter os índices de ajuste, assim como os resultados dessas análises, são apresentados a seguir.

```
#comparar estruturas fatoriais
anova(resultados_1F, resultados_3F)

##      Df AIC BIC Chisq Chisq diff Df diff Pr(>Chisq)
##      resultados_3F 186      492.41
##      resultados_1F 189      746.45   165.89      3 < 2.2e-16 ***
##      ---
##      Signif. codes: 0 '***' 0.001 '**' 0.01 '*' 0.05 '.' 0.1 ' ' 1

#indices de ajuste das estruturas fatoriais
fitMeasures(resultados_1F,
      fit.measures=c("chisq.scaled","df","pvalue.scaled",

      "cfi.scaled","tli.scaled",

      "rmsea.scaled","srmr"))

##      chisq.scaled df       pvalue.scaled cfi.scaled      tli.scaled
##      786.343               189.  000 0.000      0.942           0.936
##      rmsea.scaled srmr
##      0.094        0.074

fitMeasures(resultados_3F,
      fit.measures=c("chisq.scaled","df","pvalue.scaled",
      "cfi.scaled","tli.scaled",
      "rmsea.scaled","srmr"))

##      chisq.scaled df       pvalue.scaled cfi.scaled      tli.scaled
##      558.667               186.000      0.000      0.964           0.959
##      rmsea.scaled srmr
##      0.075        0.061
```

Nota-se que para a comparação dos modelos e obtenção dos índices de ajuste informamos na função os nomes dos objetos em que os resultados foram salvos "resultados_1F" e "resultados_3F". Nesse caso, o modelo com três fatores obteve um $\chi^2$ significativamente menor que o modelo unifatorial (checar quinta e sexta linhas do código apresentado). Sobre os índices de ajuste, notou-se que em ambos os casos foram adequados, mas o modelo com três fatores obteve índices ligeiramente melhores, podendo ser classificados como excelentes. Assim como mencionado neste capítulo, deve-se também ser levado em conta a interpretabilidade do modelo para que se tome a decisão sobre a melhor estrutura fatorial. Sendo assim, a seguir serão apresentadas as cargas fatoriais obtidas no modelo unifatorial.

```
#checar os resultados da AFC com 1 fator
summary(resultados_1F, standardized=TRUE)


##      Latent
         Variables:
##                    Estimate    Std.Err    z-value    P(>|z|)    Std.lv    Std.all
##      Distress =~
##      DASS1         1.000                                        0.608     0.608
##      DASS2         0.959       0.079      12.075     0.000      0.583     0.583
##      DASS3         1.187       0.080      14.885     0.000      0.722     0.722
##      DASS4         1.048       0.077      13.530     0.000      0.637     0.637
##      DASS5         0.871       0.074      11.733     0.000      0.530     0.530
##      DASS6         1.125       0.076      14.871     0.000      0.684     0.684
##      DASS7         1.158       0.078      14.771     0.000      0.704     0.704
##      DASS8         1.141       0.072      15.854     0.000      0.694     0.694
##      DASS9         1.236       0.071      17.322     0.000      0.751     0.751
##      DASS10        1.340       0.084      16.026     0.000      0.814     0.814
##      DASS11        1.194       0.076      15.756     0.000      0.726     0.726
##      DASS12        1.280       0.073      17.564     0.000      0.778     0.778
##      DASS13        1.230       0.077      15.944     0.000      0.748     0.748
##      DASS14        1.154       0.076      15.105     0.000      0.702     0.702
##      DASS15        1.377       0.080      17.252     0.000      0.837     0.837
##      DASS16        1.246       0.081      15.365     0.000      0.758     0.758
##      DASS17        1.333       0.083      16.069     0.000      0.811     0.811
##      DASS18        1.214       0.076      15.977     0.000      0.738     0.738
##      DASS19        1.183       0.073      16.312     0.000      0.719     0.719
##      DASS20        1.142       0.074      15.407     0.000      0.694     0.694
##      DASS21        1.354       0.085      15.854     0.000      0.823     0.823
```

As cargas fatoriais padronizadas podem ser observadas na última coluna dos resultados nomeada de "Std.all". Observa-se que todas as cargas foram acima de 0,50, indicando que todos os itens da DASS-21 estariam sendo explicados pelo fator Distresse. A seguir, serão apresentadas as cargas fatoriais do modelo com três fatores (cf. "Latent Variables") e as correlações entre os fatores (cf. "Covariances").

Assim como no modelo anterior, os itens apresentaram cargas fatoriais acima de 0,50 nos respectivos fatores. Além disso, as correlações entre os fatores variaram de 0,81 a 0,89 sugerindo uma forte relação entre os fatores. Portanto, tendo como base as comparações dos $\chi^2$, índices de ajuste e cargas fatoriais, optou-se pela escolha do modelo com três fatores como melhor estrutura para o instrumento por fornecer informações mais específicas e apresentar propriedades psicométricas ligeiramente superiores àquelas apresentadas pelo modelo unifatorial.

Em seguida, a partir da melhor estrutura fatorial do instrumento escolhida, é possível investigar a invariância da medida por meio de

```
#checar os resultados da AFC com 3 fatores
summary(resultados_3F, standardized=TRUE)
##      Latent      Variables:
##                  Estimate    Std.Err     z-value     P(>|z|)     Std.lv      Std.all
##      Estresse =~
##      DASS1       1.000       0.645
##      DASS6       1.132       0.075       15.166      0.000       0.731       0.731
##      DASS8       1.147       0.071       16.107      0.000       0.741       0.741
##      DASS11      1.193       0.074       16.130      0.000       0.770       0.770
##      DASS12      1.284       0.072       17.777      0.000       0.829       0.829
##      DASS14      1.164       0.076       15.245      0.000       0.751       0.751
##      DASS18      1.217       0.074       16.342      0.000       0.785       0.785
##      Ansi        =~
##      DASS2       1.000                                                      0.612
##      DASS4       1.091       0.071       15.419      0.000       0.668       0.668
##      DASS7       1.205       0.084       14.423      0.000       0.738       0.738
##      DASS9       1.291       0.084       15.394      0.000       0.790       0.790
##      DASS15      1.438       0.099       14.586      0.000       0.880       0.880
##      DASS19      1.230       0.080       15.343      0.000       0.753       0.753
##      DASS20      1.189       0.083       14.329      0.000       0.728       0.728
##      Depre =~
##      DASS3       1.000                                                      0.752
##      DASS5       0.742       0.053       13.897      0.000       0.558       0.558
##      DASS10      1.129       0.044       25.508      0.000       0.850       0.850
##      DASS13      1.044       0.054       19.397      0.000       0.785       0.785
##      DASS16      1.049       0.045       23.313      0.000       0.789       0.789
##      DASS17      1.119       0.041       27.117      0.000       0.842       0.842
##      DASS21      1.137       0.043       26.179      0.000       0.855       0.855
##      Covariances:
##                  Estimate    Std.Err     z-value     P(>|z|)     Std.lv      Std.all
##      Estresse    ~~
##      Ansi        0.331       0.029       11.459      0.000       0.839       0.839
##      Depre       0.393       0.030       13.192      0.000       0.809       0.809
##      Ansi        ~~
##      Depre       0.408       0.032       12.736      0.000       0.885       0.885
```

AFCMG. Como exemplo, será utilizada a variável sexo como variável de grupo para verificar a invariância. Serão testados cinco tipos de invariância. São eles: configural, *thresholds*, métrica, escalar e residual. Cada modelo de invariância vai restringindo mais parâmetros para serem iguais entre os grupos. Na invariância configural com dados ordinais é assumida a mesma estrutura fatorial para os dois grupos. Na invariância de *thresholds*, além da mesma estrutura fatorial, são fixados os *thresholds* dos itens para serem iguais. Na invariância métrica, além dos parâmetros fixados no modelo *thresholds*, são fixadas também as cargas fatoriais dos itens. Na invariância escalar são fixados também os interceptos dos itens para serem iguais. Por fim, na invariância residual, além dos parâmetros anteriormente fixados, são fixados os erros de medida dos itens. Os comandos da função "meanEq.syntax" para realizar as análises dos cinco tipos de invariância mencionados são apresentados a seguir.

```
####################### AFCMG ###########################
#CONFIGURAL
configural <-measEq.syntax(configural.model=M_3F, data=banco,
      ordered=names(banco), estimator="WLSMV",
      group="Sexo", return.fit=TRUE)


#THRESHOLDS
thresholds <-measEq.syntax(configural.model=M_3F, data=banco,
      ordered=names(banco), estimator="WLSMV",
      group="Sexo", return.fit=TRUE,
      group.equal="thresholds")

#MÉTRICA
metrica <- measEq.syntax(configural.model=M_3F, data=banco,
      ordered=names(banco), estimator="WLSMV",
      group="Sexo", return.fit=TRUE,
      group.equal=c("thresholds","loadings"))

#ESCALAR
escalar <- measEq.syntax(configural.model=M_3F, data=banco,
      ordered=names(banco), estimator="WLSMV",
      group="Sexo", return.fit=TRUE,
      group.equal=c("thresholds","loadings",
      "intercepts"))
#RESIDUAL

residual <- measEq.syntax(configural.model=M_3F, data=banco,
      ordered=names(banco), estimator="WLSMV",
      group="Sexo", return.fit=TRUE,
      group.equal=c("thresholds","loadings",
      "intercepts","residuals"),
      parameterization="theta")
```

Observa-se que novos objetos foram criados para cada um dos modelos testados, novamente a função exige a informação do modelo a ser testado "M_3F", o banco de dados a ser considerado "banco", a indicação das variáveis categóricas, nesse caso declaramos todas as variáveis do banco, o estimador empregado "WLSMV" e a indicação da variável de grupo "Sexo", conforme nome da variável dentro do banco. Com os objetos salvos, os índices de ajuste dos cinco tipos de invariância podem ser estimados e comparados para se concluir se os parâmetros do instrumento são invariantes ou não. Assim, por meio da função "compareFit", você pode comparar os cinco modelos de invariância, seguindo a linha de comando apresentada a seguir. Adicionalmente, o índice de ajuste GammaHat pode ser obtido por meio das funções "moreFitIndices".

```
#comparar os modelos de invariância
##   invariancia <- compareFit(configural, thresholds, metrica, escalar, residual)
##   summary(invariancia,
##   fit.measures=c("cfi.scaled","rmsea.scaled","srmr","mfi"))
##   ################### Nested Model Comparison ##########################
##   Scaled Chi-Squared Difference Test (method = "satorra.2000")"
##   lavaan NOTE:
##   The "Chisq" column contains standard test statistics, not the
##   robust test that should be reported per model. A robust difference
##   test is a function of two standard (not robust) statistics.
##   Df              AIC             BIC             Chisq           Chisq
##   configural      372             797.25
##   thresholds      393             815.94          39.311          21
##   metrica         411             830.11          14.094          18
##   escalar         429             872.38          34.892          18
##   residual        450             1007.19         46.139          21
##   ---
##   Signif.         codes:          0               '***''          0.001
##                   cfi.scaled      rmsea.scaled    srmr            mfi
##   configural      .954            .085            .076†           .548
##   thresholds      .953            .084            .076            .549
##   metrica         .954            .081            .076            .552†
##   escalar         .955            .079            .076            .534
##   residual        .957†           .075†           .084            .454
##   ############### Differences in Fit Indices #################
##                   cfi.scaled      rmsea.scaled    srmr            mfi
##   thresholds –    -0.002          -0.001          0.000           0.002
     configural
##   métrica –       0.002           -0.003          0.000           0.003
     thresholds
##   escalar –       0.000           -0.002          0.000           -0.019
     metrica
##   residual –      0.002           -0.004          0.007           -0.079
     escalar
#    Gamma hat
##   moreFitIndices(configural, fit.measures="gammaHat.scaled")
##   gammaHat.scaled
##   0.8872296
##   moreFitIndices(thresholds, fit.measures="gammaHat.scaled")
##   gammaHat.scaled
##   0.8838268
##   moreFitIndices(metrica, fit.measures="gammaHat.scaled")
##   gammaHat.scaled
##   0.8872539
##   moreFitIndices(escalar, fit.measures="gammaHat.scaled")
##   gammaHat.scaled
##   0.8883159
##   moreFitIndices(residual, fit.measures="gammaHat.scaled")
##   gammaHat.scaled
##   0.8927678
```

Nota-se que apenas as comparações entre os modelos de invariância configural e *thresholds*, métrica e escalar e de escalar e residual apresentaram diferenças de $\chi^2$ significativas. Vale lembrar que essa não é a melhor estatística a ser reportada nesse caso devido a sua restrição e influência do tamanho da amostra. Ao comparar os índices de ajuste foi possível notar que o CFI, SRMR e Gamma hat aumentaram e RMSEA e NCI de McDonald diminuíram conforme os modelos foram tornando-se mais restritivos. O SRMR apresentou um ligeiro aumento de 0,008 no modelo de invariância residual. Sendo assim, conclui-se que a DASS-21 apresenta evidências de invariância completa em função de sexo.

## Exemplo de descrição e apresentação dos resultados da AFC e AFCMG

Foram conduzidas duas AFCs para testar os modelos unifatorial e de três fatores correlacionados, a fim de identificar qual a melhor estrutura fatorial para a DASS-21. Os dados foram considerados ordinais e o estimador utilizado foi o WLSMV. Ao comparar os $\chi^2$ dos modelos unifatorial ($\chi^2 = 746,45$) e de três fatores correlacionados ($\chi^2 = 492,41$) foi identificada uma diferença significativa ($p < 0,01$), com o modelo de três fatores apresentando um $\chi^2$ menor. Os índices de ajuste do modelo unifatorial foram adequados ou aceitáveis ($\chi^2 = 786,343$; $gl = 189$; $p = 0,01$; CFI $= 0,942$; TLI $= 0,936$; RMSEA $= 0,094$; SRMR $= 0,074$), contudo os índices foram ligeiramente melhores para o modelo de três fatores ($\chi^2 = 558,667$; $gl = 186$; $p = 0,01$; CFI $= 0,964$; TLI $= 0,959$; RMSEA $= 0,075$; SRMR $= 0,061$), podendo o segundo modelo ser classificado como excelente. A seguir, na tabela 1, serão apresentadas as cargas fatoriais dos dois modelos testados.

Tabela 1

*Cargas fatoriais dos modelos unifatorial e três fatores da DASS-21*

| | Unifatorial | Três fatores | | |
|---|---|---|---|---|
| | Distresse | Estresse | Ansiedade | Depressão |
| DASS1 | 0,608 | 0,645 | | |
| DASS2 | 0,583 | | 0,612 | |
| DASS3 | 0,722 | | | 0,752 |
| DASS4 | 0,637 | | 0,668 | |
| DASS5 | 0,530 | | | 0,558 |
| DASS6 | 0,684 | 0,731 | | |
| DASS7 | 0,704 | | 0,738 | |
| DASS8 | 0,694 | 0,741 | | |
| DASS9 | 0,751 | | 0,790 | |
| DASS10 | 0,814 | | | 0,850 |
| DASS11 | 0,726 | 0,770 | | |
| DASS12 | 0,778 | 0,829 | | |
| DASS13 | 0,748 | | | 0,785 |
| DASS14 | 0,702 | 0,751 | | |
| DASS15 | 0,837 | | 0,880 | |
| DASS16 | 0,758 | | | 0,789 |
| DASS17 | 0,811 | | | 0,842 |
| DASS18 | 0,738 | 0,785 | | |
| DASS19 | 0,719 | | 0,753 | |
| DASS20 | 0,694 | | 0,728 | |
| DASS21 | 0,823 | | | 0,855 |

Nota-se que as cargas fatoriais nos dois modelos foram acima de 0,50. Além disso, no modelo de três fatores, as correlações entre os fatores foram: $r = 0,839$ (Estresse e Ansiedade), $r = 0,809$ (Estresse e Depressão) e $r = 0,885$ (Ansiedade e Depressão). A partir dos bons resultados psicométricos e possibilidade de avaliar o distresse psicológico de forma mais específica, foi optado pelo modelo de três fatores como a melhor estrutura para a DASS-21. Sendo assim, o próximo passo foi investigar a invariância do instrumento em relação ao sexo, por meio de AFCMG. Na tabela 2, a seguir, são apresentados os índices de ajuste da DASS-21 nos cinco modelos de invariância testados.

## Tabela 2
### *Índices de ajuste dos modelos de invariância testados*

| Modelo | $\chi^2$ | gl | CFI($\Delta$) | RMSEA($\Delta$) | SRMR($\Delta$) | McDonald($\Delta$) | Gamma hat($\Delta$) |
|---|---|---|---|---|---|---|---|
| Configural | 797,25 | 372 | 0,954 | 0,085 | 0,076 | 0,548 | 0,887 |
| Thresholds | 815,94 | 393 | 0,953 | 0,084 | 0,076 | 0,549 | 0,884 |
| Métrica | 830,11 | 411 | 0,954(0,002) | 0,081(-0,003) | 0,076(0,000) | 0,552(0,003) | 0,887(0,003) |
| Escalar | 872,38** | 429 | 0,955(0,000) | 0,079(-0,002) | 0,076(0,000) | 0,534(-0,019) | 0,888(0,001) |
| Residual | 1007,19** | 450 | 0,957(0,002) | 0,075(-0,004) | 0,084(0,007) | 0,454(-0,079) | 0,893(0,005) |

Nota: *$p < 0,05$; **$p < 0,01$.

Nota-se na tabela 2 que apenas os índices NCI de McDonald e Gamma hat indicaram não haver invariância residual, sendo que os demais índices indicaram invariância. Com base nestes resultados, pode-se inferir que a DASS-21 demonstrou invariância completa em função do sexo dos respondentes. Lembre-se que ao depender do autor de referência não necessariamente a invariância dos resíduos será considerada para o alcance da invariância completa.

## Considerações finais

Este capítulo teve como principal objetivo apresentar as contribuições da AFC para avaliação de evidências de validade de instrumentos psicométricos, mais especificamente explorou-se as contribuições desse procedimento para a avaliação de evidências de validade baseadas na estrutura interna e avaliação da invariância do modelo de medida por meio da AFCMG. A operacionalização das análises foi realizada a partir dos pacotes lavaan e semTools. Acreditamos que as sintaxes disponibilizadas neste capítulo são suficientes para a aplicação de AFC e AFCMG em outros bancos de dados e para a avaliação de evidências de validade dos instrumentos de interesse do leitor. Esperamos que os materiais disponíveis neste capítulo possam servir como incentivo aos pesquisadores para se aproximarem de ferramentas sofisticadas e em constante desenvolvimento como os pacotes disponíveis para o ambiente R (não se esqueça de voltar aos exemplos e explorar as análises do modelo *bifactor* com a sintaxe disponível no link). Nessa direção, ao disponibilizar um banco com dados reais de pesquisa acreditamos nos aproximar da realidade dos pesquisadores nos submetendo à possibilidade de erro devido a incongruências dos dados e da natureza das variáveis, bem como esperamos incentivar o movimento de ciência aberta em que esse espírito de colaboração científica possa ser cada vez mais enfatizado.

Além disso, as análises apresentadas neste capítulo se constituem como apenas algumas formas de aplicação da MEE, mais especificamente da AFC. No entanto, outras aplicações poderiam ser destacadas para estimação de evidências de validade com base na relação com outras variáveis, por exemplo. No caso da DASS-21 uma variável poderia ser incluída no modelo como satisfação com a vida e ser testada as relações entre as variáveis latentes (depressão, ansiedade, estresse e satisfação com a vida). Adicionalmente, poderiam ser estimados modelos de predição de variável externa, usando o mesmo exemplo, o pesquisador poderia testar a capacidade dos fatores da DASS-21 em predizer a variável satisfação com a vida, assim setas unidirecionais (regressão) seriam estabelecidas entre os fatores da DASS-21 e a variável externa. Dentre os principais benefícios de utilização desses modelos está a possibilidade de estimação dos erros associados às médias, o que não pode ser estimado quando avaliados índices de correlações entre os escores brutos. Para acesso a exemplos de sintaxe de regressão no lavaan, cf. https://lavaan.ugent.be/tutorial/sem.html

Por fim, destacamos a importância de investimento na estimativa de evidências de invariância dos parâmetros dos testes psicológicos. É possível observar um aumento nos estudos com esse fim realizados nos últimos anos, no entanto muitos esforços ainda se fazem necessários, haja vista que essa é uma estratégia metodológica que fundamentará a interpretação justa dos escores quando são avaliadas as diferenças de médias entre grupos ou populações. Nessa direção, Andrade e Valentini (2018) afirmaram que antes de investigar diferenças de médias e/ou estabelecer normas interpretativas específicas para grupos, é necessário garantir a invariância dos parâmetros psicométricos do instrumento.

## Referências

Ali, A. M., & Green, J. (2019). Factor structure of the depression anxiety stress Scale-21 (DASS-21): Unidimensionality of the Arabic version among Egyptian drug users. *Substance Abuse Treatment, Prevention, and Policy, 14*(1). https://doi.org/10.1186/s13011-019-0226-1

Andrade, J. M. D., & Valentini, F. (2018). Diretrizes para a Construção de Testes Psicológicos: a Resolução CFP n. 009/2018 em Destaque. *Psicologia: Ciência e Profissão, 38*(spe), 28-39. http://dx.doi.org/10.1590/1982-3703000208890

Beauducel, A., & Herzberg, P. Y. (2006). On the performance of maximum likelihood versus means and variance adjusted weighted least squares estimation in CFA. *Structural Equation Modeling, 13*(2), 186-203. https://doi.org/10.1207/s15328007sem1302_2

Borsboom, D. (2006). The attack of the psychometricians. *Psychometrika, 71*(3), 425-440. https://doi.org/10.1007/s11336-006-1447-6

Brown, T. A. (2015). *Confirmatory factor analysis for applied research*. Guilford.

Campos, A. D. B., & Marôco, J. (2017). Modelagem de equações estruturais: Aplicação à validação de instrumentos psicométricos. In B. F. Damásio & J. C. Borsa (orgs.), *Manual de desenvolvimento de instrumentos psicológicos* (pp. 323-346). Vetor.

Chen, F. F. (2007). Sensitivity of goodness of fit indexes to lack of measurement invariance. *Structural Equation Modeling: A Multidisciplinary Journal, 14*(3), 464-504. https://doi.org/10.1080/10705510701301834

Cheung, G. W., & Rensvold, R. B. (2002). Evaluating goodness-of-fit indexes for testing measurement invariance. *Structural equation modeling, 9*(2), 233-255. https://doi.org/10.1207/S15328007SEM0902_5

Cudeck, R. (2007). Factor Analysis in the Year 2004: Still Spry at 100. In R. Cudeck & R. C. MacCallum (orgs.), *Factor Analysis at 100: historical developments and future directions* (pp. 1-9). Lawrence Erlbaum Associates.

Damásio, B. F. (2013). Contribuições da análise fatorial confirmatória multigrupo (AFCMG) na avaliação de invariância de instrumentos psicométricos. *Psico-USF, 18*(2), 211-220. https://doi.org/10.1590/S1413-82712013000200005

Fife-Schaw, C. (2010). Introdução à modelagem de equações estrutural. In G. M. Breakwell, S. Hammond, C. Fife-Schaw & J. A. Smith (orgs.), *Métodos de pesquisa em psicologia* (pp. 434-453). Artmed.

Franco, V. R., Valentini, F., & Iglesias, F. (2017). Introdução à análise fatorial confirmatória. In B. F. Damásio & J. C. Borsa (orgs.), *Manual de desenvolvimento de instrumentos psicológicos* (pp. 295-322). Vetor.

Hu, L., & Bentler, P. M. (1999). Cutoff criteria for fit indexes in covariance structure analysis: Conventional criteria versus new alternatives. *Structural Equation Modeling: A Multidisciplinary Journal, 6*(1), 1-55. https://doi.org/10.1080/10705519909540118

Jones, L. V. (2007). Remembering L. L. Thurstone. In R. Cudeck & R. C. MacCallum (orgs.), *Factor Analysis at 100: historical developments and future directions* (pp. 23-34). Lawrence Erlbaum Associates.

Li, C. H. (2016). Confirmatory factor analysis with ordinal data: Comparing robust maximum likelihood and diagonally weighted least squares. *Behavior Research Methods, 48*(3), 936-949. https://doi.org/10.3758/s13428-015-0619-7

Lovibond, P. F., & Lovibond, S. H. (1995). The structure of negative emotional states: Comparison of the Depression Anxiety Stress Scales (DASS) with the Beck depression and anxiety inventories. *Behaviour Research and Therapy, 33*(3), 335-343. https://doi.org/10.1016/j.rbp.2012.05.003

Marôco, J. (2010). *Análise de equações estruturais: Fundamentos teóricos, software e aplicações.* Report Number.

Marsh, H. W. (2007). Application of confirmatory factor analysis and structural equation modeling in sport/exercise psychology. In G. Tenenbaum & R. C. Eklund (orgs.), *Handbook of sport psychology* (pp. 774-798). Wiley.

Marsh, H. W., Guo, J., Dicke, T., Parker, P. D., & Craven, R. G. (2020). Confirmatory factor analysis (CFA), exploratory structural equation modeling (Esem), and set-Esem: optimal balance between goodness of fit and parsimony. *Multivariate behavioral research, 55*(1), 102-119. https://doi.org/10.1080/00273171.2019.1602503

Milfont, T. L., & Fischer, R. (2010). Testing measurement invariance across groups: applications in cross-cultural research. *International Journal of Psychological Research, 3*(1), 111-121. https://doi.org/10.21500/20112084.857

Millsap, R. E., & Meredith, W. (2007). Factorial invariance: Historical perspectives and new problems. In R. Cudeck & R. C. MacCallum (orgs.), *Factor analysis at 100: Historical developments and future directions* (pp. 131-152). Lawrence Erlbaum.

Morin, A. J. S., Myers, N. D., & Lee, S. (2020). Modern Factor Analytic Techniques: Bifactor Models, Exploratory Structural Equation Modeling (Esem) and Bifactor-Esem. In G. Tenenbaum & R. C. Eklund (orgs.), *Handbook of Sport Psychology* (4. ed., pp. 1-36). Wiley.

Patias, N. D., Machado, W. D. L., Bandeira, D. R., & Dell'Aglio, D. D. (2016). Depression Anxiety and Stress Scale (DASS-21) – Short Form: adaptação e validação para adolescentes brasileiros. *Psico-USF, 21*(3), 459-469. https://doi.org/10.1590/1413-82712016210302

Peixoto, E. M., Oliveira, K. S., Campos, C. R., Gagnon, J. Zanini, S. Z., Nakano, T. C., & Bueno, J. M. H. (no prelo). DASS-21: Proposta de avaliação do distresse psicológico pelo modelo bifactor. *PsicoUSF.*

Pilati, R., & Laros, J. A. (2007). Modelos de equações estruturais em psicologia: conceitos e aplicações. *Psicologia: Teoria e Pesquisa, 23*(2), 205-216. https://doi.org/10.1590/S0102-37722007000200011

Rosseel, Y. (2020). *The lavaan tutorial.* https://lavaan.ugent.be/tutorial/tutorial.pdf

Spearman, C. (1904). "General intelligence" objectively determined and measured. *American Journal of Psychology, 15*, 201-293. https://doi.org/10.1037/11491-006

West, S. G., Taylor, A. B., & Wu, W. (2012). Model fit and model selection in structural equation modeling. In R. H. Hoyle (org.), *Handbook of Structural Equation Modeling* (pp. 209-231). Guilford.

Wu, H., & Estabrook, R. (2016). Identification of confirmatory factor analysis models of different levels of invariance for ordered categorical outcomes. *Psychometrika, 81*(4), 1.014-1.045. https://doi.org/10.1007/s11336-016-9506-0

Xia, Y., & Yang, Y. (2019). RMSEA, CFI, and TLI in structural equation modeling with ordered categorical data: The story they tell depends on the estimation methods. *Behavior Research Methods, 51*(1), 409-428. https://doi.org/10.3758/s13428-018-1055-2

Zanon, C., Brenner, R. E., Baptista, M. N., Vogel, D. L., Rubin, M., Al-Darmaki, F. R., ... Zlati, A. (2020). Examining the Dimensionality, Reliability, and Invariance of the Depression, Anxiety, and Stress Scale–21 (DASS-21) Across Eight Countries. *Assessment, 107319111988744.* https://doi.org/10.1177/1073191119887449

# 9
# Análise de regressão multinível com R

*Víthor Rosa Franco*
Universidade São Francisco

*Jacob Arie Laros*
Universidade de Brasília

Modelos de regressão, como aqueles apresentados no capítulo 6, assumem que as observações são todas independentes umas das outras. No caso da psicologia, isso significa que cada ponto de dado represente um indivíduo diferente e que a resposta de um indivíduo não tem qualquer tipo de dependência com a resposta de um outro indivíduo. No entanto, esse pressuposto nem sempre reflete a realidade. Por exemplo, imagine que queremos ver o impacto da capaci-

**Figura 1**
*Relação observada entre o escore padronizado de capacidade de leitura e o escore padronizado de conhecimentos gerais*

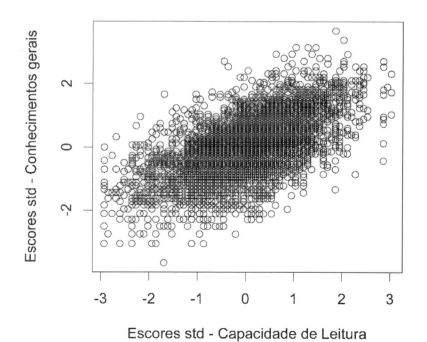

dade de leitura de alunos em seus desempenhos em uma prova de conhecimentos gerais. Poderíamos encontrar uma relação como a que está representada na figura 1.

No eixo X temos os escores padronizados de capacidade de leitura e no eixo Y os escores padronizados de conhecimentos gerais. Com base em uma inspeção visual, é razoável concluir que existe uma relação positiva entre esses dois tipos de escores.

Muitos pesquisadores parariam sua análise por aí e aplicariam um modelo de regressão mais convencional para analisar esses dados. Caso assim fizéssemos, encontraríamos um intercepto que não se diferencia significativamente de 0 e um *slope* estimado em torno de 0,60; ou seja, a cada um desvio-padrão de aumento no escore de capacidade de leitura há um aumento em torno de 0,60 desvio-padrão no escore de conhecimentos gerais. No entanto, olhemos para a figura 2. Nessa figura, fizemos um gráfico para cada relação entre os escores, separando os pontos de dados de acordo com a escola de onde os alunos são originados. Inserimos também linhas de tendências lineares para mostrar o nosso ponto. Algumas dessas linhas são mais inclinadas do que outras, além de que, no caso da escola 48, por exemplo, a linha inclusive tem uma tendência inversa do que observamos nos outros casos. Dessa forma, podemos começar a nos perguntar se talvez, a depender da escola de onde os alunos vieram, a relação entre os escores pode ser diferente. Para fazer esta análise, precisamos usar modelos de regressão multinível.

Os modelos de regressão multinível possibilitam uma análise mais adequada quando a população estudada apresenta níveis de agregação, onde a suposição de independência entre as observações não está satisfeita (Hox, 2010). Em caso de dependência entre as observações, os modelos de regressão multinível conseguem estimar corretamente os erros-padrão da regressão, permitindo assim a construção de intervalos de confiança e testes de hipóteses mais precisos. Regressão linear tradicional confia pesadamente no pressuposto da independência das observações. Ignorar a falta de independência das observações resulta em subestimação de erros-padrão, testes estatísticos de significância lenientes demais, aumentando assim a ocorrência de falsos positivos, ou, em outras palavras, aumentando a quantidade de erros do tipo I (Hox, 2010; De Leeuw & Meier, 2008; Steele & Goldstein, 2007). Quando uma estrutura hierárquica existe na população de interesse, a análise multinível é a opção metodologicamente correta para estabelecer as relações entre as variáveis (Goldstein, 2010).

O objetivo do presente capítulo é introduzir ao leitor noções de modelos de regressão multinível e como realizar tal tipo de análise por meio do software R (R Core Team, 2020). Dessa forma, neste capítulo iremos usar nosso exemplo anterior do efeito das escolas sobre a relação entre os escores para todos os passos de análise. Para alcançar nosso objetivo, primeiro iremos introduzir as primeiras diferenças matemáticas e estatísticas ao comparar modelos de regressão linear com modelos de regressão linear multinível. Em seguida, iremos apresentar um passo a passo de como realizar uma regressão linear multinível usando o software R. O penúltimo tópico envolve formas de gerar gráficos de dados com uma estrutura multinível, como fizemos na figura 2, de forma a melhor identificar os possíveis efeitos em todos os níveis. Por fim, fechamos o capítulo com algumas considerações.

**Figura 2**
*Relação observada entre o escore padronizado de capacidade de leitura e o escore padronizado de conhecimentos gerais, quando separados por escola dos alunos*

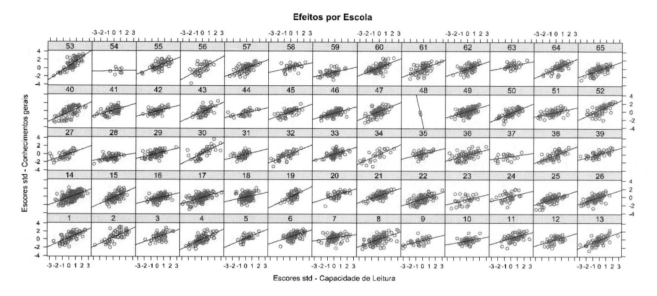

## Modelos lineares multinível: Teoria básica

Como apresentado no capítulo 6, o modelo linear simples pode ser expresso da seguinte forma:

$$y_i = \beta_0 + \beta_i x_i + \varepsilon_i,$$
$$\varepsilon \sim N(0,\sigma),$$

onde, $y_i$ é o valor da variável-critério para o respondente $i$, $\beta_0$ é o intercepto, $\beta_1$ é o *slope* (ou coeficiente de regressão, ou inclinação), $x_i$ é o valor da variável preditora para o respondente $i$, $\varepsilon_i$ é o resíduo associado com aquela observação, e $N(0,\sigma)$ é a distribuição dos resíduos, assumida como uma normal centrada em 0. Como mostrado no capítulo 6, essa função pode ficar mais complicada, inserindo mais variáveis, interações entre elas e pela inclusão de efeitos não lineares e não paramétricos. Na literatura de Modelos Lineares Multinível (MLM), o modelo linear simples também é conhecido como modelo de efeitos fixos. O termo "efeitos", aqui, refere-se aos parâmetros ($\beta_0$ e $\beta_1$), enquanto o termo "fixos" se refere ao fato de que para a amostra inteira esses efeitos são os mesmos. Aplicando especificamente ao nosso exemplo, isso é o mesmo do que assumir que a influência da capacidade de leitura sobre os conhecimentos gerais é igual para toda a amostra, independentemente de qual a escola de origem dos estudantes.

Em contrapartida aos modelos de efeitos fixos, existem também os modelos de efeitos aleatórios. Neste caso, assume-se que os parâmetros podem variar a depender de variáveis discretas que identifiquem o indivíduo. Veja que, diferentemente de uma Ancova, que se trata apenas de uma regressão com tipos mistos de variáveis preditoras, os modelos de regressão de efeitos aleatórios assumem que a variável discreta afeta a relação de outras duas variáveis contínuas, assemelhando-se a uma análise de moderação. No caso do MLM, a variável é considerada como uma variável de "nível superior". Essa ideia é estabelecida pela hierarquia entre as variáveis, sendo que observações podem ser feitas em qualquer nível desta hierarquia. No nosso exemplo, a capacidade de leitura e os conhecimentos gerais são variáveis no nível 1 do nosso modelo. Já a identificação de qual aluno pertence a qual escola é uma variável medida no nível 2 do nosso modelo. É importante salientar que MLMs podem ter diversos níveis, embora nosso foco seja apenas em modelos de dois níveis. Os modelos de efeitos aleatórios podem ser expressos da seguinte forma:

$$
\begin{aligned}
\gamma_{ij} &= \beta_{0j} + \beta_{1j} \chi_{ij} + \varepsilon_{ij}, \\
\beta_{0j} &= \beta_{0} + v_{0j}, \\
\beta_{1j} &= \beta_{1} + v_{1j}, \\
\varepsilon_{j} &\sim N(0, \sigma_{j}),
\end{aligned}
$$

onde o subscrito $j$ indica os diferentes valores possíveis da variável discreta (no nosso exemplo, a escola de onde o aluno veio) e $u_{0j}$ e $u_{1j}$ representam, respectivamente, os desvios do intercepto e do *slope* para cada caso. Posto em palavras, e ilustrando como nosso exemplo, esse modelo diz que a influência da capacidade de leitura sobre os conhecimentos gerais varia de acordo com a escola de origem do aluno.

Ainda outro tipo de modelo possível é o modelo misto. Esse tipo de MLM recebe este nome, pois nele podem ser incluídos tanto efeitos fixos quanto efeitos aleatórios. Podemos, por exemplo, ter um modelo onde apenas o *slope* é fixo:

$$
\begin{aligned}
\gamma_{ij} &= \beta_{0j} + \beta_{1} \chi_{ij} + \varepsilon_{ij}, \\
\beta_{0j} &= \beta_{0} + v_{0j}, \\
\varepsilon_{j} &\sim N(0, \sigma_{j}),
\end{aligned}
$$

ou um modelo onde apenas o intercepto é fixo:

$$
\begin{aligned}
\gamma_{ij} &= \beta_{0} + \beta_{1j} \chi_{ij} + \varepsilon_{ij}, \\
\beta_{1j} &= \beta_{1} + v_{1j}, \\
\varepsilon_{j} &\sim N(0, \sigma_{j}),
\end{aligned}
$$

ou, ainda, um modelo onde o intercepto e o *slope* da primeira variável são aleatórios, mas o *slope* da segunda variável é fixo:

$$
\begin{aligned}
\gamma_{ij} &= \beta_{0j} + \beta_{1} \chi_{1ij} + \beta_{2} \chi_{2ij} + \varepsilon_{ij}, \\
\beta_{0j} &= \beta_{0} + v_{0j}, \\
\beta_{1j} &= \beta_{1} + v_{1j}, \\
\varepsilon_{j} &\sim N(0, \sigma_{j}).
\end{aligned}
$$

Com essa discussão o nosso recado é que modelos multiníveis podem ter a mesma complexidade dos que modelos de regressão e ainda mais. Poderíamos, por exemplo, ter um modelo misto aditivo com interações entre efeitos de níveis diferentes. Modelos dessa complexidade, no entanto, fogem ao escopo do capítulo. No entanto, existem muitas referências sobre esses MLMs mais complexos (p. ex., Bürkner, 2017; Finch et al., 2019; Goldstein, 2010; Hox & Roberts, 2011; Lang et al., 2014; Steele & Goldstein, 2007).

Devido a essa possível evolução de complexidade, mais tradicionalmente, para a aplicação de MLMs, opta-se por seguir uma lógica incremental de testagem. Isso significa que primeiro se ajusta o modelo mais simples possível e, em seguida, são ajustados modelos de níveis cada vez maiores de complexidade. Depois, algum critério de seleção de modelos, empírico ou teórico, é aplicado. O passo a passo para uma aplicação adequada dos MLMs é a seguinte: (0) ajusta-se um modelo linear de efeitos fixos; (1) ajusta-se um modelo nulo, ou seja, onde o intercepto é considerado aleatório e não há qualquer variável preditora no modelo; (2) ajusta-se um modelo com intercepto aleatório e *slope* fixo; (3) ajusta-se um modelo onde ambos os parâmetros são aleatórios; e (4) verificamos qual dos modelos ajustados anteriormente melhor explica os nossos dados. Repare que o primeiro passo, ajustar um modelo linear de efeitos fixos, foi numerado com 0. Optamos por fazer isso dado que algumas vezes o ajuste do modelo linear de efeitos fixos não é considerado como um passo necessário para a testagem de MLMs. Discordamos desse ponto dado que, como dito anteriormente, esse é o modelo que assume que para todo $j$, $u_j$ será igual a 0 e, portanto, também precisa ser comparado com os outros MLMs.

Para finalizar nossa seção teórica, é importante salientar que esses passos podem ser implementados de forma iterativa e interativa. Dizemos isso porque os modelos que iremos testar são relativamente simples: temos apenas uma variável preditora. No caso em que diversas variáveis preditoras são usadas, os passos 2 e 3 podem ser repetidos diversas vezes. Caso ainda se incluam interações, variáveis medidas em outros níveis, efeitos não lineares, ou efeitos não paramétricos, outros passos são também possíveis. Iremos mostrar também um exemplo de caso mais complexo onde há uma variável que é medida no nível superior (nível 2; no nosso exemplo, o nível da escola) e que pode interagir com a variável medida no nível inferior (nível 1; o nível do estudante).

## Passo a passo da regressão multinível com o R

O software R permite que cada pesquisador desenvolva seus próprios algoritmos e pacotes para resolver problemas de modelagem e testa-

gem de estatística. Dessa forma, devido ao seu uso recorrente, a modelagem regressão multinível já está coberta em uma diversidade de pacotes (Finch et al., 2019). Em nosso caso, iremos utilizar o pacote chamado de lmerTest (Kuznetsova et al., 2017), o qual depende de um outro pacote chamado de lme4 (Bates, Maechler, Bolker, Walker, et al., 2020). Repare que ao citarmos o nome do pacote usamos a fonte Lucida Console. Isso não foi um engano. Usaremos essa fonte distinta para ajudar a diferenciar o que são comandos de código e o que se refere a texto propriamente dito. É importante também salientar que iremos assumir que você sabe como instalar o R e também como instalar os pacotes que iremos utilizar. Para usarmos nosso exemplo inicial, do possível efeito de pertencimento a escolas diferentes sobre a relação entre escores de leitura sobre escores de conhecimento geral, iremos usar o banco de dados fornecido no pacote MLMRev (Bates et al., 2020). Dessa forma, supondo que tanto o R quanto os pacotes já estão instalados, para iniciar os pacotes abra o R e rode os seguintes comandos:

```
1   require(lme4)
2   require(lmerTest)

3   require(MLMRev)
```

O banco de dados de exemplo é composto por escores em um teste de conhecimento geral e um teste de capacidade de leitura aplicado a 4.059 alunos de 65 escolas em Londres desenvolvido por Goldstein et al. (1993). Esse banco de dados está disponível no pacote MLMRev e, para carregá-lo, basta rodar o seguinte comando:

```
1   data(Exam)
```

Após rodarmos este comando, teremos todas as informações necessárias para rodarmos todas as nossas análises. Caso queira conhecer em detalhes o banco de dados, basta rodar o comando ?Exam. Como dito na seção anterior, para rodarmos da forma mais adequada possível os MLMs (Modelos Lineares Multiníveis), é necessário conduzir a análise em passos progressivos: inserimos a cada novo passo parametrizações mais complexas em nosso modelo. Dessa forma, o primeiro passo, ou até mesmo o passo antes do passo inicial, é testar o modelo linear simples para saber qual o efeito do escore de leitura sobre o escore de conhecimentos gerais sem levar em conta a escola de pertencimento dos alunos. Para fazer isso rodamos o código abaixo (repare ou lembre-se que as *hashtags* são usadas para fazer comentários no código e, por-

tanto, nada que vem à direita delas é rodado pelo programa):

```
1   ### Passo 0: Modelo linear simples
2   model0 <- lm(normexam ~ standLRT,
    data=Exam)
3   summary(model0)
```

Usando o código summary(model0) geramos um *output* do modelo linear simples, o qual é demonstrado abaixo. Podemos observar que, como dito na segunda página deste capítulo, o intercepto não se diferencia significativamente de 0 ($\beta_0 = -0,001$, $t(4.057) = -0,094$, $p = 0,925$), e que o *slope* é positivo e significativamente diferente de zero ($\beta_1 = 0,595$, $t(4.057) = 46,744$, $p < 0,0001$).

```
1    Call:
2    lm(formula = normexam ~ standLRT, data = Exam)
3
4    Residuals:
5    Min      1Q     Median  3Q     Max
6    -2.65615 -0.51848 0.01265 0.54399 2.97399
7
8    Coefficients:
9             Estimate Std. Error t value Pr(>|t|)
10   (Intercept) -0.001191    0.012642 -0.094     0.925
11   standLRT      0.595057    0.012730 46.744    <2e-16 ***
12   ---
13   Signif. codes: 0 '***' 0.001 '**' 0.01 '*' 0.05 '.' 0.1 ' '
14   1
15
16   Residual standard error: 0.8054 on 4057 degrees of freedom
17   Multiple R-squared: 0.35,  Adjusted R-squared: 0.3499
     F-statistic: 2185 on 1 and 4057 DF, p-value: < 2.2e-16
```

Caso estivéssemos num contexto mais tradicional de análise, finalizaríamos nossa análise por aqui e concluiríamos que existe o mesmo efeito positivo da capacidade de leitura sobre o conhecimento geral dos alunos para todas as es-

colas. No entanto, estamos apenas começando. O nosso próximo passo de análise é testar o que chamamos anteriormente de modelo nulo. Lembre-se que este é um modelo sem preditores, mas que inclui as escolas como possível fonte de variação entre os interceptos (ou seja, nota média) em cada uma das escolas. Para testar esse modelo basta rodarmos o seguinte código:

```
1   ### Passo 1: Modelo nulo
    (intercepto aleatório e sem nenhum
    preditor)
2   model1 <- lmerTest::lmer(normexam ~
    1 + (1 | school), data=Exam)
3   summary(model1)
```

Repare como funciona a notação para modelos multinível usando a função lmer do pacote lme4. Usamos uma notação de fórmula similar ao que fizemos no modelo linear simples: normexam ~. Essa notação significa que normexam é sua variável-critério e que ela depende, ~, de algum conjunto de preditores. Ao inserirmos o valor 1 logo após o til, mostramos para o programa que queremos um intercepto no nosso modelo. Ao inserirmos o código + (1 | school), estamos dizendo para o programa que temos uma variável chamada *school* que afeta o nosso intercepto. O *output* gerado é o seguinte:

```
1    Linear mixed model fit by REML. t-tests use Satterthwaite's
2    method ['lmerModLmerTest']
3    Formula: normexam ~ 1 + (1 | school)
4    Data: Exam
5
6    REML criterion at convergence: 11014.7
7
8    Scaled residuals:
9    Min    1Q Median    3Q     Max
10   -3.9471 -0.6491 0.0117 0.6987 3.6572
11
12   Random effects:
13   Groups Name    Variance Std.Dev.
14   school (Intercept) 0.1716  0.4142
15   Residual       0.8478 0.9207
16   Number of obs: 4059, groups: school, 65
17
18   Fixed effects:
19        Estimate    Std. Error    df    t value     Pr(>|t|)
20   (Intercept)-0.01325 0.05405     62.52893 -0.245     0.807
```

Podemos observar que agora temos dois importantes grupos de resultados para serem avaliados: o Random effects, e o Fixed effects. Na parte de Random effects, temos estimativas de variância explicada pela variável de agrupamento. No nosso caso, o único efeito que temos é o da escola (school) sobre o intercepto (Name / (Intercept)), o qual gera uma variância de 0,172 aos interceptos. Na parte de Fixed effects, temos as estimativas de parâmetros do nosso modelo. Como no nosso caso apenas temos o intercepto, a estimativa representa a média das médias dos interceptos para todas as escolas, sendo tal valor não significativamente diferente de zero ($\beta_0 = -0,013$, $t(62,59) = -0,245$, $p = 0,807$). O intercepto no modelo nulo pode ser interpretado como sendo a média geral dos alunos no teste de conhecimento geral (*normexam*). Combinando esses resultados, podemos inferir que, entre todas as 65 escolas, em 95% dos interceptos estão entre $-0,012$ e $0,012$. Para chegar a esse resultado basta calcularmos o desvio-padrão dos interceptos tirando a raiz quadrada de 0,172, dividindo o valor encontrado pela quantidade de escolas e multiplicar por 1,96: $\frac{\sqrt{0,172}}{65}$ x 1,96 = 0,012. Atente-se ao fato de que esta não é uma estimativa de intervalo de confiança ou de intervalo de predição, mas sim um cálculo da dispersão de todos os possíveis diferentes interceptos para cada uma das escolas. Um resultado importante do modelo nulo é a correlação intraclasse (ICC). A ICC é uma medida de qual percentual da variância total é atribuída entre os grupos. Quanto mais próximo esse valor for de 1, mais importante é que se testem modelos com o intercepto aleatório. No nosso exemplo a ICC = $(0,1761) \div (0,1761 + 0,8478) = 0,17$. Uma correlação intraclasse de 0,17 significa que aproximadamente 17% da variância dos escores no teste de conhecimento geral podem ser atribuídos ao nível da escola.

O nosso próximo passo é testar o modelo com intercepto aleatório, mas com *slope* fixo. Esse modelo será similar ao modelo linear simples do nosso passo 0, com a única diferença que estamos testando se é possível haver variação entre os interceptos para cada escola. Isso quer dizer testar se as escolas têm médias diferentes no teste de conhecimento geral. Lembrando da figura 2, no caso da escola 48, com certeza o intercepto desse caso é diferente. No entanto, entre os outros casos, a diferença é mais sutil. Dessa forma, nossa análise nos ajudará a concluir se devemos ou não considerar que há diferenças de intercepto entre as escolas. Para isso, basta rodarmos as seguintes linhas de código:

```
1    ### Passo 2: Intercepto aleatório e
     slope fixo
2    model2 <- lmerTest::lmer(normexam ~
     standLRT + (1 | school),
3          data=Exam)
4    summary(model2)
```

Repare que em relação ao modelo do passo 1, a única mudança que fizemos foi a inserção da variável standLRT, que representa o escore de capacidade de leitura, no modelo. Não precisamos manter o 1 que havíamos colocado antes, pois o programa assume que queremos o intercepto. Por fim, mantivemos o código + (1 | school) para mostrar que queremos testar se o intercepto varia. O *output* gerado pelo comando summary(model2) é apresentado a seguir:

```
1    Linear mixed model fit by REML.
     t-tests use Satterthwaite's
2    method ['lmerModLmerTest']
3    Formula: normexam ~ standLRT + (1 |
     school)
4    Data: Exam
5
6    REML criterion at convergence:
     9368.8
7
8    Scaled residuals:
9    Min    1Q Median    3Q      Max
10   -3.7166 -0.6302 0.0294 0.6849
     3.2673
11
12   Random effects:
13   Groups Name   Variance Std.Dev.
```

```
14   school (Intercept) 0.09384 0.3063
15   Residual        0.56587 0.7522
16   Number of obs: 4059, groups:
     school, 65
17
18   Fixed effects:
19        Estimate Std. Error df t
     value Pr(>|t|)
20   (Intercept) 2.323e-03 4.035e-02
     6.073e+01    0.058  0.954
21   standLRT       5.633e-01 1.247e-02
     4.050e+03 45.180      <2e-16
22   ***
23   ---
24   Signif. codes: 0 '***' 0.001 '**'
     0.01 '*' 0.05 '.' 0.1 ' '
25   1
26
27   Correlation of Fixed effects:
     (Intr)
     standLRT 0.008
```

É importante salientar que este modelo do passo 2 é o que chamamos na seção anterior de um modelo misto: ele apresenta componentes tanto aleatórios (o intercepto) quanto fixos (o *slope*). Podemos reparar que nossa seção Random effects continua igual dado que mantivemos o efeito aleatório apenas para o intercepto. No entanto, houve uma mudança no valor da variância do intercepto: de 0,172 a 0,093. Vemos também que a variância residual caiu de 0,848 para 0,566. Já a nossa seção Fixed effects ficou bastante similar com o nosso modelo linear simples testado no passo 0. Novamente, o intercepto não foi significativamente diferente de zero ($\beta_0 = 0,002$, $t(60,73) = 0,058$, $p = 0,954$) e o *slope* da relação do escore de capacidade de leitura com o escore de conhecimento geral foi positivo e significativo ($\beta_1 = 0,563$, $t(4.050) = 45,180$, $p < 0,0001$). Um *slope,* ou o coeficiente de regressão, de 0,563 pode ser interpretado da seguinte maneira: um aumento de uma unidade no escore no teste de capacidade de leitura vai resultar em um aumento de 0,563 unidade de escore no teste de conhecimento geral. Uma vez que os escores de ambos os testes são em escores z, podemos dizer que um aumento de um desvio-padrão no teste de capacidade de leitura vai resultar em um aumento de 0,563 desvio-padrão no escore de teste de conhecimento geral.

Repare também que o *output* agora tem uma nova seção chamada Correlation of Fixed effects. Essa seção representa se há dependências lineares entre os parâmetros dos efeitos fixos estimados. No nosso caso, a correlação relatada no *output* indica qual a relação entre o *slope* e o intercepto. Como observamos um valor bem baixo, 0,008, podemos concluir que nossas estimativas são bastante independentes.

Dado que o percentual explicado pela variância dos interceptos é muito baixo e que os parâmetros estimados de efeitos fixos são bastante similares com o modelo linear simples, poderíamos inferir que as escolas têm baixo impacto sobre os interceptos e, portanto, um modelo linear simples é confiável. No entanto, precisamos passar pelo último passo de testagem que descrevemos na seção anterior: o modelo no qual tanto o intercepto quanto o *slope* são aleatórios. Para isso, rodamos esta linha de código:

```
1   ### Passo 3: Intercepto e slope
    aleatórios
2   model3 = lmerTest::lmer(normexam ~
    standLRT + (standLRT | school),
3        data=Exam)
4   summary(model3)
```

Repare que em termos de código, a única mudança que fizemos foi substituir + (1 | school) por + (standLRT | school). Essa mudança avisa ao programa que agora queremos tanto que o intercepto seja aleatório quanto que o *slope* da variável standLRT com a nossa variável-critério também seja aleatório. O *output* gerado é o seguinte:

```
1    Linear mixed model fit by REML. t-tests use Satterthwaite's method
2    ['lmerModLmerTest']
3    Formula: normexam ~ standLRT + (standLRT | school)
4    Data: Exam
5
6    REML criterion at convergence: 9327.6
7
8    Scaled residuals:
9    Min    1Q Median    3Q    Max
10   -3.8323 -0.6317 0.0339 0.6834 3.4562
11
12   Random effects:
13   Groups   Name     Variance Std.Dev. Corr
14   school   (Intercept) 0.09212 0.3035
15    standLRT   0.01497 0.1223   0.49
16   Residual         0.55364 0.7441
17   Number of obs: 4059, groups: school, 65
18
19   Fixed effects:
20     Estimate Std. Error    df t value Pr(>|t|)
21   (Intercept) -0.01165  0.04011 60.65511  -0.29  0.772
22   standLRT   0.55653  0.02011 56.34744  27.67 <2e-16 ***
23   ---
24   Signif. codes: 0 '***' 0.001 '**' 0.01 '*' 0.05 '.' 0.1 ' ' 1
25
26   Correlation of Fixed effects:
27   (Intr)
28   standLRT 0.365
```

Vemos que, novamente, há pouca diferença entre o modelo com todos os efeitos aleatórios e o modelo linear simples. Na seção Random effects, vemos que pertencer a escolas diferentes resulta numa variância de 0,092 do intercepto e de 0,015 para o *slope da variável* standLRT. Já na seção Fixed effects, vemos que, novamente o intercepto não é estatisticamente diferente de zero ($\beta_0 = -0,012$, $t(60,65) = -0,029$, $p = 0,772$) e que o *slope* é positivo e significativo ($\beta_1 = 0,556$, $t(56,35) = 27,67$, $p < 0,0001$). Isso significa que 95% dos interceptos estão entre $-0,004$ e $0,004$ e que 95% dos *slopes* está entre 0,532 e 0,576. Na seção de Correlation of Fixed effects, por fim, observamos que, quando o intercepto da escola aumenta em uma unidade de desvio-padrão, o *slope* da escola aumenta em 0,365 unidades de desvio-padrão. Ou seja, parece que em escolas nas quais os alunos já começam com escores mais altos de conhecimentos gerais, a relação entre capacidade de leitura e conhecimentos gerais é mais forte.

Agora, o nosso passo 4 é definir qual modelo melhor explica os nossos dados. As variâncias do intercepto e do *slope* parecem ser pequenas e, portanto, escolheríamos o modelo linear simples como nosso preferido, correto? Não exatamente. Alguns autores defendem e demonstram que, para modelos multinível, o uso de *p*-valores pode ser bastante enganoso (Matuschek, Kliegl, Vasishth, Baayen & Bates, 2017). Por essa razão, mesmo que os resultados sejam ou não significativos e que pareça haver pequena variância nos parâmetros, é importante usar métodos mais robustos de comparação de modelos. Por isso, primeiramente vale notar que, ao usarmos o modelo linear simples, observamos um erro-padrão residual de 0,805. Isso significa que ao condicionarmos o valor do escore de conhecimentos gerais em algum valor do escore de capacidade de leitura, esperamos uma variância em torno de 0,648 ($[0,805]^2$) para os valores do escore de conhecimento. Se dividirmos a variância do *slope* por esse valor (ou seja, 0,554 / 0,648), obtemos que a variância do *slope* é em torno de 85% a magnitude da variância condicional. Dessa forma, podemos inferir que, a depender da escola de onde o aluno vem, pode haver um impacto considerável sobre a relação entre as nossas variáveis.

Para compararmos de forma mais objetiva os modelos, iremos usar o critério de informação de Akaike (*Akaike Information Criterion*,

AIC; Akaike, 1974) e o critério de informação bayesiano (Bayesian Information Criterion, BIC; Schwarz, 1978). Essas medidas representam o quão bem um modelo se ajusta aos nossos dados, assumindo um tipo específico de relações multivariadas entre os dados. Geralmente, tal relação é a distribuição normal multivariada. É importante salientar também que, para ambas as medidas, quanto menores forem os seus valores, melhor será o ajuste do modelo testado aos dados. No entanto, o BIC penaliza modelos mais complexos: se um modelo tiver muitos parâmetros, o seu valor de BIC diminui, independente de quão bom é o ajuste geral. Iremos usar também outras medidas derivadas do BIC e do AIC, conforme sugerido por Farrel e Lewandowsky (2010). Essas medidas incluem: dAIC ou dBIC, que representam a diferença entre os AICs/BICs de cada modelo com o modelo de menor AIC/BIC; LR ou BF, que representam a razão de verossimilhança (*Likelihood Ratio*, LR) e o fator de Bayes (*Bayes Factor*, BF) como medidas de ajuste relativo; e *w*, que representa o peso (para o AIC) ou a probabilidade posterior (para o BIC) dos modelos comparados.

Enquanto BIC e AIC já são funções que existem no R básico, todas as outras medidas precisam ser calculadas por nós mesmos. Dessa forma, desenvolvemos duas funções que pegam os valores de BIC (BCompare) ou AIC (ACompare) como *input*, e retornam todas as outras medidas como *output*. Para definir essas funções, rode o seguinte conjunto de códigos:

```r
1    ### Passo 4: Comparação de modelos
2    ## Função para comparar BICs
3    BCompare <- function(bics, rounding=4) {
4    dbics <- bics - min(bics)
5    BFs <- exp( (-.5) * dbics)
6    BFs <- round(BFs,rounding)
7    wM <- BFs/sum(BFs)
8    wM <- round(wM, rounding)
9    Result <- matrix(cbind(bics,dbics,BFs,wM),ncol=4)
10   colnames(Result) <- c("BIC","dBIC","BF","w")
11   row.names(Result) <- sapply(1:length(bics), function(g)
12   if(g < 10) { paste("Model_",0,g,sep="") }
13   else { paste("Model_",g,sep="") })
14   return(Result)
15   }
16   ### Função para comparar AICs
17   ACompare <- function(aics, rounding=4) {
18   daics <- aics - min(aics)
19   LRs <- exp( (-.5) * daics)
20   LRs <- round(LRs,rounding)
21   wM <- LRs/sum(LRs)
22   wM <- round(wM, rounding)
23   Result <- matrix(cbind(aics,daics,LRs,wM),ncol=4)
24   colnames(Result) <- c("AIC","dAIC","LR","w")
25   row.names(Result) <- sapply(1:length(aics), function(g)
26   if(g < 10) { paste("Model_",0,g,sep="") }
27   else { paste("Model_",g,sep="") })
28   return(Result)
29   }
```

Após definirmos nossas funções, podemos utilizá-las para comparar nossos modelos. Os comandos a seguir, por linha: listam os modelos; calculam os BICs e AICs de cada modelo; calculam as outras medidas de ajuste; nomeiam os modelos para podermos melhor compreender os *outputs*; e retornam os resultados baseados em BIC e em AIC, respectivamente:

O *output* gerado é mostrado logo abaixo. Podemos ver que, de acordo com os valores de AIC e de BIC, o modelo que melhor ajusta os dados é o modelo em que tanto o intercepto quanto o *slope* são aleatórios (lembre-se que, quanto menor o valor, melhor). É possível observar, também, que os valores de BIC, quando comparados com os valores de AIC

```
1    Models <- list(model0, model1, model2, model3)
2    BICs  <- sapply(seq_along(Models), function(g)
3    BIC(Models[[g]]))
4    AICs  <- sapply(seq_along(Models), function(g)
5    AIC(Models[[g]]))
6    ResultadoB <- BCompare(BICs); ResultadoA <- ACompare(AICs)
7    rownames(ResultadoB) <- rownames(ResultadoA) <- c("Modelo
8    Linear",
9    "Modelo Nulo",
10   "Modelo misto", "Modelo aleatório")
     ResultadoA
     ResultadoB
```

para os respectivos modelos, são sempre um pouco maiores. Por exemplo, o AIC do modelo linear é igual a 9.766,51, enquanto o BIC deste mesmo modelo é igual a 9.785,44. Outro detalhe importante para se reparar é que tanto o LR, o BF e o $w$ de ambas as medidas colocaram o máximo valor para o modelo aleatório. Isso significa que (interpretando LR e BF) há muito mais evidência a favor do modelo aleatório, e que (interpretando $w$) os outros modelos são basicamente irrelevantes quando comparados com o modelo aleatório.

```
1    > Resultado A
2                      AIC           dAIC          LR  w
3    Modelo linear     9766.510      426.91002      0   0
4    Modelo nulo       11020.655     1681.05419     0   0
5    Modelo misto      9376.765      37.16494       0   0
6    Modelo aleatório
7    Resultado B
8                      BIC           dBIC          BF  w
9    Modelo linear     9785.436      407.98394      0   0
10   Modelo nulo       11039.581     1662.12812     0   0
11   Modelo misto      9402.000      24.54756       0   0
12   Modelo           9377.452      0.00000        1   1
     aleatório
```

De acordo com o passo a passo que definimos na seção anterior, nossa análise poderia ser encerrada por aqui. No entanto, caso haja mais variáveis e hipóteses de interesse mais complexas, pode ser necessário continuar a análise. Por exemplo, será que se as escolas usam testes de admissão para admitir ou não alunos, isso tem um efeito sobre os escores de conhecimento gerais? Dessa forma, estaremos trabalhando com um modelo que tem variáveis preditoras em dois níveis: o escore de capacidade leitura é mensurado no nível individual (ou seja, no nível dos alunos), enquanto a nota de corte dos testes de admissão é medida no nível grupal (ou seja, no nível das escolas). Para testarmos esse modelo, basta rodarmos:

```
1   ### Passo 5: Intercepto aleatório e
    preditores em dois
2   níveis
3   model4 <- lmerTest::lmer(normexam ~
    standLRT + schavg +
4   (1 + standLRT | school), data=Exam)
    summary(model4)
```

Repare que, em termos de código, a única mudança que fizemos em relação ao último modelo testado foi inserir a variável schavg, que representa a nota de admissão das escolas, e por inserir o intercepto no efeito aleatório: (1 + standLRT |

school). Nesse caso é necessário explicitar que o intercepto também tem um efeito aleatório, dado que temos mais de um preditor. Perceba que a variável schavg, por ser mensurada no nível da escola, todos os alunos da mesma escola terão o mesmo valor. Por essa razão, não faz sentido dizer que o intercepto vai mudar por escola: nesses casos, há apenas um ponto de dado por grupo. Para verificar isso, rode o comando Exam$schavg[which(Exam$school = 1)] e veja o que acontece. Mude o número 1 pelos outros números possíveis (de 2 até 65) e tente entender por que todos os valores são sempre iguais. Em relação à análise do passo 5, o *output* gerado é o seguinte:

```
1   Linear mixed model fit by REML. t-tests use Satterthwaite's method
    ['lmerModLmerTest']
2   Formula: normexam ~ standLRT + schavg + (1 + standLRT | school)
3   Data: Exam
4
5   REML criterion at convergence: 9323.9
6
7   Scaled residuals:
8   Min    1Q Median    3Q     Max
9   -3.8294 -0.6317 0.0326 0.6851 3.4363
10
11  Random effects:
12  Groups Name   Variance Std.Dev. Corr
13  school (Intercept) 0.07720 0.2778
14   standLRT     0.01532 0.1238      0.37
15  Residual       0.55360 0.7440
16  Number of obs: 4059, groups: school, 65
17
18  Fixed effects:
19       Estimate Std. Error df t value Pr(>|t|)
20  (Intercept) -0.001423    0.037255 57.304971 -0.038  0.9697
21  standLRT     0.552242    0.020353 56.190815 27.133 <2e-16 ***
22  schavg 0.294731    0.107267 63.566910  2.748  0.0078 **
23  ---
24  Signif. codes: 0 '***' 0.001 '**' 0.01 '*' 0.05 '.' 0.1 ' ' 1
25
26  Correlation of Fixed effects:
27  (Intr) stnLRT
28  standLRT 0.266
29  schavg 0.089 -0.085
```

Na seção Random effects, vemos que pertencer a escolas diferentes resulta numa variância de 0,077 do intercepto e de 0,015 para o *slope* do escore de capacidade de leitura. Lembre-se que o escore de admissão não varia por indivíduos da mesma escola e, por isso, não é possível ter *slopes* diferentes para esta variável por escola. Já na seção Fixed effects vemos que, novamente, o intercepto não é estatisticamente diferente de zero ($\beta_0 = -0,001$, $t(57,30) = -0,038$, $p = 0,970$) e que o *slope* do escore de capacidade de leitura é positivo e significativo ($\beta_1 = 0,552$, $t(56,19) = 27,13$, $p < 0,0001$). O novo resultado que achamos é que o efeito do escore de admissão no nível da escola também afeta positiva e significativamente os escores de conhecimento geral dos alunos ($\beta_2 = 0,295$, $t(63,57) = 2,748$, $p = 0,0078$). Na seção de Correlation of Fixed effects, observamos que, quando o intercepto da escola aumenta em uma unidade de desvio-padrão, o *slope* do escore de capacidade de leitura da escola aumenta em 0,266 unidade de desvio-padrão. O *slope* do escore de admissão, por outro lado, tem baixa correlação com os outros parâmetros.

Nosso último modelo irá testar um caso complexo: onde há interações entre níveis. Ou seja, o escore de admissão das escolas muda a relação que os escores de capacidade de leitura têm com o escore de conhecimentos gerais e vice-versa. Para rodar esse modelo, basta usarmos estes códigos:

```
1  ### Passo 6: Interceptos aleatórios
   com interação entre níveis
2  model5 <- lmerTest::lmer(normexam ~
   standLRT * schavg +
3  (1 + standLRT | school), data=Exam)
4  summary(model5)
```

Repare que a única diferença em relação ao modelo anterior é que mudamos a relação adi-

tiva standLRT + schavg e pela relação multiplicativa standLRT * schavg. Ao fazermos isso, o R entende que, além de calcular os *slopes* de cada preditora, é necessário também calcular qual a interação (ou moderação) entre essas variáveis. O resultado gerado é apresentado abaixo:

```
1   Linear mixed model fit by REML.
    t-tests use Satterthwaite's method
2   ['lmerModLmerTest']
3   Formula: normexam ~ standLRT *
    schavg + (1 + standLRT | school)
4   Data: Exam
5
6   REML criterion at convergence:
    9320.4
7
8   Scaled residuals:
9   Min    1Q Median    3Q     Max
10  -3.8298 -0.6368 0.0348 0.6851 3.4556
11
12  Random effects:
13  Groups Name    Variance Std.Dev. Corr
14  school (Intercept) 0.07636 0.2763
15  standLRT      0.01223 0.1106
    0.36
16  Residual      0.55378 0.7442
17  Number of obs: 4059, groups: school,
    65
18
19  Fixed effects:
20  Estimate Std. Error df t value
    Pr(>|t|)
21  (Intercept)   -0.007092     0.037141
    58.681946 -0.191 0.84923
22  standLRT      0.557943      0.019145
    54.030648 29.144 < 2e-16 ***
23  schavg 0.373398      0.110954
    63.231117     3.365 0.00130 **
24  standLRT:schavg 0.161829    0.057712
    59.427615     2.804 0.00681 **
25  ---
26  Signif. codes: 0 '***' 0.001 '**'
    0.01 '*' 0.05 '.' 0.1 ' ' 1
27
28  Correlation of Fixed effects:
29  (Intr) stnLRT schavg
30  standLRT      0.236
31  schavg 0.070 -0.064
32  stndLRT:sch -0.065 0.087 0.252
```

Na seção Random effects, vemos que pertencer a escolas diferentes resulta numa variância de 0,076 do intercepto e de 0,012 para o *slope* do escore de capacidade leitura. Já na seção Fixed effects, vemos que, novamente o intercepto não é estatisticamente diferente de zero ($\beta_0 = -0,007$, $t(58,68) = -0,191$, $p = 0,849$), que o *slope* do escore de capacidade de leitura é positivo e significativo ($\beta_1 = 0,558$, $t(54,03) = 29,144$, $p < 0,0001$) e que o efeito do escore de admissão no nível da escola também afeta positiva e significativamente os escores de conhecimento geral dos alunos ($\beta_2 = 0,373$, $t(63,23) = 3,365$, $p = 0,0013$). A novidade de resultado nessa análise é o termo de interação/moderação, standLRT:schavg, que demonstra que, com o aumento nos níveis de escores de admissão, a relação entre conhecimentos gerais e capacidade de leitura tende a aumentar ($\beta_3 = 0,162$, $t(59,43) = 2,804$, $p = 0,0068$). Na seção de Correlation of Fixed effects, observamos que, quando o intercepto da escola aumenta em uma unidade de desvio-padrão, o *slope* do escore de capacidade de leitura da escola aumenta em 0,236 unidade de desvio-padrão. O *slope* do escore de admissão continua sendo relativamente independente dos outros parâmetros. Já o *slope* da interação tende a aumentar em 0,252 unidade de desvio-padrão quando o parâmetro do escore de admissão muda.

Após rodarmos esses dois novos modelos, devemos compará-los também com os modelos anteriores que testamos para, afinal, decidir qual o melhor modelo para os nossos dados. Calculamos BICs, AICs e medidas derivadas usando o seguinte comando:

```
1    Models <- list(model0, model1,
     model2, model3, model4, model5)
2    BICs  <- sapply(seq_along(Models),
     function(g) BIC(Models[[g]]))
3    AICs  <- sapply(seq_along(Models),
     function(g) AIC(Models[[g]]))
4    ResultadoB <- BCompare(BICs);
     ResultadoA <- ACompare(AICs)
5    rownames(ResultadoB) <-
     rownames(ResultadoA) <- c("Modelo
     Linear",
6    "Modelo Nulo",
7    "Modelo misto",
8    "Modelo aleatório",
9    "Dois níveis",
10   "Interação")
11   ResultadoA
12   ResultadoB
```

O *output* gerado é mostrado logo abaixo. Podemos ver que, dessa vez, o AIC e o BIC não concordaram em qual o melhor modelo para ajustar os nossos dados. Usando o AIC, o modelo que considera a interação entre as duas variáveis preditoras é o de melhor ajuste (AIC = 9.336,387). Considerando o LR, existe muito mais evidência a favor do modelo de interação do que para o segundo melhor modelo – o modelo de dois níveis (LR de 1,00 *versus* LR de 0,47). Além disso, o modelo de interação também tem um peso w de 0,598, o que significa que ele é o modelo mais verossímil para nosso conjunto de dados. Por outro lado, já de acordo com o BIC, o melhor modelo é, novamente, o modelo aleatório com apenas o escore de capacidade de leitura como preditor (BIC = 9.377,45). Esse modelo ajusta os dados cerca de 10 vezes melhor do que o segundo modelo de melhor ajuste (BF do modelo de dois níveis = 0,101). Por fim, a probabilidade *a posteriori* desse modelo é de 0,901, o que significa que esse modelo é mais provável de realmente gerar os dados observados, quando comparado com os outros modelos testados.

```
1     > ResultadoA
2                          AIC              dAIC            LR              w
3     Modelo linear        9766.510         430.123133      0.0000          0.0000
4     Modelo nulo          11020.655        1684.267309     0.0000          0.0000
5     Modelo misto         9376.765         40.378056       0.0000          0.0000
6     Modelo aleatório     9339.600         3.213115        0.2006          0.1199
7     Dois níveis          9337.885         1.497780        0.4729          0.2826
8     Interação            9336.387         0.000000        1.0000          0.5976
9     > ResultadoB
10                         BIC              dBIC            BF              w
11    Modelo linear        9785.436         407.983942      0.0000          0.0000
12    Modelo nulo          11039.581        1662.128119     0.0000          0.0000
13    Modelo misto         9402.000         24.547557       0.0000          0.0000
14    Modelo aleatório     9377.452         0.000000        1.0000          0.9011
15    Dois níveis          9382.046         4.593357        0.1006          0.0907
16    Interação            9386.857         9.404269        0.0091          0.0082
```

Esse caso específico é interessante e serve bem a dois propósitos: (i) nem sempre os critérios AIC e BIC vão concordar sobre qual o melhor modelo para representar seus dados; (ii) a depender de quais modelos sejam usados para a comparação, podemos observar resultados distintos. De fato, conforme mais modelos são usados para se fazer comparações, e que haja uma grande diferença na complexidade (i. e., número de parâmetros desses modelos) entre esses modelos, é esperado que o AIC e o BIC difiram. Como então escolher qual critério utilizar? Alguns autores defendem que, por causa da penalização, o BIC deveria ser preferido (Raftery, 1999), dado que o AIC pode tender a supervalorizar modelos mais complexos. No entanto, há autores também que discutem que, em alguns casos, o BIC penaliza demais modelos complexos, fazendo com que esses modelos não tenham chance de comparação com modelos mais simples (Drton & Plummer, 2017). Dessa forma, a nossa sugestão é que você sempre calcule ambos, além dos índices derivados, e use o fato de que o AIC é mais liberal, enquanto o BIC é mais conservador, para tomar sua decisão. Outra sugestão é usar considerações teóricas na decisão de qual modelo escolher. A existência de uma teoria sobre a relação das variáveis explicativas associadas com a variável de resposta é de suma importância na análise multinível. Na ausência de uma teoria, a escolha entre modelos será fundada unicamente com base nas considerações estatísticas e o modelo que se ajuste melhor aos dados será escolhido. Esta escolha nem sempre será a mais adequada (Klein & Kozlowski, 2000).

Para finalizarmos essa seção, ainda nos resta uma pergunta: como saber quais os interceptos e *slopes* para cada uma das minhas escolas? Se usarmos o BIC como nosso critério de seleção, julgamos que há uma variação tanto no intercepto quanto no *slope* para todas as escolas. Para descobrirmos esses valores no R, basta rodarmos o seguinte comando:

```
1     coef(Models[[which.min(BICs)]])
```

que resulta no seguinte *output* (o qual nós resumimos por questão de espaço):

```
1    $school
2        (Intercept)        standLRT
3    1    0.3637338594    0.6822281
4    2    0.4590255026    0.7222435
5    3    0.4694611303    0.6369807
6    4    0.0231199713    0.6854171
7    5    0.2352837505    0.6291885
```

Aqui, mostramos apenas o começo do *output*. Ele nos indica qual a variável de agrupamento que utilizamos, school, e qual o intercepto e o *slope* para as cinco primeiras escolas. No *output* completo é apresentado o intercepto e o *slope* para todas as 65 escolas. A partir desses valores podemos, por exemplo, plotar linhas de tendência estimadas, além de fazer predições específicas de acordo com as nossas variáveis e perguntas de pesquisa.

## Representações gráficas

Para aquele leitor menos acostumado com matemática ou estatística este capítulo deve ter sido um desafio um pouco mais complicado. São poucas representações gráficas (ao menos até então) e a necessidade de entender a diferença entre parâmetros de efeitos fixos e de efeitos aleatórios. No entanto, como demonstramos na introdução do capítulo, por meio da figura 2, é sim possível fazer representações gráficas de modelos multinível usando o R. Para gerar a figura 2, por exemplo, usamos o pacote lattice (Sarkar, 2008) e os seguintes comandos:

```
1 require(lattice)
2 xyplot(normexam ~ standLRT |
  as.factor(school),
3 data = Exam,
4 col.line = 'black',
5 type = c("p", "r"),
6 main = 'Efeitos por Escola',
7 ylab="Escores std - Conhecimentos gerais",
8 xlab="Escores std - Capacidade de
  Leitura")
```

Repare que a notação da fórmula dessa função, normexam ~ standLRT | as.factor(school), é um pouco distinta, mas ainda se assemelha a como a função lmer representa os modelos também. Veja que a linha de tendência que inserimos assume que tanto o intercepto quanto o *slope* são aleatórios. Além de exames prévios mais básicos, podemos usar gráficos para fazer diagnósticos dos nossos modelos.

Usando como exemplo o modelo de melhor ajuste, de acordo com o BIC, podemos gerar seu gráfico de relação entre estimativas e resíduos usando a seguinte função:

```
1    plot(Models[[which.min(BICs)]],
     type = c("p", "smooth"),
2    ylab="Resíduos",
     xlab="Estimativas")
```

o que nos retorna à figura 3.

É possível observar na figura 3 que não parece haver uma tendência de relação entre estimativas e resíduos. Portanto, é seguro concluir que há independência entre os resíduos e a variável preditora. Outro gráfico bastante utilizado para checagem de pressupostos é o gráfico de escala-localização. Para gerá-lo para MLMs no R, basta rodarmos:

```
1    plot(Models[[which.min(BICs)]],
     sqrt(abs(resid(.))) ~ fitted(.),
2    type = c("p", "smooth"),
3    ylab=expression(sqrt("|Resíduos|")),
     xlab="Estimativas")
```

o que retorna à figura 4.

É possível observar na figura 4 que a dispersão dos resíduos parece ser igual por toda a escala de valores estimados. Portanto, é seguro concluir que há homocedasticidade dos resíduos. O último gráfico interessante para análises diagnósticas do nosso modelo é o gráfico QQ. Para gerá-lo para MLMs no R, basta rodarmos:

**Figura 3**
*Gráfico de resíduos **versus** valores estimados para o modelo de melhor ajuste, considerando o valor dos BICs*

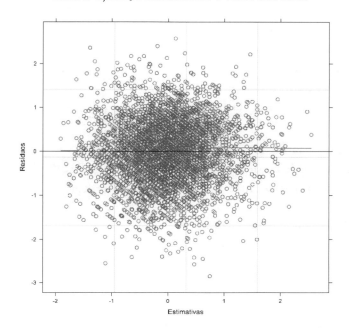

**Figura 4**
*Gráfico de escala-localização para o modelo de melhor ajuste, considerando o valor dos BICs*

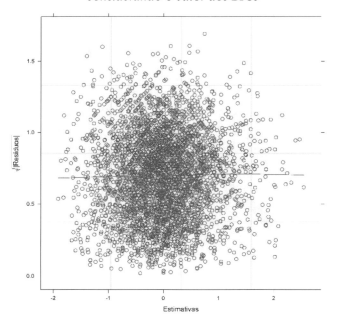

```
1  lattice::qqmath(Models[[which.
   min(BICs)]], id = 0.05)
```

o que gera a figura 5.

A partir da figura 5 podemos inferir que os resíduos seguem uma distribuição normal, talvez com algum viés para quando a magnitude dos resíduos é muito grande, dado que a grande maioria dos valores está bem próxima da linha de tendência linear.

O último gráfico que gostaríamos de mostrar é um que, após o ajuste de modelo, demonstra todas as linhas estimadas de relação entre nossa variável preditora e nossa variável-critério no modelo de melhor ajuste, de acordo com os BICs. O conjunto de comandos a seguir faz os cálculos necessários:

```
1  fix <- fixef(Models[[which.min(BICs)]])
2  rand <- ranef(Models[[which.min(BICs)]])
3  paramsSchool <-
   cbind((rand$school[1]+fix[1]),
4  (rand$school[2]+fix[2]))
5
6  plot(data = Exam, normexam ~
   standLRT,type = 'n',
7  ylim = c(min(Exam$normexam),max(
   Exam$normexam)),
8  xlim =
   c(min(Exam$standLRT),max(Exam$standLRT)),
9  cex.main = .75,
10 xlab = "Escores std - Capacidade de
   Leitura",
11 ylab = "Escores std - Conhecimentos
   gerais")
12
13 for(i in 1:length(unique(Exam$school))){
14 abline(a = paramsSchool[i,1], b =
   paramsSchool[i,2],
15 col = 'lightblue')
16 par<- par(new=F)
17 }
18
19 abline(a = fix[1], b = fix[2], lwd= 2,col =
   'red')
```

**Figura 5**
*Gráfico QQ para o modelo de melhor ajuste, considerando o valor dos BICs*

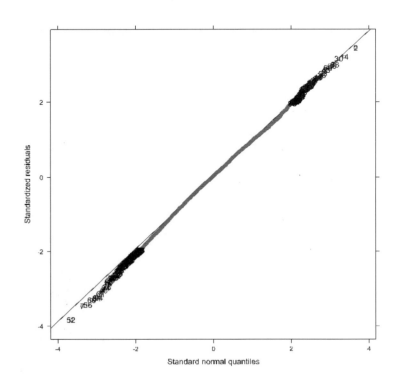

e também gera a figura 6.

**Figura 6**
*Variabilidade dos interceptos e slopes a depender da escola*

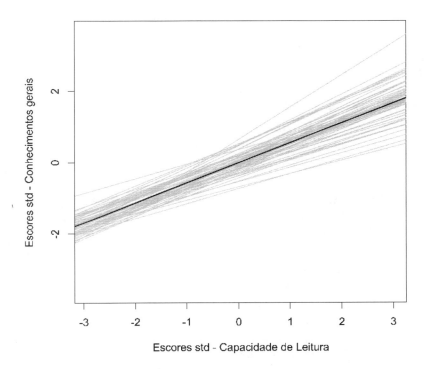

Na figura 6, as linhas cinzas são as linhas de tendência individuais estimadas para cada escola e a linha preta é a linha de tendência do efeito fixo. Podemos ver que há considerável variabilidade e que, a depender da escola, resultados bem diferentes são esperados.

## Considerações finais

Esperamos que este capítulo o tenha ajudado a entender a importância de MLMs, além de ter motivado você a começar a usar esse tipo de modelo em suas pesquisas. Para isso, passamos o básico da teoria e focamos, principalmente, na aplicação no software R. Apesar de assumirmos já alguma familiaridade com o programa, esperamos também que o capítulo motive aqueles que ainda evitam o software por ser mais complexo de utilizar do que programas mais tradicionais na área de pesquisa em psicologia e ciências sociais e humanas. Como motivação extra queremos salientar também que, dominando o conteúdo deste capítulo e o R, é fácil estender os modelos que discutimos para alternativas mais complexas. Isso porque existem pacotes que implementam Modelos Multinível Aditivos (Wood, 2019) e MLMs bayesianos (Bürkner, 2017). Dessa forma, pela quantidade de modelos que podem ser implementados usando o R, e partindo das orientações que fornecemos no presente capítulo, o limite de complexidade em suas pesquisas serão definidas apenas pelos dados que você tiver disponível.

## Referências

Akaike, H. (1974). A new look at the statistical model identification. *IEEE Transactions on Automatic Control*, 19(6), 716-723. https://doi.org/10.1109/TAC.1974.1100705.

Bates, D., Maechler, M., Bolker, B., Walker, S., Christensen, R. H. B., Singmann, H., Dai, B., Scheipl, F., Grothendieck, G., Green, P., & Fox, J. (2020). lme4: Linear Mixed-Effects Models using "Eigen" and S4. https://CRAN.R-project.org/package=lme4

Bates. D., Maechler, M., & Bolker, B. (2020). MLMRev: Examples from Multilevel Modelling Software Review. http://CRAN.R-project.org/package=MLMRev

Bürkner, P. C. (2017). brms: An R package for Bayesian multilevel models using Stan. *Journal of Statistical Software*, 80(1), 1-28. http://dx.doi.org/10.18637/jss.v080.i01.

De Leeuw, J., & Meijer, E. (2008). *Handbook of multilevel analysis*. Springer Science & Business Media.

Drton, M., & Plummer, M. (2017). A Bayesian information criterion for singular models. *Journal of the Royal Statistical Society: Series B (Statistical Methodology)*, 79(2), 323-380. https://doi.org/10.1111/rssb.12187.

Finch, W. H., Bolin, J. E., & Kelley, K. (2019). *Multilevel modeling using R*. CRC.

Goldstein, H. (2010). *Multilevel statistical models*. Wiley.

Goldstein, H., Rasbash, J., Yang, M., Woodhouse, G., Pan, H., Nuttall, D., & Thomas, S. (1993). A multilevel analysis of school examination results. *Oxford Review of Education*, 19(4), 425-433. https://doi.org/10.1080/0305498930190401.

Hox, J. J. (2010). *Multilevel analysis: Techniques and applications* (Second edition). Routledge.

Hox, J. J., & Roberts, J. K. (2011). *Handbook of advanced multilevel analysis*. Routledge.

Klein, K. J., & Kozlowski, S. W. J. (2000). *Multilevel theory, research and methods in organizations*. Jossey-Bass.

Kuznetsova, A., Brockhoff, P. B., & Christensen, R. H. B. (2017). lmerTest package: tests in linear mixed effects models. *Journal of Statistical Software*, 82(13), 1-26. https://doi.org/10.18637/jss.v082.i13.

Lang, S., Umlauf, N., Wechselberger, P., Harttgen, K., & Kneib, T. (2014). Multilevel structured additive regression. *Statistics and Computing*, 24(2), 223-238. https://doi.org/10.1007/s11222-012-9366-0.

Lewandowsky, S., & Farrell, S. (2010). *Computational modeling in cognition: Principles and practice*. Sage.

Matuschek, H., Kliegl, R., Vasishth, S., Baayen, H., & Bates, D. (2017). Balancing Type I error and power in linear mixed models. *Journal of Memory and Language*, 94, 305-315. https://doi.org/10.1016/j.jml.2017.01.001.

R Core Team (2020). *R: A language and environment for statistical computing*. R Foundation for Statistical Computing, Vienna, Austria. http://www.R-project.org/

Raftery, A. E. (1999). Bayes factors and BIC: Comment on "A critique of the Bayesian information criterion for model selection". *Sociological Methods & Research*, 27(3), 411-427. https://doi.org/10.1177%2F0049124199027003005.

Sarkar, D. (2008). *Lattice: multivariate data visualization with R*. Springer.

Schwarz, G. (1978). Estimating the dimension of a model. *The Annals of Statistics*, 6(2), 461-464. https://doi.org/10.1214/aos/1176344136.

Snijders, T. A. B., & Berkhof, J. (2008). Diagnostic checks for multilevel models. In J. Leeuw & E. Meijer (orgs.), *Handbook of Multilevel Analysis* (pp. 141-175). Springer.

Steele, F., & Goldstein, H. (2007). Multilevel models in psychometrics. In C. S. Rao & S. Sinharay (orgs.), *Handbook of statistics* (vol. 26, pp. 401-420). Elsevier.

Wood, S. (2019). mgcv: Mixed GAM Computation Vehicle with Automatic Smoothness. https://CRAN.R-project.org/package=mgcv

# 10
# Teoria de resposta ao item paramétrica e não paramétrica

*Josemberg Moura de Andrade*
*Jacob Arie Laros*
Universidade de Brasília

*Kaline da Silva Lima*
Universidade Federal da Paraíba

Uma renomada pesquisadora bolsista CNPq está interessada em propor uma versão reduzida de um determinado instrumento de pesquisa. O problema com o instrumento na sua forma original é a grande quantidade de itens que leva muitas pessoas a abandonarem a aplicação do instrumento. Um secretário de Educação almeja implementar uma avaliação educacional em larga escala, comparando os estudantes da sua unidade federativa com os estudantes de todo Brasil. Ele ouviu falar que para fazer essa comparação precisaria aplicar itens comuns com o Sistema de Avaliação da Educação Básica (Saeb) e usar uma tal técnica de equalização. Uma professora da educação básica gostaria de investigar na sua dissertação de mestrado em Pedagogia se estudantes do sexo masculino são mais propensos a acertar itens de interpretação de texto na temática da tecnologia. A intenção dela é produzir avaliações educacionais em sala de aula mais equitativas. Um diretor de uma rede educacional pretende fazer aplicações computadorizadas de uma prova de inglês com a apresentação de itens mais adequados e compatíveis com o nível de conhecimento em inglês dos estudantes. Ele percebeu que estudantes de alta proficiência ficam

desmotivados com a apresentação de itens fáceis e muito fáceis, enquanto estudantes de baixa proficiência ficam frustrados com a apresentação de itens difíceis e muito difíceis.

O que todas essas situações do parágrafo anterior têm em comum? Em todas elas um dos modelos da teoria de resposta ao item (TRI) pode ser aplicado a fim de se alcançar os seus respectivos objetivos. A TRI é um conjunto de modelos matemáticos que considera o item como unidade básica de análise e procura representar a probabilidade de um indivíduo dar uma certa resposta ou endossar um item em função dos parâmetros do item e do traço latente do indivíduo (Andrade et al., 2000; Andrade et al., 2010; Hambleton et al., 1991). Não é nossa intenção discutir todas as demandas e situações apresentadas no parágrafo introdutório, até mesmo porque seria impossível em termos de espaço. Especificamente, o presente capítulo objetiva discutir os modelos de TRI paramétrica e não paramétrica, pressupostos e aplicações, apresentando um tutorial em Linguagem R (R Core Team, 2020) de aplicação do Modelo de Resposta Gradual de Samejima (Samejima's Graded Response Model – SGRM) e Análise de Escala de Mokken (*Mokken Scale*

*Analysis*). Para isso foi utilizada uma escala de satisfação com a vida (*Satistfaction With Live Scale* – SWLS) composta por cinco itens de uma base de dados Mendeley de acesso livre (Rogowska et al., 2019). Aos leitores interessados em aprofundar os tópicos aqui discutidos, ao longo do capítulo serão apresentadas referências específicas que poderão ser consultadas.

## A medição na psicologia e a teoria de resposta ao item

A medição na psicologia é uma tarefa complexa, pois, na maior parte das vezes, nosso objetivo é medir variáveis não diretamente observáveis, tais como traços de personalidade, habilidades cognitivas, motivação, qualidade de vida, depressão, ansiedade etc. A medição de tais construtos – variáveis não observadas diretamente – é mais desafiador do que definir a altura ou o peso corporal dos indivíduos. Para esses últimos, basta termos uma fita métrica e uma balança, respectivamente, ambos acurados, para fazermos uma medição. Obviamente, não podemos simplesmente perguntar: "Quão deprimido você é?" ou "Quão inteligente você é?", muito menos temos uma régua da depressão ou uma balança da inteligência. Precisamos de um instrumento de medida como um teste psicológico ou um questionário para avaliar a localização ou o desempenho de um examinando no *continuum* da variável latente (Mair, 2018). Obviamente, um único item não é capaz de avaliar todos os aspectos da depressão ou da inteligência. Assim, usamos uma certa quantidade de itens para conseguir abarcar todos os aspectos do fenômeno medido e, para isso, precisamos ter certeza de que esses itens em conjunto são adequados para avaliar o construto em questão.

Em um mundo de constante mudança, a testagem psicológica continua assumindo um papel central para a psicologia aplicada (Embretson & Reise, 2000). Os testes, inventários e escalas psicológicas desempenham um papel importante na consolidação da psicologia enquanto ciência, pois permitem a objetivação e a operacionalização de diferentes hipóteses teóricas (Borsa & Damásio, 2017; Primi, 2003, 2010). A partir da mensuração de construtos psicológicos podemos avançar no conhecimento científico, testando, refutando ou corroborando hipóteses de pesquisa. Mais do que nunca, a ciência se mostra necessária como uma produção de conhecimento gerada a partir de procedimentos empíricos criteriosos (Chalmers, 1993). É a partir do conhecimento científico que podemos ter respostas para nossas inquietudes e desafios impostos pelo mundo moderno e globalizado.

Em relação à mensuração, a base psicométrica dos testes tem passado por mudanças drásticas. Embora a teoria clássica dos testes (TCT) tenha sido utilizada ao longo de várias décadas e continue sendo utilizada nos dias de hoje (Andrade et al., 2019), a teoria de resposta ao item (TRI) tem, convencionalmente, se tornado a base teórica predominante da mensuração (Embretson & Reise, 2000). Especificamente, a TRI tem apresentado grande potencial para responder questões práticas tais como as apresentadas no início deste capítulo.

Neste contexto é importante destacar os estudos relacionando os modelos da TRI e TCT (p. ex., Kohli et al., 2015; Macdonald & Paunonen, 2002; Raykov & Marcoulides, 2016). Especificamente, Macdonald e Paunonen (2002), usando técnicas de Monte Carlo com dados de testes simulados, observaram que as estimativas de parâmetros de dificuldade dos itens e estimativas de habilidades dos respondentes baseadas na TRI e TCT eram comparáveis, invariáveis e precisas nas condições de teste simulados. No entanto, enquanto as estimativas dos parâmetros de discriminação dos itens baseadas na TRI eram precisas na maioria das condições experimentais, as estimativas dos parâmetros de discriminação dos itens com base na TCT provaram ser precisas apenas em algumas condições.

Também conhecida como teoria da curva característica do item ou teoria do traço latente, a TRI é um conjunto de modelos matemáticos que considera o item como unidade básica de análise (e não o escore total como na TCT). Dessa forma, a TRI procura representar a probabilidade de um indivíduo dar uma resposta certa ou endossar (concordar) um item como função dos parâmetros do item e do traço latente do indivíduo (Andrade et al., 2010; Schmidt & Embretson, 2003). O traço latente (qualificado na TRI com a letra grega teta – $\theta$) é uma característica não observável do sujeito, que determina sua forma de responder ao teste (Pasquali, 2018).

Especificamente no Brasil, a TRI tem ganhado destaque na mídia a partir da sua utilização no Exame Nacional do Ensino Médio (Enem). A teoria tem atraído a atenção de educadores, especialistas e estudantes na medida em que os resultados do seu uso impactam decisivamente na vida dos indivíduos. Vale destacar, no entanto, que a TRI vem sendo utilizada no Brasil desde a década de 1990, especificamente, no Saeb. No entanto, acreditamos que sua popularização para o grande público se deu a partir da sua utilização no Enem.

Na literatura brasileira pode-se citar, por exemplo, a utilização da TRI para o aprimoramento dos seguintes instrumentos: Inventário dos Cinco Grandes Fatores de Personalidade (Andrade, 2008), Bateria Fatorial de Personali-

dade (Nunes et al., 2008), Teste não Verbal de Inteligência SON-R 2½-7[a] (Laros et al., 2015), entre outros. Por meio da TRI também é possível identificar itens com funcionamento diferencial em grupos diferentes (*Differential Item Functioning* – DIF) (Camilli & Shepard, 1994; Du Toit, 2003), equalizar escores de diferentes testes ou formas alternativas de um mesmo teste (Kolen & Brennnan, 2014), e descrever e interpretar escores de testes em uma única escala (Hambleton et al., 1991). Especial atenção tem sido dada na TRI à testagem adaptativa computadorizada (*Computerized Adaptive Testing* – CAT) (Wainer, 2000). Baseando-se nos parâmetros dos itens da TRI, um sistema informatizado seleciona e aplica os itens mais adaptados ao perfil do examinando (Valentini & Laros, 2011). A TRI permite emparelhar itens com a aptidão do sujeito avaliado. Em outras palavras, pode-se utilizar itens mais fáceis para examinandos com um nível de proficiência mais baixo e itens mais difíceis para examinandos mais proficientes, produzindo escores comparáveis em ambos os casos. Na prática do CAT, o examinando inicialmente responde a itens de dificuldade mediana. A partir dos seus acertos e erros é feita uma estimativa inicial da sua proficiência e são apresentados itens com níveis de dificuldades adequados à sua proficiência. As principais vantagens de testes utilizando CAT são: (1) maior eficiência – testes utilizando CAT geralmente reduzem o tamanho do teste em 50% ou mais; (2) controle da precisão da medida – uma testagem adaptativa computadorizada pode aferir ou classificar todos os examinandos com o mesmo grau de precisão; (3) itens muito fáceis e muito difíceis que podem desencorajar os examinados são evitados; e (4) indivíduos podem responder o teste na sua própria velocidade e esta pode ser utilizada como informação adicional de proficiência (Wainer, 2000).

Na TRI os termos estimação do nível de habilidade e estimação ou calibração dos parâmetros dos itens são comumente utilizados. Estimar a habilidade significa determinar o nível do *teta* ($\theta$) para cada um dos examinandos (Hambleton et al., 1991). O $\theta$ pode ser, por exemplo, inteligência, raciocínio abstrato, extroversão ou depressão ou o nível de proficiência em leitura. A estimação ou calibração dos parâmetros dos itens, por sua vez, diz respeito à tarefa de caracterizar os itens por meio dos valores numéricos de seus parâmetros – no caso do modelo de três parâmetros – de discriminação, dificuldade e acerto ao acaso (Baker & Kim, 2004). Do ponto de vista teórico, existem três situações de estimação: (1) quando os parâmetros dos itens são conhecidos e se pretende estimar apenas o nível de proficiência dos respondentes; (2) quando se conhece o nível de proficiência dos respondentes e se pretende estimar apenas os parâmetros dos itens; e (3) quando se deseja estimar simultaneamente os parâmetros dos itens e os níveis de proficiência dos respondentes (Andrade et al., 2000).

Entre as vantagens do uso da TRI, quando os dados se ajustam ao modelo, pode-se citar: (1) é possível estimar o $\theta$ de sujeitos que responderam diferentes formas de testes, porém com conteúdos similares via técnica da equalização; (2) os parâmetros obtidos por meio da TRI são medidas estatisticamente independentes da amostra de respondentes (propriedade da invariância); e (3) a estimativa do nível de proficiência dos examinandos que acertaram a mesma quantidade de itens, porém diferentes itens, é diferenciada (Nunnally & Bernstein, 1995).

Na TRI considera-se que os itens de um teste são uma representação comportamental que o indivíduo expressa como resposta a um ou mais traços latentes, de modo que o comportamento é causado por um processo psíquico. Assim, devemos considerar dois axiomas fundamentais: (1) o desempenho no item representa o efeito e os traços latentes são a causa; isto quer dizer que a predição do desempenho do sujeito no item (tarefa) é realizada a partir do traço latente ou agrupamento de traços latentes (aptidões ou habilidades) que são identificadas pelo $\theta$; (2) a Curva Característica do Item (CCI) é uma descrição gráfica e se refere a uma função matemática que expressa a relação entre o desempenho no teste e o traço latente. Por meio da CCI observamos que indivíduos com aptidão maior terão maior probabilidade de responder corretamente ou endossar o item (Nunnally & Bernstein, 1995; Pasquali, 2018).

A seguir, na figura 1 é apresentado um exemplo de CCI de um item dicotômico (discorda = 0 e concorda = 1) de um instrumento que avalia o construto desesperança. Os parâmetros desse item foram estimados usando o modelo logístico de 2 parâmetros a partir do Software R Studio.

Podemos observar na CCI, apresentada na figura 1, a relação entre a probabilidade de o respondente concordar com o item (eixo y) e o nível de desesperança ou $\theta$ dos respondentes (eixo x). Na figura podemos observar que à medida que aumenta o $\theta$ (nível de desesperança), aumenta também a probabilidade de concordar com o item (relação monotônica crescente entre aptidão e probabilidade de acerto) (Pasquali, 2018).

Alguns pressupostos devem ser assegurados para que se possa fazer uso dos modelos da TRI. Tais pressupostos são: (1) especificação correta da dimensionalidade, (2) independência local e (3) especificação correta da forma do modelo. A especificação correta da dimensionalidade diz respeito ao fato de que as respostas ao item são dadas como uma função das dimensões especifi-

**Figura 1**
*Curva Característica do Item – modelo logístico de 2 parâmetros*

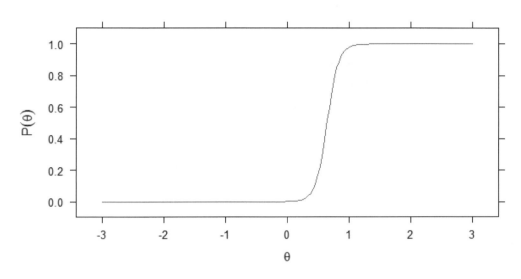

cadas no modelo. Os modelos mais comuns de TRI (pelo menos no Brasil) são unidimensionais; portanto, essa suposição é frequentemente chamada de unidimensionalidade. Conceitualmente, a característica medida pelo teste pode ser uma combinação de várias habilidades, tais como motivação, concentração, ansiedade etc. Se a mesma combinação se aplicar em cada item, a unidimensionalidade será mantida (DeMars, 2018). Para a aplicação dos modelos de TRI unidimensionais, espera-se que haja apenas um construto responsável pela realização de um conjunto de itens. Para satisfazer tal postulado é suficiente que haja um fator dominante responsável pelas respostas dos avaliados a um conjunto de dados (Hambleton et al., 1991). Para os testes que avaliam mais de uma dimensão, uma solução adotada é estimar os parâmetros dos itens para cada dimensão separadamente. Neste caso, deve-se garantir a unidimensionalidade dos fatores por meio de uma análise fatorial prévia (Valentini & Laros, 2011). Devido a essas dificuldades, modelos multidimensionais da TRI são discutidos na literatura internacional (p. ex., Bryant, 2005; Reckase, 1997, 2009; Segall, 2001; Marvelde et al., 2006; Yao & Boughton, 2007) e contribuições no âmbito nacional são requeridas.

O segundo pressuposto da TRI é a *independência local*. Tal pressuposto indica que depois de controlar o θ (ou θs se o teste for multidimensional) medido pelo teste, as respostas dos itens devem ser localmente independentes (DeMars, 2018). Em outras palavras, tal pressuposto diz respeito ao fato de que, mantidas constantes as aptidões que afetam o teste, menos o θ dominante, as respostas dos sujeitos aos itens são estatisticamente independentes. Isso implica que o desempenho do avaliado em um determinado item não afeta o desempenho nos demais; cada item é respondido exclusivamente em função do tamanho do θ dominante (Hambleton et al., 1991; Lord, 1980; Pasquali, 2013, 2018). A independência local não é assegurada, por exemplo, quando um item contém no enunciado informação para a resposta correta ou fornece informação que ajuda a responder um outro item posterior. Neste caso, alguns examinandos irão detectar a informação, enquanto outros não. A habilidade para detectar a informação é uma dimensão além da habilidade testada (Lord, 1980).

O último pressuposto da TRI diz respeito à especificação correta da forma do modelo. Basicamente, todos os modelos da TRI paramétrica assumem que o relacionamento entre o θ e a resposta dada ao item é uma função definida e contínua, geralmente expressa em uma curva logística ou ogiva normal, o que implica que os erros são distribuídos logisticamente ou normalmente, respectivamente. Por exemplo, o modelo de 1 parâmetro (discutido a seguir), assume que todos os itens são igualmente discriminativos. A maioria dos modelos assume que a probabilidade de marcação na categoria de resposta mais alta (p. ex., concordo ou concordo totalmente) aumenta à medida que o θ aumenta. Comumente, as suposições sobre o modelo são verificadas estimando os parâmetros do item e verificando o ajuste dos dados ao modelo.

Outro importante aspecto da TRI é a possibilidade de uso da Curva de Informação do Item (CII) e da Curva de Informação do Teste (CIT). O objetivo da CII é indicar a quantidade de informação psicométrica do item para diferentes níveis de habilidade (Nunes & Primi, 2005) ou quão bem os itens representam o θ (Pasquali, 2018). Finalizada essa breve exposição da TRI, passaremos para os modelos paramétricos e não paramétricos.

## Teoria de resposta ao item paramétrica

Segundo Mair (2018), os vários modelos de TRI propostos na literatura dependem fundamentalmente: (1) da natureza dos dados imputados, ou seja, se os itens são dicotômicos (p. ex., tipo acerto e erro; sim e não) ou politômicos (p. ex., escala de concordância *Likert* ou tipo *Likert*), e (2) do número de atributos ou dimensões assumidas (unidimensionais ou multidimensionais). Nunnally e Bernstein (1995) também já haviam apontado que a definição do modelo também depende do número de parâmetros dos itens a serem estimados. No caso de itens dicotômicos (do tipo certo e errado), os modelos mais utilizados são os de 1, 2 e 3 parâmetros (Embretson & Reise, 2000; Hambleton et al., 1991; Mair, 2018).

O modelo probabilístico proposto por Rasch (1960) e o modelo logístico de 1 parâmetro (1-PL) assumem que todas as inclinações dos itens (parâmetro de discriminação) são iguais. Esses modelos avaliam somente a dificuldade dos itens ou parâmetro $b$ (também identificado como *location* ou *threshold*). Esse parâmetro é medido na mesma escala da habilidade e corresponde ao valor do θ para o qual a probabilidade de acerto é de 0,50. Quanto maior o valor do parâmetro $b$ do item, maior o traço latente requerido para um examinando ter 50% de chance de acertá-lo e, dessa forma, mais difícil será (Hambleton et al., 1991). Aqui cabe uma distinção entre o modelo de Rasch e o modelo logístico de 1 parâmetro. No seu surgimento, o modelo de Rasch (1960) revolucionou a psicometria. Apesar de o modelo ser matematicamente simples, é extremamente profundo do ponto de vista da medição. A restrição do modelo de Rasch é que as CCIs são paralelas e têm inclinação (parâmetro a) sempre igual a 1,0 (Golino, 2017; Mair, 2018). Este é o contraponto em relação ao modelo de 1 parâmetro (1-PL). É possível que os itens de determinado instrumento apresentem maior ou menor discriminação. Assim, é possível utilizar a mesma estrutura do modelo Rasch para itens dicotômicos, porém estimando livremente o valor da inclinação das curvas logísticas dos itens e fixando-a para todos os itens com valores que podem ser diferentes de 1. Isso é exatamente o que faz o modelo de 1 parâmetro (Golino, 2017).

O modelo logístico de 2 parâmetros (2-PL) avalia, além da dificuldade, a discriminação do item ou o parâmetro $a$ (também identificado como *slope*). A discriminação é definida como o poder do item para diferenciar sujeitos com magnitudes próximas do traço latente que está sendo aferido. Esse parâmetro é representado pelo ângulo formado entre a inclinação da curva e o ponto de inflexão, no qual a probabilidade de resposta correta é de 50%. Assim, o parâmetro $a$ se refere à inclinação da curva (De Ayala, 2009; Hambleton et al., 1991). Itens com curvas características mais inclinadas são mais úteis para diferenciar examinandos com habilidades diferentes do que itens com curvas mais achatadas. Os valores do parâmetro $a$ podem variar teoricamente de $-\infty$ a $+\infty$, todavia, na prática, esses valores comumente estão entre 0,0 e 2,0 (Baker, 2001). Baixos valores do parâmetro $a$ indicam que o item tem pouco poder de discriminação, ou seja, tanto examinandos com baixa habilidade quanto examinandos com alta habilidade têm praticamente a mesma probabilidade de responder corretamente o item. Valores muito altos do parâmetro $a$, por sua vez, indicam itens com curvas características muito inclinadas, que discriminam os examinandos basicamente em dois grupos: os que têm habilidade

abaixo do valor do parâmetro $b$ e os que têm habilidades acima do parâmetro $b$ (Andrade et al., 2000). Baker (2001) apresenta para modelos logísticos a seguinte classificação do parâmetro de discriminação por faixa de valores: Nenhuma discriminação: 0,0; discriminação muito baixa: de 0,01 até 0,34; discriminação baixa: de 0,35 até 0,64; discriminação moderada: de 0,65 até 1,34; discriminação alta: de 1,35 até 1,69; discriminação muito alta: maior que 1,70. Ressaltamos que o item não discrimina igualmente em toda a escala de habilidade. Isto pode ser observado quando se analisa a CII. Por meio da CII é observada a precisão do item para os diferentes níveis de $\theta$ (Nunes & Primi, 2005).

O modelo logístico de 3 parâmetros (3-PL) desenvolvido por Lord (1980) acrescentou às análises o parâmetro $c$ ou a probabilidade de acerto ao acaso (também identificado na literatura como chute ou *asymptote*). Esse parâmetro avalia a resposta correta dada ao acaso, ou seja, a probabilidade de um examinando com habilidade muito baixa de acertar o item. Esse parâmetro é definido pela assíntota da CCI: se ela cortar a ordenada acima do ponto 0, então houve chute, isto é, há respostas corretas por parte dos sujeitos que têm probabilidade muito baixa de acertar o item. Os valores de $c$ podem variar de 0 a 1,0. Em geral são recomendáveis probabilidades iguais ou inferiores a 0,20 para itens com cinco opções (alternativas) de marcação, 0,25 para itens com quatro opções (Andrade et al., 2000; Hambleton et al., 1991; Pasquali, 2018) e, 0,50 para itens com duas opções. No caso do modelo logístico de 3 parâmetros, a probabilidade que define a dificuldade é tipicamente superior a 0,50 devido à possibilidade de acerto ao acaso. A seguir, na equação 1 apresentamos a equação do modelo logístico de três parâmetros (3-PL):

$$P_i(\theta) = c_i + (1 - c_i)\frac{e^{Da_i(\theta - b_i)}}{1 + e^{Da_i(\theta - b_i)}} \qquad (1)$$

onde: $P(\theta)$ é a probabilidade de resposta correta de item para um examinado com habilidade $\theta_j$; $a_i$ é discriminação do item; $b_i$ é a dificuldade do item; $c_i$ é a probabilidade de acerto ao acaso e indica a probabilidade de acerto para examinandos com $\theta$ muito baixo; $e$ é uma constante exponencial com valor 2,72; e D é uma constante igual a 1,7; esta foi introduzida para tornar equivalentes os resultados obtidos pelo modelo da ogiva normal aos do modelo logístico; assim, se D = 1,7 o modelo é expresso na métrica normal; se D = 1,0, o modelo é expresso na métrica logística (DeMars, 2018; Pasquali, 2013).

Aqui vale uma observação. Os modelos de TRI podem ser especificados em formas logísticas ou normais (*probit*). Os modelos normais são matematicamente mais complexos, pois o cálculo das probabilidades de resposta requer o cálculo de integrais. Modelos logísticos são, portanto, mais comumente usados. Assim, a constante de 1,7 pode ser adicionada ao modelo logístico para que os parâmetros sejam quase equivalentes aos do modelo normal. Isso é chamado de modelo logístico em uma métrica normal (DeMars, 2018).

Como já informado, os modelos anteriormente apresentados são utilizados quando temos itens dicotômicos. No entanto, numerosos instrumentos de medida, especialmente escalas de atitudes e inventários de traços de personalidade, utilizam itens com múltiplas categorias de respostas. Nesse caso, os modelos da TRI para itens politômicos são utilizados para compreender a interação entre examinandos e itens quando as respostas a esses itens têm várias categorias (Ostini & Nering, 2010). Entre os modelos comumente utilizados para itens politômicos temos o Modelo de Resposta Gradual de Samejima (*Samejima's Graded Response Model –*

SGRM), o Modelo de Escala Gradual (*Rating Scale Model – RSM*), o modelo de créditos parciais (*Partial Credit Model*) e o modelo de créditos parciais generalizado (*Generalized Partial Credit Model*) (Embretson & Reise, 2000).

Especificamente, o SGRM – modelo que será apresentado no tutorial – é uma generalização do modelo de 2 parâmetros discutido anteriormente. Esse modelo assume que as categorias de respostas de um item podem ser ordenadas entre si. O uso do SGRM é apropriado quando temos instrumentos com itens de respostas categóricas e ordenadas, não sendo necessário que todos os itens tenham o mesmo número de categorias de respostas (Samejima, 1969). Nesse modelo cada item (*i*) do instrumento é descrito por um parâmetro de discriminação ($\alpha_i$) e $j = 1 \ldots m_i$ parâmetros de dificuldade de categoria ($\beta_{ij}$). No qual $m_i + 1 = k_i$ é igual ao número de categorias de resposta do item.

A título de exemplo, no item "Tenho uma imaginação fértil" apresentado na figura 2, há 5 opções de respostas (entre discordo totalmente e concordo totalmente), ou seja, k = 5, pois os examinandos podem responder $x = 0, 1, 2, 3, 4$. Com 5 opções de resposta, tem-se $m_i = 4$ parâmetros de dificuldade ($j = 1 \ldots 4$) ou limiares entre as opções de respostas, como apresentado a seguir (Embretson & Reise, 2000).

Os parâmetros de dificuldade de categoria ($\beta_{ij}$) têm uma interpretação relativamente simples. Eles representam o ponto ao longo da escala do traço latente em que os examinandos têm 50% de chance de responder uma determinada categoria de resposta ou acima dela (Embretson & Reise, 2000). Um exemplo de curvas características de respostas para item politômico é apresentado na figura 3. Trata-se de um item da escala de satisfação com a vida (*Satisfaction With Life Scale*) com sete categorias de resposta (Rogowska et al., 2019).

Item: Tenho uma imaginação fértil.

**Figura 2**
*Exemplo de um item politômico*

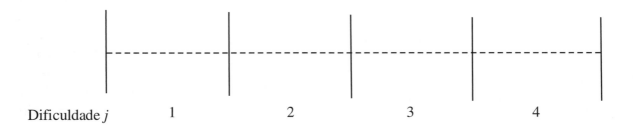

**Figura 3**
*Exemplo de curvas características de respostas de um item politômico*

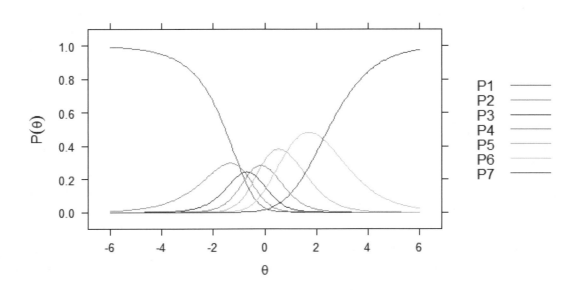

A partir da figura 3 podemos observar, por exemplo, que respondentes com θ de satisfação com a vida igual a –2,0 têm probabilidade maior de marcar a categoria de respostas 1. Por outro lado, respondentes com θ igual a 3,0 têm maior probabilidade de marcar a categoria de respostas 6. Em geral, quanto mais altos os parâmetros de inclinação ($a_i$) do item, mais íngreme a curva característica operacional, indicando que as categorias de resposta diferenciam bem os níveis de traço latente.

Após a estimação dos modelos de TRI, faz-se necessário avaliar a adequação do seu ajuste aos dados empíricos. Esse tópico, como assinalam Embretson e Reise (2000), é uma área ativa de pesquisa em que respostas definitivas ainda não existem. Existe uma bateria de testes estatísticos de ajuste para indicar em que grau um dado modelo da TRI se ajusta adequadamente aos dados. Essas estatísticas são chamadas de índices de qualidade do ajuste (goodness of fit). Um fraco ajuste do modelo não pode assegurar que os parâmetros dos itens e das habilidades são invariantes (Spencer, 2004). O leitor interessado deve recorrer à literatura em questão (De Ayala, 2009; Embretson & Reise, 2000; Hambleton et al., 1991) para aprofundamento dessa área da TRI.

## Teoria de resposta ao item não paramétrica e análise de escala Mokken

Os modelos apresentados até o momento neste capítulo (Modelo Rasch, 1-PL, 2- PL, 3-PL, Samejima etc.) são categorizados como modelos de teoria de resposta ao item paramétrica (TRI-P) e se baseiam em suposições estatísticas mais fortes. Uma alternativa ao uso desses modelos paramétricos é o uso de modelos de teoria de resposta ao item não paramétrica (TRI-N) (Stochl et al., 2012). Na TRI-P as respostas aos itens de um teste são explicadas assumindo um continuum em que tanto os sujeitos quanto os itens podem ser representados. Ou seja, esses tipos de modelos fazem restrições sobre qual tipo de relação esperamos encontrar entre os escores observados dos indivíduos e o construto avaliado em questão (Lee, 2007). Uma das técnicas de TRI-N que tem se apresentado como vantajosa é a Análise de Escala de Mokken (AEM; Mokken, 1971). Uma vantagem da AEM é sua capacidade de abordar questões fundamentais de modelagem e de funcionar efetivamente com tamanhos de amostra menores em comparação com a TRI-P (Stout, 2001). Ainda, os modelos de TRI-N, em geral, podem ser úteis para ajudar a diagnosticar se um determinado modelo paramétrico de TRI se ajuste aos dados ou não (Douglas & Cohen, 2001). Destacamos que existem vários outros modelos não paramétricos; no entanto, a apresentação desses modelos foge ao escopo deste capítulo.

Uma diferença crucial entre a TRI-P e a AEM é que nesta última a função que descreve a relação entre a probabilidade de uma certa resposta e o valor do construto não é parametricamente definida (Lee, 2007; Straat, 2012). Ou seja, a AEM não considera uma função particular para a CCI, assumindo apenas a monotonicidade das CCIs, sem forçá-las a terem formatos logísticos ou ogivas da distribuição normal (Lee, 2007).

Em essência, AEM é uma versão probabilística não paramétrica de escalonamento de Guttman (Sijtsma, 1998; van der Heijden et al.,2003; van Schuur, 2003). O escalonamento de Guttman e AEM podem ser usados para avaliar se um conjunto de itens está medindo o mesmo construto. A escala de Guttman e AEM são baseadas no pressuposto de que os itens são ordenados hierarquicamente: isso significa que eles são ordenados por grau de dificuldade. A ordem hierárquica significa que se assume que um examinando que respondeu corretamente a um item difícil responde também corretamente a um item mais fácil. A principal diferença entre a abordagem de Guttman e a AEM é que o primeiro é determinístico, enquanto o segundo é de natureza probabilística.

O pressuposto da AEM não é que todos os examinandos que responderam afirmativamente a um item difícil necessariamente respondam afirmativamente a um item fácil. Violações disso são chamadas de erros de Guttman. Em vez disso, o pressuposto é que os examinandos que responderam afirmativamente a um item difícil apresentam maior probabilidade de responder afirmativamente a um item fácil. Na AEM o desvio da estrutura de dados observada da estrutura do escalograma perfeita de Guttman é expresso usando o coeficiente de escalabilidade H de Loevinger (Sijtsma, 1998; van der Heijden et al., 2003; van Schuur, 2003).

O fato que a AEM não impõe restrições na forma das CCIs torna este modelo uma ferramenta de análise de itens mais flexível do que a TRI-P. A vantagem prática da AEM é que as escalas que eles produzem podem conter mais itens, reduzindo assim o risco de desperdiçar itens com CCIs não logísticas, mas monotônicas, e que tenham bom poder discriminativo. Tais itens podem contribuir para mensurações confiáveis. Além disso, a rejeição de tais itens também pode prejudicar a cobertura do traço latente (Sijtsma et al., 2008; Sijtsma & van der Ark, 2017).

A AEM também requer os pressupostos de unidimensionalidade, independência estocástica local das pontuações dos itens e monotonicidade. Um conjunto de itens que satisfazem as três suposições é um conjunto de itens que satisfaz o modelo de homogeneidade monótona (MHM). O modelo MHM não contém restrições suficientes para estimar a variável latente $\theta$. Molenaar (1982) propôs usar o escore total para ordenar pessoas na escala da variável latente $\theta$. Assim, o MHM é um modelo de mensuração ordinal para pessoas. A ordem esperada dos sujeitos na escala latente é a mesma para cada seleção de itens de um conjunto de itens que satisfaz o MHM.

Um modelo mais restritivo é obtido adicionando o quarto pressuposto de que as Funções de Resposta dos Itens (FRI) não se interceptam. Um conjunto de itens que satisfaz todos os quatro pressupostos é um conjunto de itens que satisfaz o modelo de dupla monotonicidade (MDM). A ordenação de itens em relação à dificuldade com FRIs que não se interceptam é idêntica para cada subpopulação de indivíduos da população de interesse. Esta característica do modelo MDM é conhecida como ordenação invariante de itens (OII), uma característica muito importante. A OII implica que a ordenação de itens de acordo com a sua pontuação média (ou popularidade) é a mesma para todos os valores da escala latente (Sijtsma et al., 2011). As escalas com OII são denominadas escalas hierárquicas.

Sijtsma et al. (2011) apontam que o coeficiente de escalabilidade H não é um índice para OII. Os autores argumentam que um conjunto de itens com OII pode ter (mas não precisa ter) um alto valor H, mas inversamente, um alto valor H não precisa ser (mas pode ser) o produto de um conjunto de itens com OII. A ideia de que apenas valores altos de H são consistentes com OII é incorreta. O coeficiente H deve ser interpretado como um índice de precisão para ordenar pessoas por meio de suas pontuações totais na escala $\theta$.

No pacote de R está implementado um procedimento (*Automated Item Selection Procedure* – AISP) que seleciona itens em um ou mais *clusters* unidimensionais (van der Ark, 2007). Após estabelecer o ajuste do MHM aos dados, a qualidade dos pares de itens, de itens individuais e qualidade da escala total podem ser avaliadas por meio dos coeficientes de escalabilidade $H_{ij}$, $H_j$, e H, respectivamente. O coeficiente $H_j$ pode ser interpretado como um índice de discriminação do item em relação aos demais itens na escala e o coeficiente H é uma média ponderada dos coeficientes $H_j$ do item, que expressa o poder de discriminação médio. Este último pode ser interpretado como um índice da precisão para ordenar pessoas por meio de suas pontuações totais na escala θ. O H, por sua vez, pode também ser interpretado como índice da homogeneidade da escala como um todo.

Os itens formam uma escala Mokken quando atendem a vários requisitos empíricos (Sijtsma et al., 2011; Stochl et al., 2012). As seguintes características devem ser levadas em consideração na seleção de itens: 1) As covariâncias para todos os pares de itens são positivas. Isto é representado por Mokken por par de itens como o coeficiente $H_{ij}$. Esse coeficiente é máximo quando todos os examinandos que recebem uma pontuação positiva em um item difícil também recebem uma pontuação positiva em um item mais fácil. 2) A correlação do item com a escala como um todo. Esta correlação é apresentada por Mokken como o coeficiente $H_j$, que é comparável a uma correlação item-teste, mas é menos sensível a valores de p extremos. 3) Verificação se a escala como um todo atende aos critérios do modelo Mokken. Isto é representado como o coeficiente de escalabilidade

H. Na prática, a seguinte interpretação é dada ao valor de H: H > 0,50: escala forte; 0,40 < H < 0,50: escala moderada; 0,30 < H < 0,40: escala fraca. 4) FRIs monótonas não decrescentes. Em um conjunto de itens que satisfaz o modelo de homogeneidade monótona (MHM), os respondentes podem ser ordenados de acordo com a soma simples dos itens (pelo menos para escalas que consistem em respostas binárias). O escore soma é uma estimativa do escore verdadeiro na escala latente θ. A ordem esperada dos sujeitos na escala latente é a mesma para cada seleção de itens de um conjunto de itens de MH. 5) Não há interseção de FRIs. Um conjunto de itens no qual as FRIs não se interceptam são de acordo com o modelo de dupla monotonicidade (MDM). A ordenação de itens MDM é idêntica para cada subpopulação de indivíduos da população de interesse. Em um conjunto de itens MDM, os itens configurados têm a mesma ordem de dificuldade, independentemente do traço latente.

Se o modelo Mokken se ajusta aos dados, apenas informações ordinais estão disponíveis sobre as localizações dos sujeitos e itens na escala latente. Isso é uma consequência do fato que na AEM as FRIs não são parametricamente definidas. A abordagem de escalonamento de Mokken não define parametricamente a função que descreve a relação entre a probabilidade de uma resposta em uma dada categoria de resposta e o valor da escala latente. Em vez disso, restrições de ordem são colocadas em tais probabilidades. Como consequência, o parâmetro latente θ dos sujeitos e dos itens não pode ser estimado numericamente. Finalizada a apresentação dos modelos de TRI-P e TRI-N passaremos para apresentação do tutorial.

## Tutorial

Como já assinalado, para a elaboração do tutorial, apresentado nesta seção, utilizamos uma base de dados Mendeley de acesso livre. Especificamente, utilizamos os cinco itens da escala de satisfação com a vida (*Satisfaction With Life Scale*: SWLS_Q1 a SWLS_Q5). Os itens têm sete categorias de resposta (Rogowska et al., 2019). A base de dados é composta por 120 respondentes. Inicialmente será apresentada a estimação do modelo de Resposta Gradual de Samejima (SGRM) e, em seguida, será apresentada a estimação da Análise de Escala de Mokken (AEM). Para ambos, utilizamos o *R* e o *RStudio*.

## TRI paramétrica no R – Modelo de respostas graduais de Samejima

Para iniciarmos será necessário instalar o pacote *mirt*. Para isso, usamos a seguinte função:

```
install.packages("mirt")
```

A seguir, precisamos carregar o pacote. Para isso, usamos:

```
library(mirt)
```

Para definição do modelo de TRI e dimensionalidade do construto, usamos:

```
mod1<-mirt(Banco , 1, itemtype =
'graded')
```

# 1 se refere a um modelo unidimensional

Para solicitação dos parâmetros de discriminação ($a$) e dificuldade ($b1$, $b2$, $b3$, $b4$, $b5$, $b6$), usamos:

```
coef(mod1,simplify=TRUE,IRTpars=TRUE)
```

Assim, foram obtidos os seguintes resultados:

```
$items
          a         b1        b2        b3        b4        b5        b6
SWLS_Q1   3.319     -1.497    -1.072    -0.613    0.233     0.974     1.940
SWLS_Q2   2.372     -1.871    -1.218    -0.785    -0.102    1.037     2.447
SWLS_Q3   2.716     -2.282    -1.543    -0.967    -0.523    0.258     1.576
SWLS_Q4   1.377     -2.154    -1.453    -0.698    0.088     1.284     2.452
SWLS_Q5   1.210     -1.484    -0.679    0.048     0.675     1.373     2.572
$means
F1
0
$cov
F1
F1 1
```

A partir dos resultados obtidos podemos interpretar que a discriminação dos itens variou entre 1,21 (item 5) a 3,32 (item 1). Os itens abrangeram ampla variação do traço latente com limiares ($b$) entre −2,28 ($b1$ do item 3) e 2,57 ($b6$ do item 5). O item com menor dificuldade de concordância foi o item 3 ($b6 = 1,58$) e o item com maior dificuldade foi o item 5 ($b6 = 2,57$).

Para gerar todas as CCIs dos itens, usamos:

```
plot(mod1, type ='trace')
```

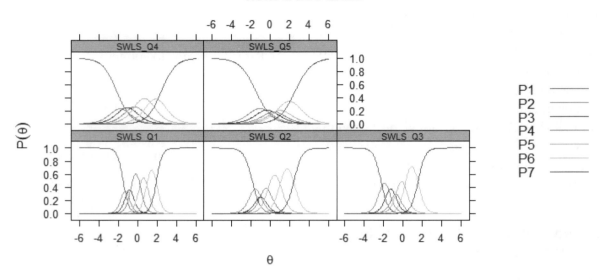

A partir das CCIs dos itens podemos fazer um comparativo entre os itens em relação aos padrões de probabilidade das categorias de resposta.

Como exemplo, para gerar a CCI do primeiro item, usamos:

```
itemplot(mod1, 1, type = 'trace', theta_lim = c(-3,3))
```

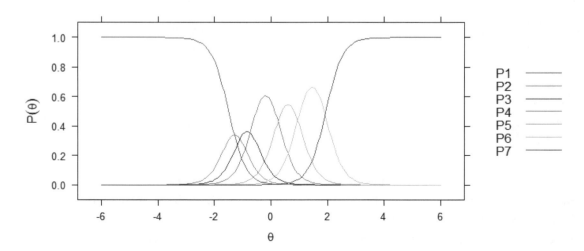

Podemos interpretar na CCI do item 1 de satisfação com a vida, que cada uma das sete categorias de resposta em algum ponto da escala de θ teve maior probabilidade de endosso que as demais, com exceção da categoria 2, que é menos provável. Contudo, as maiores probabilidades foram das categorias extremadas. Abaixo do θ igual a –1,5 há maior probabilidade de endosso da categoria de resposta 1. Acima do θ igual a 2 há maior probabilidade de endosso da categoria 7. Indivíduos com θ próximo a zero têm probabilidade maior de escolherem a categoria 4.

Para gerar a Curva de Informação total do instrumento, usamos:

```
plot(mod1, type = 'infoSE')
```

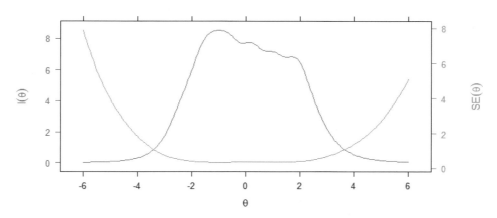

A partir da curva de informação total, podemos observar que o instrumento tem mais informação do que erro entre os θ de –3 e + 3, aproximadamente.

Para gerar a Curva de Informação de todos os itens do instrumento, usamos:

```
plot(mod1,type='infotrace')
```

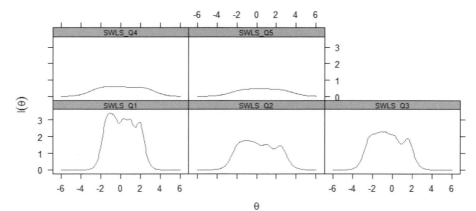

A partir de inspeção das curvas de todos os itens é possível verificar quais itens do instrumento têm maior informação. Neste caso, os itens 1, 2 e 3 têm maior informação em $\theta$ tetas intermediários.

## TRI não paramétrica no R – Análise de escala de Mokken

Para leitura do pacote, usamos:

```
library(mokken)
```

Para realização da análise de dimensionalidade, é necessário particionar os itens na escala de Mokken. Para isso, usamos:

```
aisp(Banco)
```

Foi obtido:

|         | 0,30 |
|---------|------|
| SWLS_Q1 | 1 |
| SWLS_Q2 | 1 |
| SWLS_Q3 | 1 |
| SWLS_Q4 | 1 |
| SWLS_Q5 | 1 |

A análise da dimensionalidade é feita a partir de um procedimento automático de seleção de itens – *Automated Item Selection Procedure* (AISP) – que identificou, no máximo, uma (1) dimensão, representada pelo número 1.

Em seguida, para produzir os coeficientes de escalabilidade para itens e o tipo de escala geral, usamos:

```
coefH(Banco)
```

Foi obtido:

```
$Hij
         SWLS_Q1  se        SWLS_Q2  se        SWLS_Q3  se        SWLS_Q4  se        SWLS_Q5  se
SWLS_Q1  -        0.759     (0.046)  0.745     (0.046)  0.430     (0.092)  0.373     (0.090)
SWLS_Q2  0.759    (0.046)   -        0.611     (0.062)  0.430     (0.096)  0.373     (0.093)
SWLS_Q3  0.745    (0.046)   0.611    (0.062)   -        0.533     (0.082)  0.592     (0.068)
SWLS_Q4  0.430    (0.092)   0.430    (0.096)   0.533    (0.082)   -        0.590     (0.068)
SWLS_Q5  0.373    (0.090)   0.373    (0.093)   0.592    (0.068)  0.590     (0.068)   -
$Hi               H         se
Item              0.561     (0.050)
SWLS_Q1           0.536     (0.051)
SWLS_Q2           0.619     (0.037)
SWLS_Q3           0.500     (0.065)
SWLS_Q4           0.484     (0.063)
SWLS_Q5
$H                H         se
Scale             0.538     (0.046)
                  H         se
```

Para os cinco itens analisados os seguintes índices foram calculados: (a) os pares ativos ($H_{ij}$), que representam a quantidade máxima possível de testes de monotonicidade para cada item; (b) os índices de escalabilidade de cada item ($H_j$); e, por fim, (c) o índice de escalabilidade da escala como um todo ($H$). Os resultados indicam que, com um índice H de escalabilidade de 0,54, o conjunto de itens pode ser considerado como uma escala forte (H > 0,50).

Para verificar o tipo de monotonicidade, usamos:

```
summary(check.monotonicity(Banco))
```

Observamos o seguinte resultado:

|         | ItemH | #ac | #vi | #vi/#acmaxvisum | sum/#ac | zmax | #zsigcrit |
|---------|-------|-----|-----|-----------------|---------|------|-----------|
| SWLS_Q1 | 0.56  | 6   | 0   | 0               | 0       | 0    | 0         |
| SWLS_Q2 | 0.54  | 4   | 0   | 0               | 0       | 0    | 0         |
| SWLS_Q3 | 0.62  | 3   | 0   | 0               | 0       | 0    | 0         |
| SWLS_Q4 | 0.50  | 6   | 0   | 0               | 0       | 0    | 0         |
| SWLS_Q5 | 0.48  | 6   | 0   | 0               | 0       | 0    | 0         |

Aqui, *ItemH* é novamente a escalabilidade ($H_j$) de cada item; *ac* é a quantidade de pares de escores residuais ativos; *Vi* é a quantidade de violações de monotonicidade; MaxVi é a maior violação de monotonicidade; Zmax é o escore z da violação máxima; e Zsig é a significância dessa violação. Os resultados mostram que não foram evidenciadas violações de monotonicidade para o conjunto de itens analisados.

Para plotar as funções de respostas de todos os itens, usamos:

```
plot(check.monotonicity(Banco))
```

Os gráficos são apresentados a seguir.

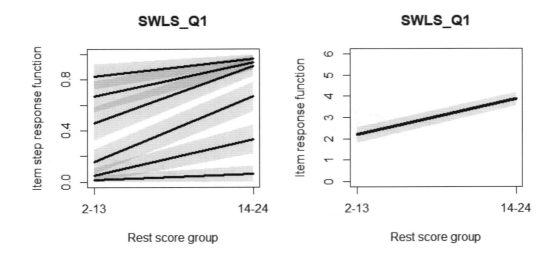

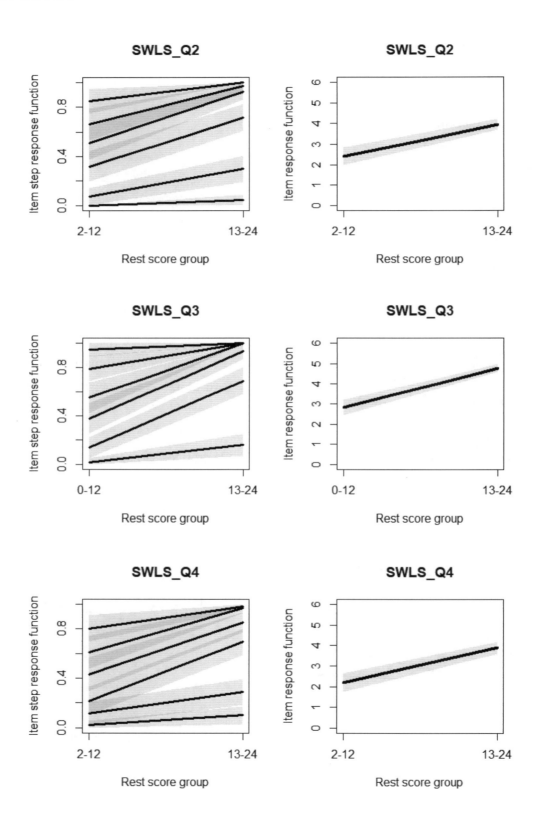

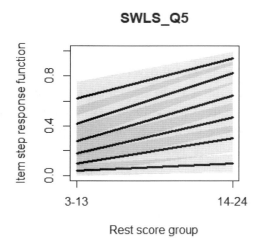
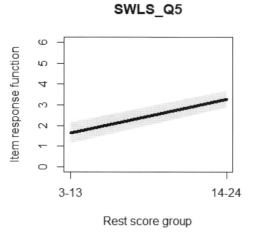

Em seguida, realizamos a análise da não interseção de funções de resposta dos itens. Para isso, usamos:

```
restscore.list<- check.restscore(Banco)
plot(restscore.list)
```

Com o gráfico a seguir podemos observar que não houve violação do pressuposto de não intersecção, indicando que a ordenação de itens de acordo com a sua pontuação média (ou popularidade média) é a mesma para todos os valores da escala latente. Ou seja, para este conjunto de itens a ordenação dos itens é invariante.

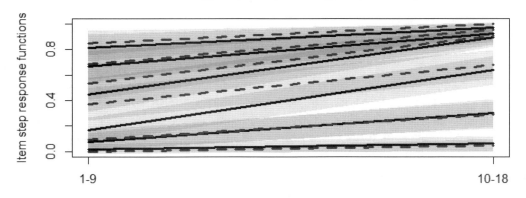

## Considerações finais

O presente capítulo apresentou uma discussão sobre TRI paramétrica e não paramétrica. Junker e Sijtsma (2001), por exemplo, argumentam que existem basicamente três razões para usar os modelos de teoria de resposta ao item não paramétrica (TRI-N), a saber: (1) para fornecer uma compreensão mais profunda de como os modelos paramétricos de TRI funcionam; (2) para oferecer uma estrutura mais flexível para aplicações nas quais modelos paramétricos se ajustam mal aos dados; (3) para fornecer procedimentos fáceis de usar para dados com menor número de itens e pessoas do que os usados em testes de larga escala. Ressaltamos que, assim como a TCT não pode ser abandonada em função da TRI (Andrade et al., 2019), os modelos de TRI paramétricos e não paramétricos não podem ser utilizados de forma excludente. A propósito, a utilização da TRI-N antes da estimação da TRI-P parece ser um bom caminho a ser seguido, a fim de conhecer melhor a estrutura dos itens individuais e em conjunto. A depender dos resultados encontrados, podemos optar por modelos mais restritivos de forma mais segura.

Como assinalaram Raykov e Marcoulides (2016), o objetivo dos psicometristas é de, independentemente da abordagem, melhorar a metodologia de mensuração disponível, incluindo a combinação de informações qualitativas e quantitativas. Isso parece pertinente, sobretudo, para utilização de modelos paramétricos e não paramétricos da TRI, pois conjuntamente ambos os modelos podem fornecer informações complementares.

## Referências

Andrade, D. F., Tavares, H. R., & Valle, R. C. (2000). *Teoria de resposta ao item: Conceitos e aplicações.* Associação Brasileira de Estatística (ABE).

Andrade, J. M. (2008). *Evidências de validade do inventário dos cinco grandes fatores de personalidade para o Brasil* [Tese de Doutorado não publicada]. Universidade de Brasília.

Andrade, J. M., Esteves, G. G. L. & Laros, J. A. (2019). Teoria clássica dos testes (TCT). In M. N. Baptista, M. Muniz, C. T. Reppold, C. H. S. S. Nunes, L. F. Carvalho, R. Primi, A. P. P. Noronha et al. (orgs.), *Compêndio de avaliação psicológica* (pp. 40-52). Vozes.

Andrade, J. M., Laros, J. A., & Gouveia, V. V. (2010). O uso da teoria de resposta ao item em avaliações educacionais: diretrizes para pesquisadores. *Avaliação Psicológica, 9*(3), 421-435.

Baker, F. B. (2001). *The basics of item response theory* (2. ed.). Eric Clearinghouse on Assessment and Evaluation.

Baker, F. B., & Kim, S. (2004). *Item response theory: Parameter estimation techniques.* Marcel Dekker.

Borsa, J. C., & Damásio, B. F. (2017). Apresentação. In B. F. Damásio & J. C. Borsa (orgs.), *Manual de desenvolvimento de instrumentos psicológicos* (pp. 9-11). Vetor.

Bryant, D. U. (2005). A note on item information in any direction for the multidimensional three-parameter logistic model. *Psychometrika, 70*(1), 213-216.

Camilli, G., & Shepard, L. A. (1994). *Methods for identifying biased test items.* Sage.

Chalmers, A. (1993). *O que é ciência afinal?* Brasiliense.

De Ayala, R. J. (2009). *The theory and practice of item response theory.* Guilford.

DeMars, C. E. (2018). Classical test theory and item response theory. In P. Irwing, T. Booth & D. J. Hughes (orgs.), *The Wiley handbook of psychometric testing*:

*A multidisciplinary reference on survey, scale and test development* (pp. 49-73). Wiley Blackwell.

Douglas, J., & Cohen, A. (2001). Nonparametric item response function estimation for assessing parametric model fit. *Applied Psychological Measurement, 25*, 234-243.

Du Toit, M. (2003). *IRT from SSI: Bilog-MG, Multilog, Parscale, Testfact.* Scientific Software International.

Embretson, S. E., & Reise, S. P. (2000). *Item response theory for psychologists.* Lawrence Erlbaum Associates.

Golino, H. (2017). Introdução à família de modelos da teoria de resposta ao item para dados dicotômicos usando R. In B. F. Damásio & J. C. Borsa (orgs.), *Manual de desenvolvimento de instrumentos psicológicos* (pp. 375-416). Vetor.

Hambleton, R. K., Swaminathan, H., & Rogers, H. J. (1991). *Fundamentals of item response theory.* Sage.

Junker, B. W., & Sijtsma, K. (2001). Nonparametric item response theory in action. *Applied Psychological Measurement, 25*(3), 211-220.

Kohli, N, Koran, J., & Henn, L. (2015). Relationships among classical test theory and item response theory frameworks via factor analytic models. *Educational and Psychological Measurement, 75*(3), 389-405.

Kolen, M. J., & Brennan, R. L. (2014). *Test equating, scaling and linking: Methods and practices* (3. ed.). Springer.

Laros, J. A., Tellegen, P. J., Jesus, G. R., & Karino, C. A. (2015). *SON-R 2½-7[a]. Manual – Teste não verbal de inteligência.* Hogrefe-CETEPP.

Lee, Y. (2007). A comparison of methods for nonparametric estimation of item characteristic curves for binary items. *Applied Psychological Measurement, 31*(2), 121-134.

Lord, F. M. (1980). *Applications of item response theory to practical testing problems.* Lawrence Erlbaum Associates.

Macdonald, P., & Paunonen, S. V. (2002). A Monte Carlo comparison of item and person statistics based on item response theory versus classical test theory. *Educational and Psychological Measurement, 62*(6), 921-943.

Mair, P. (2018). *Modern psychometrics with R.* Springer.

Mokken, R. J. (1971). *A theory and procedure of scale analysis.* Mouton.

Molenaar, I. W. (1982). Mokken scaling revisited. *Kwantitative Methoden, 3*(8), 145-164.

Nunes, C. H., Hutz, C. S., & Nunes, M. F. (2008). *Bateria fatorial de personalidade (BFP): Manual técnico.* Casa do Psicólogo.

Nunes, C. H. S. S., & Primi, R. (2005). Impacto do tamanho da amostra na calibração de itens e estimativa de escores por teoria de resposta ao item. *Avaliação Psicológica, 4*(2), 141-153.

Nunnally, J. C., & Bernstein, I. H. (1995). *Psychometric theory* (3. ed.). McGraw-Hill.

Ostini, R., & Nering, M. L. (2010). News perspectives and applications. In M. Nering & R. Ostini (orgs.), *Handbook of polytomous Item Response Theory models* (pp. 3-20). Routledge.

Pasquali, L. (2013). *Psicometria: Teoria dos testes na psicologia e na educação* (5. ed.). Vozes.

Pasquali, L. (2018). *Teoria de resposta ao item: Teoria, procedimentos e aplicações.* Appris.

Primi, R. (2003). Inteligência: Avanços nos modelos teóricos e nos instrumentos de medida. *Avaliação Psicológica, 1*, 67-77.

Primi, R. (2010). Avaliação psicológica no Brasil: Fundamentos, situação atual e direções para o futuro. *Psicologia: Teoria e Pesquisa, 26*, 25-35.

R Core Team (2020). *R: A language and environment for statistical computing.* R Foundation for Statistical Computing. http://www.R-project.org/

Rasch, G. (1960). *Probabilistic models for some intelligence and achievement tests.* Danish Institute for Educational Research.

Raykov, T., & Marcoulides, G. A. (2016). On the relationship between Classical Test Theory and Item Response Theory: From one to the other and back. *Educational and Psychological Measurement, 76*(2), 325-338.

Reckase, M. D. (1997). The past and future of multidimensional item response theory. *Applied Psychological Measurement*, 21(1), 25-36.

Reckase, M. D. (2009). *Multidimensional item response theory*. Springer.

Rogowska, A., Mazurkiewicz, M., Zmaczyńska-Witek, B., & Kardasz, Z. (2019). Satisfaction with life, health locus of control and self-efficacy in disabled and non-disabled people. Mendeley Data, v2. https://doi.org/10.17632/ym4bb5jxcn.2

Samejima, F. (1969). Estimation of latent ability using a response pattern of graded scores. *Psychometrika*, 35(1), 138-139.

Schmidt, K. M., & Embretson, S. E. (2003). Item response theory and measuring abilities. In J. A. Schinka, W. F. Velicer & I. B. Weiner (orgs.), *Handbook of Psychology: Research methods in Psychology* (pp. 429-446). John Wiley & Sons.

Segall, D. O. (2001). General ability measurement: An application of multidimensional item response theory. *Psychometrika*, 66(1), 79-97.

Sijtsma, K. (1998). Methodology review: Nonparametric IRT approaches to the analysis of dichotomous item scores. *Applied Psychological Measurement*, 22(1), 3-31.

Sijtsma, K., Emons, W. H., Bouwmeester, S., Nyklícek, L., & Roorda, L. D. (2008). Nonparametric IRT analysis of Quality-of-Life Scales and its application to the World Health Organization Quality-of-Life Scale (WHOQOL-Bref). *Quality of Life Research*, 17, 275-290.

Sijtsma, K., Meijer, R. R., & van der Ark, L. A. (2011). Mokken scale analysis as time goes by: An update for scaling procedures. *Personality and Individual Differences*, 50, 31-37.

Sijtsma, K., & van der Ark, L. A. (2017). A tutorial on how to do a Mokken scale analysis on your test and questionnaire data. *British Journal of Mathematical and Statistical Psychology*, 70(1), 137-158.

Spencer, S. G. (2004). *The strength of multidimensional item response theory in exploring construct space that is multidimensional and correlated* [Unpublished doctoral dissertation]. Brigham Young University.

Stochl, J., Jones, P. B., & Croudace, T. J. (2012). Mokken scale analysis of mental health and well-being questionnaire item responses: A non-parametric IRT method in empirical research for applied health researchers. *BMC Medical Research Methodology*, 12(74) 1-16.

Stout, W. (2001). Nonparametric item response theory: A maturing and applicable measurement modeling approach. *Applied Psychological Measurement*, 25(3), 300-306.

Straat, J. H. (2012). *Using scalability coefficients and conditional association to assess monotone homogeneity* [Unpublished doctoral dissertation]. Tilburg University.

te Marvelde, J. M., Glas, C. A. W., Van Landeghem, G., & Van Damme, J. (2006). Application of multidimensional IRT models to longitudinal data. *Educational and Psychological Measurement*, 66(1), 5-34.

Valentini, F., & Laros, J. A. (2011). Teoria de resposta ao item na avaliação psicológica. In R. A. M. Ambiel, I. S. Rabelo, S. V. Pacanaro, G. A. S. Alves & I. F. A. S. Leme (orgs.), *Avaliação psicológica: Guia de consulta para estudantes e profissionais de psicologia* (pp. 81-107). Casa do Psicólogo.

van der Ark, L. A. (2007). Mokken scale analysis in R. *Journal of Statistical Software, 20*(11), 1-19.

van der Heijden, P. G. M., van Buren, S., Fekkes, M., Radder, J., & Verrips, E. (2003). Unidimensionality and reliability under Mokken scaling of the Dutch language version of the SF-36. *Quality of Life Research, 12*,189-198.

van Schuur, W. H. (2003). Mokken scale analysis: Between the Guttman scale and parametric item response theory. *Political Analysis, 11*(2), 139-163. https://doi:10.1093/pan/mpg002

Wainer, H. (2000). *Computerized adaptive testing: A primer* (2. ed.). Lawrence Erlbaum.

Yao, L., & Boughton, K. A. (2007). A multidimensional item response modeling approach for improving subscale proficiency estimation and classification. *Applied Psychological Measurement, 31*(2), 83-105.

# 11
# Teoria de resposta ao item thurstoniana para itens de escolha forçada

*Felipe Valentini*
*Leonardo de Barros Mose*
Universidade São Francisco

*Ana Carla Crispim*
Instituto Ayrton Senna

Itens do tipo Likert não são tão simples quanto aparentam e carregam uma série de armadilhas. Existem uma série de tendências ao responder a esse tipo de item para além do construto latente avaliado. Um exemplo simples: qual foi a última vez que você avaliou o motorista do Uber com "quatro estrelas" em vez de cinco? Em todas as avaliações positivas, o serviço foi realmente excelente? Isso é um critério subjetivo e de autorrelato, que depende de um julgamento absoluto da sua parte. O que nem sempre é considerado é que o uso de escalas que dependem de um julgamento absoluto, como escalas Likert, sem nenhum tipo de controle, pode reduzir a precisão e validade dos escores de um teste.

Uma alternativa é a utilização de itens de escolha forçada na construção de instrumentos. Nessa estratégia, por meio de um julgamento comparativo, o sujeito deve indicar com qual estímulo ele se identifica mais. Uma metanálise recente indicou que escalas de escolha forçada foram consistentemente mais resistentes a vieses de resposta quando construídas com afirmativas que baseavam conteúdos com desejabilidade social (Cao & Drasgow, 2019).

Itens de escolha forçada já existem há algum tempo. Até o início do século XXI eram majoritariamente analisados via teoria clássica dos testes (TCT), o que impedia que escores fossem comparados entre pessoas e grupos, porque todos os sujeitos apresentam o mesmo escore total e diferenças podem ser identificadas no nível individual apenas (*ipsative* data). (Meade, 2004). Por esse motivo, instrumentos com este tipo de resposta foram por muito tempo criticados e até mesmo evitados. O desenvolvimento recente de métodos de teoria de resposta ao item (TRI) para análise de dados em formato comparativo, como o modelo de teoria de resposta ao item thurstoniana (TRI-Thurstoniana) (Brown & Maydeu-Olivares, 2011), suscitou novamente o interesse por itens de escolha forçada (Drasgow et al., 2010). Neste capítulo serão apresentadas as características e vantagens deste formato, a descrição teórica do modelo da TRI-Thurstoniana, as dicas práticas para construção de instrumentos nesse formato e o tutorial de análise de dados usando o pacote RecodeFCit para R.

## Formato multidimensional de escolha forçada

O formato multidimensional de escolha forçada propõe o uso de julgamentos comparativos como maneira de evitar vieses e estilos de respostas. Em questionários com esse molde, itens contemplando diferentes dimensões são apresentados em blocos contendo no mínimo duas frases. Desta forma, o respondente escolhe a alternativa mais característica para ele. Mesmo que todas as respostas – ou nenhuma – possam se aplicar ao participante, o sujeito deve compará-las e selecionar uma delas. Logo, o participante é "forçado" a escolher uma ou mais das opções em detrimento das outras restantes, a depender do tipo de formato de resposta escolhido (como ranqueamento total ou parcial) (Brown & Maydeu-Olivares, 2011).

Existem diversos formatos para itens de escolha forçada. Dois formatos de resposta que são populares são o ranqueamento por ordem (RANK) e o ranqueamento de mais-menos característico (MOLE, acrônimo para *Most and Least*) (Cao & Drasgow, 2019). Para o formato de ranqueamento por ordem, os itens são dispostos em blocos e o sujeito deve ordená-lo numericamente do mais ao menos característico. Por exemplo:

Ordene os itens conforme eles descrevem você:

| Sou uma pessoa: | Ranqueamento |
|---|---|
| Alegre | 1 |
| Curiosa | 3 |
| Emocionalmente estável | 2 |

Neste caso, o sujeito indicou que, dentre as opções do bloco, "ser alegre" é o que mais o caracteriza e "ser curioso" é o que menos o caracteriza. No entanto, na prática, esse formato pode gerar dúvidas se o mais característico deve ser numerado como 1 (de primeiro) ou como 3 (maior número). Para contornar isso, pode-se usar o formato de ranqueamento de mais-menos característico, em que a pessoa indica o que mais e menos o caracteriza. Por exemplo:

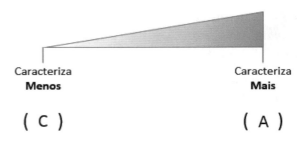

A. Alegre
B. Curiosa
C. Emocionalmente estável

Para blocos com três itens (*triplets*), a informação é essencialmente a mesma do exemplo anterior (Rank), pois o item que não foi indicado é assumido como intermediário ao mais e menos característico. Para blocos com quatro itens (*tetrads*) ou mais, não é possível saber o ordenamento intermediário e o ranqueamento é parcial (no formato mais-menos característico).

Existem outros formatos para escolha forçada como o de escalonamento, no qual o participante pode variar a distância entre os itens (Brown, 2016). Isso oferece algumas vantagens sobre o ranqueamento. Eventualmente, dois itens poderão ficar empatados para o sujeito, ou outros dois itens são muito mais distantes do que as opções de ranqueamento. Contudo, esse tipo de item demanda mais carga cognitiva dos participantes, o que pode causar maior cansaço. Para fins de exemplo, neste capítulo serão abordados os formatos de ranqueamento por ordem e de mais-menos característico.

## Modelo da teoria de resposta ao item thurstoniana (TRI-Thurstoniana)

Apesar da vantagem dos julgamentos comparativos que a disposição dos itens em blocos proporciona, os resultados obtidos pelos formatos de escolha forçada geram dados ipsativos (caso sejam atribuídos pesos aos itens da *triplet*, conforme método da TCT). O termo ipsativo caracteriza escalas nas quais a pontuação geral final é igual para todos os sujeitos; ou seja, todos os sujeitos têm o mesmo escore total (Meade, 2004). O exemplo da tabela 1 mostra como é feita a pontuação de um item de escolha forçada por meio da TCT. Nesse caso, o sujeito opta pela escolha 2 como a que melhor o descreve. Para o item da escolha 2, o escore é 1 (e o escore é 0 para a opção 1). No entanto, caso tenhamos um sujeito 2 e ele opte pela escolha 1, o escore bruto será "1" na escolha "1" e "0" na escolha 2. Ou seja, ambos participantes apresentam o mesmo escore, apesar de indicarem respostas diferentes, gerando dados ipsativos.

**Tabela 1**

*Exemplo de pontuação com teoria clássica dos testes para itens de escolha forçada*

| Escolha 1 | Parece comigo | Não parece comigo | Escolha 2 | Escore bruto |
|---|---|---|---|---|
| Gosto de sair para festas | ○ | ● | Eu me importo com organização | 1 |

Veja outro exemplo para um bloco de três itens. Supondo que dois sujeitos tenham apresentado os seguintes ordenamentos para uma *triplet*:

- Sujeito 1: A, C e B;
- Sujeito 2: B, C e A.

Nesse caso, o item A recebe o escore mais alto (3) para o sujeito 1, mas recebe o escore mais baixo (1) para o sujeito 2. Ao final, os itens A, B e C receberiam, respectivamente, os escores 3, 1 e 2 para o sujeito 1 e 1, 3 e 2 para o sujeito 2. As diferenças no ranqueamento dos itens indicam que os dois sujeitos apresentam prioridades diferentes no ranqueamento. Contudo, se somados os escores de todos os itens desse bloco, ambos os sujeitos receberiam pontuações iguais (6 pontos). Por serem iguais em qualquer situação, tais escores são denominados escores ipsativos.

Dessa forma, um dos problemas da ipsatividade dos dados é que ela impede a comparação entre diferentes indivíduos, porque todos os sujeitos têm o mesmo escore total, como demonstrado. A fim de evitar escores ipsativos, Brown e Maydeu-Olivares (2011) sugerem a aplicação do modelo teoria de resposta ao item thurstoniana. O modelo da TRI-Thurstoniana foi desenvolvido baseado na Lei do Julgamento Comparativo, elaborada por Thurstone (1927). Essa lei postula que a comparação de dois estímulos ou mais é regida pelo processo discriminativo, por meio do qual são atribuídos diferentes valores psicológicos para cada item. Esse "valor psicológico" de cada item é definido no modelo como a utilidade ($t$) do item. Se dois estímulos $\{i, k\}$ são comparados, o estímulo $i$ será preferido em relação ao estímulo $k$ somente se o valor psicológico do primeiro, isto é, sua utilidade ($t$), for maior que a do segundo. Caso existam três estímulos $\{i, k, m\}$, a seguinte comparação das utilidades será realizada: $\{i, k\}$, $\{i, m\}$, $\{k, m\}$. A Lei do Julgamento Comparativo de Thurstone para modelos de escolha forçada pode ser representada pela equação (1):

$$y_{\{i,k\}} = \begin{cases} 1, \text{ se } t_i \geq t_k \\ 0, \text{ se } t_i < t_k \end{cases} \qquad (1)$$

Nesta expressão, as comparações $\{i, k\}$ são tratadas e codificadas como variáveis binárias (*dummy coding*) com valores 1 (se o primeiro elemento da comparação tiver sua utilidade ($t$) maior que o do segundo) ou 0 (se o segundo elemento da comparação tiver sua utilidade ($t$) maior que o do primeiro) (Brown & Maydeu-Olivares, 2011). Portanto, os escores de pares (*duplets*), *triplets* ou blocos com mais de três estímulos são transformados em *dummy coding* (i. e., 0 ou 1), representando a preferência do respondente em cada par de comparação. Essa preferência segue o pressuposto de que o item $i$ será escolhido em comparação ao item $k$, uma vez que o valor "psicológico" ($t$) do item $i$ ($t_i$) é maior que $t_k$ (Brown & Maydeu-Olivares, 2013).

Por exemplo, na tabela 2, a pessoa A assinalou o "item a" como o mais característico e o "item c" como o menos característico. Logo, $\{A, B\} = 1$, $\{A, C\} = 1$ e $\{B, C\} = 1$. Ou seja, as variáveis binárias são codificadas em valores 1 (se o primeiro elemento da comparação for mais característico do que o segundo) ou 0 (se o segundo elemento da comparação for mais característico) (Brown & Maydeu-Olivares, 2013). No exemplo, a pessoa A gosta mais de trabalhar com máquinas (item a) do que investigar fenômenos gerais (item b). Portanto, a comparação $\{A, B\}$ é igual a 1 (i. e., A é ordenado como mais característico do que B). Para a pessoa B, o interesse por fenômenos gerais (item b) é maior do que por máquinas (item a). Assim, a comparação $\{A, B\}$ é igual a 0.

**Tabela 2**

*Exemplo de modelagem dos escores de uma triplet de escolha forçada na TRI-Thurstoniana e na TCT*

| Itens de um bloco | Pessoa A | | | | |
|---|---|---|---|---|---|
| | Menos | Mais | Ordem | Escore TCT | Escore TRI-T |
| a. Gosto de trabalhar com máquinas | | X | 1º | 2 | $\{A, B\} = 1$ |
| b. Gosto de investigar fenômenos gerais | | | 2º | 1 | $\{A, C\} = 1$ |
| c. Gosto de trabalhar com pessoas | X | | 3º | 0 | $\{B, C\} = 1$ |
| | | Escore Total (ipsativo) | | 3 | |
| | Pessoa B | | | | |
| | Menos | Mais | Ordem | Escore TCT | Escore TRI-T |
| a. Gosto de trabalhar com máquinas | X | | 3º | 0 | $\{A, B\} = 0$ |
| b. Gosto de investigar fenômenos gerais | | X | 1º | 2 | $\{A, C\} = 0$ |
| c. Gosto de trabalhar com pessoas | | | 2º | 1 | $\{B, C\} = 1$ |
| | | Escore Total (ipsativo) | | 3 | |

A preferência por um item em detrimento do outro depende da utilidade latente de cada item e pode ser demonstrada por meio da diferença da utilidade entre dois itens $i$ e $k$:

$$\gamma_{i,k}^* = t_i - t_k, \qquad (2)$$

sendo $\gamma_{i,k}^*$ a diferença entre as utilidades dos dois itens, $t_i$ é a utilidade do item $i$ e $t_k$ é utilidade do item $k$. O que remete a variável binária da equação (1). Logo, para conectar as utilidades às variáveis observadas, o modelo TRI-Thurstoniano substitui as utilidades latentes por funções lineares que descrevem a relação entre utilidades latentes e traços latentes ($\eta$), onde a utilidade do item i ($t_i$) é função da média da utilidade do item $i$ ($\mu_i$), da carga fatorial ($\lambda_i$) no atributo mensurado ($\eta_a$) e do erro ($\varepsilon_i$). Ao inserir as funções lineares das utilidades dos itens $i$ e $k$ na equação (2), entende-se que:

$$y_{i,k}^* t_i - t_k = -(\mu_i - \mu_k) + (\lambda_i \eta_a - \lambda_k \eta_b) + (\varepsilon_i - \varepsilon_k), \quad (3)$$

sendo que o item $i$ se refere ao traço latente $\eta_a$ e o item $k$ se refere ao traço latente $\eta_b$. (Brown & Maydeu-Olivares, 2013). Considerando que o parâmetro de *threshold* – $(\mu_i - \mu_k)$ pode ser representado por $\gamma_{i,k}$, a função de resposta ao item para o desfecho binário $\gamma_{i,k}^*$, pode ser entendida como:

$$P(y_{\{i,k\}} = 1) = \Phi\left(\frac{-\gamma_{i,k} + \lambda_i \eta_a - \lambda_k \eta_b}{\sqrt{\psi_i^2 + \psi_k^2}}\right) \quad (4)$$

em que $\phi$ é a função cumulativa da distribuição normal e $\psi$ representa as variâncias únicas de cada utilidade, sendo que $\psi_i^2$ se refere a var($\varepsilon$).

Ou seja, a função de resposta ao item presume que há um aumento na probabilidade de se escolher o item $i$ em detrimento do item $k$ quando o traço latente avaliado pelo primeiro sofre um aumento e o traço avaliado pelo segundo decresce.

Além disso, é importante notar que, quando dois itens avaliam o mesmo traço de forma semelhante, a variável binária resultante apresentará cargas insatisfatórias (i. e., valores baixos), uma vez que o modelo se baseia nas diferenças entre as utilidades. Logo, se não existe diferença, isso irá se refletir em valores baixos de carga fatorial (Brown & Maydeu-Olivares, 2018). Outro ponto a ser considerado é que, em blocos com 3 ou mais itens, todas as variáveis que envolverem o item $i$ irão compartilhar cargas fatoriais semelhantes, refletindo dependências intrablocos (Brown & Maydeu-Olivares, 2013). Portanto, essa dependência deve ser modelada.

Considerando o modelo apresentado, a TRI-Thurstoniana tem se mostrado um método adequado para a modelagem de escores de questionários ipsativos. Em avaliações de heterorrelato, como em *feedback* 360 graus, o formato de escolha forçada pode diminuir vieses como o efeito *halo* (tendência em avaliar as pessoas, de forma geral, com base em uma experiência ou um único traço delas). Como resultado, questionários de escolha forçada podem aumentar a validade convergente entre traços semelhantes e a validade discriminante entre traços ortogonais (Guenole et al., 2018). Por sua vez, quando o ponto-chave é avaliar a validade de critério de um instrumento, isto é, o seu poder preditivo em relação a outras medidas, questionários de escolha forçada corrigidos pela TRI-Thurstoniana podem demonstrar resultados um pouco melhores do que métodos de correção parcialmente ipsativos – baseados na TCT (Lee et al., 2018).

## Por que usar escalas de escolha forçada?

As escalas Likert são comumente utilizadas em avaliações de construtos psicológicos, como personalidade e interesses profissionais. Tais escalas dependem de julgamentos absolutos, uma vez que cada respondente avalia e responde ao conteúdo de um item por vez. Da mesma forma, assume-se que todos os respondentes interpretam as categorias de resposta da mesma forma. Apesar desse tipo de instrumento ser extremamente difundido, por conta da facilidade de uso e aplicação, escalas com julgamentos absolutos são suscetíveis a estilos e vieses de resposta, como a aquiescência e respostas extremas (Brown & Maydeu-Olivares, 2013).

Por exemplo, conforme apresentado por Rammstedt e Farmer (2013), a aquiescência influencia as correlações entre os itens e a estrutura fatorial dos dados. Foi observado que em torno de 4% da variância do *Big Five Inventory* (BFI-10) se deve à aquiescência (Danner et al., 2015). No estudo de Aichholzer (2014), a aquiescência atingiu 2,8% da variância no NEO--FFI e 7,5% no BFI. E um dos efeitos da aquiescência é inflar a correlação entre dois instrumentos que medem construtos distintos, superestimando uma correlação (Soto et al., 2008). Outro impasse que o estilo de resposta aquiescente pode ocasionar é a distorção da validade de critério em medidas tipo Likert (Danner et al., 2015).

Estilos e vieses de respostas podem ser agravados por contextos de avaliação. Por exemplo, em um contexto de entrevista de trabalho, os respondentes podem se tornar mais propensos a responder de maneira socialmente desejável (Dilchert et al., 2006). O conceito de *heurística* traz contribuições importantes nesse tema e

é definido como o processo de identificar respostas apropriadas para perguntas consideradas complexas. Esse conceito é trazido por Kahneman (2012) junto da definição de *Sistema 1* e de *Sistema 2*. Quando há necessidade de exercitar o pensamento crítico sobre algo, esse processo é atribuído ao Sistema 2, enquanto processos que exigem respostas rápidas e "automáticas" são atribuídos ao Sistema 1. E tais processos são estáveis ao longo do tempo. Em um estudo longitudinal de Wetzel et al. (2016) sobre estabilidade de estilos de resposta (aquiescência e *extreme response style*), foi identificado que os padrões de resposta apresentados por respondentes) foram substancialmente estáveis em um período de oito anos. Ou seja, é necessário considerar estilos de resposta em pesquisas de autorrelato.

Como forma de atenuar ou corrigir esses estilos de resposta, Maydeu-Olivares e Coffman (2006) sugerem a modelagem pós-aplicação. Nessa abordagem, o uso idiossincrático das categorias de resposta é controlado por meio da adição de um fator extra no modelo. Este fator permite que os interceptos sejam livremente estimados, mas incluindo a variância decorrente dos estilos de resposta. Outra abordagem pós-aplicação é o emprego de um índice de aquiescência, como proposto por Primi et al. (2019). Nessa abordagem é calculado um índice de concordância individual por meio da média de cada respondente para todos os pares semânticos. Estes pares são itens com conteúdo similar, mas em polos opostos. Este valor é subtraído do escore bruto de cada respondente, corrigindo o escore bruto de cada indivíduo para aquiescência.

Essas estratégias são robustas na correção pós-aplicação. No entanto, uma forma de prevenir a ocorrência de estilos de resposta é o uso de escalas de escolha forçada. O uso de escalas de escolha forçada se apresenta como uma solução eficiente para: (a) prevenir estilos de resposta, uma vez que não é possível escolher a mesma categoria para todos os itens (e. g., aquiescência, *extreme-responding style*); (b) reduzir vieses de resposta, como desejabilidade social, uma vez que dois estímulos igualmente desejáveis podem ser pareados; (c) exigir que o respondente faça um julgamento comparativo entre dois ou mais estímulos; e (d) evitar idiossincrasias na interpretação de âncoras verbais (Brown et al., 2017; Brown & Maydeu-Olivares, 2013).

## Boas práticas com itens de escolha forçada

As recomendações para construção de blocos de itens de escolha forçada são similares a recomendações de itens para outros tipos de escala. Sugere-se que os itens sejam construídos de forma simples, sem significados ambíguos ou sem o uso de advérbios. Apesar da necessidade de itens negativos em escalas multidimensionais, não é indicado para enunciados negativos (e. g., "Eu não gosto de festas") (Pasquali, 2013). Especificamente para a montagem do instrumento, apresenta-se a seguir sugestões de número de itens por bloco, de formato, de balanceamento, de uso de facetas, de itens distratores e de nível de complexidade.

Em termos de conteúdo e dimensões teóricas, os blocos devem ter um número suficiente de itens de qualidade e *performance*. A qualidade e *performance* podem ser obtidas por meio de parâmetros de itens testados com escalas Likert de autorrelato em pesquisas prévias, por exemplo. Para pesquisas com construtos unidimensionais, sugere-se a combinação de itens com cargas fatoriais diferentes. Para pesquisas com constru-

tos multidimensionais, sugere-se a combinação com itens de cargas fatoriais com o mesmo polo e com polos opostos, considerando todas as dimensões a serem mensuradas. Isso é necessário porque o poder discriminativo de cada variável binária é determinado pela diferença entre as cargas fatoriais dos itens envolvidos. A fim de garantir a diferença e maximizar a eficiência de escalas de escolha forçada, sugere-se que itens de cargas fatoriais diferentes (e. g., polos diferentes) sejam combinados em pares e blocos. Em caso de itens com alta desejabilidade social, indica-se que parâmetros *thresholds* sejam verificados a fim de parear itens igualmente desejáveis (Brown & Maydeu-Olivares, 2012).

Com relação ao número de itens por bloco, Brown e Maydeu-Olivares (2011) realizaram simulações com diferenças em números de itens por bloco, em polo dos itens, em número de traços latentes e em correlação dos traços latentes. Escalas com menor número de itens (12 itens) apresentaram níveis de confiabilidade mais baixos, especialmente em escalas com traços latentes independentes. Mais especificamente, o *design* com escalas de dois traços latentes e com itens de polo positivo não é recomendado por conta de resultados de *performance* insatisfatórios. Escalas com 24 itens apresentaram níveis de confiabilidade satisfatórios, indicando que esse número de par de itens já apresenta resultados aceitáveis. Portanto, os autores sugerem o uso de *triplets* ou *tetrads* com itens positivos e negativos (em cada bloco).

Outro aspecto que demanda atenção é o formato do bloco, sendo possível fazer blocos com 2 ou mais itens. O uso de *triplets* em formato MOLE ou RANK é um dos mais utilizados. A sua desvantagem é a fácil identificação do item negativo, que tende a ser o menos desejável quando há itens de polaridade mista (Bürkner et al., 2019). Para amenizar o viés da resposta socialmente desejável, recomenda-se que, além de verificar parâmetros de *thresholds*, na fase da construção do instrumento, os itens sejam analisados por juízes em relação às suas desejabilidades. Normalmente, solicita-se aos juízes que avaliem os itens de acordo com o conteúdo desejável em uma escala de 1 a 9. Os blocos devem conter itens com média semelhante para evitar que o respondente manipule as respostas. Esse é um passo importante, visto que escalas balanceadas por desejabilidade social são mais difíceis de serem falseadas (Cao & Drasgow, 2019).

O balanceamento dos itens nos blocos de escolha forçada também é um aspecto importante. Por exemplo, para um questionário que avalie os traços do *Big Five* (e. g., *Openness*, *Conscientiousness*, *Extraversion*, *Neuroticism* e *Agreeableness*), é possível desenvolvê-lo com todas as comparações binárias possíveis entre itens na mesma quantidade (formato totalmente balanceado). Assim, tem-se o mesmo número de comparações {O, I}, {O, E}, {O, N}, e assim por diante. Pode-se também desenvolver uma escala que omita as comparações {C, E}, {C, N}, {C, A}, entre outras. Mose e colegas realizaram um estudo em que foram simuladas diferentes condições de balanceamento em *triplets* de escolha forçada (o estudo está em fase de finalização). Os resultados sugerem que o melhor *design* consiste em questionários que contenham todas as comparações binárias possíveis em uma configuração balanceada (Mose et al., 2021).

Outro aspecto de relevância prática é a confiabilidade das escalas. Questionários com itens positivos e negativos apresentam maior precisão. Todavia, nem todo construto é viável para construção de itens negativos. Por exemplo, escalas de interesses profissionais quase sempre são construídas considerando-se o polo positivo do traço. Schulte et al. (2019) mostraram por meio de simulação que é necessário altas cargas fatoriais ($\lambda = 0,65 - 0,95$) para se obter excelentes índices de precisão em um questionário de escolha forçada que contém somente itens positivos. Construir itens com tal magnitude de carga fatorial pode ser um esforço árduo e, ainda assim, resultar em escalas muito homogêneas, diminuindo a validade de critério do instrumento. Uma solução apontada por Xiao et al. (2017) para aumentar a confiabilidade do instrumento é a utilização de um formato misto, com blocos de escolha forçada e itens tipo Likert no mesmo questionário. Por meio de simulação, os autores mostraram que a inserção de apenas 20% dos itens no formato Likert foram suficientes para que o instrumento tivesse ganhos substanciais em precisão. Porém, em casos no qual o instrumento de escolha forçada contenha itens positivos e negativos, a inclusão de itens tipo Likert provavelmente não será necessária. Itens de polaridade mista demandam poucos traços (em torno de cinco) para que o instrumento apresente confiabilidade satisfatória (Brown & Maydeu-Olivares, 2011), dispensando a inclusão de itens em outro formato.

No processo de construção, salienta-se ainda que o desenvolvedor da medida deve levar em conta a carga cognitiva para responder à pesquisa, que aumenta conforme o número de itens por bloco. Quanto mais estímulos em um bloco, maior o número de julgamentos comparativos que o sujeito deverá efetuar. O número de comparações binárias geradas em um agrupamento de itens é dado pela fórmula $\eta \, (\eta - 1) \, /2$, onde é o número de utilidades latentes. Portanto, em uma *tetrad* {A, B, C, D}, teremos seis variáveis binárias a serem julgadas {A, B}, {A, C},

{A, D}, {B, C}, {B, D}, {C, D} (Brown & Maydeu-Olivares, 2013). Nesta perspectiva, Brown e Maydeu-Olivares (2011) sugerem que quatro itens por bloco podem ser o limite para o formato de escolha forçada. Ainda que um número maior de itens por bloco (cinco ou seis) gere mais informação estatística, a complexidade cognitiva para responder o instrumento pode inviabilizar a aplicação da pesquisa.

## Exemplo prático

No exemplo a seguir, indica-se como analisar e relatar os resultados para um modelo de itens de escolha forçada. O *script* completo desse exemplo está disponível na plataforma GitHub (https://github.com/felipevalentini/capituloIBAP_TRI_T). Apresenta-se o exemplo passo a passo, concentrando-se no formato de *triplets* (i. e., três itens para cada bloco). Para tanto, utiliza-se três pacotes do software estatístico R: 1) RecodeFCit, criado pelos autores para recodificar os itens em variáveis binárias e montar o banco de dados (caso você utilize o nosso pacote para os seus dados, por favor, cite este capítulo no seu artigo); 2) thurstonianIRT (Bürkner, 2019), para montar o *script* do modelo; 3) lavaan (Russeel, 2019), para rodar as análises. Como o pacote RecodeFCit está no GitHub, você também precisará instalar o *devtools*. Para instalar todos os pacotes, execute as seguintes linhas de comando:

```
install.packages(c("lavaan",
"thurstonianIRT", "devtools"))
library(devtools)
remotes::install_
github("felipevalentini/RecodeFCit")
library(thurstonianIRT)
library(RecodeFCit)
```

### Passo 1: Montar e checar o banco de dados

Essa parte exige muita atenção, pois o formato do banco de dados é um pouco diferente do usual. Existem diversas formas de digitalizar esse banco. No entanto, será necessário indicar cada combinação de item em códigos binários 0 e 1 (sendo 1 para a preferência do sujeito) para analisá-lo. Na figura 1 apresenta-se um exemplo de formato de banco de dados para uma *triplet* (à direita).

**Figura 1**
*Exemplo de como montar o banco de dados*

| Sujeito | Bloco 1 Menos característico | Bloco 1 Mais característico |
|---|---|---|
| 1 | 1 | 2 |
| 2 | 1 | 3 |
| 3 | 2 | 3 |
| 4 | 2 | 1 |
| 5 | 3 | 1 |
| 6 | 3 | 2 |

### Banco de dados

| Sujeito | i1i2 | i1i3 | i2i3 | ... |
|---|---|---|---|---|
| 1 | 0 | 0 | 1 | |
| 2 | 0 | 0 | 0 | |
| 3 | 1 | 0 | 0 | |
| 4 | 1 | 1 | 0 | |
| 5 | 1 | 1 | 1 | |
| 6 | 0 | 1 | 1 | |
| ... | | | | |

Indica-se usar o formato de banco de dados da figura 1, pois fica mais fácil configurá-lo para o lavaan ou Mplus. O pacote RecodeFCit faz isso automaticamente. Na parte esquerda da figura 1 há uma ilustração da ordem das respostas de seis sujeitos para o primeiro bloco do questionário. Se você planejou a sua pesquisa no lápis e papel, no formato de mais e menos característico (conforme a figura), sugere-se que você digitalize o banco igual ao seu protocolo (i. e., uma coluna para o menos característico e uma coluna para o mais característico, por bloco) e faça a transformação posteriormente. Isso porque a transformação durante a digitação demandaria um esforço cognitivo extra e aumentaria as chances de erros. Na parte direita da figura 1, as três colunas de i1i2 a i2i3 contêm as respostas recodificadas para os itens do primeiro bloco por meio do pacote RecodeFCit. Cada coluna representa uma comparação binária. Por exemplo, na coluna i1i2 deve-se informar a comparação entre os itens 1 e 2 (do primeiro bloco). Para tanto, utilize o código 1 se o sujeito preferiu o item 1 em vez do item 2; e utilize o código 0 se o sujeito prefere o item 2 em vez do 1. Nos nomes, o primeiro item é o de referência (p. ex., para i1i2, o item 1 é a referência; e para i2i3, o item 2 é a referência). Veja o exemplo completo do sujeito 5, que indicou o item 1 como o mais característico e o item 3 como o menos característico (ordem, do mais para o menos característico, é 1, 2 e 3). Portanto, o sujeito 5 prefere o item 1 ao 2 (assim, i1i2=1), prefere o item 1 ao item 3 (assim, i1i3=1) e prefere o item 2 ao item 3 (assim, i2i3=1).

Você pode utilizar o software de sua preferência para montar o banco de dados no formato de comparações binárias. Se você coletou os dados via internet, a transformação dependerá muito do *layout* da sua pesquisa e não se tem como prever, neste capítulo, todas as possibili-

dades. Se você coletou no formato lápis e papel, o pacote RecodeFCit faz a recodificação automaticamente.

No pacote há um banco com alguns "erros didáticos". Carregue o banco.

```
?RecodeFCit::dataErr
banco <- dataErr
head(banco)
```

O banco dataErr contém informações sobre uma escala para avaliar os cinco grandes fatores de personalidade (Abertura, Conscienciosidade, Extroversão, Amabilidade e Neuroticismo). Cada fator é composto por seis itens, sendo quatro positivos e dois negativos. No entanto, note que há apenas 20 colunas de variáveis com os códigos dos itens escolhidos como menos e mais característico em cada bloco. Por exemplo, a variável Bl1- guarda o código do item escolhido como o menos característico (por isso o sinal de -) do bloco (ou *triplet*) 1; e a variável Bl1+ contém a informação da escolha do item mais característico desse primeiro bloco. Por exemplo, o sujeito 2 escolheu o item "a" como o menos característico, entre as opções do bloco 1, bem como escolheu o item "c" como o mais característico. Para cada *triplet*, os itens receberam os códigos "a", "b" e "c".

No entanto, note que há alguns erros no banco. Para checá-los utilize as funções checkTie() e checkTypo(). Sugere-se que você leia a documentação dessas funções antes de usá-las (use o '?' em frente à função).

```
?checkTie()
ProbTies<-checkTie(banco, Cd=c("a","b","c"))
?checkTypo()
ProbDigit<-checkTypo(banco,
Cd=c('a','b','c'))
```

Salve os resultados das duas funções em "novos objetos", para facilitar a localização dos problemas. Ambas as funções retornam data.frames (bancos de dados), com uma coluna indicando a localização de cada problema no seu banco de dados. Para visualizá-los, utilize View(ProbTies) e View(ProbDigit).

Para o ProbTies, a função retornou dois problemas no banco (r1Bl2 e r2Bl5). Neste caso, as letras r (*row*) e Bl (*block*) indicam as linhas e os blocos com códigos iguais para a resposta mais e menos característica. Isso pode acontecer quando a pesquisa é no formato lápis e papel, tornando impossível qualquer análise, pois a ordem de qualquer item seria indeterminada. Para o exemplo, veja no banco que os sujeitos 1 e 2 indicaram o mesmo item como mais e menos característico para os blocos 2 e 5, respectivamente. Se isso acontecer "na vida real", sugere-se conferir o protocolo de pesquisa desses sujeitos, antes de prosseguir. Mas aqui, por questões didáticas, assume-se que esses sujeitos realmente "empataram" as respostas para esses blocos. Neste caso, precisa-se recodificar esses itens como *missing*, mas isso será discutido mais adiante (na função recodeErrors).

Para o ProbDigit, a função retornou outros dois problemas no banco (r1col19 e r2col20). Novamente, os sujeitos 1 e 2 deram respostas implausíveis para o bloco 10, "v" e "s", respectivamente. Como o banco foi codificado apenas com "a, b, c", as respostas "v" e "s" estão erradas, e deve-se verificar o protocolo original desses sujeitos. Novamente, assume-se que se conferiu o protocolo e que realmente esses sujeitos endossaram itens não existentes. No entanto, precisa-se recodificar este erro como *missing*, pois não se sabe a real resposta. Para resolver o problema de empate (*tie*) e de resposta impossível, utilize a função recodeErrors().

```
?recodeErrors
banco2<-recodeErrors(banco,
Cd=c("a","b","c"))
View(banco2)
```

Essa função irá recodificar tudo que não estiver contido em Cd (de código) como *missing* (*NA*). Sugere-se muita cautela antes de rodar essa função, pois qualquer erro de digitação será convertido em *missing*. Por exemplo, se você digitou "A" (maiúsculo), em vez de "a" (minúsculo), sendo o seu código (Cd) composto por letras minúsculas, esse "A" passará a ser compreendido como *missing*. Logo, confira o seu banco de dados. Ao rodar a função recodeErrors(), note que o banco2 contém o código de *missing* (*NA*) para os casos que tinham respostas erradas.

O próximo passo consiste em recodificar o banco para o formato de comparações binárias (conforme a parte direita da fig. 1). Para tanto, utilize a função recodeData(). Ressalta-se que essa função só irá funcionar se o banco de dados estiver "limpo", sem erros de digitação, espaço em branco ou blocos com respostas empatadas (*ties*). Contudo, *missings* são permitidos.

```
?recodeData
bancoMplus <- recodeData(banco2,
Cd=c("a","b","c"))
View(bancoMplus)
```

Ao rodar a função recodeData(), tem-se um banco de dados praticamente pronto para ser analisado. Se você for analisá-lo no Mplus, poderá exportá-lo. No entanto, neste exemplo, utiliza-se o pacote lavaan, que não permite *missings*. Você poderia tentar estimar esses *missings*, mas como são apenas dois casos e com grande quantidade de *missing* (mais de 20% das respostas desses dois sujeitos), opta-se por excluí-los e salvar um novo banco.

```
bancoLavaan <- bancoMplus[-c(1,2), ]
```

## Como relatar a etapa de tratamento dos dados

Para descrição do método e dos procedimentos para conferência e recodificação do banco, utiliza-se o pacote RecodeFCit (citar este capítulo de livro como referência). As funções desse pacote apontaram para dois erros de digitação e dois blocos com respostas empatadas (*tie*). Após checagem nos protocolos originais de pesquisa, esses erros foram recodificados como resposta ausente (*missing*).

## Passo 2: Analisar os dados

Existem vários softwares que podem analisar esses dados. Neste capítulo, por conveniência, opta-se pelo pacote thurstonianIRT (Bürkner, 2019), que utiliza o pacote lavaan internamente. A primeira etapa envolve indicar como os itens estão organizados. Para cada bloco, você precisará informar, nesta ordem: 1) Os nomes dos itens (i1, i2...); 2) A qual traço o item pertence (traço1, traço2...); 3) Se o item é positivo ou invertido, sendo 1 para positivos, e −1 para invertidos. Para o presente exemplo, escreve-se o *script* da seguinte forma.

```
blocks <-
set_block(c("i1",     "i2",     "i3"),     traits  =       c("t1",   "t2",   "t3"),
                      signs     =          c(-1,     1,      1))       +
set_block(c("i4",     "i5",     "i6"),     traits  =       c("t1",   "t2",   "t4"),
                      signs     =          c(1,      -1,     1))       +
set_block(c("i7",     "i8",     "i9"),     traits  =       c("t1",   "t2",   "t5"),
                      signs     =          c(1,      1,      -1))      +
set_block(c("i10",    "i11",    "i12"),    traits  =       c("t1",   "t3",   "t4"),
                      signs     =          c(1,      1,      -1))      +
set_block(c("i13",    "i14",    "i15"),    traits  =       c("t1",   "t3",   "t5"),
                      signs     =          c(1,      -1,     1))       +
set_block(c("i16",    "i17",    "i18"),    traits  =       c("t1",   "t4",   "t5"),
                      signs     =          c(-1,     1,      1))       +
set_block(c("i19",    "i20",    "i21"),    traits  =       c("t2",   "t3",   "t4"),
                      signs     =          c(1,      -1,     1))       +
set_block(c("i22",    "i23",    "i24"),    traits  =       c("t2",   "t3",   "t5"),
                      signs     =          c(-1,     1,      1))       +
set_block(c("i25",    "i26",    "i27"),    traits  =       c("t2",   "t4",   "t5"),
                      signs     =          c(1,      -1,     1))       +
set_block(c("i28",    "i29",    "i30"),    traits  =       c("t3",   "t4",   "t5"),
signs = c(1, 1, -1))
```

Note que o resultado da função foi salvo em um objeto chamado blocks, que será utilizado mais adiante. Para o exemplo, o primeiro bloco é composto pelos itens de 1 a 3 (c("i1", "i2", "i3")). Esses itens pertencem aos fatores 1, 2 e 3 (traits = c("t1", "t2", "t3")). O primeiro item é invertido e os demais são positivos (signs = c(–1, 1, 1)). O segundo bloco é composto pelos itens 4, 5 e 6, e assim por diante (acho que você já entendeu). Se você quiser praticar e construir essa configuração desde o início (o que se recomenda fazer), procure a documentação desse banco de dados (rode a seguinte linha de comando: ?dataErr). Na descrição do banco, você encontrará a estrutura dos itens por fator e a identificação de se o item é positivo.

O próximo passo envolve gerar o código para o banco ser compreendido pelo pacote thurstonianIRT. Para tanto, utiliza-se a função make_TIRT_data().

```
?make_TIRT_data
triplets_long<- make_TIRT_data(
data = bancoLavaan,
blocks = blocks,
        format = "pairwise")
```

Nessa função, informe: o banco de dados (data = bancoLavaan), elaborado em passos anteriores; a configuração do modelo (blocks = blocks), sendo blocks o objeto criado em passo anterior; e o formato (pairwise, quando o banco estiver formatado em comparações binárias). Se você quiser (ou precisar), também é possível alterar o tipo de distribuição e os tipos de resposta do banco (para tanto, sugere-se consultar a documentação da função ?make_TIRT_data). Depois de rodar a função, se você abrir o objeto triplets_long descobrirá que se trata de um banco de dados em formato longo, no qual a linha contém os dados da resposta de cada compara-

ção binária de cada sujeito (i. e., uma espécie de interação entre o sujeito e as comparações binárias). No presente exemplo, tem-se 939 sujeitos e 30 comparações binárias, determinando um banco no formato longo com 28.170 linhas (939*30=28170). Essa é a maneira que os desenvolvedores do pacote acharam mais conveniente tratar os dados.

Agora o modelo está pronto para rodar. Utilize a função fit_TIRT_lavaan(), que roda o modelo diretamente no lavaan. No entanto, se desejar, utilize outras funções do pacote para rodá-lo diretamente no Mplus ou no Stan.

```
?fit_TIRT_lavaan
fit <- fit_TIRT_lavaan(triplets_long,
estimator = "ULSMV")
```

Salve o resultado no objeto fit, que é uma lista da saída do lavaan. Para solicitar um resumo dos resultados, utilize o código summary(fit). O modelo estimado pela função fit_TIRT_lavaan() retorna apenas um indicador de ajuste, o qui-quadrado. No presente exemplo, o modelo é bem-ajustado ( $\chi^2_{(gl)}$ = 319,53 (375), $p$ = 0,98), indicando que a matriz de covariâncias do modelo não é estatisticamente diferente da matriz de covariâncias dos dados observados. Se você nunca viu um ajuste tão perfeito na sua prática, não se preocupe, pois esses dados são simulados para um modelo exato. Esse banco não pode ser utilizado em pesquisas, pois foi construído apenas para fins didáticos. Caso você precise de outros indicadores de ajuste, utilize a função fit_TIRT_mplus() para rodar o modelo diretamente no Mplus. Você precisará ter o Mplus instalado no seu computador, ainda que estejas analisando os dados no R. Consulte https://github.com/felipevalentini/capituloIBAP_TRI_T para um *script* de exemplo.

A função summary(fit) também retorna os parâmetros dos itens, que é a parte mais importante. Na figura 2, apresenta-se as cargas fatoriais dos dois primeiros fatores.

**Figura 2**

*Exemplo de* output *para as cargas fatoriais*

```
Latent Variables:
                   Estimate  Std.Err  z-value  P(>|z|)
  trait1 =~
    i1i2     (L1)     0.495    0.101    4.887    0.000
    i1i3     (L1)     0.495    0.101    4.887    0.000
    i4i5     (L4)    -0.489    0.102   -4.805    0.000
    i4i6     (L4)    -0.489    0.102   -4.805    0.000
    i7i8     (L7)    -0.822    0.173   -4.756    0.000
    i7i9     (L7)    -0.822    0.173   -4.756    0.000
    i10i11   (L10)   -0.480    0.101   -4.746    0.000
    i10i12   (L10)   -0.480    0.101   -4.746    0.000
    i13i14   (L13)   -0.510    0.108   -4.740    0.000
    i13i15   (L13)   -0.510    0.108   -4.740    0.000
    i16i17   (L16)    0.429    0.090    4.775    0.000
    i16i18   (L16)    0.429    0.090    4.775    0.000
  trait2 =~
    i1i2     (L2n)    0.533    0.096    5.585    0.000
    i2i3     (L2)    -0.533    0.096   -5.585    0.000
    i4i5     (L5n)   -0.579    0.097   -5.951    0.000
    i5i6     (L5)     0.579    0.097    5.951    0.000
    i7i8     (L8n)    0.647    0.125    5.167    0.000
    i8i9     (L8)    -0.647    0.125   -5.167    0.000
    i19i20   (L19)   -0.629    0.125   -5.053    0.000
    i19i21   (L19)   -0.629    0.125   -5.053    0.000
    i22i23   (L22)    0.393    0.085    4.605    0.000
    i22i24   (L22)    0.393    0.085    4.605    0.000
    i25i26   (L25)   -0.604    0.117   -5.151    0.000
    i25i27   (L25)   -0.604    0.117   -5.151    0.000
```

Na figura 2, o símbolo =~ indica a composição do fator. Por exemplo, o fator (*trait 1*) é composto pelas comparações binárias i1i2, i2i3 etc. Mas como interpretar? A informação sobre a carga fatorial de cada item seria mais útil para interpretar o modelo, certo? Você deve estar lembrado que o banco de dados foi construído com comparações binárias (item1 *vs.* item2 = i1i2 etc.). Portanto, a informação de cada item está contida nas duas comparações binárias nas quais esse item aparece. Por exemplo, a informa-

ção sobre as preferências dos sujeitos com relação ao item 3, no banco de dados, está contida nas comparações binárias i1i3 e i2i3.

Na parametrização TRI-T, as cargas fatoriais também são apresentadas em duplas, para todas as comparações realizadas com o item. No entanto, como a carga para o item é única, independentemente da comparação, essa carga é restrita como igual para as diferentes comparações binárias (um *constraint*). Por exemplo, a carga de 0,495 é igual para as comparações binárias i1i2 e i1i3, pois diz respeito ao item 1 (que é comum às duas comparações binárias).

Para facilitar a interpretação, veja que ao lado de cada comparação há um rótulo entre parênteses, L1, L2 etc. Esse rótulo é uma referência do item, portanto, L1 é a carga fatorial do item 1, L2 é a carga para o item 2 etc. Veja, na figura 2, que o mesmo rótulo é indicado para as duas comparações binárias do item referenciado (p. ex., i1i2 (L1) e i1i3 (L1)). Tecnicamente, essa é a maneira de restringir as cargas do mesmo item como iguais, ainda que a informação esteja em duas comparações binárias distintas.

Você deve ter percebido também que alguns rótulos têm a letra *n* no final (p. ex., L2n). Isso é um pouco mais complicado. O primeiro item da comparação binária é sempre a referência (exemplo na i1i2, a referência é o item 1; na i2i3, a referência é o item 2). As cargas específicas dos itens são estimadas a partir de todas as variáveis binárias (exemplo, a carga do item 2 é estimada a partir das comparações i1i2 e i2i3). Quando o item é a referência de todas as comparações binárias (exemplo i1i2 e i1i3) basta declarar o mesmo rótulo para ambas as cargas fatoriais (exemplo "(L1)"). No entanto, quando o item é a referência de uma comparação binária, mas não é a referência da outra comparação binária (exemplo, o item 2 nas comparações i1i2 e i2i3), as cargas fatoriais devem ser de mesma magnitude, mas de sinais opostos. Para resolver esse problema, basta colocar uma pequena diferença no rótulo (exemplo L2n em vez de L2), e informar ao pacote que uma carga deve ser o inverso da outra (exemplo L2 = – L2n).

Na interpretação do *output*, como saber se a carga do item é positiva ou negativa? Para as comparações com rótulos iguais (p. ex., L1 e L1), a interpretação é simples, pois as cargas serão na mesma direção (L1, p. ex.:, é positiva). No entanto, note que todo o fator 1 ficou invertido no presente modelo. O item 1, que deveria ser negativo (cf. na configuração dos *blocks* se tiver dúvida), foi estimado como positivo. Se esse fosse o único caso do fator, seria um problema, pois o modelo teria invertido o item. Procure avaliar se, na configuração dos *blocks*, você indicou esse item como negativo. No exemplo específico do fator 1, o modelo também inverteu os demais itens (o que era positivo virou negativo e vice-versa). Isso não é um problema técnico, apenas exige um pouco mais da sua memória de trabalho para interpretar o modelo. Isso acontece para escalas Likert também. Pode-se adicionar restrições no modelo para inverter a carga, mas isso resultaria no aumento da complexidade da configuração do modelo. A única precaução é que o fator inteiro (de *Abertura à Experiência*, neste caso) está invertido. Portanto, os escores latentes positivos indicam "fechamento/conservadorismo" e os escores negativos indicam "abertura".

Mas quando o rótulo é diferente (p. ex., L2 e L2n)? Neste caso, sugere-se focar a direção da carga quando o item é referência (L2, p. ex.). Para o item 2 (do fator 2, Conscienciosidade), a carga L2 é negativa, indicando que o item foi estimado como negativo para o fator Conscienciosidade. No entanto, se você olhar a configuração desse item (no *blocks*) perceberá que ele deveria ser positivo. Analise os demais itens. Você perceberá que todos estão invertidos. Portanto, assim como o fator 1, o fator 2 também foi invertido e os escores fatoriais positivos estão associados a características de desorganização, descomprometimento etc. (i. e., baixa conscienciosidade).

E quando ambos os rótulos contêm a letra n (p. ex., i7i9 (L9n) e i8i9 (L9n))? Neste caso, a carga do item deve ser interpretada como inversa. Por exemplo, as cargas L9n foram estimadas como positivas; mas, para o item 9, em si, a carga é negativa. Isso acontece porque o item não é a referência em ambas as comparações. Lembre-se que as comparações binárias são codificadas em 0 e 1, conforme o item de referência. Para a comparação i7i9, o código 1 representa a preferência do item 7 em vez do 9; para a comparação i8i9, o código 1 representa a preferência do item 8 em vez do 9. Portanto, o aumento do fator 5 (Neuroticismo) causa uma tendência de preferência do item 9, que será refletida na tendência de codificação 0 para as comparações i7i9 e i8i9, em direção oposta ao fator.

Existem parametrizações do modelo TRI-Thurstoniana cujos parâmetros são um pouco mais fáceis de serem interpretados. No entanto, você precisará de outros códigos não fornecidos pelo pacote thurstonianIRT. Se você tem domínio do Mplus ou lavaan, sugere-se que experimente também a Macro do Excel para montar os códigos, fornecidos pela autora Anna Brown (http://annabrown.name/software). De qualquer forma, você precisará entender o modelo antes de simplesmente rodá-lo.

As correlações entre os fatores também são apresentadas no *output* e são interpretadas como qualquer outra correlação. Preste atenção apenas que a correlação estará invertida se o fator latente for invertido (como ocorre com os fatores 1 e 2).

Sugere-se especial atenção nas variâncias residuais. O modelo TRI-Thurstoniana estima uma grande quantidade de parâmetros e impõe várias restrições (*constraints*). Consequentemente,

é comum acontecer problemas de identificação de modelo ou soluções implausíveis. É possível que alguma variância residual seja estimada como negativa ou não significativa. O caso de variância negativa é mais grave e precisa ser resolvido, pois uma variável não pode "variar negativamente". O caso de variâncias não significativas é menos grave. Contudo, não há garantias de que a variância seja, de fato, diferente de 0. Em ambos os casos sugere-se consultar a literatura sobre resolução de casos Heywood, bem como informações sobre o uso do algoritmo Higham (2002). Essa discussão sai do escopo deste capítulo.

## Como relatar a análise dos dados

Os resultados podem ser relatados da seguinte maneira: O modelo de cinco dimensões se ajustou aos dados, pois a matriz do modelo (*implied matrix*) não foi estatisticamente diferente da matriz original dos dados ($\chi^2_{(gl)} = 319,53$ (375), $p = 0,98$). As cargas fatoriais e correlações são apresentadas nas tabelas 3 e 4, respectivamente. Ressalta-se que o software inverteu as cargas fatoriais dos fatores de um a quatro de maneira uniforme. Ou seja, todos os itens positivos foram estimados como negativos e vice-versa. Isso pode ter ocorrido em função do desbalanceamento entre os itens positivos e negativos. No entanto, o que define o polo positivo do construto é uma definição arbitrária. Por exemplo, para eixo do fator introversão-extroversão, o item "sou comunicativo" seria positivo se tomado como referência a extroversão, mas negativo se tomado como referência a introversão. Por conveniência, é possível inverter os escores fatoriais multiplicando-os por −1.

# 11 Teoria de resposta ao item thurstoniana para itens de escolha forçada

| Item | Triplet | F1 *<br>Abertura<br>Est. (EP) | F2 *<br>Conscienc.<br>Est. (EP) | F3 *<br>Extroversão<br>Est. (EP) | F4 *<br>Amabilidade<br>Est. (EP) | F5<br>Neuroticismo<br>Est. (EP) |
|---|---|---|---|---|---|---|
| 1 | 1 | 0,5 (0,10) | | | | |
| 2 | 1 | | -0,53 (0,10) | | | |
| 3 | 1 | | | -0,44 (0,08) | | |
| 4 | 2 | -0,49 (0,10) | | | | |
| 5 | 2 | | 0,58 (0,10) | | | |
| 6 | 2 | | | | -0,55 (0,09) | |
| 7 | 3 | -0,82 (0,17) | | | | |
| 8 | 3 | | -0,64 (0,12) | | | |
| 9 | 3 | | | | | -0,62 (0,12) |
| 10 | 4 | -0,48 (0,10) | | | | |
| 11 | 4 | | | -0,63 (0,09) | | |
| 12 | 4 | | | | 0,40 (0,09) | |
| 13 | 5 | -0,52 (0,11) | | | | |
| 14 | 5 | | | 0,70 (0,10) | | |
| 15 | 5 | | | | | 0,48 (0,10) |
| 16 | 6 | 0,43 (0,09) | | | | |
| 17 | 6 | | | | -0,63 (0,09) | |
| 18 | 6 | | | | | 0,53 (0,09) |
| 19 | 7 | | -0,63 (0,13) | | | |
| 20 | 7 | | | 0,53 (0,09) | | |
| 21 | 7 | | | | -0,59 (0,11) | |
| 22 | 8 | | 0,39 (0,09) | | | |
| 23 | 8 | | | -0,62 (0,08) | | |
| 24 | 8 | | | | | 0,47 (0,08) |
| 25 | 9 | | -0,60 (0,12) | | | |
| 26 | 9 | | | | 0,72 (0,11) | |
| 27 | 9 | | | | | 0,80 (0,12) |
| 28 | 10 | | | -0,86 (0,15) | | |
| 29 | 10 | | | | -0,46 (0,11) | |
| 30 | 10 | | | | | - 0,65 (0,11) |

Nota: * = fatores invertidos na análise (i. e., escores baixos na dimensão 1, p. ex., indicam alta abertura). Todos os parâmetros foram significativos ($p < 0,05$). Entre parênteses são apresentados os erros-padrão das estimativas.

**Tabela 4**

*Correlações entre os fatores*

| | F1* | F2* | F3* | F4* |
|---|---|---|---|---|
| F2* | -0,39 (0,08) | | | |
| F3* | -0,05 (0,07)ns | 0,20 (0,07) | | |
| F4* | -0,09 (0,08)ns | 0,13 (0,08)ns | 0,17 (0,08) | |
| F5 | 0,22 (0,08) | -0,03 (0,08)ns | -0,05 (0,07)ns | -0,21 (0,08) |

Nota: * = fatores invertidos na análise (i. e., escores baixos na dimensão 1, p. ex., indicam alta abertura); ns = parâmetro não significativo estatisticamente ($p > 0,05$). Todos os demais parâmetros foram significativos ($p < 0,05$). Entre parênteses são apresentados os erros-padrão das estimativas.

*Detalhes técnicos: os autores deste capítulo rodaram o mesmo modelo no Mplus e as cargas fatoriais foram invertidas àquelas apresentadas pelo pacote thurstonianIRT. Portanto, é possível "desinverter" as cargas a posteriori, desde que o procedimento seja adotado para todas as cargas do mesmo fator. Por questões didáticas, decidiu-se relatar na tabela as cargas fatoriais com as mesmas direções do output do pacote thurstonianIRT. Assim, o leitor pode conferir o resultado no R e a tabela 3. No entanto, para um artigo, sugere-se multiplicar as cargas por −1 para que sua interpretação fique mais fácil. Além disso, organizou-se a tabela pela ordem dos blocos, mas você pode organizar por fatores.*

As cargas fatoriais foram todas significativas e variaram de 0,39 a 0,86 ($M = 0,58$, $DP = 0,12$). Tais resultados evidenciam uma escala de personalidade com itens de capacidade discriminativa de moderada a alta. Observa-se que não há nenhum bloco de itens (ou *triplet*) com cargas absurdamente discrepantes. Portanto, as *triplets* apresentaram distribuição esperadas para os itens. As correlações entre os fatores foram semelhantes ao estudo de metanálise do *Big Five* (Hurtado Rúa et al., 2018). O instrumento pode ser utilizado em pesquisas, principalmente quando for necessário reduzir os vieses de resposta.

## Considerações finais

Buscou-se neste capítulo apresentar um modelo para itens de escolha forçada. Ainda que os autores sejam entusiastas desse tipo de item e modelagem, deve-se ressaltar que eles não se aplicam a todos os contextos. Se os participantes da sua pesquisa têm baixa escolaridade, talvez o uso de escolhas forçadas não seja o mais interessante por causa da carga cognitiva necessária para respondê-los. Além disso, o modelo TRI-T frequentemente apresenta problemas de identificação (não se frustre com isso). Por isso, recomenda-se que você teste os itens no formato Likert antes de adaptá-los para o formato de escolha forçada. Por outro lado, itens de escolha forçada são menos suscetíveis aos vieses de resposta, oferecendo uma grande vantagem para instrumentos de personalidade. Além disso, esse formato parece bastante natural para construtos que envolvem escolhas, como interesses profissionais. Espera-se que o leitor se sinta motivado a testar o modelo.

## Referências

Aichholzer, J. (2014). Random intercept EFA of personality scales. *Journal of Research in Personality*, *53*, 1-4. https://doi.org/10.1016/j.jrp.2014.07.001

Böckenholt, U. (2017). Measuring Response Styles in Likert Items. *Psychological Methods*, *22*(1), 69-83. https://doi.org/10.1037/met0000106

Brown, A. (2016). Thurstonian Scaling of Compositional Questionnaire Data. *Multivariate Behavioral Research*, *51*(2-3), 345-356. https://doi.org/10.1080/00273171.2016.1150152

Brown, A., Inceoglu, I., & Lin, Y. (2017). Preventing Rater Biases in 360-Degree Feedback by Forcing Choice. *Organizational Research Methods*, *20*(1), 121-148. https://doi.org/10.1177/1094428116668036

Brown, A., & Maydeu-Olivares, A. (2011). Item Response Modeling of Forced-Choice Questionnaires. *Educational and Psychological Measurement*, *71*(3), 460-502. https://doi.org/10.1177/0013164410375112

Brown, A., & Maydeu-Olivares, A. (2012). Fitting a Thurstonian IRT model to forced-choice data using Mplus. *Behavior Research Methods*, *44*(4), 1.135-1.147. https://doi.org/10.3758/s13428-012-0217-x

Brown, A., & Maydeu-Olivares, A. (2013). How IRT Can Solve Problems of Ipsative Data in Forced-Choice Questionnaires. *Psychological Methods*, *18*(1), 36-52. https://doi.org/10.1037/a0030641

Brown, A., & Maydeu-Olivares, A. (2018). Modeling forced-choice response formats. In P. Irwing, T. Booth & D. J. Hughes (orgs.), *The Wiley Handbook of Psychometric Testing: A Multidisciplinary Reference on Survey, Scale and Test Development* (p. 523-569). Wiley-Blackwell. https://doi.org/10.1002/9781118489772.ch18

Bürkner, P.-C. (2019). *Package ThurstonianIRT*. https://cran.r-project.org/web/packages/thurstonianIRT/thurstonianIRT.pdf

Bürkner, P.-C., Schulte, N., & Holling, H. (2019). On the Statistical and Practical Limitations of Thurstonian IRT Models. *Educational and Psychological Measurement*, *79*(5), 827-854. https://doi.org/10.1177/0013164419832063

Cao, M., & Drasgow, F. (2019). Does Forcing Reduce Faking? A Meta-Analytic Review of Forced-Choice Personality Measures in High-Stakes Situations. *Journal of Applied Psychology*, *104*(11), 1.347-1.368. https://doi.org/10.1037/apl0000414

Danner, D., Aichholzer, J., & Rammstedt, B. (2015). Acquiescence in personality questionnaires: Relevance, domain specificity, and stability. *Journal of Research in Personality*, *57*, 119-130. https://doi.org/10.1016/j.jrp.2015.05.004

Dilchert, S., Ones, D., Viswesvaran, C., & Deller, J. (2006). Response distortion in personality measurement: Born to deceive, yet capable of providing valid self-assessments? *Psychology Science*, *48*(3), 209-225. https://psycnet.apa.org/record/2006-21801-002

Drasgow, F., Chernyshenko, O., & Stark, S. (2010). 75 Years After Likert: Thurstone Was Right! *Industrial and Organizational Psychology*, *3*(4), 465-476. https://doi.org/10.1111/j.1754-9434.2010.01273.x

Dueber, D. M., Love, A. M. A., Toland, M. D., & Turner, T. A. (2019). Comparison of Single-Response Format and Forced-Choice Format Instruments Using Thurstonian Item Response Theory. *Educational and Psychological Measurement*, *79*(1), 108-128. https://doi.org/10.1177/0013164417752782

Friedman, H. H., & Amoo, T. (1999). Rating the Rating Scales. *Journal of Marketing Management*, *9*(3), 114-123. https://ssrn.com/abstract=2333648

Guenole, N., Brown, A., & Cooper, A. J. (2018). Forced-Choice Assessment of Work-Related Maladaptive Personality Traits: Preliminary Evidence From an Application of Thurstonian Item Response Modeling. *Assessment*, *25*(4), 513-526. https://doi.org/10.1177/1073191116641181

Higham, N. J. (2002). Computing the nearest correlation matrix – a problem from finance. *IMA Journal of Numerical Analysis*, *22*, 329-343. https://doi.org/10.1093/imanum/22.3.329.

Hontangas, P. M., la Torre, J., Ponsoda, V., Leenen, I., Morillo, D., & Abad, F. J. (2015). Comparing traditional and IRT scoring of forced-choice tests. *Applied Psychological Measurement*, *39*(8), 598-612. https://doi.org/10.1177/0146621615585851

Hurtado Rúa, S. M., Stead, G. B., & Poklar, A. E. (2018). Five-factor personality traits and Riasec interest types: A multivariate meta-analysis. *Journal of Career Assessment*, 27(3), 527-543. https://doi.org/10.1177/1069072718780447

Kahneman, D. (2012). *Thinking, fast and slow*. Penguin.

Lee, P., Lee, S., & Stark, S. (2018). Examining validity evidence for multidimensional forced choice measures with different scoring approaches. *Personality and Individual Differences*, 61(2), 217-239. https://doi.org/10.1016/j.paid.2017.11.031

Maydeu-Olivares, A., & Coffman, D. L. (2006). Random intercept item factor analysis. *Psychological methods*, 11(4), 344-362. https://doi.org/10.1037/1082-989X.11.4.344

Meade, A.W. (2004), Psychometric problems and issues involved with creating and using ipsative measures for selection. *Journal of Occupational and Organizational Psychology*, 77, 531-551. https://doi.org/10.1348/0963179042596504

Mose, L., Valentini, F., & Primi, R. (2021). *Item Balancing for Forced-Choice Questionnaires: A T-IRT Simulation* [Manuscript submitted for publication]. Programa de Pós-Graduação Stricto Sensu em Psicologia, Universidade São Francisco.

Navarro-González, D., Lorenzo-Seva, U., & Vigil-Colet, A. (2016). How response bias affects the factorial structure of personality self-reports. *Psicothema*, 28(4), 465-470. https://doi.org/10.7334/psicothema2016.113

Pasquali, L. (2013). *Teoria dos Testes na Psicologia e na Educação* (5. ed). Vozes.

Paulhus, D. L. (1991). Measurement and Control of Response Bias. In J. P. Robinson, P. R. Shaver & L. S. Wrightman (orgs.), *Measures of Personality and Social Psychological Attitudes* (p. 17-59). Academic. https://doi.org/10.1016/B978-0-12-590241-0.50006-X

Primi, R., De Fruyt, F., Santos, D., Antonoplis, S., & John, O. P. (2019). True or False? Keying Direction and Acquiescence Influence the Validity of Socio-Emotional Skills Items in Predicting High School Achievement. *International Journal of Testing*, 1-25. https://doi.org/10.1080/15305058.2019.1673398

Rammstedt, B., & Farmer, R. F. (2013). The impact of acquiescence on the evaluation of personality structure. *Psychological Assessment*, 25(4), 1.137-1.145. https://doi.org/10.1037/a0033323

Russeel, Y. (2019). *Package lavaan*. https://cran.r-project.org/web/packages/lavaan/lavaan.pdf

Schulte, N., Holling, H., & Bürkner, P.-C. (2019). *Can High-Dimensional Questionnaires Resolve the Ipsativity Issue of Forced-Choice Response Formats?*, 1-25. https://doi.org/10.31234/osf.io/43uq8

Soto, C. J., John, O. P., Gosling, S. D., & Potter, J. (2008). The Developmental Psychometrics of Big Five Self-Reports: Acquiescence, Factor Structure, Coherence, and Differentiation From Ages 10 to 20. *Journal of Personality and Social Psychology*, 94(4), 718-737. https://doi.org/10.1037/0022-3514.94.4.718

Thurstone, L. L. (1927). A law of comparative judgment. *Psychological Review*, 34(4), 273-286. https://doi.org/10.1037/h0070288

Vigil-Colet, A., Morales-Vives, F., & Lorenzo-Seva, U. (2013). How social desirability and acquiescence affect the age-personality relationship. *Psicothema*, 25(3), 342-348. https://doi.org/10.7334/psicothema2012.297

Wetzel, E., Lüdtke, O., Zettler, I., & Böhnke, J. R. (2016). The Stability of Extreme Response Style and Acquiescence Over 8 Years. *Assessment*, 23(3), 279-291. https://doi.org/10.1177/1073191115583714

Xiao, Y., Liu, H., & Li, H. (2017). Integration of the forced-choice questionnaire and the likert scale: A simulation study. *Frontiers in Psychology*, 8, 1-13. https://doi.org/10.3389/fpsyg.2017.00806

# 12
# Aplicações da psicometria bayesiana
## Do básico ao avançado

*Víthor Rosa Franco*
Universidade de Brasília

*Josemberg Moura de Andrade*
Universidade São Francisco

A maior parte das análises demonstradas neste livro até este capítulo é baseada em abordagens muitas vezes conhecidas como frequentistas e/ou de máxima verossimilhança. Por serem mais conhecidas e utilizadas, nós as chamaremos de abordagens tradicionais. Essas abordagens são equivalentes e têm como principal característica o uso de técnicas e desenvolvimento de modelos que buscam maximizar a probabilidade dos dados condicionados a um conjunto de parâmetros. Formalmente, o objetivo dos métodos desenvolvidos nessa abordagem pode ser expresso por:

$$\widehat{\Theta} = \underset{\Theta}{\mathrm{argmax}}\, P(D|\Theta, \mathcal{M}), \qquad (1)$$

onde $P(\cdot)$ é uma função de probabilidade, $D$ é o conjunto de dados, $\Theta$ é o conjunto de parâmetros e $\mathcal{M}$ é o modelo específico a ser ajustado.

Por outro lado, a abordagem bayesiana tem se mostrado, já por volta de 30 anos (McGrayne, 2011), como uma interessante alternativa a essas abordagens mais tradicionais. A abordagem bayesiana vai unir, por meio de um procedimento matemático válido (o teorema de Bayes), nossas crenças anteriores (ou *a priori*) aos dados observados para estimar qual deve ser nossa crença posterior à análise de dados. Assim, nossa crença atualizada depende tanto de quão fortemente acreditávamos em nossa crença anterior e de quantos dados coletamos para entender o mundo (Franco et al., 2017). Muitos livros-texto (p. ex., Gelman et al., 2013; Kruschke, 2014; McElreath, 2020; Müller et al., 2015) e artigos (p. ex., Kruschke et al., 2012; Kruschke & Liddell, 2018; Wagenmakers et al., 2010) já discutiram em detalhes as principais diferenças entre essas abordagens, vantagens e desvantagens de uma em comparação com a outra, como, por exemplo, implementar alternativas bayesianas de métodos frequentistas, e diversas outras questões avançadas sobre o tema. Em resumo, a principal característica da abordagem bayesiana é que seu objetivo é maximizar a probabilidade de um conjunto de parâmetros, condicionado aos dados observados. Formalmente, tal objetivo é expresso da seguinte forma:

$$\widehat{\Theta} = \underset{\Theta}{\mathrm{argmax}}\, P(\Theta|D, \mathcal{M}). \qquad (2)$$

Já é consensual na literatura estatística que, conforme o tamanho amostral tende ao infinito, as equações 1 e 2 irão tender ao mesmo resultado (Gelman et al., 2013). Além disso, caso os modelos bayesianos sejam baseados nas chamadas probabilidades *a priori* não informativas – a qual será definida mais adiante –, os resultados das análises serão bastante similares àqueles encontrados nas abordagens tradicionais. Tanto pela riqueza da discussão já existente na literatura quanto por essa observação da convergência das abordagens em determinados casos, este capítulo não irá tratar questões conceituais e teóricas de uma forma aprofundada. Aos leitores interessados nessas questões mais fundamentais, deixaremos ao longo do capítulo diversas referências específicas sobre cada aspecto que for necessário para entender os métodos bayesianos em detalhes.

O objetivo do presente capítulo é possibilitar ao leitor o uso de ferramentas analíticas da abordagem bayesiana para a análise de dados psicométricos por meio do software R (R Core Team, 2020). Dessa forma, neste capítulo iremos focar em algumas análises psicométricas bastante utilizadas em Psicologia e como podemos estender esses modelos a partir da abordagem bayesiana. Para alcançar nosso objetivo, primeiro iremos mostrar como ajustar um modelo psicométrico muito simples, o escore de soma, sob uma perspectiva bayesiana. Concomitante, introduziremos a notação de redes bayesianas: ferramentas gráficas que facilitam o entendimento do modelo implementado. Em seguida, iremos estender o modelo de escore de soma para uma ferramenta mais bem conceituada na psicometria: a Modelagem por Equações Estruturais (MEE). Iremos nos apoiar no fato de que os principais conceitos da MEE serão discutidos no capítulo 19 e em nossa crença de que usando a notação gráfica de redes bayesianas nos possibilita passar de modelos muito simples a modelos muito complexos

com certa facilidade. Nosso terceiro exercício será desenvolver uma extensão do MEE que, ao invés de usar uma análise fatorial confirmatória (AFC) como modelo de medida, usa o modelo de dois parâmetros logísticos (2-PLM) para o mesmo fim. Essa extensão do MEE é similar ao uso de um estimador *Weighted Least Square Mean and Variance Adjusted* (WLSMV), ou de um modelo multidimensional de teoria de resposta ao item (TRI), no contexto das abordagens tradicionais. Por fim, o capítulo é finalizado com uma discussão de possíveis aplicações da abordagem bayesiana na psicologia. Esperamos que o(a) leitor(a) possa aplicar tais conhecimentos em suas pesquisas futuras.

## Escores de soma e modelos gráficos bayesianos

Imagine que seu objetivo é criar um robô feito de Lego®. Para construir o robô de acordo com o que você imagina ser um robô ideal, primeiro você precisa de um modelo que representa esse robô ideal. Por exemplo, talvez o robô precise ter quatro braços e rodas nas pernas para facilitar a locomoção. Em seguida, você precisa das peças que considera mais adequadas para poder desenvolver esse robô ideal. Por fim, pode ser que, ao tentar montar esse robô, você perceba que o modelo inicial e as peças que você julgava importantes na verdade não são tão adequadas assim. Pode ser que seu robô não precise se mover, então adicionar rodas só torna o seu projeto desnecessariamente mais complicado. Talvez os quatro braços não tenham uma posição adequada para que sejam funcionais. Por esse motivo, talvez o melhor seja construir dois robôs com dois braços ao invés de criar um robô com quatro braços.

Por incrível que pareça, o desenvolvimento de modelos bayesianos é bastante similar à construção de robôs de Lego®. O que muda é a arquitetura do nosso modelo e qual tipo de peças podemos usar. Em estatística, de forma geral, nossas duas principais peças são as variáveis e os parâmetros. As variáveis são justamente as quantidades que medimos em nossos estudos e experimentos, como, por exemplo, as respostas que um estudante deu para uma prova padronizada de estatística. Já os parâmetros são os valores que, na maior parte das vezes, são estimados a partir de nossa amostra e que servem, principalmente, para resumir e descrever relações encontradas nos dados. Por exemplo, digamos que o estudante acertou 62 de 100 questões da prova estatística. Se seguirmos um modelo de Teoria Clássica do Teste (TCT), podemos estimar o parâmetro de aptidão (ou escore verdadeiro, ou traço latente; McDonald, 2013) do indivíduo, muitas vezes expresso com a letra grega $\theta$ (*theta*), simplesmente dividindo a quantidade de acertos pela quantidade total de itens: 62/100 = 0,62. Esse procedimento é equivalente aos escores *Likert*, também conhecidos como escore de soma ou escore de média (Ramsay et al., 2019).

Como podemos usar a estatística bayesiana para desenvolver um modelo equivalente a esse de escore de média? Nesse momento, é importante discutir a arquitetura dos modelos estatísticos, previamente citada. Para modelos bayesianos é necessário que todos os parâmetros e variáveis estejam expressos em termos de distribuições de probabilidade. Distribuições de probabilidade representam o nível de incerteza que temos em um determinado valor (Kruschke, 2014). Por exemplo, veja a figura 1. Imagine que um dos nossos estudantes quis se preparar para a prova e resolveu praticar fazendo 100 pequenos testes, cada um com quatro itens de dificuldades

**Figura 1**
*Distribuição de notas de 100 aplicações hipotéticas de testes de estatística com quatro questões cada*

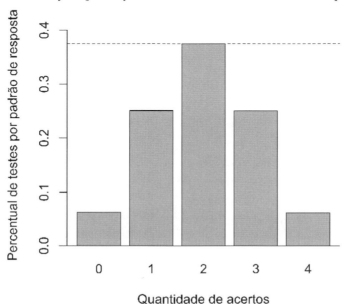

similares. Depois de o estudante ter respondido a todas as questões de todos os testes, chegamos a uma distribuição similar a essa da figura 1. No eixo horizontal temos a quantidade de questões que o aluno acertou, levando em conta a quantidade final de acertos por cada teste. No eixo vertical temos o percentual de testes nos quais o aluno acertou um determinado número de questões. Podemos ver que em torno de 5% dos testes o aluno não acertou qualquer questão; 25% dos testes o aluno acertou apenas uma questão; 40% dos testes o aluno acertou apenas duas questões; 25% dos testes o aluno acertou três questões; e, por fim, 5% dos testes o aluno acertou todas as questões. A figura 1 representa a distribuição de probabilidade das notas do aluno para todos os pequenos testes e a probabilidade de cada valor pode ser considerada um parâmetro do nosso modelo. Assim, para representarmos a distribuição de todas as notas, só precisamos saber os valores possíveis (i. e., 0, 1, 2, 3 e 4) e a probabilidade relacionada a cada um desses valores. Esse tipo de distribuição é conhecido como uma distribuição categórica (Leemis & McQueston, 2008).

No entanto, existe uma forma, ainda mais enxuta de se chegar exatamente ao mesmo formato da distribuição da figura 1. Para isso, precisamos utilizar uma distribuição conhecida como distribuição binomial. Tal distribuição é uma generalização da distribuição de Bernoulli, que por sua vez é utilizada para modelar resultados binários. No caso do nosso exemplo dos 100 pequenos testes de estatística, podemos pensar que cada questão pode ser respondida de forma correta ou de forma incorreta. Assim, seria possível modelar cada questão utilizando uma distribuição de Bernoulli. No entanto, essa não é uma alternativa adequada porque isso não garante que todas as probabilidades irão somar 100%. Além

disso, caso usássemos essa alternativa, teríamos que modelar cada uma das questões, o que nos tomaria bastante tempo.

Ao invés disso, caso consideremos que todos os itens têm a mesma dificuldade, ou que as dificuldades de cada item não são muito distintas da média das dificuldades de todos os itens, podemos modelar o padrão de respostas totais por teste usando uma distribuição binomial. A distribuição binomial tem dois parâmetros: $\theta$, que representa a "tendência" de resposta; e $n$, que representa a quantidade total de itens ou o "tamanho" do teste. Formalmente, a fórmula da distribuição binomial é expressa como:

$$P(x) = \binom{n}{x} \theta^x (1 - \theta)^{n-x}, \tag{3}$$

onde $x$ representa os dados efetivamente observados – ou seja, a quantidade de acertos para cada estudante.

Dessa forma, poderíamos representar a distribuição das notas ($x$) usando apenas dois números: a quantidade total de questões em cada teste ($n$; nesse caso, quatro); e a probabilidade média de acertar cada uma das questões (nesse caso, em torno de 50%, ou melhor, 0,50). Como sabemos qual a probabilidade média de acertar cada uma das questões? Para o caso apresentado na figura 1 a resposta é bastante trivial: se a distribuição está próxima do meio, o mais provável é que não exista uma "tendência" de resposta: o aluno não tende a acertar ou errar tudo, mas o mais comum é acertar em torno da metade das questões. Certamente, nem todos os casos serão tão triviais assim e precisaremos de ferramentas estatísticas mais avançadas.

Nas abordagens tradicionais, o mais comum é utilizar um método de estimação conhecido como de máxima verossimilhança (*Maximum*

*Likelihood Estimation*, MLE; Myung, 2003). O método MLE, como descrito na introdução do capítulo, irá buscar o parâmetro que melhor ajusta os dados observados, ou seja, que torna a distribuição binomial hipotética a mais parecida possível com a distribuição observada das notas dos testes. Usando código do R, podemos simular as notas dos testes usando os seguintes comandos:

```
1    set.seed(123)
2    n <- 100
3    probs <- .5
4    x <- rbinom(n, 4, probs)
```

sendo que usamos a função `set.seed(123)` para garantir reprodutibilidade dos resultados. Repare que, sempre que mostrarmos linhas de código, usaremos a fonte "Lucida Console" para a distinção ficar clara. Após simuladas as notas, podemos usar a função fitdist do pacote fitdistrplus para encontrar o parâmetro que gera uma distribuição binomial o mais parecida possível com os nossos dados:

```
1    fitdistrplus::fitdist(x, "binom", fix.
     arg=list('size'=4),
2    start=list("prob"=.7))
```

Ao rodar essa linha de código, o resultado que você irá observar é o seguinte:

```
1    Fitting of the distribution ' binom '
     by maximum likelihood
2    Parameters:
3    estimate Std. Error
4    prob  0.505 0.02499865
5    Fixedparameters:
6    value
7    size 4
```

onde o valor logo abaixo de "estimate", 0,505, é o valor do nosso parâmetro. Esse *output* ainda inclui o erro-padrão da estimativa do parâmetro (0,02499) e o nosso parâmetro fixo, que é igual a 4. Repare que esse valor é fixado por nós, fix. arg=list('size'= 4), dado que o programa estatístico não tem o conhecimento que nós temos (a não ser que nós o informemos): o nosso teste contém apenas quatro questões.

Veja que, dado que consideramos que todos os itens têm exatamente a mesma dificuldade, poderíamos modelar todos os itens usando uma única distribuição de Bernoulli. A distribuição de Bernoulli é equivalente à distribuição binomial quando o $n$, ou size, é igual a 1. Para isso, primeiro transformamos nossas notas, que estavam salvas na variável $x$, em um vetor de resposta binária, que aqui chamamos de bin. Em seguida, aplicamos novamente a função fitdist do pacote fitdistrplus para encontrar o nosso parâmetro:

```
1    bin <- as.vector(sapply(seq_along(x),
     function(g) rep(c(0,1),
2    c(4-x[g], x[g]))))
3    fitdistrplus::fitdist(bin, "binom", fix.
     arg=list('size'=1),
4    start=list("prob"=.7))
```

Ao rodar essas duas linhas de código, encontramos em um *output* equivalente ao que observamos anteriormente, sendo a única diferença o nosso parâmetro fixo size, que agora é igual a 1. Isso porque a distribuição binomial de tamanho 1 é equivalente à distribuição Bernoulli:

```
1    Fitting of the distribution ' binom
     ' by maximum likelihood
2    Parameters:
3    estimate Std. Error
4    prob  0.505 0.02499865
5    Fixedparameters:
6    value
7    size 1
```

Em uma abordagem bayesiana, no entanto, precisaríamos fazer um pouco diferente. Podemos manter o nosso pressuposto de que todos os itens têm uma dificuldade similar e, por isso, usaremos uma distribuição de Bernoulli para modelar os padrões de resposta do estudante. No entanto, no caso da estatística bayesiana, precisamos dizer, antes de avaliar os dados, qual o parâmetro mais provável para o padrão de resposta do estudante, antes mesmo de conhecermos o padrão de erros e acertos dele. Para isso, precisamos também usar uma distribuição de probabilidade. Essa distribuição é conhecida como a distribuição *a priori* ou *prior* (Krushcke, 2014). O nome "*a priori*" expressa exatamente a ideia de que essa é a distribuição relativa ao parâmetro de interesse, nesse caso a "aptidão" do estudante ou a tendência de acertar ou errar os itens, que expressa nosso conhecimento inicial sobre qual deve ser o parâmetro verdadeiro do estudante.

Muitos autores que apoiam as abordagens estatísticas tradicionais criticam a abordagem bayesiana justamente pela subjetividade que pode estar atrelada à distribuição *a priori* (Bayarri & Berger, 2004; García-Pérez, 2019): pessoas e pesquisadores diferentes teriam *priors* diferentes e, portanto, também chegariam a resultados diferentes. É simples perceber a validade dessa afirmativa. Imagine que o professor de Matemática do nosso estudante de exemplo considere que o estudante é péssimo: nunca chega na hora certa para a aula, conversa muitas vezes e, mesmo quando o aluno está em sala, dorme quase que a aula inteira. Você, como professor(a) de Psicometria, está convencido de que o estudante é excelente: ele é bastante participativo, faz comentários perspicazes sobre temas avançados e nunca perde uma aula. Por essas experiências distintas, enquanto o professor de Matemática acredita que provavelmente o aluno irá muito mal na prova de estatística, você está convencido(a) de que ele irá obter uma nota boa (pelo menos acima da média). Podemos representar essas crenças de vocês com a figura 2.

**Figura 2**

*Distribuições* a priori *do professor de Matemática (à esquerda) e sua (à direita) sobre o desempenho mais provável do estudante em uma prova de estatística*

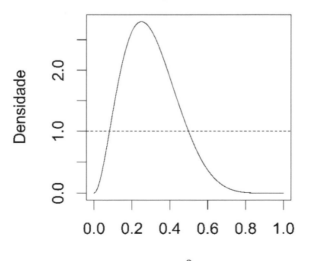
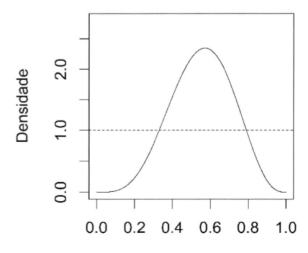

Na esquerda está a crença do professor de Matemática, enquanto a sua está na direita. É importante salientar quatro aspectos fundamentais desses dois gráficos, aspectos estes que se aplicam para qualquer análise bayesiana. Primeiro, o eixo horizontal. Podemos ver que o menor valor possível é 0 e o maior valor possível é 1. Isso significa que a aptidão do indivíduo não pode receber qualquer valor fora dessa escala. Essa escala de aptidão é utilizada tanto porque estamos usando o percentual de acerto como uma medida de aptidão (similar ao escore de soma ou média) quanto porque o parâmetro *theta* ($\theta$) da distribuição de Bernoulli precisa ser um valor entre 0 e 1. O segundo aspecto a ser observado é a forma das distribuições. Podemos ver que a distribuição à esquerda tem o ponto mais alto em torno de 0,30, enquanto para a distribuição da direita o ponto mais alto está próximo de 0,60. Isso significa que o professor de Matemática acha que o mais provável é que o estudante acerte em torno de 30% das questões, enquanto você acredita que o estudante deve acertar em torno de 60% das questões. Usamos a expressão "em torno" não apenas porque não sabemos exatamente o valor que gera o ponto mais alto nessas distribuições, mas justamente porque a crença de cada professor está expressa em forma de uma distribuição de probabilidade e, portanto, envolve incerteza. Ou seja, caso o aluno acerte 50% das questões, esse ainda é um resultado esperado por vocês dois, mesmo com menor chance. Isso nos leva ao terceiro aspecto fundamental: o ponto máximo da distribuição da esquerda é mais alto do que o ponto máximo da distribuição da direita. Esse aspecto pode ser interpretado como o fato de que o professor de Matemática está mais certo de que o estudante terá um desempenho ruim do que você está certo de que o estudante terá um desempenho bom.

O último aspecto fundamental está representado pela linha pontilhada. Essa linha pontilhada representa uma probabilidade *a priori* não informativa. A probabilidade *a priori* não informativa é aquela que dá pesos idênticos, ou muito próximos, para os valores possíveis ao parâmetro de interesse. No nosso exemplo, como o aluno apenas pode acertar entre 0 e 100% das questões, uma distribuição *a priori* não informativa dá igual probabilidade para todos os valores que são possíveis de se observar. Dessa forma, no nosso exemplo, essa distribuição *a priori* não informativa significa simplesmente que não temos qualquer tipo de palpite ou chute sobre qual deve ser a aptidão do estudante. Muitos autores que utilizam estatística bayesiana têm favorecido o uso de *priors* não informativos em seus modelos (Liu & Aitkin, 2008; Thompson & Becker, 2020). Dois argumentos são utilizados a favor de tal abordagem: evita-se assim a crítica de que pessoas diferentes chegariam a resultados diferentes; e garante-se que os resultados do método bayesiano irão ser similares àqueles de aplicações das abordagens tradicionais. Esse segundo ponto é uma vantagem porque, mesmo que os métodos bayesianos sejam muitas vezes apresentados como mais complexos, existem casos – por exemplo, quando o modelo utilizado é realmente muito complexo – que é mais fácil desenvolver um modelo bayesiano do que um modelo na abordagem tradicional. Assim, usando *priors* não informativos, o(a) pesquisador(a) que tem maior afinidade aos métodos tradicionais pode também usar um modelo bayesiano para resolver um problema muito complexo com resultados que se assemelham à sua abordagem preferida.

Essa convergência de resultados entre os métodos de estimação bayesiano e os métodos das abordagens tradicionais é bastante simples de explicar: a modelagem bayesiana combina os dados com a probabilidade *a priori* para gerar uma estimativa *a posteriori* (Lee & Wagenmakers, 2014). Essa estimativa também segue uma distribuição específica, a qual chamamos de distribuição *a posteriori*. Quando usamos uma distribuição *a priori* não informativa, os dados dominam a nossa estimação e, portanto, a distribuição *a posteriori* será determinada majoritariamente pelos dados. No entanto, quando usamos uma distribuição *a priori* muito informativa, precisaremos de muitos dados para mudarmos a nossa crença sobre o parâmetro (i. e., o formato da distribuição *a posteriori*). Pense no nosso exemplo do estudante: o professor de Matemática ficaria convencido de que o estudante é bastante capaz caso ele faça um teste com apenas uma questão e acerte essa questão? Provavelmente não. Mas o quanto a crença dele mudaria caso o estudante acertasse 62, ou talvez todas as questões de uma prova com 100 questões? Podemos responder a essa pergunta usando um modelo bayesiano de Bernoulli. O modelo que iremos testar está apresentado na figura 3, no qual usamos a notação gráfica de redes bayesianas proposta por Lee (2008).

As variáveis observadas são representadas por nódulos sombreados e as variáveis não observadas são representadas por nódulos não sombreados. Variáveis discretas são representadas por nódulos quadrados, enquanto variáveis contínuas são representadas por nódulos circulares. As variáveis estocásticas (ou seja, aquelas que apresentam incerteza e, portanto, seguem alguma distribuição de probabilidade) são representadas por nódulos com uma única borda e as variáveis determinísticas são representadas por nódulos de borda dupla. Finalmente, as placas são usadas para denotar que uma parte do processo é repetida numa unidade do modelo. Por exemplo, o escore verdadeiro (*theta*, $\theta$) é estimado para cada estudante na nossa amostra. Levando em conta o nosso exemplo, o parâmetro *mu* ($\mu$) representa a nossa crença inicial na distribuição de probabilidade mais provável para o escore verdadeiro dos estudantes. Usaremos uma distribuição beta *a priori* não informativa. A distribuição Beta(1,1) é representada por aquela linha pontilhada horizontal na figura 2. Já o parâmetro *tau* ($\tau$) representa o inverso da dispersão da nossa crença. Ou seja, quanto maior o valor de $\tau$, mais certos estamos de qual o valor da aptidão do estudante. Para esse parâmetro, usamos uma distribuição *gamma* ($\Gamma$) *a priori* não informativa. A distribuição $\Gamma(0,01, 0,01)$ tem uma média igual a 1 e variância igual a 100. Em

**Figura 3**
*Modelo de resposta simples, usando uma distribuição de Bernoulli para modelar respostas binárias (certas ou erradas)*

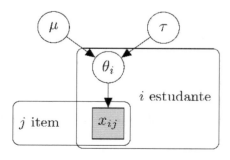

$\mu \sim \text{Beta}(1, 1)$
$\tau \sim \Gamma(.01, .01)$
$\theta_i \sim \text{Beta}((\mu \times \tau) + 1, ((1 - \mu) \times \tau) + 1)$
$x_{ij} \sim \text{Bern}(\theta_i)$

seguida, especificamos que nosso parâmetro de interesse (o escore verdadeiro; *theta*, $\theta$) também segue uma distribuição beta, mas baseada nos outros dois parâmetros. Parâmetros de parâmetros são conhecidos como hiperparâmetros. Por fim, especificamos nossa variável de resposta; a variável $y_{ij}$, que sabemos que é uma variável binária (se o estudante $i$ acertou ou errou a questão $j$) e que segue uma distribuição de Bernoulli, de acordo com um parâmetro $\theta_i$. Se você notar, estamos agora utilizando dois subscritos: $i$ e $j$. Enquanto o subscrito $i$ representa o estudante ao qual estamos nos referindo, o subscrito $j$ representa a questão específica da prova. Veja que, neste exemplo, a probabilidade de acerto, a qual também chamamos de aptidão ($\theta_i$), varia apenas de acordo com o estudante que está respondendo a questão. Em outras palavras, não importa quais questões os estudantes estão respondendo, a única coisa que explica se o estudante acerta ou não a questão é a sua aptidão. Isso é um paralelo claro à teoria clássica dos testes, na qual todos os itens de um teste são considerados como réplicas razoáveis uns dos outros.

Para implementarmos esse modelo no R, usaremos o pacote experimental *bsem*, desenvolvido por um dos autores. O pacote está disponível para download em https://github.com/vthorrf/bsem, no qual apresenta-se também instruções de como instalá-lo no R. Este pacote implementa alguns modelos bayesianos de psicometria usando o programa JAGS (Plummer, 2003). O programa JAGS é um programa genérico que só pode ser utilizado por meio de outro programa estatístico, como Matlab, Python e, no nosso caso, R. Ele pode ser utilizado para desenvolver modelos bayesianos do zero. Como o nosso foco é a aplicação em psicometria, não iremos entrar

nos detalhes de como usar o JAGS, mas o leitor(a) interessado(a) pode encontrar diversos recursos interessantes sobre este programa (p. ex., Denwood, 2016; Kruschke, 2014; Wabersich & Vandekerckhove, 2014). É importante salientar que o programa exige uma instalação independente do R, detalhada em sua página da web: https://mcmc-jags.sourceforge.io/

Usando a função bern.score do pacote *bsem*, podemos rodar o modelo implementado na figura 3 usando os mesmos dados binários, alocados na variável bin, que usamos com o modelo da abordagem tradicional. No entanto, o modelo bayesiano demora mais tempo para rodar, então é necessário ter paciência. Aproveite para tomar um ar, ou um café, agora! Os comandos necessários para rodar essa análise são:

```
1   modeloBayes <- bern.score(bin)
```

Como o modelo bayesiano demora para rodar, salvamos o seu resultado para o objeto modeloBayes para garantir que possamos explorá-lo em profundidade. Como o pacote *bsem* ainda está em sua versão experimental, ele ainda não gera *outputs* tão bonitos e estruturados como vimos anteriormente. No entanto, como diversos pacotes em R, nossa função bern.score retorna uma lista, da qual se pode recuperar os principais resultados. Por exemplo, se quisermos saber a estimativa de aptidão do estudante, basta rodarmos:

```
1   modeloBayes$abil
```

que irá gerar este resultado:

```
1   [1] 0.5050951
```

Repare que este valor (0,5050951) é igual, levando em consideração a precisão numérica, ao valor que encontramos usando o método de MLE da abordagem tradicional (0,505). É importante notar também que talvez o valor que você encontrou não foi exatamente 0,5050951, como nós encontramos. Não se desespere! Provavelmente você não fez nada de errado. O que acontece é que o nosso programa usa um tipo de método de estimação conhecido como Cadeias de Markov de Monte-Carlo (*Markov Chain Monte Carlo*, MCMC; Van Ravenzwaaij et al., 2018). Para o nosso objetivo, basta dizer que os métodos MCMC são estocásticos: toda vez que você os utilizar, um resultado diferente será gerado. Apesar de isso parecer problemático, podemos usar essa propriedade a nosso favor: caso rodemos a análise várias vezes, será que o resultado vai mudar muito? Em caso negativo, sabemos que temos um modelo bem construído e robusto, que tende a dar respostas muito parecidas. No entanto, em caso afirmativo, nosso modelo pode ter sido construído de forma inadequada e apresentar problemas de identificabilidade ou testabilidade (Bamber & Van Santen, 2000). Para conhecer mais sobre como funcionam os métodos de MCMC, sugerimos a leitura de Van Ravenzwaaij et al. (2018), dos capítulos 7 e 14 de Krushcke (2014) e de Brooks et al. (2011).

Como dito anteriormente, uma das principais diferenças da abordagem bayesiana em relação às abordagens tradicionais é o fato de que a abordagem bayesiana estima uma distribuição ao invés de apenas uma estimativa pontual. Dessa forma, podemos recuperar o intervalo de alta densidade (*High Density Interval*, HDI; Krushcke, 2014) de 95%, que representa os valores mais prováveis (com probabilidade de 95%) de serem o valor real do nosso parâ-

metro, usando o comando modeloBayes$abilHDI[,1], o que gera o seguinte resultado:

```
1   2.5%             97.5%
2   0.4562749        0.5533825
```

Assim, podemos interpretar esse resultado da seguinte forma: temos 95% de certeza, levando em consideração nosso *prior* e os dados encontrados, que o valor verdadeiro do parâmetro para o estudante no teste está em torno de 0,456 e 0,553. Note que, muitas vezes, intervalos de confiança, derivados das abordagens tradicionais, também são interpretados da forma como interpretamos o HDI. Isso, no entanto, é um equívoco (Hoekstra et al., 2014). Como o método bayesiano estima uma distribuição, podemos inspecionar a distribuição *a posteriori* por completo, para termos certeza de que a média e o HDI são representativos da nossa estimativa. Para isso, basta rodar a seguinte linha de código:

```
1   plot(density(modeloBayes$abilFull[,1]),
    main="Distribuição posteriori
2   da aptidão", xlab=expression(theta),
    ylab="Densidade")
```

o que irá gerar a figura 4. Podemos ver que a distribuição é unimodal, muito próxima de uma distribuição normal.

É importante salientar neste momento que, caso você tenha chegado até aqui e acredite que tenha entendido a maior parte dos procedimentos, nossos parabéns; você já é um conhecedor de muitos procedimentos avançados de modelagem estatística, tradicional e bayesiana! Certamente, criar modelos e adaptar modelos já existentes a novos contextos exige muito mais prática e conhecimentos do que um capítulo de livro pode oferecer. No entanto, usando referências

**Figura 4**
*Distribuição* a posteriori *da estimativa de aptidão do estudante*

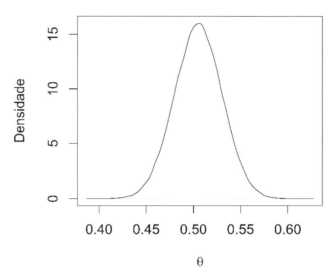

atualizadas e didáticas (p. ex., Kruschke, 2014; McElreath, 2020), você será, em não muito tempo, capaz de desenvolver seus próprios modelos e saberá como estender modelos existentes para qualquer problema de pesquisa que use análises estatísticas. Nosso objetivo, neste momento, é lhe mostrar como, a partir de um modelo tão simples como o implementado na figura 3, e tendo alguns conhecimentos mais específicos de distribuições de probabilidade, você pode criar modelos bem mais avançados de análise. Para isso, iremos lhe mostrar agora uma implementação de Modelagem por Equações Estruturais Bayesiana (MEEB) (Lee & Song, 2012).

## Modelagem por equações estruturais bayesiana

Para representar MEEB usando a mesma notação gráfica que usamos anteriormente, foquemos na figura 5. Podemos observar que o modelo é mais complexo do que o modelo simples de resposta apresentado anteriormente, mas é construído de peças muito similares.

Novamente, temos escores que variam para cada participante. No entanto, agora, esses escores também são sensíveis a qual fator está sendo mensurado, $\theta_{if}$, e das possíveis precisões (ou seja, a função recíproca da variância) entre esses fatores, $\Sigma^{-1}$. Adicionamos também as cargas fatoriais para cada fator em cada item, $\lambda_{if}$, e o erro relacionado com cada item, $\tau_j$. Funcionalmente, todos esses parâmetros estão relacionados, conforme tradicionalmente se definem modelos de análise fatorial confirmatória e MEE (cf. cap. 8, 16 e 17). Em relação às probabilidades *a priori*, usamos configurações não informativas sugeridas por Lee e Song (2012): para as correlações entre fatores, a dis-

**Figura 5**
*Modelagem por equações estruturais bayesiana com correlações possíveis entre os fatores latentes*

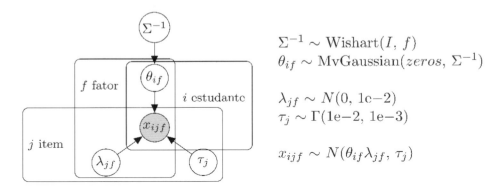

$$\Sigma^{-1} \sim \text{Wishart}(I, f)$$
$$\theta_{if} \sim \text{MvGaussian}(zeros, \Sigma^{-1})$$
$$\lambda_{jf} \sim N(0, 1e-2)$$
$$\tau_j \sim \Gamma(1e-2, 1e-3)$$
$$x_{ijf} \sim N(\theta_{if}\lambda_{jf}, \tau_j)$$

tribuição de Wishart; para os escores latentes, a distribuição normal multivariada com média 0,0; para as cargas fatoriais não padronizadas, a distribuição normal; para os erros dos itens, a distribuição gama; e, por fim, para as respostas observadas, a distribuição normal.

Para ilustrarmos o uso desse modelo usaremos os dados disponíveis no pacote psych de uma aplicação de uma versão de cinco itens por fator do instrumento de cinco grandes fatores de personalidade (John, 1990). Para carregarmos esses dados e prepará-los para uso precisamos apenas partir destes comandos:

```
1  require(psych)
2  data(bfi)
3  ocean <- bfi[complete.cases(bfi),1:25]
```

Como você reparou na última análise, rodar um modelo bayesiano pode tomar bastante tempo. Para nosso exemplo, vamos usar apenas uma subamostra aleatória sem dados faltantes de 300 participantes da amostra original. Para fazer isso usamos o seguinte comando:

```
1  set.seed(123)
2  amostra <- sample(1:nrow(ocean), 300, replace=F)
3  myData <- ocean[amostra,]
```

Por fim, precisamos também dizer ao nosso modelo quais itens estão relacionados com quais fatores. Como nesse conjunto de dados todos os itens de um mesmo fator estão próximos um do outro, e são sempre cinco itens por fator e cinco fatores, podemos simplesmente usar esta linha de código:

```
1  factors <- rep(1:5, each=5)
```

Usando os dados que preparamos para rodar nosso modelo de MEEB, em seguida, basta apenas usarmos a seguinte linha de código e esperar o modelo terminar de rodar:

```
1  MEEB<- BSEM(myData, factors)
```

A função BSEM nos devolve as estimativas máximas *a posteriori* (Magis & Raîche, 2010) dos escores fatoriais para cada indivíduo e das cargas fatoriais, das cargas fatoriais padronizadas e dos erros de cada item. Para checar as estimativas dos itens, basta rodar o comando MEEB$output, o qual irá retornar o seguinte *output*:

| 1  |    | Variable | Factor | Factor_Load | Std_Factor_Load | Variance |
|----|----|----------|--------|-------------|-----------------|-----------|
| 2  | 1  | A1 | 1 | 1.000000  | 0.4064700  | 0.9171094 |
| 3  | 2  | A2 | 1 | 3.215671  | -0.7340684 | 0.5654940 |
| 4  | 3  | A3 | 1 | 4.115846  | -0.9112041 | 0.3150507 |
| 5  | 4  | A4 | 1 | 2.444172  | -0.5315906 | 0.7660756 |
| 6  | 5  | A5 | 1 | 3.709292  | -0.8049976 | 0.4619418 |
| 7  | 6  | C1 | 2 | 1.000000  | 0.6286979  | 0.9191309 |
| 8  | 7  | C2 | 2 | -6.424151 | 0.7134114  | 0.6996316 |
| 9  | 8  | C3 | 2 | -6.373692 | 0.6002157  | 0.7359985 |
| 10 | 9  | C4 | 2 | 9.336317  | -0.7716914 | 0.4640362 |
| 11 | 10 | C5 | 2 | 8.260251  | -0.7301467 | 0.5710577 |
| 12 | 11 | E1 | 3 | 1.000000  | 0.6294303  | 0.9021999 |
| 13 | 12 | E2 | 3 | -9.939359 | 0.8244955  | 0.4741165 |
| 14 | 13 | E3 | 3 | 8.809258  | -0.6953251 | 0.5997743 |
| 15 | 14 | E4 | 3 | 9.716146  | -0.7719955 | 0.5107798 |
| 16 | 15 | E5 | 3 | 8.768312  | -0.7058635 | 0.5989884 |
| 17 | 16 | N1 | 4 | 1.000000  | 0.8895231  | 0.4229313 |
| 18 | 17 | N2 | 4 | -4.523021 | 0.8621762  | 0.4103035 |
| 19 | 18 | N3 | 4 | -5.814760 | 0.8164086  | 0.3716669 |
| 20 | 19 | N4 | 4 | -4.576278 | 0.6179405  | 0.6339138 |
| 21 | 20 | N5 | 4 | -4.047452 | 0.5656056  | 0.7028473 |
| 22 | 21 | O1 | 5 | 1.000000  | 0.6101893  | 0.7487162 |
| 23 | 22 | O2 | 5 | -1.240475 | -0.7088320 | 0.6539004 |
| 24 | 23 | O3 | 5 | 1.137282  | 0.6531070  | 0.7082823 |
| 25 | 24 | O4 | 5 | 0.806812  | 0.4600533  | 0.8543669 |
| 26 | 25 | O5 | 5 | -1.353203 | -0.7721413 | 0.5878587 |

Nesse *output* podemos ver quais variáveis foram usadas na análise, a quais fatores cada variável está relacionada e as estimativas citadas. Para checar as correlações entre os fatores, rodamos o comando MEEB$corr.

Também é possível plotar a correlação entre os fatores usando diretamente os escores fatoriais usando a função plot(MEEB$abil). A figura 6 apresenta as correlações entre os escores fatoriais estimados pelo MEEB.

| 1 |    | F1 | F2 | F3 | F4 | F5 |
|---|----|-----------|-----------|-----------|-----------|-----------|
| 2 | F1 | 1.00000000  | -0.2246850 | 0.5408240  | 0.1739265  | -0.07069438 |
| 3 | F2 | -0.22468497 | 1.0000000  | -0.2975603 | -0.2629089 | 0.13818838  |
| 4 | F3 | 0.54082397  | -0.2975603 | 1.0000000  | 0.2282308  | -0.22709825 |
| 5 | F4 | 0.17392655  | -0.2629089 | 0.2282308  | 1.0000000  | -0.16266304 |
| 6 | F5 | -0.07069438 | 0.1381884  | -0.2270983 | -0.1626630 | 1.00000000  |

**Figura 6**
*Correlações entre escores fatoriais estimados pelo MEEB*

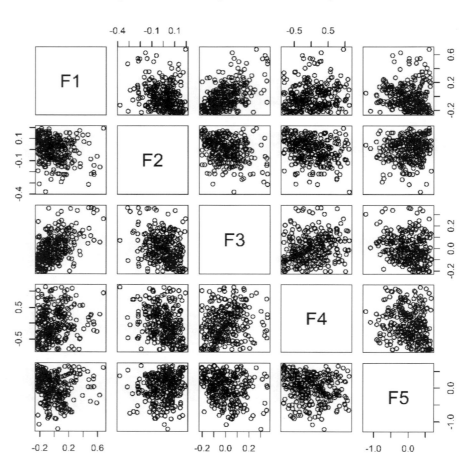

Assim como nas aplicações de MEE tradicionais, há um problema com o modelo implementado: o modelo assume que as variáveis observadas são contínuas. No entanto, sabemos que as medidas em Psicologia são mais comumente mensuradas em nível binário e/ou ordinal (Wright, 1999). Nas abordagens tradicionais, a alternativa é usar um algoritmo (p. ex., WLSMV) que assume uma relação linear generalizada entre os fatores latentes e as variáveis observadas (Muthén et al., 1997). Em nosso caso, iremos combinar o nosso modelo com o modelo logístico de dois parâmetros da TRI (Swaminathan & Gifford, 1985), explicado a seguir.

### MEEB com TRI

Para a próxima extensão do modelo, usaremos o modelo representado na figura 7. Podemos observar que, comparado ao modelo de MEEB na figura 5, há basicamente apenas uma variável a mais, além de todos os parâmetros do item serem também condicionados ao fator.

**Figura 7**
*Modelagem por equações estruturais bayesiana com correlações possíveis entre os fatores latentes e o modelo 2PL da TRI como função de resposta ao item*

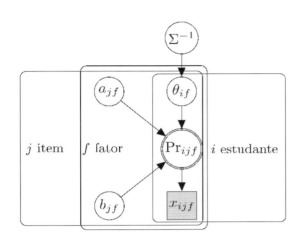

$$\Sigma^{-1} \sim \text{Wishart}(I, f)$$
$$\theta_{if} \sim \text{MvGaussian}(zeros, \Sigma^{-1})$$

$$a_{jf} \sim N(\mu_a, var_a)$$
$$\mu_a \sim N(0, 1e-2)$$
$$var_a \sim \Gamma(1e-2, 1e-2)$$

$$b_{jf} \sim N(\mu_b, var_b)$$
$$\mu_b \sim N(0, 1e-2)$$
$$var_b \sim \Gamma(1e-2, 1e-2)$$

$$Pr_{ijf} \leftarrow \frac{1}{1+e^{-a_{jf}(\theta_{if}-b_{jf})}}$$
$$x_{ijf} \sim \text{Binom}(Pr_{ijf}, k)$$

Como pode ser observado na figura 7, mantivemos os parâmetros relacionados aos indivíduos ($\theta_{if}$ e $\Sigma^{-1}$) exatamente como no modelo anterior. Em relação aos parâmetros dos itens, substituímos as cargas fatoriais pelas discriminações de cada item, $a_{jf}$, e removemos o erro e inserimos as dificuldades de cada item, $b_{jf}$. Para levarmos em conta o erro de medida, usamos como distribuição de resposta a distribuição binomial (Curtis, 2010). Essa escolha permite que, a partir de apenas uma medida de dificuldade para cada item, seja possível modelar todas as opções de resposta. Note que tal abordagem é diferente do que o modelo de resposta graduada e o modelo de créditos parciais, por exemplo, propõem-se a fazer (Van der Linden & Hambleton, 2013). Tais modelos estimam a probabilidade de cada uma das possibilidades de resposta. Apesar de tal alternativa geralmente levar a um melhor ajuste dos dados, a quantidade de parâmetros é maior do que a abordagem com a distribuição binomial e, portanto, faz com que seja mais difícil ajustar o modelo. Essa escolha estatística é correspondente ao que se conhece em psicometria como entrelaçamento ordenado de itens (Coombs, 1964). O entrelaçamento ordenado ocorre quando todos os itens têm o mesmo número de categorias de resposta e quando a probabilidade de cada categoria de resposta para todos os itens da mesma escala é proporcional.

Funcionalmente, os parâmetros do nosso modelo funcionarão como o modelo logístico de dois parâmetros (*Two-Parameter Logistic Model*,

2PLM). Novamente, o modelo usa configurações não informativas para os *priors*: para as correlações entre fatores, a distribuição de Wishart; para os escores latentes, a distribuição normal multivariada com média 0; para as discriminações, a distribuição normal; para as dificuldades dos itens, a distribuição normal; e, por fim, para as respostas observadas, a distribuição binomial.

Iremos, novamente, ilustrar o uso desse modelo usando os dados de personalidade do pacote psych. Supondo que os dados já estão carregados, a primeira modificação que precisamos fazer é garantir que o menor escore possível é igual a 0. Isso porque a distribuição binomial exige que o menor escore possível seja igual a 0. Como nesses dados da aplicação da escala dos cinco grandes fatores a escala utilizada pelos autores varia entre 1 e 6, basta substituirmos todas as colunas por 1. Para fazermos isso no R, basta rodar o seguinte comando:

```
1   myData <- myData- 1
```

Para garantirmos que nossa correção funcionou, podemos rodar o seguinte comando:

```
1   min(myData) == 0
2   [1] TRUE
```

O resultado TRUE demonstra que a nossa correção deu certo. Outro procedimento é importante para garantirmos um bom resultado. Dado que as discriminações dos itens podem ser positivas ou negativas a depender da relação dos itens com os traços latentes, mas não sabemos as relações entre os traços latentes, a probabilidade de as discriminações serem positivas ou negativas depende das relações entre os itens observa-

dos. Dessa forma, um procedimento que facilita e agiliza o ajuste desses modelos é garantir que todos os itens pertencentes aos mesmos fatores têm correlações positivas entre si. Como consequência, podemos também estimar as discriminações usando apenas números não negativos (Swaminathan & Gifford, 1985). Assim, usando o seguinte comando, conseguimos inverter os itens necessários para garantir correlações positivas entre os itens dos mesmos fatores nos nossos dados de exemplo:

```
1   RevData<- reverse.code(c(-1,1,1,1,1,
2       1,1,1,-1,-1,
3       -1,-1,1,1,1,
4       1,1,1,1,1,
5       1,-1,1,1,-1), myData)
```

Como estamos usando a distribuição binomial para modelar as respostas, é necessário também definir qual o escore máximo possível. Como dito anteriormente, os dados da aplicação da escala dos cinco grandes fatores variam entre 1 e 6. No entanto, como subtraímos 1 dos valores, o escore máximo possível é igual a 5. A partir disso, para rodar nosso modelo de MEEB combinado com o 2PLM usamos estas linhas de código:

```
1   k <- max(myData)
2   MEEBIRT <- BSEMIRT(RevData, factors,
    k=k)
```

A função BSEMIRT nos devolve as estimativas máximas *a posteriori* dos escores fatoriais para cada indivíduo e das discriminações, das cargas fatoriais padronizadas e das dificuldades de cada item. Para checar as estimativas dos itens, basta rodar o comando MEEBIRT$output, o qual irá retornar o seguinte *output*:

| 1 | | Variable | Factor | Discrimination | Factor_Load | Difficulty |
|---|---|---|---|---|---|---|
| 2 | 1 | A1- | 1 | 0.7340983 | 0.5889933 | -1.42545123 |
| 3 | 2 | A2 | 1 | 1.0237704 | 0.7130944 | -1.35049596 |
| 4 | 3 | A3 | 1 | 1.2009575 | 0.7665482 | -1.10132903 |
| 5 | 4 | A4 | 1 | 1.1953037 | 0.7644238 | -1.15800319 |
| 6 | 5 | A5 | 1 | 0.9710670 | 0.6944847 | -1.30548747 |
| 7 | 6 | C1 | 2 | 0.7061409 | 0.5744560 | -1.32955034 |
| 8 | 7 | C2 | 2 | 0.8499347 | 0.6453689 | -1.00810880 |
| 9 | 8 | C3 | 2 | 0.6275774 | 0.5293949 | -1.13734732 |
| 10 | 9 | C4- | 2 | 1.0733033 | 0.7295028 | -0.90826232 |
| 11 | 10 | C5- | 2 | 1.1989993 | 0.7659957 | -0.24699564 |
| 12 | 11 | E1- | 3 | 1.0055591 | 0.7068381 | -0.51309759 |
| 13 | 12 | E2- | 3 | 1.4029965 | 0.8126371 | -0.34689144 |
| 14 | 13 | E3 | 3 | 0.7991592 | 0.6221811 | -0.74244042 |
| 15 | 14 | E4 | 3 | 1.0808988 | 0.7319916 | -0.99920132 |
| 16 | 15 | E5 | 3 | 0.8912452 | 0.6631986 | -1.04867797 |
| 17 | 16 | N1 | 4 | 1.2934644 | 0.7895122 | 0.51477166 |
| 18 | 17 | N2 | 4 | 1.1641229 | 0.7568451 | 0.03160736 |
| 19 | 18 | N3 | 4 | 1.3217767 | 0.7959055 | 0.24941040 |
| 20 | 19 | N4 | 4 | 1.0184108 | 0.7116243 | 0.30716201 |
| 21 | 20 | N5 | 4 | 1.0439863 | 0.7201817 | 0.65315977 |
| 22 | 21 | O1 | 5 | 0.7132222 | 0.5780481 | -1.99990867 |
| 23 | 22 | O2- | 5 | 1.2592534 | 0.7809091 | -0.68252354 |
| 24 | 23 | O3 | 5 | 0.6304840 | 0.5309840 | -1.63609881 |
| 25 | 24 | O4 | 5 | 0.7496656 | 0.5968439 | -1.70676214 |
| 26 | 25 | O5- | 5 | 1.0933776 | 0.7355314 | -1.08681539 |

Nesse *output* podemos ver quais variáveis foram usadas na análise, quais dos itens foram invertidos, a quais fatores cada variável está relacionada e as estimativas citadas. Para checar as correlações entre os fatores, rodamos o comando MEEBIRT$corr.

| 1 | | F1 | F2 | F3 | F4 | F5 |
|---|---|---|---|---|---|---|
| 2 | F1 | 1.00000000 | 0.2605841 | 0.5141554 | -0.2115653 | 0.03609069 |
| 3 | F2 | 0.26058414 | 1.0000000 | 0.2999960 | -0.3237812 | 0.15792328 |
| 4 | F3 | 0.51415544 | 0.2999960 | 1.0000000 | -0.2773530 | 0.17998802 |
| 5 | F4 | -0.21156534 | -0.3237812 | -0.2773530 | 1.0000000 | -0.19555527 |
| 6 | F5 | 0.03609069 | 0.1579233 | 0.1799880 | -0.1955553 | 1.00000000 |

Também é possível plotar a correlação entre os fatores usando diretamente os escores fatoriais usando a função plot(MEEBIRT$abil). Os resultados são apresentados na figura 8.

**Figura 8**
*Correlações entre escores fatoriais estimados pelo Meeb baseado no 2PLM*

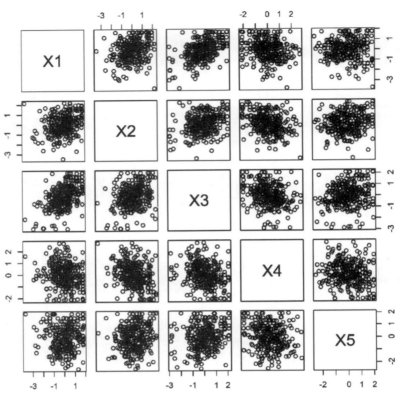

É possível observar que os resultados são bem parecidos entre os dois modelos. Principalmente quando avaliamos as correlações entre os fatores, há poucas diferenças entre os resultados. Para podermos comparar qual modelo melhor ajusta os dados, usaremos os comandos MEEB$dic e MEEBIRT$dic, os quais retornam os seguintes resultados:

```
1    MEEB$dic
2    123574.7
3    MEEBIRT$dic
4    22117.26
```

Esses valores correspondem ao critério de informação de desvio (*deviance information criterion*, DIC; Spiegelhalter et al., 2014), o qual é uma medida de qualidade de ajuste: modelos com DIC menor devem ser preferidos aos modelos com DIC maior. Dessa forma, podemos concluir que o erro relacionado ao MEEB combinado com o 2PLM é menor do que o erro relacionado ao MEEB tradicional. Mesmo que usássemos os escores invertidos para rodar o MEEB tradicional, o DIC seria maior (igual a 89301.9). No entanto, novamente, levando em conta que as estimativas derivadas dos modelos são bastante parecidas, então outros critérios, além do ajuste, podem ser utilizados para saber qual modelo usar. Por exemplo, o MEEB tradicional roda mais rápido do que o MEEB combinado com o 2PLM. Dessa forma, caso haja restrições de tempo, o MEEB tradicional pode ser usado sem que haja uma perda significativa de qualidade dos resultados.

## Considerações finais

Ao final deste capítulo, gostaríamos de ressaltar que a não confirmação de uma hipótese de pesquisa pelo *p*-valor não é conclusiva sobre a ausência de efeito de uma variável sobre outra ou ausência de correlação entre tais variáveis. A não confirmação de uma hipótese de pesquisa pode indicar, por exemplo, que o feito, caso existente, não pôde ser detectado dentro dos limites da pesquisa. Um estudo pode falhar em alcançar resultados estatísticos significativos por outras razões, tais como o tamanho da amostra insuficiente (Field, 2017), falta de adequação do desenho da pesquisa, instrumentos não calibrados, interpretações erradas dos resultados etc.

Nesse contexto, a abordagem bayesiana passou a ser constantemente citada na comunidade acadêmica. Por exemplo, Etz e Vandekerckhove (2016) revisitaram os resultados do estudo "Reproducibility Project: Psychology" da Open Science Collaboration e concluíram que a adoção mais ampla de abordagem bayesiana é desejável. Os autores também assinalaram que amostras pequenas e estudos com poucas evidências são endêmicos na ciência psicológica. Wagenmakers et al. (2018) também assinalaram que a inferência bayesiana apresenta vantagens (10, pelo menos) em relação à inferência frequentista. Entre as vantagens, são citadas a possibilidade de incorporar conhecimento anterior, bem como a capacidade de monitorar e atualizar essas evidências à medida que os dados são obtidos.

Muitas dessas vantagens apresentadas por Wagenmakers et al. (2018) se traduzem em oportunidades concretas para nós pesquisadores pragmáticos da ciência psicológica. A distribuição posterior de um parâmetro $\theta$, por exemplo, fornece um resumo completo do que sabemos sobre esse parâmetro. Usando essa distribuição posterior, podemos responder a perguntas tais como "o quão mais provável é o valor de $\theta$ ser igual a 1,0 em vez de o valor de $\theta$ ser igual a 2,0?" Além disso, podemos usar a distribuição posterior para quantificar a probabilidade de $\theta$ cair em um intervalo específico. Outra vantagem, por exemplo, é que o teste de hipóteses bayesiano permite que os pesquisadores quantifiquem evidências, a partir do fator de Bayes, e monitorem sua progressão à medida que os dados são coletados. Como já assinalado, esperamos que o(a) leitor(a) possa aplicar tais conhecimentos, apresentados ao longo deste capítulo, em suas pesquisas futuras. Se isso acontecer, o capítulo terá alcançado seu objetivo.

## Referências

Bamber, D., & Van Santen, J. P. (2000). How to assess a model's testability and identifiability. *Journal of Mathematical Psychology, 44*(1), 20-40. https://doi.org/10.1006/jmps.1999.1275

Bayarri, M. J., & Berger, J. O. (2004). The interplay of Bayesian and frequentist analysis. *Statistical Science*, 58-80. http://www.jstor.org/stable/4144373

Brooks, S., Gelman, A., Jones, G., & Meng, X. L. (2011). *Handbook of Markov Chain Monte Carlo*. CRC.

Coombs, C. H. (1964). *A theory of data*. Wiley.

Curtis, S. M. (2010). BUGS code for item response theory. *Journal of Statistical Software, 36*(1), 1-34. http://dx.doi.org/10.18637/jss.v036.c01

Denwood, M. J. (2016). Runjags: An R package providing interface utilities, model templates, parallel computing methods and additional distributions for MCMC models in JAGS. *Journal of Statistical Software*, *71*(9), 1-25. http://dx.doi.org/10.18637/jss.v071.i09

Etz, A., & Vandekerckhove. J. (2016). A Bayesian Perspective on the Reproducibility Project: Psychology. *PLoS ONE*, *11*(2): e0149794. https://doi.org/10.1371/journal.pone.0149794

Field, A. (2017). *Discovering statistics using IBM SPSS Statistics*. Sage.

Franco, V. R., Valentini, F., & Iglesias, F. (2017). Introdução à análise fatorial confirmatória. In B. F. Damásio & J. C. Borsa (orgs.), *Manual de desenvolvimento de instrumentos psicológicos* (pp. 295-322). Vetor.

García-Pérez, M. Á. (2019). Bayesian Estimation with Informative Priors is Indistinguishable from Data Falsification. *The Spanish Journal of Psychology*, *22*, 1-13. https://doi.org/10.1017/sjp.2019.41

Gelman, A., Carlin, J. B., Stern, H. S., Dunson, D. B., Vehtari, A., & Rubin, D. B. (2013). *Bayesian data analysis*. CRC.

Hoekstra, R., Morey, R. D., Rouder, J. N., & Wagenmakers, E. J. (2014). Robust misinterpretation of confidence intervals. *Psychonomic Bulletin & Review*, *21*(5), 1.157-1.164. https://doi.org/10.3758/s13423-013-0572-3

John, O. P. (1990). The "Big Five" factor taxonomy: Dimensions of personality in the natural language and questionnaires. In L. A. Pervin (org.), Handbook of personality: Theory and research (pp. 66-100). Guilford.

Kruschke, J. (2014). *Doing Bayesian data analysis: A tutorial with R, JAGS, and Stan*. Academic; Elsevier.

Kruschke, J. K., Aguinis, H., & Joo, H. (2012). The time has come: Bayesian methods for data analysis in the organizational sciences. *Organizational Research Methods*, *15*(4), 722-752. https://doi.org/10.1177%2F1094428112457829

Kruschke, J. K., & Liddell, T. M. (2018). The Bayesian New Statistics: Hypothesis testing, estimation, meta-analysis, and power analysis from a Bayesian perspective. *Psychonomic Bulletin & Review*, *25*(1), 178-206. https://doi.org/10.3758/s13423-016-1221-4

Lee, M. D. (2008). Three case studies in the Bayesian analysis of cognitive models. *Psychonomic Bulletin & Review*, *15*(1), 1-15. https://doi.org/10.3758/PBR.15.1.1

Lee, M. D., & Wagenmakers, E. J. (2014). *Bayesian cognitive modeling: A practical course*. Cambridge University Press.

Lee, S. Y., & Song, X. Y. (2012). *Basic and advanced Bayesian structural equation modeling: With applications in the medical and behavioral sciences*. John Wiley & Sons.

Leemis, L. M., & McQueston, J. T. (2008). Univariate distribution relationships. *The American Statistician*, *62*(1), 45-53. https://doi.org/10.1198/000313008X270448

Liu, C. C., & Aitkin, M. (2008). Bayes factors: Prior sensitivity and model generalizability. *Journal of Mathematical Psychology*, *52*(6), 362-375. https://doi.org/10.1016/j.jmp.2008.03.002

Magis, D., & Raîche, G. (2010). An iterative maximum a posteriori estimation of proficiency level to detect multiple local likelihood maxima. *Applied Psychological Measurement*, *34*(2), 75-89. https://doi.org/10.1177%2F0146621609336540

McDonald, R. P. (2013). *Test theory: A unified treatment*. Psychology Press.

McElreath, R. (2020). *Statistical rethinking: A Bayesian course with examples in R and Stan*. CRC.

McGrayne, S. B. (2011). *The theory that would not die: How Bayes' rule cracked the enigma code, hunted down Russian submarines, & emerged triumphant from two centuries of controversy*. Yale University Press.

Müller, P., Quintana, F. A., Jara, A., & Hanson, T. (2015). *Bayesian nonparametric data analysis*. Springer.

Muthén, B., Du Toit, S. H., & Spisic, D. (1997). Robust inference using weighted least squares and quadratic estimating equations in latent variable modeling with categorical and continuous outcomes.

*Unpublished technical report.* http://www.statmodel.com/download/Article_075.pdf

Myung, I. J. (2003). Tutorial on maximum likelihood estimation. *Journal of Mathematical Psychology*, *47*(1), 90-100. https://doi.org/10.1016/S0022-2496(02)00028-7

Plummer, M. (2003). JAGS: A program for analysis of Bayesian graphical models using Gibbs sampling. In *Proceedings of the 3rd international workshop on distributed statistical computing* (vol. 124, n. 125.10).

R Core Team (2020). *R: A language and environment for statistical computing*. R Foundation for Statistical Computing, Vienna, Austria. URL http://www.R-project.org/

Ramsay, J., Wiberg, M., & Li, J. (2019). Full Information Optimal Scoring. *Journal of Educational and Behavioral Statistics, Online first*, 1-19. https://doi.org/10.3102%2F1076998619885636

Spiegelhalter, D. J., Best, N. G., Carlin, B. P., & Linde, A. (2014). The deviance information criterion: 12 years on. *Journal of the Royal Statistical Society: Series B (Statistical Methodology)*, *76*(3), 485-493. https://www.jstor.org/stable/24774528

Swaminathan, H., & Gifford, J. A. (1985). Bayesian estimation in the two-parameter logistic model. *Psychometrika*, *50*(3), 349-364. https://psycnet.apa.org/doi/10.1007/BF02294110

Thompson, C. G., & Becker, B. J. (2020). A group--specific prior distribution for effect-size heterogeneity in meta-analysis. *Behavior Research Methods*, 1-11. https://doi.org/10.3758/s13428-020-01382-8

Van der Linden, W. J., & Hambleton, R. K. (2013). *Handbook of modern item response theory*. Springer.

Van Ravenzwaaij, D., Cassey, P., & Brown, S. D. (2018). A simple introduction to Markov Chain Monte-Carlo sampling. *Psychonomic Bulletin & Review*, *25*(1), 143-154. https://doi.org/10.3758/s13423-016-1015-8

Wabersich, D., & Vandekerckhove, J. (2014). Extending JAGS: A tutorial on adding custom distributions to JAGS (with a diffusion model example). *Behavior Research Methods*, *46*(1), 15-28. https://doi.org/10.3758/s13428-013-0369-3

Wagenmakers, E. J., Lodewyckx, T., Kuriyal, H., & Grasman, R. (2010). Bayesian hypothesis testing for psychologists: A tutorial on the Savage-Dickey method. *Cognitive psychology*, *60*(3), 158-189. https://doi.org/10.1016/j.cogpsych.2009.12.001

Wagenmakers, E., Marsman, M., Jamil, T. et al. (2018). Bayesian inference for psychology. Part I: Theoretical advantages and practical ramifications. *Psychonomic Bulletin & Review*, *25*, 35-57. https://doi.org/10.3758/s13423-017-1343-3.

Wright, B. D. (1999). Fundamental measurement for psychology. In S. E. Embretson & S. L. Hershberger (orgs.), *The new rules of measurement: What every psychologist and educator should know* (pp. 65-104). Psychology Press.

# 13
# TRI e mapas de construto

*Karen Cristine Teixeira*
*Carlos Henrique Sancineto da Silva Nunes*
Universidade Federal de Santa Catarina

## O papel da TRI para a interpretação de escores

A importância da testagem psicológica está muito além dos escores *per se*, mas relaciona-se à atribuição de significado a esses escores (Pacico, 2015). De acordo com Hutz (2015), o resultado ou escore atribuído a um indivíduo a partir da aplicação de um instrumento psicológico deve permitir sua contextualização, sendo a interpretação psicológica dos escores numéricos a finalidade da testagem. O escore bruto isoladamente não produz qualquer informação interpretável, pois carece de um referencial que possa indicar seu significado (Pasquali & Primi, 2003). A interpretação, ou seja, atribuição de significado ao escore obtido em um instrumento psicológico é realizada a partir de diferentes procedimentos, sendo comum a utilização da interpretação baseada em normas (Hutz, 2015; Primi, 2010).

As normas são estabelecidas empiricamente e representam os resultados obtidos por um grupo da população-alvo para o qual o teste foi desenvolvido. Os grupos normativos são compostos por indivíduos que apresentam alguma característica semelhante entre si e que são utilizados

como referência ou parâmetro para realizar a interpretação e atribuir significado aos escores de um teste individual. Dessa forma, os escores individuais são interpretados e contextualizados de modo uniforme, com base no desempenho do grupo normativo (Cohen, Swerdlik & Sturman, 2014; Noronha, Rueda & Santos, 2015; Pasquali, 2010).

Um dos atributos mais importantes de um grupo ou amostra normativa é sua representatividade. O tamanho da amostra necessária para o estabelecimento de normas depende das características tanto do teste quanto da população-alvo. Entretanto, deve-se adotar um tamanho que garanta a estabilidade dos resultados e, consequentemente, de sua interpretação (Pacico, 2015). Os escores brutos obtidos em um teste são comumente transformados nas normas em escalas estandardizadas.

A utilização desses escores transformados é frequente, pois são escalas estandardizadas que permitem comparações entre desempenhos a partir da análise da posição relativa ocupada pelo sujeito em relação ao grupo normativo (Nunes, Hutz & Nunes, 2010; Pacico, 2015). Por outro lado, a escala em percentis não apresenta intervalos equidistantes e os escores brutos próximos às extremidades da distribuição tendem a apresentar intervalos maiores em comparação com os do centro (Cohen, Swerdlik & Sturman, 2014).

A utilização do escore z, em relação aos percentis, resolve a questão da equidistância, dado que a transformação resguarda a equivalência dos intervalos entre os escores brutos, tornando as distâncias comparáveis (Urbina, 2007). Entretanto, o significado atribuído ao escore limita-se à posição relativa ocupada pelo testando em relação a seu grupo normativo (Cronbach, 1996). Essa informação não possibilita saber o que o escore representa do ponto de vista psicológico, como quais comportamentos, traços ou habilidades o sujeito apresenta (Nunes, Hutz & Nunes, 2010).

Verifica-se que a interpretabilidade viabilizada pela TCT é útil, mas apresenta lacunas, pois não se sabe de forma acurada a relação entre a métrica envolvida nas normas e os processos relacionados ao construto (Blanton & Jaccard, 2006). Outra dificuldade se refere à dependência da amostra e aos parâmetros dos itens (Bond & Fox, 2001; Elliot et al., 2006). Mudanças na amostragem ou na dificuldade dos itens apresentados no teste podem levar a uma mudança na interpretação do escore obtido pelo testando (Nakano, Primi & Nunes, 2015).

Uma alternativa utilizada para contornar as lacunas encontradas na elaboração de normas pela TCT é o emprego da teoria de resposta ao item (TRI), que possibilita avaliar cada item do instrumento separadamente e estimar seus parâmetros (Andrade, Tavares & Valle, 2000). Outra vantagem é que a pontuação atribuída ao testando dependerá dos parâmetros dos itens, ao passo de que na TCT a pontuação é baseada na proporção de pessoas que respondem afirmativamente,

ou, no caso de itens politômicos, da proporção de respostas a uma dada categoria ou da média das respostas do grupo normativo (Pasquali & Primi, 2003; Sartes & Souza-Formigoni, 2013).

A TRI contribui de forma contundente para a interpretação de escores, pois oferece subsídio para maior interpretabilidade psicológica a partir do procedimento de interpretação referenciada ao item (Embretson & Reise, 2000). Apesar da importância de modelos que estimam dois e três parâmetros para verificação da estrutura dos dados, o modelo de Rasch e suas variantes para itens politômicos (créditos parciais e respostas graduadas), os quais modelam unicamente o parâmetro de dificuldade dos itens, são os mais indicados para realizar esse procedimento (Elliot et al., 2006). O modelo de Rasch diferencia-se dos modelos da TRI mais complexos por manter fixado o índice de discriminação (parâmetro a) em um valor igual a 1,0 e não modelar a chance de acerto ao acaso (parâmetro c). A figura 1 é um exemplo de Curva Característica de Itens (CCI) no modelo de Rasch. Pelo fato de a discriminação e chance de acertos ao acaso não serem modelados, nota-se que as CCIs são idênticas para os itens apresentados, diferenciando-se unicamente na posição que se apresentam ao longo do *theta* (eixo x). A dificuldade dos itens posiciona-se no ponto em que a probabilidade de acerto ao item é igual a 0,50.

Os modelos de créditos parciais e respostas graduadas consideram que o nível do traço latente do testando, ou seja, seu *theta* apresenta uma relação com as respostas dadas à escala politômica adotada no instrumento. O aumento do valor da escala de resposta atribuído ao item tipicamente significa um incremento na habilidade do sujeito. A diferença entre os dois modelos reside nas distâncias entre as pontuações. No caso

**Figura 1**
*Exemplo de CCIs no modelo de Rasch*

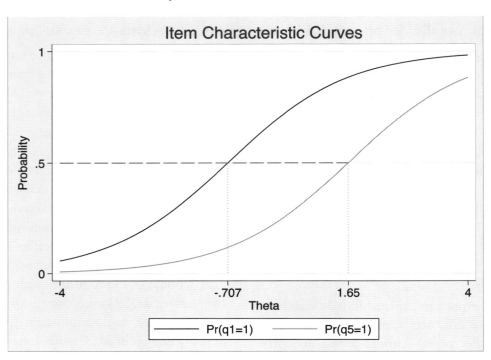

do modelo de respostas graduadas o avanço das pontuações é o mesmo para todos os itens, já no modelo de créditos parciais as distâncias podem ser diferentes a depender do item avaliado (Nakano, Primi & Nunes, 2015; Wright, 1998).

A curva característica dos itens politômicos expressa, para cada item, a probabilidade de endosso de cada categoria da escala em função do *theta* apresentado (Carvalho, Primi & Meyer, 2012). Verifica-se que no eixo x está representado o *theta* das pessoas e no eixo y a probabilidade de endosso dos pontos da escala (fig. 1). A curva permite verificar qual a resposta mais provável ao item de acordo com o *theta* apresentado pelo testando, sendo os pontos em que as curvas se cruzam os limiares de mudança de resposta na escala, referidos na literatura da área como *Rasch-Andrich thresholds* (ou *Tau*). Quanto mais à esquerda se situarem as curvas de resposta, mais brando ou fácil é o item. Quanto mais as curvas se localizarem à direita, maior a dificuldade do item ou mais severo ele é (Nakano, Primi & Nunes, 2015). Na figura 2, foi feita a indicação da área de *theta* em que cada categoria tem a maior probabilidade de endosso.

A indicação do modelo de Rasch e seus derivados para realização da interpretação referenciada no item se dá pelo fato de a intensidade do item (dificuldade) estar na mesma escala do *theta* apresentado pelas pessoas (Primi et al., 2010). Ao conhecer a magnitude de *theta* de um indivíduo é possível prever sua probabilidade de acerto ao item (itens dicotômicos) ou de endosso às categorias dos itens da medida (itens

**Figura 2**
*Exemplo de curva característica do item com utilização do modelo de créditos parciais*

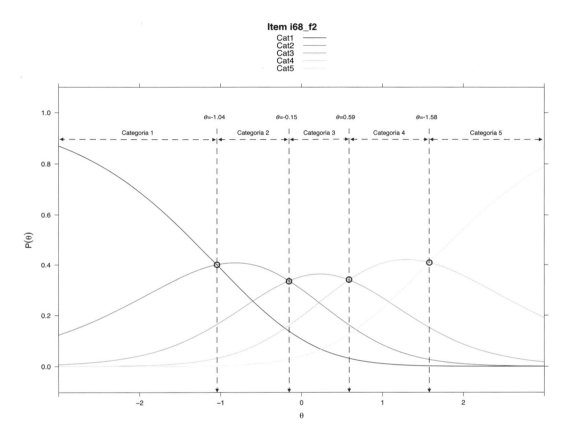

politômicos). A partir do mapa de construto, ou mapa de itens, é possível verificar a hierarquia dos itens do ponto de vista de sua dificuldade (Primi, 2004). Com isso, pode-se não somente obter evidências relacionadas à validade de construto, como também informações para interpretação da escala (Elliot et al., 2006; Embretson, 2006; Linacre, 1997; Primi, 2014).

## Mas afinal, o que são mapas de construto?

O mapa de construto é um recurso gráfico, elaborado com auxílio dos modelos de Rasch, que possibilita a visualização da distribuição da magnitude do traço latente das pessoas e da dificuldade de todos os itens da escala na mesma métrica (Primi et al., 2010). Nesse sentido, quanto maior for a dificuldade do item, maior também será a magnitude do traço latente do sujeito para endossá-lo. Ao conhecer a magnitude de *theta* de um indivíduo é possível identificar as suas respostas mais prováveis aos itens da escala.

Existem diferentes formatos de mapas de construtos, com configurações diversas em relação à posição das informações e como são calculadas as transições entre as categorias para itens politômicos. Entretanto, a lógica de interpretação dos resultados é mantida entre os formatos. Na figura 3 temos um exemplo de mapa de itens para uma escala que varia de 1 a 4 pontos, no qual os itens estão situados do lado direito do mapa de forma ordenada pela sua dificuldade. Os itens de maior dificuldade, ou mais severos, são os mais próximos da linha horizontal superior do mapa. Já os itens mais facilmente endossados ou mais brandos estão situados próximo à linha horizontal inferior do mapa (Nakano, Primi & Nunes, 2015; Primi et al., 2010).

As linhas horizontais representam o *theta* necessário para se endossar cada um dos pontos da escala para todos os itens. Assim, pode-se verificar o quanto de magnitude no construto ou habilidade é necessário ter para pontuar em cada categoria. Pontos da escala mais difíceis de serem endossados situam-se mais à direita das linhas horizontais (Nakano, Primi & Nunes, 2015; Primi et al., 2010). Os dois-pontos (":") encontrados entre cada uma das categorias de resposta da escala são chamados *Rasch-half-points thresholds* e representam uma outra forma de estimar a transição entre as categorias. Eles representam os níveis de *theta* associados às pontuações intermediárias na escala adotada. Assim, por exemplo, a escala representada na figura 3 varia de 1 a 4 pontos. Os *half-point thresholds* representam os *theta* relacionados aos pontos 1.5, 2.5 e 3.5 da escala.

**Figura 3**
*Exemplo de mapa de construto*

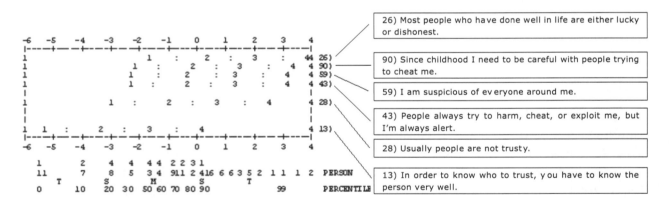

Fonte: Carvalho, Primi e Meyer (2012).

Os mapas de construto são ferramentas importantes que permitem tanto a comparação entre os dados observados e a teoria subjacente como a observação das fragilidades e pontos fortes do instrumento. Possibilitam verificar a hierarquia dos itens em relação ao parâmetro de dificuldade e examinar se há itens redundantes, contribuindo para uma visão parcimoniosa entre o número de itens da medida e suas qualidades psicométricas (Boone & Noltemeyer, 2017). Dado que a dificuldade do item e o *theta* das pessoas se encontram na mesma métrica, auxilia também o exame dos padrões de resposta aos itens, pois permite verificar de forma visual quais itens/comportamentos se relacionam a quais faixas de *theta*.

A partir do mapa de construto pode-se verificar a associação desses fatores com o conteúdo dos itens, permitindo a elaboração de um perfil descritivo de respostas associado a cada *theta* (Elliot et al., 2006; Primi, 2010; Primi et al., 2010). Enquanto as normas elaboradas com auxílio da teoria clássica dos testes apenas posicionam o escore do sujeito em relação a seu grupo normativo, a interpretação referenciada no item permite verificar, qualitativamente, qual o repertório comportamental do sujeito e quais as habilidades e capacidades que ele tem e domina (Carvalho, Primi & Meyer, 2012; Nakano, Primi & Nunes, 2015).

## A construção de mapas de construto com o uso do R

Para ilustrar o processo de construção de mapas de itens foi utilizada uma base de dados para a avaliação de ansiedade no contexto esportivo. A base contém as respostas de 365 atletas a 44 itens desenvolvidos por Teixeira (2016; 2020) e que integram as três dimensões da Escala Tridimensional de Ansiedade para o Esporte (ETApE), que se encontra ainda em fase de aperfeiçoamento. Serão empregadas nas análises deste capítulo apenas duas das dimensões presentes na base de dados, os componentes fisiológico e cognitivo da medida.

A pesquisa da qual a base de dados utilizada é integrante está em consonância com as Diretrizes e Normas Regulamentadoras de Pesquisas Envolvendo Seres Humanos (Resolução 466/12 do Conselho Nacional de Saúde) e foi submetida ao Comitê de Ética em Pesquisa com Seres Humanos (CEPSH) da Universidade Federal de Santa Catarina e aprovado sob o Certificado de Apresentação para Apreciação Ética (CAAE) 79258217.0.0000.0121.

## Instalação e carregamento dos pacotes

Em um primeiro momento, é feito no R o carregamento de um conjunto de pacotes que serão necessários para a realização das análises para a construção do mapa de itens. Caso algum dos pacotes não tenha sido anteriormente instalado, uma mensagem de erro será apresentada indicando que não foi possível realizar seu carregamento. Nesse caso, a instalação pode ser feita com a utilização do comando *install.packages("devtools")*, no qual é indicado entre aspas o nome do pacote a ser instalado. Destaca-se que no R o símbolo "#" é utilizado para indicar o início de um comentário. Todo o conteúdo a partir do seu uso – na mesma linha – é desconsiderado pelo R.

```
devtools::install_github('datarootsio/
artyfarty') ## instala pacote artyfarty
diretamente do github

library(tidyverse)
library(sjmisc)
library(TAM)
library(psych)
library(readxl)
library(knitr)
library(RColorBrewer)
```

O pacote *artyfarty* possibilita o acesso a diversos temas e paletas de cores para a customização de gráficos (Smeets, 2017). Em relação às paletas de cores, o pacote *RColorBrewer* também fornece diferentes esquemas de cores para trabalhar com mapas ou gráficos (Neuwirth, 2015). O *tidyverse* é um pacote importante, pois sua função é instalar diversos outros pacotes relacionados à importação, manipulação e apresentação de dados que são utilizados corriqueiramente em análises (Wickham et al., 2019). O pacote *sjmisc* também está relacionado à preparação de dados e manipulação de variáveis, como transformações, recodificações, dicotimizações/agrupamentos e manejo de valores ausentes, e trabalha cooperativamente com os pacotes do *tidyverse*, como o *dplyr* (Lüdecke, 2018).

*TAM* é um pacote utilizado para rodar análises de TRI uni e multidimensionais que abrange modelos de um, dois e três parâmetros, combinações com o modelo de classes latentes, entre outros (Robitzsch, Kiefer & Wu, 2020). Criado com intuito de disponibilizar ferramentas de análise para pesquisas em psicologia experimental, psicometria e personalidade, o pacote *psych* é versátil, realizando análises básicas, de dimensionalidade, de confiabilidade, modelagem, entre outras (Revelle, 2019). Alguns pacotes têm como função fazer a integração com outros softwares ou linguagens, como é o caso do pacote *readxl*, que tem como objetivo possibilitar a leitura de arquivos de Excel no R (Wickham & Bryan, 2019). Nesse sentido, o pacote *knitr* viabiliza a geração de relatórios dinâmicos no R, integrando o código em R com HTML, Markdown, entre outros (Xie, 2020).

Na sequência, é informada a URL de uma função desenvolvida pelo Prof.- Dr. Ricardo Primi disponibilizada pelo repositório do laboratório ao qual coordena, LABAPE (www.labape.com.br). A função chama-se *person_item_map_v3* e será usada para a confecção do mapa de construto para itens politômicos.

```
source("http://www.labape.com.br/
rprimi/R/utils_construct_maps.R")
```

## Montagem e importação do banco de dados

Para a realização das análises referentes à construção do mapa de itens da ETApE, dois conjuntos de informações foram organizados em um arquivo exportado no formato do Excel (.xlsx). Em uma planilha, denominada *base*, constavam as respostas de 364 pessoas a cada um dos 31 itens das dimensões fisiológica e cognitiva da ETApE. Em outra planilha, denominada *dic*, foram incluídas informações sobre os itens. Para permitir uma adequada compreensão do código em R apresentado nas análises, tais informações são detalhadas na tabela 1.

### Tabela 1
*Descrição das informações presentes no dicionário das variáveis*

| Variável | Descrição |
|---|---|
| *coditem* | Código do item |
| *test* | Qual teste o item se refere |
| *order* | Ordem de apresentação |
| *pole* | Polo do item, positivo = 1 ou negativo = 0 |
| *text* | Conteúdo do item |
| *domain* | Inicial da dimensão |
| *domain_label* | Nome da dimensão |
| *value* | Rótulos da escala tipo Likert usada |
| *text2* | Texto que agrega código e conteúdo dos itens |

```
##### Lê/importa banco de dados

base <- read_excel("base e dicionário.
xlsx", sheet = "base")


# carrega a descrição das variáveis da
planilha "dic"
dic <- read_excel("base e dicionário.
xlsx", sheet = "dic")
```

```
##### Examina base e seleciona os itens

dic_etape <- dic %>% filter(test ==
"etape") # para selecionar apenas o
fator cognitivo, por exemplo, mudar aqui
para (domain == "C")
```

A sequência de comando acima faz o carregamento da base de dados em uma matriz denominada *base* e o dicionário das variáveis em *dic*. A seguir, é feita a seleção apenas dos itens da ETApE. Tal etapa seria desnecessária para a base que foi preparada para a análise deste capítulo, uma vez que os dados sociodemográficos e de outros instrumentos utilizados no estudo de Teixeira (2020) já haviam sido eliminados. No entanto, para demonstrar o uso do comando *filter*, ele foi utilizado para gerar a lista das variáveis selecionadas no objeto denominado *dic_etape*.

```
vars <- dic_etape$coditem
labels <- dic_etape$text

dt <- base[ , vars]
```

Os comandos executados criam um vetor chamado *vars* com os códigos dos itens que constam em dic_etape. O objeto *labels* apresenta o conteúdo dos itens em *dic_etape*. Por fim, a matriz chamada *dt* armazena as respostas de todos os sujeitos às variáveis constantes em *vars*.

```
##### Análise psicométrica clássica

alpha(dt, check.keys = TRUE)
```

Algumas propriedades psicométricas dos itens são exploradas a partir de um conjunto de métodos advindos da TCT com o comando *alpha*, do pacote *psych*. Tal comando apresenta, para a medida em análise, dois indicadores de consistência interna, a saber, o Alfa de Cronbach e o Lambda de Gutman (Revelle and Zinbarg, 2009). Além disso, apresenta duas tabelas com características psicométricas dos itens. Para o item 13, por exemplo, é apresentado na primeira coluna o seu código *i13_f1* seguido do Alfa de Cronbach caso o item seja retirado da medida considerando as respostas originais (*raw_alpha=0,94*) e pelas correlações dos itens (*std.alpha=0,94*). Esses indicadores, apesar de não representarem um critério suficiente para a decisão da retirada ou manutenção de itens da medida, apontam para aqueles que apresentam problemas mais graves (pois os valores de alfa sobem muito com a retirada do item). A seguir, é apresentado o valor de *Lambda* (*G6[smc] =0,96*), correlação média dos itens (*average_ r=0,36*) e outras informações considerando a eliminação do item.

```
Reliability if an item is dropped:
        raw_alpha  std.alpha  G6(smc)  average_r  S/N   alpha   se       var.r    med.r

i13_f1  0.94       0.94       0.96     0.36       17    0.0041  0.013    0.34

i18_f2  0.94       0.94       0.95     0.35       16    0.0043  0.012    0.33

i19_f2  0.94       0.94       0.96     0.35       16    0.0043  0.013    0.32

i20_f2  0.94       0.94       0.96     0.35       17    0.0042  0.013    0.34
```

A segunda tabela complementa os resultados obtidos nas análises dos itens. Para o item 13, por exemplo, apresenta inicialmente o número de respostas válidas ($n=365$), além de quatro versões para o cálculo da estatística item-total. Inicia com a correlação item-total estimada pelas respostas originais ($raw.r=0.52$), formada pelas correlações entre cada item com o escore total após a padronização das respostas de todos os itens ($std.r=0.52$), além da correlação item-resto ($r.drop=0.47$), que é a correlação do item com a escala formada por todos os demais itens. Apresenta ainda um indicador desenvolvido no pacote *psych*, a correlação item-resto corrigida pela precisão da escala ($r.cor=0.50$). Informa, por fim, a média ($mean=2.9$) e desvio-padrão dos itens ($sd=1.25$).

```
Item statistics
            n       raw.r    std.r    r.cor    r.drop   mean    sd
i13_f1      365     0.52     0.52     0.50     0.47     2.9     1.25
i18_f2      365     0.72     0.70     0.70     0.69     3.0     1.35
i19_f2      365     0.67     0.68     0.67     0.65     1.7     0.98
i20_f2      365     0.52     0.53     0.51     0.49     1.5     0.94
```

A escala usada para a coleta de dados da ETApE varia de 1 a 5 e o pacote usado para a calibração dos itens no modelo de créditos parciais, TAM, requer a transformação dos dados para uma escala de 0 a 4 pontos. Além disso, também requer que itens de polo negativo tenham suas respostas invertidas. Os comandos apresentados a seguir primeiro fazem a inversão dos itens negativos (que tenham *pole=0* no dicionário das variáveis), fazendo a operação 6 – *valor* com cada resposta da base de dados (ex.: 6 – 5=1; 6 – 4=2; 6 – 3=3...). O último comando subtrai 1 de todas as respostas da base, alterando a escala de 1 a 5 para 0 a 4.

```
##### Inverte os itens negativos (reversos) e transforma a escala de 1-5 para 0-4

i_reversos<-dic_etape$pole==0 # seleciona apenas os itens reversos (pole=0)
ni_reversos=sum(i_reversos)  # conta quantos itens são reversos

if (ni_reversos>0) {
dt[,i_reversos]<-6-dt[,i_reversos]
}


# muda a escala de 1-5 para 0-4

dt<-dt-1
```

Após tais procedimentos, a base de dados está pronta para ser analisada no modelo de créditos parciais. Apesar de existirem muitos pacotes no R que viabilizam análises baseadas na TRI, adotamos o pacote TAM (Robitzsch, Kiefer & Wu, 2020), o qual apresenta comandos que permitem análises por teoria de resposta ao item em diferentes modelos, como Rasch e seus derivados, de dois e três parâmetros, entre outros. Neste capítulo, conforme indicado anteriormente, fazemos o uso do modelo de créditos parciais para ilustrar a construção do mapa de itens para um instrumento que adota uma escala politômica e utilizamos, mais adiante, o modelo de Rasch para ilustrar a construção do mapa de itens dicotômicos. O comando abaixo é usado para gerar um objeto chamado *pcm*, o qual contém uma lista de informações decorrentes da calibração da base de dados *dt* no modelo de créditos parciais (*PCM*).

```
##### Calibra modelo de créditos
parciais (PCM)

pcm <- tam.mml(resp = dt, irtmodel =
"PCM")
```

O modelo atingiu convergência após 83 iterações e neste mesmo *output* são apresentados os parâmetros dos itens considerando as suas categorias de respostas. Vale destacar que os resultados apresentados na coluna *est* apontam os valores de *Rasch-Andrich thresholds (Tau)* entre as categorias, ou seja, o valor de *theta* no qual categorias sucessivas apresentam a mesma probabilidade de endosso (Carvalho, et al., 2012). Como a escala usada pela ETApE apresenta 5 categorias distintas, os resultados indicam 4 pontos em que as probabilidades das categorias sucessivas são iguais. Na figura 4 são indicados por meio de setas os *thresholds* apresentados para o item 13.

```
[...]
Iteration 83    2020-04-01 10:41:22
E Step
M Step Intercepts  |----
Deviance = 25799.1702 | Absolute change: 1e-04 | Relative change: 0
Maximum item intercept parameter change: 9.8e-05
Maximum item slope parameter change: 0
Maximum regression parameter change: 0
Maximum variance parameter change: 4e-06

Item Parameters
[...]
            xsi.index        xsi.label           est
1           1                i13_f1_Cat1         -0.8530
2           2                i13_f1_Cat2         -0.3131
3           3                i13_f1_Cat3         0.4248
4           4                i13_f1_Cat4         1.3105
```

**Figura 4**
*Exemplo de curva característica do item 19 da ETApE*

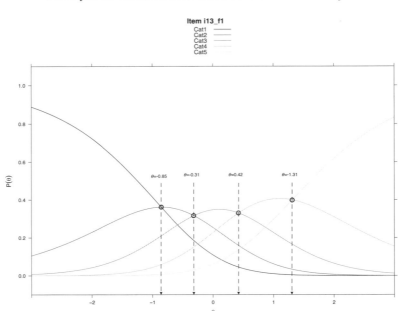

As curvas características dos itens, tal qual foi obtida na figura 4, podem ser solicitadas para itens específicos com o comando que segue. Vale notar que a opção *itens = c (1,2,3)* especifica que devem ser geradas as figuras referentes aos três primeiros itens analisados. Se tal opção não fosse especificada, todos os itens calibrados seriam selecionados e teríamos uma figura para cada item.

```
##### Apresenta a curva característica
dos três primeiros itens

plot(pcm, type="items",items = c(1,2,3))
```

Entre os itens analisados, entende-se ser relevante comentar a figura referente ao item 27, apresentado na figura 5. É possível verificar que a categoria 5 não alcança em qualquer nível de *theta* uma probabilidade tal que supere a das demais categorias. O ponto onde ocorre seu *threshold (Tau)* com a categoria 3 é superior ao seu *threshold (Tau)* com a categoria 5. Isto significa que a categoria 5 nunca é a mais provável de ser endossada, independentemente do *theta* dos respondentes. Em termos práticos, isto não significa que a categoria não foi endossada, mas sim que o funcionamento da escala não foi ótimo para o item específico e apresenta uma desordem nos *thresholds* por *Tau* (Linacre, 1999). Na figura 5, a área que indica tal aspecto é ampliada.

A verificação dos índices de ajuste dos itens (*fit*) deve ser feita antes da realização do mapa de itens, uma vez que medidas com itens que apresentam elevados índices de desajuste podem ter sua interpretação prejudicada pelo fato de estarem avaliando outro construto ou apresentarem problemas severos em sua construção (Linacre, 2014). O pacote TAM disponibiliza tal análise pelo comando *msq.itemfit*, conforme indicado na sequência. Tal comando gera índices de desajustes referidos como *infit* e *outfit*.

**Figura 5**
*Curva característica do item 27 da ETApE*

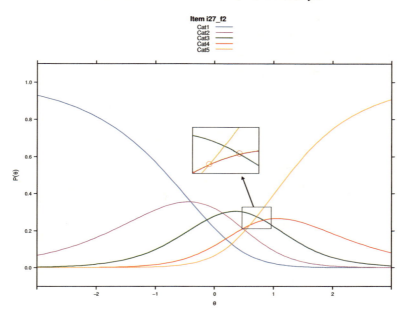

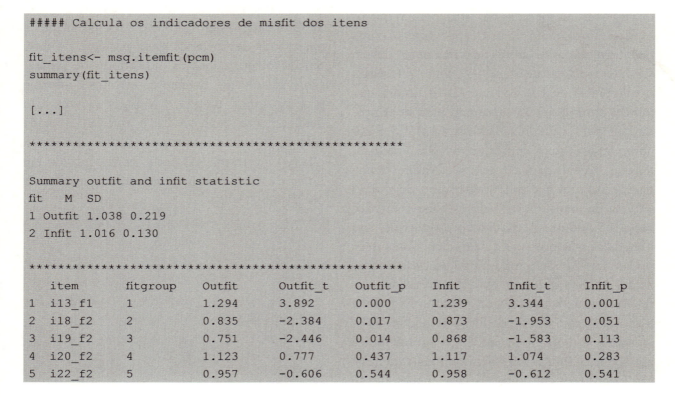

As colunas *outfit* e *infit* representam indicadores de resíduo dos itens (*Mean Squared Residual*). O *outfit* avalia a ocorrência de respostas inesperadas a itens cuja dificuldade é muito distante do *theta* das pessoas. Para itens dicotômicos de desempenho, por exemplo, tal situação pode ocorrer quando uma pessoa erra um item que era muito fácil para seu nível de habilidade ou o oposto, quando acerta um item que era muito difícil para ela. Em itens politômicos, o *outfit* resume a ocorrência de respostas inesperadas de forma análoga, quando as pessoas endossam categorias pouco ou muito prováveis considerando seus níveis de *theta*. O *infit* resume a ocorrência de respostas inesperadas quando a dificuldade do item é próxima ao *theta* das pessoas (Linacre, 2014; Nakano, Primi & Nunes, 2015). O *infit* é um indicador bastante importante, uma vez que ele aponta para a incidência de respostas inesperadas em situações em que os itens se aproximam da sua capacidade máxima de informação. Os valores de *infit* e *outfit* devem ser interpretados utilizando-se como referência o valor ideal de 1,0. Linacre (2014) indica que índices entre 0,5 e 1,5 apontam para itens produtivos para a medida. Valores entre 1,5 e 2,0 apontam para itens improdutivos para a medida, mas que não chegam a degradá-la. Valores acima de 2,0 indicam que o item distorce e degrada o sistema de mensuração. Valores baixos, inferiores a 0,5 apontam itens pouco produtivos para a medida, mas que não a degradam. Esses itens podem gerar índices inflados de precisão e separação. As colunas *infit_t* e *outfit_t* apresentam os respectivos indicadores de resíduo em valores-t e apontam para o teste de hipótese que avalia se os dados se ajustam ao modelo. O autor indica ainda que os indicadores de resíduo em valores-t são insensíveis em amostras com menos de 30

casos e excessivamente sensíveis para detectar resíduo quando tem-se mais de 300 casos (Linacre, 2014, p. 309).

Para a proposição de um sistema interpretativo baseado nos itens (Embretson & Reise, 2000), é relevante ainda a informação de quantos estratos (H) podem ser distinguidos pela medida (Linacre, 2014; Wright & Masters, 1982, Wright & Masters, 2002). Uma forma de chegarmos ao número de estratos é a partir do índice de separação das pessoas (PSI), também referido como *IRT person separation reliability*, o qual reflete a habilidade da medida de diferenciar entre grupos com variados níveis do construto subjacente e segue uma abordagem semelhante ao Alfa de Cronbach (Robinson, et al., 2019). O valor de *precis_EAP.rel*, conforme a sintaxe abaixo, representa o PSI estimado e apresenta uma métrica (e lógica subjacente) semelhante ao Alfa de Cronbach (Adams, 2005). Para avaliarmos a quantidade de faixas de *theta* passíveis de diferenciação, utilizamos os indicadores de separação e cálculo do número de estratos conforme propostos por Wright e Masters (1982). Um detalhamento técnico sobre a precisão estimada pela TRI (*person separation reliability*), separação (G) e estratos (H) pode ser encontrado em Linacre (2014) e em nota técnica disponibilizada por Fisher (1992).

```
##### Calcula separação e estratos

PSI<-pcm$EAP.rel # IRT person separation
reliability

PSI # apresenta a person separation
reliability
[1] 0.9362523

G<-(PSI/(1-PSI))^.5 # índice de
separação
```

```
G # apresenta separação
[1] 3.832343

H<-(4*G+1)/3 # n° de estratos

H # apresenta estratos
## [1] 5.443124
```

Utilizamos a seguir a função *person_item_map_v3* para a realização de um mapa de itens. No mapa de itens produzido por esta função são apresentados, para cada item, uma terceira forma de calcular as transições entre as categorias de itens politômicos: seus limiares thurstonianos (*Rash-Thurstone thresholds*). Esse processo utiliza o princípio de probabilidade acumulada para estimar o *theta* no qual as respostas até uma categoria e a partir daquela categoria apresentam uma probabilidade igual, de 0,5 (Linacre, 2009). Em uma escala que varia de 0 a 3 pontos, por exemplo, é feito o cálculo da probabilidade das respostas em conjuntos dicotomizados das categorias (categoria 0 *versus* 1, 2 e 3; 0 e 1 *versus* 2 e 3; 1, 2 e 3 *versus* 4). Nesse processo, é estimado o *theta* em que cada um desses limites atinge uma probabilidade igual a 0,5. A figura 6 apresenta os limiares de Thurstone para um item que adota uma escala de 0 a 3 pontos. É possível notar que uma pessoa com *theta*=–0,35 terá uma chance de 50% de responder 0 *versus* 1 ou mais.

**Figura 6**
*Limiares thurstonianos em um item com uma escala de 0 a 3 pontos*

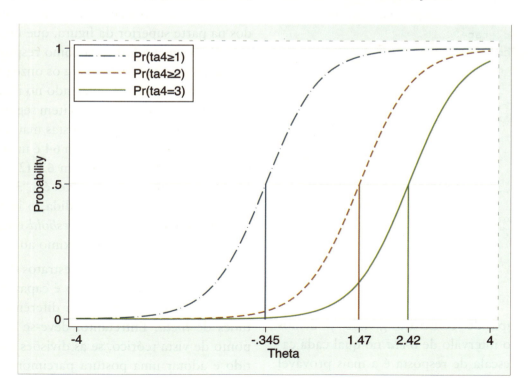

Esses limiares são muito úteis, pois indicam para uma pessoa com *theta* conhecido qual é a categoria mais provável de sua resposta. Salienta-se que diferentemente dos *Rasch-Andrich Thresholds,* destacados nas figuras 2, 4 e 5, os limiares estimados por *Rasch-Thurstone thresholds* não sofrem a ocorrência de desordens (Linacre, 2001).

O mapa de construto é um recurso muito relevante aos pesquisadores, pois apresenta uma expectativa de resposta para o conjunto de itens analisados para toda faixa de *theta*. Além disso, apresenta a distribuição de *theta* das pessoas que responderam à medida. A figura 7 apresenta o mapa de construto gerado pelo comando a seguir.

```
##### Mapa de construto:

person_item_map_v3(
item_tresh = tam.threshold(pcm),
coditem = dic_etape$coditem,
item_text = dic_etape$text2,
pole = dic_etape$pole,
theta = pcm$person$EAP,
item_text_max = 80,
min = -3,
max = 4, # esse valor foi ajustado para
representar o item 28. Era +3
binwidth = .4,
size_categ_label = 3,
size_bar = 4,
categ_label = c("1", "2", "3", "4",
"5"),
categ_color = c("#DF4949",
"#FBB941","#EEE657", "#2B82C9",
"#2CCA90"),
intercept=0,
color_hist = "#DF4949"
)
```

No mapa de construto gerado podemos identificar o intervalo de *theta* no qual cada categoria da escala de resposta é a mais provável

de ser endossada. Os itens estão ordenados de forma decrescente em relação à sua severidade, ou seja, para os itens mais severos (ex.: item 28), as categorias mais elevadas só são endossadas por pessoas com *thetas* de maior magnitude. Na parte inferior da figura é apresentado um histograma com a distribuição de *theta* da amostra considerada na análise. A comparação entre a distribuição dos *thetas* e a posição das categorias é relevante, entre outros motivos, para que o pesquisador possa avaliar se os itens estão dispostos de tal forma que efetivamente permitam a mensuração do *theta* da amostra ou se há lacunas no conjunto de itens que tornem a medida pouco precisa em alguma região do *theta*.

O mapa de construto apresenta ainda o padrão de respostas mais provável para qualquer nível de *theta*, o que pode ser observado, por exemplo, acompanhando a linha vertical a partir do *theta* igual a 0,0 na figura 7. Verifica-se, ao observarmos inicialmente os itens posicionados na parte superior da figura, que uma pessoa com *theta* igual a 0,0 teria como respostas mais prováveis a categoria "1" para os onze primeiros itens (os mais severos), iniciando no item i28_f1 até o item i42_f1. A partir do item seguinte, i49_f1, até o item i27_f2 as respostas mais prováveis seriam a categoria "2" (o item 64 é uma exceção nesse grupo). A partir do item 62_f2 até o item 65_f2 a categoria mais provável é a "3". Por fim, o item menos severo da medida, o item i22_2, tem um *Rasch-Thurstone threshold* entre as categorias "3" e "4" muito próximo ao *theta* 0,0.

Com base no cálculo dos estratos (H= 5,44), verifica-se que o instrumento é capaz de distinguir entre 5 e 6 grupos com diferentes magnitudes de *theta*. Entretanto, deve-se avaliar, do ponto de vista teórico, se as divisões fazem sentido e adotar uma postura parcimoniosa. Com

13 TRI e mapas de construto 261

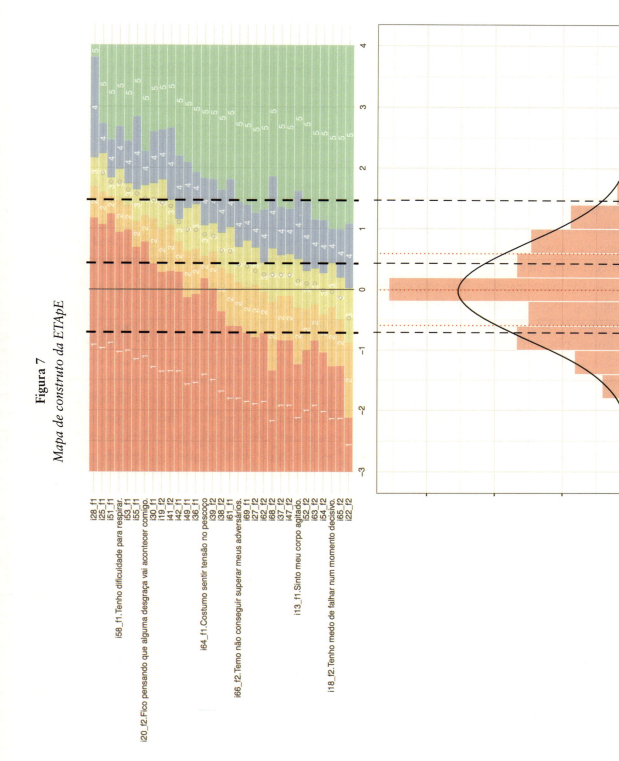

**Figura 7**
*Mapa de construto da ETApE*

base no conteúdo dos itens, padrão de respostas observado a partir mapa de construto da ETApE e no arcabouço teórico que sustenta o construto, foram estabelecidos três pontos de corte no *continuum* do traço latente, configurando quatro grupos com diferentes magnitudes de *theta*: ansiedade baixa, ansiedade moderada, ansiedade moderada-alta e ansiedade alta.

O primeiro grupo, nomeado *ansiedade baixa*, representa atletas com *theta* com valor inferior a –0,70 Os atletas desse grupo tendem a não se identificar em nada com os itens entre 28 e 62, ou seja, não costumam pensar que algo grave vai acontecer com eles enquanto competem ou têm dificuldade para respirar. Não sentem tensão na região do pescoço ou receio de não conseguirem suplantar o desempenho dos adversários. Identificam-se pouco com os itens que vão do 68 ao 22, ou seja, podem eventualmente sentir pouca agitação corporal ou medo de falhar num momento decisivo. O grupo de atletas com nível moderado exibe *theta* aproximado entre –0,70 e 0,42, sendo que é neste grupo que se encontra a média da amostra. Tendem a não se identificar em nada com o sintoma de dificuldade para respirar e não costumam pensar que algo grave pode acontecer. Não apresentam ou tendem a apresentar pouca tensão no pescoço e temor relacionado à possibilidade de não superarem seus adversários. Identificam-se moderadamente com o sintoma de agitação corporal e com o medo de falhar num momento decisivo.

Atletas com nível moderado-alto de ansiedade apresentam *theta* aproximado entre 0,42 e 1,45. Tendem a não apresentar ou a se identificar muito pouco com a dificuldade para respirar. Podem apresentar, às vezes, pensamentos relacionados à possibilidade de acontecimentos negativos graves e tendem a sentir moderadamente ou muita tensão no pescoço e receio em ter um desempenho pior que seus adversários. Tendem a apresentar muita agitação corporal e a se identificarem muito ou totalmente com o medo de falhar em momentos importantes. O último grupo, *ansiedade alta*, compreende atletas com *theta* superior a 1,45, que tendem a se identificar muito ou totalmente com a maioria dos itens, como medo de falhar num momento decisivo, sensação de agitação corporal, medo de não superar os adversários e tensão no pescoço. Podem identificar-se moderadamente a muito com o pensamento catastrófico de que alguma desgraça pode ocorrer e com dificuldade em respirar.

A principal contribuição do procedimento de interpretação referenciada no item, realizado com base no mapa de construto, se verifica na atribuição de interpretabilidade psicológica aos escores da medida, o que auxilia também na proposta de estabelecimento de normas com base na TRI. Apresenta grande aplicabilidade prática, dado que é possível identificar os comportamentos e sintomas exibidos por atletas com diferentes níveis de *theta*, o que é de grande valia para os profissionais das ciências do desporto.

Em relação à informação produzida pelo teste, a avaliação de sua adequação pode ser feita também com o auxílio do exame da curva de informação do teste (para mais detalhes, cf. os cap. sobre TRI nesta obra), que indica o poder informativo do teste ao longo dos diferentes níveis de *theta*. Os comandos a seguir foram usados para produzir a figura 8. Pode-se verificar pelo exame da curva de informação que os itens considerados da ETApE tiveram maior poder informativo para valores de *theta* de aproximadamente 1,0. Esta informação indica que, nesta região, a medida é mais precisa – está relacionada a um menor erro de medida.

```
##### Curva de informação do teste

info_curves<-IRT.
informationCurves(pcm,theta=seq(-
3,3,len=40))
plot(y=info_curves$test_info_curve,x =
info_curves$theta,type = "l")
```

## Mapas de construto de medidas com itens dicotômicos

O uso de mapas de construto para itens no formato dicotômico é análogo ao realizado para itens politômicos. A principal diferença é que, para os politômicos, os limiares (*thresholds*) entre as categorias são usados como referência para identificar os padrões de respostas das pessoas nas categorias adotadas na medida. Para itens dicotômicos, a principal informação considerada é a dificuldade dos itens que, para o modelo de Rasch e o de dois parâmetros, é o ponto de *theta* que coincide com a probabilidade de 0,50 de acerto. Para exemplificar o processo de construção do mapa de construto para itens dicotômicos, utilizaremos a base de dados disponibilizada e discutida por Jang (2005, 2009), a qual conta com respostas simuladas de 1.500 pessoas a 37 itens de um teste de compreensão de leitura em inglês.

```
##### Carrega os pacotes e a base de
dados (Jang, 2005)

library("TAM")
library("WrightMap")

dados<-data.jang
dados1<-dados$data # seleciona apenas as
respostas dicotomizadas
```

**Figura 8**
*Curva de informação do teste*

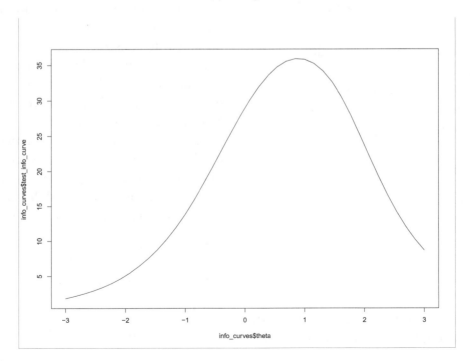

A seguir, é feita a estimação dos parâmetros dos itens e *theta* das pessoas a partir do modelo de Rasch. A dificuldade dos itens e o erro-padrão deste parâmetro são apresentados, respectivamente, como *xsi* e *se.xsi*.

```
##### Análise por Rasch

mod1 <- tam(dados1)
ItemDiff <- mod1$xsi$xsi # copia apenas a
dificuldade dos itens
PersonAbility<-mod1$person$EAP # copia
apenas a habilidade das pessoas
mod1$xsi # apresenta dificuldade dos
itens e seu erro-padrão

[...]

        xsi              se.xsi
I1      -2.282744315     0.08207302
I2      -0.677624169     0.05884332
I3      -1.454861226     0.06614441
I4      0.594447233      0.05832154
I5      -1.169195269     0.06273838
I6      -0.450100873     0.05778231
[...]
```

As estatísticas descritivas das dificuldades dos itens e das habilidades das pessoas podem ser exploradas com os comandos que seguem. Por uma questão de restrição de espaço, não apresentamos os resultados produzidos.

```
##### estatística descritiva das
dificuldades dos itens e theta das
pessoas
hist(ItemDiff)
hist(PersonAbility)
mean(ItemDiff)
mean(PersonAbility)
sd(ItemDiff)
sd(PersonAbility)
```

O comando que segue produz o mapa de construto considerando os parâmetros estimados para os itens (*ItemDiff*) e os *thetas* das pessoas (*PersonAbility*). A figura 9 representa o mapa de construto gerado. A visualização desse mapa, bem como o *continuum* de *theta* encontram-se na posição vertical. A distribuição dos níveis de habilidades das pessoas é visualizada por meio do histograma mostrado à esquerda do mapa. À direita do histograma podem ser observados os itens do instrumento que estão posicionados em função de sua dificuldade. Quando itens apresentam níveis de dificuldade muito próximos, estes são posicionados horizontalmente na mesma linha.

```
##### Produz mapa de construto

wrightMap( thetas = PersonAbility,
thresholds = ItemDiff, label.items.rows
= 3,item.side=itemClassic,main.title =
"Mapa de construto",min.l = -3,max.l =
3, item.prop = .4)
```

Por fim, é possível gerar a Curva de Informação do teste, a qual indica, de forma coerente com as informações apresentadas no mapa de construtos, que o teste é mais informativo para uma região de *theta* próxima de −1. Vale notar no mapa de construto que nesta região há uma grande concentração de itens, o que faz com que o *theta* seja estimado com menor erro de medida, ou seja, a medida é mais precisa neste ponto. Não avançaremos na discussão sobre possíveis inferências a partir do posicionamento e conteúdo dos itens analisados, mas sugerimos a leitura do trabalho de Jang (2009), o qual apresenta um aprofundamento das habilidades linguísticas avaliadas no teste utilizado neste exemplo.

```
##### Curva de informação do teste

info_curves<-IRT.
informationCurves(mod1,theta=seq(-
3,3,len=40))
plot(y=info_curves$test_info_curve,x =
info_curves$theta,type="l")
```

**Figura 9**
*Mapa de construto para itens dicotômicos*

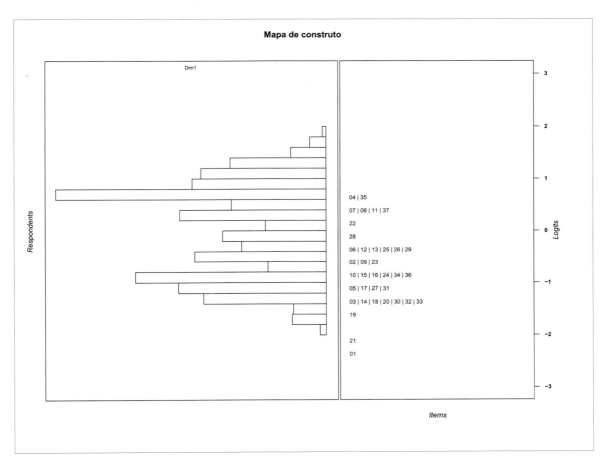

## Considerações finais

O objetivo deste capítulo foi demonstrar as etapas necessárias à confecção de mapas de construtos utilizando o R. Seu exame pode atuar como uma importante ferramenta para realização de procedimentos de aperfeiçoamento de instrumentos, considerando os parâmetros psicométricos da medida e a teoria subjacente a ela. Além disso, contribui ativamente para o procedimento de interpretação referenciada no item, o qual permite a análise dos padrões de resposta aos itens e dos comportamentos associados a cada *theta*. Consequentemente, auxilia na elaboração de perfis descritivos associados a cada faixa de *theta* que consideram o repertório comportamental do testando.

Salientamos ainda que há um grande volume de publicações utilizando variadas estratégias para relacionar os diferentes aspectos apresentados pelos itens e sua relação com sua dificuldade/severidade, informações essas que, analisadas juntamente com os mapas de construtos, servem como subsídio para a proposição de sistemas interpretativos baseados nos itens (Embretson, 2006; Gorin & Embretson, 2013; Linacre, 1997; Nuansri, Tangdhanakanond & Pasiphol, 2016; Primi, 2002; Primi, 2014).

## Referências

Andrade, D. F., Tavares, H. R., Valle, R. C. (2000). *Teoria da resposta ao item: conceitos e aplicações.* ABE – Associação Brasileira de Estatística.

Blanton, H., & Jaccard, J. (2006). Arbitrary metrics in psychology. *American Psychologist, 61,* 27-41.

Bond, T. G., & Fox, C. M. (2001). *Applying the Rasch model:* fundamental measurement in the human sciences. Lawrence Erlbaum.

Boone, W. J., & Noltemeyer, A. (2017). Rasch analysis: a primer for school psychology researchers and practitioners. *Cogent Education, 4*(1), 1-13. https://dx.doi.org/10.1080/2331186X.2017.1416898.

Carvalho, L. F., Primi, R., & Meyer, G. J. (2012). Application of the Rasch model in measuring personality disorders. *Trends in Psychiatry and Psychotherapy, 34*(2), 101-109.

Cohen, R. J., Swerdlik, M. E., & Sturman, E. D. (2014). *Testagem e Avaliação Psicológica.* AMGH.

Cronbach, L. J. (1996). *Fundamentos da testagem psicológica.* Artes Médicas.

Elliot, R., Fox, C. M., Beltyukova, S. A., Stone, G. E., Gunderson, J., & Zhang, X. (2006). Deconstructing therapy outcome measurement with Rasch analysis of a measure of general clinical distress: the Symptom Checklist-90-Revised. *Psychological Assessment, 18*(4), p. 359-372.

Embretson, S. E. (2006). The continued search for nonarbitrary metrics in psychology. *American Psychologist, 61*(1), 50-55.

Embretson, S. E., & Reise, S. P. (2000). *Item Response Theory for psychologists.* Lawrence Erlbaum.

Fisher, W. P. Jr. (1992). Reliability, separation, strata statistics. *Rasch Measurement Transactions, 6:3,* 238. https://www.rasch.org/rmt/rmt63i.htm

Gorin, J. S., & Embretson, S. E. (2013). Using cognitive psychology to generate items and predict item characteristics. In M. J. Gierl & T. M. Maladyna (orgs.), *Automatic Item Generation – Theory and Practice* (pp. 136-156). Routledge.

Hutz, C. S. (2015). O que é avaliação psicológica – métodos, técnicas e testes. In C. S. Hutz, D. R. Bandeira & C. M. Trentini (orgs.), *Psicometria* (pp. 11-21). Artmed.

Jang, E. E. (2005). A validity narrative: Effects of reading skills diagnosis on teaching and learning in the context of NG TOEFL. Unpublished doctoral dissertation, University of Illinois at Urbana-Champaign.

Jang, E. E. (2009). Cognitive diagnostic assessment of L2 reading comprehension ability: Validity arguments for Fusion Model application to LanguEdge assessment. *Language Testing, 26,* 31-73.

Linacre, J. M. (1997). KR-20 or Rasch reliability: which tells the "truth"? *Rasch Measurement Transactions, 11*(3), 580-581.

Linacre, J. M. (1999). Category Disordering (disordered categories) vs. Threshold Disordering (disordered thresholds). *Rasch Measurement Transactions, 13*(1), 675. https://www.rasch.org/rmt/rmt131a.htm

Linacre, J. M. (2001). Category, Step and Threshold: Definitions & Disordering. *Rasch Measurement Transactions, 15*(1), 794. https://www.rasch.org/rmt/rmt151g.htm

Linacre, J. M. (2009). Dichotomizing Rating Scales and Rasch-Thurstone Thresholds. *Rasch Measurement Transactions, 23*(3), 1228. https://www.rasch.org/rmt/rmt233e.htm

Linacre, J. M. (2014). *Winsteps® Rasch measurement computer program.* Winsteps.com.

Lüdecke D (2018). Sjmisc: Data and variable transformation functions. *Journal of Open-Source Software, 3*(26), 754. https://dx.doi.org/10.21105/joss.00754

Nakano, T. C., Primi, R., & Nunes, C. H. S. S. (2015). Análise de itens e teoria de resposta ao item (TRI). In C. S. Hutz, D. R. Bandeira & C. M. Trentini (orgs.), *Psicometria* (pp. 98-123). Artmed.

Nuansri, M., Tangdhanakanond, K., & Pasiphol, S. (2016). Development of Multidimensional Construct Map of Responsible Citizenship of Lower Secondary School Students. *Procedia – Social and Behavioral Sciences, 217,* 537-543. https://doi.org/10.1016/j.sbspro.2016.02.038

Neuwirth, E. (2015). *Package RColorBrewer.* https://cran.r-project.org/web/packages/RColorBrewer/RColorBrewer.pdf

Noronha, A. P. P., Rueda, F. J. M., & Santos, A. A. A. (2015). Diferenças regionais e as normas de interpretação do Teste de Bender – Sistema de Pontuação Gradual. *Psicologia em Pesquisa, 9*(1), 3-9.

Nunes, C. H. S. S., Hutz, C., & Nunes, M. F. (2010). *Bateria Fatorial de Personalidade (BFP): Manual técnico*. Casa do Psicólogo.

Pacico, J. C. (2015). Normas. In C. S. Hutz, D. R. Bandeira & C. M. Trentini (orgs.), *Psicometria* (pp. 45-54). Artmed.

Pasquali, L. (2010). *Instrumentação psicológica: Fundamentos e práticas*. Artmed.

Pasquali, L., & Primi, R. (2003). Fundamentos da teoria de resposta ao item – TRI. *Avaliação Psicológica, 2*(2), 99-110.

Primi, R. (2002). Complexity of geometric inductive reasoning tasks: Contribution to the understanding of the fluid intelligence. *Intelligence, 30*(1), 41-70. https://doi.org/10.1016/S0160-2896(01)00067-8

Primi, R. (2004). Avanços na interpretação de escalas com a aplicação da teoria de resposta ao item. *Avaliação Psicológica, 3*(1), 53-58.

Primi, R. (2010). Avaliação psicológica no Brasil: fundamentos, situação atual e direções para o futuro. *Psicologia: teoria e pesquisa, 26*(spe), 25-35.

Primi, R. (2014). Developing a fluid intelligence scale through a combination of Rasch modeling and cognitive psychology. *Psychological Assessment, 26*(3), 774-788.

Primi, R., Carvalho, L. F., Miguel, F. K., & Muniz, M. (2010). Resultado dos fatores da BFP por meio da teoria de resposta ao item: interpretação referenciada no item. In C. H. S. S. Nunes, C. Hutz, & M. F. Nunes (orgs.). *Bateria Fatorial de Personalidade (BFP): Manual técnico* (pp. 153-170). Casa do Psicólogo.

Revelle, W. (2019). *Psych: Procedures for Psychological, Psychometric, and Personality Research*. Northwestern University, Evanston, Illinois. R package version 1.9.12, https://CRAN.R-project.org/package=psych

Revelle, W. (em preparação). An introduction to psychometric theory with applications in R. Springer. https://personality-project.org/r/book

Robinson, M., Johnson, A.M., Walton, D.M. et al. A comparison of the polytomous Rasch analysis output of RUMM2030 and R (ltm/eRm/TAM/lordif). *BMC Med Res Methodol* 19, 36 (2019). https://doi.org/10.1186/s12874-019-0680-5

Robitzsch, A., Kiefer, T., Wu, M. (2020). *TAM*: Test Analysis Modules. R package version 3.4-26, https://CRAN.R-project.org/package=TAM.

Sartes, L. M. A., & Souza-Formigoni, M. L. O. (2013). Avanços na psicometria: Da teoria clássica dos testes à teoria de resposta ao item. *Psicologia: Reflexão e Crítica, 26*(2), 241-250.

Teixeira, K. C. (2016). *Construção e busca de evidências de validade e precisão de uma medida de ansiedade para atletas* (Dissertação de mestrado). Universidade Federal de Santa Catarina, Florianópolis.

Teixeira, K. C. (2020*). Sistema interpretativo para a Escala Tridimensional de Ansiedade para o Esporte.* (Tese de doutorado). Universidade Federal de Santa Catarina, Florianópolis.

Urbina, S. (2007). *Fundamentos da testagem psicológica*. Artmed.

Wickham et al. (2019). Welcome to the tidyverse. *Journal of Open-Source Software, 4*(43), 1686, https://doi.org/10.21105/joss.01686

Wickham, H., & Bryan, J. (2019). *readxl: Read excel files*. https://CRAN. R-project.org/package=readxl

Wright, B. D., & Masters, G. N. (1982). *Rating scale analysis: Rasch measurement*. Mesa.

Wright, B. D., & Masters, G. N. (2002). Number of person or item strata. *Rasch Measurement Transactions, 16*(3), 888. https://www.rasch.org/rmt/rmt163f.htm

Wright, B. D. (1998). Model selection: Rating scale model (RSM) or partial credit model (PCM)? *Rasch Measurement Transactions*, 641-642. https://www.rasch.org/rmt/rmt1231.htm

Xie, Y. (2020). *knitr: A General-Purpose Package for Dynamic Report Generation in R*. R package version 1.28, https://yihui.org/knitr/

# 14
# Funcionamento diferencial do item (DIF) e invariância da medida

*Alexandre Jaloto*
Instituto Nacional de Estudos e Pesquisas Educacionais Anísio Teixeira
Universidade São Francisco

O objetivo deste capítulo é apresentar um protocolo para investigar a invariância da medida entre dois grupos. Ou seja, trago uma proposta para investigar diferenças no comportamento de um item quando aplicado a grupos distintos. Antes de tratar propriamente da invariância da medida, explicarei por que é importante realizar estudos dessa natureza.

Diferenças entre grupos e entre indivíduos de um mesmo grupo existem e não constituem um problema. No entanto, é importante investigar se essas diferenças estão associadas a desigualdades. Por exemplo, a literatura mostra que, em testes de desempenho, pessoas com maior nível socioeconômico vêm apresentando médias superiores às daquelas com níveis mais baixos. Em testes de leitura, o grupo das meninas apresentou uma média diferente da do grupo de meninos (Karino & Laros, 2017; Medeiros Filho et al., 2019). Nesses exemplos, observamos diferenças nos escores dos grupos. Mas será que podemos investigar as diferenças de grupo simplesmente comparando os escores? A resposta é: nem sempre.

Antes de investigar diferenças de grupo no traço latente mensurado (p. ex., diferenças no escore em um teste de desempenho), é importante verificar se os parâmetros dos itens são in-variantes para os diferentes sujeitos (Valentini et al., 2017). Ou seja, para podermos comparar as médias de dois grupos, precisamos garantir que a interpretação da medida seja a mesma para ambos. Quando não há invariância da medida, ou seja, quando um item se comporta de maneira diferente ao ser aplicado a dois grupos ou mais, ocorre o funcionamento diferencial do item (DIF, em inglês: *differential item functioning*). Esse é o foco deste capítulo: a associação entre diferenças de grupo e o comportamento do item, ou seja, a invariância da medida.

No caso de um item que mede competência em resolução de problemas matemáticos, significa dizer que um menino tem mais probabilidade de acerto do que uma menina, apesar de ambos terem o mesmo nível de competências matemáticas. No caso de um item que trata da frequência de choro em um teste de depressão, significa dizer que, para uma mulher, há mais probabilidade de endosso do que para um homem, ainda que tenham o mesmo nível de depressão.

Nesses exemplos, caso não haja o controle devido, podemos cometer injustiças em processo seletivo para acesso ao Ensino Superior ou a tratamentos psicológicos. A presença de DIF pode configurar um fator de injustiça, pois indivíduos com a mesma magnitude na variável latente têm probabilidades diferentes de acerto ou endosso (Andriola, 2006).

Cabe ressaltar que a existência de DIF é um indicador de multidimensionalidade, e isso deve ser considerado na estrutura fatorial teorizada do teste. O aumento da probabilidade de um grupo acertar o item pode estar relacionado a uma segunda dimensão irrelevante ao teste. Portanto, a existência de DIF pode comprometer a estrutura interna hipotetizada de um instrumento (American Educational Research Association [AERA] et al., 2014).

Ao se interpretar os escores de um teste, deve-se ter a atenção voltada para a equidade entre diferentes grupos étnicos e populações. Para isso, é necessário acessar as evidências de validade de um instrumento para o uso dos resultados de um grupo em um determinado contexto (Bueno & Peixoto, 2018). Isso envolve proporcionar a todos os participantes de um teste oportunidades iguais de demonstrar sua posição no(s) construto(s) medido(s) (Aera et al., 2014). Ações que vão nesse sentido incluem normatizações distintas para grupos, bem como parametrizações diferentes dos itens.

Em suma, a fim de se buscar a equidade nos testes, é preciso, além de se investigar diferenças nos escores observados, investigar se a medida varia entre grupos distintos. Neste capítulo, apresento uma proposta de protocolo para investigar a existência de DIF entre dois grupos. Na próxima seção do texto, trago a definição e as características do DIF; em seguida, descrevo o protocolo proposto para se estudar esse fenômeno; posteriormente, apresento dois exemplos de análise (um para itens dicotômicos e outro para itens politômicos); por último trago exemplos de apresentação de resultados na forma de gráfi-

cos. Este texto não se pretende exaustivo no que diz respeito à apresentação das possibilidades de análise de DIF; diferentemente, propõe-se a disponibilizar ao pesquisador uma ferramenta analítica complementar a outras já existentes. Existem diversos métodos e pacotes do ambiente *R* para análise de invariância da medida que podem ser estudados em literatura nacional e internacional (Damásio, 2013; Gamerman et al., 2015; Magis et al., 2010; Rusch et al., 2013). A título de ilustração, temos Análise Fatorial Confirmatória Multigrupos (AFCMG), *Multiple Indicators and Multiple Cause* (Mimic) e métodos de análise de DIF empíricos ou baseados na modelagem da TRI (p. ex., Mantel-Hanszel e Raju). Este capítulo propõe um protocolo de análise de DIF que inclui a aplicação do método de regressão logística (Swaminathan & Rogers, 1990), um método empírico. Longe de se ter a pretensão de produzir um manual universal para detecção de DIF, espera-se que este texto possa inspirar pesquisadores na construção de sua própria programação que se adeque ao contexto investigado.

## DIF

Como já abordado, diferenças entre grupos e entre indivíduos existem. Pessoas diferentes podem apresentar diferentes magnitudes de uma variável latente. Investigar essas diferenças é de interesse científico, mas também é importante se debruçar sobre as diferenças que estão no nível da produção da medida (diferença entre padrões de resposta aos itens). Ou seja, as pesquisas devem investigar se uma eventual diferença entre dois grupos está associada à produção da medida da variável latente, mais especificamente às respostas observadas aos itens do teste.

Um item tem comportamento diferencial quando apresenta propriedades estatísticas distintas para grupos diferentes quando controlados seus escores. Ou seja, o DIF ocorre se uma pessoa pertencente a um grupo tem uma probabilidade de endosso (ou acerto, no caso de testes de desempenho) a um item diferente daquela de uma pessoa com a mesma magnitude da variável latente, mas pertencente a outro grupo. Voltando ao exemplo da competência em matemática, considere que uma menina tem o mesmo nível de competência que um menino. Caso ela tenha uma probabilidade menor de acertar um item de matemática, temos uma situação de DIF. Esse fenômeno é distinto das diferenças observadas entre médias de grupos, pois ao se controlar o escore permanece a diferença de probabilidade de acerto entre eles.

Durante as análises de DIF, um dos grupos é denominado *focal* (aquele em que se está investigando uma possível desvantagem em relação ao item) e o outro, *referência* (Ayala, 2009). O DIF pode ser do tipo uniforme ou não uniforme. No primeiro caso, o item é sempre mais fácil (ou endossável) para um grupo do que para o outro, independente do ponto da escala em que as pessoas estejam localizadas. A figura 1 ilustra essa situação em um item dicotômico. Suponha que estamos comparando a probabilidade de acerto de meninas e meninos em um item de matemática e que este se mostrou mais difícil para elas. Neste caso, a curva tracejada representa as meninas. No eixo $x$ do gráfico, temos o θ (theta), que representa o escore estimado por meio da teoria de resposta ao item (TRI). Note que as curvas não se cruzam.

Em uma situação em que o item apresenta valores diferentes de discriminação para grupos distintos, ocorre o DIF não uniforme. Nesse caso, as curvas do item para cada grupo têm inclinações diferentes. Veja a figura 1, que também apresenta uma ilustração de situação de DIF

**Figura 1**
*Representação das curvas características de um item fictício com DIF uniforme e de outro com DIF não uniforme*

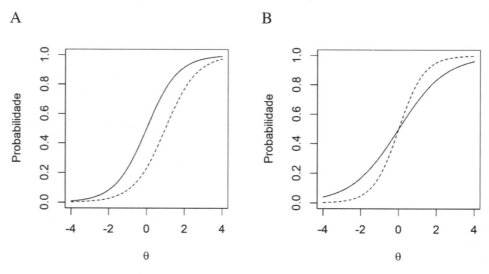

Nota: **(A) Representação de um item com DIF uniforme; (B) Representação de um item com DIF não uniforme. Linha contínua: grupo dos meninos; linha tracejada: grupo das meninas.**

não uniforme. Se a curva tracejada representar as meninas, podemos dizer que o item em questão é mais discriminativo para elas. Note como essa curva é mais inclinada. Repare que para $\theta < 0$, as meninas têm probabilidades menores de acertar o item. Essa diferença se inverte para $\theta > 0$.

Do ponto de vista da modelagem pela TRI, o DIF uniforme ocorre quando o parâmetro $b$ (dificuldade) de um item varia entre os grupos e o não uniforme, quando o parâmetro $a$ (discriminação) varia. Para mais informações sobre TRI, recomendo a leitura dos capítulos deste livro que abordam o tema. Se parametrizarmos os itens a partir da análise fatorial, o DIF uniforme ocorre se o intercepto do item varia entre os grupos, e o DIF não uniforme, se a carga varia.

Este capítulo propõe um protocolo de análise de DIF que inclui a aplicação do método de regressão logística (Swaminathan & Rogers, 1990). Um diferencial desta proposta consiste na adoção de critérios combinados para marcação de itens com DIF e aplicação da TRI para purificação do escore. A ferramenta analítica apresentada baseia-se principalmente no que pacotes disponíveis no ambiente $R$ têm sugerido como formas de analisar o DIF (Choi et al., 2016; Hladka & Martinková, 2019; Magis et al., 2010).

## O método de regressão logística

O método de regressão logística para detecção de DIF se propõe a ser uma alternativa eficiente aos métodos baseados na TRI, considera a natureza contínua da variável latente e é capaz de identificar ambos os tipos de DIF, uniforme e não uniforme (Swaminathan & Rogers, 1990). A seguir serão apresentadas algumas equações matemáticas com o objetivo de familiarizar o leitor com a forma como o cálculo é realizado. Creio que isso é importante para o entendimento dos algoritmos que fundamentam a implementação das funções nos pacotes estatísticos. As explicações sobre as equações e transformações por que passam podem ser encontradas com detalhes em outros textos (Agresti & Finlay, 2012; Cuevas & Cervantes, 2012; Fávero et al., 2009; Mendes et al., 2018; Swaminathan & Rogers, 1990; Zumbo, 1999).

O modelo de regressão logística que prediz uma variável dicotômica é descrito como:

$$p(x) = \frac{e^z}{1 + e^z} \qquad E1$$

onde $p(x)$ é a probabilidade de se obter valor 1 dado o valor atribuído a $x$, $e$ é a constante neperiana (2,7183...) e $z$ é alguma combinação linear (p. ex., entre variáveis preditoras e uma constante). Por exemplo, se $z = 2x + 1$, então teremos o seguinte:

$$p(x) = \frac{e^{(2x+1)}}{1 + e^{(2x+1)}} \qquad E2$$

Nesse caso, se a variável preditora valer 1, ou seja, $x = 1$, teremos como resultado:

$$p(1) = \frac{e^{(2+1)}}{1 + e^{(2+1)}} = 0,95 \qquad E3$$

Podemos expressar a probabilidade em termos de chance de um evento ocorrer, que é a razão da probabilidade de ocorrência pela probabilidade de não ocorrência. Ou seja:

$$r(p) = \frac{p}{1 - p} \qquad E4$$

onde $r(p)$ é a chance de um evento ocorrer (uma resposta certa, p. ex.), dada a probabilidade $p$ de ele ocorrer. Tomando o exemplo anterior:

$$r(0,95) = \frac{0,95}{1 - 0,95} = 19 \qquad E5$$

Se estivéssemos falando de acerto a um item, poderíamos dizer que a chance de acerto seria 19 vezes maior do que a de erro. Uma vez que $p$ será sempre maior ou igual a zero, note que as chances sempre serão positivas. Interessante ressaltar que, quando a probabilidade de um evento ocorrer for a mesma que a de não ocorrência ($p = 0,5$), a chance de um evento ocorrer vale 1. Probabilidades menores do que 0,5 originam chances menores do que 1, podendo chegar a zero (quando $p = 0$); as maiores do que 0,5 originam chances maiores do que 1, as quais podem chegar a infinito (quando $p = 1$). Por conta dessa assimetria na escala, as chances são comumente transformadas para uma escala logarítmica, em que um valor 0 indica chances iguais de ocorrência e não ocorrência; valores positivos refletem maiores chances de ocorrência (p. ex., acerto); e valores negativos refletem maiores chances de não ocorrência de um evento (p. ex., erro). Mais especificamente, transformamos essa equação em *logit*:

$$logit(p) = ln\left(\frac{p}{1-p}\right) \qquad E6$$

onde *ln* é o logaritmo natural, ou seja, logaritmo de base $e$. Retomando nosso exemplo, em que $x = 1$ e $p = 0,95$, temos o seguinte:

$$logit(0,95) = ln\left(\frac{0,95}{1-0,95}\right) = ln(19) = 2,9 \qquad E7$$

Se aplicarmos a transformação *logit* à equação E1, temos:

$$logit[p(x)] = ln\left(\frac{p}{1-p}\right) = ln\left(\frac{\frac{e^z}{1+e^z}}{1-\frac{e^z}{1+e^z}}\right) = z \qquad E8$$

Se aplicarmos a transformação *logit* à equação E2, temos:

$$logit[p(x)] = ln\left(\frac{\frac{e^{2x+1}}{1+e^{2x+1}}}{1-\frac{e^{2x+1}}{1+e^{2x+1}}}\right) = 2x + 1 \qquad E9$$

Essa transformação é importante para que a relação entre a variável dependente e a variável independente seja linearizada. Note que ao se transformar uma regressão logística em uma função *logit*, obtemos uma equação de primeiro grau.

## Itens dicotômicos

Podemos representar a função logística que prediz a resposta correta a um item dicotômico da seguinte maneira:

$$p(u = 1) = \frac{e^{(\beta_0+\beta_1\theta)}}{1 + e^{(\beta_0+\beta_1\theta)}} \qquad E10$$

onde $p(u = 1)$ corresponde à probabilidade de a resposta ao item ser 1 (resposta correta), $\theta$ corresponde à habilidade observada do indivíduo, $\beta_0$ é o parâmetro de intercepto e $\beta_1$ é o parâmetro de inclinação (*slope*). Ao aplicarmos a transformação *logit* a esta equação, temos que:

$$logit[p(u = 1)] = \beta_0 + \beta_1\theta \qquad E11$$

Note que no caso em que $\theta$ vale zero, o resultado de E11 será $\beta_0$. Por isso, esse coeficiente equivale ao parâmetro de intercepto, pois é o valor do *logit* quando $\theta$ assume zero. A inclinação dessa reta formada pela equação E11 equivale ao coeficiente $\beta_1$.

O método de regressão logística para detecção de DIF consiste na comparação de três modelos que se diferenciam pela inclusão de um ou dois parâmetros:

$$logit[p(u = 1)] = \beta_0 + \beta_1\theta \qquad M1$$

$$logit[p(u = 1)] = \beta_0 + \beta_1\theta + \beta_2 g \qquad M2$$

$$logit[p(u = 1)] = \beta_0 + \beta_1\theta + \beta_2 g + \beta_3\theta g \qquad M3$$

No primeiro modelo (M1), a probabilidade de acerto do item (transformada para a escala *logit*) é explicada somente pela habilidade do sujeito ($\theta$). Os parâmetros estimados são o intercepto ($\beta_0$) e o coeficiente associado à habilidade ($\beta_1$).

No segundo modelo (M2), incluímos o parâmetro $\beta_2$, que está associado à variável de grupo $g$. Neste texto, os indivíduos pertencentes ao grupo de referência recebem o valor $g = 0$ e aqueles do grupo focal recebem o valor $g = 1$. Note que o coeficiente $\beta_2$ interage com a variável grupo. Ou seja, quando $g = 1$, o valor de *logit* é acrescido de $\beta_2$.

A título de ilustração, vamos assumir que o grupo de referência são os meninos ($g = 0$) e o grupo focal são as meninas ($g = 1$). Suponha que $\beta_2 = -1$. Nesse caso, o item será mais difícil para as meninas. Se construirmos duas retas, sendo uma para cada grupo, temos que a reta deste item para as meninas ficará paralela e abaixo da dos meninos. O intercepto da reta deste item para o grupo focal tem valor menor do que o da reta do grupo de referência. Ou seja, se $\beta_2 < 0$, as meninas têm probabilidade menor de acerto (ou endosso), controlando o valor de $\theta$. Ao contrário, se $\beta_2 > 0$, o item se torna mais fácil para as meninas em todas as faixas de habilidade. A figura 2 ilustra uma situação em que $\beta_2 < 0$. A reta tracejada representa as meninas.

No terceiro modelo (M3), incluímos a interação da variável de grupo com a habilidade do indivíduo. Se o coeficiente $\beta_3$ for diferente de zero, a taxa de incremento de probabilidade de acerto a este item, em função da variável latente, muda para o grupo. Em outras palavras, a inclinação da reta do item é modificada e, consequentemente, a sua discriminação. Se $\beta_3 > 0$, o item fica mais discriminativo para o grupo focal. A figura 2, em que a reta tracejada representa o grupo focal, ilustra esse caso. Se $\beta_3 < 0$, o item fica menos discriminativo para esse grupo.

**Figura 2**

*Representação das retas de um item com DIF uniforme e de outro com DIF não uniforme (com transformação logit)*

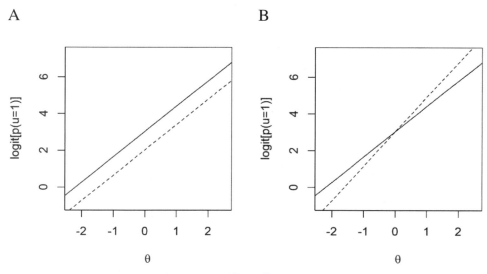

Nota: (A) Representação de um item com DIF uniforme ($\beta_2 < 0$); (B) Representação de um item com DIF não uniforme ($\beta_3 > 0$). Linha contínua: grupo dos meninos; linha tracejada: grupo das meninas.

A comparação entre os modelos é feita pelo teste da razão de verossimilhança, que verifica se o parâmetro acrescido a um modelo tem valor diferente de zero. Isso significa que a comparação é realizada entre dois modelos. O valor-$p$ corresponde à área da cauda à direita dessa medida em uma distribuição qui-quadrado. O número de graus de liberdade será igual à diferença entre o número de parâmetros dos modelos comparados.

Ao se comparar M1 com M2, por exemplo, teremos uma diferença de um grau de liberdade, pois o parâmetro $\beta_2$ é inserido. Essa comparação permite identificar a existência de DIF uniforme, caso esses modelos sejam estatisticamente diferentes ($\beta_2 \neq 0$). O DIF não uniforme é identificado caso M3 seja estatisticamente diferente de M2 ($\beta_3 \neq 0$), em que o parâmetro $\beta_3$ é inserido. Diferenças entre M1 e M3 ($\beta_2 \neq 0$ e $\beta_3 \neq 0$; dois graus de liberdade) também apontam para existência de DIF não uniforme. Há quem denomine DIF misto quando $\beta_2 \neq 0$ e $\beta_3 \neq 0$ (Cuevas & Cervantes, 2012), porém neste texto mantenho a classificação original de Swaminathan e Rogers (1990).

## Itens politômicos

A proposta do uso da regressão logística para detecção de DIF em itens dicotômicos (Swaminathan & Rogers, 1990) pode ser expandida para os itens politômicos ordinais (Choi et al., 2011; Zumbo, 1999). A probabilidade de escolha de uma determinada categoria ou superior é descrita por meio de um modelo de *logit* cumulativo semelhante ao modelo da equação E11:

$$logit[p(u \geq j)] = \beta_{0j} + \beta_1 \theta \qquad E12$$

onde $j$ é a categoria de resposta. Assim, os modelos utilizados para análise de DIF de itens politômicos são os que seguem (Choi et al., 2011):

$$logit[p(u \geq j)] = \beta_{0j} + \beta_1 \theta \qquad M4$$

$$logit[p(u \geq j)] = \beta_{0j} + \beta_1 \theta + \beta_2 g \qquad M5$$

$$logit[p(u \geq j)] = \beta_{0j} + \beta_1 \theta + \beta_2 g + \beta_3 \theta g \qquad M6$$

A comparação entre esses modelos é feita da mesma maneira que a descrita para comparar modelos dos itens dicotômicos. Adicionalmente ao método de regressão logística descrito acima, é possível identificar o tamanho do efeito do DIF. Dado que uma diferença pequena entre os modelos pode se tornar significativa em casos de amostras grandes, a comunidade científica construiu medidas do tamanho do efeito para quantificar a magnitude do DIF (Choi et al., 2011).

## Tamanho do efeito

O pseudo $R^2$ é uma medida de ajuste que se assemelha ao $R^2$ calculado em regressões lineares (Fávero et al., 2009). Zumbo (1999) sugeriu a combinação de dois critérios para identificação de DIF: valor de significância do teste da razão de verossimilhança entre M1 e M3 menor ou igual a 0,01; e diferença entre o pseudo $R^2$ desses modelos (tamanho do efeito) maior ou igual a 0,13.

Posteriormente, Jodoin e Gierl (2001) propuseram alteração desse critério. Em estudo de simulação, estabeleceram que um item apresenta DIF caso o teste da razão de verossimilhança apresente significância ao nível de 0,05 e a medida do tamanho do efeito (diferença entre o pseudo $R^2$ dos modelos) seja maior ou igual a 0,035. Os autores verificaram que, em amostras maiores, o teste da razão da máxima verossimilhança na comparação entre os modelos M1 e M3 aumenta a quantidade de erros do tipo I. A inclusão do tamanho do efeito supera essa limitação. O procedimento apresentado por este texto adota a combinação desses critérios.

## Protocolo para análise de DIF

Este capítulo traz uma proposta de protocolo para análise de DIF utilizando o método de regressão logística (Swaminathan & Rogers, 1990) combinado com a verificação do tamanho do efeito (Jodoin & Gierl, 2001). O protocolo inclui uma iteração para purificar o escore (Crane et al., 2006). As etapas do procedimento proposto são as seguintes: calibração dos itens (estimação de seus parâmetros), estimação do escore, identificação dos itens com DIF, purificação do escore, confirmação dos itens com DIF e verificação do ajuste do modelo. Em resumo, a proposta consiste em produzir um escore por meio da TRI para utilizá-lo como critério de comparação entre os grupos. Em seguida, o modelo de regressão logística é utilizado para identificar itens com DIF. Após, esses itens são considerados distintos para os grupos analisados em uma nova calibração e reestimação dos escores. Posteriormente, são identificados os itens com DIF utilizando essas novas medidas. Caso sejam os mesmos identificados na etapa anterior, o processo cessa e verifica-se o ajuste do modelo. Se forem diferentes, retorna-se à etapa de nova calibração. A seguir, detalho cada etapa.

## Calibração dos itens

Esta etapa consiste na estimação dos parâmetros dos itens por meio da TRI. Para os itens dicotômicos, sugiro o modelo logístico de dois parâmetros, pois estamos verificando a existência de DIF não uniforme. Faz sentido supor que pode haver diferença entre a discriminação dos itens; portanto, é interessante incluir esse parâmetro no modelo. No que se refere aos itens politômicos, sugere-se o modelo de respostas graduais por conta de sua conexão com a regressão logística ordinal (Choi et al., 2011): ambos modelam o item considerando categorias cumulativas. Nesta etapa, os itens são considerados comuns a todos os grupos, ou seja, os parâmetros de cada item serão equivalentes para ambos os grupos analisados. Dessa forma, o modelo considera que os itens são invariantes entre os grupos.

## Estimação do escore

De posse dos parâmetros dos itens, procede-se à estimação dos escores dos sujeitos por meio da TRI. O método utilizado neste texto é o *expected a posteriori* (EAP).

## Identificação dos itens com DIF

A identificação dos itens com DIF é feita por meio de modelos de regressão logística. Uma das variáveis preditoras é o escore, que pode ser, por exemplo, a soma das marcações nos itens (acerto ou endosso), o escore padronizado ou o escore estimado pela TRI. Nesta proposta será utilizado escore dado pela TRI e obtido na etapa anterior. Os três modelos de cada item serão comparados dois a dois. Caso o teste da razão de verossimilhança apresente significância ao nível de 0,05 e a medida do tamanho do efeito (diferença entre o pseudo $R^2$ dos modelos) seja maior ou igual a 0,035, o item é assinalado com DIF.

## Purificação do escore

A partir da informação da existência de itens que apresentam DIF, retorna-se à etapa de calibração e informa-se a ausência de invariância. Em seguida, o escore é reestimado considerando a existência de DIF. Esta etapa é importante para evitar falsos positivos ou falsos negativos nos demais itens, uma vez que itens com DIF podem levar a erros sistemáticos na produção da medida (Crane et al., 2006).

## Confirmação dos itens com DIF

Após a reestimação dos escores dos sujeitos, procede-se novamente à etapa de identificação dos itens com DIF. Caso os itens identificados com DIF sejam os mesmos, deve-se proceder à próxima etapa. Se novos itens forem identificados, retorna-se novamente à etapa de purificação do escore.

## Verificação do ajuste do modelo

Nesta etapa, os dois modelos construídos a partir da TRI são comparados por meio do Critério de Informação Akaike (AIC) e do Critério de Informação Bayesiano (BIC). Espera-se que os valores de AIC e BIC do último modelo (que considera existência de DIF) sejam menores do que os do primeiro modelo. A próxima seção traz duas ilustrações da aplicação da proposta descrita neste capítulo.

## Análise de itens politômicos

O banco utilizado nesta ilustração é uma simulação das respostas de 2.000 pessoas (1.000 de cada grupo fictício) a 45 itens. O desenho da simulação prevê DIF para os itens 1 (uniforme), 2 e 3 (não uniforme). Uma vez que a semente estatística foi indicada, o leitor pode replicar os resultados. Antes da geração do banco é preciso carregar os pacotes que serão utilizados nesse procedimento e nas análises de DIF, que são o *mirt* (v1.33.2; Chalmers, 2012) e o *lordif* (v0.3.3; Choi et al., 2016).

```
library(mirt)
library(lordif)
```

Os comandos para a geração do banco são os que seguem:

```
# indicar a semente
set.seed (1234)


# gerar dois objetos com os valores do parâmetro a (discriminação) aleatoriamente
# com probabilidade que segue distribuição lognormal, com média 1 e desvio
# padrão 0,3
a1 = a2 = rlnorm (45, 1, .3)


# o segundo e o terceiro elementos do objeto a2 serão divididos por 8;
# isso faz com que esses itens fiquem menos discriminativos para o grupo 2
a2 [2:3] = a2 [2:3] / 8


# gerar dois objetos com os valores do parâmetro b (dificuldade) da categoria mais
# fácil aleatoriamente com probabilidade que segue distribuição normal, com
```

```
# média -1 e desvio-padrão 1
b = rnorm (45, -1, 1)


# determinar os valores de dificuldade das demais categorias dos itens
b1 = b2 = data.frame (b1 = b, b2 = b+.8, b3 = b+1.6, b4 = b+2.4)


# as dificuldades das categorias do primeiro e do terceiro itens do objeto b2
# serão acrescidas de 1,5;
# isso faz com que eles fiquem mais difíceis para o grupo 2
b2 [c(1,3),] = b2 [c(1,3),] + 1.5


# o pacote mirt trabalha com valores do intercepto em vez de valores de
# dificuldade do item; por isso, precisamos transformá-los
d1 = as.matrix (-a1*b1)
d2 = as.matrix (-a2*b2)


# gerar o banco com as respostas de cada grupo
sim1 = simdata (a1, d1, 1000, 'graded')
sim2 = simdata (a2, d2, 1000, 'graded')


# criar um banco único com todas as respostas
dados = rbind (sim1, sim2)


# objeto que contém a informação do grupo de cada sujeito
grupo = rep (c('G1', 'G2'), c(1000, 1000))
```

A primeira etapa do protocolo é a calibração dos itens por meio da TRI. Existem alguns pacotes do R que permitem realizar análises via TRI, como o *ltm* (Rizopoulos, 2006) e o *mirt* (Chalmers, 2012). O *mirt* é um pacote com muitas funcionalidades. Ele permite incluir diversas especificações às análises, como critérios de convergência e valores prévios de parâmetros. Apesar de este capítulo não apresentar uma análise que inclua tais especificações, esse foi o pacote escolhido para realizá-la. Encoraja-se o leitor a alterar as opções dos argumentos das funções de modo a ajustá-las ao trabalho realizado e explorar as potencialidades do pacote. A função do pacote *mirt* utilizada para a calibração é a *multipleGroup*, que realiza calibração com múltiplos grupos.

```
calib1 = multipleGroup(dados, 1,
    group = grupo,
    itemtype = 'graded', TOL = .01,
    invariance = c('free_means',
    'free_var',
    colnames(dados)))
## Iteration: 47, Log-Lik: -94400.079,
Max-Change: 0.00869
```

O primeiro argumento, *dados*, é o objeto em que o banco a ser analisado está armazenado; *1* indica que o modelo é unidimensional; *group* é o argumento que informa o grupo dos sujeitos (importante destacar que precisa ser do tipo caractere); *itemtype* corresponde ao modelo de TRI para cada item (p. ex., 2PL ou graded); *TOL* indica o critério para convergência (dependendo do método, o padrão pode chegar a 0,0001, porém adotaremos 0,01 por ser possível acelerar o processo e obter resultados similares); *invariance* corresponde a uma lista com os parâmetros invariantes entre os grupos (usaremos *free_means* para fixar a média do grupo 1 em 0 e *free_var* para fixar a variância deste grupo em 1, ao passo que essas medidas do grupo 2 serão estimadas; *colnames(dados)* retorna o nome das variáveis do banco, ou seja, os itens, e isso faz fixá-los entre os grupos).

A próxima etapa é a estimação dos escores, realizada por meio da função *fscores*, do pacote *mirt*. As especificações nesta etapa são mantidas de acordo com o padrão da função. O objeto *calib1* é do tipo *multipleGroup* gerado na etapa anterior.

```
theta1 = fscores(calib1)
```

A próxima etapa é a identificação dos itens com DIF. A função sugerida para a marcação dos itens com DIF é a *rundif*, do pacote *lordif* (Choi et al., 2016). Este pacote tem uma função que realiza um procedimento semelhante ao proposto por este texto, a *lordif*. No entanto, ela não permite combinar critérios para detecção de DIF. Um aspecto positivo dessa função, caso o leitor se interesse, é que ela possibilita a realização de simulação de Monte Carlo com o objetivo de reduzir a ocorrência de erros do tipo I.

Além do *lordif*, outros pacotes têm funções que produzem os mesmos resultados que a função *rundif*, como o *difR* (Magis et al., 2010) e o *difNLR* (Hladka & Martinková, 2019). A limitação do primeiro é que ele realiza análises somente de itens dicotômicos. Já o segundo não produz medidas de tamanho do efeito. A função *rundif* contempla essas possibilidades.

Os comandos utilizados estão divididos em dois conjuntos. O primeiro, que corresponde à produção de um objeto com todas as informações estatísticas das comparações dos três modelos, é o que segue:

```
dif = rundif(item = colnames(dados),
resp = dados,
       theta = as.numeric(theta1),
       gr = grupo,
       criterion = 'CHISQR',
       alpha = .05, wt = NULL)
```

O argumento *item* corresponde aos nomes dos itens para análise (repare que foi utilizado o objeto do banco, *dados*); *resp* é o banco com as respostas; *theta* corresponde à medida que será utilizada como preditora (o objeto que contém os escores, *theta1*, foi obtido na etapa anterior); *gr* traz a informação sobre os grupos dos sujeitos (o mesmo objeto utilizado na calibração); *criterion* informa ao programa a medida para sinalização de DIF (neste caso é o teste da razão de verossimilhança); *alpha* indica o critério para sinalização (neste caso, valor-*p* menor ou igual a 0,05); *wt* é um vetor com o peso de cada sujeito na análise (caso todos tenham o mesmo peso, *NULL* é informado).

Apesar desta proposta sugerir a adoção de dois critérios combinados, no comando acima apenas um foi inserido. Isso ocorre porque a função requer a inserção de um, e somente um, critério. Por isso os próximos comandos visam à obtenção das estatísticas que nos interessam para esta análise. Nosso objetivo ao utilizar a função *rundif* é obter uma tabela com todas as estatísticas das comparações dos três modelos. O objeto *dif* obtido a partir do comando acima consiste em uma lista com dois elementos: *flags* e *stats*.

O primeiro contém os itens assinalados com DIF a partir do critério indicado no comando. O segundo, que é o que nos interessa, contém uma tabela com todas as estatísticas sobre as comparações dos modelos.

Dessa tabela, que no nosso caso é *dif$stats*, algumas variáveis serão utilizadas para as análises. As variáveis que indicam as razões de verossimilhança dos modelos são as *chi12* (modelos 1 e 2), *chi13* (modelos 1 e 3) e *chi23* (modelos 2 e 3). As variáveis que trazem informações sobre as medidas de tamanho do efeito são as *pseudo12.Nagelkerke* (modelos 1 e 2), *pseudo13.Nagelkerke* (modelos 1 e 3) e *pseudo23.Nagelkerke* (modelos 2 e 3).

```
which (dif$stats$chi12 <= .05)
## [1] 1 2 3 18 39 41
which (dif$stats$pseudo12.Nagelkerke >= .035)
## [1] 1 3


which (dif$stats$chi13 <= .05)
## [1] 1 2 3 41
which (dif$stats$pseudo13.Nagelkerke >= .035)
## [1] 1 2 3


which (dif$stats$chi23 <= .05)
## [1] 2 3 44
which (dif$stats$pseudo23.Nagelkerke >= .035)
## [1] 3
```

Para entendermos o que cada linha de comando faz, veja a primeira. A função *which* retorna a posição do(s) elemento(s) que satisfaz(em) determinada condição. Nesse caso, a condição indicada é ser menor ou igual a 0,05. Esse raciocínio vale para as demais linhas de comando acima.

A comparação entre os modelos 1 e 2, utilizando o critério da razão de verossimilhança, apontou para existência de DIF nos itens 1, 2, 3, 18, 39 e 41. Porém, ao olharmos para o tamanho do efeito, somente os itens 1 e 3 são assinalados com DIF. Como estamos trabalhando com a combinação desses dois critérios, permanecemos com a marcação somente dos itens 1 e 3. A comparação entre os modelos 1 e 3 com os dois critérios combinados assinala os itens 1, 2 e 3 com DIF. Já a comparação entre os modelos 2 e 3 assinala somente o item 3.

Note que os itens identificados são os mesmos para os quais, na simulação, forçamos uma diferença na dificuldade e/ou na discriminação entre os grupos. Apesar disso, esperava-se que a comparação entre os modelos 2 e 3 assinalasse DIF para os itens 2 e 3. Isso porque essa comparação permite verificar a existência de DIF não uniforme. A diferença entre o observado e o esperado pode ter ocorrido por conta de algum aspecto da simulação das respostas. De todo modo, isso mostra a importância de comparar os três modelos. Ainda assim, essa diferença não compromete a ilustração, com fins apenas didáticos.

A etapa seguinte é a de purificação dos escores. Observe os comandos:

```
calib2 = multipleGroup(dados, 1,
     group = grupo,
     itemtype = 'graded', TOL = .01,
     invariance = c('free_means',
'free_var',
     colnames(dados)[-c(1,2,3)]))
## Iteration: 44, Log-Lik: -92709.406,
Max-Change: 0.00959


theta2 = fscores(calib2)
```

Note que para a criação do objeto *calib2*, os itens 1, 2 e 3 não foram considerados invariantes entre os grupos. Isso foi feito ao se incluir o texto *[-c(1,2,3)]* no comando *colnames(dados)*. Ou seja, foram excluídos os elementos 1, 2 e 3 do vetor de nomes das variáveis de *dados*. A próxima etapa é a confirmação dos itens com DIF. Os comandos são iguais aos da etapa de identificação dos itens com DIF, porém obviamente fazendo referência ao objeto obtido na etapa anterior (*theta2*).

```
dif = rundif(item = colnames(dados), resp = dados,
      theta = as.numeric(theta2), gr = grupo,
      criterion = 'CHISQR', alpha = .05, wt = NULL)

which (dif$stats$chi12 <= .05)
## [1] 1 2 3
which (dif$stats$pseudo12.Nagelkerke >= .035)
## [1] 1 3

which (dif$stats$chi13 <= .05)
## [1] 1 2 3
which (dif$stats$pseudo13.Nagelkerke >= .035)
## [1] 1 2 3

which (dif$stats$chi23 <= .05)
## [1] 2 3 44
which (dif$stats$pseudo23.Nagelkerke >= .035)
## [1] 3
```

A análise a partir da combinação dos dois critérios assinala os itens 1, 2 e 3 com DIF. Como o resultado confirma a identificação anterior, procede-se para a comparação dos ajustes dos modelos.

```
anova(calib1, calib2)
##        AIC        AICc       SABIC      HQ         BIC        logLik      X2        df      AIC
## 1  189253.6   189312.0   189803.8   189720.4   190525.0   -94399.80   NaN       NaN     NaN
## 2  185901.9   185968.9   186488.5   186399.6   187257.3   -92708.96   3381.677  15      0
```

As medidas de AIC e BIC do modelo *calib2* (185901,9 e 187257,3) foram menores do que as medidas do modelo *calib1* (189253,6 e 190525,0), o que mostra a melhora no ajuste ao se considerar a existência de DIF para esses três itens.

## Análise de itens dicotômicos

Uma vez que nas seções anteriores os comandos foram explicados em detalhe, nesta eles serão disponibilizados e apenas os resultados serão comentados.

```r
library (mirt)
library(lordif)
set.seed (1234)
a1 = a2 = rlnorm (45, 1, .3)

# gerar dois objetos com os valores do parâmetro b (dificuldade)
b1 = b2 = rnorm (45, 0, 1)

# alteração nos primeiro, segundo e terceiro itens
a2 [2:3] = a2 [2:3] / 8
b2 [c(1,3)] = b2 [c(1,3)] + 1.5

d1 = -a1*b1
d2 = -a2*b2
modelo = rep ('2PL', 45)
sim1 = simdata (a1, d1, 1000, modelo)
sim2 = simdata (a2, d2, 1000, modelo)
dados = rbind (sim1, sim2)
grupo = rep (c('G1', 'G2'), c(1000, 1000))

calib1 = multipleGroup(dados, 1, group = grupo,
        itemtype = '2PL', TOL = .01,
        invariance = c('free_means', 'free_var',
        colnames(dados)))
## Iteration: 29, Log-Lik: -34399.143, Max-Change: 0.00811

theta1 = fscores(calib1)
dif = rundif(item = colnames(dados), resp = dados,
        theta = as.numeric(theta1), gr = grupo,
        criterion = 'CHISQR', alpha = .05, wt = NULL)

which (dif$stats$chi12 <= .05)
## [1] 1 2 3 18 31 39 41
which (dif$stats$pseudo12.Nagelkerke >= .035)
## [1] 1 2 3

which (dif$stats$chi13 <= .05)
## [1] 1 2 3 6 18 31 39
which (dif$stats$pseudo13.Nagelkerke >= .035)
## [1] 1 2 3

which (dif$stats$chi23 <= .05)
## [1] 2 3 6
which (dif$stats$pseudo23.Nagelkerke >= .035)
## [1] 2 3
```

Note que se utilizarmos somente o critério do teste da razão de verossimilhança, assinalamos os itens 1, 2, 3, 6, 18, 31, 39 e 41. Porém, ao olharmos para o tamanho do efeito, somente os itens 1, 2 e 3 são assinalados com DIF. Mais uma vez, os itens assinalados são aqueles cujos parâmetros alteramos para que isso acontecesse. As etapas seguintes são a de purificação dos escores e a de confirmação dos itens com DIF.

```
calib2 = multipleGroup(dados, 1, group = grupo,
        itemtype = '2PL', TOL = .01,
        invariance = c('free_means', 'free_var',
            colnames(dados)[-c(1,2,3)]))
## Iteration: 29, Log-Lik: -33636.222, Max-Change: 0.00831


theta2 = fscores(calib2)


dif = rundif(item = colnames(dados), resp = dados,
        theta = as.numeric(theta2), gr = grupo,
        criterion = 'CHISQR', alpha = .05, wt = NULL)


which (dif$stats$chi12 <= .05)
## [1] 1 2 3 18 35
which (dif$stats$pseudo12.Nagelkerke >= .035)
## [1] 1 2 3


which (dif$stats$chi13 <= .05)
## [1] 1 2 3 6 35 44
which (dif$stats$pseudo13.Nagelkerke >= .035)
## [1] 1 2 3


which (dif$stats$chi23 <= .05)
## [1] 2 3 6
which (dif$stats$pseudo23.Nagelkerke >= .035)
## [1] 2 3
```

A análise a partir da combinação dos dois critérios confirma os itens 1, 2 e 3 com DIF. Como o resultado é o mesmo da identificação anterior, procede-se para a comparação dos ajustes dos modelos.

```
anova(calib1, calib2)
##        AIC       AICc      SABIC     HQ       BIC        logLik      X2        df    p
## 1   68982.12   68991.09   69205.11  69171.32  69497.40   -34399.06   NaN       NaN   NaN
## 2   67468.24   67478.45   67705.78  67669.78  68017.13   -33636.12   1525.875  6     0
```

As medidas de AIC e BIC do modelo *calib2* (67468,24 e 68017,13) foram menores do que as medidas do modelo *calib1* (68982,12 e 69497,40), o que mostra a melhora no ajuste ao se considerar a existência de DIF para esses três itens. A seção seguinte traz algumas sugestões de produção de gráficos para fins de comunicação dos resultados.

## Produção de gráficos

Uma maneira interessante de se facilitar a comunicação de resultados é incluir gráficos no texto. Este capítulo traz funções que permitem a rápida e fácil criação de gráficos, bem como um conjunto de comandos para fazê-lo com mais especificações. O foco será dado aos gráficos do item 1 de cada teste, principalmente o politômico.

O pacote *difNLR* (v1.3.5; Hladka & Martinková, 2019) permite plotar gráficos de predição para cada um dos três modelos de regressão logística, com curvas para cada grupo e informações sobre o comportamento empírico. No entanto, é preciso que se tenha criado um objeto a partir das funções desse pacote e que se utilize o escore padronizado ou a soma de acertos como variável preditora. Por exemplo, veja o gráfico (Figura 3) do item 1 dicotômico gerado a partir da análise do objeto *dados* utilizando os comandos a seguir (comparação dos modelos 1 e 3, ou seja, M1 e M3):

```
library (difNLR)
dif.nlr = difORD(dados, grupo, focal.name = 'G2', model = 'cumulative')
plot (dif.nlr, item = 1)
```

O gráfico da figura 3 apresenta as curvas das duas categorias (certo e errado) e a contagem para cada uma. Os comandos para sua criação foram trazidos somente com o objetivo de apresentar ao leitor essa possibilidade. Isso porque considero que muitas vezes a imagem fica poluída com tamanha informação, pois não é possível configurar todas as opções; é o caso deste exemplo. Além disso, se a variável preditora for o escore da TRI, as frequências ficam concentradas em 1 e 0. É possível gerar um gráfico (Figura 4) a partir da parametrização pela TRI, por meio do pacote *mirt*:

```
plot (calib2, type="trace", which.items
= 1, par.strip.text = list(cex = 0))
```

O gráfico da figura 4 apresenta as curvas das cinco categorias para cada grupo. A função *itemplot* do pacote *mirt* gera um gráfico que pode facilitar a comparação entre os grupos, pois plota as curvas para cada categoria de maneira separada (fig. 5).

```
itemplot (calib2, type="trace",
          item = 1, main = "Item 1",
          par.settings = list(strip.
background = NULL),
          par.strip.text = list(cex = .8))
```

**Figura 3**
*Gráfico com as curvas características das categorias gerado pelo pacote difNLR*

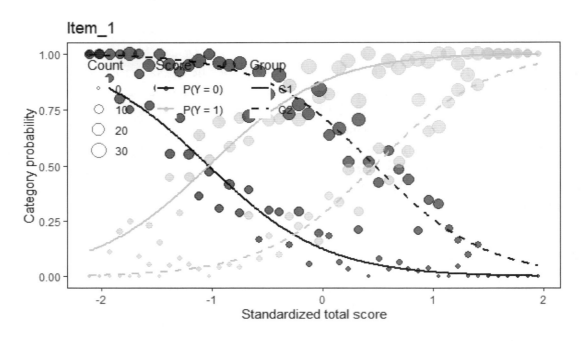

**Figura 4**
*Gráfico com as curvas características das categorias gerado pelo pacote mirt*

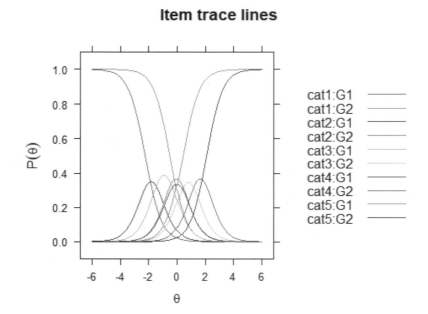

**Figura 5**
*Gráfico para cada categoria com suas curvas características gerado pelo pacote mirt*

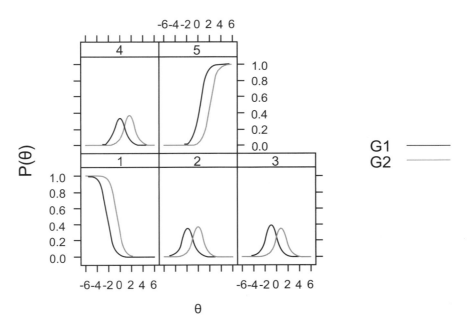

Essas funções apresentadas são de simples uso e têm algumas possibilidades de configuração. No entanto, existem algumas limitações, como edição do título, da legenda e das cores das linhas. Por isso, sugiro ao leitor que invista na produção de seus próprios comandos para gerar gráficos, como os que seguem. À primeira vista eles podem parecer complexos, mas a sua implementação contribui para familiarizar o leitor com as funcionalidades do pacote *mirt*, os *loops* e a produção de gráficos.

```
# obter o modelo para cada grupo
g1 = extract.group(calib2, 1)
g2 = extract.group(calib2, 2)

# calcular a probabilidade de escolha de cada categoria de cada item
p1 = probtrace(g1, seq(-4, 4, 0.01))
p2 = probtrace(g2, seq(-4, 4, 0.01))

# comando para exportar o gráfico
jpeg (filename = "poli_meugrafico.jpg", width = 1500,
      height = 1500, quality = 100, res = 300)

# plotar a base do gráfico
plot (seq(-4, 4, 0.01), p1[,1], ylim = c(0, 1),
 type = "n", main = 'Item 1', ylab = 'Probabilidade', xlab = expression(theta))
```

```r
# inserir as legendas
legend(x = 2.5, y = 1, legend = c('G1', 'G2', 'G1', 'G2'), lty = c(1,2, NA, NA),
       pch = c(NA,NA,21,22), cex = .8, bty = 'n', title = 'Grupo', merge = TRUE,)
legend(x = 2.5, y = .6, legend = paste0('Cat_', 1:5), lty = 1,
       cex = .8, col = 1:5, bty = 'n', title = 'Categoria',
       merge = TRUE,)

# inserir as curvas de cada grupo
# o loop vai de 1 a 5 porque são as colunas que contêm as probabilidades das
# categorias do item 1; se fosse para o item 2, o loop deveria ir de 6 a 10
for (i in 1:5)
 {lines (seq(-4, 4, 0.01), p1[,i], lty = 1, col = i)
 lines (seq(-4, 4, 0.01), p2[,i], lty = 2, col = i)}

# inserir as frequências de respostas
# primeiro, determinar os níveis usando a função cut; serão 32 níveis, de -3 a +3, com
intervalo de 0,2
niveis = cut(theta2, c (-Inf, seq(-3,3,.2), Inf), labels = 1:32)
# agora, criar uma tabela de frequência para o item 1 cruzando o acerto, o grupo e o
nível; na verdade será uma array com três dimensões
tab.cat = table (dados[,1], grupo, niveis)

# o loop abaixo insere o ponto que representa a frequência de cada resposta para cada
grupo e nível; cada grupo terá um símbolo associado
# o objeto i é o nível
for (i in 1:32)
 {
 # o objeto k é a categoria
 for (k in 1:5)
 {
 # o objeto g é o grupo
     for (g in 1:2)
     {
     points (x = -3+(i-1)*.2,
     # a posição no eixo y é a frequência relativa
     y = tab.cat[k,g,i]/sum(tab.cat[,g,i]),
# o argumento cex indica o tamanho do símbolo; ele será tão maior quanto for a
frequência de resposta neste ponto
     cex = ifelse (tab.cat[k,g,i]<=10, .4,
     ifelse (tab.cat[k,g,i]<=100, .8,
     ifelse (tab.cat[k,g,i]<=1000, 1.2,
     1.6))),
     # a cor do símbolo e o tipo
     col = k, pch = g+20)
     }
     }
 }
dev.off()
```

**Figura 6**
*Gráfico com as curvas características das categorias de item politômico gerado com comandos próprios*

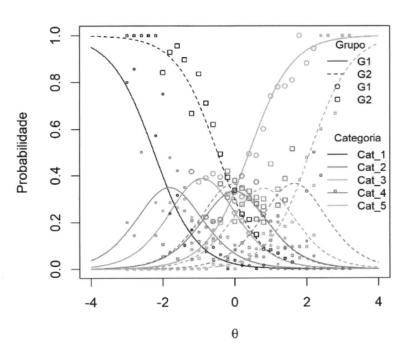

O gráfico da figura 6 contém a probabilidade e a frequência relativa de escolha de cada categoria para cada grupo, bem como a legenda para todas essas informações. É possível alterar esses comandos de acordo com as necessidades de apresentação das informações. Por exemplo, pode-se omitir as frequências relativas ao se excluir as últimas linhas do comando. Repare que o gráfico foi exportado por meio da função *jpeg* para um arquivo nesse formato. Caso não se deseje exportar a figura, deve-se ignorar essa linha de comando e a última, que contém a função *dev.off*. Os comandos para gerar o gráfico do item 1 dicotômico são bem parecidos:

```
g1 = extract.group(calib2, 1)
g2 = extract.group(calib2, 2)
p1 = probtrace(g1, seq(-4, 4, 0.01))
p2 = probtrace(g2, seq(-4, 4, 0.01))

# comando para exportar o gráfico
jpeg (filename = "dico_meugrafico.jpg", width = 1500,
      height = 1500, quality = 100, res = 300)
```

```r
# plotar a base do gráfico
plot (seq(-4, 4, 0.01), p1[,1], ylim = c(0, 1),
      type = "n", main = 'Item 1', ylab = 'Probabilidade', xlab = expression(theta))

# inserir as legendas
legend(x = 2.5, y = .9, legend = c('G1', 'G2', 'G1', 'G2'), lty = c(1,2, NA, NA), pch
= c(NA,NA,0,1), cex = .8, bty = 'n', xjust = 0, title = 'Grupo')

# inserir as linhas dos grupos
lines (seq(-4, 4, 0.01), p1[,2], lty = 1)
lines (seq(-4, 4, 0.01), p2[,2], lty = 2)

# inserir as frequências de respostas
niveis = cut(theta2, c (-Inf, seq(-3,3,.2), Inf), labels = 1:32)
tab.cat = table (dados[,1], grupo, niveis)

# inserir o ponto que representa a frequência de cada resposta para cada grupo e nível
for (i in 1:32)
{
    for (g in 1:2)
    {
     points (x = -3+(i-1)*.2,
     y = tab.cat[2,g,i]/sum(tab.cat[,g,i]),
     # tamanho do símbolo
     cex = if (tab.cat[2,g,i]<=10) {.4} else
     if (tab.cat[2,g,i]<=100) {.8} else
     if (tab.cat[2,g,i]<=1000) {1.2} else {1.6},
     # o tipo do símbolo
     pch = g-1)
    }
}
dev.off()
```

O gráfico da figura 7 contém informações sobre probabilidade e frequência relativa de acerto (ou endosso) para cada grupo. Repare que o *loop* neste caso não inclui os comandos das categorias, já que o gráfico contém apenas a informação de uma delas. Novamente, é possível alterar esses comandos de acordo com as necessidades de apresentação das informações.

**Figura 7**
*Gráfico com as curvas características de item dicotômico gerado com comandos próprios*

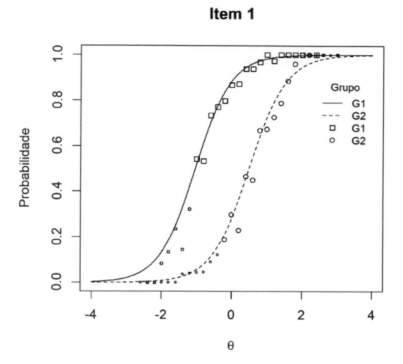

## Considerações finais

O presente texto objetivou apresentar um protocolo para verificar invariância da medida por meio do uso da regressão logística para análise de DIF, combinada à TRI. Apesar de o método de regressão logística ser adotado por pacotes recentes do ambiente *R* e ter seu poder de detecção de DIF verificado, é importante que o pesquisador lance mão de procedimentos que possam se adequar melhor a seus propósitos. O diferencial deste protocolo está na purificação do escore e na combinação de dois critérios para marcação de DIF, o que evita falsos positivos ou falsos negativos.

A existência de DIF pode ocasionar injustiças na avaliação educacional ou psicológica, pois indivíduos com a mesma magnitude no traço medido têm diferentes probabilidades de acerto ou endosso a um item. Daí a importância de se investigar o comportamento diferencial de um item e posteriormente buscar entender suas causas, de modo que se elimine do teste dimensões irrelevantes.

Ao se identificar itens com DIF, o pesquisador deve excluir esses itens do teste ou adotar uma parametrização diferente entre os grupos. Tais ações visam à redução da desigualdade entre os grupos estudados. Reforça-se a ideia de que é importante verificar diferenças de desempenho entre grupos, mas destaca-se que elas podem estar relacionadas com a produção da medida. Assim, é preciso antes verificar a existência de invariância da medida.

## Referências

Agresti, A., & Finlay, B. (2012). *Métodos estatísticos para as ciências sociais* (L. Viali, trad., 4. ed.). Penso.

American Educational Research Association, American Psychological Association & National Council on Measurement in Education. (2014). *Standards for educational and psychological testing*. American Educational Research Association.

Andriola, W. B. (2006). Estudo sobre o viés de itens em testes de rendimento: Uma retrospectiva. *Estudos em Avaliação Educacional, 17*(35), 115. http://doi.org/10.18222/eae173520062111

Ayala, R. J. (2009). *The theory and practice of item response theory*. Guilford.

Bueno, J. M. H., & Peixoto, E. M. (2018). Avaliação psicológica no Brasil e no mundo. *Psicologia: Ciência e Profissão, 38*(spe), 108-121. http://dx.doi.org/10.1590/1982-3703000208878

Chalmers, R. P. (2012). Mirt: A multidimensional item response theory package for the R environment. *Journal of Statistical Software, 48*(6), 1-29. http://doi.org/10.18637/jss.v048.i06

Choi, S. W., Gibbons, L. E., & Crane, P. K. (2011). lordif: An R package for detecting differential item functioning using iterative hybrid ordinal logistic regression/item response theory and Monte Carlo simulations. *Journal of Statistical Software, 39*, 1-30. http://dx.doi.org/10.18637/jss.v039.i08

Choi, S. W., Gibbons, L. E., & Crane, P. K. (2016). *Lordif: Logistic ordinal regression differential item functioning using IRT*. https://CRAN.R-project.org/package=lordif

Crane, P. K., Gibbons, L. E., Jolley, L., & Belle, G. van. (2006). Differential item functioning analysis with ordinal logistic regression techniques: DIFdetect and difwithpar. *Medical Care, 44*(11), S115-S123. http://dx.doi.org/10.1097/01.mlr.0000245183.28384.ed

Cuevas, M., & Cervantes, V. H. (2012). Differential item functioning detection with logistic regression. *Mathématiques et sciences humaines, 199*, 45-59. http://doi.org/10.4000/msh.12274

Damásio, B. F. (2013). Contribuições da análise fatorial confirmatória multigrupo (AFCMG) na avaliação de invariância de instrumentos psicométricos. *Psico-USF, 18*(2), 211-220. http://dx.doi.org/10.1590/S1413-82712013000200005

Fávero, L. P. L., Belfiore, P., Da Silva, F. L., & Chan, B. L. (2009). *Análise de dados Modelagem multivariada para tomada de decisões*. Campus.

Gamerman, D., Gonçalves, F. B., & Soares, T. M. (2015). Differential item functioning. In W. J. Van der Linden (org.), *Handbook of item response theory* (pp. 67-86). CRC.

Hladka, A., & Martinková, P. (2019). *DifNLR: DIF and DDF detection by non-linear regression models*. https://cran.r-project.org/package=difNLR

Jodoin, M. G., & Gierl, M. J. (2001). Evaluating type I error and power rates using an effect size measure with the logistic regression procedure for dif detection. *Applied Measurement in Education, 14*(4), 329-349. http://dx.doi.org/10.1207/S15324818AME1404_2

Karino, C. A., & Laros, J. A. (2017). Estudos brasileiros sobre eficácia escolar: Uma revisão de literatura. *Revista Examen, 1*(1), 95-126.

Magis, D., Béland, S., Tuerlinckx, F., & Boeck, P. D. (2010). A general framework and an R package for the detection of dichotomous differential item functioning. *Behavior Research Methods, 42*(3), 847-862. https://doi.org/10.3758/BRM.42.3.847

Medeiros Filho, A. E. C., Rodrigues, Y. S., Lopes, J. M., & Pontes Junior, J. A. F. (2019). Fatores associados ao desempenho discente no exame nacional de desempenho dos estudantes (Enade): Uma revisão integrativa. *Revista Expressão Católica, 8*(1), 87-96. http://dx.doi.org/10.25190/rec.v8i1.2543

Mendes, F. M., Ardenghi, T. M., Correa, M. B., & Agostini, B. A. (2018). Análises de regressão múltipla e sua aplicação na odontologia. In E. Carlos (org.), *Metodologia científica: Ciência, ensino, pesquisa* (3. ed., pp. 197-222). Artes Médicas.

Rizopoulos, D. (2006). ltm: An R package for latent variable modelling and item response theory analyses. *Journal of Statistical Software*, *17*(5), 1-25. http://www.doi.org/10.18637/jss.v017.i05

Rusch, T., Mair, P., & Hatzinger, R. (2013). *Psychometrics with R: A review of CRAN packages for item response theory*. Center for Empirical Research Methods. https://epubdev.wu.ac.at/4010/1/resrepIRT handbook.pdf

Swaminathan, H., & Rogers, H. J. (1990). Detecting differential item functioning using logistic regression procedures. *Journal of Educational Measurement*, *27*(4), 361-370.

Valentini, F., Franco, V. R., & Iglesias, F. (2017). Introdução à análise de invariância: Influência de variáveis categóricas e intervalares na parametrização dos itens. In B. F. Damásio & J. C. Borsa (orgs.). *Manual de desenvolvimento de instrumentos psicológicos* (pp. 347-373). Vetor.

Zumbo, B. D. (1999). *A handbook on the theory and methods of differential item functioning (DIF) Logistic regression modeling as a unitary framework for binary and likert-type (ordinal) item scores*. Directorate of Human Resources Research and Evaluation, Department of National Defense. https://pdfs.semanticscholar.org/7f88/fb0ad98645582665532600d7c46406fa2db6.pdf?_ga=2.101701249.1258914699.1579524733-492017571.1579524733

# 15
# Análise fatorial exploratória (AFE) e teoria de resposta ao item via software Factor

*Bruno Figueiredo Damásio*
Universidade Federal do Rio de Janeiro

*Douglas de Farias Dutra*
Centro Universitário IBMR

*Makilim Nunes Baptista*
Universidade São Francisco

A análise fatorial exploratória (AFE) é uma técnica que tem por objetivo reduzir uma grande quantidade de indicadores (aqui, no caso, itens de determinada escala) a menos fatores que expliquem o padrão de resposta a esses itens (Damásio, 2012). Existem usos bem diferenciados e práticos para a AFE em inúmeros contextos. Somente a título de curiosidade, iremos dar um exemplo de sua aplicabilidade no mundo real, para que o leitor possa entender a riqueza da informação trazida por esta análise.

Imagine que estamos no inverno e, em diversas regiões do Brasil, com a chegada do frio é tradição preparar refeições mais encorpadas, como é o caso da tradicional feijoada (que, dependendo da região, pode também ser preparada com ingredientes diferentes (como a feijoada da folha da mandioca, também chamada de maniçoba).

Você está em São Paulo em um grande supermercado para fazer sua compra de ingredientes no preparo deste prato. Ao se adentrar neste recinto, percebe que há um nicho preparado especificamente para que o cliente encontre todos os ingredientes e acompanhamentos deste prato,

ou seja, ao invés de você ter que percorrer quase todos os corredores para pegar o arroz, feijão preto, paio, linguiça, farofa, cebola, tomate (para o vinagrete), couve, pinga, limão e açúcar (se quiser comer a feijoada mais feliz), dentre outros, existe um nicho em que você encontra tudo e mais alguma coisa. Como vantagens, o cliente fica contente, compra tudo o que precisa e, provavelmente, não esquece de nada, gasta mais, porque não corre o risco de passar por algum item despercebido, é mais cômodo, além de gastar menos tempo no supermercado (que, para alguns clientes, é fator fundamental).

Vocês devem estar achando que os autores do capítulo enlouqueceram, correto? Calma, este nicho do supermercado pode ter sido criado justamente com a aplicação de uma AFE a partir da análise de quais itens as pessoas compram em um mercado quando querem fazer uma feijoada. A partir do agrupamento dos itens (ou ingredientes, neste caso), os donos de supermercados pensaram em facilitar a vida do consumidor e, claro, ganharem mais dinheiro. Foi justamente a AFE que demonstrou que esses vários ingredientes formavam um conjunto de itens que eram comprados ao mesmo tempo por várias pessoas, nesta época do ano. Esse mesmo estudo pode ocorrer para analisar mercados em expansão, aglomerados de pessoas com as mesmas características (p. ex., no caso de eleições), construção de estabelecimentos em locais em que haja necessidade de consumo, distribuição de serviços de saúde em diferentes regiões da cidade, de acordo com o agrupamento de doenças, dentre outras possibilidades (McDaniel & Gates, 2015; Sibanda & Pretorius, 2014).

A análise fatorial exploratória (AFE) ou *Exploratory Factor Analysis* (EFA), em seu homônimo na língua inglesa, pode ser considerada como um conjunto de métodos estatísticos com ampla aplicação em diferentes contextos. O uso desse conjunto de métodos pode ter objetivos diferentes; mas, geralmente eles caminham para a compreensão dos fenômenos psicológicos/sociais. Como este livro é direcionado a pesquisadores das ciências humanas e sociais, iremos abordar basicamente a utilização da AFE especificamente na Psicologia.

Na Psicologia, também pode se ter como objetivo a construção e desenvolvimento de novas escalas, além da diminuição do número de itens de uma medida, no sentido de refinar e/ou propiciar menos itens, a exemplo de versões mais curtas das mesmas (também denominadas de *short versions*) (Reio & Shuck, 2015). Quando algum fenômeno pode ser compreendido e adequadamente avaliado, então a ciência avança no sentido de explicá-lo ou relacioná-lo a outros fenômenos, auxiliando o ser humano a se situar e entender a si próprio e ao contexto em que está inserido. Logo, as análises fatoriais são de extrema importância para a humanidade, além do que

escalas também podem auxiliar no desenvolvimento e refinamento de teorias psicológicas.

A utilização da AFE demanda um número bastante grande de decisões no decorrer das análises, que podem alterar dramaticamente os resultados encontrados. Neste sentido, diversas etapas são fundamentais para tais decisões, tais como as técnicas de inspeção dos dados, método de retenção de fatores e rotação, além dos pontos de corte de cargas fatoriais (Howard, 2015). Estes quesitos também não serão exaustivamente discutidos, já que foram explorados em outros artigos mais introdutórios (Damásio, 2012), além do que também são controversos na literatura. No entanto, alguns roteiros que auxiliam o pesquisador na tomada de decisões podem ser bastante úteis (e. g., Lloret et al., 2017).

O objetivo principal da AFE é averiguar o número de fatores e itens nos fatores, que explica as correlações entre as variáveis observadas, havendo ou não uma teoria de base (Reio & Shuck, 2015), o que demanda inicialmente uma preocupação premente, no caso de construção dos itens (principais descritores, qualidade, formatos de respostas etc.) (Artino & Gehlbach, 2012; Artino et al., 2011). Obviamente, se você construir uma série de perguntas ou itens sem relações teóricas uns com os outros e realizar uma AFE, provavelmente o programa gerará aglutinações de itens (i. e., fatores), o que significa que a AFE é uma ferramenta que, se mal-utilizada, gerará resultados duvidosos.

Outras duas questões importantes dizem respeito ao tipo de amostra e quantidade de participantes. Os participantes devem variar nas respostas ao construto proposto, sendo mais aconselhável amostras heterogêneas. Este tipo de variabilidade fornecerá mais informações sobre como se dá a relação entre os itens. Além disso, apesar de não haver um consenso, amostras maiores (acima de 300) tendem a gerar menos erros e vieses do que amostras pequenas (e. g., 50 participantes), tornando, portanto, os resultados mais generalizáveis (Beavers et al., 2013).

Os critérios para a escolha do número amostral podem variar enormemente, com diversas variações, tais como: (a) a proporção de número de participantes para cada item; (b) número mínimo de participantes, independentemente do número de itens; (c) fórmulas compostas entre proporção de participante/itens somando-se ao número de participantes; (d) critérios sugerindo avaliar o número de itens em cada fator e suas respectivas cargas fatoriais, de modo que escalas constituídas de fatores com minimamente quatro ou mais itens e cargas fatoriais acima de 0,60 não necessitariam de grandes amostras (p. ex., mais do que 300 participantes) (Beavers et al., 2013).

Como exemplo da primeira proposta, o número amostral será dependente da quantidade de itens que inicialmente for criada para a escala, sendo que propostas de 5:1 até 10:1 (número de participantes por item) também podem ser adotadas, ou seja, uma escala com 30 itens, se adotada a proporção de 10:1, deveria ser aplicada em uma amostra de 300 participantes. De forma geral, quanto maior sua proporção, tanto melhor (Widaman, 2012).

Outras preocupações dizem respeito ao banco de dados, de modo que é necessário avaliar detalhes que podem influenciar negativamente os resultados. Obviamente estes quesitos devem ser checados independentemente de os dados estarem sendo usados para a AFE. Essa etapa diz respeito a inspecionar, por exemplo, casos com respostas incongruentes ou muitas respostas faltantes (também chamado de *missing*), linearida-

de, multicolinearidade entre os itens, tamanho amostral, heterogeneidade amostral, *outliers* (casos com pontuações extremas, tanto com baixas pontuações quanto altas, quando comparados à média amostral), dentre outras. A falta de cuidado com a preparação do banco pode gerar, por exemplo, resultados como o efeito Heywood, em que as cargas fatoriais são maiores do que 1, podendo ser efeito de um destes quesitos (Beavers et al., 2013; Lloret et al., 2017).

Antes mesmo de se realizar a AFE em um conjunto de itens construídos teoricamente no desenvolvimento de uma escala, por exemplo, é fundamental para o pesquisador saber quantas dimensões (no caso da Análise Fatorial) o conjunto de dados proporciona. Esse procedimento é conhecido como análise de dimensionalidade (ou retenção de fatores) e pode ser realizado também por diferentes formas, tais como *eigenvalues/scree test*, dentre outros. No entanto, algumas críticas aos métodos mais tradicionais, como os anteriormente citados, têm feito com que a Análise Paralela (AP), métodos Hull ou BIC sejam mais adequados (Ledesma & Valero-Mora, 2007; Reio & Shuck, 2015).

Muitas vezes, os pesquisadores, por falta de conhecimento mais aprofundado, tendem a utilizar os métodos que fazem parte do *default* dos softwares, e que muitas vezes são equivocados. Por exemplo, o SPSS tem como padrão a análise de componentes principais e técnica de retenção fatorial do *eigenvalue*. É sabido que, na construção de escalas psicométricas, é preferível a análise fatorial exploratória em detrimento da análise de componentes principais (Costello & Osborne, 2005; Osborne, 2015; para maiores informações sobre a diferença entre análise de componentes principais e análise fatorial exploratória, cf. Damásio, 2012).

Outro ponto importante diz respeito à rotação dos fatores. Nas ciências sociais é muito difícil se ter um construto com fatores não correlacionados. Logo, a utilização de rotações oblíquas (que geram fatores correlacionados, tais como direct oblimin, quartimax e equamax) pode ser mais aconselhável do que as rotações ortogonais (varimax, quartimin, promax), além do que rotações ortogonais tendem a gerar mais cargas cruzadas entre os itens (Beavers et al., 2013). Sendo assim, a utilização de rotações ortogonais em construtos com fatores correlacionados pode resultar em perdas de informações importantes, gerando resultados menos apurados e reprodutíveis.

Outro ponto importante está relacionado com o número de itens em cada fator. Apesar de não haver uma regra, Costello & Osborne (2005) sugerem fatores com, minimamente, 5 itens, sendo cada um deles com cargas fatoriais acima de 0,50. Os autores defendem que esta configuração mínima pode ser mais estável em termos de replicabilidade, além de demonstrar fatores mais sólidos, do ponto de vista teórico e psicométrico.

Outra discussão bastante comum na área, e que também não há concordância, se refere ao uso de análise confirmatória logo após uma primeira análise exploratória. Enquanto parece ser uma prática usual uma primeira AFE e logo após a utilização da análise fatorial confirmatória (AFC), autores como Osborne (2015) defendem que é importante realizar AFEs com outras amostras, a fim de avaliar se os dados continuam demonstrando os mesmos resultados (a mesma estrutura, número de fatores extraídos, mesmo número de itens nos mesmos fatores etc.) ou mesmo utilizar nos mesmos dados rotações equivalentes para avaliar se os resultados são compatíveis, ou ainda, se houver uma amostra grande, separar aleatoriamente a amostra e realizar testes nas várias amostras, utilizando-se de métodos diversos de AFE (mas congruentes). Provavelmente por utilizarmos, de maneira repetitiva, amostras de conveniência, a replicação de resultados em outras amostras pode ser uma maneira de se resguardar de erros provenientes deste tipo de viés.

Ainda referente à questão das amostras e desenvolvimento de escalas, como apontado por Henrich et al. (2010), geralmente os pesquisadores utilizam majoritariamente amostras denominadas como Western, Educated, Industrialized, Rich and Democratic (WEIRD) – Ocidental, Educado, Industrializado, Rico e Democrático. Esse tipo de amostra também acaba sendo enviesado, pois utilizam pessoas com alta escolaridade (p. ex., universitários), de centros industrializados e, geralmente com poder aquisitivo alto, o que, no Brasil, não representa a população.

Voltando à questão da AFE, é fundamental que o pesquisador siga alguns passos básicos, a fim de não cometer erros que possam influenciar negativamente os resultados. Logo, o primeiro passo é verificar se o banco de dados está conferido e "limpo" (retirados os *outliers* ou recodificadas as respostas em branco, a depender do software utilizado), seguido da decisão sobre o melhor método de extração, quantos fatores serão retidos (o que dependerá do conhecimento teórico sobre o construto), o método de rotação a ser utilizado, a interpretação dos resultados e replicação do que foi encontrado (Osborne, 2015).

Ainda, há de se levar em consideração que a interpretabilidade do fator e, especificamente, as decisões de retirada de itens da análise devem ser realizadas de maneira parcimoniosa, mesclando análises estatísticas com análises semânticas, já que, por vezes, retirar um item fundamental do construto (que pode ter uma carga fatorial menor do que os outros, mas ainda dentro do especificado pelo construtor), em um fator, pode significar que o clínico não terá aquela informação primordial em um processo de avaliação psicológica com utilização de escalas. Neste sentido, o construtor do teste sempre deve pensar no usuário final (clínico), principalmente quando a escala avalia sintomas psicopatológicos (Baptista, 2019; Beavers et al., 2013).

## Sobre o Factor

Diversos são os softwares disponibilizados para as Análises Fatoriais (AF), no entanto, muitos são pagos, além do que alguns podem ser mais bem desenvolvidos para algumas análises enquanto outros não têm muitos recursos para as mesmas análises. O Factor pode ser considerado um dos melhores softwares livres, construídos com o propósito de se realizar AFE e que contém uma quantidade bastante extensa de recursos para tal propósito (Lloret et al., 2017). O Factor também disponibiliza a possibilidade de se realizar diferentes métodos de retenção de fatores, tais como a Análise Paralela (AP), Método Hull e BIC, a fim de se gerar informações importantes antes mesmo do processo de AFE. Além disso, é um software fácil de ser utilizado (amigável) e não requer instalação.

Outras vantagens do Factor estão na disponibilização de cálculos de correlações policóricas (mais aconselhável para escalas ordinais) e diversos métodos de rotação (oblíquos e ortogonais). Ainda, diversos índices de adequação de ajuste (e. g., qui-quadrado, Tucker-Lewis Index, TLI; Comparative Fit Index, CFI; Root Mean Square Error of Approximation, RMSEA), são gerados para modelos exploratórios, no sentido de oferecer maior detalhamento sobre a adequação dos resultados (Lorenzo-Seva & Ferrando, 2006).

No decorrer dos anos, ou seja, desde sua versão inicial em 2006, outras opções vêm sendo implementadas nas versões mais atuais, tais como a teoria de resposta ao item (TRI), gerando índices de dificuldade e discriminação dos itens. Outra novidade da versão atual são as soluções bifatoriais, tão utilizadas atualmente nas análises de estrutura interna (Lorenzo-Seva & Ferrando, 2013). Neste sentido, o Factor vem sendo desenvolvido baseado em tecnologias estatísticas mais modernas, tais como técnicas de equações estruturais em procedimentos exploratórios e semiconfirmatórios (Lorenzo-Seva & Ferrando, 2017).

Esse capítulo do livro tem o objetivo de apresentar os procedimentos de análise fatorial exploratória (AFE) utilizando o software Factor. Ao longo do tutorial iremos selecionar opções robustas para que você possa conduzir uma AFE com informações psicométricas detalhadas e modernas.

## Apresentação do inventário que será utilizado como exemplo

No exemplo deste capítulo iremos utilizar o Inventário de Percepção de Suporte Familiar – Versão Infantojuvenil, retirada de uma versão do instrumento homônimo t (IPSF, Baptista, 2009). A versão infantojuvenil é um instrumento originalmente composto por 29 itens, respondidos em uma escala tipo *Likert* com a seguinte pontuação: 0 (nunca ou quase nunca), 1 (às vezes) e 2 (quase sempre ou sempre). O instrumento é composto por três fatores, conforme abaixo:

*Fator 1: adaptação familiar (escala invertida)* – Avalia sentimentos negativos em relação à família, como isolamento, exclusão, raiva, vergonha, relações agressivas de brigas e gritos, irritação, incompreensão, e ainda percepção de relações de competição na família, interesse e culpabilidade entre os membros em situações de conflito. Sendo assim, os itens desse fator foram invertidos para que pudessem ser calculados com valência igual aos itens das outras duas dimensões.

*Fator 2: autonomia familiar* – Demonstra a percepção de autonomia que o indivíduo tem de sua família, o que denota relações de confiança, privacidade e liberdade entre os membros da família.

*Fator 3: afetivo-consistente* – Evidencia as relações afetivas positivas intrafamiliares, desde o interesse pelo outro até a expressão verbal e não verbal de carinho, clareza nos papéis e regras dos integrantes da família, bem como a habilidade nas estratégias de enfrentamento de situações-problema.

No presente banco de dados, dois itens foram excluídos antecipadamente (2 e 12) por se demonstrarem problemáticos do ponto de vista psicométrico (p. ex., carregarem abaixo do esperado nas análises iniciais). Optamos por excluí-los antecipadamente, para que o capítulo seja o mais fluido possível.

## Executando uma análise fatorial exploratória e teoria de resposta ao item no Factor

O primeiro passo é fazer o download do programa no site oficial (http://psico.fcep.urv.es/utilitats/factor/). Ao entrar no site, basta baixar o programa, clicando em "Free download", conforme demonstra a figura 1.

Ao baixar o programa, basta executá-lo, clicando duas vezes no aplicativo. O programa apresenta tela inicial conforme a figura 2.

**Figura 1**
*Site oficial do programa Factor*

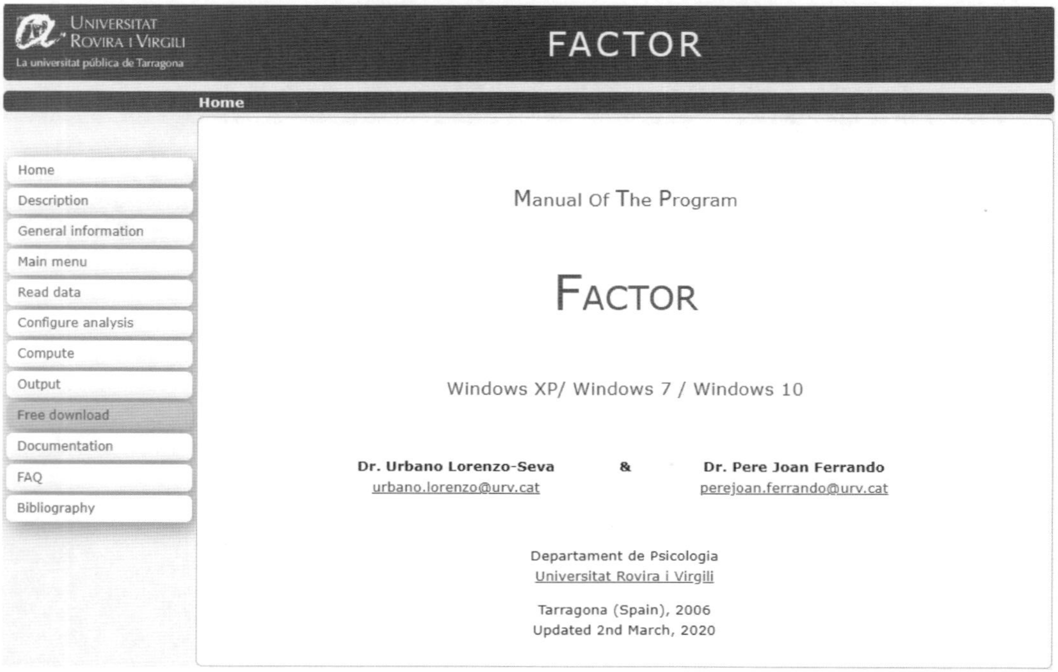

**Figura 2**
*Tela inicial do Factor*

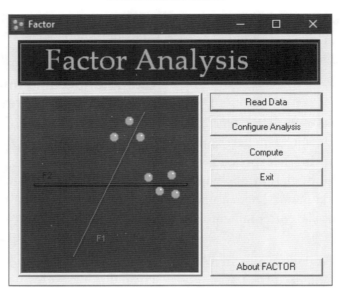

O próximo passo é, portanto, a leitura do banco de dados, em *Read Data*. No Factor, o banco de dados é lido em arquivo ".dat". Portanto, você precisa salvar o seu banco de dados nesse formato. Os programas-padrão como SPSS e Excel apresentam a possibilidade de você salvar o banco de dados em formato ".dat", basta ir à opção "Salvar como" (*Save as*), conforme demonstrado na figura 3, a partir do SPSS.

**Figura 3**
*Salvando o banco de dados do SPSS em arquivo .dat*

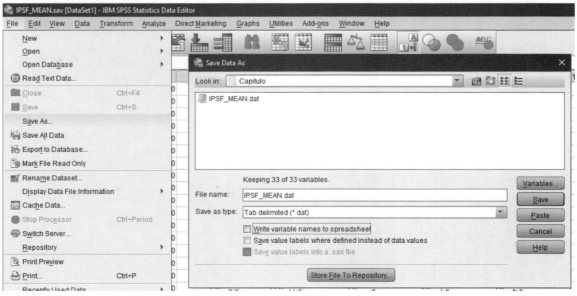

Um detalhe importante: desmarque a caixa *"Write variable names to spreadsheet"*, pois caso essa opção esteja marcada, o arquivo ".dat" terá o nome das variáveis na primeira linha. Como o Factor não é capaz de ler texto, mas apenas números, o banco não irá funcionar.

Com o banco ".dat" já salvo, você deverá clicar em *"Read data"* e, posteriormente, em *Browse*, na linha *Participant´s scores*. Selecione o banco de dados. O Factor já será capaz de ler o número de participantes e a quantidade de variáveis do banco, conforme demonstra a figura 4, marcado em negrito.

Ainda conforme a figura 4, veja que o programa já ativa a opção *Compute Bootstrap*. O *bootstrapping* é um procedimento de reamostragem que fornece um intervalo de confiança para todas as estimativas do modelo. Torna os resultados mais confiáveis, uma vez que a reamostragem tende a eliminar significativamente os vieses amostrais (Efron & Tibshirani, 1994). Mantenha essa opção marcada. Porém, cabe destacar que, a depender do seu computador, a análise de dados poderá se tornar muito demorada. Então, eventualmente, caso o procedimento não funcione corretamente, desmarque a opção de *bootstrapping* e tente novamente. O número de *500* reamostragens é o padrão na maioria dos softwares. Quanto maior for esse número, mais precisos serão os resultados. De todo modo, por ora, não é necessário realizar nenhuma modificação no *setup*-padrão.

Veja também que o Factor pergunta qual é a codificação de dados faltantes (*missing*). Se o seu

**Figura 4**
*Leitura do banco de dados e configurações iniciais*

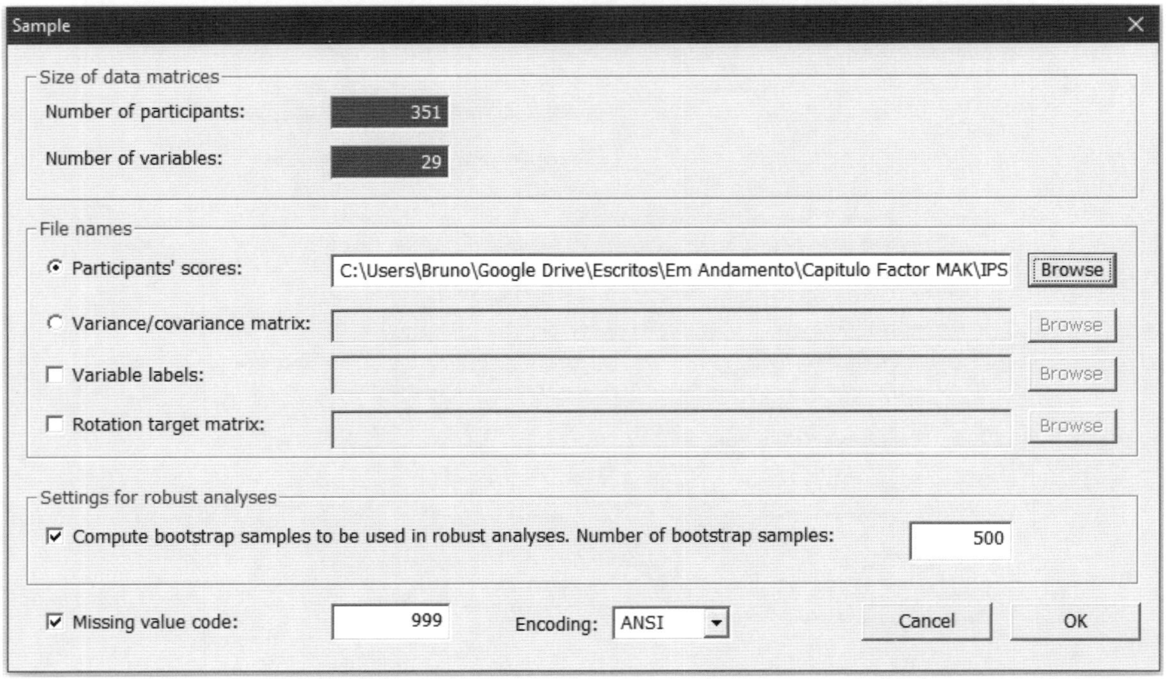

banco não tiver missing, pode desmarcar essa opção. Se houver missing não codificado (ou seja, valor em branco), exclua o valor 999 do banco de dados. Se houver *missing* codificado, informe ao Factor qual o valor estipulado para o *missing* (geralmente, os pesquisadores utilizam 99 ou 999 para declarar dados faltantes). Feito isso, clique em OK e posteriormente clique em *Configure Analysis*.

Você chegará à primeira grande seção de configuração das suas análises (cf. fig. 5). Por padrão, o Factor inclui todas as variáveis no seu banco de dados para serem submetidas à análise fatorial exploratória. Portanto, as que não devem entrar na análise devem ser alocadas à aba *Excluded*, no canto superior esquerdo.

Veja que o Factor lê os nomes das variáveis apenas como V1, V2, ..., Vx), o que torna um pouco difícil a identificação do seu banco de dados. Portanto, é recomendado que você mantenha no seu banco de dados apenas as variáveis que serão submetidas à análise fatorial. No canto superior direito, o Factor solicita a matriz à qual os dados serão analisados. Se você trabalha com escalas do tipo Likert (discordo totalmente a concordo totalmente) ou escalas dicotômicas (e. g., Sim e Não) é recomendável que você escolha a opção *Polychoric (tetrachoric) correlation*, pois são matrizes de correlação desenvolvidas para lidar com dados categóricos ordinais (trabalhados em uma matriz policórica) ou dicotômicos (trabalhados em uma matriz tetracórica). Se você trabalha com outros tipos de resposta, como por exemplo tempo de reação (que é, por padrão, uma variável métrica), ou escores que apresentam mais de 10 ou 11 categorias (escalas

**Figura 5**
*Parte I das configurações da análise*

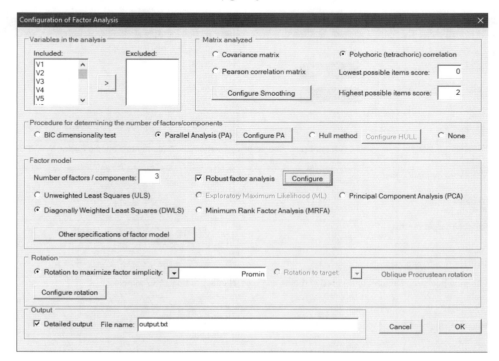

variando de 0 a 10, p. ex.), sugere-se que você opte pela matriz de correlação de Pearson.

Ainda nessa aba (*Matrix analyzed*), veja que o Factor identifica as respostas dos participantes aos itens, em seus valores menores (*lower*) e maiores (*highest possible score*). Logo, se você encontrar um valor ali que não seja adequado, isso sugere que o seu banco de dados tem erro de digitação. Se esse for o caso, é mais fácil você buscar o erro no seu software-padrão (SPSS ou Excel), realizar os ajustes e gerar um novo arquivo com extensão ".dat".

Agora você precisará decidir qual a técnica de retenção será utilizada. A técnica de retenção é utilizada na decisão sobre o número de fatores. O Factor apresenta três excelentes opções: Teste de dimensionalidade BIC, Análise Paralela e Método Hull.

O índice BIC (*Bayesian Information Criterion*) é um índice comparativo de ajuste e, portanto, só é significativo quando dois modelos diferentes são estimados. Portanto, o Factor gera diferentes "possíveis fatores" e avalia o que apresenta melhor valor de BIC (quanto menor for o valor, melhor).

A Análise Paralela é uma técnica de simulação Monte-Carlo (AP clássica, Horn, 1965) ou de reamostragem a partir dos próprios dados observados (Optimal Implementation; Timmermann & Lorenzo-Seva, 2011) que consiste em encontrar o melhor número de fatores a ser retido contrastando os valores obtidos pela amostra real, em comparação com as novas amostras geradas. Em 2011, Timmermann e Lorenzo-Seva (2011) desenvolveram uma nova implementação da AP, denominada "permutação aleatória dos dados observados" (*random permutation of the observed data*), com *performance* superior à Análise

Paralela clássica, desenvolvida por Horn (1965) e, portanto, essa opção é a padrão no Factor.

De maneira muito simplificada, o método da AP com permutação aleatória dos dados observados trabalha da seguinte forma: são escolhidos aleatoriamente alguns casos do seu banco de dados para serem excluídos, enquanto outros casos são replicados (repetidos). Ele faz esse procedimento *n* vezes, a depender da sua solicitação (o Factor trabalha com 500 replicações como padrão, mas você pode alterar esse número). Para cada um desses bancos de dados gerados, uma análise fatorial exploratória é efetuada, e é calculada a variância explicada de cada um dos fatores. Ao final do processo é extraída uma média com 95% de intervalo de confiança.

Os resultados do seu banco de dados real são contrastados com os resultados das replicações, de modo que o número de fatores a ser retido refere-se àqueles que apresentam variância explicada maior do que as variâncias explicadas dos fatores gerados por meio do procedimento de reamostragem. A lógica por trás desse procedimento é que se bancos de dados aleatórios e artificialmente criados apresentam variância explicada maior do que os seus dados reais, os resultados do seu banco de dados podem apresentar erro amostral importante, e não corresponder à realidade populacional (que é mais bem estimada via a reamostragem). Por isso, apenas os fatores reais que "ganham" da reamostragem são mantidos.

O método Hull, por sua vez, refere-se a um procedimento matemático, baseado no conceito de fecho convexo (Convex Hull). É considerado como uma implementação matemática ao *scree plot* (Ceulemans & Kiers, 2006; Lorenzo- Seva et al., 2011). Nele, diferentes soluções fatoriais são plotadas em um gráfico similar ao *scree plot*, no qual o eixo-y é composto pelos índices de ajuste do modelo, e o eixo-x é composto pelos seus respectivos graus de liberdade. É realizado um cálculo matemático, gerando um valor numérico denominado *scree test* (st), que pondera a relação entre o índice de adequação de ajuste e os graus de liberdade de um modelo, em comparação com um modelo prévio. O modelo fatorial com maior valor de *scree test* é considerado o mais adequado (para maiores informações, ver: Ceuleman & Kiers, 2006; Ceulemans et al., 2010; Damásio, 2012; Lorenzo-Seva et al., 2011).

No nosso exemplo, iremos escolher a opção "Análise Paralela". Portanto, marque essa opção, conforme demonstrado na figura 5.

Na aba *Factor Model* você precisa estipular um número de fatores a ser retido. Perceba que esse número é arbitrário. Não é baseado em nenhuma decisão metodológica. Apenas teórica ou baseada em evidências empíricas anteriores. Ou seja, insira o número de fatores que você espera que apareça (p. ex., "Teoricamente, eu deveria esperar três fatores para o meu instrumento, portanto, irei marcar três fatores aqui").

*Um ponto de extrema atenção* – Veja que o número a ser inserido nessa aba pode não ser condizente com o número de fatores que a técnica de retenção vai sugerir. Por exemplo, você pode esperar uma estrutura unidimensional (1 fator) e a técnica de retenção sugerir dois. O *output* irá informar quantos fatores a técnica de retenção sugere. Porém, ele irá rodar a análise fatorial exploratória para o número que você solicitou. Em caso de contradições, entre o que você esperava e o que a técnica sugere, será necessário que você realize uma nova análise, estipulando o número de fatores conforme recomendado pela técnica de retenção.

No nosso exemplo, solicitamos três fatores como sendo o número mais adequado para os dados. Esse valor, conforme será abordado mais adiante, também é o valor sugerido na técnica de retenção fatorial escolhida (Análise Paralela; cf. fig. 5). Portanto, nesse caso, não precisaremos rodar a análise duas vezes, pois o número solicitado e o número sugerido pela técnica são o mesmo.

Ainda na aba *Factor model*, visando a corrigir eventuais desvios de distribuição de normalidade, recomenda-se marcar a opção *Robust factor analysis*. Essa opção irá corrigir o cálculo do erro-padrão e as estimativas do modelo, considerando a natureza não normal dos dados.

Posteriormente, marque a opção *Diagonally Weighted Least Squares* (DWLS), caso seus dados sejam oriundos de escala *Likert*. O método de estimação DWLS foi desenvolvido especificamente para dados categóricos ordinais ou dicotômicos, sendo, portanto, a melhor escolha (Muthen & Muthen, 2017). Se seus dados forem escalares, solicite a opção *Exploratory Maximum Likelihood*. Veja que essa opção só é ativada caso os dados estejam sendo analisados por meio da matriz de correlação de Pearson.

Agora clique em *Configure* (cf. fig. 6). Não é necessário alterar as configurações das seções *Robust goodness-of-fit indexes based on... e Bootstrapping sampling settings*. Ambas as abas já apresentam as melhores configurações propostas na literatura.

Apenas a título de curiosidade, vale destacar que a opção assinalada "Mean and variance adjusted chi-square statistic" (Asparahouv & Muthen, 2010) faz com que o método de estimação da sua análise seja o *Robust Diagonally Weighted Least Squares* (RDWLS), que é similar ao método de estimação Weighted Least Squares mean-and-

-variance adjusted (WLSMV), padrão no Mplus (Muthen & Muthen, 2012) e no pacote laavan do R (Rosseel, 2012).

Na última sessão desta tela (fig. 6) é solicitado que você marque para quais parâmetros quer que apareça o intervalo de confiança obtido por meio das reamostragens. Marque todas as opções, se desejar. Particularmente, não marcamos a primeira opção (*inter-variable variance/covariance*), pois ela é de menor relevância na interpretação dos resultados obtidos. Clique em OK e siga para o segundo bloco de configuração da análise, clicando em "*Other specifications of factor model*".

**Figura 6**
*Configurações iniciais do modelo*

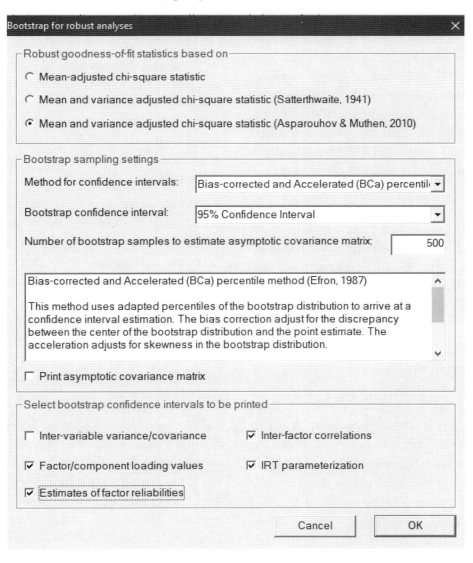

As configurações que sugerimos encontram-se na figura 7. Primeiramente, selecione a opção *"Display Item Response Theory (IRT) parametrization"*. O Factor, por meio da parametrização de Reckase (1985), é capaz de estimar o parâmetro de discriminação (parâmetro *a*) dos itens para cada um dos fatores (se a sua escala for multidimensional) e para a escala como um todo, além de estimar, também, o parâmetro de dificuldade dos itens (parâmetro *b;* estipulado por meio dos interceptos das categorias dos itens, *thresholds*).

O parâmetro de discriminação refere-se ao quanto um item é capaz de discriminar pessoas com diferentes níveis de traço latente (de Ayala, 2009). Ou seja, quão bem o item é capaz de "separar" pessoas com níveis alto e baixo de habilidade no que está sendo mensurado. Um item com baixo poder de discriminação demonstra que pessoas irão responder de maneira semelhante a esse item, independente do nível do traço latente. Mas, obviamente, isso não é esperado. Espera-se que pessoas com diferentes níveis de traço latente respondam de maneira diferente aos itens. Itens que melhor conseguem "captar" essa diferença entre o padrão de resposta e o nível de traço latente das pessoas são itens que apresentam melhor discriminação (Embretson & Reise, 2007).

O parâmetro de dificuldade dos itens (*b*), trazido no Factor por meio dos *Intercepts* (ou *thresholds,* quando se trata de dados categóricos ordinais) dos itens, referem-se ao nível de traço latente (*theta*) que é necessário para você sair de um ponto de resposta até o outro. Portanto, ele mensura o nível de *theta* em que há maior probabilidade de o respondente deixar de responder a categoria 0 e passar a responder a categoria 1 e o ponto no qual o respondente tende a deixar de responder a categoria 1 e passar a responder a

categoria 2. Logo, o cômputo dos *thresholds* será sempre $k$ -1, onde $k$ = número de opções de resposta da sua escala. Retomaremos esses aspectos da TRI na saída, mais à frente do capítulo.

Na aba seguinte, *"Factor score estimates"*, você pode solicitar para que seja criado um novo banco de dados, com os escores fatoriais dos participantes, para tanto, marque a opção "Expected A Posteriori (EAP)". Após solicitar os escores fatoriais, selecione a opção *Compute continuos person-fit indices*. Essa opção irá fornecer a confiabilidade do padrão de resposta aos itens para cada indivíduo da sua amostra.

Avaliar a consistência do padrão de resposta dos sujeitos individualmente, e excluir os casos em que haja fortes indícios de inconsistências, é importante, pois aumenta a confiabilidade dos escores fatoriais gerados, aproximando-se cada vez mais do verdadeiro traço latente (Ferrando et al., 2016).

Posteriormente, na aba *"Indices related to the assessment of unidimensional factor solution"*, solicite as opções *"Compute glb and Omega"* e *"Closeness to unidimensionality assessment"*. A primeira opção irá gerar a fidedignidade do modelo, por meio dos indicadores greatest lower-bound (glb) e Omega. É importante salientar, porém, que esses índices são confiáveis apenas com mais de 1.000 participantes no seu banco de dados (Ten Berge & Socan, 2004).

A outra opção, *Closeness to unidimensionality assessment*, irá gerar resultados sobre o quanto a sua escala se aproxima de uma estrutura unidimensional. Perceba que essa estimativa não é uma técnica específica de retenção fatorial, mas é uma indicação do quanto a sua escala se aproxima de uma única dimensão. Serão gerados três indicadores: Unidimensional Congruence

**Figura 7**
*Solicitações avançadas do modelo*

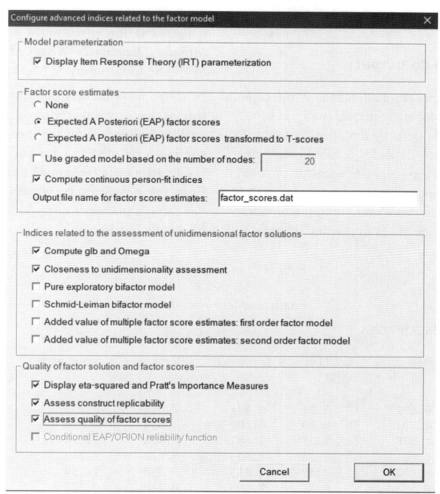

(UniCo); Explained Common Variance (ECV) e Mean of Item Residual Absolute Loadings (Mireal). Valores de UniCo acima de 0,95, de ECV acima de 0,85 e de Mireal acima de 0,30 são indicadores de unidimensionalidade (Ferrando & Lorenzo-Seva, 2018).

Por fim, você deverá selecionar todas as opções da aba *Quality of factor solution and factor scores* (a última opção não está disponível para ser acessada, neste caso). A primeira, *Display eta-squared and Pratt's Important Measures* irá demonstrar o quanto cada um dos itens é diretamente explicado pelo fator, controlando pelas correlações intrafatores (Wu & Zumbo, 2017). É uma medida clara e direta do quanto o fator explica o item. Já a segunda opção, *Assess construct replicability*, irá gerar indicadores do quanto cada um dos seus fatores tende a ser replicado em estudos futuros. A última opção, *Assess quality of factor scores*, gerará um indicativo do quanto são confiáveis os escores fatoriais de cada um dos sujeitos, para todos os fatores da sua amostra. Todas as explicações desses resultados serão demonstradas abaixo, na interpretação da saída (*output*).

## Interpretação do *output*

Quando o programa finalizar a operação, um *output* em formato textual será gerado. A primeira parte da saída irá detalhar as características do seu banco de dados (tamanho da amostra, número de itens, especificações de *missing*), bem como as opções que você solicitou. Uma parte interessante dessa saída (e que é o padrão do software) é que ela já apresenta algumas referências bibliográficas, que você precisará citar no seu estudo. Por exemplo, ao escolher o método *Robust Diagonally Weighted Least Squares*, o Factor já lhe apresenta a referência correta (*Robust Diagonally Weighted Least Squares*, RDWLS; Asparouhov & Muthen, 2010).

Logo na sequência são apresentadas as estatísticas descritivas de todos os itens inseridos na análise, incluindo a média (*mean*), o intervalo de confiança da média, a variância e os indicadores de assimetria (*skewness*) e curtose (*kurtosis*). Essas informações servem para você compreender como a sua amostra responde a cada um dos itens individualmente.

**Figura 8**

*Estatísticas descritivas dos itens*

UNIVARIATE DESCRIPTIVES

| Variable | Mean | Confidence Interval (95%) | | Variance | Skewness | Kurtosis (Zero centered) |
|---|---|---|---|---|---|---|
| V 1 | 0.492 | ( 0.39 | 0.59) | 0.433 | 0.998 | -0.166 |
| V 2 | 0.793 | ( 0.69 | 0.90) | 0.523 | 0.336 | -1.041 |
| V 3 | 1.376 | ( 1.28 | 1.48) | 0.438 | -0.594 | -0.670 |
| V 4 | 0.431 | ( 0.33 | 0.53) | 0.428 | 1.242 | 0.306 |
| V 5 | 0.332 | ( 0.25 | 0.41) | 0.290 | 1.354 | 0.868 |
| V 6 | 0.583 | ( 0.48 | 0.69) | 0.480 | 0.773 | -0.606 |
| V 7 | 1.092 | ( 0.98 | 1.21) | 0.592 | -0.158 | -1.290 |
| V 8 | 0.397 | ( 0.30 | 0.50) | 0.436 | 1.413 | 0.662 |
| V 9 | 0.620 | ( 0.52 | 0.72) | 0.473 | 0.659 | -0.704 |
| V 10 | 1.369 | ( 1.27 | 1.47) | 0.484 | -0.648 | -0.743 |
| V 11 | 0.529 | ( 0.42 | 0.63) | 0.493 | 0.958 | -0.393 |
| V 12 | 1.207 | ( 1.10 | 1.31) | 0.517 | -0.331 | -1.021 |

O gráfico de frequências, resultado seguinte, demonstra quantos participantes responderam a cada uma das opções de resposta para cada item. Mais uma vez, essas estatísticas descritivas servem para você avaliar a sua amostra, principalmente para analisar se os itens do seu instrumento estão apresentando efeito chão (quase a totalidade dos respondentes marcando a primeira opção da escala) ou efeito teto (marcando a última opção da escala). Grande concentração de respostas em uma mesma categoria tende a ser problemático na estimação da estrutura fatorial do instrumento devido à falta de variabilidade nos dados (Osborne & Fitzpatrick, 2012).

Logo na sequência, será gerado o teste de normalidade multivariada de Mardia (1970). Avalie a coluna *p*. Se você encontrar algum valor significativo ($p < 0.05$), isso demonstra que os dados estão sem distribuição normal multivariada.

Logo após é apresentada a tabela de correlação entre todos os itens. Avaliar a correlação entre os itens não deve ser tanto o seu foco, mas essa tabela poderá ter utilidade caso a sua estrutura fatorial não se comporte da maneira esperada por você. Lembrando que a estrutura fatorial se forma por meio das correlações entre os itens, inspecionar essa tabela poderá trazer *insights* importantes. Por exemplo, itens que se correlacionam muito fortemente (p. ex., 0,99) podem gerar efeito *Heywood* (já descrito anteriormente) e, se tiverem conteúdo semântico muito parecido, o construtor pode optar em retirar um deles e rodar novamente os dados.

**Figura 9**
*Padrão de resposta aos itens*

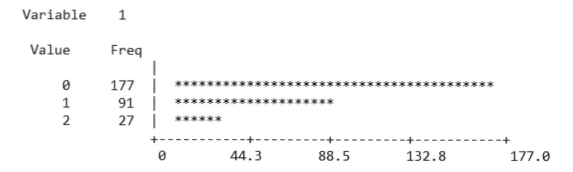

Após a tabela de correlação são apresentados os resultados da adequação da matriz de correlação, sumarizados por meio dos índices testes de Esfericidade de Bartlett e Kaiser-Meyer-Olkin (KMO; cf. fig. 10). Tanto o teste de esfericidade quanto o KMO são medidas que avaliam o quanto os itens estão correlacionados. Valores elevados de KMO são esperados (> 0.70), pois isso indica que os itens têm um padrão de correlação substancial, o que é requisito básico para que sejam gerados fatores interpretáveis. O teste de Bartlett, por sua vez, avalia em que medida a matriz de correlação pode ser considerada uma matriz identidade (i. e., uma matriz em que há apenas correlações do item com ele mesmo, e que as correlações entre os outros itens se aproximam de zero). Valores de significância menores do que 0,05 indicam que essa hipótese nula está rejeitada, e que você pode, portanto, seguir na interpretação dos resultados.

**Figura 10**
*Teste de esfericidade de Bartlett e KMO*

```
ADEQUACY OF THE POLYCHORIC CORRELATION MATRIX

Determinant of the matrix                  < 0.000001
Bartlett's statistic                       = 3263.9 (df =   406; P = 0.000010)
Kaiser-Meyer-Olkin (KMO) test              = 0.75947 (fair)
BC Bootstrap  95% confidence interval of KMO = (  0.627      0.759)
```

## Avaliação dos autovalores (eigenvalues) – Decidindo o número de fatores a serem retidos

A partir de agora, na sessão, *Explained Variance Based on Eigenvalues*, inicia-se a etapa na qual o programa irá lhe dizer qual é o número de fatores mais adequado para os seus dados. Sugerimos que você continue até chegar em *Parallel Analysis (PA) Based on Minimum Rank Factor Analysis*[2] (cf. fig. 11).

Para retomar o que já foi brevemente explicado anteriormente sobre Análise Paralela: o procedimento de Análise Paralela irá gerar novos bancos de dados, a partir do seu banco original, a partir de um processo de permutação (i. e., aleatoriamente ele irá excluir alguns participantes e duplicar outros). A partir desse procedimento de reamostragem serão gerados novos bancos de dados e serão criadas estimativas de variância explicada para os fatores (denominada variância explicada aleatória). As variâncias explicadas aleatórias serão contrastadas com as variâncias do seu banco de dados original.

Os fatores a serem retidos serão aqueles cuja variância explicada dos dados reais (*real data variance*) sejam maiores do que a variância explicada dos dados aleatórios (*random variance*). A lógica por trás é relativamente simples. Se procedimentos aleatórios geram variância explicada para determinados fatores maior do que os gerados pelo seu banco de dados real, esses fatores provavelmente são espúrios.

No caso do nosso exemplo, perceba que temos três fatores com variância explicada maior do que os fatores com variância explicada aleatória (cf. fig. 11). A partir do quarto fator, a variância explicada do banco de dados passa a ser menor do que a variância do fator aleatório, o que indica que, do fator 4 em diante, deve ser ignorada. Ao final dessa saída, o Factor explicita o número de fatores que você deve reter: "*\* Advised number of dimensions: 3*".

Caso você tenha solicitado outro número de fatores nas configurações, o resultado que aparecerá a seguir será com o número de fatores que você solicitou, e não os fatores sugeridos pela técnica de retenção. Assim, se houver discrepância entre o que você solicitou e o que é sugerido, você deve realizar uma nova análise, desta vez solicitando o número de fatores conforme a indicação da análise paralela ou do método de retenção fatorial que você escolheu.

---

2. Se você escolheu outra técnica de retenção fatorial, essa opção não irá aparecer para você. Ao contrário, serão gerados os resultados da técnica que você escolheu (BIC ou Hull). De todo modo, o Factor é muito claro em explicitar qual o número de fatores que você deve considerar.

## Figura 11
### *Número de fatores a serem retidos pela técnica da Análise Paralela*

```
PARALLEL ANALYSIS (PA) BASED ON MINIMUM RANK FACTOR ANALYSIS
(Timmerman & Lorenzo-Seva, 2011)

Implementation details:

        Correlation matrices analized:               Polychoric correlation matrices
        Number of random correlation matrices:        500
        Method to obtain random correlation matrices: Permutation of the raw data (Buja & Eyuboglu, 1992)


Variable  Real-data      Mean of random   95 percentile of random
          % of variance  % of variance    % of variance

    1      31.5410*        7.4856           8.0928
    2      13.1807*        6.8906           7.3213
    3       8.1612*        6.4726           6.8850
    4       4.8539         6.1141           6.4820
    5       4.1029         5.8075           6.1344
    6       3.7063         5.5055           5.8319
    7       3.5711         5.2290           5.4789
    8       3.1373         4.9617           5.1973
    9       3.0257         4.7088           4.9431
   10       2.7380         4.4589           4.6746
```

Posteriormente, o Factor apresentará uma avaliação de uma possível unidimensionalidade para a sua escala, por meio da seção *Closeness to Unidimensionality Assessment* (Ferrando & Lorenzo-Seva, 2018). Serão gerados três indicadores (UniCo, ECV e Mireal) tanto para cada item quanto para a escala como um todo.

A interpretação dessa saída se dá mais abaixo, em *Overall Assessment* (cf. fig. 12). Veja que, no nosso caso, nenhum dos critérios (UniCo; ECV e Mireal) foi indicativo de que a nossa escala deveria ser considerada como unidimensional.

Na sequência desses resultados são apresentados os índices de ajuste para o modelo (cf. fig.

## Figura 12
### *Avaliação de unidimensionalidade dos dados*

```
OVERALL ASSESSMENT

UniCo  =  0.763   BC BOOTSTRAP  95% CONFIDENCE INTERVALS = (  0.709      0.797)
ECV    =  0.708   BC BOOTSTRAP  95% CONFIDENCE INTERVALS = (  0.633      0.753)
MIREAL =  0.293   BC BOOTSTRAP  95% CONFIDENCE INTERVALS = (  0.265      0.339)

A value of UniCo (Unidimensional Congruence) and I-Unico (Item Unidimensional Congruence)
larger than 0.95 suggests that data can be treated as essentially unidimensional.

A value of ECV (Explained Common Variance) and I-ECV (Item Explained Common Variance) larger
than 0.85 suggests that data can be treated as essentially unidimensional.

A value of MIREAL (Mean of Item REsidual Absolute Loadings) and I-REAL (Item REsidual Absolute
Loadings) lower than 0.300 suggests that data can be treated as essentially unidimensional.
```

13). Sugere-se interpretar os valores de RMSEA, NNFI (em outros softwares denominados TLI), CFI e a linha do *Robust Mean and Variance-Adjusted Chi Square*. De acordo com a literatura (Brown, 2006), os valores de RMSEA devem ser menores que 0,06 ou 0,08 (e o intervalo de confiança < 0,10), Valores de TLI (no Factor, denominado NNFI) maior que 0,90 ou preferencialmente, 0,95. Caso você tenha modelos concorrentes (ou seja, se você estiver testando mais de uma estrutura fatorial, utilize o índice BIC para avaliar qual modelo é o mais adequado. Quanto menor for o valor de BIC, mais adequado é o modelo. Outros indicadores como GFI e AGFI têm sido descartados da literatura devido às suas instabilidades (Schreiber et al., 2006).

**Figura 13**

*Índices de adequação de ajuste da estrutura fatorial*

```
---------------------------------------------------------------------------------

ROBUST GOODNESS OF FIT STATISTICS

            Root Mean Square Error of Approximation (RMSEA) =   0.000; BC Bootstrap  95% confidence interval = could not be computed
                                                              (between .000 and 0.010 : excellent)
                  Estimated Non-Centrality Parameter (NCP) = 236.670
                                        Degrees of Freedom = 322
                                    Test of Approximate Fit
                                    H0 : RMSEA < 0.05;  P = 1.000

            Minimum Fit Function Chi Square with 322 degrees of freedom = 213.289 (P = 0.999990)
  Robust Mean and Variance-Adjusted Chi Square with 322 degrees of freedom = 300.371 (P = 0.801178)
           Chi-Square for independence model with 406 degrees of freedom = 6163.881

                 Non-Normed Fit Index (NNFI; Tucker & Lewis) =   1.005; BC Bootstrap  95% confidence interval = (  1.006     1.008)
                              Comparative Fit Index (CFI) =   1.004; BC Bootstrap  95% confidence interval = (  1.005     1.007)
                                                              (larger than 0.990 : excellent)
              Schwarz's Bayesian Information Criterion (BIC) = 960.060; BC Bootstrap  95% confidence interval = (943.306    943.306)

                             Goodness of Fit Index (GFI) =   0.966; BC Bootstrap  95% confidence interval = (  0.966     0.967)
                    Adjusted Goodness of Fit Index (AGFI) =   0.957; BC Bootstrap  95% confidence interval = (  0.957     0.958)
         Goodness of Fit Index without diagonal values (GFI) =   0.952; BC Bootstrap  95% confidence interval = (  0.954     0.955)
    Adjusted Goodness of Fit Index without diagonal values(AGFI) =   0.940; BC Bootstrap  95% confidence interval = (  0.942     0.943)
```

## Cargas fatoriais dos itens

Agora chegou a hora de avaliar a estrutura fatorial do instrumento e as cargas fatoriais dos itens. Serão geradas várias saídas, tais como *Eigenvalues of the reduced correlation matrix*, *Unrotated Loading Matrix*, *Weights of Robust Rotation*, *Semi-Specified Target Loading Matrix*, *Rotated Loading Matrix* e *Rotated Loading Matrix (loadings lower than absolute 0.300 ommited)*. Essas duas últimas são as quais a sua atenção deve estar focada.

A matriz de cargas fatoriais rotacionadas apresenta a carga fatorial dos itens para os fatores que você solicitou. No nosso exemplo (cf. fig. 14) temos três fatores. A rigor itens são considerados "pertencentes" a um fator quando tem cargas fatoriais elevadas. A literatura recomenda, geralmente, cargas acima de 0,30 como critério mínimo de interpretabilidade de carga fatorial para o item em determinado fator. Porém, critérios mais rigorosos (0,40 ou 0,50, p. ex.) podem ser adotados e geralmente acontece quando o pesquisador está trabalhando no desenvolvimento e refinamento de instrumentos psicológicos (Hair et al., 2018), visando a manter apenas os melhores itens na escala, ou desenvolvendo versões menores de uma escala (*short-versions*).

Essa decisão sobre a partir de qual carga fatorial considerar um item pertencente a um determinado fator é arbitrária. De todo modo, vale salientar que, quanto maior for a carga fatorial, mais importante é aquele indicador para o fenômeno mensurado naquela amostra.

### Figura 14
*Cargas fatoriais rotacionadas dos itens*

```
ROTATED LOADING MATRIX

Variable       F   1     F   2     F   3

V    1         0.586    -0.193     0.037
V    3        -0.248    -0.021     0.456
V    4         0.366     0.160    -0.179
V    5         0.762    -0.182     0.127
V    6         0.607     0.103    -0.091
V    7         0.039     0.675    -0.064
V    8         0.809    -0.008     0.057
V    9         0.065     0.663    -0.194
V   10        -0.053    -0.066     0.575
V   11         0.572    -0.061    -0.050
V   13         0.013     0.632     0.025
V   14         0.898    -0.060     0.107
V   15         0.694    -0.104     0.001
V   16         0.065    -0.041     0.535
V   17         0.143    -0.012     0.765
V   18        -0.010     0.054     0.744
V   19        -0.230     0.075     0.605
V   20         0.617     0.166    -0.244
V   21         0.495     0.205     0.084
V   22         0.657     0.105    -0.095
V   23        -0.051     0.602     0.157
V   24        -0.027     0.108     0.696
V   25         0.740    -0.006    -0.011
V   26         0.070     0.034     0.770
V   27        -0.125     0.684     0.027
V   28         0.790    -0.088     0.115
V   29         0.096     0.598     0.254
```

O Factor utiliza o padrão de 0,30. Por isso, na saída posterior (fig. 15), ele omite as cargas fatoriais abaixo desse ponto de corte, deixando a solução visualmente mais fácil.

### Figura 15
*Cargas fatoriais rotacionadas dos itens (valores abaixo de 0,30 omitidos)*

```
ROTATED LOADING MATRIX
(loadings lower than absolute   0.300 omitted)

Variable       F   1     F   2     F   3

V    1         0.586
V    3                              0.456
V    4         0.366
V    5         0.762
V    6         0.607
V    7                   0.675
V    8         0.809
V    9                   0.663
V   10                              0.575
V   11         0.572
V   13                   0.632
V   14         0.898
V   15         0.694
V   16                              0.535
V   17                              0.765
V   18                              0.744
V   19                              0.605
V   20         0.617
V   21         0.495
V   22         0.657
V   23                   0.602
V   24                              0.696
V   25         0.740
V   26                              0.770
V   27                   0.684
V   28         0.790
V   29                   0.598
```

## Medida de importância dos itens

Outra saída importante (cf. figura 16), que vem um pouco mais abaixo, é a "Pratt's Importance Measure". Como dito anteriormente, essa é uma estimativa do quanto o fator explica o item, já controlando pelas correlações entre os fatores e pelas cargas fatoriais cruzadas dos itens (Wu & Zumbo, 2017). Interprete a "Communality-Standardized Pratt's Measures". Perceba que, para cada item, o somatório é sempre 1 (considerando o valor para cada fator). A interpretação é a seguinte: o padrão de resposta ao item 1 é explicado 89,8% pelo Fator I e 10,2% pelo Fator 2.

## Figura 16
*Medida de Importância de Pratt*

```
COMMUNALITY-STANDARDIZED PRATT'S MEASURES

Variable      F  1      F  2      F  3

V   1        0.898     0.102     0.000
V   3        0.315     0.000     0.685
V   4        0.685     0.069     0.246
V   5        0.945     0.055     0.000
```

## Replicabilidade da estrutura fatorial e qualidade dos escores fatoriais

Na sequência, o Factor apresenta a saída "Construct Replicability: Generalized H (G-H) Index". Esse índice, desenvolvido por Ferrando e Lorenzo-Seva (2018), avalia em que medida a estrutura fatorial é replicável (fig. 17). Valores de H maiores que 0,80 sugerem uma variável latente bem definida, que tende a se replicar em outros estudos (Ferrando & Lorenzo-Seva, 2018). Veja que, por exemplo, o Fator 2 apresenta valor de H-Observed menor que 0,80, sugerindo que futuros estudos podem encontrar discrepâncias na composição desse fator.

Logo abaixo, o Factor apresenta outro procedimento recente, que é a qualidade e efetivida-de da estimativa dos escores fatoriais (cf. fig. 18). Esse procedimento fornece quatro diferentes indicadores: *Factor Determinacy Index* (FDI); *Orion marginal reliability, Sensitivity ratio* (SR) e *Expected percentage of true differences (EPTD)*.

O FDI é uma medida de correlação entre o escore latente e o escore fatorial. Valores acima de 0,80 indicam que os escores fatoriais (i. e., os escores gerados pelo padrão de resposta aos itens) são bons *proxies* do escore latente real. Ferrando e Lorenzo-Seva (2018) sugerem que se os escores fatoriais forem utilizados para fins de avaliação psicológica, os valores de FDI devem ser acima de 0,90.

O índice Orion, por sua vez, acrônimo de *Overall Reliability of fully-Informative prior Oblique N-EAP scores*. Este índice informa a fidedignidade do escore fatorial de todos os participantes naquele fator (Ferrando & Lorenzo-Seva, 2016).

Os índices *Sensitivity ratio* (SR) e *Expected Percentage of true differences* (EPTD), também apresentados, são explicados na nota, abaixo dos resultados. De acordo com a nota, o índice *Sensitivity ratio* (SR) refere-se a uma estimativa de quantos agrupamentos de sujeitos podem ser encontrados dentro da amplitude dos escores

## Figura 17
*Índice H de avaliação de replicabilidade da estrutura fatorial*

```
CONSTRUCT REPLICABILITY: GENERALIZED H (G-H) INDEX
Ferrando & Lorenzo-Seva (2018)

Factor      H-Latent  BC Bootstrap  95 % Confidence intervals   H-Observed  BC Bootstrap  95 % Confidence intervals

F   1        0.934     ( 0.915       0.951)                      0.798       ( 1.570       1.570)
F   2        0.835     ( 0.782       0.858)                      0.767       ( 1.111       1.111)
F   3        0.891     ( 0.864       0.913)                      0.825       ( 1.147       1.147)


The H index evaluates how well a set of items represents a common factor. It is bounded between 0 and 1 and approaches unity as
the magnitude of the factor loadings and/or the number of items increase. High H values (>.80) suggest a well defined latent variable,
which is more likely to be stable across studies, whereas low H values suggest a poorly defined latent variable, which is likely
to change across studies.

H-Latent assesses how well the factor can be identified by the continuous latent response variables that underlie the observed item scores,
whereas H-Observed assesses how well it can be identified from the observed item scores.

-----------------------------------------------------------------------------------
```

fatoriais. Já o índice EPTD refere-se à porcentagem estimada de diferenças entre as estimativas da pontuação do fator observado que estão na mesma direção que as diferenças verdadeiras do traço latente. Durante o momento da escrita deste capítulo não foram encontradas publicações da equipe do Factor nas quais esses indicadores eram descritos, de modo que a interpretação desses dois índices (SR e EPTD) baseiam-se apenas na nota escrita no próprio *output*.

## Análises psicométricas baseadas em teoria de resposta ao item

Após essa saída, o Factor passa a apresentar os resultados baseados em teoria de resposta ao item (TRI). O programa estima dois parâmetros: discriminação (parâmetro a) e dificuldade dos itens (parâmetro b).

Em relação ao parâmetro de discriminação, o Factor gera os índices para cada um dos fatores (a1, a2 e a3) e para a escala como um todo (discriminação multidimensional; MDISC).

Veja que o item 1 apresenta (cf. fig. 19) maior discriminação no fator 1 (a1), que é o fator que melhor explica o padrão de resposta a esse item. A discriminação multidimensional (MDISC), por sua vez, refere-se à discriminação do item como um todo, considerando todos os fatores da sua escala. No nosso exemplo, o item que apresenta maior discriminação, considerando a escala como um todo, é o item 14 ("Há ódio em minha família"). Ou seja, a resposta a esse item é o que mais discrimina pessoas e seus problemas de interação familiar.

Se avaliarmos os fatores individualmente, podemos ver, por exemplo, no fator 3 ("Afetivo-

**Figura 18**

*Qualidade e efetividade das estimativas dos escores fatoriais*

QUALITY AND EFFECTIVENESS OF FACTOR SCORE ESTIMATES

Ferrando & Lorenzo-Seva (2018)

|  | F 1 | F 2 | F 3 |
|---|---|---|---|
| Factor Determinacy Index (FDI) | 0.966 | 0.914 | 0.944 |
| ORION marginal reliability | 0.934 | 0.835 | 0.891 |
| Sensitivity ratio (SR) | 3.749 | 2.249 | 2.853 |
| Expected percentage of true differences (EPTD) | 94.3% | 89.8% | 92.0% |

The sensitivity ratio (SR) can be interpreted as the number of different factor levels than can be differentiated on the basis of the factor score estimates. The expected percentage of true differences (EPTD) is the estimated percentage of differences between the observed factor score estimates that are in the same direction as the corresponding true differences.

If factor scores are to be used for individual assessment, FDI values above .90, marginal reliabilities above .80, SR above 2, and EPTDs above 90% are recommended.

## Figura 19
*Padrão de discriminação dos itens*

```
ITEM RESPONSE THEORY PARAMETERIZATION: MULTIDIMENSIONAL NORMAL-OGIVE GRADED RESPONSE MODEL
Reckase's parameterization (Reckase, 1985)

PATTERN OF ITEM DISCRIMINATIONS

Item         a   1     a   2     a   3     MDISC

V    1       0.732    -0.241     0.046     0.772
V    3      -0.316    -0.027     0.582     0.663
V    4       0.422     0.184    -0.206     0.504
V    5       1.098    -0.262     0.182     1.144
V    6       0.812     0.138    -0.122     0.833
V    7       0.053     0.903    -0.085     0.908
V    8       1.290    -0.012     0.091     1.294
V    9       0.086     0.877    -0.257     0.918
V   10      -0.065    -0.082     0.714     0.722
V   11       0.718    -0.077    -0.062     0.725
V   13       0.017     0.820     0.032     0.821
V   14       1.687    -0.113     0.201     1.703
V   15       0.976    -0.146     0.002     0.987
V   16       0.074    -0.047     0.615     0.621
V   17       0.198    -0.017     1.063     1.082
V   18      -0.016     0.085     1.157     1.160
V   19      -0.364     0.119     0.956     1.030
V   20       0.984     0.265    -0.389     1.091
V   21       0.573     0.237     0.097     0.628
V   22       0.939     0.150    -0.137     0.961
V   23      -0.068     0.810     0.211     0.840
V   24      -0.041     0.162     1.044     1.058
V   25       1.111    -0.009    -0.016     1.112
V   26       0.105     0.051     1.153     1.159
V   27      -0.178     0.968     0.038     0.985
V   28       1.171    -0.131     0.171     1.191
V   29       0.133     0.829     0.352     0.910

        a: item discrimination in each dimension
   MDISC: item multidimensional discrimination
```

Consistente") que os itens que melhor discriminam o padrão afetivo intrafamiliar (cf. coluna a3) são os itens 18 ("Minha família me proporciona muito conforto emocional") e 26 ("Os membros da minha família expressam interesse e carinho uns com os outros"). Utilizando esse padrão de interpretação, você deve avaliar, nos seus itens, qual é o item que mais discrimina o traço latente, tanto para os fatores individualmente quanto para a escala como um todo.

Logo na sequência (cf. fig. 20), o Factor fornece a saída "*Category Intercepts*" (Interceptos das categorias). Veja que a escala do nosso exemplo, "*Inventário de Percepção de Suporte Familiar –*

*Versão Infantojuvenil*" apresenta as seguintes categorias de resposta: 0 = Nunca ou quase nunca; 1 = Às vezes; 2 = Quase sempre ou sempre. Como a escala é de respostas ordinais, a denominação mais correta para o intercepto é *threshold* (de Ayala, 2009).

Os *thresholds* (que em português significa limiares), portanto, referem-se ao nível de traço latente (*theta*) que é necessário para você sair de um ponto de resposta até o outro. Portanto, ele mensura o nível de *theta* em que você deixa de responder a categoria 0 e passa a responder a categoria 1 (d1) e o ponto onde você deixa de responder a categoria 1 e passa a responder a

**Figura 20**
*Interceptos das categorias*

```
CATEGORY INTERCEPTS

Item          d   1      d   2

V    1            0.317       1.664
V    3           -1.624       0.071
V    4            0.478       1.533
V    5            0.763       2.633
V    6            0.119       1.580
V    7           -0.884       0.531
V    8            0.845       2.061
V    9           -0.006       1.562
V   10           -1.426       0.016
V   11            0.296       1.464
V   13           -0.687       0.421
V   14            1.183       3.014
V   15           -0.210       1.383
V   16           -0.873       0.191
V   17           -1.406       0.219
V   18           -1.486       0.312
V   19           -1.369       0.155
V   20            1.304       2.559
V   21            0.557       2.064
V   22            1.275       2.680
V   23           -1.269       0.673
V   24           -1.539       0.250
V   25            0.289       2.031
V   26           -1.744       0.249
V   27           -0.434       1.536
V   28            0.799       2.068
V   29           -1.201       0.932
```

categoria 2 (d2). Como temos três categorias de resposta (0, 1 e 2), haverá dois *thresholds* (limiar entre as categorias 0 e 1 e limiar entre as categorias 1 e 2).

Na avaliação deste indicador, espera-se que o nível de *theta* requerido para responder às categorias mais altas seja maior. Vamos visualizar, por exemplo, o item 14 "Há ódio em minha família". Veja que o *threshold* entre as categorias 0 e 1 (d1 = 1,18) é bem menor do que o *threshold*

das categorias 1 e 2 (d2 = 3,014). Em última instância, essa análise demonstra que o respondente precisa de, no mínimo, 1,18 pontos no *theta* para poder responder a categoria 1 ("Às vezes») e precisa de 3,01 para responder a categoria 2 ("Quase sempre ou Sempre").

É importante destacar que o Factor informa apenas essas informações (discriminação e dificuldade dos itens, por meio dos interceptos/*thresholds*). A teoria de resposta ao item é muito mais ampla do que isso (para maiores informações, cf. Embretson & Reise, 2000; de Ayala, 2007). De todo modo, tais estimativas já servem para você iniciar a sua compreensão em TRI.

Após essa saída (*Category Intercepts*), o Factor irá gerar uma série de informações adicionais. Boa parte dessas informações refere-se aos escores fatoriais de cada um dos participantes do seu banco de dados, que é apresentada na saída *"Participants' score estimates on factors: Phi-information Oblique EAP scores"*.

Ele irá gerar um escore geral, bem como intervalos de confiança para cada um dos fatores da sua escala, em *"Precision of factor score estimates"*. Lembre-se que você solicitou que os escores fatoriais fossem gerados em um outro arquivo à parte (output_fscores.dat; cf. fig. 7). Portanto, você não precisa se preocupar ou se deter com tanta ênfase nessas centenas de linhas que irão sair no seu *output*. Se você quiser utilizar os escores fatoriais dos participantes, eles já estão salvos em um arquivo à parte.

Por fim, o Factor fornece uma última estimativa importante, que é a precisão do padrão de resposta para cada um dos participantes. Ou seja, o programa consegue visualizar e informar quais são os casos do seu banco de dados que não responderam à sua pesquisa de maneira confiável. Essa informação é dada em "Person-Fit Indices For Continuous Models" (fig. 21).

Ferrando, Vigil-Colet & Lorenzo-Seva (2017) desenvolveram uma estimativa denominada "*Weighted Mean-Squared Index*" (WMSI). Para cada banco de dados, o Factor irá calcular o valor de WMSI que é considerado o ponto de corte a ser compreendido como aceitável, para determinar a aceitabilidade do padrão de resposta dos sujeitos. Respostas com valores de WMSI maiores que o ponto de corte determinado são consideradas não confiáveis. No exemplo abaixo, o ponto de corte do WMSI é 1.75 (*"Cases with high WMSI (value larger than 1.75)"*. O Factor lista todos os casos cujas respostas não são confiáveis. Cabe ao pesquisador decidir se mantém ou se retira esses casos.

**Figura 21**

*Confiabilidade do padrão de resposta aos itens*

```
PERSON-FIT INDICES FOR CONTINUOUS MODELS
Ferrando, Vigil-Colet, & Lorenzo-Seva (2017)


Summary of item Descriptives

Lowest   mean                   0.2169
Largest  mean                   1.3763
Lowest   standard deviation     0.4805
Largest  standard deviation     0.8159


Summary Statistics for Person Fit Indices

Indices computed

         Weighted Mean-Squared Index (WMSI)
         Personal Correlation (rp)

             WMSI                rp

Smallest     0.1296             -0.7015
 Largest     2.5322              0.9533
    Mean     1.0045              0.6475
Variance     0.2078              0.0742


Cases with high WMSI (value larger than   1.75)

Case         WMSI                rp

   1         2.093              0.050
   8         2.263              0.233
   9         1.799              0.189
  14         1.863              0.207
  86         2.097              0.441
 146         1.876              0.150
 152         2.190              0.137
 153         1.954              0.421
 155         2.394              0.185
 156         2.044              0.337
 157         2.215              0.303
 162         1.815              0.458
```

## Considerações finais

O conjunto de métodos estatísticos denominado de análise fatorial exploratória (AFE) tem o intuito de oferecer ao pesquisador informações fundamentais, do ponto de vista psicométrico, sobre parâmetros desejáveis de uma determinada medida a respeito de um construto. Obviamente, uma série de decisões deve ser tomada desde o processo de construção da medida, já que se espera que o construtor da medida seja também um *expert* teórico daquele construto que está se dispondo a construir.

Programas estatísticos são ferramentas e o psicometrista deve saber utilizá-las e interpretá-las da melhor forma possível, a fim de proporcionar informações relevantes sobre o instrumento psicológico avaliado. Ferramentas são desenvolvidas com propósitos específicos e podem ser utilizadas de maneiras mais ou menos adequadas. O Factor é um software desenvolvido especificamente para AFE. Neste sentido, o programa apresenta a possibilidade de análises bastante pertinentes, específicas e índices úteis na interpretação dos dados, inclusive sendo um software que frequentemente vem sendo atualizado, com análises modernas, como no caso da TRI.

O objetivo deste capítulo foi o de proporcionar ao leitor algum arcabouço teórico sobre a definição e usos da AFE, bem como propor um tutorial de como analisar e interpretar algumas das saídas e índices do Factor. Obviamente, a restrição de páginas de um capítulo de livro limita também explicações mais detalhadas sobre diversas informações que o programa proporciona, e outros capítulos futuros podem ser desenvolvidos para abordar estas lacunas. Esperamos que o capítulo tenha sido útil e didático à sua proposta.

## Referências

Artino Jr., A. R., & Gehlbach, H. (2012). AM last page: Avoiding four visual-design pitfalls in survey development. *Academic Medicine: Journal of The Association of American Medical Colleges*, 87(10), 1452

Artino Jr., A. R., Gehlbach, H., & Durning, S. J. (2011). AM Last Page: Avoiding five common pitfalls of survey design. *Academic Medicine: Journal of The Association of American Medical Colleges*, 86(10), 1.327-1.327.

Baglin, J. (2014). Improving your exploratory factor analysis for ordinal data: a demonstration using Factor. *Practical Assessment, Research & Evaluation*, 19(5) 1-9. https://scholarworks.umass.edu/cgi/viewcontent.cgi?article=1317&context=pare

Baptista, M. N. (2009). *Inventário de percepção de suporte familiar – IPSF*. Vetor.

Baptista, M. N. (2019). Escala Baptista de Depressão – Versão Idosos. Vetor.

Beavers, A. S., Lounsbury, J. W., Richards, J., Huck, S. W., Skolits, G. J., & Esquivel, S. L. (2013). Practical Considerations for Using Exploratory Factor Analysis in Educational Research. https://www.semanticscholar.org/paper/Practical-Considerations-for-Using-Exploratory-in-Beavers-Lounsbury/a0a9c0d005f0878f79811b930d16f8d83bfc4a1d

Brown, T. A. (2006). *Confirmatory factor analysis for applied research*. Guilford.

Ceulemans, E., & Kiers, H. A. L. (2006). Selecting among three-mode principal component models of different types and complexities: A numerical convex hull-based method. *British Journal of Mathematical and Statistical Psychology*, 59(1), 133-150.

Ceulemans, E., Timmerman, M. E., & Kiers, H. A. L. (2010). The CHull procedure for selecting among multilevel component solutions. *Chemometric and Intelligent Laboratory Systems*, 106(1), 12-20.

Costello, A. B., & Osborne, J. (2005). Best practices in exploratory factor analysis: Four recommendations for getting the most from your analysis. *Exploratory Factor Analysis, 10*(7), 10. https://scholarworks.umass.edu/cgi/viewcontent.cgi?article=1156&context=pare

Damásio, B. F. (2012). Uso da análise fatorial exploratória em psicologia. *Avaliação Psicológica, 11*(2), 213-228

de Ayala, R. J. (2009). *The theory and practice of Item Response Theory*. Guilford.

Distefano, C., Zhu, M., & Mîndrilă, D. (2009). Understanding and Using Factor Scores: Considerations for the Applied Researcher. *Practical Assessment, Research & Evaluation, 14*(20). https://pdfs.semanticscholar.org/c014/318301768576243ee7e03b28102787ab5c28.pdf

Efron, B., & Tibshirani, R. J. (1994). *An introduction to the bootstrap*. CRC.

Embretson, S., & Reise, S. (2000). *Item Response Theory for Psychologists*. Lawrence Erlbaum.

Ferrando, P. J., & Lorenzo-Seva, U. (2006). Factor: A computer program to fit the exploratory factor analysis model. *Behavior Research Methods* 38, 88-91. https://doi.org/10.3758/BF03192753

Ferrando, P. J., & Lorenzo-Seva, U. (2016). A note on improving EAP trait estimation in oblique factor-analytic and item response theory models. Psicológica, 37, 235-247.

Ferrando, P. J., & Lorenzo-Seva, U. (2017). Program Factor at 10: Origins, development, and future directions. *Psicothema, 29*(2), 236-240. https://doi.org/10.7334/psicothema2016.304

Ferrando, P. J., & Lorenzo-Seva U. (2018). Assessing the quality and appropriateness of factor solutions and factor score estimates in exploratory item factor analysis. *Educational and Psychological Measurement*, 78, 762-780. https://dx.doi.org/10.1177/0013164417719308

Ferrando, P. J., Vigil-Colet, A., & Lorenzo-Seva, U. (2016). Practical Person – Fit Assessment with the Linear FA Model : New Developments and a Comparative Study. *Frontiers in Psychology*, 7, 1973. https://dx.doi.org/10.3389/fpsyg.2016.01973

Henrich, J., Heine, S. J., & Norenzayan, A. (2010). Most people are not WEIRD. *Nature*, 466(7302), 29. https://dx.doi.org/10.1038/466029

Horn, J. L. (1965). A rationale and technique for estimating the number of factors in factor analysis. *Psychometrika, 30*(1), 179-185. https://dx.doi.org/10.1007/bf02289447

Howard, M. C. (2015). A Review of Exploratory Factor Analysis (EFA) Decisions and Overview of Current Practices: What We Are Doing and How Can We Improve? *International Journal of Human-Computer Interaction*, 32. 150914142834000. 10.1080/10447318.2015.1087664.

Ledesma, R. D., Valero-Mora, P., & de Valencia, U. (2007). Determining the Number of Factors to Retain in EFA: an easy-to- use computer program for carrying out Parallel Analysis. *Exploratory Factor Analysis, 12*(2), 11. http://audibmw.info/pdf/retain/4.pdf.

Lloret, S., Ferreres, A., Hernández, A., & Tomás, I. (2017). The exploratory factor analysis of items: guided analysis based on empirical data and software. *Anales de Psicología/Annals of Psychology, 33*(2), 417-432. https://doi.org/10.6018/analesps.33.2.270211

Lorenzo-Seva, U., & Ferrando, P. J. (2006). Factor: A computer program to fit the exploratory factor analysis model. *Behavior Research Methods, 38*(1), 88-91. https://doi.org/10.3758/BF03192753

Lorenzo-Seva, U., & Ferrando, P. J. (2013). Factor 9.2: A comprehensive program for fitting exploratory and semiconfirmatory factor analysis and IRT models. *Applied Psychological Measurement, 37*(6), 497-498. https://doi.org/10.1177/0146621613487794.

McDaniel, C., & Gates, R. (2015). *Marketing research* (10. ed.). Wiley.

Muthén, L. K., & Muthén, B. O. (1998-2017). *Mplus User's Guide* (8. ed.). Muthén & Muthén.

Osborne, J. W. (2015). What is Rotating in Exploratory Factor Analysis? *Practical Assessment, Research & Evaluation, 20*(2). http://citeseerx.ist.psu.edu/viewdoc/download?doi=10.1.1.666.5917&rep=rep1&type=pdf

Osborne, J. W., & Fitzpatrick, D. C. (2012). Replication Analysis in Exploratory Factor Analysis: What it is and why it makes your analysis better. *Practical Assessment, Research & Evaluation 17*(15), 1-8. https://scholarworks.umass.edu/cgi/viewcontent.cgi?article=1283&context=pare

Reckase, M. D. (1985). The difficulty of test items that measure more than one ability. *Applied Psychological Measurement,* 9, 401-412. https://dx.doi.org/10.1177/014662168500900409

Reio, T. G., & Shuck, B. (2015b). Exploratory Factor Analysis: Implications for Theory, Research, and Practice. *Advances in Developing Human Resources, 17*(1), 12-25. https://doi.org/10.1177/1523422314559804

Rosseel, Y. (2012). Lavaan: An R Package for Structural Equation Modeling. *Journal of Statistical Software, 48*(2), 1-36. URL http://www.jstatsoft.org/v48/i02/

Samuels, P. (2017). *Advice on exploratory factor analysis*. Centre for Academic Success. https://www.researchgate.net/publication/319165677_Advice_on_Exploratory_Factor_Analysis

Schreiber, J. B., Stage, F. K., King, J., Nora, A., & Barlow, E. A. (2006). Reporting structural equation modeling and confirmatory factor analysis results: A Review. *The Journal of Educational Research,* 99(6), 323-337. https://doi.org/10.3200/JOER.99.6.323-338

Sibanda, W., & Pretorius, P. (2014). Exploratory factor analysis of demographic characteristics of antenatal clinic attendees and their association with HIV risk. *Mediterranean Journal Of Social Sciences, 5*(20),

303. https://www.mcser.org/journal/index.php/mjss/article/view/3737

Timmerman, M. E., & Lorenzo-Seva, U. (2011). Dimensionality assessment of ordered polytomous items with parallel analysis. *Psychological Methods, 16*, 209-220. https://dx.doi.org/10.1037/a0023353

Widaman, K. F. (2012). Exploratory factor analysis and confirmatory factor analysis. In H. Cooper (org.), *APA handbook of research methods in psychology: Data analysis and research publication* (vol. 3, pp. 361-390). American Psychological Association.

Wu, A.D., & Zumbo, B.D. (2017). Using Pratt's Importance Measures in Confirmatory Factor Analyses. *Journal of Modern Applied Statistical Methods, 16*(2), 81-98. https://dx.doi.org/10.22237/jmasm/1509494700

# 16
# Análise fatorial confirmatória com o R

*Víthor Rosa Franco*
Universidade São Francisco

*Gabriela Yukari Iwama*
Universidade de Tübingen

Como visto nos capítulos 8, 10, 13 e 15, quando queremos construir uma escala de medidas psicológicas, um dos procedimentos mais fundamentais é a análise de dimensionalidade desta escala. Com análise de dimensionalidade nos referimos tanto a uma avaliação da quantidade de construtos, representados por variáveis latentes mensuradas de fato por um teste, quanto pela avaliação de como esses construtos podem estar correlacionados. No capítulo 15 essa análise foi feita de uma forma mais exploratória e baseada nos dados: o modelo assumia que todos os itens estavam relacionados com todos os construtos, embora alguns itens estivessem mais fortemente relacionados com alguns construtos. Além disso, o ajuste do modelo, por si só, já indicava quais itens estavam relacionados com quais construtos. No presente capítulo iremos usar uma abordagem mais confirmatória, ou baseada em teoria: precisaremos informar ao nosso modelo quais itens estão relacionados com quais construtos. A implementação dessa abordagem se dará por meio do uso da análise fatorial confirmatória (AFC) com o software R (R Core Team, 2020).

O objetivo do presente capítulo é fazer uma apresentação breve da teoria que baseia a AFC, assim como providenciar um passo a passo de como fazer essas análises utilizando o software R. Dado que o R é uma ferramenta gratuita e de código aberto, muitos pesquisadores e entusiastas fazem contribuições à comunidade de usuários. Dessa forma, muitos pacotes, os quais simplificam boa parte da programação, já foram desenvolvidos para a maior parte das análises que podemos nos interessar. No nosso caso, o pacote *lavaan* (Rosseel, 2012) oferece uma série de ferramentas para que possamos conduzir nossas AFCs, dos modelos mais simples aos mais complexos. Também utilizaremos o pacote *semPlot* (Epskamp, 2015), o qual nos fornece diversas ferramentas para gerar gráficos interessantes para nossas AFCs.

Este capítulo está estruturado em quatro principais seções. Primeiro, nós iremos introduzir os principais conceitos teóricos que fundamentam a AFC. Em seguida, iremos mostrar como realizar a AFC usando o pacote *lavaan*. Para essa seção, iremos assumir que você já usou o R pelo menos algumas vezes, tendo o conhecimento mínimo sobre como instalar o próprio R, como instalar pacotes e o que são funções. Na terceira seção iremos focar principalmente nas representações gráficas que podem ser úteis no relato de uma AFC. Por fim, faremos algumas considerações finais sobre o conteúdo do capítulo.

## A teoria da análise fatorial confirmatória

A AFC pode ser considerada como uma aplicação especial de outros dois tipos de análise bastante utilizados em psicologia. Primeiro, ela pode ser considerada como um tipo especial de análise fatorial exploratória (AFE) na qual as variáveis observadas (também: itens, questões, perguntas de um teste ou questionário), geralmente, relacionam-se apenas a um construto específico (também: variáveis latentes ou fatores), tendo cargas fatoriais iguais a zero em relação aos outros construtos. O outro tipo de análise da qual a AFC é uma subcategoria é a Modelagem por Equações Estruturais (MEE; cf. o capítulo 19). Posto de forma mais simples, a MEE tem como objetivo explicar as correlações ou covariâncias das variáveis observadas a partir de modelos complexos que incluem um modelo de medida, baseado na AFC, e um modelo estrutural, baseado em regressões multivariadas. Caso a relação entre as variáveis latentes seja assumida como causal, temos uma MEE. Caso a relação entre as variáveis latentes seja assumida apenas como correlacional, temos uma AFC.

## Estimação de uma AFC

Para se estimar um modelo de AFC, ou MEE, apenas duas informações essenciais são retiradas dos dados: a matriz de correlação ou covariância dos dados, S; e o tamanho da amostra. A matriz de correlação dos dados é essencial, dado que

a AFC é um modelo reflexivo (Kruis & Maris, 2016): ela assume que as variáveis latentes causam os padrões observados nos dados. Esses padrões são as correlações ou covariâncias entre as variáveis observadas. A partir desse modelo reflexivo, segue também a ideia de independência local: os itens são correlacionados entre si apenas pela relação que eles têm com a variável latente. Isso significa que, caso duas variáveis sejam causadas pela mesma variável latente, a correlação parcial dessas duas variáveis, condicionadas à variável latente, deveria ser igual ou muito próxima de zero. No entanto, é possível também rejeitar o pressuposto de independência local e adicionar correlações entre os itens, para além daquela correlação explicada pela variável latente (Thompson, 2004), embora tal procedimento não seja sempre recomendável. Além das informações tiradas dos dados, outra informação essencial é aquela tirada da teoria, ou de uma análise anterior, sobre quais variáveis observadas se relacionam com quais variáveis latentes. A partir dessa informação teórica é possível estimar a matriz de covariância implícita no modelo, $\Sigma(\theta)$, ou seja, uma matriz cujos elementos são funções dos parâmetros do modelo.

O método mais comumente utilizado para se estimar os parâmetros de uma AFC é o método de máxima verossimilhança (*Maximum Likelihood*, ML; Everitt, 1984). Esse método assume que as variáveis observadas seguem uma distribuição normal multivariada. Assim, o método ML busca minimizar a seguinte função de discrepância:

$$F_{ML}\big(S, \Sigma(\theta)\big) = \log|\Sigma(\theta)| - \log|S| + \mathrm{tr}(S\Sigma(\theta)^{-1}) - q,$$

onde log é o logaritmo natural, tr é o traço das matrizes e $q$ é a quantidade de variáveis observadas. Ou seja, o objetivo da AFC é achar a combinação de valores de parâmetros, $\theta$, que façam a matriz de covariância do modelo proposto, $\Sigma(\theta)$, ser a mais parecida possível com a matriz de covariância observada, S.

O uso do método ML também assume que as variáveis latentes, f, têm uma relação linear com as variáveis observadas, x, ponderadas pelas cargas fatoriais que relacionam cada item a cada variável latente, $\Lambda$, com um erro associado a essa relação, u. Tal relação pode ser expressa pela seguinte função de matrizes:

$$x = \Lambda f + u,$$

onde:

$$\Lambda = \begin{pmatrix} \lambda_{11} & \cdots & \lambda_{1k} \\ \vdots & \ddots & \vdots \\ \lambda_{q1} & \cdots & \lambda_{qk} \end{pmatrix}, \quad f = \begin{pmatrix} f_1 \\ \vdots \\ f_k \end{pmatrix}, \quad u = \begin{pmatrix} u_1 \\ \vdots \\ u_q \end{pmatrix},$$

para um modelo com $k$ variáveis latentes e $q$ variáveis observadas. Repare que a informação teórica que nos diz que um item não está relacionado com alguma variável latente é o mesmo que dizer que um valor específico de $\Lambda$, ou $\lambda_{ij}$, é igual a 0.

O uso do método ML, no entanto, é criticado para aplicação em psicologia devido ao fato de que, boa parte das vezes, as variáveis observadas são ordinais, ao invés de intervalares, e, portanto, não seguem uma distribuição normal (Finney & DiStefano, 2006). Um método alternativo, chamado de *Weighted Least Square Means and Variance Adjusted* (WLSMV; Muthén, Du Toit & Spisic, 1997), não pressupõe uma distribuição normal para as variáveis observadas, além de levar em conta que a relação entre a variável latente e as variáveis observadas não pode ser linear, dado o nível ordinal das medidas. Assim, o método WLSMV busca minimizar a seguinte função de discrepância (Li, 2016):

$$F_{WLSMV}(S, \Sigma(\theta)) = (S - \Sigma(\theta))' W_D^{-1} (S - \Sigma(\theta)),$$

onde $W_D^{-1}$ é a diagonal da matriz de covariância assintótica das variáveis observadas. Similarmente ao método ML, o objetivo aqui é achar a combinação de valores de parâmetros, $\theta$, que façam a matriz de covariância do modelo proposto, $\Sigma(\theta)$, ser a mais parecida possível com a matriz de covariância observada nos dados, S. Além disso, o método WLSMV assume que existe uma relação de regressão *probit* entre a variável latente e as variáveis observadas. Sugere-se, portanto, que ao se estimar um modelo de AFC, sejam estimados modelos usando tanto o método ML quanto o método WLSMV e que seus resultados sejam comparados. Com dados mais "bem-comportados", ambos os métodos retornarão resultados similares. No entanto, quanto menos normais e lineares forem as variáveis observadas, melhor será o desempenho comparativo do método WLSMV.

## Avaliando a qualidade de modelos de AFC

Após escolhido o método de estimação e de fato rodar a AFC em si, é necessário comparar a qualidade do ajuste do modelo. Algumas recomendações existem na literatura para isso (p. ex., Thompson, 2004). A primeira delas é, antes mesmo de rodar a análise, calcular a quantidade de graus de liberdade que o modelo que será testado tem. Para se calcular os graus de liberdade de um modelo, basta subtrair a quantidade de parâmetros livres, $t$, da quantidade de informação disponível nos dados, $q(q+1)$, onde $q$ é a quantidade de variáveis observadas. Caso essa subtração retorne um valor igual ou menor do que 0, o modelo é considerado não identificável e, portanto, um modelo ruim. Também vale salientar que o valor de $t$ depende de quantos parâmetros serão estimados pelo modelo e geralmente refletem: todas as cargas fatoriais; as variâncias de todas as variáveis observadas; as correlações entre os fatores e entre os erros dos itens; e a variância das variáveis latentes. É importante salientar que muitos programas, inclusive o *lavaan*, por *default* estabelecem que a carga fatorial da primeira variável observada é fixada em 1. Isso significa que a variável latente terá a mesma variância do que essa variável observada. No entanto, é possível também fixar a variância da variável latente em um valor qualquer, geralmente 1, e permitir que a carga fatorial seja estimada livremente.

### Tabela 1
*Índices de ajuste para comparar modelos de AFC*

| Tipo | Nome | Fórmula | Interpretação |
|---|---|---|---|
| Comparativo | CFI | $1 - \left[ \dfrac{\chi_m^2 - df_m}{\chi_N^2 - df_N} \right]$ | Pode variar de 0 a 1 e quanto mais próximo de 1, melhor. |
| | TLI | $\dfrac{\dfrac{\chi_N^2}{df_N} - \dfrac{\chi_m^2}{df_m}}{\dfrac{\chi_N^2}{df_N} - 1}$ | Pode variar além de 0 a 1, mas geralmente os valores caem nesse intervalo. Quanto maior, melhor. |
| Comparativo/ Absoluto | AIC | $\chi_m^2 + 2df_m$ | Precisa ser comparado ao valor de um modelo alternativo para se saber se o ajuste foi bom ou ruim. De forma geral, quanto menor, melhor. |
| | BIC | $\chi_m^2 + \ln(n)\left[ \dfrac{t(t+1)}{2} - df_m \right]$ | Precisa ser comparado ao valor de um modelo alternativo para se saber se o ajuste foi bom ou ruim. De forma geral, quanto menor, melhor. |
| | ECVI | $\dfrac{\chi_m^2}{n-1} + 2\left[ \dfrac{t}{n-1} \right]$ | Precisa ser comparado ao valor de um modelo alternativo para se saber se o ajuste foi bom ou ruim. De forma geral, quanto menor, melhor. |
| Absoluto | $\chi^2$ | $(n-1)\mathbf{F}$ | Caso seja não significativo, o modelo tem um bom ajuste. |
| | RMSEA | $\sqrt{\dfrac{\chi_m^2 - df_m}{(n-1)df_m}}$ | Pode variar de 0 a infinito e quanto mais próximo de 0, melhor. |
| | SRMR | $\sqrt{\dfrac{S}{\dfrac{t(t+1)}{2+t}}}$ | Pode variar de 0 a infinito e quanto mais próximo de 0, melhor. |
| | GFI | $1 - \dfrac{SS_r}{SS_m}$ | Pode variar de 0 a 1 e quanto mais próximo de 1, melhor. |

Nota: CFI = *Comparative Fit Index*; TLI = Tucker-Lewis Index; AIC = *Akaike Information Criterion*; BIC = *Bayesian Information Criterion*; ECVI = *Expected Cross-Validation Index*; $\chi^2$ = Qui-quadrado; RMSEA = *Root Mean Square Error of Aproximation*; SRMR= *Standardized Root Mean Square Residual*; GFI = *Goodness-of-Fit Index*; $\chi_m^2$ = Qui-quadrado do modelo testado; $\chi_N^2$ = Qui-quadrado do modelo nulo; $df_m$ = graus de liberdade do modelo testado; $df_N$ = graus de liberdade do modelo nulo; $n$ = tamanho amostral; $t$ = quantidade de parâmetros livres no modelo; $\mathbf{F}$ = estatística de discrepância; $S$ = o erro quadrado médio das diferenças entre a correlação entre o modelo nulo e o modelo ajustado; $SS_r$ = variância residual; $SS_m$ = variância explicada pelo modelo.

A segunda recomendação para se avaliar a qualidade do ajuste de um modelo é o uso de índices de ajuste (Bollen & Long, 1993). Existem diversos índices de ajuste diferentes, cada um voltado a identificar um padrão específico de "qualidade" do modelo (DiStefano, 2016). De forma geral, existem dois tipos de índices de ajuste: índices de ajuste absoluto e índices de ajuste comparativos. No entanto, é importante salientar que existem ao menos duas interpretações distintas sobre o que significa o "absoluto" e "comparativo" que classifica esses índices (e. g., Marsh et al., 1988; Meade et al., 2008; Raftery, 1999). Na literatura de AFC, o mais comum é que sejam classificados como índices de ajuste absoluto aqueles os quais podem ser calculados usando apenas as informações do modelo testado. Já os índices de ajuste comparativo são aqueles calculados a partir do incremento que o seu modelo oferece em comparação a um modelo de base ou modelo nulo (i. e., o modelo no qual as variáveis são assumidas como não relacionadas). A outra interpretação, que é derivada da literatura de modelagem cognitiva, é que os modelos de ajuste absoluto são aqueles que não precisam de nenhuma referência para serem interpretados, enquanto os modelos de ajuste relativo são aqueles que precisam de alguma referência para serem interpretados. Dado a natureza e orientação teórica seguida neste capítulo, iremos usar a interpretação mais convencional identificada na literatura de AFC. A partir disso, mostramos na tabela 1 alguns índices de ajuste que são considerados como mais ideias.

Os índices de ajuste apresentados na tabela 1 são descritos da seguinte forma (DiStefano, 2016):

• *Comparative Fit Index* (CFI): é similar ao GFI, mas ao invés de ser uma medida de variância explicada, é uma medida de melhora relativa entre o modelo testado e o modelo nulo. Para um modelo ser considerado bom por esse índice, seu valor tem que ser maior do que 0,95;

• *Tucker-Lewis Index* (TLI): indica se o modelo proposto é melhor do que não usar um modelo de AFC para explicar os dados. Para um modelo ser considerado bom por esse índice, seu valor tem que ser maior do que 0,95;

• *Akaike Information Criterion* (AIC): é uma medida utilizada para comparar modelos aninhados ou não aninhados, estimados usando uma mesma amostra. Para um modelo ser considerado bom usando esse índice, o seu valor tem que ser menor do que de um modelo concorrente. Não é calculado quando o método de estimação é o WLSMV;

• *Bayesian Information Criterion* (BIC): similar ao AIC, mas faz uma correção tanto para o tamanho amostral quanto para a quantidade de parâmetros do modelo. Para um modelo ser considerado bom usando esse índice, o seu valor tem que ser menor do que de um modelo concorrente. Não é calculado quando o método de estimação é o WLSMV;

• *Expected Cross-Validation Index* (ECVI): é uma medida da discrepância entre a matriz de covariância ajustada na amostra e a expectância das matrizes de covariância que poderiam ser obtidas em amostras similares à sua. Para um modelo ser considerado bom usando esse índice, o seu valor tem que ser menor do que de um modelo concorrente;

• Qui-quadrado ($\chi^2$): é uma estatística para se testar a hipótese nula de que o seu modelo, de fato, oferece um bom ajuste aos dados. Embora o adequado seja que o teste seja não significativo, quanto maior o tamanho amostral, maior a chance de o teste ser significativo. No entanto, amostras maiores garantem melhores estimativas de correlação entre os itens e, portanto, melhores estimativas dos parâmetros da AFC. Isso gera um resultado paradoxal: amostras maiores são boas para justificar os parâmetros do modelo, mas fazem com que o ajuste dos dados, pelo qui-quadrado, seja considerado ruim. Por esse motivo, esse tamanho de efeito poucas vezes é usado para tomada de decisão, mas sim para calcular os outros índices;

• *Root Mean Square Error of Aproximation* (RMSEA): é uma medida de aproximação entre o ajuste amostral e o ajuste populacional. Para um modelo ser considerado bom por esse índice, seu valor tem que ser menor do que 0,08;

• *Standardized Root Mean Square Residual* (SRMR): é uma medida calculada a partir da raiz quadrada dos resíduos médios ao quadrado. Para um modelo ser considerado bom por esse índice, seu valor tem que ser menor do que 0,08;

• *Goodness-of-Fitness Index* (GFI): é uma medida similar às medidas de variância explicada utilizadas em regressão. Tem como principal vantagem não ser sensível a especificações incorretas do modelo, embora seja dependente do tamanho amostral: quanto maior a amostra, maior o GFI. Para um modelo ser considerado bom por esse índice, seu valor tem que ser maior do que 0,95.

A última recomendação para se avaliar a qualidade do ajuste de um modelo é o uso de modelos concorrentes. Enquanto a AFE busca o melhor modelo possível, dado um número fixo de variáveis latentes, a AFC irá dizer o quão bom

o seu modelo é em ajustar os dados. No entanto, como foi popularizado por Box (1979): "todos os modelos estão errados, mas alguns são úteis". No contexto da AFC isso significa que mesmo que tenha conseguido bons índices de ajuste para o seu modelo, isso não significa que ele é o melhor modelo possível para os seus dados. Dessa forma, sugerimos que três procedimentos sejam utilizados em busca de modelos alternativos. Primeiro, um modelo alternativo plausível pode existir na literatura. Por exemplo, na literatura de inteligência muito se discute por modelos uni ou multifatoriais, além também de modelos hierárquicos e bifatoriais (e. g., McGill & Canivez, 2018). Cada um desses modelos gera uma interpretação diferente sobre a origem dos dados e como funciona o processo da inteligência. O segundo procedimento é o uso dos índices de modificação. Os índices de modificação mostram o quanto o ajuste de seu modelo pode melhorar caso você insira novos parâmetros livres. Por exemplo, um índice de modificação pode sugerir que você insira uma correlação entre itens explicados por uma mesma variável latente. Isso indica, no nível teórico, que o pressuposto de independência local entre os dois itens pode não ser muito adequado. O último procedimento é a análise de invariância da medida, usando os métodos de AFC-Multigrupos (AFCMG) e múltiplos indicadores, múltiplas causas (*Multiple Indicators and Multiple Causes* – Mimic). Ambos os métodos permitem avaliar se covariantes afetam a estrutura fatorial do seu instrumento. No entanto, a AFCMG deve ser usada quando os covariantes são variáveis observadas discretas (p. ex., sexo, região onde mora, escola, entre outros) e o Mimic quando os covariantes são variáveis observadas contínuas (p. ex., idade, renda mensal, nível em outra variável latente, entre outros).

## Como fazer uma análise fatorial confirmatória

Vamos assumir que o leitor tenha conhecimentos básicos de programação em R. Será necessário saber como mudar o *working directory*, importar os dados e instalar e carregar pacotes, por exemplo. Utilizaremos majoritariamente o pacote *lavaan*, mas também o pacote *semPlot* para algumas funções complementares para gerar os gráficos, melhor explicadas na seção de Representações Gráficas. Ao longo do texto, usaremos a fonte Courier New para contrastar código com o texto normal (escrito em Times New Roman).

```
1    ### carregar pacote
2    require(lavaan)
```

Para fazer a análise fatorial confirmatória é necessário ter um modelo de medida. A definição do modelo de medida, como discutido anteriormente, depende de uma série de decisões. Neste exemplo, não vamos discutir em profundidade os motivos que nos levaram a escolher determinados modelos de medidas, dado que isso depende das justificativas teóricas de cada área, mas iremos mostrar como comparar modelos alternativos.

Neste capítulo iremos utilizar um banco de dados simulado do inventário de traços de personalidade do Big Five (BFI). Ele contém 25 variáveis e uma amostra com 400 casos. São cinco variáveis para cada um dos fatores representando itens dos cinco grandes fatores de personalidade –

Amabilidade (AM), Conscienciosidade (CO), Extroversão (EX), Neuroticismo (NE) e Abertura a novas Experiências (AE) – com escalas de medida variando entre 1 e 5. Além disso, o banco tem variáveis sociodemográficas de sexo (0 = Masculino e 1 = Feminino; com a amostra dividida em 50% para cada categoria) e idade (medida em nível de razão; $M = 26,18$, $SD = 3,66$) dos respondentes simulados. Para importar esse banco de dados, o qual será fornecido no repositório do livro, você deverá ter o arquivo .csv correspondente na pasta do seu *working directory*.

```
1    ### importar banco de dados do BFI
2    dt <- read.csv("bfi_simulated.csv")
```

## Definindo o modelo de medida

Para realizar a AFC devemos primeiramente estabelecer qual será o modelo de medida testado. Devemos estabelecer quais variáveis observadas são causadas por quais variáveis latentes naquele modelo. Para fazer isso no *lavaan*, devemos utilizar o padrão "F =~ V1 + V2 + V3 + [...]", no qual a variável latente (F) é definida à esquerda e as variáveis observadas (V1 em diante) são definidas à direita com exatamente o mesmo nome em que estão definidas no banco de dados. Caso as variáveis do seu modelo sejam definidas com nomes diferentes aos do banco de dados, a função que utilizaremos depois não irá achar as variáveis e, consequentemente, não irá ajustar o seu modelo aos dados. Assim, definimos os cinco grandes fatores do BFI no código abaixo:

```
1    ### Definindo o modelo de medida com 5 fatores
2    bfi5.model <- ' AM  =~ Am1  + Am2  + Am3  + Am4  + Am5
3                    CO  =~ Co1  + Co2  + Co3  + Co4  + Co5
4                    EX  =~ Ex1  + Ex2  + Ex3  + Ex4  + Ex5
5                    NE  =~ Ne1  + Ne2  + Ne3  + Ne4  + Ne5
6                    AE  =~ AE1  + AE2  + AE3  + AE4  + AE5'
```

## Ajustando o modelo

Definido qual modelo de medida será testado, podemos utilizar a função cfa para ajustar o modelo aos dados. Essa função tem vários argumentos (cf. mais digitando ?cfa no console do R ou verificando a documentação do *lavaan*). Entretanto, apenas dois desses argumentos precisam ser obrigatoriamente especificados: o argumento model, que define o objeto em que o modelo de medida foi especificado; e o argumento data, que define qual o banco de dados que contém todas as variáveis observadas do modelo. Alternativamente, é possível utilizar a matriz de covariância das variáveis observadas para estimar o modelo definindo o argumento sample.cov ao invés do argumento data. Nesse caso, será obrigatório também dizer qual o tamanho amostral pelo argumento sample.nobs. Ao longo do capítulo iremos mostrar como utilizar alguns dos outros argumentos, mas nesta seção iremos mostrar apenas como escolher diferentes estimadores e como dar sentido ao *output* do R.

Como dito anteriormente, só precisamos, obrigatoriamente, definir o modelo e os dados para fazer com que a função cfa seja executada. Isso significa que outros argumentos estão sendo definidos a partir do *default* especificado por quem criou a função. O estimador-padrão da função é o de máxima verossimilhança ou *Maximum Likelihood* (ML) em inglês. No código abaixo, não seria necessário especificar o argumento estimador. Entretanto, vamos determinar o argumento estimador como "MLM" para que seja utilizado o método de máxima verossimilhança com correção de Satorra-Bentler (Satorra, 2000).

```
1   ## Ajustando o modelo com estimador
    de máxima verossimilhança
2   fit <- cfa(model = bfi5.model, data =
    dt, estimator = "MLM")
```

## Observando as estimativas dos parâmetros do modelo

A função summary é uma função utilizada para mostrar os resultados de uma forma mais visualmente agradável. Ela é bastante usada em diversas análises no R e facilita bastante a visualização dos resultados. Mesmo assim, o *output* pode ser bastante complexo.

```
1   ### Imprime o resumo dos resultados
2   summary(fit, standardized = TRUE)
```

A primeira linha do *output* indica que o modelo convergiu após 60 interações. As linhas 3 a 7 indicarão o método de estimação e otimização utilizados, o número de parâmetros livres e o número de observações utilizadas (no presente caso, o número de participantes da pesquisa). Após essas informações gerais, o *output* apresentará alguns índices de ajuste, que seriam apresentados entre a linha 7 e 8. Iremos omiti-los agora para entrar em mais detalhes sobre índices de ajuste depois. Por enquanto, iremos focar no *output* que é representado aqui entre as linhas 8 a 15. Essa parte do *output* mostra os parâmetros estimados para cada um dos itens especificados no modelo para o fator de Amabilidade (AM). A coluna Estimate mostra as estimativas das cargas fatoriais não padronizadas. Por *default*, a primeira variável observada especificada no modelo é fixada em 1, enquanto as outras são estimadas livremente com relação à primeira. A segunda coluna, Std.Err, contém os erros-padrão para as estimativas. A terceira coluna, z-value, apresenta a estatística do teste Wald (estimativa do parâmetro dividida pelo erro-padrão), enquanto a coluna P(>|z|) representa a significância, considerando a hipótese nula como a estimativa igual a 0. Ou seja, para Amabilidade, todos os itens têm cargas fatoriais estatisticamente diferentes de 0. Entretanto, nem todos os itens relacionados aos outros fatores foram significativos; entraremos em mais detalhes sobre isso depois. Por fim, as duas últimas colunas mostram os valores das estimativas padronizadas. A coluna Std.lv apresenta as estimativas de cargas fatoriais quando as variáveis latentes são padronizadas (ou seja, seguem uma distribuição normal com média zero e desvio-padrão igual a 1), enquanto a coluna Std.all considera a padronização de todas as variáveis, latentes e observadas (ou seja, assumindo que as variáveis observadas também seguem uma distribuição normal com média zero e desvio-padrão igual a 1). Por fim, é importante reparar que usamos a notação [...] para expressar que parte do código ou *output* está sendo omitida por motivos de espaço e exposição mais clara.

```
1   lavaan 0.6-5 ended normally after 60 iterations
2   Estimator                        ML
3   Optimization method              NLMINB
4   Number of free parameters        60
5   Number of free parameters  60
6   Number of observations 400
7   [...]
8   Latent Variables:
9   Estimate Std.Err z-value P(>|z|)   Std.lv Std.all
10  AM =~
11  Am1         1.000                                      1.079      0.866
12  Am2         0.920      0.062      14.915      0.000      0.992      0.811
13  Am3         0.369      0.060      6.148       0.000      0.398      0.313
14  Am4         0.467      0.054      8.660       0.000      0.504      0.499
15  Am5         0.427      0.056      7.644       0.000      0.460      0.434
```

## Observando os índices de ajuste

Chegando até aqui, podemos concluir que os parâmetros foram estimados com sucesso e conseguimos saber quais são as cargas fatoriais que melhor explicam nossos dados considerando o nosso modelo de medida verdadeiro. Mesmo que essas sejam as melhores estimativas para o nosso modelo, elas podem ser as melhores estimativas para um modelo ruim. Assim, é preciso avaliar o ajuste do modelo. Para avaliar o ajuste do modelo, basta utilizar a função fitMeasures(). O primeiro argumento desta função é o objeto em que o modelo ajustado foi alocado e o segun-do argumento indica quais índices de ajuste devem ser mostrados. Caso o segundo argumento não seja especificado, todos os índices de ajuste implementados no pacote *lavaan* serão mostrados. Entretanto, neste exemplo, iremos pedir somente os índices de ajuste que vimos na introdução. Como mostrado na linha 2 logo abaixo, vamos pedir para mostrar: qui-quadrado ("chisq.scaled"); graus de liberdade ("df"); *Goodness-of-Fitness Index* ("gfi"); *Comparative Fit Index* ("cfi.scaled"); *Tucker-Lewis Index* ("tli.scaled"); *Root Mean Square Error of Aproximation* ("rmsea.scaled") e seu intervalo de confiança ("rmsea.ci.lower.scaled" e "rmsea.ci.upper.scaled"); *Stan-*

*dardized Root Mean Square Residual* ("srmr"); *Akaike Information Criterion* ("aic"); *Bayesian Information Criterion* ("bic"); e *Expected Cross--Validation Index* ("ecvi"). Repare que os índices de ajuste que têm ".scaled" também têm a correção da Satorra-Bentler (para o leitor interessado, cf. Satorra & Bentler, 1994). Caso queira observar os originais, basta omitir essa notação.

```
1
2    # Avaliando os índices de ajuste do modelo
3    fitMeasures(fit, fit.measures = c("chisq.scaled", "df", "gfi", "cfi.scaled", "tli.
     scaled", "rmsea.scaled",
4    "rmsea.ci.lower.scaled", "rmsea.ci.upper.scaled", "srmr", "aic", "bic", "ecvi"))
```

O *output* dessa função deverá ser assim:

```
1    chisq.scaled                df                          gfi
2    317.831                     265.000                     0.941
3    cfi.scaled                  tli.scaled                  rmsea.scaled
4    0.958                       0.952                       0.022
5    rmsea.ci.lower.scaled       rmsea.ci.upper.scaled       srmr
6    0.011                       0.031                       0.043
7    aic                         bic                         ecvi
8    30426.395                   30665.883                   1.095
```

## Observando os índices de modificação

Nosso modelo tem ótimos índices de ajuste, no geral. Entretanto, vamos imaginar que não estamos tão satisfeitos assim com os ajustes. Como poderíamos melhorá-lo? Uma resposta é utilizar os índices de modificação. Podemos utilizar a função modindices() para salvar os índices de modificação para o nosso modelo em um novo banco de dados (linha 2 do código a seguir) e depois checar os valores que mais mudariam o ajuste do modelo de acordo com os valores do epc (*Expected Parameter Change* ou Mudança Esperada no Parâmetro; linha 5). As linhas iniciais do *output* são mostradas nas linhas 6 a 9.

```
1    # Salva os índices de modificação em um banco de dados
2    mi <- modindices(fit)
3    # Imprime os índices de modificação de acordo com o EPC
4
5    mi[ order(mi$epc, decreasing = T),]
6    lhs        op              rhs        mi       epc      sepc.lv  sepc.     sepc.
                                                                      all       nox
7    456        AE1      ~~     AE2        17.614   0.636    0.636    0.795     0.795
8    166        Am1      ~~     Am2        8.791    0.437    0.437    0.804     0.804
9    120        EX       =~     Ne5        6.370    0.375    0.187    0.153     0.153
```

As três primeiras colunas, lhs, op e rhs, indicam qual é a modificação avaliada. A coluna mi indica qual seria a melhora no qui-quadrado caso o parâmetro fosse estimado livremente com relação ao modelo estimado. A coluna epc mostra qual seria o valor do parâmetro caso este fosse estimado livremente, enquanto as colunas sepc.lv, sepc.all e sepc.nox indicam, respectivamente, o epc quando as variáveis latentes são padronizadas, quando todas as variáveis são padronizadas e quando todas as variáveis exceto as covariantes são padronizadas. A covariância entre os erros de duas variáveis é representada por "~~". No caso acima, poderíamos esperar uma melhora de 17.614 no qui-quadrado caso a covariância dos erros entre os itens AE1 e AE2 fossem livremente estimados no nosso modelo, uma vez que um modelo que o estima livremente obtém uma estimativa muito diferente de 0. O símbolo "=~" indica relação de causa e nos indica quais relações causais entre variáveis latentes e variáveis observadas podem melhorar o ajuste. Na linha 9, podemos ver que teríamos uma melhora de 6.370 no qui-quadrado caso estimássemos livremente o valor da carga fatorial do item Ne5 no fator de Extroversão. Entretanto, nem sempre devemos implementar essas "sugestões". Ao realizar mudanças no modelo, é necessário sempre avaliar seu impacto teórico e o objetivo de pesquisa. Os índices de modificação podem ser úteis para entender erros de especificação e redundância nos itens. No caso do modelo avaliado, os índices de ajuste já são considerados ótimos e não haveria necessidade de realizar modificações. Entretanto, digamos que eu queira melhorar meu modelo. Como os erros dos itens AE1 e AE2 são bastante correlacionados e eles são causados pela mesma variável latente, eu poderia simplesmente excluir um dos itens caso julgasse que eles são redundantes semanticamente e isso não atrapalhas-

se minha fidedignidade. No caso do item Ne5, mostrado na linha 9, eu poderia revisá-lo para avaliar o impacto no modelo em pesquisas futuras, caso julgasse que aquele item pode ter sido mal-interpretado ou mesmo malformulado. Ou seja, só porque o meu índice de modificação sugeriu, não significa que o item Ne5 de fato é causado pelo fator de Extroversão. Dessa forma, antes de tomar qualquer decisão, um procedimento mais adequado é tentar entender o porquê de a inserção da relação potencialmente aumentar o ajuste do modelo.

## Estimando os escores fatoriais

O *lavaan* tem uma função para estimar os escores fatoriais baseado nos resultados do seu modelo. As estimativas dos escores fatoriais dependem do estimador utilizado, gerando estimativas baseadas numa regressão linear ou *probit*, caso o estimador seja o ML ou WLSMV, respectivamente. Para isso, basta utilizar a função lavPredict(), como mostrado na linha 2 abaixo. O argumento type = "lv" especifica que as estimativas serão das variáveis latentes, enquanto o argumento method indica qual o método será utilizado para calcular os escores. Assim, é possível utilizar os escores fatoriais salvos em factorScores para futuras análises. Vale ressaltar que essas medidas, muito provavelmente, terão fortes correlações com simples escores de soma ou média feitas a partir das variáveis observadas. No entanto, os escores fatoriais já são corrigidos para os erros de medida, expressos, por exemplo, nas medidas de confiabilidade, como o alfa de Cronbach e a confiabilidade composta, além de levarem em conta as influências de variáveis latentes em modelos hierárquicos ou bifatoriais, o que se perde quando os escores são calculados por métodos mais simples como a soma ou média dos itens. Um dos usos possíveis para os escores fatoriais é na análise de invariância (mostrado mais a seguir).

```
1   ### Calcula e salva os escores
    fatoriais em um banco de dados
2   factorScores <- data.
    frame(lavPredict(fit, type = "lv",
3   method = "regression"))
```

## Comparando modelos alternativos

Como dito anteriormente, é importante comparar modelos alternativos. Nessa seção iremos mostrar como podemos comparar e reportar modelos alternativos. Vamos aproveitar também para mostrar como outros estimadores impactam nos índices de ajuste do modelo. Primeiramente, iremos determinar modelos de medidas mais parcimoniosos para comparar com nosso modelo de cinco fatores. Modelos nulos

e unifatoriais podem ser facilmente testados em qualquer situação. Entretanto, é importante comparar com modelos que façam mais sentido teórico para cada caso. Como modelos teóricos concorrentes mudarão de caso para caso, iremos demonstrar apenas como realizar a comparação com um modelo nulo e um modelo unifatorial. Para testar um modelo nulo, temos que utilizar a função lav_partable_independence e utilizar o modelo ajustado anteriormente.

```
1   # Ajustando modelo nulo
2   nul <- cfa(lav_partable_
    independence(fit), data = dt, estimator
    = "MLM")
```

Para testar um modelo unifatorial basta utilizar o mesmo padrão utilizado anteriormente para determinar relações causais. Iremos determinar uma única variável latente, F1, e utilizar os mesmos códigos anteriores para ajustar e imprimir os resultados.

```
1   # Ajustando um modelo unifatorial
2   unifatorial.model <- '
3   F1  =~ Am1   + Am2   + Am3   + Am4   + Am5
4        + Co1   + Co2   + Co3   + Co4   + Co5
5        + Ex1   + Ex2   + Ex3   + Ex4   + Ex5
6        + Ne1   + Ne2   + Ne3   + Ne4   + Ne5
7        + AE1   + AE2   + AE3   + AE4   + AE5'
8   uni <- cfa(model = unifatorial.model, data = dt, estimator = "MLM")
9   [...]
```

Como dito na seção teórica, o método WLSMV não tem pressupostos de normalidade e é recomendado utilizá-lo quando as variáveis observadas são ordinais ou categóricas. Para mudar o método de estimação basta substituir o "MLM" na função cfa pelo método desejado e realizar o mesmo procedimento mostrado anteriormente para imprimir os índices de ajuste e estimativas dos parâmetros do modelo.

```
1   # Ajustando o modelo com estimador
    WLSMV
2   fit <- cfa(model = bfi5.model, data =
    dt, estimator = "WLSMV")
    [...]
```

Agora podemos comparar os ajustes com correção de Satorra-Bentler dos modelos alternativos com dois métodos de estimação diferentes. Como mostrado na tabela 2, o modelo com cinco fatores tem um ajuste superior aos modelos alternativos testados, independentemente do método de estimação. No caso utilizado aqui, não é nenhuma surpresa observar esse resultado, uma vez que o nosso banco foi simulado e já sabíamos previamente o modelo de estrutura verdadeiro. Entretanto, este nem sempre será o caso. Podemos observar também que, de forma geral, os índices de ajuste dos modelos estimados a partir do método WLSMV resultaram num melhor ajuste aos dados do que os índices para os modelos estimados a partir do método ML. Novamente, isso não é uma surpresa, dado que os dados foram simulados para serem ordinais e, portanto, esse é o caso em que o WLSMV deveria ter melhor desempenho do que o método ML.

Tabela 2

*Índices de ajuste das análises fatoriais confirmatórias dos modelos de medida testados*

| | $x^2$ | df | GFI | CFI | TLI | RMSEA | SRMR | AIC | BIC | ECVI |
|---|---|---|---|---|---|---|---|---|---|---|
| Maximum Likelihood (ML) | | | | | | | | | | |
| Modelo Nulo | 1547,13 | 300 | 0,718 | 0,000 | 0,000 | 0,102 [0,097; 0,107] | 0,123 | 31607,74 | 31707,53 | 4,049 |
| Modelo unifatorial | 966,42 | 275 | 0,817 | 0,446 | 0,395 | 0,079 [0,074; 0,085] | 0,089 | 31060,18 | 31259,75 | 2,680 |
| Modelo com 5 fatores | 317,83 | 265 | 0,941 | 0,958 | 0,952 | 0,022 [0,011; 0,031] | 0,043 | 30426,39 | 30665,88 | 1,095 |
| Weighted Least Square Means and Variance Adjusted (WLSMV) | | | | | | | | | | |
| Modelo Nulo | 1227,27 | 300 | 0,798 | 0,000 | 0,000 | 0,088 [0,083; 0,093] | 0,123 | - | - | 4,836 |
| Modelo unifatorial | 869,38 | 275 | 0,891 | 0,359 | 0,301 | 0,074 [0,068; 0,079] | 0,088 | - | - | 2,776 |
| Modelo com 5 fatores | 275,28 | 265 | 0,975 | 0,989 | 0,987 | 0,010 [0,000; 0,023] | 0,042 | - | - | 0,872 |

Nota: $x^2$ = Qui-quadrado da diferença entre o modelo testado e o modelo de ajuste perfeito com correção de Satorra-Bentler; *df = degrees of freedom*; GFI = *Goodness-of-Fit Index*; CFI = *Comparative Fit Index*; TLI = *Tucker-Lewis Index*; RMSEA = *Root Mean Square Error of Aproximation*; SRMR= Standardized Root Mean Square Residual; AIC = *Akaike Information Criterion*; BIC = *Bayesian Information Criterion*; ECVI = *Expected Cross-Validation Index*.

## Fixar a variância latente e livrar todas as cargas fatoriais

Caso se deseje ajustar modelos em que a carga fatorial do primeiro item vai ser estimada livremente e que as variáveis latentes têm a variância fixada em 1, basta mudar o modelo da seguinte forma:

```
1      ### Definindo o modelo de medida com 5 fatores
2      ## Cargas fatoriais livres e variância latente igual a 1
3      cargaL.va1    <- ` AM    =~ NA*Am1  + Am2      + Am3      + Am4      + Am5
4                    CO        =~ NA*Co1  + Co2      + Co3      + Co4      + Co5
5                    EX        =~ NA*Ex1  + Ex2      + Ex3      + Ex4      + Ex5
6                    NE        =~ NA*Ne1  + Ne2      + Ne3      + Ne4      + Ne5
7                    AE        =~ NA*AE1  + AE2      + AE3      + AE4      + AE5
8      AM ~~ 1*AM
9      CO ~~ 1*CO
10     EX ~~ 1*EX
11     NE ~~ 1*NE
12     AE ~~ 1*AE `
13     [...]
```

Ao adicionar a expressão NA antes dos itens (p. ex., NA*Am1), fizemos com que todas as cargas fatoriais fossem livres e, portanto, estimáveis a partir dos dados. Quando adicionamos as covariâncias fixadas de um fato com ele mesmo (p. ex., AM ~~ 1*AM), fizemos com que as variâncias de todos os fatores estivessem fixas em 1. Aqui sabemos que nosso modelo continua identificável: liberamos cinco parâmetros, mas fixamos outros cinco. Seria possível rodar um modelo com todas as cargas fatoriais e variâncias latentes livres para serem estimadas?

Para responder essa questão basta contarmos a quantidade de parâmetros livres e calcularmos a quantidade de informação dos nossos dados. Assim, a quantidade de parâmetros livres $t$ é igual a: 30 variâncias (uma para cada item e para cada variável latente) + 25 cargas fatoriais (uma carga fatorial para cada item) + 10 correlações entre fatores = 65. A nossa quantidade de informação é igual a: $q(q+1)/2 = 25(25 + 1)/2 = 325$. Dessa forma, nosso grau de liberdade é igual a: $325 - 65 = 260$. Como 260 é maior do que 0, isso significa que poderíamos testar um modelo com todas as cargas fatoriais e variâncias latentes livres para serem estimadas, certo? Bem, não exatamente.

A variável latente, por definição, não tem uma escala de medida e, portanto, não tem variância e nem média específicas (Ramsay & Wiberg, 2017). Assim, caso deixemos sua variância e todas as cargas fatoriais relacionadas a ela livres, não teremos um modelo identificável, dado que infinitas escalas podem ser propostas e, assim, infinitas cargas fatoriais são também igualmente possíveis. Usando o modelo linear assumido pelo método ML como exemplo, pense que o valor do primeiro item da escala de amabilidade respondido pelo respondente $j$ pode ser predito da seguinte forma: $Am1_j = \lambda_{AM1}AMj + \upsilon_1..$ No entanto, todos os valores à direita da equação são incógnitas e essas incógnitas são todas dependentes entre si. Mesmo que levemos em consideração todas as equações de todos os itens de um mesmo fator, iremos gerar um sistema subdeterminado. Com essa discussão queremos deixar a seguinte limitação evidente: apesar de, tradicionalmente, dizer-se que desde que os graus de liberdade sejam positivos o modelo é identificável, isso não é necessariamente verdade. Há muita discussão na literatura sobre como verificar a identificabilidade de modelos (para mais detalhes, cf., p. ex., Bamber & Van Santen, 2000), problema que foge ao escopo deste capítulo, mas que é importante que você, leitor, saiba da existência.

Caso você tenha interesse em rodar o modelo nos quais as cargas fatoriais foram todas livres, mas as variâncias foram fixadas em 1, basta rodar a seguinte função:

```
1    # Ajustando os modelos com estimador
     WLSMV
2    fit <- cfa(model = cargaL.va1, data =
     dt, estimator = "WLSMV")
     [...]
```

Recuperando os ajustes desses modelos com a função fitMeasures, você verá que o ajuste é idêntico àquele conseguido ao se ajustar o modelo com as cargas fatoriais dos primeiros itens fixas e com as variâncias latentes livres para serem estimadas (última linha da tab. 2).

## Análise de invariância

A análise de invariância é utilizada para avaliar se os parâmetros de um instrumento são constantes para diferentes populações. É um tipo fundamental de análise para se poder comparar grupos distintos. Na pesquisa em psicologia, muitas vezes escores de soma ou de média são criados para os diferentes construtos esperados, para logo em seguida serem usados em testes estatísticos (p. ex., regressão, correlação, teste $t$, Anova, entre outros) para testar hipóteses centrais do estudo. Esse procedimento, no entanto, geralmente não é o mais adequado, dado que ele depende de uma hipótese implícita de que a medida é igual para todas as pessoas. A análise de invariância é o procedimento usado para se testar essa hipótese implícita.

No contexto da AFC, existem ao menos duas formas de se testar a invariância: Análise Fatorial Confirmatória Multigrupo (AFCMG); e Múltiplos Indicadores, Múltiplas Causas (Mimic). A AFCMG é usada quando existem variáveis observadas que separam os respondentes da amostra em grupos distintos. Já o modelo Mimic é usado quando a variável observada que separa os respondentes é uma variável contínua. Para se testar um modelo de AFCMG no *lavaan*, começamos com o mesmo modelo de medida original, que será o mesmo para todas as alternativas que serão testadas:

```
1    ### Definindo o modelo de medida com 5 fatores
2    bfi5.model <- ` AM  =~ Am1      + Am2      + Am3      + Am4      + Am5
3    CO              =~ Co1      + Co2      + Co3      + Co4      + Co5
4    EX              =~ Ex1      + Ex2      + Ex3      + Ex4      + Ex5
5    NE              =~ Ne1      + Ne2      + Ne3      + Ne4      + Ne5
6    AE              =~ AE1      + AE2      + AE3      + AE4      + AE5'
     [...]
```

Em seguida, iremos dizer à nossa função qual variável em nosso banco de dados define grupos distintos. No nosso caso, temos a variável "sex", que representa qual o sexo do respondente simulado. A partir disso, iremos testar seis modelos distintos (Damásio, 2013), os quais seguem uma hierarquia de complexidade. Isso significa que um modelo menos complexo (i. e., onde mais parâmetros são assumidos como constantes entre grupos) só são avaliados caso o modelo prévio tenha apresentado invariância. Para o nosso objetivo didático iremos testar todos os modelos.

O primeiro modelo a ser testado é a invariância configural. Neste modelo, permite-se à AFC que estime todas as cargas fatoriais, os resíduos, as covariâncias, as variâncias e as médias latentes de forma independente entre os dois grupos. Para rodar esse modelo, e retornar também alguns índices de ajustes, basta rodar:

```
1   # Modelo 1: Invariância Configural
2   fit1 <- cfa(model = bfi5.model,
    data=dt, estimator="MLM",
    group="sex")
3   fitMeasures(fit1, fit.measures
    = c("chisq.scaled", "df",
    "gfi","ecvi"))
    [...]
```

O segundo modelo testado é o de invariância métrica. Neste modelo, as cargas fatoriais entre os diferentes grupos são assumidas como idênticas. Teoricamente, isso significa que os itens são influenciados da mesma forma pela variável latente, independentemente do grupo dos respondentes. Para avisar isso ao nosso programa basta adicionar o argumento group.equal com o valor igual a c("loadings"). Rodamos este segundo modelo assim:

```
1   # Modelo 2: Invariância Métrica
2   fit2 <- cfa(model = bfi5.model,
    data=dt, estimator="MLM",
    group="sex",
3   group.equal=c("loadings"))
4   fitMeasures(fit2, fit.measures
    = c("chisq.scaled", "df",
    "gfi","ecvi"))
    [...]
```

O terceiro modelo testado é o de invariância escalar. Neste modelo, além das cargas fatoriais serem assumidas como constantes entre os grupos, também se assume que os interceptos dos itens são também iguais entre os grupos. Teoricamente, isso significa que, quando o traço latente

de um respondente for igual a 0, a resposta esperada é a mesma, independente de qual grupo o respondente faz parte. Para avisar isso ao nosso programa, ao valor do argumento group.equal agora é c("loadings","intercepts"). Rodamos este segundo modelo assim:

```
1   # Modelo 3: Invariância Escalar
2   fit3 <- cfa(model = bfi5.model,
    data=dt, estimator="MLM",
    group="sex",
3   group.
    equal=c("loadings","intercepts"))
4   fitMeasures(fit3, fit.measures=c("chisq.
    scaled","df","gfi", "ecvi"))
    [...]
```

O quarto modelo testado é o de invariância residual. O resíduo dos itens é a parte da variância dos itens que não é explicada pela variância da variável latente. Identificar a invariância residual permite concluir que o erro de medida associado aos itens do instrumento é igual para ambos os grupos. No entanto, esse passo é considerado por alguns como opcional. Para rodar esse modelo basta usar o código:

```
1   # Modelo 4: Invariância Residual
2   fit4 <- cfa(model = bfi5.model,
    data=dt, estimator="MLM",
    group="sex",
3     group.equal=c("loadings","intercepts"
    ,"residuals"))
4   fitMeasures(fit4, fit.measures =
    c("chisq.scaled", "df", "gfi","ecvi"))
    [...]
```

O quinto modelo testado é o de invariância estrutural. Neste modelo, assume-se como constante as variâncias e covariâncias das variáveis latentes em relação aos grupos dos respondentes. Nesse sentido, o modelo de variância estrutural se assemelha aos testes de homogeneidade de variância e de regressão padronizada moderada. Em código:

```
1  # Modelo 5: Invariância Estrutural
2  fit5 <- cfa(model = bfi5.model, data=dt,
   estimator="MLM", group="sex",
3  group.equal=c("loadings",
   "intercepts","residuals",
4  "lv.variances","lv.covariances"))
5  fitMeasures(fit5, fit.measures =
   c("chisq.scaled", "df", "gfi","ecvi"))
   [...]
```

Por fim, o último modelo testado é o de invariância da média latente. Esse modelo testa se os respondentes dos diferentes grupos apresentam igualdade de médias nos escores fatoriais. Em seguida, é necessário também comparar a qualidade do ajuste entre os diferentes modelos que analisamos. Para isso, iremos usar a função anova() usando como argumento os modelos rodados. Para fazer isso basta usar o código a seguir:

```
1  Modelo 6: Invariância de Médias
   Latentes
2  fit6 <- cfa(model = bfi5.model, data=dt,
   estimator="MLM", group="sex",
3  group.equal=c("loadings",
   "intercepts","residuals",
4  "lv.variances","lv.covariances",
   "means"))
5  fitMeasures(fit6, fit.measures =
   c("chisq.scaled", "df", "gfi","ecvi"))
6  anova(fit1, fit2, fit3, fit4, fit5, fit6)
```

Os resultados comparativos são apresentados na tabela 3. É possível observar que nenhum dos

$p$-valores, na última coluna à direita, foram significativos. Isso nos indica que nosso instrumento é completamente invariante. Quando observamos invariância do modelo configural ao modelo residual, dizemos que existe invariância de medida. Ou seja, que o instrumento mede exatamente o mesmo traço latente exatamente da mesma forma para todos os grupos avaliados. Os modelos 5 e 6 avaliam o que se chama de "heterogeneidade populacional" e são similares aos tradicionais testes de hipótese. É importante salientar também que, para rodar o modelo de invariância de média latente, não é necessário rodar o modelo de invariância estrutural antes. Caso se estabeleça invariância configural, métrica e escalar, já é possível comparar a média de grupos distintos, seja por invariância da média latente ou algum outro teste de comparação de médias usando os escores fatoriais recuperados conforme ensinado na subseção *Estimando os escores fatoriais*.

O modelo Mimic irá avaliar a invariância pelo impacto de uma variável contínua sobre a variável latente e sobre as variáveis observadas que compõem a variável latente (Schmitt, 2002). Este modelo, no entanto, é não identificável. Uma estratégia adequada para avaliar o efeito real da variável observada sobre a estrutura da medida é um procedimento em dois passos. No

Tabela 3

*Análises de invariância a depender do sexo dos respondentes*

| | $\chi^2$ | *gl* | GFI | ECVI | $\Delta\chi^2$ | $\Delta$gl | $\Delta$GFI | $\Delta$ECVI | *p* |
|---|---|---|---|---|---|---|---|---|---|
| Configural | 561,11 | 530 | 0,989 | 2,251 | | | | | |
| Métrica | 588,91 | 550 | 0,988 | 2,218 | 28,12 | 20 | 0,001 | 0,033 | 0,106 |
| Escalar | 590,96 | 570 | 0,988 | 2,123 | 1,89 | 20 | 0,000 | 0,095 | 1,000 |
| Residual | 614,77 | 595 | 0,987 | 2,052 | 23,64 | 25 | 0,001 | 0,071 | 0,540 |
| Estrutural | 632,74 | 610 | 0,987 | 2,021 | 18,04 | 15 | 0,000 | 0,031 | 0,261 |
| Média | 632,86 | 615 | 0,987 | 1,996 | 0,15 | 5 | 0,000 | 0,025 | 0,999 |

primeiro passo, estima-se qual o efeito da variável observada sobre as variáveis latentes. No nosso banco de dados, a variável observada contínua que temos é a idade. Assim, o modelo que queremos testar avalia qual o impacto da idade sobre a personalidade. Para especificar esse modelo, usamos o seguinte código:

```
1  ### Definindo o modelo de medida MIMIC
2  mimicModel <- ' AM =~ Am1 + Am2 +
   Am3 + Am4 + Am5
3  CO =~ Co1 + Co2 + Co3 + Co4 + Co5
4  EX =~ Ex1 + Ex2 + Ex3 + Ex4 + Ex5
5  NE =~ Ne1 + Ne2 + Ne3 + Ne4 + Ne5
6  AE =~ AE1 + AE2 + AE3 + AE4 + AE5
7
8  AM + CO + EX + NE + AE ~ age '
   [...]
```

Repare que o modelo é idêntico ao primeiro modelo que testamos, com a única diferença de termos adicionado a linha 8, que representa as regressões da idade nas variáveis latentes. Para analisar esse modelo, usamos a seguinte linha de código:

```
1  Invariância MIMIC
2  fit <- cfa(model = mimicModel, data=dt,
   estimator="MLM")
   [...]
```

O segundo passo agora é avaliar os índices de modificação e buscar melhorias no modelo que poderiam ser alcançadas ao se adicionar uma regressão da idade em alguma das outras variáveis observadas. Para fazer isso, rodamos o seguinte código:

```
1  mi  <- modindices(fit)
2  what <- which(mi[ order(mi$epc,
   decreasing = T), 3 ] == "age")
3  mi[ order(mi$epc, decreasing = T)
   [what], ]
4  lhs op rhs mi epc sepc.lv sepc.all
   sepc.nox
5  71 age ~~ age 0 0    0    0    0
```

A primeira linha desse código calcula os índices de modificação, a segunda linha encontra quais modificações propostas envolvem a variável idade ("age") e a terceira linha retorna quais são essas modificações. O resultado, mostrado nas linhas 4 e 5 nos mostra que a única mudança identificada, fixar a variância da idade, não irá melhorar em nada o ajuste do nosso modelo. Portanto, é razoável assumir que, condicionado à idade, as cargas fatoriais dos instrumentos não variam e, portanto, o instrumento é invariante em relação à idade dos participantes. No entanto, será que adicionar a idade nos resultou em um modelo melhor?

Podemos avaliar isso recuperando os índices de ajuste desse modelo, usando a função fitMeasures, e compará-los com os índices de ajuste do modelo original no qual a idade não foi inserida. Para o modelo original, encontrou-se os seguintes índices de ajuste (cf. tab. 2): GFI = 0,941; CFI = 0,958; TLI = 0,952; RMSEA = 0,022; SRMR = 0,043; AIC = 30426,39; BIC = 30665,88; e ECVI = 1,095. Já para o modelo que adiciona a variável de idade, os índices de ajuste foram: GFI = 0,977; CFI = 0,908; TLI = 0,895; RMSEA = 0,043; SRMR = 0,048; AIC = 29599,05; BIC = 29858,49; e ECVI = 1,564. Vale ressaltar que, dado que o CFI e o TLI são índices de ajuste relativos, os modelos nulos para cada modelo testado são distintos e, portanto, esses valores não podem ser comparados. Para os outros índices de ajuste, no entanto, parece não haver uma resposta clara. Enquanto no GFI, AIC e BIC o modelo que considera a idade se ajusta melhor, no RMSEA, SRMR e ECVI, o modelo sem a idade é o que melhor ajusta os dados. Como então decidir qual o melhor modelo? Usando a função summary no modelo que inclui a idade veremos que para as estimativas padronizadas a maior parte dos coeficientes de regressão é superior a 0,30 e significativos, indicando fortes relações entre a idade e os traços latentes. Esse resultado é evidência favorável ao modelo que inclui a idade.

## Representações gráficas

Nesta seção, mostraremos como criar gráficos dos modelos de AFC ajustados. Para isso, precisamos apenas de uma função do pacote semPlot, que deve ser carregado:

```
1  ### carregar pacote
2  require(semPlot)
```

A função que iremos utilizar se chama semPaths. Essa função tem diversos argumentos cuja explicação detalhada foge do nosso escopo. Por isso, iremos focar em um gráfico simples. Assumindo que o objeto fit é o nosso modelo de cinco fatores de personalidade, podemos recuperar a estrutura fatorial teórica usando a função semPaths(fit, title = F, residuals = F, layout = "circle"), o que nos retorna à figura 1. Os argumentos title e residuals recebem um valor F, o que significa que o gráfico não irá inserir um título e nem plotar os resíduos. O argumento layout diz qual vai ser o formato geral do gráfico. Escolhemos para o nosso exemplo o layout em círculo ("circle"). Para mais detalhes, veja a documentação da função: ?semPaths.

**Figura 1**
*Modelo de medida teórico gerado usando a função semPaths*

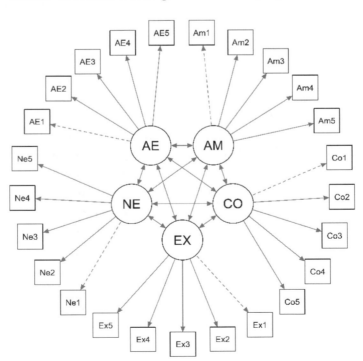

Podemos gerar também uma figura com os parâmetros que calculamos. Iremos remover as variâncias residuais e manter apenas as cargas fatoriais e correlações entre variáveis latentes que forem superiores a 0,30. Para isso, rodamos o seguinte código, resultando na figura 2:

```
1  semPaths(fit, title = F, label.cex =
   1, residuals = F, nCharNodes =4,
2  sizeLat = 6, sizeMan = 5, edge.label.
   cex = 1, minimum = .3,
3  sizeInt = 0.8, mar = c(1, 1, 1, 1),
   edge.color = 1,
4  intercepts = F, thresholds = F,
   layout = "circle",
5  "std", cut = .3, levels = c(1.5,2))
```

Repare que foram omitidas todas as setas entre fatores e itens nos quais os valores foram, em magnitude, menores do que 0,30. Também foram suprimidas as correlações entre fatores que não passaram desse limiar. Os gráficos que usamos aqui são apenas representações simples que podem ser feitas usando a função semPaths, que é muito mais complexa do que o espaço nos permite mostrar. Por isso, sugerimos que você visite a página do criador do pacote semPlots e veja outros exemplos de gráficos: http://sachaepskamp.com/semPlot/examples

**Figura 2**
*Gráfico com parâmetros estimados para o modelo de medida teórico*

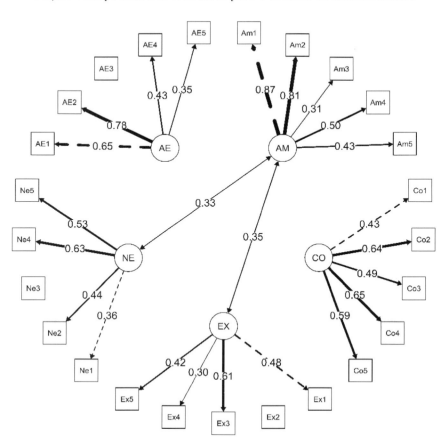

## Considerações finais

O objetivo deste capítulo foi apresentar conceitos teóricos da análise fatorial confirmatória e demonstrar como realizá-la utilizando o software R. A AFC é uma análise baseada em teoria; desta forma, precisamos especificar exatamente o modelo de medida que queremos testar. Com o modelo definido, podemos utilizar ao menos um tipo de método de estimação para encontrar os parâmetros que melhor se ajustam aos dados observados, caso o modelo seja identificável. Para avaliar o modelo que foi ajustado apresentamos diversos índices de ajustes (absoluto, comparativo, relacionados ao erro, que penalizam (ou não) para a quantidade de parâmetros etc.). Também podemos utilizar outros modelos concorrentes para a comparar o ajuste do modelo com modelos que tenham sentido teórico relevante. Podemos também verificar se a estrutura fatorial se mantém em populações diferentes com a análise de invariância.

Por fim, vale ressaltar que as decisões de quais estimadores, quais índices de ajuste, quais critérios para os índices de ajuste, quais modificações fazer e quais modelos alternativos iremos utilizar, deverão ser alinhados com seu objetivo de pesquisa e com a natureza do seu objeto de pesquisa. Por exemplo, apesar de existirem "pontos de corte" para índices de ajuste, eles são apenas recomendações gerais e exceções devem ser estudadas cuidadosamente. Os métodos de estimação terão melhores desempenhos, tanto em termos computacionais quanto em termos de obter melhores estimativas, a depender de fatores específicos dos seus dados e do seu modelo. Assim, recomenda-se que as decisões sejam feitas de acordo com o objetivo específico de cada pesquisa.

## Referências

Bamber, D., & Van Santen, J. P. (2000). How to assess a model's testability and identifiability. *Journal of Mathematical Psychology*, *44*(1), 20-40. https://doi.org/10.1006/jmps.1999.1275

Bollen, K., & Long, J. (1993). *Testing Structural Equation Models*. Sage.

Box, G. E. (1979). Robustness in the strategy of scientific model building. In R. L. Launer & G. N. Wilkinson (orgs.), *Robustness in statistics* (pp. 201-236). Academic.

Damásio, B. F. (2013). Contribuições da análise fatorial confirmatória multigrupo (AFCMG) na avaliação de invariância de instrumentos psicométricos. *Psico-USF*, *18*(2), 211-220. https://doi.org/10.1590/S1413-82712013000200005

DiStefano, C. (2016). Examining fit with structural equation models. In K. Schweizer & C. DiStefano (orgs.), *Principles and methods of test construction:* *Standards and recent advancements* (pp. 166-193). Hogrefe.

Epskamp, S. (2015). semPlot: Unified visualizations of structural equation models. *Structural Equation Modeling: A Multidisciplinary Journal*, *22*(3), 474-483. https://doi.org/10.1080/10705511.2014.937847

Everitt, B. (1984). *An Introduction to Latent Variable Models*. Chapman & Hall.

Finney, S. J., & DiStefano, C. (2006). Non-normal and categorical data in structural equation modeling. In G. R. Hancock & R. O. Mueller (orgs.). *Structural equation modeling: A second course* (pp. 269-314). Information Age Publishing.

Fokkema, M., & Greiff, S. (2017). How performing PCA and CFA on the same data equals trouble. *European Journal of Psychological Assessment, 33*, 399-402. https://doi.org/10.1027/1015-5759/a000460

Hinkin, T. R., Tracey, J. B., & Enz, C. A. (1997). Scale construction: Developing reliable and valid measurement instruments. *Journal of Hospitality & Tourism Research*, *21*(1), 100-120. https://doi.org/10.1177%2F109634809702100108

Kruis, J., & Maris, G. (2016). Three representations of the Ising model. *Scientific Reports*, *6*, 1-11. https://doi.org/10.1038/srep34175

Li, C. H. (2016). Confirmatory factor analysis with ordinal data: Comparing robust maximum likelihood and diagonally weighted least squares. *Behavior Research Methods*, *48*(3), 936-949. https://doi.org/10.3758/s13428-015-0619-7

Marsh, H. W., Balla, J. R., & McDonald, R. P. (1988). Goodness-of-fit indexes in confirmatory factor analysis: The effect of sample size. *Psychological Bulletin*, *103*(3), 391-410. https://doi.org/10.1037/0033-2909.103.3.391

McGill, R. J., & Canivez, G. L. (2018). Confirmatory factor analyses of the WISC-IV Spanish core and supplemental subtests: Validation evidence of the Wechsler and CHC models. *International Journal of School & Educational Psychology, 6*(4), 239-251. https://doi.org/10.1080/21683603.2017.1327831

Meade, A. W., Johnson, E. C., & Braddy, P. W. (2008). Power and sensitivity of alternative fit indices in tests of measurement invariance. *Journal of Applied Psychology, 93*(3), 568-592. https://doi.org/10.1037/0021-9010.93.3.568

Muthén, B. O., du Toit, S. H. C., & Spisic, D. (1997). *Robust inference using weighted least squares and quadratic estimating equations in latent variable modeling with categorical and continuous outcomes.* Unpublished technical report. http://gseis.ucla.edu/faculty/muthen/articles/Article_075.pdf

R Core Team (2020). *R: A language and environment for statistical computing*. R Foundation for Statistical Computing, Vienna, Austria. URL http://www.R-project.org/

Raftery, A. E. (1999). Bayes factors and BIC: Comment on "A critique of the Bayesian information criterion for model selection". *Sociological Methods & Research*, *27*(3), 411-427. https://doi.org/10.1177/0049124199027003005

Ramsay, J. O., & Wiberg, M. (2017). A strategy for replacing sum scoring. *Journal of Educational and Behavioral Statistics*, *42*(3), 282-307. https://doi.org/10.3102/1076998616680841

Rosseel, Y. (2012). lavaan: An R package for structural equation modeling and more. *Journal of Statistical Software*, *48*(2), 1-36. http://dx.doi.org/10.18637/jss.v048.i02

Satorra, A. (2000). Scaled and adjusted restricted tests in multi-sample analysis of moment structures. In R. D. H. Heijmans, D. S. G. Pollock & A. Satorra (orgs.), *Innovations in multivariate statistical analysis. A Festschrift for Heinz Neudecker* (pp.233-247). Kluwer Academic Publishers.

Satorra, A., & Bentler, P. M. (1994). Corrections to test statistics and standard errors in covariance structure analysis. In A. von Eye & C. C. Clogg (orgs.), *Latent variables analysis: Applications for developmental research* (pp. 399-419). Sage.

Schmitt, N. (2002). Do reactions to tests produce changes in the construct measured? *Multivariate Behavioral Research*, *37*(1), 105-126. https://doi.org/10.1207/S15327906MBR3701_05

Thompson, B. (2004). *Exploratory and confirmatory factor analysis: Understanding concepts and applications*. Psychology Press.

# 17
# Análise bifator exploratória com o pacote Psych

*Nelson Hauck Filho*
Universidade São Francisco

*Ariela Raissa Lima-Costa*
Universidade Tuiuti do Paraná

*Bruno Bonfá-Araujo*
Universidade São Francisco

## Análise bifator: o que é e por que usar?

O modelo bifator, também conhecido como *nested* ou *general-specific*, foi apresentado pela primeira vez como uma extensão do trabalho de Spearman sobre a inteligência (Holzinger & Swineford, 1937). Embora seja um tipo de modelo que remonta às origens da psicometria, passaram-se décadas para que fosse redescoberto pelos pesquisadores da psicologia (Reise, 2012). Enquanto seu surgimento esteve atrelado ao estudo das capacidades mentais, usos atuais abrangem muitas outras áreas, como a psicopatologia, a saúde e outros domínios (Markon, 2019; Reise et al., 2007).

É importante esclarecer, desde já, que o termo "bifator" *não designa um modelo com dois fatores*. A característica essencial de um modelo bifator é a presença de a) um fator geral (FG) que explica todos os itens e b) um ou mais fatores específicos, todos ortogonais (não correlacionados) a esse fator geral. Enquanto o fator geral dá conta da variância comum aos itens, os fatores específicos modelam covariâncias residuais, não explicadas pelo fator geral. Por isso é considerado um modelo multidimensional (Reise, 2012).

A análise bifator, doravante denominada "AB", apresenta diversas potencialidades (Reise, 2012). A primeira vantagem diz respeito à decomposição da variância. Trata-se de uma estratégia analítica útil quando existe o interesse em diferenciar as parcelas de variância comum geral e específica em um conjunto de indicadores. O método também pode funcionar como um teste de unidimensionalidade. Ele possibilita investigar a predominância de um fator geral enquanto fatores específicos são controlados, ajudando a estabelecer o quanto se pode assumir a unidimensionalidade de um conjunto de dados. Além disso, a AB é útil para entender a contribuição única de cada item em um escore de uma escala. Diferente de outras estratégias hierárquicas, a análise proporciona estimativas diretas da saturação (carga ou discriminação) de cada um dos indicadores em um fator geral. Ainda, a análise é útil no estabelecimento da validade (estrutural ou incremental) de uma escala. A técnica permite investigar a contribuição única de um dado fator específico na predição de critérios externos, o que proporciona subsídios para orientar usuários sobre o uso dos escores proporcionados por um instrumento.

Além de tudo isso, modelos bifatoriais são ferramentas úteis para o teste de hipóteses psicológicas complexas. Podem ser de ajuda quando, por exemplo, o pesquisador tem uma hipótese de efeito supressor, em que fatores específicos apresentam maior associação com determinados critérios externos depois de controlado um componente geral. Um estudo sobre os diferentes fatores da psicopatia pode ilustrar esse potencial. Considera-se que as características primárias da psicopatia (i. e., manipulação e insensibilidade) são negativamente relacionadas à ansiedade e a afetos negativos (Lykken, 1995). Todavia, Patrick et al. (2007) hipotetizaram que esse efeito "protetivo" seria observado apenas ao controlar a variância relacionada a um suposto fator geral da psicopatia. Isso ocorreria porque o hipotetizado fator geral teria relação contrária com esses correlatos, ou seja, positiva com ansiedade e afetos negativos. Não sendo controlado, ele acaba se misturando aos escores dos traços primários, então "contaminando" as correlações com outras variáveis, podendo diminuir a sua magnitude. Os autores utilizaram a modelagem bifator para estudar esse possível efeito supressor. As análises confirmaram as hipóteses teóricas, evidenciando que, ao usar a modelagem bifator para controlar um fator geral de psicopatia, traços de manipulação e insensibilidade se mostram negativamente associados a estresse, medo e emocionalidade negativa, além de positivamente relacionados a bem-estar e emocionalidade positiva. Em suma, a AB pode ajudar a avançar a teoria em diversos domínios da psicologia.

O objetivo do presente capítulo é apresentar uma introdução à modelagem bifator *exploratória*, um caso específico de modelo bifator. São descritos alguns aspectos técnicos, além de oferecidos elementos para a tomada de decisão e diretrizes para a implementação das análises no pacote psych (Revelle, 2014) do programa R.

## Investigando a existência de um fator geral

A AB exploratória consiste em um dentre outros métodos de investigação da existência de um fator geral em um conjunto de dados. A figura 1 ajuda a entender as similaridades e diferenças com relação a um modelo unidimensional e um modelo hierárquico.

O caso mais simples, similar à maioria dos modelos de resposta ao item (p. ex., modelo de resposta graduada; Samejima, 1973) é um modelo unidimensional. Conforme representado na figura 1A, esse modelo assume a independência local dos indicadores dada a variável latente (Sijtsma, 2001). Isso significa que toda covariância entre os indicadores é devida à variável latente, um fator geral (FG). Essa formulação, também conhecida como "modelo reflexivo" é entendida em um sentido causal, em que a variável latente explica inteiramente as respostas aos itens (Markus & Borsboom, 2013).

Não obstante, mesmo existindo um FG como na figura 1A, é possível que existam agrupamentos de itens. Isso significa que eles podem estar relacionados entre si mais do que com os demais, do que resulta existirem correlações residuais. Se isso acontece, fatores de grupos de itens ou "fatores específicos" estarão presentes nos dados. Uma configuração que combina a

**Figura 1**
*Diferentes modelos para investigar a existência de um fator geral*

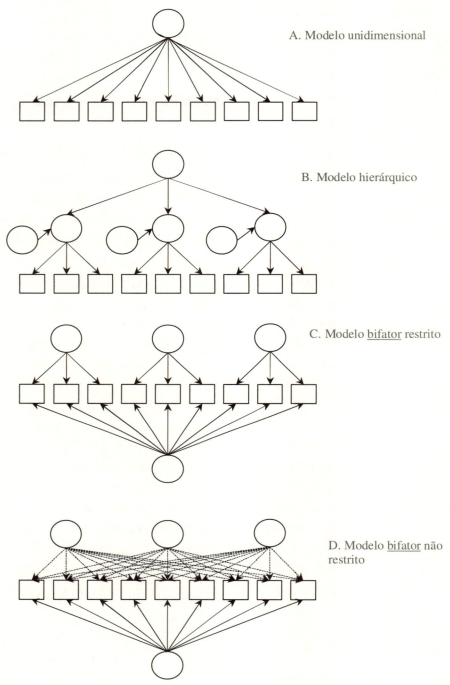

Nota: Os círculos representam variáveis latentes, os quadrados representam variáveis observadas (i. e., respostas aos itens) e as setas indicam a causalidade dos fatores para os itens. Erros de medida foram suprimidos das figuras para simplificar a ilustração.

ideia de um FG e de fatores de grupos de itens é o modelo da figura 1B. Esse modelo, conhecido como "hierárquico" ou de "segunda ordem" consiste em especificar o FG de segunda ordem como elemento causal explicativo dos fatores de primeira ordem (Markon, 2019). A conexão entre o FG e os itens é, portanto, indireta ou mediada pelos fatores de primeira ordem. A variância dos fatores de primeira ordem é dividida em duas partes: uma porção explicada pelo FG e outra residual, que representa uma variância comum aos indicadores, mas não relacionada ao FG. Na figura 1B, essa variância comum ortogonal ao FG (que não é erro de medida!) está representada como pequenos resíduos ao lado de cada um dos três fatores de primeira ordem. A identificação desse modelo requer, no mínimo, três fatores de primeira ordem, cada qual com três indicadores[3].

Por fim, temos o modelo bifator, representado na figura 1C, que consiste em uma alternativa ao modelo hierárquico (Reise et al., 2007). De fato, a abordagem bifator guarda similaridades e diferenças em relação ao modelo hierárquico. Por um lado, ambos são indicados quando há uma hipótese de que o teste avalia construtos altamente correlacionados, que admitem a interpretação da existência de um FG (Chen et al., 2006). Além disso, os fatores específicos do modelo bifator equivalem aos resíduos dos fatores de primeira ordem do modelo hierárquico. Por isso, pode-se dizer que ambos são *aninhados* e podem ser comparados diretamente por índices de ajuste, uma vez que o modelo bifator pode

ser obtido ao adicionar efeitos diretos do FG nas variáveis observadas (Chen et al., 2006).

Por outro lado, a principal diferença é em relação ao tipo de informação que o pesquisador busca em cada caso. Enquanto na figura 1B o interesse é em saber o quanto os fatores de primeira ordem compartilham de variância com o fator geral, na figura 1C a ideia é saber o quanto os itens compartilham de variância com esse fator. Ao ser comparada a quantidade de restrições dos dois modelos, é possível dizer que o modelo C é menos restritivo que o B, pois tem mais parâmetros livres para serem estimados (Mansolf & Reise, 2017). Em um estudo de revisão de baterias de teste de habilidades cognitivas, Cucina e Byle (2017) compararam estudos que sumarizaram 31 baterias de teste, 58 bancos de dados e 1.712.509 respondentes. Os autores encontraram evidências de que modelos bifatoriais apresentaram um melhor ajuste em comparação a modelos hierárquicos de habilidades cognitivas.

Por fim, temos o modelo da figura 1D, foco do presente capítulo. Trata-se da mesma perspectiva da figura 1C, mas com ainda menos restrições em relação à figura 1B. Esse é o modelo bifator não restrito ou saturado, mais conhecido como *bifator exploratório*. O único acréscimo é a flexibilização em relação às cargas fatoriais cruzadas, que estão livres para ocorrer. A questão é que, em dados reais, mesmo que existam apenas algumas cargas fatoriais cruzadas, elas irão prejudicar o ajuste do modelo C se não forem apropriadamente modeladas (cf., p. ex., van Prooijen & van der Kloot, 2001). Por isso, a análise bifator (AB) exploratória é uma alternativa ainda mais apropriada à modelagem de

---

3. *Constraints* poderiam ser aplicados para testar o modelo mesmo com menos indicadores por fator, mas esse é um assunto periférico ao tema do capítulo.

fenômenos psicométricos, multidimensionais e complexos por natureza. Existem muitas evidências de que modelos restritos de traços de personalidade como os B e C não se ajustam aos dados (Asparouhov & Muthén, 2009; Ferrando & Lorenzo-Seva, 2000), e que permitir a existência de cargas fatoriais cruzadas garante uma maior aproximação à estrutura verdadeira dos dados (Aichholzer, 2014).

Apesar de receber menos interesse, a AB exploratória é muito vantajosa. Ela pode dar conta de uma maior quantidade de correlações residuais entre os itens de forma direta, sem que o pesquisador tenha que recorrer a estatísticas *post-hoc* e índices de ajuste após estimação de modelos confirmatórios (Giordano & Waller, 2019; Reise, 2012). Trata-se, além disso, de um excelente método para descobrir quantos e quais são os agrupamentos de itens a serem representados pelos fatores específicos.

## Métodos de análise bifator exploratória

Existem diversas técnicas de implementação do modelo da figura 1D. Neste capítulo iremos focar mais em três métodos: a transformação Schmid-Leiman, as rotações Jenrich-Bentler e a rotação *target*. A seguir, são descritas essas técnicas e indicados os comandos para a sua análise utilizando o pacote psych (Revelle, 2014) do programa R. O pacote tem diversos bancos de dados disponíveis para uso em análises estatísticas, sendo aqui utilizados os dados do estudo de Holzinger e Swineford (1937). Trata-se da matriz de correlações entre nove variáveis de desempenho cognitivo: vis_perc, cubes, lozen-

ges, par_comp, sem_comp, wordmean, addition, count_dot, e s_c_caps (uma descrição dessas variáveis pode ser encontrada em https://rdrr.io/cran/MBESS/man/HS.html, bem como no estudo original dos autores).

## Transformação de Schmid-Leiman (Método S-L)

Esse método foi desenvolvido por Schmid e Leiman (1957) para converter uma solução oblíqua contendo $p$ fatores (em que $p \geq 3$) em uma solução bifator, com um fator geral e $p$ fatores específicos, todos ortogonais entre si. Trata-se de uma reparametrização que converte uma solução oblíqua simples em bifator ortogonal. A sequência analítica consiste em partir de uma solução fatorial exploratória oblíqua para, em seguida, derivar um FG de segunda ordem para explicar a covariância entre os fatores de primeira ordem, similar ao da figura 1B (embora permitindo cargas fatoriais cruzadas). Então, um modelo bifator, similar ao da figura 1D, é obtido a partir da parcialização da variância referente a esse FG nos $p$ fatores específicos da solução hierárquica (detalhes técnicos podem ser obtidos em Mansolf & Reise, 2016).

O banco de dados deve ser um *data frame* (embora possa ser também um matriz de correlações, como usado no presente caso), contendo as variáveis nas colunas e os respondentes nas linhas. O argumento "nfactors" é usado para especificar o número de fatores (a transformação produzirá três fatores específicos), enquanto os argumentos "fm" e "rotate" informam o método de estimação e a rotação da solução inicial oblíqua. Opções para esses argumentos e outros argumentos podem ser consultados na documentação do pacote psych (https://cran.r-project.org/web/packages/psych/psych.pdf). O método S-L pode ser computado tanto em dados contínuos quanto ordinais, como dados em escala de tipo de Likert. Nesse caso, é pertinente derivar a análise da matriz de correlações tetracóricas ou policóricas, acrescentando o argumento "cor"="poly".

Rode os comandos abaixo para realizar a análise S-L dos dados de Holzinger e Swineford (1937).

```
### Ativar pacotes
library(psych)
library(GPArotation)

### Ler o banco de dados
data("Holzinger.9")

### Comando para rodar a EFA bifactor Schmid-Leiman
fit<- schmid(Holzinger.9, nfactors = 3, fm = "minres", rotate="oblimin")
print(fit,sort= FALSE)
```

Os resultados dessa análise são apresentados no quadro a seguir. Na primeira tabela pode-se ver os itens nas linhas e as cargas fatoriais nas primeiras quatro colunas, sendo g o fator geral e F1*, F2* e F3* os fatores específicos. Cargas abaixo de 0,20 são automaticamente omitidas para facilitar a interpretação do modelo. Claramente, pode-se ver que todos os itens carregam em um fator geral e acima de 0,30 em um dos fatores específicos. As colunas seguintes apresentam algumas medidas úteis para compreender as fontes de variância de cada item. A coluna h2 indica a comunalidade ou proporção de variância do item que é compartilhada com os demais. Consiste na soma dos quadrados das cargas do item em todos os fatores da solução (cargas abaixo de 0,20 estão omitidas, mas estão incluídas nessa conta). A coluna u2 indica a unicidade de cada item. Ou seja, equivale a 1−h2 ou à proporção da variância do item não explicada pelos fatores do modelo. Por fim, a coluna p2 é uma medida da predominância do fator geral em cada item. Equivale ao quadrado da carga no fator geral dividido por h2, ou seja, a proporção de variância comum fator geral em relação à variância comum total. A informação presente logo abaixo, "mean percent general", é a média dessa coluna p2. Mais adiante estão o tamanho dos autovalores de cada fator da solução obtida e as informações das cargas utilizadas na transformação que produziu a solução S-L. Ao final, estão disponíveis duas medidas, o *Root Mean Square Residual* (RMSR) e o *Root Mean Square Residual* (RMSR-aju) ajustado pelos graus de liberdade. Os valores desses índices foram 0,02 e 0,04, bastante próximos a 0, o que é indicativo de um bom ajuste aproximado aos dados (Schreiber et al., 2006).

```
### Resultados da EFA bifactor Schmid-Leiman
Schmid-Leiman analysis
Call: schmid(model = Holzinger.9, nfactors = 3, fm = "wls", digits = 2,
rotate = "oblimin", n.obs = NA, option = "equal",
Phi = NULL, covar = FALSE)


Schmid Leiman Factor loadings greater than  0.2
                  g         F1*       F2*        F3*        h2         u2         p2
vis_perc        0.53                            0.45       0.49       0.51       0.57
cubes                     0.36                  0.37       0.27       0.73       0.49
lozenges        0.50                            0.46       0.48       0.52       0.53
par_comp        0.52      0.70                             0.76       0.24       0.35
sen_comp        0.50      0.67                             0.70       0.30       0.35
wordmean        0.49      0.66                             0.68       0.32       0.36
addition        0.28                0.71                   0.61       0.39       0.13
count_dot       0.40                0.71                   0.68       0.32       0.23
s_c_caps        0.53                0.43        0.28       0.54       0.46       0.51
With eigenvalues of:
g  F1*   F2*   F3*
1.93 1.41 1.19 0.67


general/max  1.37    max/min =    2.11
mean percent general =  0.39    with sd =  0.15 and cv of  0.38


The orthogonal loadings were
Unstandardized loadings based upon covariance matrix
With eigenvalues of:
                  F1        F2        F3         h2         u2         H2         U2
vis_perc        0.20      0.17      0.65       0.49       0.51       0.49       0.51
cubes           0.10      0.05      0.50       0.27       0.73       0.27       0.73
lozenges        0.21      0.08      0.65       0.48       0.52       0.48       0.52
par_comp        0.83      0.08      0.24       0.76       0.24       0.76       0.24
sen_comp        0.80      0.19      0.17       0.70       0.30       0.70       0.30
wordmean        0.79      0.06      0.23       0.68       0.32       0.68       0.32
addition        0.17      0.76     -0.04       0.61       0.39       0.61       0.39
count_dot       0.00      0.78      0.26       0.68       0.32       0.68       0.32
s_c_caps        0.19      0.53      0.47       0.54       0.46       0.54       0.46
                          F1        F2        F3
SS              loadings 2.11      1.56      1.53
Proportion      Var      0.24      0.17      0.17
Cumulative      Var      0.24      0.41      0.58
The degrees of freedom are 12  and the fit is  0.07


The root mean square of the residuals is  0.02
The df corrected root mean square of the residuals is  0.04
```

Vale ressaltar que o método S-L é criticado por alguns motivos (Reise, 2012). Em primeiro lugar, o método é mais eficiente para identificar um modelo bifator quando os itens apresentam elevada comunalidade. Ainda, o modelo funciona melhor quando se trata de uma solução fatorial simples, sem violações de independência local devido a cargas cruzadas. A presença de cargas cruzadas poderá subestimar as cargas produzidas no fator geral, distorcendo o modelo. Por fim, a técnica aplica algumas restrições no quanto cada item pode carregar no fator geral em relação aos demais fatores, algo que pode ser implausível para dados reais (para detalhes técnicos, cf. Reise, 2012). Ainda assim, trata-se de um método simples e bastante útil quando o pesquisador cogita a possibilidade de uma estrutura bifator em seus dados.

## Método de Jenrich e Bentler (Método J-B)

A técnica J-B foi desenvolvida por Jennrich e Bentler (2011) como uma alternativa ao método S-L. Trata-se da implementação de uma rotação bifator (aplicada a uma solução fatorial exploratória), que apresenta um tipo ortogonal e outro oblíquo. A vantagem desse método em relação do método S-L é a simplicidade de implementação e a produção direta de uma estrutura bifator, sem a necessidade de etapas, transformações e restrições proporcionais como no caso do método S-L (Jennrich & Bentler, 2011). A matriz bruta de cargas é rotacionada produzindo uma solução bifator com fatores específicos ortogonais no caso da rotação bifactor (Jennrich & Bentler, 2011), e oblíquos no caso da rotação biquartimin (Jennrich & Bentler, 2012). A sintaxe para cada uma dessas rotações, respectivamente, é descrita abaixo. Para dados em escalas Likert, pode-se acrescentar o argumento "cor" = "poly", como descrito no exemplo anterior.

```
### Comando para rodar EFA bifactor com
rotação bifactor

fit<-fa(Holzinger.9, nfactors = 4, fm =
"minres", rotate="bifactor")
print(fit,sort= FALSE)
```

Observe que, diferente da transformação S-L, que extrai $p$ fatores cuja correlação é usada para derivar um FG, a rotação J-B produz, diretamente, $p + 1$ fatores, o que coincide com o número de fatores desejados (fatores específicos + fator geral). Por isso, é necessário especificar quatro fatores na sintaxe, de modo que o primeiro sempre será o FG, e os demais serão os fatores específicos. A saída da análise, como apresentada no quadro abaixo, contém estimativas de cargas um pouco diferentes da solução S-L. Observe que cada fator específico agora não mais apresenta três itens com carga > 0,30. Verifica-se que, em relação à solução S-L, a rotação J-B bifactor produziu cargas mais altas para o primeiro e o último item no FG, o que fez com que tivessem cargas diminuídas em seus respectivos fatores específicos. Novamente, existem as colunas h2 de comunalidade e u2de unicidade (1−h2). A informação p2 não está disponível (poderia ser calculada dividindo o quadrado da carga em MR1 por h2), mas conta uma coluna com, com uma medida de complexidade fatorial. Valores próximos a 1 indicam que o item carrega apenas em um fator da solução, valores próximos a 2 indicam carga similar em dois fatores, e assim por diante. Se o interesse for em identificar itens unidimensionais, aqueles com escore 1 na coluna com podem ser preferidos. Abaixo da tabela de cargas fatoriais, constam as informações de variância explicada dos fatores da solução. A complexidade média da solução, que foi 1,7, indica que cada item tende a carregar de forma quase equivalente em dois fatores da solução (1,7 fator, de fato). Mais adiante temos o ajuste do modelo, que produziu RMSR 0,01 e RMSR ajustado 0,02. Ao final, são apresentadas estimativas de correlação entre os escores fatoriais derivadas da solução e os escores brutos que seriam computados somando-se os itens de cada fator. Em outras palavras, são as correlações esperadas caso o pesquisador decidisse 1) gerar escores fatoriais para cada indivíduo a partir da solução encontrada e 2) correlacionar esses escores com os respectivos escores brutos, compostos pela soma dos itens de cada fator.

```
### Resultados da EFA bifactor com rotação bifactor


Factor Analysis using method =  minres
Call: fa(r = Holzinger.9, nfactors = 4, rotate = "bifactor",
fm = "minres")
Standardized loadings (pattern matrix) based upon correlation matrix
            MR1       MR2       MR3       MR4       h2        u2        com
vis_perc    0.65      -0.01     -0.14     0.18      0.48      0.5249    1.3
cubes       0.36      0.02      -0.06     0.46      0.34      0.6567    2.0
lozenges    0.54      0.07      -0.12     0.46      0.53      0.4731    2.1
par_comp    0.50      0.71      0.00      0.04      0.76      0.2448    1.8
sen_comp    0.54      0.64      0.05      -0.10     0.71      0.2880    2.0
wordmean    0.47      0.68      -0.01     0.06      0.68      0.3158    1.8
addition    0.37      0.03      0.93      -0.02     1.00      0.0047    1.3
count_dot   0.56      -0.22     0.41      -0.01     0.54      0.4593    2.2
s_c_caps    0.79      -0.13     0.14      -0.06     0.66      0.3405    1.1
                          MR1       MR2       MR3       MR4
SS           loadings     2.69      1.44      1.09      0.47
Proportion   Var          0.30      0.16      0.12      0.05
Cumulative   Var          0.30      0.46      0.58      0.63
Proportion   Explained    0.47      0.25      0.19      0.08
Cumulative   Proportion   0.47      0.73      0.92      1.00

Mean item complexity =  1.7
Test of the hypothesis that 4 factors are sufficient.


The degrees of freedom for the null model are  36  and the objective function was
3.49
The degrees of freedom for the model are 6  and the objective function was  0.02


The root mean square of the residuals (RMSR) is  0.01
The df corrected root mean square of the residuals is  0.02


Fit based upon off diagonal values = 1
                                                   MR1    MR2    MR3    MR4
Correlation of (regression) scores with factors    0.91   0.89   0.98   0.65
Multiple R square of scores with Factors           0.82   0.79   0.97   0.43
Minimum correlation of possible factor scores      0.64   0.57   0.93   -0.14
```

Tente também rodar a análise J-B solicitando a rotação J-B oblíqua, biquartimin. Você vai observar que, apesar de o ajuste aos dados ser o mesmo, as cargas fatoriais são ligeiramente diferentes. Isso ocorre porque a rotação permite que os fatores específicos apresentem correlações entre si (embora sejam ortogonais ao FG – característica universal dos modelos bifatoriais). Por isso, a saída apresenta também, abaixo da tabela contendo a informação da variância explicada, as correlações entre os fatores (nos demais métodos, essa tabela não consta porque as correlações são todas 0). Ainda assim, apesar de as cargas diferirem um pouco, a complexidade fatorial média também foi 1,7, similar à análise anterior.

```
### Comando para rodar EFA bifactor com rotação biquartimin

fit<- fa(Holzinger.9, nfactors = 3, fm = "minres", rotate="biquartimin")
print(fit,sort= FALSE)


### Resultados da EFA bifactor com rotação biquartimin

Factor Analysis using method = minres
Call: fa(r = Holzinger.9, nfactors = 4, rotate = "biquartimin",
fm = "minres")
Standardized loadings (pattern matrix) based upon correlation matrix
```

|          | MR1  | MR2   | MR3   | MR4   | h2   | u2     | com |
|----------|------|-------|-------|-------|------|--------|-----|
| vis_perc | 0.61 | -0.02 | -0.21 | 0.18  | 0.48 | 0.5249 | 1.4 |
| cubes    | 0.35 | -0.02 | 0.03  | 0.48  | 0.34 | 0.6567 | 1.8 |
| lozenges | 0.51 | 0.04  | -0.06 | 0.49  | 0.53 | 0.4731 | 2.0 |
| par_comp | 0.50 | 0.71  | 0.01  | 0.04  | 0.76 | 0.2448 | 1.8 |
| sen_comp | 0.54 | 0.65  | -0.01 | -0.11 | 0.71 | 0.2880 | 2.0 |
| wordmean | 0.46 | 0.68  | 0.01  | 0.06  | 0.68 | 0.3158 | 1.8 |
| addition | 0.54 | 0.01  | 0.84  | 0.00  | 1.00 | 0.0047 | 1.7 |
| count_dot| 0.64 | -0.23 | 0.26  | -0.01 | 0.54 | 0.4593 | 1.6 |
| s_c_caps | 0.80 | -0.12 | -0.06 | -0.07 | 0.66 | 0.3405 | 1.1 |

|            |            | MR1  | MR2  | MR3  | MR4  |
|------------|------------|------|------|------|------|
| SS         | loadings   | 2.84 | 1.46 | 0.84 | 0.55 |
| Proportion | Var        | 0.32 | 0.16 | 0.09 | 0.06 |
| Cumulative | Var        | 0.32 | 0.48 | 0.57 | 0.63 |
| Proportion | Explained  | 0.50 | 0.26 | 0.15 | 0.10 |
| Cumulative | Proportion | 0.50 | 0.76 | 0.90 | 1.00 |

With factor correlations of

|     | MR1 | MR2   | MR3   | MR4   |
|-----|-----|-------|-------|-------|
| MR1 | 1   | 0.00  | 0.00  | 0.00  |
| MR2 | 0   | 1.00  | -0.11 | 0.12  |
| MR3 | 0   | -0.11 | 1.00  | -0.36 |
| MR4 | 0   | 0.12  | -0.36 | 1.00  |

```
Mean item complexity = 1.7
Test of the hypothesis that 4 factors are sufficient.

The degrees of freedom for the null model are 36 and the objective function was 3.49
The degrees of freedom for the model are 6 and the objective function was 0.02

The root mean square of the residuals (RMSR) is 0.01
The df corrected root mean square of the residuals is 0.02

Fit based upon off diagonal values = 1
Measures of factor score adequacy
Correlation of (regression) scores with factors       MR1       MR2       MR3

Multiple R square of scores with factors               0.92      0.9       0.97

Minimum correlation of possible factor scores          0.86      0.8       0.93

Correlation of (regression) scores with factors        0.71      0.6       0.87

                                                                 MR4

Correlation of (regression) scores with factors                  0.73

Multiple R square of scores with factors                         0.53

Minimum correlation of possible factor scores                    0.05
```

Como qualquer outro método, existem também limitações para o J-B. A principal desvantagem desse método é que pode variar de acordo com algumas predefinições (*starting values*) utilizadas no processo de estimação dos parâmetros do programa estatístico, embora isso possa ser um problema menor em programas que usam *staring values* aleatórios (para detalhes técnicos, cf. Mansolf & Reise, 2016). Além disso, as soluções J-B tendem a inflacionar o FG e diminuir a variância dos fatores específicos, fazendo com que estes sejam "colapsados" no FG. Em outras palavras, um fator específico teórico pode acabar desaparecendo na solução fatorial, com todas as suas cargas "desviadas" para o FG. Além disso, as rotações J-B podem produzir soluções mais complexas (i. e., com um valor elevado) e de difícil interpretabilidade. Assim, é recomendado suplementar a análise exploratória com uma modelagem confirmatória para verificar a interpretabilidade das cargas obtidas.

## Rotação para uma matriz-alvo (*target rotation*)

Outra possibilidade de testar um modelo bifator é solicitar que o programa tente rotacionar uma matriz de dados para coincidir com uma matriz teórica de cargas fatoriais. Esse método se chama *target matrix* exatamente porque a rotação tem como objetivo ou alvo a aproximação a essa matriz teórica.

O método foi desenvolvido por Reise et al. (2011) para dar conta do problema de restrições proporcionais do método S-L. Nesse método, em uma matriz-alvo, alguns elementos são especificados (normalmente são fixados em 0) e outros permanecem não especificados. Essa matriz teórica pode tanto vir de uma hipótese a ser testada por parte do pesquisador quanto de outra análise fatorial, conduzida pelo próprio pesquisador ou relatada em algum estudo. A AB é realizada produzindo uma matriz de cargas minimizando a diferença com relação à matriz-alvo (Reise, 2012).

A análise *target rotation* é feita em duas etapas. Primeiramente, deve-se especificar a lista dos elementos que compõem a matriz-alvo com a função "make.keys". No exemplo, as nove variáveis (primeiro argumento da função) são definidas para carregarem em uma matriz teó-rica com quatro fatores (o segundo argumento da função, iniciado por "list"). Observe que o fator fg é especificado para explicar os itens de 1:9, sendo, portanto, o FG do modelo bifator teórico. O fator específico f1 explica os itens 1:3, enquanto o f2 explica os itens 4:6 e o f3 fica com os itens 7:9. No exemplo, a lista de informações da *target matrix* são armazenadas em um objeto "Targ". Vale ressaltar que, não estando os itens em sequência, eles devem ser indicados como um conjunto de elementos "c()". Por exemplo, se f1 estivesse relacionado aos itens 1, 2, 4, 7, 8 e 9, a linha de comando seria substituída por Targ <-make.keys(9,list(fg=1:9, f1= c(1,2,4,7:9), f2=4:6,f3=7:9)).

```
###Construindo a matrix teórica-alvo (target matrix)
Targ <- make.keys(9,list(fg=1:9,f1=1:3,f2=4:6,f3=7:9))
Targ <- scrub(Targ,isvalue=1) #fix the 0s, allow the NAs to be estimated
Targ <- list(Targ)
Targ


[[1]]
         f1              f2              f3              f4
[1,]     NA              NA              0               0
[2,]     NA              NA              0               0
[3,]     NA              NA              0               0
[4,]     NA              0               NA              0
[5,]     NA              0               NA              0
[6,]     NA              0               NA              0
[7,]     NA              0               0               NA
[8,]     NA              0               0               NA
[9,]     NA              0               0               NA
```

Os "NA" que você observa ao executar os comandos anteriores e criar a *target matrix* indicam as cargas livres para serem estimadas e maximizadas, enquanto os "0" indicam cargas que serão minimizadas até o valor mais próximo de 0. O comando a seguir usa os dados (a matriz de correlações) de Holzinger e Swineford (1937) para produzir uma solução exploratória o mais próximo possível da matriz Targ, utilizando a rotação TargetQ. Índices de ajuste são também produzidos.

```
### Comando para rodar EFA bifactor com rotação TargetQ
fa(Holzinger.9,4,rotate="TargetQ",Target=Targ)
```

Observe que o padrão de cargas obtido é distinto daquele proporcionado pelas rotações J-B. Um aspecto digno de nota é que a análise com rotação-alvo não superestimou a carga do primeiro e do último item no fator geral MR1. Em função disso, esses dois itens apresentam cargas ligeiramente maiores em seus fatores específicos do que a solução com rotação bifator e biquartimin. Além disso, por tentar rotacionar a solução com base em um critério teórico que priorizou a simplicidade fatorial (a matrix *target*), a complexidade média também foi menor (1,5) em comparação às análises exploratórias anteriores (1,7). Quanto menor a complexidade fatorial, mais simples a interpretação.

```
### Análise bifator com rotação-alvo

Factor Analysis using method = minres
Call: fa(r = Holzinger.9, nfactors = 4, rotate = "TargetQ", Target = Targ)
Standardized loadings (pattern matrix) based upon correlation matrix
```

|  | MR1 | MR3 | MR4 | MR2 | h2 | u2 | com |
|---|---|---|---|---|---|---|---|
| vis_perc | 0.64 | 0.06 | −0.02 | 0.22 | 0.48 | 0.5249 | 1.3 |
| cubes | 0.33 | −0.05 | 0.03 | 0.49 | 0.34 | 0.6567 | 1.8 |
| lozenges | 0.51 | 0.04 | −0.01 | 0.51 | 0.53 | 0.4731 | 2.0 |
| par_comp | 0.35 | 0.78 | −0.01 | 0.05 | 0.76 | 0.2448 | 1.4 |
| sen_comp | 0.40 | 0.76 | 0.04 | −0.10 | 0.71 | 0.2880 | 1.6 |
| wordmean | 0.33 | 0.74 | −0.02 | 0.06 | 0.68 | 0.3158 | 1.4 |
| addition | 0.22 | 0.07 | 0.97 | 0.00 | 1.00 | 0.0047 | 1.1 |
| count_dot | 0.53 | −0.13 | 0.54 | 0.02 | 0.54 | 0.4593 | 2.1 |
| s_c_caps | 0.77 | 0.02 | 0.29 | −0.02 | 0.66 | 0.3405 | 1.3 |

|  | MR1 | MR3 | MR4 | MR2 |
|---|---|---|---|---|
| SS loadings | 2.07 | 1.77 | 1.28 | 0.57 |
| Proportion Var | 0.23 | 0.20 | 0.14 | 0.06 |
| Cumulative Var | 0.23 | 0.43 | 0.57 | 0.63 |
| Proportion Explained | 0.36 | 0.31 | 0.23 | 0.10 |
| Cumulative Proportion | 0.36 | 0.67 | 0.90 | 1.00 |

```
With factor correlations of
```

|  | MR1 | MR3 | MR4 | MR2 |
|---|---|---|---|---|
| MR1 | 1.00 | 0.00 | −0.04 | 0.00 |
| MR3 | 0.00 | 1.00 | 0.13 | 0.28 |
| MR4 | −0.04 | 0.13 | 1.00 | −0.04 |
| MR2 | 0.00 | 0.28 | −0.04 | 1.00 |

```
Mean item complexity = 1.5
Test of the hypothesis that 4 factors are sufficient.

The degrees of freedom for the null model are 36 and the objective function was 3.49
The degrees of freedom for the model are 6 and the objective function was 0.02

The root mean square of the residuals (RMSR) is 0.01
The df corrected root mean square of the residuals is 0.02

Fit based upon off diagonal values = 1
Measures of factor score adequacy

                                                    MR1       MR3       MR4
Correlation of (regression) scores with factors 0.87  0.91      0.99
Multiple R square of scores with factors             0.75      0.82      0.98
Minimum correlation of possible factor scores        0.50      0.65      0.97
                                                              MR2
Correlation of (regression) scores with factors              0.68
Multiple R square of scores with factors                     0.46
Minimum correlation of possible factor scores               -0.07
```

Uma limitação digna de nota é que a qualidade de uma solução dependerá sempre da qualidade da *target matrix*. Como essa peça de informação é de responsabilidade do pesquisador, é importante que seja obtida a partir de teorias e modelos sólidos na área.

## Estimativas de confiabilidade associadas ao modelo bifator exploratório

Tendo em vista a complexidade de uma estrutura bifator exploratória, estimativas de confiabilidade requerem coeficientes específicos. Apesar de ser o coeficiente de consistência interna mais popular em estudos em psicologia, o coeficiente alfa ($\alpha$; Cronbach, 1951) não é capaz de informar o quanto os escores de um teste refletem a variância verdadeira referente ao FG. Em um modelo bifator, a variância comum pode ser dividida em duas partes: fator geral e fatores específicos.

Um dos coeficientes mais apropriados para a análise da confiabilidade de uma escala com uma estrutura bifator é o coeficiente ômega ($\omega$; McDonald, 1999). Diferentemente do coeficiente $\alpha$, o coeficiente $\omega$ não assume a equivalência das cargas dos itens (tau-equivalência) e não é derivado das variâncias e covariâncias dos itens, mas sim das cargas do modelo bifator. O programa psych oferece três coeficientes $\omega_H$ hierárquico, total e assintótico. O primeiro é o ômega hierárquico ($\omega_H$), uma medida da saturação dos escores de um teste no FG (Revelle, 2014). Um $\omega_H \geq 0,80$ pode ser considerado uma forte evidência de unidimensionalidade dos dados (Rodriguez et al., 2015). O segundo é o ômega total ($\omega_T$), uma medida de todos os componentes de variância verdadeira de um teste, incluindo a variância do fator geral e dos fatores específicos.

Por fim, um terceiro coeficiente, o ômega assintótico ($\omega_{lim}$), estima a fidedignidade de um teste com infinitos itens com características similares aos analisados (informações técnicas disponíveis em: https://www.rdocumentation.org/packages/psych/versions/2.0.12/topics/omega), sendo menos utilizado do que os anteriores.

Todos esses coeficientes são produzidos com a função "ômega". Como explicado, os coeficientes $\omega$ são derivados das cargas de uma solução fatorial bifator. No caso do pacote psych, eles são produzidos com base em uma transformação S-L. Em virtude disso, o comando abaixo irá produzir não apenas as estimativas de fidedignidade requisitadas, mas também toda a informação referente à análise S-L. Leitores interessados em conduzir uma análise S-L são, por esse motivo, encorajados a usar somente o comando abaixo, que apresenta todas as informações de cargas fatoriais, ajuste e consistência interna em uma saída apenas. Como informado anteriormente, se os escores dos itens estiverem em escala Likert, deve-se acrescentar o argumento "cor" ="poly".

Rode o comando descrito no quadro abaixo. A descrição específica da análise de consistência interna ômega indica uma excelente consistência interna total, sendo 0,88 pelo $\omega_T$. O $\omega_H$ não foi muito expressivo, apenas 0,53, o que indica que os dados de fato apresentam fatores específicos bem delimitados, que explicam uma porção importante dos dados, para além do FG. Por fim, aparecem também as informações pertinentes aos coeficientes tradicionais de consistência interna $\alpha$ e G6 de Guttman. Esse último coeficiente é uma medida de comunalidade, similar a um $R^2$ médio (em que cada item é regredido nos demais) e, portanto, conceitualmente equivalente ao $\omega_T$. Os valores foram 0,81 pelo $\alpha$ e 0,85 pelo G6.

```
### Comando para rodar a análise de consistência interna ômega

Omega(Holzinger.9,nfactors=3)

### Parte dos resultados que apresenta o coeficiente ômega

Omega
Call: omega(m = Holzinger.9, nfactors = 3)
Alpha: 0.81
G.6:   0.85
Omega Hierarchical:  0.53
Omega H asymptotic:  0.6
Omega Total 0.88


general/max 1.39  max/min =  2.07
mean percent general = 0.39  with sd = 0.14 and cv of 0.37
Explained Common Variance of the general factor = 0.37
```

A função ômega disponibiliza ainda outra informação auxiliar, útil para a apreciação da qualidade de uma solução bifator: a variância comum explicada (*explained common variance*, ECV; Reise, 2012). Esse coeficiente representa a razão entre o primeiro autovalor e a soma de todos os demais autovalores. Trata-se, portanto, de uma medida da primazia ou saliência do FG em relação aos demais. Um coeficiente ECV $\geq$ 0,80 indica que os dados podem ser considerados unidimensionais (Rodriguez et al., 2015). No presente caso, esse coeficiente foi 0,37, novamente sugerindo que os fatores específicos são importantes no modelo e que não devem ser negligenciados em favor de uma solução unidimensional pura.

Como dito anteriormente, a função ômega calcula seus coeficientes de consistência interna a partir de uma análise S-L. Todavia, esses coeficientes podem ser derivados dos resultados de outros tipos de análise bifator. Por isso, o pacote psych tem também a função omegaSem, que conduz a informação da análise S-L para especificar e testar um modelo de análise fatorial confirmatória. Isso é feito requisitando as funções do pacote lavaan (Rosseel, 2012). Rode o comando abaixo e compare com os resultados do comando anterior. Veja que, apesar de o ajuste aos dados ter sido equivalente, as estimativas dos coeficientes ômega são ligeiramente mais elevadas.

```
### Análise de consistência interna ômega com base em AFC

omegaSem(Holzinger.9,nfactors=3)

### Parte dos resultados que apresenta o coeficiente ômega

The root mean square of the residuals is 0.02
The df corrected root mean square of the residuals is 0.04

Omega Hierarchical from a confirmatory model using sem = 0.58
Omega Total from a confirmatory model using sem = 0.9
With loadings of
```

| g | F1* | F2* | F3* | h2 | u2 | p2 |
|---|---|---|---|---|---|---|
| vis_perc | 0.81 | | | 0.68 | 0.32 | 0.96 |
| cubes | 0.44 | | | 0.22 | 0.78 | 0.88 |
| lozenges | 0.68 | | -0.66 | 0.89 | 0.11 | 0.52 |
| par_comp | 0.44 | 0.74 | | 0.75 | 0.25 | 0.26 |
| sen_comp | 0.41 | 0.72 | | 0.69 | 0.31 | 0.24 |
| wordmean | 0.42 | 0.71 | | 0.68 | 0.32 | 0.26 |
| addition | | 0.75 | 0.58 | 0.42 | 0.04 | |
| count_dot | 0.37 | 0.71 | 0.64 | 0.36 | 0.21 | |
| s_c_caps | 0.59 | 0.44 | 0.54 | 0.46 | 0.64 | |

## Considerações finais

Como descrito no presente capítulo, existem muitos benefícios e possibilidades associadas ao modelo bifator. Esses benefícios são especialmente salientes quando se hipotetiza a existência de um fator geral comum e de fatores específicos bem definidos (Reise et al., 2007). Foi apresentado o pacote psych como uma ferramenta abrangente e sofisticada de AB exploratória. Acredita-se que os recursos aqui descritos sejam o suficiente para que pesquisadores analisem seus dados e possam relatar seus resultados em artigos científicos para boas revistas de psicologia.

Vale apenas ressaltar que o pacote psych não necessariamente contempla todos os recursos existentes para uma análise desse tipo. Isso, de fato, é algo difícil de ser obtido por qualquer programa estatístico, especialmente um gratuito. Assim, vale ressaltar que existem outras informações interessantes para a apreciação de uma solução bifator exploratória. Exemplos são a porcentagem de correlações não contaminadas (Reise et al., 2013) e o I-ECV para a análise individual de unidimensionalidade dos itens (Stucky & Edelen, 2014). Programas como o Factor (Lorenzo-Seva & Ferrando, 2013) podem ser auxiliares nesse sentido, apresentando alguns recursos extras que podem ser interessantes ao pesquisador.

O capítulo apresenta um caráter didático e introdutório, de modo que leitores interessados em aprofundar os seus conhecimentos são encorajados a consultar as referências técnicas aqui citadas e a documentação do pacote psych.

## Referências

Aichholzer, J. (2014). Random intercept EFA of personality scales. *Journal of Research in Personality*, *53*, 1-4. https://doi.org/10.1016/j.jrp.2014.07.001

Asparouhov, T., & Muthén, B. (2009). Exploratory Structural Equation Modeling. *Structural Equation Modeling: A Multidisciplinary Journal*, *16*(3), 397-438. https://doi.org/10.1080/10705510903008204

Chen, F. F., West, S. G., & Sousa, K. H. (2006). A comparison of bifactor and second-order models of quality of life. *Multivariate Behavioral Research*, *41*(2), 189-225. https://doi.org/10.1207/s15327906mbr4102

Cronbach, L. J. (1951). Coefficient alpha and the internal structure of tests. *Psychometrika*, *16*, 297-334. https://doi.org/10.1007/BF02310555

Cucina, J., & Byle, K. (2017). The bifactor model fits better than the higher-order model in more than 90% of comparisons for mental abilities test batteries. *Journal of Intelligence*, *5*(27), 1-21. https://doi.org/10.3390/jintelligence5030027

Ferrando, P. J., & Lorenzo-Seva, U. (2000). Unrestricted versus restricted factor analysis of multidimensional test items: Some aspects of the problem and some suggestions. *Psicológica*, *21*(3), 301-323.

Giordano, C., & Waller, N. G. (2019). Recovering bifactor models: A comparison of seven methods. *Psychological Methods*, *August*. https://doi.org/10.1037/met0000227

Holzinger, K. J., & Swineford, F. (1937). The bi-factor method. *Psychometrika*, *21*(1), 41-54.

Jennrich, R. I., & Bentler, P. M. (2011). Exploratory Bi-Factor Analysis. *Psychometrika*, *76*(4), 537-549. https://doi.org/10.1007/s11336-011-9218-4

Jennrich, R. I., & Bentler, P. M. (2012). Exploratory bi-factor analysis: The oblique case. *Psychometrika*, *77*(3), 442-454.

Lorenzo-Seva, U., & Ferrando, P. J. (2013). Factor 9.2: A Comprehensive Program for Fitting Exploratory and Semiconfirmatory Factor Analysis and IRT Models. *Applied Psychological Measurement*, *37*(6), 497-498. https://doi.org/10.1177/0146621613487794

Lykken, D. T. (1995). *The Antisocial Personalities*. Lawrence Earlbaum.

Mansolf, M., & Reise, S. P. (2016). Exploratory Bifactor Analysis: The Schmid-Leiman Orthogonalization and Jennrich-Bentler Analytic Rotations. *Multivariate Behavioral Research*, *51*(5), 698-717. https://doi.org/10.1080/00273171.2016.1215898

Mansolf, M., & Reise, S. P. (2017). When and why the second-order and bifactor models are distinguishable. *Intelligence*, *61*, 120-129. https://doi.org/10.1016/j.intell.2017.01.012

Markon, K. E. (2019). Bifactor and Hierarchical Models: Specification, Inference, and Interpretation. *Annual Review of Clinical Psychology*, *15*(1), 51-69. https://doi.org/10.1146/annurev-clinpsy-050718-095522

Markus, K. A., & Borsboom, D. (2013). *Frontiers of Test Validity Theory: Measurement, Causation, and Meaning (Multivariate Applications Series)*. Routledge.

McDonald, R. P. (1999). *Test theory: A unified approach*. Erlbaum.

Patrick, C. J., Hicks, B. M., Nichol, P. E., & Krueger, R. F. (2007). A bifactor approach to modeling the structure of the psychopathy checklist-revised. *Journal of Personality Disorders*, *21*(2), 118-141. https://doi.org/10.1521/pedi.2007.21.2.118

Reise, S. P., Scheines, R., Widaman, K. F., & Haviland, M. G. (2013). Multidimensionality and structural coefficient bias in structural equation modeling: A bifactor perspective. *Educational and Psychological Measurement*, *73*, 5-26. https://doi.org/10.1177/0013164412449831

Reise, Steven P. (2012). The Rediscovery of Bifactor Measurement Models. *Multivariate Behavioral Research*, *47*(5), 667-696. https://doi.org/10.1080/00273171.2012.715555

Reise, Steven P., Morizot, J., & Hays, R. D. (2007). The role of the bifactor model in resolving dimensionality issues in health outcomes measures. *Quality of Life Research*, *16*(Suppl 1), 19-31. https://doi.org/10.1007/s11136-007-9183-7

Revelle, W. (2014). Psych: Procedures for Personality and Psychological Research. R package version 1.4.3. *CRAN Project*. http://cran.r-project.org/web/packages/psych/psych.pdf

Rodriguez, A., Reise, S. P., & Haviland, M. G. (2015). Applying bifactor statistical indices in the evaluation of psychological measures. *Journal of Personality Assessment*, *98*(3), 223-237. https://doi.org/10.1080/00223891.2015.1089249

Rosseel, Y. (2012). lavan: An R Package for Structural Equation Modeling. *Journal of Statistical Software*, *48*(2).

Samejima, F. (1973). Homogeneous case of the continuous response model. *Psychometrika*, *38*(2), 203-219. https://doi.org/10.1007/BF02291114

Schreiber, J. B., Nora, A., Stage, F. K., Barlow, E. A., & King, J. (2006). Reporting Structural Equation Modeling and Confirmatory Factor Analysis Results: A Review. *The Journal of Educational Research*, *99*(6), 323-338. https://doi.org/10.3200/JOER.99.6.323-338

Sijtsma, K. (2001). Developments in Measurement of Persons and Items by Means of Item Response Models. *Behaviormetrika*, *28*(1), 65-94. https://doi.org/10.2333/bhmk.28.65

Stucky, B. D., & Edelen, M. O. (2014). Using hierarchical IRT models to create unidimensional measures from multidimensional data. In S. P. Reise & D. A. Revicki (orgs.), *Handbook of item response theory modeling: Applications to typical performance assessment* (pp. 183-206). Routledge/Taylor & Francis Group.

van Prooijen, J.-W., & van der Kloot, W. A. (2001). Confirmatory Analysis of Exploratively Obtained Factor Structures. *Educational and Psychological Measurement*, *61*(5), 777-792. https://doi.org/10.1177/0013164012197151

# 18
# Contribuições da Esem para a verificação da estrutura fatorial de fenômenos psicológicos

*Gustavo Henrique Martins*
*Evandro Morais Peixoto*
*Rodolfo Augusto Matteo Ambiel*
Universidade São Francisco

Este capítulo tem como objetivo apresentar um método de análise de dados denominado *Exploratory Structural Equation Modeling* (Esem). Serão apresentadas as diferenças entre esse método e outros utilizados para investigação da estrutura fatorial de instrumentos psicológicos, bem como as possibilidades de seu uso. Além disso, será apresentado um exemplo de aplicação da Esem com controle da aquiescência, contendo o passo a passo para sua operacionalização, análise, interpretação e descrição dos resultados.

## Propósitos e conceitos básicos da Esem

O advento da análise fatorial foi uma conquista importante para o avanço científico da Psicologia, especialmente pelo fato deste método estatístico ter contribuído para o desenvolvimento de importantes teorias psicológicas (Cudeck & MacCallum, 2007; Spearman, 1904). A análise fatorial permite investigar estatisticamente como são estruturados os construtos psicológicos (e. g., inteligência, personalidade, interesses profissionais). Isto se dá pela representação dos construtos psicológicos como variáveis latentes

(i. e., não observadas), que, por sua vez, seriam as causas para determinadas amostras de comportamentos, que são geralmente operacionalizadas por meio da resposta aos itens (Morin et al., 2018). Sendo assim, a partir das respostas das pessoas aos itens de um instrumento seria possível compreender como os construtos psicológicos explicariam aqueles padrões de resposta.

Existem basicamente dois métodos para investigar a estrutura fatorial de um instrumento: são estes a análise fatorial exploratória (AFE) (Spearman, 1904) e a análise fatorial confirmatória (AFC) (Jöreskog, 1969). A AFE pode ser entendida como um modelo saturado e, a AFC, um modelo restrito. Isso ocorre pelo fato de a AFE permitir que todos os itens sejam explicados por todos os fatores e, portanto, apresenta cargas fatoriais em todos os fatores do modelo, enquanto a AFC assume que todos os itens são explicados somente por um único fator, neste caso os itens têm carga fatorial igual a zero em todos os fatores, exceto aquele que eles foram projetados para medir. Vale destacar que a AFE e a AFC são idênticas quando o modelo é unifatorial. As diferenças entre as duas ocorrem somente quando a estrutura fatorial é composta por dois ou mais fatores. Ambos os métodos são bastante utilizados no contexto da Psicologia (Widaman, 2012).

Por meio da AFC é possível testar se a estrutura teórica esperada para o instrumento se confirma nos dados empíricos. Embora esse seja o desejo da maior parte dos pesquisadores que constroem instrumentos psicológicos, pelo fato deste modelo ser restrito ao que muitas vezes foge do esperado teoricamente, ele pode apresentar alguns problemas. Nesta direção, Marsh et al. (2005) identificaram que estruturas multidimensionais com cinco ou mais fatores, contendo mais de 50 itens, tendem a não apresentar índices de ajuste adequados à estrutura testada. Isso possivelmente se deve ao fato de em instrumentos com estruturas mais complexas o modelo de AFC ser demasiadamente restritivo, não representando, portanto, a realidade dos dados empíricos. Instrumentos psicológicos que contam com mais de 50 itens e com mais de cinco fatores são comuns no contexto brasileiro (Nunes et al., 2010; Primi et al., 2010; Primi & Almeida, 2000).

Devido aos problemas de ajuste de modelos restritos (AFC), modelos saturados e, portanto, exploratórios (AFE), tendem a apresentar melhores desempenhos para investigar estruturas fatoriais mais complexas No entanto, os modelos não são isentos de limitações, conforme apontado por Marsh et al. (2014), já que exige um maior conhecimento analítico para testar a invariância do modelo de medida entre grupos por meio de métodos exploratórios, assim como conhecimento para interpretar a associação da variável latente estimada por meio da AFE com outros construtos psicológicos.

A AFC possibilitou a criação de uma estrutura mais abrangente de modelagem de equa-

ções estruturais (*Structural Equation Modeling*; SEM), pela qual é possível testar a relação entre construtos psicológicos (variáveis latentes) corrigida pelos erros de medida (Jöreskog, 1970). Por mais de 30 anos, a SEM somente era possível de ser empregada ao utilizar AFC para estimar as variáveis latentes. Entretanto, mais recentemente a AFE foi inserida na SEM, sendo este método nomeado de Esem (Asparouhov & Muthén, 2009). Nesse sentido, a Esem refere-se à junção da SEM com a estimação das variáveis latentes podendo ser feitas por AFE e AFC. Este método possibilita que interessados nas inúmeras aplicações da SEM possam realizá-las, utilizando estruturas fatoriais mais flexíveis.

Resumidamente a Esem é o *framework* estatístico que incorpora a AFE na SEM, viabilizando uma maior flexibilidade em relação a um modelo de AFE. Essa flexibilidade possibilita, dentre outras coisas, correlacionar unicidades, controlar fatores de método (e. g., aquiescência, desejabilidade social, respostas extremas), analisar a invariância do modelo de medida entre grupos e testar as relações dos fatores da AFE com outras variáveis latentes ou observadas (Morin et al., 2018), e pode ser entendido como integração dos melhores recursos da AFE e AFC (Marsh et al., 2014). Para este capítulo foi selecionada a aplicação da Esem na investigação da estrutura fatorial de um instrumento, controlando o efeito da aquiescência nos itens.

Contudo, vale destacar o apontamento realizado por Franco et al. (2017) quanto a semelhança entre os métodos exploratórios como AFE e a Esem, haja vista que em ambos os casos as variáveis latentes são estimadas considerando as cargas fatoriais dos itens em todos os fatores, ou seja, ambos os métodos são estimados de maneira exploratória e, portanto, resultam em modelos idênticos. Assim, fica o alerta de que sem a estimação de associações entre as variáveis latentes com variáveis externas ao modelo (latentes ou observadas), ou a inclusão de uma fonte externa de variância dos itens (como a estimação do efeito da aquiescência) a Esem não difere do modelo da AFE.

## Estimação e controle de aquiescência por meio de Esem

Como supracitado, além da explicação dos itens fornecida pelas variáveis latentes de traço (fatores), estes itens podem sofrer influência de outras fontes, como por exemplo, dos vieses de respostas, também conhecidos como fatores de método (Wetzel & Greiff, 2018). Um dos vieses mais estudados é a aquiescência, que diz respeito à tendência de o indivíduo concordar com um item independentemente do seu conteúdo (Paulhus, 1991; Rammstedt & Farmer, 2013).

Sendo assim, é esperado que para dois itens, "falante" e "calada", que representam o mesmo traço (Extroversão), porém em polos opostos, sejam respondidos de forma oposta na escala Likert. Ou seja, uma pessoa que concorda totalmente (5) que é "falante", teoricamente deveria discordar totalmente (1) que é uma pessoa "calada", pois assim ela estaria respondendo os itens de forma coerente com o seu nível de Extroversão. Por outro lado, uma pessoa, influenciada pelo seu viés de resposta aquiescente, pode concordar com esses dois itens, mesmo sendo opostos em termos de conteúdo. Nesse caso, ela poderia anotar que concorda totalmente (5) que é uma pessoa "falante" e também concorda (4) que é uma pessoa "calada".

À medida que ocorrem tais incongruências nas respostas, as correlações entre os itens opostos, que eram para serem negativas, são atenuadas, e, por sua vez, as correlações entre os itens redigidos na mesma direção são infladas (Winkler et al., 1982), prejudicando assim a validade dos instrumentos. Estudos apontam que a aquiescência tende a prejudicar a recuperação da estrutura fatorial teórica (Kam & Meyer, 2015; Kuru & Pasek, 2016; Lechner & Rammstedt, 2015; Rammstedt et al., 2013; Rammstedt & Farmer, 2013). Contudo, a partir do balanceamento de um instrumento, ou seja, mesma quantidade de itens que avaliam o polo positivo e negativo do traço, é possível identificar o viés da aquiescência e assim controlá-lo utilizando Esem, sendo aqui utilizado o método de Intercepto Randômico (Maydeu-Olivares & Coffman, 2006). Além deste, outros métodos podem ser utilizados para este fim, como Ipsatização (Soto & John, 2017; Ten Berge, 1999), *Multiple Indicators, Multiple Causes Models* (Mimic) (Wetzel & Carstensen, 2017), entre outros (Podsakoff et al., 2003).

## Exemplo aplicado da Esem

### Problema e descrição das variáveis

A Esem pode ser utilizada para identificar a estrutura fatorial mais adequada ao instrumento psicológico investigado a partir de dados empíricos. Neste capítulo será apresentado um exemplo da aplicação da Esem para a verificação da estrutura fatorial de um instrumento balanceado, ou seja, formado pela mesma quantidade de itens positivos e negativos. A Esem, diferente da AFE simples, permite que, para além dos traços latentes do construto, sejam inseridas também outras causas possíveis para a resposta aos itens. Neste sentido é possível adicionar junto à AFE um controle para o viés de aquiescência. Este controle é importante, sobretudo quando não se conhece a estrutura fatorial do instrumento, pois, ao controlar a aquiescência, é possível obter uma estrutura fatorial mais confiável e congruente com o que é esperado teoricamente (Navarro-González et al., 2016).

Os dados empíricos são referentes a uma amostra formada por 900 adultos, maioria do sexo feminino (65%) e com idades variando de 18 a 73 anos ($M = 24,77$; $DP = 7,67$). A maior parte dos participantes residia no Estado de São Paulo (94,1%), cursavam o Ensino Superior (74,9%) e 68,1% trabalhavam[4]. O instrumento utilizado nas análises foi a *Career Adapt-Abilities Scale – Balanced version – 30 items* (CAAS-B-30), desenvolvido por Martins (2020). Ressalta-se que os itens deste instrumento foram selecionados exclusivamente para servir de exemplo neste capítulo, não devendo, portanto, serem utilizados em contexto prático ou de pesquisa.

A CAAS-B-30 avalia a adaptabilidade de carreira, que se refere aos recursos de um indivíduo para enfrentar suas tarefas do desenvolvimento profissional (Savickas, 2013). Os itens do instrumento são divididos igualmente em cinco fatores. São eles: Preocupação (orientação e preparação para o futuro), Controle (tomada de decisão e autorresponsabilidade pela carreira), Curiosidade (exploração de si e do ambiente), Confiança (expectativa de sucesso na carreira) e Cooperação (colaboração em relacionamentos interpessoais no trabalho). A CAAS-B-30 é balanceada, ou seja, tem 15 itens que avaliam o polo positivo da adaptabilidade de carreira e 15 itens que avaliam o polo negativo. Neste capítulo foram comparados dois modelos exploratórios de análises fatoriais, o primeiro foi uma AFE

simples e o segundo foi uma Esem com controle de aquiescência pelo método de intercepto randômico (Maydeu-Olivares & Coffman, 2006). O método de intercepto randômico consiste em modelar um fator latente, não relacionado aos fatores de conteúdo, com cargas fixadas em 1 para todos os itens. Desta forma o fator modelado (Intercepto Randômico) corresponde à variância da concordância das pessoas aos itens positivos e negativos, e assim é possível controlar essa variância espúria dos itens. Os dois modelos testados serão ilustrados a seguir nas figuras 1 e 2, respectivamente.

Observe que os modelos são idênticos, com exceção do segundo modelo (fig. 2) em que há um acréscimo de um fator de aquiescência (Intercepto Randômico) que explica todos os itens da mesma forma (i. e., mesma direção e mesma magnitude das cargas) e que não se relaciona com os outros fatores. O fato de as variâncias das cargas do fator de aquiescência serem fixadas em 1 permite que o escore estimado possa ser interpretado como uma espécie de "escore de viés de resposta", refletindo o quanto os respondentes estão propensos a endossar o item, independentemente do conteúdo representado (Maydeu-Olivares & Steenkamp, 2018). Esse acréscimo do controle da aquiescência somente é possível em modelos exploratórios por Esem.

## Como executar a Esem e interpretar os resultados

Nesta seção serão apresentados os *scripts* (comandos) e *outputs* (resultados) do R Studio para realização dos dois modelos representados nas figuras 1 e 2, utilizando o pacote lavaan (Rosseel, 2012). Todo o material necessário para replicar essas análises está disponível no link: https://github.com/GustavHM/Capitulo-18_ESEM).

---

4. A pesquisa que originou esse banco de dados foi submetida e aprovada pelo Comitê de Ética em Pesquisa da Universidade São Francisco (CAAE: 01465718.3.0000.5514).

**Figura 1**
*AFE simples da CAAS-B-30 com cinco fatores*

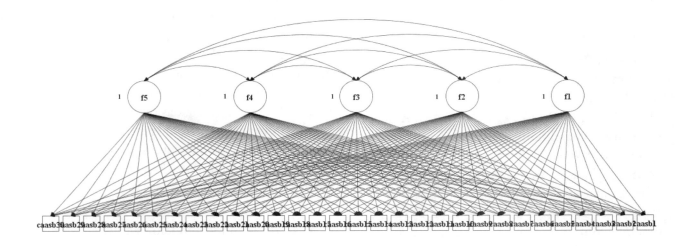

**Figura 2**
*Esem da CAAS-B-30 com cinco fatores e controle de aquiescência por Intercepto Randômico*

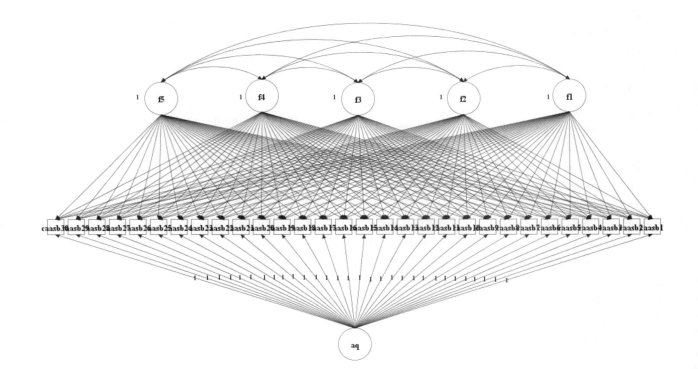

O primeiro passo é instalar e habilitar o lavaan. Em seguida você deve importar o banco de dados. Para isso utilize as duas últimas linhas de comandos a seguir para que você baixe o banco da CAAS-B-30 com 900 participantes e importe diretamente para o R.

```
#instalar e habilitar o pacote lavaan
install.packages("lavaan")
library(lavaan)
#carregar o banco de dados
banco<-readRDS (url("https://github.
com/GustavHM/Capitulo-18_ESEM/raw/main/
banco_CAASB_30.rds"))
```

Com o pacote lavaan habilitado e o banco importado você pode iniciar a análise dos dados. Inicialmente será feita uma AFE simples, semelhante ao modelo apresentado na figura 1. Para isso você deve criar um modelo lavaan[5] da análise que pretende fazer. Inicie o modelo com efa("efa")* e o nome do fator (aqui optamos por nomear de f1). Para acrescentar novos fatores você deve inserir o sinal de +. Ao finalizar o número de fatores a serem testados você deve acrescer o símbolo $=\sim$, que significa que aqueles fatores explicam os itens que serão inseridos no modelo. Em seguida, você deve inserir o nome dos itens que serão avaliados na AFE, de forma igual ao que consta na coluna do banco de dados, separados por +. Após criar o modelo você deverá salvá-lo em um objeto que será lido no comando da análise. A última linha de comando descreve o código para realização da análise, sendo o primeiro argumento o objeto do modelo criado, o segundo argumento é o banco de dados e o terceiro argumento informa quais as variáveis (itens) são ordinais. Caso considere que seus itens não são variáveis ordinais, basta excluir o último argumento (ordered=names(banco)) e o lavaan adotará o estimador ML para realização da análise.

```
############################# AFE ################################
#criar o modelo da AFE
modelo_AFE <- '
efa("efa")*f1 +
efa("efa")*f2 +
efa("efa")*f3 +
efa("efa")*f4 +
efa("efa")*f5 =~
CAASB1 + CAASB2 + CAASB3 + CAASB4 + CAASB5 + CAASB6 +
CAASB7 + CAASB8 + CAASB9 + CAASB10 + CAASB11 + CAASB12 +
CAASB13 + CAASB14 + CAASB15 + CAASB16 + CAASB17 + CAASB18 +
CAASB19 + CAASB20 + CAASB21 + CAASB22 + CAASB23 + CAASB24 +
CAASB25 + CAASB26 + CAASB27 + CAASB28 + CAASB29 + CAASB30'

#rodar a AFE
AFE<-sem(modelo_AFE, data=banco, ordered=names(banco))
```

---

5. Os modelos para o lavaan seguem uma mecânica própria. Para mais informações sobre como criar modelos lavaan acesse: http://lavaan.ugent.be/tutorial/syntax1.html

Após rodar a AFE e salvá-la em um objeto, que neste exemplo foi nomeado de "AFE", é possível checar os resultados, utilizando as próximas duas linhas de comando apresentadas a seguir. A primeira linha de comando vai habilitar a possibilidade de visualizar até um milhão de linhas de resultados no R Studio. A segunda linha de comando vai imprimir o resumo dos resultados da análise que constam no objeto AFE (primeiro argumento), incluindo os índices de ajuste (segundo argumento). A primeira parte do *output* apresenta as informações de como foi realizada a análise. Neste exemplo foi utilizado o estimador *Diagonally Weighted Least Squares* (DWLS) e o método de rotação foi o Geomin (oblíqua)[6], considerando a natureza ordinal dos itens e a expectativa teórica de associação entre os fatores. A sequência dos resultados, que será apresentada a seguir, informa os índices de ajuste obtidos na análise.

Observe que são apresentados os resultados em duas colunas, a primeira com os resultados padronizados (*standard*) e a segunda com os resultados robustos (*robust*). Para a interpretação considere os resultados robustos, pois são mais confiáveis por corrigirem a não normalidade dos dados (Brosseau-Liard & Savalei, 2014). No *output* da AFE apresentado, os índices de ajuste obtidos foram: $X^2 = 1575,01$ (*gl* = 295; *p* < 0,01), CFI = 0,90, TLI = 0,86 e RMSEA = 0,07.

```
#checar os índices de ajuste e os resultados padronizados da AFE
options(max.print=1000000)
summary(AFE, fit.measures=T)


## Model Test User Model:
##                       Standard    Robust
##          Test         871.616     1575.007
             Statistic
##          Degrees of   295         295
             freedom
##          P-value      0.000       0.000
             (Chi-
             square)
## Scaling correction factor 0.585
## Shift parameter 85.992
## for the simple second-order correction
##
## Comparative Fit Index (CFI) 0.983 0.903
## Tucker-Lewis Index (TLI) 0.976 0.856
##
## RMSEA 0.048 0.072
## 90 Percent confidence interval - lower 0.045 0.068
## 90 Percent confidence interval - upper 0.052 0.075
## P-value RMSEA <= 0.05 0.771 0.000
```

6. É possível realizar a AFE ou Esem utilizando outros estimadores e/ou métodos de rotação, basta alterar os argumentos na função "sem" do lavaan.

18 Contribuições da Esem para a verificação da estrutura fatorial de fenômenos...

Na próxima parte do *output* são apresentadas as cargas fatoriais dos itens em cada fator. Como foi realizada uma AFE com cinco fatores, cada item terá cinco cargas fatoriais, uma para cada fator do instrumento. Com o intuito de ilustrar a forma de interpretar as cargas fatoriais, a seguir serão apresentadas apenas as cargas fatoriais dos itens no primeiro e quinto fatores.

```
## Latent Variables:
## Estimate Std.Err z-value P(>|z|)
## f1 =~ efa
##              CAASB1     0.842      0.039      21.505      0.000
##              CAASB2     0.572      0.039      14.596      0.000
##              CAASB3     0.541      0.040      13.566      0.000
##              CAASB4     0.104      0.037       2.831      0.005
##              CAASB5     0.034      0.034       0.991      0.321
##              CAASB6     0.014      0.030       0.478      0.632
##              CAASB7     0.031      0.031       1.010      0.313
##              CAASB8     0.011      0.026       0.402      0.688
##              CAASB9     0.046      0.035       1.325      0.185
##              CAASB10    0.043      0.036       1.198      0.231
##              CAASB11   -0.031      0.035      -0.895      0.371
##              CAASB12   -0.019      0.033      -0.586      0.558
##              CAASB13   -0.079      0.036      -2.181      0.029
##              CAASB14   -0.022      0.027      -0.814      0.415
##              CAASB15    0.014      0.033       0.431      0.666
##              CAASB16   -0.634      0.035     -17.957      0.000
##              CAASB17   -0.411      0.039     -10.597      0.000
##              CAASB18   -0.457      0.040     -11.370      0.000
##              CAASB19   -0.049      0.034      -1.445      0.148
##              CAASB20    0.059      0.037       1.566      0.117
##              CAASB21    0.071      0.032       2.200      0.028
##              CAASB22   -0.031      0.028      -1.119      0.263
##              CAASB23    0.037      0.031       1.175      0.240
##              CAASB24    0.037      0.032       1.169      0.242
##              CAASB25    0.179      0.043       4.171      0.000
##              CAASB26    0.222      0.046       4.786      0.000
##              CAASB27    0.128      0.040       3.150      0.002
##              CAASB28    0.047      0.037       1.297      0.195
##              CAASB29   -0.050      0.037      -1.347      0.178
##              CAASB30   -0.013      0.033      -0.390      0.697
## ...
## f5 =~ efa
##              CAASB1     0.035      0.031       1.132      0.257
##              CAASB2     0.038      0.033       1.150      0.250
```

| ## | | | | | |
|---|---|---|---|---|---|
| ## | CAASB3 | -0.031 | 0.035 | -0.881 | 0.378 |
| ## | CAASB4 | 0.074 | 0.037 | 1.997 | 0.046 |
| ## | CAASB5 | 0.079 | 0.042 | 1.851 | 0.064 |
| ## | CAASB6 | 0.091 | 0.043 | 2.122 | 0.034 |
| ## | CAASB7 | -0.041 | 0.033 | -1.213 | 0.225 |
| ## | CAASB8 | 0.032 | 0.026 | 1.223 | 0.221 |
| ## | CAASB9 | -0.039 | 0.034 | -1.121 | 0.262 |
| ## | CAASB10 | 0.477 | 0.041 | 11.781 | 0.000 |
| ## | CAASB11 | 0.606 | 0.040 | 15.127 | 0.000 |
| ## | CAASB12 | 0.493 | 0.042 | 11.646 | 0.000 |
| ## | CAASB13 | 0.009 | 0.026 | 0.367 | 0.713 |
| ## | CAASB14 | 0.044 | 0.029 | 1.549 | 0.121 |
| ## | CAASB15 | -0.045 | 0.036 | -1.259 | 0.208 |
| ## | CAASB16 | 0.191 | 0.049 | 3.880 | 0.000 |
| ## | CAASB17 | 0.486 | 0.043 | 11.189 | 0.000 |
| ## | CAASB18 | 0.416 | 0.049 | 8.447 | 0.000 |
| ## | CAASB19 | 0.013 | 0.025 | 0.506 | 0.613 |
| ## | CAASB20 | 0.254 | 0.045 | 5.593 | 0.000 |
| ## | CAASB21 | 0.135 | 0.043 | 3.153 | 0.002 |
| ## | CAASB22 | 0.500 | 0.041 | 12.265 | 0.000 |
| ## | CAASB23 | 0.584 | 0.045 | 13.124 | 0.000 |
| ## | CAASB24 | 0.504 | 0.039 | 12.894 | 0.000 |
| ## | CAASB25 | -0.266 | 0.048 | -5.553 | 0.000 |
| ## | CAASB26 | -0.217 | 0.050 | -4.380 | 0.000 |
| ## | CAASB27 | -0.022 | 0.031 | -0.712 | 0.477 |
| ## | CAASB28 | 0.292 | 0.045 | 6.450 | 0.000 |
| ## | CAASB29 | 0.413 | 0.050 | 8.210 | 0.000 |
| ## | CAASB30 | 0.373 | 0.047 | 8.006 | 0.000 |

Neste *output* as cargas em cada fator podem ser observadas na coluna estimativa (*estimate*), logo após o rótulo (nome) do item. Considerando cargas fatoriais com valores de 0,30 como aceitáveis, é possível notar que os itens 1, 2, 3, 16, 17 e 18 carregaram no Fator 1 (f1), sendo os três primeiros com cargas positivas e os três últimos com cargas negativas. Ao passo que no Fator 5 (f5) os itens que carregaram com cargas superiores a 0,30 foram 10, 11, 12, 17, 18, 22, 23, 24, 29 e 30, todos com cargas positivas. Esses foram os resultados da AFE simples, que não controlou a aquiescência durante a realização do procedimento. Em seguida, serão apresentados os *scripts* e *outputs* da Esem com controle de aquiescência. A forma como construir e analisar tal modelo pode ser visto no *script*, a seguir.

# 18 Contribuições da Esem para a verificação da estrutura fatorial de fenômenos...

```
############## Esem com controle de aquiescência ###############
#criar o modelo Esem com controle de aquiescência por Intercepto Randômico
modelo_ESEM_IR <- '
efa("efa")*f1 +
efa("efa")*f2 +
efa("efa")*f3 +
efa("efa")*f4 +
efa("efa")*f5 =~
CAASB1  + CAASB2  + CAASB3  + CAASB4  + CAASB5  + CAASB6  +
CAASB7  + CAASB8  + CAASB9  + CAASB10 + CAASB11 + CAASB12 +
CAASB13 + CAASB14 + CAASB15 + CAASB16 + CAASB17 + CAASB18 +
CAASB19 + CAASB20 + CAASB21 + CAASB22 + CAASB23 + CAASB24 +
CAASB25 + CAASB26 + CAASB27 + CAASB28 + CAASB29 + CAASB30

aq =~
1*CAASB1  + 1*CAASB2  + 1*CAASB3  + 1*CAASB4  + 1*CAASB5  + 1*CAASB6  +
1*CAASB7  + 1*CAASB8  + 1*CAASB9  + 1*CAASB10 + 1*CAASB11 + 1*CAASB12 +
1*CAASB13 + 1*CAASB14 + 1*CAASB15 + 1*CAASB16 + 1*CAASB17 + 1*CAASB18 +
1*CAASB19 + 1*CAASB20 + 1*CAASB21 + 1*CAASB22 + 1*CAASB23 + 1*CAASB24 +
1*CAASB25 + 1*CAASB26 + 1*CAASB27 + 1*CAASB28 + 1*CAASB29 + 1*CAASB30
aq ~~ 0*f1 + 0*f2 + 0*f3 + 0*f4 + 0*f5'

#rodar a Esem com controle de aquiescência
ESEM_IR<-sem(modelo_ESEM_IR, data=banco, ordered=names(banco))
```

No modelo apresentado, além da AFE simples foi acrescentado uma nova variável latente, denominada de "aq" que explica todos os itens da mesma forma, por isso o 1* antes de cada item. Além disso, foi fixada na última linha do modelo que a correlação entre a variável "aq" e os outros cinco fatores do modelo seria igual a 0, por isso o 0* antes de cada fator. A Esem é realizada da mesma forma que a AFE, contudo dessa vez foi usado o objeto criado com o modelo da Esem (modelo_ESEM_IR). A seguir serão apresentados o *script* e o *output* da análise contendo os índices de ajuste e as cargas fatoriais dos itens no primeiro e quinto fatores.

```
#checar os índices de ajuste e os resultados padronizados da Esem
summary(ESEM_IR, fit.measures=T)

## Model Test User Model:
##                     Standard                          Robust
## Test                584.675                           1059.341
    Statistic
## Degrees of          294                               294
    freedom
## P-value             0.000                             0.000
    (Chi-square)
##   Scaling correction factor 0.602
```

```
##    Shift parameter 87.693
##     for the simple second-order correction
##
##    Comparative Fit Index (CFI) 0.992 0.942
##    Tucker-Lewis Index (TLI) 0.988 0.914
##
##    RMSEA 0.034 0.056
##    90 Percent confidence interval - lower 0.030 0.052
##    90 Percent confidence interval - upper 0.038 0.059
##    P-value RMSEA <= 0.05 1.000 0.005
##
##    Latent Variables:
##    Estimate Std.Err z-value P(>|z|)
##    f1 =~ efa
##    CAASB1       0.856       0.039       22.071       0.000
##    CAASB2       0.548       0.044       12.430       0.000
##    CAASB3       0.555       0.046       11.997       0.000
##    CAASB4       0.024       0.024        0.984       0.325
##    CAASB5       0.005       0.036        0.126       0.899
##    CAASB6      -0.021       0.034       -0.599       0.549
##    CAASB7       0.039       0.032        1.218       0.223
##    CAASB8       0.011       0.032        0.339       0.734
##    CAASB9       0.016       0.033        0.491       0.624
##    CAASB10      0.066       0.037        1.779       0.075
##    CAASB11      0.037       0.029        1.302       0.193
##    CAASB12      0.036       0.029        1.232       0.218
##    CAASB13     -0.059       0.034       -1.767       0.077
##    CAASB14     -0.008       0.027       -0.282       0.778
##    CAASB15      0.014       0.031        0.457       0.648
##    CAASB16     -0.704       0.040      -17.442       0.000
##    CAASB17     -0.419       0.041      -10.136       0.000
##    CAASB18     -0.487       0.044      -11.172       0.000
##    CAASB19     -0.019       0.028       -0.670       0.503
##    CAASB20      0.037       0.042        0.892       0.372
##    CAASB21      0.072       0.034        2.107       0.035
##    CAASB22     -0.056       0.036       -1.539       0.124
##    CAASB23      0.015       0.036        0.411       0.681
##    CAASB24      0.013       0.033        0.405       0.686
##    CAASB25      0.054       0.036        1.501       0.133
##    CAASB26      0.115       0.043        2.653       0.008
##    CAASB27      0.064       0.036        1.749       0.080
##    CAASB28     -0.018       0.039       -0.473       0.636
```

```
##    CAASB29       -0.093      0.045      -2.080       0.037
##    CAASB30       -0.078      0.042      -1.882       0.060
##    ...
##    f5 =~ efa
##    CAASB1         0.018      0.024       0.744       0.457
##    CAASB2        -0.081      0.050      -1.618       0.106
##    CAASB3         0.059      0.040       1.477       0.140
##    CAASB4        -0.206      0.049      -4.184       0.000
##    CAASB5         0.069      0.048       1.426       0.154
##    CAASB6         0.094      0.051       1.840       0.066
##    CAASB7         0.154      0.053       2.885       0.004
##    CAASB8         0.043      0.035       1.228       0.220
##    CAASB9        -0.096      0.047      -2.036       0.042
##    CAASB10        0.376      0.045       8.453       0.000
##    CAASB11        0.681      0.037      18.638       0.000
##    CAASB12        0.617      0.040      15.515       0.000
##    CAASB13        0.009      0.028       0.322       0.748
##    CAASB14       -0.017      0.027      -0.650       0.516
##    CAASB15       -0.130      0.043      -3.019       0.003
##    CAASB16       -0.026      0.041      -0.625       0.532
##    CAASB17        0.199      0.052       3.813       0.000
##    CAASB18        0.088      0.053       1.673       0.094
##    CAASB19        0.039      0.029       1.345       0.179
##    CAASB20       -0.097      0.053      -1.820       0.069
##    CAASB21       -0.126      0.048      -2.627       0.009
##    CAASB22        0.083      0.056       1.502       0.133
##    CAASB23        0.200      0.060       3.355       0.001
##    CAASB24        0.192      0.052       3.685       0.000
##    CAASB25       -0.747      0.035     -21.361       0.000
##    CAASB26       -0.707      0.041     -17.102       0.000
##    CAASB27       -0.400      0.041      -9.698       0.000
##    CAASB28       -0.029      0.043      -0.666       0.505
##    CAASB29        0.195      0.054       3.633       0.000
##    CAASB30        0.034      0.045       0.764       0.445
```

Em relação aos índices de ajuste foram observados os seguintes valores: $X^2 = 1059,34$ ($gl = 294$; $p < 0,01$), CFI = 0,94, TLI =0,91 e RMSEA = 0,06. Nota-se que os itens 1, 2, 3, 16, 17 e 18 carregaram no Fator 1, com os três primeiros itens com cargas positivas e os três últimos com cargas negativas. O Fator 5, por sua vez, passou a carregar os itens 10, 11, 12, 25, 26 e 27, com os três primeiros apresentando carga positiva e os três últimos cargas negativas. O Fator 5, seguindo o esperado teoricamente, parece representar o fator Confiança, porém com cargas invertidas. Este é um cuidado importante para interpretar os resultados de Esem com itens positivos e negativos. É possível que a análise considere os itens criados como negativos como tendo cargas positivas e o inverso para os itens positivos, podendo assim as cargas de todos os itens aparecerem de forma invertida nos resultados. Nestes casos, a solução é inverter todas as cargas daquele fator e interpretá-lo de forma que faça sentido teoricamente. Por fim, é possível comparar o ajuste dos dois modelos testados, utilizando a função anova, que solicita como argumento os objetos lavaan gerados pelas análises fatoriais realizadas.

## Exemplo de como descrever os resultados, formato das tabelas e escrita dos resultados

As análises foram conduzidas no programa R utilizando o pacote lavaan (Rosseel, 2012). Foram testados dois modelos fatoriais para investigar a estrutura fatorial da CAAS-B-30. O primeiro refere-se a uma AFE simples, formada por cinco fatores. O segundo modelo foi realizado por meio de Esem, na qual os itens foram explicados por cinco fatores de conteúdo e um fator de aquiescência. Na Esem foi adotado o

```
#comprar modelos
anova(AFE, ESEM_IR)
## Scaled Chi-Squared Difference Test (method = "satorra.2000")
##
## Df AIC BIC Chisq Chisq diff Df diff Pr(>Chisq)
## ESEM_IR 294 584.67
## AFE 295 871.62 158.56 1 < 2.2e-16 ***
## ---
## Signif. codes: 0 '***' 0.001 '**' 0.01 '*' 0.05 '.' 0.1 ' ' 1
```

Nota-se que o modelo Esem com controle de aquiescência apresentou um ajuste significativamente superior quando comparado ao modelo da AFE simples, sugerindo ser o mais adequado aos dados. No geral, foi possível notar que houve diferenças nos índices de ajuste e cargas dos fatores, especialmente do Fator 5, entre os dois modelos testados[7]. Na próxima seção será apresentado um exemplo de descrição destes resultados.

método de Intercepto Randômico para controle da aquiescência (Maydeu-Olivares & Coffman, 2006). Os índices de ajuste foram interpretados da seguinte forma: qui-quadrado ($X^2$) não significativo ($p > 0,05$); *Comparative Fit Index* (CFI) maior ou igual a 0,95 (ótimo) ou 0,90 (aceitável); c) *Tucker-Lewis Index* (TLI) maior ou igual a 0,95 (ótimo) ou 0,90 (aceitável); d) *Root Mean Square Error of Approximation* (RMSEA) menor ou igual a 0,06 (ótimo) ou 0,08 (aceitável; Marsh, 2007; Hu & Bentler, 1999). A estrutura fatorial teórica da CAAS-B-30 pode ser observada na tabela 1, a seguir.

---

7. Além dos materiais presentes neste capítulo, disponibilizamos também, por meio do nosso diretório https://github.com/GustavHM/Capitulo-18_ESEM um *script* do R para realizar Esem pelo lavaan com resumo dos resultados automatizados.

## Tabela 1
### Estrutura fatorial teórica da CAAS-B-30

| | Preo | Cont | Curi | Conf | Coop |
|---|---|---|---|---|---|
| 1. Penso sobre como será o meu futuro | + | | | | |
| 2. Estou atento(a) às escolhas educacionais e profissionais que eu devo fazer | + | | | | |
| 3. Penso com cuidado sobre minha carreira | + | | | | |
| 4. Enxergo minha vida de forma pessimista | - | | | | |
| 5. Tomo decisões com base na opinião de outras pessoas | - | | | | |
| 6. Acredito que preciso de ajuda para dirigir a própria vida | - | | | | |
| 7. Exploro as opções antes de fazer uma escolha | | | + | | |
| 8. Observo diferentes maneiras de fazer as coisas | | | + | | |
| 9. Investigo profundamente as questões/dúvidas que eu tenho | | | + | | |
| 10. Faço as coisas sem tomar muito cuidado | | | | - | |
| 11. Contento-me em fazer o mínimo necessário para entregar as tarefas | | | | - | |
| 12. Desisto quando as tarefas são difíceis | | | | - | |
| 13. Coopero com os outros em projetos grupais | | | | | + |
| 14. Faço minha parte em uma equipe | | | | | + |
| 15. Comprometo-me com outras pessoas | | | | | + |
| 16. Evito pensar sobre o futuro | - | | | | |
| 17. Dou pouca atenção às minhas escolhas educacionais e profissionais | - | | | | |
| 18. Dou pouca importância para a minha carreira | - | | | | |
| 19. Mantenho-me entusiasmado(a) e otimista | | + | | | |
| 20. Tomo decisões por conta própria | | + | | | |
| 21. Acredito na minha capacidade de dirigir a própria vida | | + | | | |
| 22. Faço uma escolha sem explorar opções previamente | | | - | | |
| 23. Considero somente uma maneira de fazer as coisas | | | - | | |
| 24. Tenho pouca paciência para buscar respostas para as dúvidas que eu tenho | | | - | | |
| 25. Sou cuidadoso(a) para fazer as coisas bem-feitas | | | | + | |
| 26. Esforço-me para fazer o melhor possível dentro das minhas habilidades | | | | + | |
| 27. Supero obstáculos | | | | + | |
| 28. Tenho dificuldades para trabalhar em grupo | | | | | - |
| 29. Deixo de fazer as coisas nos trabalhos em equipe | | | | | - |
| 30. Evito assumir compromissos com outras pessoas | | | | | - |

Nota: + = carga significativa e positiva; – = carga significativa e negativa. Preo = Preocupação; Cont = Controle; Curi = Curiosidade; Conf = Confiança; Coop = Cooperação.

Nota-se, na tabela 1, que é esperado que cada fator seja representado por três itens positivos e três itens negativos. Ou seja, espera-se que três itens apresentem cargas positivas e três itens apresentem cargas negativas, com magnitudes maiores que 0,30 e menores que –0,30, respectivamente, no fator que foram construídos para representar. A seguir, na tabela 2, serão apresentados os índices de ajuste obtidos nos modelos testados.

## Tabela 2
*Índices de ajuste dos modelos testados*

| | $X^2$ | gl | p | CFI | TLI | RMSEA |
|---|---|---|---|---|---|---|
| AFE simples | 1575,01 | 295 | 0,01 | 0,90 | 0,86 | 0,07 |
| Esem com controle de aquiescência | 1059,34 | 294 | 0,01 | 0,94 | 0,91 | 0,06 |

Nota-se que ambos os modelos não atingiram os valores de ponto de corte considerados excelentes. Porém, entre os dois, os valores de CFI, TLI e RMSEA obtidos pelo modelo de Esem com controle de aquiescência podem ser considerados aceitáveis. Ao comparar os dois modelos, notou-se que o modelo que controla a aquiescência (Esem) apresentou um ajuste significativamente superior ao modelo de AFE simples ($X^2$ (1) $=$ 158,66; $p < 0,01$). Embora os índices de ajuste indiquem que o modelo da AFE simples não é a melhor estrutura para o instrumento, é importante verificar como resultaram as cargas fatoriais. Sendo assim, na tabela 3, serão apresentadas as cargas fatoriais obtidas pelo modelo de AFE simples.

## Tabela 3
*AFE simples da CAAS-B-30*

| Itens | Preo | Cont | Curi | Coop | F5 |
|---|---|---|---|---|---|
| 1. Penso sobre como será o meu futuro | **0,84** | -0,15 | -0,13 | 0,05 | 0,03 |
| 2. Estou atento(a) às escolhas educacionais e profissionais que eu devo fazer | **0,57** | 0,15 | 0,19 | -0,04 | 0,04 |
| 3. Penso com cuidado sobre minha carreira | **0,54** | 0,09 | 0,28 | 0,02 | -0,03 |
| 4. Enxergo minha vida de forma pessimista | 0,10 | **-0,68** | 0,02 | 0,09 | 0,07 |
| 5. Tomo decisões com base na opinião de outras pessoas | 0,03 | **-0,53** | -0,06 | 0,14 | 0,08 |
| 6. Acredito que preciso de ajuda para dirigir a própria vida | 0,01 | **-0,59** | 0,02 | 0,13 | 0,09 |
| 7. Exploro as opções antes de fazer uma escolha | 0,03 | 0,01 | **0,73** | 0,08 | -0,04 |
| 8. Observo diferentes maneiras de fazer as coisas | 0,01 | 0,09 | **0,71** | 0,14 | 0,03 |
| 9. Investigo profundamente as questões/dúvidas que eu tenho | 0,05 | 0,05 | **0,55** | 0,06 | -0,04 |
| 10. Faço as coisas sem tomar muito cuidado | 0,04 | -0,07 | -0,16 | -0,04 | **0,48*** |
| 11. Contento-me em fazer o mínimo necessário para entregar as tarefas | -0,03 | -0,10 | -0,02 | -0,12 | **0,61*** |
| 12. Desisto quando as tarefas são difíceis | -0,02 | -0,28 | 0,03 | -0,06 | **0,49*** |
| 13. Coopero com os outros em projetos grupais | -0,08 | -0,02 | 0,06 | **0,81** | 0,01 |
| 14. Faço minha parte em uma equipe | -0,02 | -0,10 | 0,08 | **0,91** | 0,04 |
| 15. Comprometo-me com outras pessoas | 0,01 | 0,06 | -0,01 | **0,74** | -0,05 |
| 16. Evito pensar sobre o futuro | **-0,63** | -0,01 | 0,03 | 0,09 | 0,19 |

| | | | | | |
|---|---|---|---|---|---|
| 17. Dou pouca atenção às minhas escolhas educacionais e profissionais | **-0,41** | 0,02 | -0,14 | 0,01 | **0,49*** |
| 18. Dou pouca importância para a minha carreira | **-0,46** | -0,01 | -0,06 | -0,03 | **0,42*** |
| 19. Mantenho-me entusiasmado(a) e otimista | -0,05 | **0,77** | -0,03 | 0,03 | 0,01 |
| 20. Tomo decisões por conta própria | 0,06 | **0,53** | 0,04 | 0,05 | 0,25 |
| 21. Acredito na minha capacidade de dirigir a própria vida | 0,07 | **0,80** | 0,01 | 0,03 | 0,14 |
| 22. Faço uma escolha sem explorar opções previamente | -0,03 | 0,04 | **-0,50** | 0,10 | **0,50*** |
| 23. Considero somente uma maneira de fazer as coisas | 0,04 | 0,04 | **-0,38** | 0,03 | **0,58*** |
| 24. Tenho pouca paciência para buscar respostas para as dúvidas que eu tenho | 0,04 | -0,11 | **-0,24*** | -0,03 | **0,50*** |
| 25. Sou cuidadoso(a) para fazer as coisas bem-feitas | 0,18 | 0,21 | 0,01 | **0,31*** | -0,27 |
| 26. Esforço-me para fazer o melhor possível dentro das minhas habilidades | 0,22 | 0,27 | 0,01 | **0,38*** | -0,22 |
| 27. Supero obstáculos | 0,13 | **0,48*** | 0,11 | 0,23 | -0,02 |
| 28. Tenho dificuldades para trabalhar em grupo | 0,05 | -0,10 | 0,17 | **-0,31** | 0,29 |
| 29. Deixo de fazer as coisas nos trabalhos em equipe | -0,05 | 0,03 | 0,17 | **-0,49** | **0,41*** |
| 30. Evito assumir compromissos com outras pessoas | -0,01 | -0,11 | 0,18 | **-0,35** | **0,37*** |

Nota: Preo = Preocupação; Cont = Controle; Curi = Curiosidade; Coop = Cooperação. Cargas fatoriais ≥ 0,30 estão em negrito.
* = cargas incongruentes com o esperado teoricamente.

A partir dos resultados obtidos pela AFE simples, notou-se que quatro dos cinco fatores da CAAS-B-30 foram recuperados adequadamente, com exceção do fator Confiança (Fator 5). Este Fator foi representado inicialmente pelos itens 10, 11, 12, 17, 18, 22, 23, 24, 29 e 30, todos apresentando cargas positivas. Estes itens que carregaram no Fator 5 referem-se a itens negativos de fatores diferentes da CAAS-B-30, representando assim uma incongruência com o que era esperado teoricamente, evidenciando um possível viés de aquiescência. A seguir, na tabela 4, serão apresentadas as cargas fatoriais dos itens obtidos na Esem com controle de aquiescência.

Na tabela 4 é possível notar que os itens apresentaram cargas fatoriais acima de 0,30 e com a direção correta nos fatores que foram construídos para medir. Além disso, três itens (3, 17 e 27) apresentaram cargas cruzadas em outros fatores. Porém, como há a hipótese teórica que haja correlações entre os fatores, essas cargas cruzadas eventualmente podem ocorrer. Em linhas gerais, o modelo de Esem com controle de aquiescência apresentou resultados melhores para recuperar a estrutura fatorial teórica da CAAS-B-30.

## Tabela 4

*Esem da CAAS-B-30 com controle de aquiescência por intercepto randômico*

| Itens | Preo | Cont | Curi | Conf | Coop |
|---|---|---|---|---|---|
| 1. Penso sobre como será o meu futuro | **0,86** | -0,20 | -0,13 | -0,02 | 0,02 |
| 2. Estou atento(a) às escolhas educacionais e profissionais que eu devo fazer | **0,55** | 0,04 | 0,19 | 0,08 | -0,14 |
| 3. Penso com cuidado sobre minha carreira | **0,55** | 0,04 | **0,33*** | -0,06 | -0,01 |
| 4. Enxergo minha vida de forma pessimista | 0,02 | **-0,77** | -0,06 | 0,21 | -0,09 |
| 5. Tomo decisões com base na opinião de outras pessoas | 0,01 | **-0,49** | -0,09 | -0,07 | 0,11 |
| 6. Acredito que preciso de ajuda para dirigir a própria vida | -0,02 | **-0,56** | 0,01 | -0,09 | 0,09 |
| 7. Exploro as opções antes de fazer uma escolha | 0,04 | -0,01 | **0,81** | -0,15 | 0,03 |
| 8. Observo diferentes maneiras de fazer as coisas | 0,01 | 0,02 | **0,72** | -0,04 | 0,02 |
| 9. Investigo profundamente as questões/dúvidas que eu tenho | 0,02 | -0,03 | **0,57** | 0,10 | -0,08 |
| 10. Faço as coisas sem tomar muito cuidado | 0,07 | -0,04 | -0,27 | **-0,38** | -0,01 |
| 11. Contento-me em fazer o mínimo necessário para entregar as tarefas | 0,04 | 0,01 | -0,12 | **-0,68** | -0,01 |
| 12. Desisto quando as tarefas são difíceis | 0,04 | -0,18 | -0,03 | **-0,62** | 0,03 |
| 13. Coopero com os outros em projetos grupais | -0,06 | -0,01 | 0,09 | -0,01 | **0,78** |
| 14. Faço minha parte em uma equipe | -0,01 | -0,11 | 0,09 | 0,02 | **0,83** |
| 15. Comprometo-me com outras pessoas | 0,01 | 0,04 | 0,01 | 0,13 | **0,68** |
| 16. Evito pensar sobre o futuro | **-0,70** | -0,01 | -0,05 | 0,03 | 0,02 |
| 17. Dou pouca atenção às minhas escolhas educacionais e profissionais | **-0,42** | 0,01 | **-0,30*** | -0,20 | -0,05 |
| 18. Dou pouca importância para a minha carreira | **-0,49** | -0,05 | -0,21 | -0,09 | -0,12 |
| 19. Mantenho-me entusiasmado(a) e otimista | -0,02 | **0,79** | -0,01 | -0,04 | 0,10 |
| 20. Tomo decisões por conta própria | 0,04 | **0,40** | -0,05 | 0,10 | -0,06 |
| 21. Acredito na minha capacidade de dirigir a própria vida | 0,07 | **0,69** | -0,04 | 0,13 | -0,03 |
| 22. Faço uma escolha sem explorar opções previamente | -0,06 | -0,01 | **-0,67** | -0,08 | 0,04 |
| 23. Considero somente uma maneira de fazer as coisas | 0,01 | -0,01 | **-0,54** | -0,20 | -0,02 |
| 24. Tenho pouca paciência para buscar respostas para as dúvidas que eu tenho | 0,01 | -0,15 | **-0,39** | -0,19 | -0,09 |
| 25. Sou cuidadoso(a) para fazer as coisas bem-feitas | 0,05 | -0,04 | 0,01 | **0,75** | 0,05 |
| 26. Esforço-me para fazer o melhor possível dentro das minhas habilidades | 0,12 | 0,02 | -0,02 | **0,71** | 0,12 |
| 27. Supero obstáculos | 0,06 | **0,30*** | 0,07 | **0,40** | 0,04 |
| 28. Tenho dificuldades para trabalhar em grupo | -0,02 | -0,22 | 0,05 | 0,03 | **-0,45** |
| 29. Deixo de fazer as coisas nos trabalhos em equipe | -0,09 | -0,03 | 0,05 | -0,19 | **-0,55** |
| 30. Evito assumir compromissos com outras pessoas | -0,08 | -0,22 | 0,04 | -0,03 | **-0,49** |

Nota: Preo = Preocupação; Cont = Controle; Curi = Curiosidade; Conf = Confiança; Coop = Cooperação. Cargas fatoriais ≥ 0,30 estão em negrito. * = cargas incongruentes com o esperado teoricamente. A variância da aquiescência foi de 0,04.

## Considerações finais

A partir dos resultados apresentados neste capítulo foi verificado que adotar ou não um método de controle de aquiescência durante o processo de investigação da estrutura fatorial de um instrumento pode levar a interpretações distintas. Contudo, este controle em estruturas fatoriais exploratórias somente pode ser adotado por meio de Esem, demonstrando um dos avanços promovidos por esse método estatístico. Além do que foi apresentado, a Esem possibilitaria também que os fatores da adaptabilidade de carreira mensurados de forma exploratória fossem utilizados para explicar outras variáveis latentes, como a satisfação com a carreira, por exemplo.

Ressalta-se aqui uma provável limitação da Esem comparada com a SEM. Pelo fato das variáveis latentes da Esem serem mensuradas por meio de AFE, a interpretação sobre o que significa uma relação entre variáveis latentes pode se tornar mais difícil à medida que há diversas cargas cruzadas dos itens. Nesse sentido, a SEM que utiliza de AFC para mensurar as variáveis latentes, torna a interpretação mais fácil a respeito do que o fator representa. Outro ponto que merece destaque refere-se à estimação da confiabilidade de estruturas fatoriais Esem, uma vez que neste modelo todos os itens apresentam cargas fatoriais em todos os fatores, embora algumas cargas sejam muito próximas a 0. À risca não haveria itens representantes de um fator ou de outro, mas sim todos os itens seriam representantes de todos os fatores, variando apenas o grau de representação (cargas fatoriais). Portanto, o método alfa para estimação da consistência interna dos fatores não seria o mais adequado a ser aplicado (para uma discussão mais aprofundada sobre esse tema sugerimos a leitura de Morin et al., 2018).

Por outro lado, quando o interesse é identificar qual a melhor estrutura fatorial para o instrumento, há relatos de que a Esem apresenta melhores resultados que os demais métodos (SEM, AFE e AFC) por permitir o controle de fatores de método como a aquiescência (Asparouhov & Muthén, 2009; Marsh et al., 2005; Marsh et al., 2009; Morin et al., 2018; Stalikas et al., 2018). Sendo assim, este capítulo teve o intuito de apresentar as principais vantagens e aplicações da Esem, exemplificando sua aplicação em um caso real de investigação de estrutura fatorial por meio do pacote lavaan em ambiente R. Evidenciamos neste capítulo os efeitos da aquiescência na estrutura fatorial do instrumento testado, assim como visto em outros estudos (Kam & Meyer, 2015; Kuru & Pasek, 2016; Lechner & Rammstedt, 2015; Navarro-González et al., 2016; Rammstedt et al., 2013; Rammstedt & Farmer, 2013). Esta evidência reforça a importância de se utilizar métodos de controle de aquiescência alinhados à AFE, sobretudo em instrumentos formados por itens positivos e negativos. Consideramos que o presente capítulo apresenta uma importante contribuição à área, haja vista a inexistência de documentos que operacionalizem a realização da Esem em software de acesso aberto. Assim, agradecemos ao Professor Yves Rosseel (Ghent University) que disponibilizou materiais e *scripts* ainda não publicados que fundamentaram a realização da Esem em ambiente R.

## Referências

Asparouhov, T., & Muthén, B. (2009). Exploratory Structural Equation Modeling. *Structural Equation Modeling: A Multidisciplinary Journal*, *16*(3), 397-438. https://doi.org/10.1080/10705510903008204

Brosseau-Liard, P. E., & Savalei, V. (2014). Adjusting Incremental Fit Indices for Nonnormality. *Multivariate Behavioral Research*, *49*(5), 460-470. https://doi.org/10.1080/00273171.2014.933697

Cudeck, R., & MacCallum, R. C. (2007). *Factor analysis at 100: Historical developments and future directions*. Routledge.

Franco, V. R., Valentini, F., & Iglesias, F. (2017). Introdução à análise fatorial confirmatória. In B. F. Damásio & J. C. Borsa (orgs.), *Manual de desenvolvimento de instrumentos psicológicos* (pp. 295-322). Vetor.

Hu, L. T., & Bentler, P. M. (1999). Cutoff criteria for fit indexes in covariance structure analysis: Conventional criteria versus new alternatives. *Structural Equation Modeling*, *6*(1), 1-55. https://doi.org/10.1080/10705519909540118

Jöreskog, K. G. (1969). A general approach to Confirmatory Maximum Likelihood Factor Analysis. *Psychometrika*, *34*(2), 183-202. https://doi.org/10.1007/BF02289343

Jöreskog, K. G. (1970). A general method for analysis of covariance structures. *Biometrika*, *57*(2), 239-251. https://doi.org/10.1093/biomet/57.2.239

Kam, C. C. S., & Meyer, J. P. (2015). How careless responding and acquiescence response bias can influence construct dimensionality: The case of job satisfaction. *Organizational Research Methods*, *18*(3), 512-541. https://doi.org/10.1177/1094428115571894

Kuru, O., & Pasek, J. (2016). Computers in Human Behavior Improving social media measurement in surveys: Avoiding acquiescence bias in Facebook research. *Computers in Human Behavior*, *57*, 82-92. https://doi.org/10.1016/j.chb.2015.12.008

Lechner, C. M., & Rammstedt, B. (2015). Cognitive ability, acquiescence, and the structure of personality in a sample of older adults. *Psychological Assessment*, *27*(4), 1.301-1.311. https://doi.org/10.1037/pas0000151

Marsh, H. W. (2007). Application of confirmatory factor analysis and structural equation modeling in sport/exercise psychology. In G. Tenenbaum & R. C. Eklund (orgs.), *Handbook of sport psychology* (pp. 774-798). Wiley.

Marsh, H. W., Hau, K., & Grayson, D. (2005). Goodness of fit in structural equation models. In A. Maydeu-Olivares & J. J. McArdle (orgs.), *Contemporary psychometrics* (pp. 275-340). Lawrence Erlbaum Associates.

Marsh, H. W., Morin, A. J. S., Parker, P. D., & Kaur, G. (2014). Exploratory Structural Equation Modeling: An Integration of the Best Features of Exploratory and Confirmatory Factor Analysis. *Annual Review of Clinical Psychology*, *10*(1), 85-110. https://doi.org/10.1146/annurev-clinpsy-032813-153700

Marsh, H. W., Muthén, B., Asparouhov, T., Lüdtke, O., Robitzsch, A., Morin, A. J. S., & Trautwein, U. (2009). Exploratory structural equation modeling, integrating CFA and EFA: Application to students' evaluations of university teaching. *Structural Equation Modeling: A Multidisciplinary Journal*, *16*(3), 439-476. https://doi.org/10.1080/10705510903008220

Martins, G. H. (2020). *Desenvolvimento e evidências de validade de um índice de aquiescência para a Escala de Adaptabilidade de Carreira* [Dissertação de mestrado, Universidade São Francisco]. https://www.usf.edu.br/galeria/getImage/385/2297820929631719.pdf

Maydeu-Olivares, A., & Coffman, D. L. (2006). Random intercept item factor analysis. *Psychological Methods*, *11*(4), 344-362. https://doi.org/10.1037/1082-989X.11.4.344

Maydeu-Olivares, A., & Steenkamp, J. B. E. M. (2018). *An integrated procedure po control for common method variance in survey data using random intercept factor analysis models*. https://www.academia.edu/36641946/An_integrated_procedure_to_control_for_common_method_variance_in_survey_data_using_random_intercept_factor_analysis_models

Morin, A. J. S., Myers, N. D., & Lee, S. (2018). Modern Factor Analytic Techniques: Bifactor Models, Exploratory Structural Equation Modeling (Esem) and Bifactor-Esem. In G. Tenenbaum & R. C. Eklund (orgs.), *Handbook of Sport Psychology* (4. ed., pp. 1-36). Wiley.

Navarro-González, D., Lorenzo-Seva, U., & Vigil-Colet, A. (2016). How response bias affects the factorial structure of personality self-reports. *Psicothema, 28*(4), 465-470. https://doi.org/10.7334/psicothema2016.113

Nunes, C. H. S. S., Hutz, C. S., & Nunes, M. F. O. (2010). *Bateria Fatorial de Personalidade: Manual técnico*. Casa do Psicólogo.

Paulhus, D. L. (1991). Measurement and Control of Response Bias. In J. P. Robinson, P. R. Shaver & L. S. Wrightman (orgs.), *Measures of Personality and Social Psychological Attitudes* (pp. 17-59). Academic.

Podsakoff, P. M., MacKenzie, S. B., Lee, J. Y., & Podsakoff, N. P. (2003). Common method biases in behavioral research: A critical review of the literature and recommended remedies. *Journal of Applied Psychology, 88*(5), 879-903. https://doi.org/10.1037/0021-9010.88.5.879

Primi, R., & Almeida, L. S. (2000). *BPR-5 Bateria de Provas de Raciocínio: manual técnico*. Casa do Psicólogo.

Primi, R., Mansão, C. S. M., Muniz, M., & Nunes, M. F. O. (2010). *SDS Questionário de Busca Autodirigida: Manual técnico da versão brasileira*. Casa do Psicólogo.

Rammstedt, B., & Farmer, R. F. (2013). The impact of acquiescence on the evaluation of personality structure. *Psychological Assessment, 25*(4), 1.137-1.145. https://doi.org/10.1037/a0033323

Rammstedt, B., Kemper, C. J., & Borg, I. (2013). Correcting big five personality measurements for acquiescence: An 18-country cross-cultural study. *European Journal of Personality, 27*, 71-81. https://doi.org/10.1002/per

Rosseel, Y. (2012). Quantitative aspects of blood flow and oxygen uptake in the human forearm during rhythmic exercise. *Journal of Statistical Software, 48*(2), 1-93.

Savickas, M. L. (2013). The theory and practice of career construction. In *Career Development and Counseling: Putting Theory and Research to Work* (2. ed., pp. 147-183). John Wiley & Sons.

Soto, C. J., & John, O. P. (2017). The next Big Five Inventory (BFI-2): Developing and assessing a hierarchical model with 15 facets to enhance bandwidth, fidelity, and predictive power. *Journal of Personality and Social Psychology, 113*(1), 117-143. https://doi.org/10.1037/pspp0000096

Spearman, C. (1904). "General Intelligence" objectively determined and measured. *The American Journal of Psychology, 15*(2), 201-292. https://doi.org/10.2307/1412107

Stalikas, A., Kyriazos, T. A., Yotsidi, V., & Prassa, K. (2018). Using Bifactor EFA, Bifactor CFA and exploratory structural equation modeling to validate factor structure of the meaning in life questionnaire, greek version. *Psychology, 9*(3), 348-371. https://doi.org/10.4236/psych.2018.93022

Ten Berge, J. M. F. (1999). A legitimate case of component analysis of ipsative measures, and partialling the mean as an alternative to ipsatization. *Multivariate Behavioral Research, 34*(1), 89-102. https://doi.org/10.1207/s15327906mbr3401_4

Wetzel, E., & Carstensen, C. H. (2017). Multidimensional modeling of traits and response styles. *European Journal of Psychological Assessment, 33*(5), 352-364. https://doi.org/10.1027/1015-5759/a000291

Wetzel, E., & Greiff, S. (2018). Why We Should Think More Carefully About the Response[Editorial]. *European Journal of Psychological Assessment, 34*(1), 1-5. https://doi.org/10.1027/1015-5759/a000469

Widaman, K. F. (2012). Exploratory factor analysis and confirmatory factor analysis. In H. Cooper, P. M. Camic, D. L. Long, D. Panter, D. Rindskopf & K. J. Sher (orgs.), *APA handbook of research methods in psychology, Vol 3: Data analysis and research publication* (vol. 3, pp. 361-389). American Psychological Association.

Winkler, J. D., Kanouse, D. E., & Ware, J. E. (1982). Controlling for acquiescence response set in scale development. *Journal of Applied Psychology, 67*(5), 555-561. https://doi.org/10.1037/0021-9010.67.5.555

# 19
# Uma introdução à modelagem de equações estruturais

*Nelson Hauck Filho*
Universidade São Francisco

*Ariela Raissa Lima-Costa*
Universidade Tuiuti do Paraná

*Pedro Afonso Cortez*
Universidade Metodista de São Paulo

## Modelagem de equações estruturais: o que é e por que usar?

Existem diversas taxonomias para as análises estatísticas usadas em psicometria (p. ex., Mellenbergh, 1994). Uma das grandes categorias utilizadas atualmente é aquela conhecida como "Modelos de Equações Estruturais" (MEE), que denomina uma imensa família de modelos multivariados em que múltiplas relações lineares ou não lineares entre variáveis são analisadas simultaneamente (Muthén & Muthén, 2007). As análises típicas dentro dessa categoria são modelos de fatores comuns (análise fatorial exploratória e confirmatória e modelos de resposta ao item), modelos de regressão (regressão linear, Anova e *path analysis*) e modelos que combinam essas duas possibilidades[8]. O presente capítulo aborda os MEE que contêm uma parte fatorial e outra parte regressão, o que consiste no caso mais tradicional e protótipo da técnica. Muitos dos

demais casos podem ser consultados nos demais capítulos deste livro.

Os MEE são ferramentas estatísticas úteis para o teste de hipóteses psicológicas complexas. O objetivo principal do MEE é submeter ao teste empírico uma teoria ou parte de uma teoria, por meio da formulação de um ou mais modelos formados por variáveis latentes medidas por instrumentos apropriados e com boas propriedades psicométricas (Kline, 2015). Embora as origens teóricas dos MEE datem de quase 100 anos (cf. Pearl, 2012), sua aplicabilidade prática se concretizou com o surgimento do programa LISREL, desenvolvido pelos professores Dag Sörbom e Karl Jöreskog. Hoje, essas análises podem ser conduzidas em muitos programas estatísticos. Alguns são pagos (como LISREL, EQS, AMOS e Mplus), enquanto outros são gratuitos (como lavaan e Jasp, enfatizados neste texto).

Um MEE sempre parte de implicações teóricas testáveis. O pesquisador deve ser capaz de descrever o seu modelo com um diagrama e um conjunto de equações causais entre variáveis (Pearl, 2012). Esse modelo poderá ser testado em um conjunto de dados experimentais ou não experimentais, produzindo estimativas paramé-

---

8. Caso você queira ter uma ideia mais completa da diversidade de possibilidades, confira a lista de publicações sobre "*structural equation modeling*" no site de Bengt e Linda Muthén (https://www.statmodel.com/papers.shtml) ou as publicações da revista *Structural Equation Modeling: A Multidisciplinary Journal* (https://www.tandfonline.com/toc/hsem20/current).

tricas e informações para apreciar o quanto as relações hipotetizadas são coerentes com os dados reais.

A situação ideal de uso de um MEE é aquela em que o pesquisador hipotetiza uma relação de dependência (regressão) entre variáveis latentes e covariáveis observadas ou entre variáveis latentes. Por exemplo, alguém poderia estar interessado em testar se os fatores da psicopatia explicam a presença de sintomas de ansiedade em uma amostra de pessoas. Como evidenciado em diversos estudos, a psicopatia primária (i. e., manipulação e insensibilidade) mantém relação negativa com a ansiedade, enquanto a psicopatia secundária (impulsividade e antissocialidade) mantém uma relação positiva (cf. Corr, 2010). Um MEE, portanto, permitiria especificar e testar duas coisas simultaneamente. A primeira seria o modelo fatorial para a psicopatia e a ansiedade, com cada fator se conectando aos seus respectivos itens ou indicadores. A segunda seria a relação de dependência (regressão) entre a ansiedade e os fatores da psicopatia. Assim, seria possível estimar 1) as cargas fatoriais dos itens nos fatores da psicopatia e da ansiedade e 2) a magnitude da associação entre cada fator da psicopatia e a variável latente ansiedade, controlando erros de medida. A análise produziria, ainda, índices de ajuste que permitiriam estabelecer o quão plausível é a hipótese levantada pelo pesquisador.

O presente capítulo oferece uma introdução aos MEE, acompanhada de um breve tutorial de análise com o pacote lavaan (Rosseel, 2012) do programa R. Leitores interessados em um aprofundamento sobre o assunto devem ser encorajados a buscar referências complementares (p. ex., cf. Hoyle, 2012; Kline, 2015; Tabachnick & Fidell, 2007).

## Representação gráfica

Uma característica crucial nos MEE é a distinção entre variáveis observadas e variáveis latentes. Variáveis observadas são os dados de natureza contínua ou categórica coletados diretamente por meio de testes ou questionários. Por sua vez, são denominadas "latentes" aquelas variáveis que, apesar de não observadas ou presentes no banco de dados, explicam a variância comum entre os dados observados (Bollen, 2002). Por exemplo, a psicopatia primária é uma variável latente que explica a variância comum a comportamentos de exploração interpessoal, insensibilidade e falta de empatia.

Os MEE podem ser descritos tanto por meio de notações estatísticas quanto graficamente, sendo o segundo caso enfatizado aqui por motivos didáticos. A linguagem gráfica de descrição de MEE convenciona que as variáveis observadas (e. g., itens de um teste) são representadas por quadrados, enquanto as variáveis latentes (i. e., fatores e erros de medida) são representadas por círculos. As relações entre essas variáveis são indicadas por setas unidirecionais quando há a hipótese de uma relação probabilística causal, e setas bidirecionais quando há apenas uma hipótese correlacional.

Na figura 1, duas variáveis latentes X e Z são representadas por círculos, cada uma delas conectada causalmente a três indicadores, representados pelas variáveis v1-v6. Como os indicadores são imperfeitos e contêm erro de medida, esses erros (variáveis latentes, não observadas) são representados, da mesma forma, como círculos. Essas são as variáveis e1-e6. A seta curva bidirecional, conectando v1 e v2, indica uma correlação residual entre esses itens. Isso significa que sua relação não é inteiramente explicada pelo fator X. Observe também as setas que conectam as variáveis, X, Z e Y. Trata-se de um modelo de mediação, em que X e Z explicam Y, e Z atua como um mediador entre X e Y. Esse modelo, por fim, ilustra outra particularidade de um MEE: uma mesma variável pode atuar como variável independente (VI) e variável dependente (VD), dependendo da equação de regressão específica. Observe que, em relação aos itens v4-v6 e ao fator Y, Z é VI; mas, em relação ao fator X, Z é VD.

**Figura 1**
*Exemplo de um modelo de modelagem por equações estruturais*

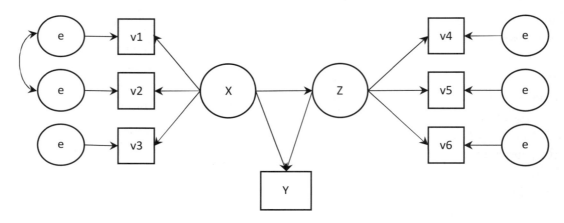

## Conceitos básicos: modelo de mensuração *versus* modelo estrutural

Um MEE completo se compõe de duas partes, uma de mensuração e outra estrutural. A parte de mensuração diz respeito à conexão entre as variáveis latentes e seus respectivos indicadores, trata-se da análise fatorial confirmatória dentro do modelo geral (para mais informações sobre análise fatorial confirmatória, cf. cap. 8 e 16). No caso da figura 1, o modelo de mensuração abrangeria os dois modelos confirmatórios das variáveis latentes X e Z, compostos pelos fatores, os indicadores e os erros de medida.

Por sua vez, a parte estrutural do modelo diz respeito às relações de regressão entre as variáveis latentes e as covariáveis do modelo ou entre as variáveis latentes. Trata-se da porção em que são especificadas as relações centrais do modelo. No caso da figura 1, o modelo estrutural consiste na hipótese de mediação, em que X e Z explicam Y, e X explica Z.

A distinção entre os termos "análise fatorial confirmatória", "*path analysis*" e "modelo de equações estruturais" pode ser estabelecida a partir desses dois conceitos. Se existe apenas um ou mais modelos de mensuração, então se trata de uma análise fatorial confirmatória. Se há um modelo estrutural, mas sem modelos de mensuração (ou seja, sem variáveis latentes, apenas com variáveis tipo "Y" da figura 1 – escores totais de instrumentos, por exemplo), então se trata de *path analysis*. Por fim, um MEE completo ocorre quando existem ambas as partes.

## Tomada de decisão

### Tamanho amostral

O tamanho amostral necessário para testar um MEE é um assunto complexo. Não é incomum que pesquisadores utilizem, em seus estudos, um número de casos abaixo do que seria recomendável (Westland, 2010). Como "regra de polegar", Jackson (2003) sugere que um MEE requer, no mínimo, um tamanho amostral correspondente a 10× o número de parâmetros estimados. No modelo da figura 1, assumindo que as variâncias dos fatores estão fixadas em 1, são estimadas: seis variâncias-erro, uma correlação residual entre erros, seis cargas fatoriais e três coeficientes de regressão. Isso totaliza 16 parâmetros, o que requereria então um mínimo de 160 casos.

O número de indicadores por fator e a magnitude esperada das cargas fatoriais são também tópicos importantes. Evidências sugerem que modelos com menor número de indicadores por fator e/ou com indicadores com cargas fatoriais com valor de 0,50 ou abaixo disso tendem a requerer um tamanho amostral grande, com um mínimo de 450 ou 500 casos (Asún, Rdz-Navarro & Alvarado, 2016; Wolf, Harrington, Clark & Miller, 2013). Além disso, o tamanho amostral poderá depender do estimador utilizado na análise. Estimadores robustos, que usam a informação da matriz de correlações tetracóricas ou policóricas, em geral, requerem maior tamanho amostral (Asún et al., 2016). Particularmente, estimadores como *Weighted Least Squares Mean-and Variance-adjusted* (WLSMV) e *Unweighted Least Squares* (ULS) com correlações policóricas poderão exigir tamanhos mínimos de 500 casos.

Todavia, se o pesquisador tem clareza de qual será o modelo a ser testado antes de coletar os dados, talvez o mais apropriado seja conduzir um estudo de simulação Monte Carlo (para maiores detalhes, cf. Muthén & Muthén, 2002). Essa análise permite antecipar o viés nas estimativas paramétricas produzidas com um dado tamanho amostral. O pesquisador pode testar diferentes tamanhos amostrais e estabelecer aquele a partir do qual um aumento no número de casos não representa uma diminuição substancial no viés.

### Estimador e tipo de indicadores

Outro aspecto cuja escolha deve anteceder a coleta dos dados é o estimador. Estimador é o método estatístico iterativo que, a partir do modelo especificado e da informação proporcionada pelos dados, permite encontrar estimativas paramétricas plausíveis – ou seja, "descobrir" os valores das cargas fatoriais, variâncias de erro, correlações, regressões etc. Por sua vez, consistência é a propriedade de um estimador de proporcionar uma estimativa paramétrica próxima do verdadeiro valor populacional do parâmetro, assumindo que o modelo especificado é o verdadeiro.

Um dos mais consistentes e amplamente utilizados estimadores é o *Maximum Likelihood* (ML máxima verossimilhança ou máxima probabilidade/plausibilidade) (Jöreskog, 1969). Esse estimador está presente, provavelmente, em todos os programas disponíveis para análises de MEE, sendo o estimador-padrão em alguns deles. Todavia, o estimador ML requer que os dados do pesquisador cumpram uma série de pressupostos: normalidade uni e multivariada, continuidade e linearidade. A normalidade uni e multivariada pode ser inspecionada com os testes de Shapiro-Wilks (ou Kolmogorov-Smirnov) e Mardia, respectivamente. A continuidade ocorre quando os indicadores ou itens têm infinitos ou, ao menos, numerosos escores possíveis (nas ciências comportamentais, variáveis desse tipo são, por exemplo, medidas de tempo de reação, medidas sorológicas, de volume de estruturas cerebrais; ou seja, não são muito comuns). Por fim, a linearidade pode ser inspecionada a partir dos gráficos de dispersão de cada par de variáveis, tarefa que pode ser tornar bastante onerosa em um grande conjunto de dados.

Curiosamente, em psicologia, os casos mais comuns envolvem o uso de indicadores ou itens em formato tipo Likert. Em primeiro lugar, a concordância é sempre expressa em uma escala ordinal, em que um número maior expressa maior concordância, mas sem a menor possibilidade de efetuar operações de subtração, soma, multiplicação e divisão. Por exemplo, quem concorda "4" em uma escala de tipo Likert, *necessariamente, concorda o dobro* de alguém que marca "2"? Provavelmente, não. Pode-se apenas dizer que quem assinala 4 tende a concordar *mais* do que quem assinala 2. Em segundo lugar, em geral, escalas de concordância usam de duas a sete categorias, o que produz uma distribuição bastante longe daquela típica de uma variável contínua, com infinitos escores possíveis. Infelizmente, isso significa que dados em escala tipo Likert, que são categorias ordenadas, vão tender a violar quase todos os pressupostos do estimador ML. As evidências sugerem que usar ML nessa situação de violações pode resultar em grande viés nas estimativas dos parâmetros (DiStefano, 2002).

Por essa razão, se os dados dos indicadores de um MEE são em escala tipo Likert, optar por um estimador robusto pode ser mais apropriado. Existem diferentes versões robustas para o estimador ML, que são apropriadas para uso em situações de violação de determinados pressupostos. Exemplos são: MLM, que produz erros-padrão robustos para os parâmetros e usa o qui-quadrado escalonado de Sattora-Bentler, e MLR, que também produz erros-padrão robustos e usa uma estatística-teste conhecida como Yuan-Bentler. Esses estimadores, apesar de robustos a violações do mais tradicional ML, ainda são mais apropriados para variáveis de natureza contínua. Vale mencionar, ainda, que o uso do estimador ML com dados categóricos ordinais também é possível, mas costuma ser implementado com uma função de ligação logística entre fatores e itens, algo mais comum aos modelos de teoria de resposta ao item (cf. cap. 10).

Os dois principais estimadores recomendados quando se trata de dados em escala Likert são WLSMV (também denominado DWLS) e ULS. Em uma primeira etapa, a análise com esses estimadores estima as correlações latentes entre os itens (tetracóricas ou policóricas), que têm apenas poucas categorias, para então usar essa informação na estimação dos parâmetros do modelo (cf. Wirth & Edwards, 2007). Em estudos de simulação, os estimadores WLSMV e ULS tendem a se mostrar robustos a diversas situações de assimetria nos dados (p. ex., itens com categorias pouco endossadas) (Asún et al., 2016; Flora & Curran, 2004; Holgado-Tello, Chacón-Moscoso, Barbero-García & Vila-Abad, 2010). Outra possibilidade é usar estimação Bayeasiana (cf. Lee, 2007), embora esse assunto esteja para além dos propósitos do presente texto introdutório (para uma excelente exposição didática, cf. cap. 12).

## *Índices de ajuste*

A lógica moderna da testagem de um modelo em ciências é a seguinte. A partir de uma teoria, o pesquisador deriva uma hipótese de relacionamento entre variáveis. Essa hipótese é expressa em um conjunto de equações (e pode ser representado em um diagrama), ou seja, em um *modelo*. Dados são então coletados em uma amostra de respondentes, e testa-se o ajuste do modelo aos dados por meio de algum teste estatístico ou de índices de ajuste. O resultado desse procedimento não provará que o modelo é verdadeiro, mas poderá provar que ele é falso (Popper, 1959; Rodgers, 2010).

No caso de MEE, o único teste estatístico disponível é o qui-quadrado. Em diversos outros contextos, o qui-quadrado é o teste que permite estabelecer se existem diferenças entre aquilo que era esperado para um determinado fenômeno e aquilo que foi observado de fato. No teste de um MEE, a significância do teste qui-quadrado indica que existe uma discrepância entre a matriz populacional de covariâncias (entre as variáveis) *implicada* pelo modelo – também denominada matriz $\Sigma$ – e aquela *observada* nos dados amostrais – também denominada matriz S. Em outras palavras, trata-se de uma medida de *desajuste* do modelo aos dados. Por isso, um qui-quadrado significativo indica que o modelo se distancia dos dados coletados pelo pesquisador.

Um argumento popular é que, no contexto de MEE, mesmo pequenos desvios dos dados em relação ao modelo esperado serão indicados como diferenças significativas de acordo com o tamanho amostral (Barrett, 2007). Por isso, muitos pesquisadores recomendam apreciar o modelo utilizando também índices de ajuste aproximado. Esses índices são numerosos e podem ser classificados em diferentes categorias. Por exemplo, Hu e Bentler (1999) consideram que índices que apenas avaliam se o modelo reproduz a estrutura dos dados devem ser chamados de "absolutos". Outros índices avaliam o quanto o modelo representa os dados em relação a um modelo de base, como um modelo "nulo" em

que todas as variáveis têm variância, mas não são correlacionadas entre si (i. e., existe uma matriz identidade). Em virtude disso, faz sentido chamar esses índices de "incrementais". Não obstante, outras categorias de índices também existem, como, por exemplo, aqueles que penalizam a complexidade de um modelo que contém muitos parâmetros, motivo pelo qual são denominados "parcimoniosos".

Enfim, embora existam variados tipos de índices (para uma síntese em Schreiber, cf. Nora, Stage, Barlow & King, 2006), não são muitos aqueles utilizados de fato em publicações na área. Os programas estatísticos também têm limitado os resultados-padrão das análises a um conjunto pequeno de índices. Por esse motivo, neste capítulo, enfatiza-se o uso de apenas seis índices. A tabela 1 resume suas características e pontos de corte a serem levados em consideração na avaliação de modelos, com base em Hu e Bentler (1999).

Vale a pena mencionar que não está resolvida a tensão na literatura entre o uso do qui-quadrado *versus* índices de ajuste (cf. a edição especial sobre o assunto no periódico *Personality and Individual Differences*, vol. 42, 2017). Por um lado, não é verdade que o qui-quadrado tende a aumentar de acordo com o tamanho amostral (Hayduk, 2014b). Se o modelo especificado for exatamente o modelo verdadeiro, então o qui-quadrado será sempre muito pequeno e não significativo, mesmo com um banco de dados com muitos milhares de indivíduos. O qui-quadrado é, de fato, o único teste disponível para a avaliação de MEE e pode ser especialmente útil em situações mais complexas quando hipóteses causais são testadas por meio de dados correlacionais (Antonakis, Bendahan, Jacquart & Lalive, 2010). Por outro lado, índices de ajuste

## Tabela 1

| Índice | Descrição | Ponto de corte |
|---|---|---|
| Standardized Mean-Square-Residual (SRMR) | Medida padronizada de resíduos do modelo. Varia de 0 a 1, sendo desejáveis valores pequenos | < 0,08 (Hu & Bentler, 1999) |
| Root Mean Square Error of Approximation (RMSEA) | Medida padronizada de resíduos do modelo, que leva em consideração a complexidade do modelo. Varia de 0 a 1, sendo desejáveis valores pequenos | < 0,06 até 0,08 |
| Non-Normed Fit Index (NNFI) ou Tucker Lewis Index (TLI) | Medida de discrepância entre o valor qui-quadrado do modelo de teste e o valor qui-quadrado de um modelo nulo (p. ex., baseado em uma matriz identidade). Pode exceder 1 | ≥ 0,95 |
| Comparative Fit Index (CFI) | Medida da discrepância entre o modelo de teste e os dados, ponderada pelo tamanho amostral. Varia de 0 a 1, sendo desejáveis valores mais próximos de 1 | ≥ 0,95 |
| Akaike Information Criterion (AIC) e Bayesian Information Criterion (BIC) | Estimam o ajuste levando em consideração o número de parâmetros e a disponibilidade de informação na matriz dos dados. São adequados para a comparação de modelos não aninhados, embora sejam produzidos apenas por estimadores da família ML | Quanto menor, melhor |

aproximado são úteis se alguém quiser avaliar "níveis" de desajuste dos seus modelos. Muitos deles são calculados a partir do próprio valor qui-quadrado.

### Especificação e identificação do modelo

O ajuste de um modelo aos dados não deve ser tomado como o único aspecto a ser avaliado. A etapa mais fundamental de testar um MEE é a sua especificação com base em uma teoria, pois um modelo será sempre tão bom quanto a hipótese que o fundamenta. Um bom MEE pode ser entendido como uma tentativa audaciosa de testar relacionamentos causais entre variáveis (Antonakis et al., 2010). Além disso, um dado banco de dados sempre admitirá uma infinidade de modelos com ajuste perfeito aos dados, o que significa que muitos modelos incorretos irão apresentar ótimo ajuste (Hayduk, 2014a).

Outro tópico diz respeito à identificação do modelo. Um MEE apresenta diversas incógnitas (parâmetros) a serem resolvidas a partir das in-

formações proporcionadas pelos dados. Todavia, é impossível descobrir todas as incógnitas do modelo ao mesmo tempo, sem assumir um valor para, ao menos, algumas delas. Por esse motivo, os programas de análise de equações estruturais (p. ex., AMOS, EQS, Mplus e lavaan), por padrão, fixam alguns dos parâmetros do modelo em um determinado valor, para que esse modelo se torne testável. O caso mais comum é fixar a carga não padronizada do primeiro indicador de cada fator em 1, o que também pode ser substituído por fixar a variância desse fator em 1. Esse procedimento pode proporcionar graus de liberdade >0 ao modelo, tornando-o testável. Portanto, ao especificar o seu modelo, sempre garanta que ele apresente um valor positivo de graus de liberdade.

## Uso do lavaan para modelagem de equações estruturais

O lavaan é um pacote do R para a análise psicométrica de dados. Esse pacote tem diferentes possibilidades de uso, sendo uma delas a Modelagem de Equações Estruturais (MEE). Para realizar as análises MEE é preciso compreender, *a priori*, os componentes básicos do lavaan, começando pelos operadores. Os operadores do lavaan são os elementos fundamentais para especificar o modelo de teste. Na tabela 2 é possível visualizar o tipo de análise solicitada, o símbolo do operador e o significado de forma prática da operação.

#### Tabela 2
*Síntese dos operadores do lavaan*

| Tipo | Operador | Significado |
|---|---|---|
| Definição de variável latente | =~ | é medido por |
| Regressão | ~ | é explicado por |
| (Co)variância (residual) | ~~ | é correlacionado com |
| Intercepto | ~ 1 | intercepto |

Fonte: adaptado de http://lavaan.ugent.be/tutorial/syntax1.html

As partes da sintaxe que definem os modelos são semelhantes a "f1 =~ y1 + y2 + y3". Isto significa dizer que a variável latente f1 é medida por três itens, y1, y2 e y3 ou que o fator f1 explica as respostas a esses itens. Em um MEE, essa linha de comando corresponderia à parte de mensuração do modelo, como explicada anteriormente. Outra possibilidade é a definição das relações entre as variáveis. A sintaxe "f2 ~ f1" indica que a variável latente f1 é explicada pela variável latente f2. Já o comando "y2 ~~ y3" indica uma correlação residual entre os indicadores y2 e y3. Essa especificação pode ser implementada nos casos em que itens apresentam fontes de erros em comum. Por sua vez, fixar o intercepto pode ser útil para identificar um modelo e torná-lo testável, em alguns casos.

É muito importante observar que o R é *case sensitive*, de modo que ele faz distinção entre letras maiúsculas e minúsculas. Portanto, fique atento a esse detalhe, pois uma simples letra errada pode causar problemas em um comando complexo com várias linhas de sintaxe. Recomenda-se, portanto, escrever seus códigos uma primeira vez e, uma vez tendo funcionado, usar sempre ctrl+c/ctrl+v nos novos *scripts* de análise, fazendo apenas as edições necessárias nos nomes dos objetos.

No lavaan, um objeto contendo o modelo proposto na figura 1 deve ser criado da seguinte maneira:

```
modelo1 <- '
X =~ v1 + v2 + v3
Z =~ v4 + v5 + v6
v1 ~~ v2
Z ~ X
Y ~ X + Z
```

Além da sintaxe dos modelos, há comandos para requisitar funções, análises ou extrair resultados específicos. No presente capítulo será ilustrado o uso da função "sem", um comando que informa ao lavaan que se trata de uma Modelagem de Equações Estruturais. A função "summary" permite ao pesquisador solicitar os principais resultados dos modelos analisados, como se verá mais adiante.

### Tutorial de Modelagem de Equações Estruturais (MEE) com o pacote lavaan nos softwares RStudio e Jasp

Nas análises a seguir, o pacote do R lavaan (e suas funções) será utilizado por meio da interface do RStudio (https://rstudio.com) e do Jasp (https://jasp-stats.org). O banco de dados empregado para exemplificação foi simulado por meio do software RStudio com o pacote "simsem". O modelo verdadeiro simulado consiste em dois fatores, cada um com três indicadores (y1, y2 e y3 para o fator 1, e y4, y5 e y6 para o fator 2) com cargas fatoriais iguais a 0,70. Além disso, para aproximar a simulação de uma situação real de análise, em que indicadores dificilmente são perfeitos e unidimensionais, especificou-se uma carga fatorial cruzada do item y4 no fator 1, com magnitude 0,25. A parte estrutural do modelo consistiu em uma relação de regressão em que f2 é explicado por f1, com magnitude de 0,50. Foram simulados 2.000 casos, com respostas em escala do tipo Likert de quatro pontos para os seis itens do modelo.

A seguir, são descritas as etapas para a análise dos dados simulados, que estão disponíveis, em um repositório, para leitores e leitoras interessadas.

## MEE no RStudio com o uso do lavaan

### 1) Iniciar o RStudio, abrir o script, instalar e ativar o pacote lavaan

As sintaxes para simulação do banco de dados no R pelo pacote "simsem", o banco de dados em formato ".csv" para o Jasp e o *script* para análise utilizando o lavaan no RStudio encontram-se disponíveis para acesso e download nos seguintes hyperlinks: (a) Script para o RStudio: http://doi.org/10.13140/RG.2.2.17366.19526; e (b) Banco de dados para o Jasp: http://doi.org/10.13140/RG.2.2.30787.96808

Para iniciar o RStudio, identifique o local da instalação e clique no ícone para abrir o aplicativo. Em seguida, abra o arquivo nomeado como "*hauck_etal_script_cap*". A etapa seguinte é instalar e habilitar o pacote lavaan para realizar a análise. Para isso, use o comando "install.packages('lavaan')" para instalar o pacote e o comando "library(lavaan)" para habilitar o pacote. Em todos os casos apresentados aqui, sempre pressione si-

multaneamente "*CTRL + Enter*" no teclado para iniciar a execução dos *scripts* inseridos no RStudio.

### 2) Análise do modelo 1 (sem cargas cruzadas)

O objeto contendo a base de dados será denominado "dat". No modelo 1 será especificado um modelo restrito, sem cargas fatoriais cruzadas. Para tanto, especifique o modelo de mensuração indicando que os itens y1, y2 e y3 carregam no fator 1 (f1) e os itens y4, y5 e y6 carregam no fator 2 (f2). Em seguida, estabeleça a trajetória de relações entre os dois fatores f1 e f2 com o uso do operador ~ na sintaxe. O uso do <- indicará que essas especificações serão agrupadas no objeto "modelo1", conforme a seguir.

```
####REALIZANDO ANALISES SEM
###Modelo 1 - Sem cargas cruzadas
##Especificando o modelo 1 sem cargas
cruzadas
modelo1 <- `
f1 =~ y1 + y2 + y3
f2 =~ y4 + y5 + y6
f2 ~ f1
`
```

A seguir, informe o comando para que o modelo seja testado na base de dados dat. O uso da função "sem" especifica o "modelo1" criado anteriormente como o modelo a ser testado. Em "estimator" há a definição do estimador WLSMV, por se tratar de dados oriundos de escalas do tipo Likert[9]. A opção "mimic" indica para o lavaan mimetizar um algoritmo específico, nesse caso, aquele empregado pelo programa Mplus. Em "ordered", indicam-se as variáveis que são

---

9. Para outras situações de análise (como itens contínuos, p. ex.), confira a lista dos estimadores disponíveis no lavaan em: http://lavaan.ugent.be/tutorial/est.html

categorias ordenadas (os itens em escala de concordância) e, em "std.lv", solicitam-se as estimativas padronizadas que facilitam a interpretação dos resultados. Os resultados são agrupados no objeto "fit1".

```
##Rodando a analise SEM do modelo 1
fit1<-sem(modelo1, dat,estimator="WLSMV",
mimic="Mplus",
 ordered=c("y1","y2","y3","y4","y5",
"y6"),std.lv=TRUE)
summary(fit1,standardized=TRUE,fit.mea-
sures=TRUE)
##Solicitando os indices de modificacao
do modelo 1
modindices(fit1)
```

Observe que a visualização dos resultados ocorre por meio do uso da função "summary", que requisita o conteúdo do objeto "fit1". Também é possível solicitar as estimativas padronizadas e índices de ajuste por meio das opções "standardized" e "fit.measures" com valores em "TRUE". A opção "modindices" apresentará os índices de modificação do modelo, os quais sugerem possibilidades de reespecificação dos modelos de mensuração e estrutural. Basta indicar o objeto lavaan, como é o caso do "fit", e executar o *script* para visualizar os índices de modificação. Uma parte da saída da análise deste modelo e dos índices de modificação é elencada adiante.

```
## Resultado Modelo 1
lavaan 0.6-4 ended normally after 12 iterations

Optimization method NLMINB
Number of free parameters 25

Number of observations 2000

Estimator                                 DWLS            Robust
Model Fit Test Statistic                  19.373          32.442
Degrees of freedom                        8               8
P-value (Chi-square)                      0.013           0.000
Scaling correction factor 0.604
Shift parameter 0.341
for simple second-order correction (WLSMV)

Model test baseline model:

Minimum Function Test Statistic 4584.876 3616.116
Degrees of freedom 15 15
P-value 0.000 0.000

User model versus baseline model:

Comparative Fit Index (CFI) 0.998 0.993
Tucker-Lewis Index (TLI) 0.995 0.987
```

```
Robust Comparative Fit Index (CFI) NA
Robust Tucker-Lewis Index (TLI) NA

Root Mean Square Error of Approximation:

RMSEA 0.027 0.039
90 Percent Confidence Interval 0.012 0.042 0.026 0.054
P-value RMSEA <= 0.05 0.995 0.887

Robust RMSEA NA
90 Percent Confidence Interval NA NA

Standardized Root Mean Square Residual:

SRMR 0.021 0.021

Weighted Root Mean Square Residual:

WRMR 0.766 0.766

Parameter Estimates:

Information Expected
Information saturated (h1) model Unstructured
Standard Errors Robust.sem

Latent Variables:
          Estimate      Std.Err     z-value    P(>|z|)            Std.lv        Std.all
f1        =~
y1        0.688         0.023       29.523     0.000              0.688         0.688
y2        0.737         0.023       32.411     0.000              0.737         0.737
y3        0.673         0.025       27.383     0.000              0.673         0.673
f2        =~
y4        0.709         0.027       25.848     0.000              0.896         0.896
y5        0.526         0.021       25.268     0.000              0.666         0.666
y6        0.500         0.020       24.672     0.000              0.632         0.632

Regressions:
          Estimate      Std.Err     z-value    P(>|z|)            Std.lv        Std.all
f2        ~
f1        0.775         0.053       14.530     0.000              0.612         0.612

## Indice de modificação Modelo 1
lhs       op            rhs     mi          epc       sepc.lv   sepc.all      sepc.nox
48        f1            =~      y4          16.204    0.290     0.290         0.290
```

Pela saída do RStudio verifica-se que a análise dos dados ordinais foi realizada com um estimador robusto. Os índices de ajuste CFI e TLI foram superiores a 0,90, enquanto os valores de RMSEA e SMSR foram inferiores a 0,05, o que indica um bom ajuste aproximado. Todavia, verifique que o teste qui-quadrado foi significativo para os dois estimadores, o que indica a discrepância entre a matriz de covariâncias populacional implicada pelo modelo e a matriz amostral observada. Essa informação sugere um possível erro de especificação (uma incorreção) do modelo testado. Os itens y1, y2 e y3 apresentaram carga fatorial entre 0,68 e 0,73 no fator 1, enquanto os itens y4, y5 e y6 indicaram carga fatorial de 0,89 a 0,63 para o fator 2 (Std.all). Lembre-se que os valores verdadeiros são 0,70 para todos os itens, o que evidencia um pequeno viés na estimação de algumas cargas. A relação linear entre os fatores foi significativa, de modo que o fator 2 é explicado pelo fator 1 com uma estimativa padronizada de efeito de 0,61 (Std.all). O valor verdadeiro desse parâmetro é 0,50, o que significa que também houve um pequeno viés na sua estimação. Por fim, podemos verificar, ao final, os índices de modificação do modelo. Esses índices mostram quais acréscimos poderiam reduzir o qui-quadrado do modelo e melhorar o ajuste, sendo também informada a possível magnitude do parâmetro. Veja que, em conformidade com o modelo verdadeiro da simulação dos dados, a saída sugere inserir uma carga cruzada do item y4 no fator 1 f1, sendo esperada uma carga de magnitude 0,29 (próximo do valor verdadeiro 0,25).

### 3) Análise do modelo 2 (com uma carga cruzada)

A partir da inspeção dos índices de modificação, um modelo mais adequado aos dados pode ser testado. No modelo 2 será especificado um modelo com a carga cruzada do item y4 no fator f1. Assim, especifique o modelo de mensuração

indicando que os itens y1, y2 e y3 e y4 carregam no fator 1 (f1) e os itens y4, y5 e y6 carregam no fator 2 (f2). O restante da sintaxe permanece como no modelo 1. O novo modelo será salvo no objeto "modelo2", conforme o seguinte.

```
####REALIZANDO ANALISES SEM
###Modelo 2 - Com cargas cruzadas
##Especificando modelo 2 com a carga
cruzada do item y4
modelo2 <- '
f1 =~ y1 + y2 + y3 + y4
f2 =~ y4 + y5 + y6
f2 ~ f1
'
```

Solicite que o lavaan faça as iterações necessárias para convergir o novo modelo MEE, e siga as mesmas especificações do modelo anterior. Os resultados serão agrupados no objeto "fit2".

```
##Rodando a analise SEM do modelo 1
fit2<-sem(modelo2, dat,estimator="WLSMV",
mimic="Mplus",
 ordered=c("y1","y2","y3","y4","y5","y6"),
std.lv=TRUE)
summary(fit2,standardized=TRUE,fit.
measures=TRUE)
```

No teste do modelo 2 fez-se a opção por não solicitar o "modindices", uma vez que os índices de modificação sugeriram apenas a carga cruzada do y4 como sendo uma modificação relevante (e também por ser, de fato, a única modificação para fazer o modelo testado coincidir com o modelo usado na simulação dos dados). Em situações reais é factível inspecionar o índice de modificação diferentes vezes. Todavia, especificações adicionais *devem sempre ter uma fundamentação teórica*; caso contrário, corre-se o risco de superajustar o modelo aos dados, onerando a replicabilidade do modelo em amostras subsequentes. Uma parte da saída da análise do modelo 2 é apresentada a seguir.

```
##Resultado Modelo 2
lavaan 0.6-4 ended normally after 16 iterations

Optimization method NLMINB
Number of free parameters 26

Number of observations 2000

Estimator DWLS Robust
Model Fit Test Statistic 3.159 5.755
Degrees of freedom 7 7
P-value (Chi-square) 0.870 0.569
Scaling correction factor 0.580
Shift parameter 0.310
for simple second-order correction (WLSMV)

Model test baseline model:

Minimum Function Test Statistic 4584.876 3616.116
Degrees of freedom 15 15
P-value 0.000 0.000

User model versus baseline model:

Comparative Fit Index (CFI) 1.000 1.000
Tucker-Lewis Index (TLI) 1.002 1.001

Robust Comparative Fit Index (CFI) NA
Robust Tucker-Lewis Index (TLI) NA

Root Mean Square Error of Approximation:

RMSEA 0.000 0.000
90 Percent Confidence Interval 0.000 0.014 0.000 0.024
P-value RMSEA <= 0.05 1.000 1.000

Robust RMSEA NA
90 Percent Confidence Interval 0.000 NA

Standardized Root Mean Square Residual:

SRMR 0.009 0.009
```

# 19 Uma introdução à modelagem de equações estruturais

```
Weighted Root Mean Square Residual:


WRMR 0.309 0.309

Parameter Estimates:


Information Expected
Information saturated (h1) model Unstructured
Standard Errors Robust.sem


Latent Variables:
 Estimate Std.Err z-value P(>|z|) Std.lv Std.all
f1            =~
y1            0.688      0.023      29.654      0.000      0.688      0.688
y2            0.736      0.023      32.567      0.000      0.736      0.736
y3            0.674      0.025      27.465      0.000      0.674      0.674
y4            0.223      0.039      5.737       0.000      0.223      0.223
f2            =~
y4            0.586      0.032      18.611      0.000      0.690      0.690
y5            0.609      0.026      23.746      0.000      0.716      0.716
y6            0.576      0.026      22.319      0.000      0.678      0.678


Regressions:
              Estimate   Std.Err    z-value     P(>|z|)    Std.lv     Std.all
f2            ~
f1            0.620      0.054      11.535      0.000      0.527      0.527
```

Diferentemente da primeira análise, o teste qui-quadrado não foi significativo para os dois estimadores, o que sugere um bom ajuste do modelo aos dados. Da mesma forma, os índices de ajuste CFI e TLI apresentaram valores próximos a 1,00, e os valores de RMSEA e SMSR foram próximos a 0,00, sugerindo um excelente ajuste aproximado. Os itens y1, y2, y3 apresentaram carga fatorial entre 0,68 e 0,73 no fator 1, enquanto os itens y4, y5 e y6 indicaram carga fatorial de 0,69 a 0,71 para o fator 2. Repare que, uma vez incluída a carga cruzada no modelo, os valores estimados para as cargas são mais próximos do valor 0,70 usado na simulação. Isso demonstra a importância da correta especificação teórica do modelo, sob pena de enviesar os parâmetros estimados. A carga cruzada do item y4 para o fator 1 foi de 0,22, também próxima do valor verdadeiro de 0,25. A regressão do fator f2 no fator f1 retornou uma estimativa padronizada de efeito de 0,52 (Std.all), também muito próxima do valor verdadeiro de 0,50. Cabe, agora, uma comparação entre os modelos para verificar se o modelo 2 apresenta, de fato, um ajuste significativamente melhor aos dados quando comparado ao modelo 1.

## 4) Comparando diferenças no ajuste dos Modelos 1 e 2

Para os leitores mais atentos pode parecer óbvia a ideia de que o modelo 2 é a opção ótima, uma vez que a especificação coincidiu perfeitamente com o modelo verdadeiro populacional utilizado na simulação dos dados, que previa a carga cruzada para o item y4. No entanto, em situações reais, não se deve decidir por um modelo baseado apenas em inspeção visual dos índices e estatísticas. Assim, no caso do estimador WLSMV, a verificação da diferença entre os modelos pode ser feita por meio do teste de Satorra para diferenças de qui-quadrado dos dois modelos convergidos pelo lavaan[10]. Para isso, implemente o teste usando a função "lavTestLRT", a qual prevê a indicação dos resultados dos modelos lavaan a serem comparados (fit1, fit2). Indique o método de Satorra pela adequação aos dados ordinais em "test" com o uso de "satorra.2000", tal como exemplificado.

```
####COMPARANDO O AJUSTE ENTRE MODELOS
lavTestLRT(fit1, fit2, test = "satorra.2000") #Diferenca de ajuste entre os modelos
usando o teste de Satterthwaite para estimador WLSMV


##Resultados do Teste de Satorra
Scaled Chi Square Difference Test (method = "satorra.2000")


Df AIC BIC Chisq Chisq diff Df diff Pr(>Chisq)
fit2 7          3.1591
fit1 8          19.3733     21.126        1    4.301e-06 ***
---
Signif. codes:  0 '***' 0.001 '**' 0.01 '*' 0.05 '.' 0.1 ' ' 1
```

A comparação das diferenças de ajuste em função do qui-quadrado para o modelo 1 e modelo 2 indica uma diferença de 21,12 ao comparar o fit2 ($gl = 7$) ao fit2 ($gl = 8$). O valor de $p$ é altamente significativo ($p<0,001$), o que indica diferença entre os modelos, sendo o ajuste do modelo fit2 (Modelo 2) melhor que o fit1 (Modelo 1), tal como esperado, pelo menor valor de qui-quadrado. Cabe salientar que o valor "4.301e-06" indica uma notação científica ($4,301 \times 10^{-6} = 0,000004301$), o que significa um $p$ valor bastante pequeno.

O melhor ajuste do modelo 2 exemplifica a importância de que os modelos de mensuração contidos em um MEE sejam apropriados. Verifique que a especificação incorreta do modelo de mensuração impacta (ao não incluir a carga cruzada do item y4) resultou não apenas em uma piora do ajuste do modelo como um todo, mas em vieses na estimativa de diversos parâmetros do modelo! Uma técnica útil nesse sentido é a modelagem exploratória de equações estruturais, tema discutido no capítulo 18 deste livro.

## MEE no Jasp com o uso do lavaan

Outra opção para realizar a análise elencada no RStudio é por meio do Jasp. Os resultados apresentam equivalência àqueles obtidos no

---

10. Sendo utilizado o estimador ML na análise, a comparação do ajuste dos modelos requereria o comando anova(fit1, fit2).

RStudio, uma vez que o Jasp utiliza o pacote lavaan e consegue simular o Mplus. Por se tratar de resultados equivalentes, será destacado neste exemplo as formas de solicitar a análise MEE em vez dos resultados. A interpretação dos resultados também é equivalente ao RStudio, de forma que o retorno à seção anterior pode ser suficiente para compreender a maior parte dos resultados apresentados.

### 1) Iniciar o Jasp e abrir o banco de dados

Para começar, identifique o local de instalação do Jasp (https://jasp-stats.org/) ou a área de trabalho do sistema operacional e solicite a abertura do programa. Com o Jasp inicializado, para abrir o banco de dados, clique onde aparece *três barras horizontais* (1), mova o cursor até

"*Open*" (2), siga para "*Computer*" (3)" e finalize esta etapa clicando em "*Browse*" (4). Aparecerá uma nova janela, na qual você deve identificar onde está o banco de dados, caso você tenha feito o download do banco de dados diretamente. Caso você tenha executado a simulação no RStudio é provável que esteja em "*c:/*" (5). Assim, basta identificar o "*dat.csv*" (6) e, por fim, clicar em "*Open*" (7).

### 2) Ativar a interface lavaan no Jasp

Com o banco de dados aberto, é possível ativar o módulo de MEE. Para isso, clique no botão simbolizando "+" (1), marque a opção "*SEM*" (2), clique em "*SEM*" no menu superior (3) e, depois, selecione "*Structural Equation Modeling*" (4). Veja o passo a passo na figura 2.

**Figura 2**
*Ativando o módulo MEE no Jasp*

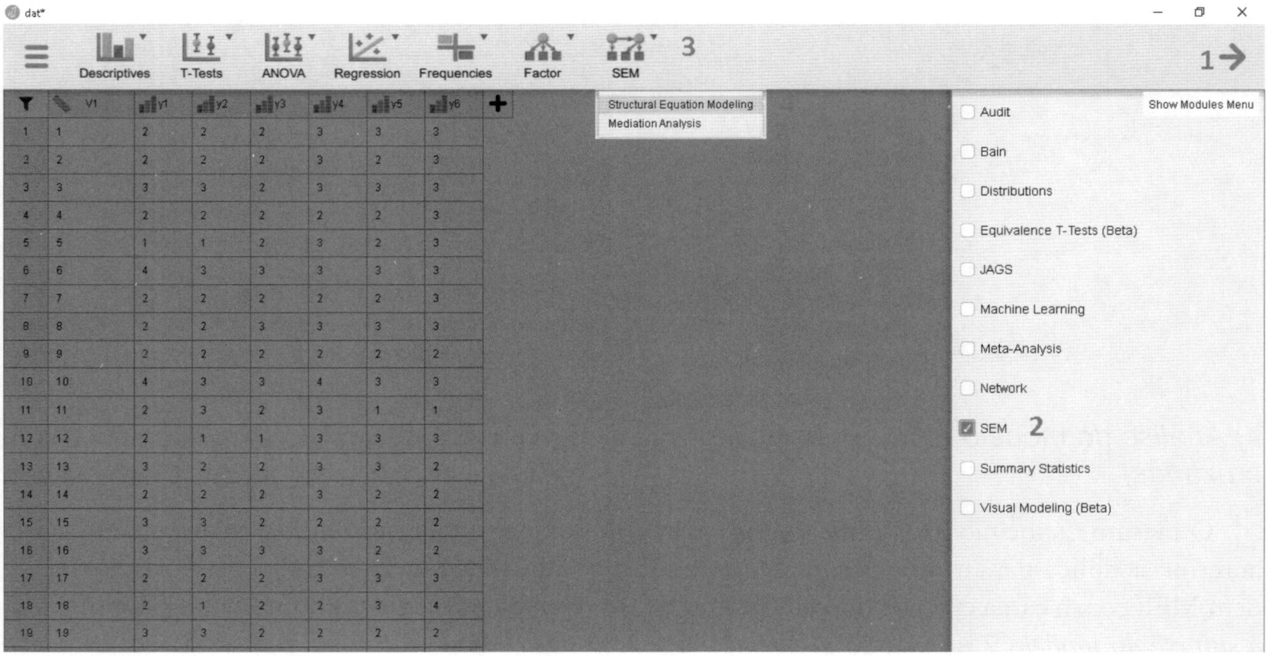

## 3) Análise do modelo 1 (sem cargas cruzadas)

Como o banco de dados foi aberto no primeiro passo, para realizar a análise do modelo 1 no Jasp, é suficiente inserir o modelo pela sintaxe do lavaan (1). Deixe assinalada a opção *Raw* (2) para os dados, uma vez que a análise será gerada por meio do banco de dados. Para obter equivalência com as informações obtidas no RStudio, algumas configurações devem ser realizadas, conforme a seguir: *(a) Statistics: [X] Robust; [X] Additional fit measures; [X] Modification índices; (b) Options: [X] DWLS, [X] Fix exogenous covariates; [X] Factor scaling; (c) Advanced:* mantenha o padrão do aplicativo. Lembre-se de sempre pressionar "*CTRL + Enter*" no teclado *para iniciar a execução das análises* dos modelos inseridos no módulo MEE do Jasp. Os resultados são apresentados à direita (3) conforme disposto na figura 3.

**Figura 3**
*Ativando o módulo MEE no Jasp*

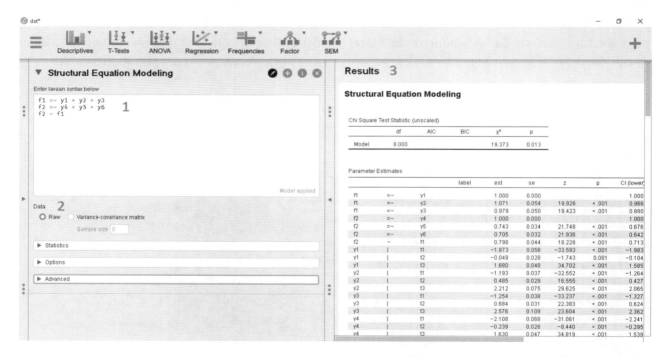

## 4) Análise do modelo 2 (com cargas cruzadas)

O mesmo raciocínio exemplificado na etapa anterior se aplica para a proposição de um modelo MEE com a carga cruzada do item y4. Insira *a sintaxe do modelo 2 no padrão do lavaan* (1). Os resultados são apresentados à direita (3) conforme figura 4.

Uma limitação do Jasp quando comparado ao RStudio é a impossibilidade de comparar diferenças entre ajustes do modelo 1 e modelo 2. Ainda assim, o uso do Jasp pode ser indicado

**Figura 4**
*Análise MEE com cargas cruzadas no Jasp*

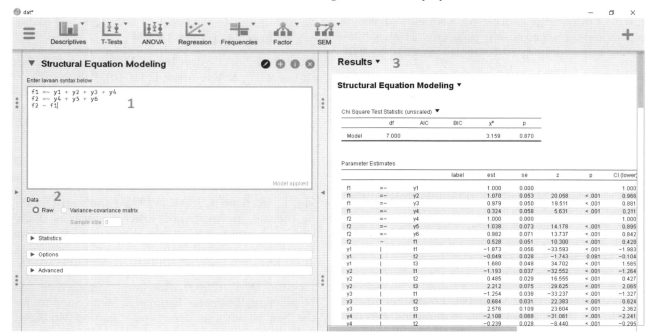

tendo em vista a facilidade de se operacionalizar os modelos. O programa é também mais intuitivo e amigável ao usuário quando comparado ao RStudio. De qualquer forma, o fundamental na implementação dos dois softwares é a adequação teórica do modelo e da qualidade dos dados. A qualidade do *output* das análises depende da qualidade dos *inputs* oferecidos ao programa.

## Considerações finais

O presente capítulo apresenta um caráter introdutório à temática da modelagem via equações estruturais. Foram abordados tópicos teóricos básicos pertinentes a esse tipo de análise, bem como apresentado um tutorial de uso dos programas lavaan e Jasp. Leitores interessados em aprofundar seus estudos são encorajados a consultar as obras aqui citadas e os demais capítulos deste livro.

## Referências

Antonakis, J., Bendahan, S., Jacquart, P., & Lalive, R. (2010). On making causal claims: A review and recommendations. *The Leadership Quarterly*, *21*(6), 1.086-1.120. https://doi.org/10.1016/j.leaqua.2010.10.010

Asún, R. A., Rdz-Navarro, K., & Alvarado, J. M. (2016). Developing Multidimensional Likert Scales Using Item Factor Analysis. *Sociological Methods & Research*, *45*(1), 109-133. https://doi.org/10.1177/0049124114566716

Barrett, P. (2007). Structural equation modelling: Adjudging model fit. *Personality and Individual Differences*, *42*(5), 815-824. https://doi.org/10.1016/j.paid.2006.09.018

Bollen, K. A. (2002). Latent Variables in Psychology and the Social Sciences. *Annual Review of Psychology*, *53*(1), 605-634. https://doi.org/10.1146/annurev.psych.53.100901.135239

Christopher Westland, J. (2010). Lower bounds on sample size in structural equation modeling. *Electronic Commerce Research and Applications, 9*(6), 476-487. https://doi.org/10.1016/j.elerap.2010.07.003

Corr, P. J. (2010). The psychoticism-psychopathy continuum: A neuropsychological model of core deficits. *Personality and Individual Differences, 48*(6), 695-703. https://doi.org/10.1016/j.paid.2009.12.023

DiStefano, C. (2002). The Impact of Categorization With Confirmatory Factor Analysis. *Structural Equation Modeling: A Multidisciplinary Journal, 9*(3), 327-346. https://doi.org/10.1207/S15328007SEM0903_2

Flora, D. B., & Curran, P. J. (2004). An Empirical Evaluation of Alternative Methods of Estimation for Confirmatory Factor Analysis with Ordinal Data. *Psychological Methods, 9*(4), 466-491. https://doi.org/10.1037/1082-989X.9.4.466

Hayduk, L. A. (2014a). Seeing perfectly fitting factor models that are causally misspecified: Understanding that close-fitting models can be worse. *Educational and Psychological Measurement, 74*(6), 905-926. https://doi.org/10.1177/0013164414527449

Hayduk, L. A. (2014b). Shame for disrespecting evidence: the personal consequences of insufficient respect for structural equation model testing. *BMC Medical Research Methodology, 14*(1), 124. https://doi.org/10.1186/1471-2288-14-124

Holgado-Tello, F. P., Chacón-Moscoso, S., Barbero-García, I., & Vila-Abad, E. (2010). Polychoric versus Pearson correlations in exploratory and confirmatory factor analysis of ordinal variables. *Quality & Quantity*, *44*(1), 153-166. https://doi.org/10.1007/s11135-008-9190-y

Hoyle, R. H. (2012). *Handbook of structural equation modeling*. Guilford.

Hu, L., & Bentler, P. M. (1999). Cutoff criteria for fit indexes in covariance structure analysis: Conventional criteria versus new alternatives. *Structural Equation Modeling: A Multidisciplinary Journal, 6*(1), 1-55. https://doi.org/10.1080/10705519909540118

Jackson, D. L. (2003). Revisiting Sample Size and Number of Parameter Estimates: Some Support for the N:q Hypothesis. *Structural Equation Modeling: A Multidisciplinary Journal, 10*(1), 128-141. https://doi.org/10.1207/S15328007SEM1001_6

Jöreskog, K. G. (1969). A general approach to confirmatory maximum likelihood factor analysis. *Psychometrika, 34*(2), 183-202. https://doi.org/10.1007/BF02289343

Kline, R. B. (2015). *Principles and Practice of Structural Equation Modeling* (4. ed.). Guilford.

Lee, S. Y. (2007). *Structural equation modeling: A Bayeasian approach*. Wiley & Sons.

Mellenbergh, G. J. (1994). Generalized linear item response theory. *Psychological Bulletin*, *115*(2), 300-307. https://doi.org/10.1037//0033-2909.115.2.300

Muthén, L. K., & Muthén, B. O. (orgs.). (2007). *Mplus user's guide*. Seven.

Muthén, Linda K., & Muthén, B. O. (2002). How to Use a Monte Carlo Study to Decide on Sample Size and Determine Power. *Structural Equation Modeling: A Multidisciplinary Journal, 9*(4), 599-620. https://doi.org/10.1207/S15328007SEM0904_8

Pearl, J. (2012). The Causal Foundations of Structural Equation Modeling. In R. H. Hoyle (org.),

*Handbook of structural equation modeling* (pp. 68-91). Guilford.

Popper, K. R. (1959). *The logic of scientific discovery*. Routledge.

Rodgers, J. L. (2010). The epistemology of mathematical and statistical modeling: a quiet methodological revolution. *The American Psychologist*, *65*(1), 1-12. https://doi.org/10.1037/a0018326

Rosseel, Y. (2012). lavaan: An R Package for Structural Equation Modeling. *Journal of Statistical Software*, *48*(2). http://www.jstatsoft.org/v48/i02/paper

Schreiber, J. B., Nora, A., Stage, F. K., Barlow, E. A., & King, J. (2006). Reporting Structural Equation Modeling and Confirmatory Factor Analysis Results: A Review. *The Journal of Educational Research*, *99*(6), 323-338. https://doi.org/10.3200/JOER.99.6.323-338

Tabachnick, B. G., & Fidell, L. S. (2007). *Using multivariate statistics* (5. ed.). Pearson.

Wirth, R. J., & Edwards, M. C. (2007). Item factor analysis: current approaches and future directions. *Psychological Methods*, *12*(1), 58-79. https://doi.org/10.1037/1082-989X.12.1.58

Wolf, E. J., Harrington, K. M., Clark, S. L., & Miller, M. W. (2013). Sample Size Requirements for Structural Equation Models. *Educational and Psychological Measurement*, *73*(6), 913-934. https://doi.org/10.1177/0013164413495237

# 20
# Análise de rede de variáveis psicológicas
## Estimação, acurácia, estabilidade e preditabilidade

*Wagner de Lara Machado*
Pontifícia Universidade Católica do Rio Grande do Sul

*Raissa Damasceno Cunha*
Universidade de Brasília

*João Ricardo Nickenig Vissoci*
Duke University

O presente capítulo tem por objetivo abordar a teoria e técnica da análise de rede. As redes psicológicas (*psychological networks*) são um conjunto de técnicas que se popularizaram na última década. Esse tipo de análise demanda uma mudança na concepção da natureza dos fenômenos psicológicos e se alinha às técnicas exploratórias, abdutivas e quantitativas de geração de teoria. Sob essa perspectiva, um construto não é visto como uma variável latente subjacente a um conjunto de indicadores e sim como um sistema de relações causais entre os próprios indicadores. Este capítulo está organizado da seguinte forma: uma apresentação teórica de redes, a estimação de redes gaussianas, métodos para estabelecer acurácia e estabilidade dos parâmetros da rede e, por fim, como estimar a preditabilidade de variáveis em um modelo de rede. Com foco em apresentar a análise de redes de forma aplicada ao contexto de medidas psicométricas oferecemos um tutorial a ser seguido. As análises foram conduzidas utilizando dados ordinais pois esta é a estrutura de resposta mais frequente em medidas psicométricas. Para realizar análise de redes em dados ordinais (presumidamente gaussianos) utilizamos os modelos gráficos gaussianos (*gaussian graphical models*; Epskamp & Fried, 2018). Ao final do capítulo você será capaz de implementar a análise de rede nos seus dados, utilizando o software R (recomendamos que leia o capítulo sobre o uso do R antes de ler este) e diferentes pacotes analíticos.

Desde os trabalhos iniciais em psicopatologia (Cramer, Waldorp, van der Maas & Bornsboom, 2010) e inteligência (van der Maas et al., 2006) suas aplicações alcançaram outras áreas como personalidade (Cramer et al., 2012), atitudes (Dalege et al., 2016), psicologia organizacional e do trabalho (Simonet & Castille, 2020), dentre outras. Também se observa aplicações para dados longitudinais (Bringmann et al., 2013) causalidade atribuída (Frewen et al., 2012), e medidas intensivas (Ecological Momentary Assessment – EMA e Experience Sampling Method – ESM; Bringmann et al., 2018).

A análise de rede de variáveis psicológicas se diferencia das estruturas de rede normalmente usadas em teoria dos grafos. Enquanto em análises como as análises de redes sociais (ARS; Loiola, Bastos & Regis, 2015) os vértices (nodos, círculos) representam pessoas e as arestas (linhas) representam a conexão entre elas, nas redes psicológicas os vértices geralmente representam variáveis e as arestas indicam a força e direção da conexão entre dois vértices, e é um parâmetro a ser estimado a partir dos dados observados (Epskamp, Borsboom & Fried, 2018).

Antes de abordar aspectos da técnica analítica é importante compreender que a análise de rede demanda uma mudança de perspectiva sobre a natureza dos fenômenos psicológicos. Primeiramente, você precisa saber que a maioria dos modelos psicométricos partem de um modelo reflexivo sobre o processo generativo dos dados. Em modelos reflexivos os escores dos itens de um questionário, produzidos pelos respondentes, são causados por um construto latente (Bollen & Lennox, 1991). Ou seja, ao realizar uma análise fatorial confirmatória ou exploratória, ou ainda uma análise de teoria de resposta ao item (TRI), entende-se que a correlação entre os itens ocorre porque deles subjaz uma causa comum (Haig, 2005) que não é observável, portanto, diz-se latente.

Um pesquisador que compreende a depressão como traço latente entende que a relação entre as respostas de itens como "não consigo ter sentimentos positivos", "me sinto abatido(a)" e "sinto que não tem valor como pessoa" se apresentam correlacionados porque são causadas pela depressão, e que os itens deveriam ter correlação residual muito próximas a zero quando condicionados ao traço latente depressão (para explicações mais detalhadas, cf. Bollen, 2002; Borsboom, 2008; Borsboom & Cramer 2013).

A análise de rede se apresenta como uma alternativa na forma de compreender os constru-tos psicológicos. Nesta perspectiva, uma doença como a depressão deixa de ser entendida como a causa comum latente de um conjunto de sintomas como alterações de humor e sono e sentimentos negativos etc. De modo contrário a esse entendimento, a hipótese central da análise de redes é de que a estrutura de covariâncias observada entre indicadores empíricos é explicada por uma relação causal entre estes indicadores formando um sistema complexo (Borsboom, 2017; Schmittmann et al., 2013). Consequentemente, segundo essa perspectiva, as alterações de humor e sono causariam alterações nos níveis de energia e concentração gerando um sistema de inter-relações recorrentes e com certa estabilidade correspondente ao padrão identificado e nomeado como depressão (Borsboom, 2008; Schmittmann et al., 2013).

Na perspectiva de rede a depressão não é um rótulo arbitrário, tampouco uma condição subjacente aos sintomas, mas o próprio sistema de inter-relações entre os itens em si. A interpretação dos sintomas como elementos em uma rede complexa resulta em consequências no planejamento de intervenções terapêuticas. Ao entender os sintomas em rede e considerar as relações sintoma-sintoma (Borsboom & Cramer, 2013) a intervenção psicoterápica ocorre na tentativa de gerar perturbações em estados estáveis de sistemas que se estruturam na forma de "ciclos viciosos" de causalidade mútua entre estes sintomas ao longo do tempo (Cramer et al. 2010, Schmittmann et al. 2013).

A hipótese das teorias de rede, portanto, posiciona-se em uma direção diametralmente oposta àquela dos modelos de traços latentes (sejam eles contínuos ou categóricos), em que a estrutura de covariâncias entre indicadores empíricos é explicada por uma causa comum (Haig, 2005).

Apesar de a matriz empírica adjacente implicada em ambas as hipóteses (causa comum e sistema complexo) ser matematicamente equivalente (Golino & Epskamp, 2017) há uma marcada distinção analítica e implicação teórica (i. e., interpretativa) dos modelos (Kruis & Maris, 2016).

Entretanto, é importante ter em mente que gerar um modelo utilizando análise de redes não fornece evidências suficientes de que os dados são gerados por um sistema de variáveis com mútua influência, afastando a possibilidade do padrão empírico ser resultado de uma causa comum (Epskamp & Fried, 2018; Fried e Cramer, 2017). O bom ajuste de um modelo aos dados não garante (e nem deve ser usado como critério) que o processo generativo daqueles dados seja o modelo em questão. Apenas indica que é um modelo plausível, dentre tantos outros que poderiam também ser. Investigações complementares e utilizando critérios além da estrutura interna das variáveis devem ser utilizados para estabelecer esta questão. Há ainda propostas mais complexas de modelos que combinam análise de rede com modelagem de variáveis latentes, sendo estas representadas como vértices em uma rede (i. e., rede latente; Epskamp, Rhemtulla & Borsboom, 2017).

Portanto, é fundamental antes de realizar uma análise de rede verificar a coerência teórica da sua utilização. Ainda que o pesquisador entenda que a teoria de redes não explica o processo generativo dos dados psicométricos, a análise ainda pode ser útil como um modelo de aprendizagem de máquina (*machine learning*) para, dentre outras finalidades, investigar de forma exploratória relações de mediação, moderação e predição (cf. mais em Epskamp & Fried, 2018). Construa suas hipóteses com base na teoria e no que a análise pode informar (Rhemtulla, van Bork & Borsboom, 2019).

## Afinal, o que é uma rede?

Uma rede é uma estrutura formada por vértices (ou nodos, círculos) que são conectados por arestas (ou linhas). Os vértices representam variáveis psicológicas (itens, subescalas ou escores modelados) e as arestas representam as relações entre pares de variáveis (Epskamp, Borsboom & Fried, 2018). A representação de uma aresta entre variáveis ocorre se elas se correlacionarem. O peso ou valor da aresta é graficamente representado por sua espessura, e a direção da associação é representada pela cor (e. g., azul para positivo e vermelha para negativo) ou padrão (e. g., contínuo para positivo e pontilhado para negativo), por exemplo. Geralmente as arestas representam o coeficiente de correlação parcial, isto é, a correlação entre duas variáveis controlando-se o efeito das demais variáveis. O conceito de correlação parcial é representado no diagrama da figura 1 abaixo. Observe na representação feita na figura 1 que a quantidade de variância compartilhada no diagrama do lado direito será bem menor do que a representada no diagrama do lado esquerdo. No diagrama representado no lado direito temos a "exclusiva" relação entre A e B.

**Figura 1**
*Correlações bivariadas e parciais*

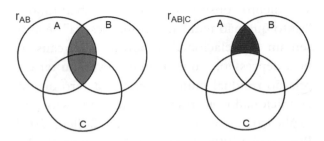

Nota: O diagrama representa qual em seu lado esquerdo a correlação bivariada simples entre as variáveis A e B ($r_{AB}$) e no lado direito a correlação parcial entre as variáveis A e B, controlando o efeito de C ($r_{AB|C}$).

A visualização dos diagramas ajuda a compreender a análise de redes pois as arestas geralmente representam o coeficiente de correlação parcial. Uma rede é uma representação bidimensional da relação entre variáveis (cf. fig. 2, lado direito) e o primeiro passo da construção de uma rede é a estimativa de uma matriz adjacente (cf. fig. 2, lado esquerdo), contendo os valores das associações par a par entre as variáveis do modelo. Posteriormente estas associações são representadas por meio de arestas, e as variáveis por vértices (cf. fig. 2, lado direito). Ainda, um algoritmo de posicionamento (Fruchterman & Reingold, 1991) pode ser utilizado para aproximar ou repelir variáveis de acordo com a associação entre elas, tornando a interpretação mais intuitiva.

**Figura 2**
*Exemplo de matriz adjacente (A) e de rede (B)*

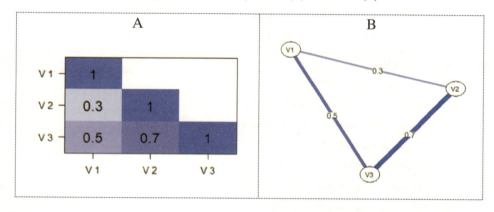

Nota: Matriz adjacente e rede de três variáveis. Do lado esquerdo temos a matriz adjacente de associação e a sua representação em rede à direita. Observe na rede que a aresta que conecta os vértices V1 e V3 é mais espessa do que a aresta que conecta os vértices V1 a V3, que por sua vez é mais espessa do que a aresta entre V1 e V2. A espessura da aresta corresponde ao grau de associação entre as variáveis, representadas pelos vértices.

Se a relação entre as variáveis for forte as arestas serão mais grossas em contraste com arestas mais finas, das relações mais fracas (cf. fig. 2, lado direito). Antes de iniciarmos a demonstração das análises precisamos lhe informar que neste capítulo entendemos que o leitor tem algum grau de familiaridade com o software R e com os conceitos implementados nas análises de correlação e regressão, por isso, sugerimos que antes de iniciar as análises você leia os capítulos referentes a esses conteúdos contidos neste livro para conseguir acompanhar os procedimentos e conceitos com mais facilidade.

## Análise de redes no R

Bem, agora que lhe apresentamos os conceitos básicos da análise de rede vamos ao trabalho! No presente capítulo utilizaremos como exemplo a subescala de depressão da Depression, Anxiety and Stress Scale (DASS-21; Lovibond & Lovibond, 1995). A DASS-21 tem 21 itens e é composta por três subescalas (sete itens cada), que avaliam sintomas de depressão, ansiedade e estresse. Trata-se de um dos instrumentos mais utilizados mundialmente para avaliação de alterações sugestivas destas psicopatologias, desenhada para separar com eficiência as três dimensões, tendo em vista a sobreposição entre sintomas característica dessas condições.

Em nosso exemplo utilizaremos a versão em português brasileiro do instrumento, conforme adaptação de Vignola e Tuci (2014). Os conteúdos dos itens da subescala de depressão estão descritos na tabela 1. A subescala foi escolhida por ser uma típica medida utilizada em psicologia: vários sujeitos de modo independente respondendo a um conjunto de itens utilizando uma escala ordinal tipo Likert. A amostra do estudo que utilizaremos como exemplo foi composta por 512 participantes selecionados por amostragem de conveniência e incluiu (27,3%) homens e (72,7%) mulheres, com média de idade de 33,9 anos ($DP = 11,3$). Os participantes apresentaram escore médio na subescala depressão de 5,15 ($DP = 4,72$).

### Tabela 1
*Itens da Subescala de Depressão da DASS-21*

| Número do item | Item completo | Sigla |
|---|---|---|
| 3 | Eu não conseguia ter sentimentos positivos | sentpositiv |
| 5 | Eu achei difícil ter iniciativa para fazer as coisas | iniciativa |
| 10 | Eu senti que não tinha expectativas positivas a respeito de nada | expecpositv |
| 13 | Eu me senti abatido(a) e triste | abattrist |
| 16 | Eu não consegui me empolgar com qualquer coisa | empolgar |
| 17 | Eu senti que não tinha muito valor como pessoa | valor |
| 21 | Eu senti que a vida não tinha sentido | sentido |

Nota: Mantemos a numeração dos itens de acordo com a numeração original na DASS-21.

A seguir apresentaremos como realizar análise de rede, bem como as principais aplicações analíticas para a sua estimativa, acurácia, estabilidade e poder preditivo. Ao final do capítulo você será capaz de implementar a análise de redes nos seus dados, utilizando o software R. Recomendamos o uso da interface RStudio na execução dos procedimentos de análise. O RStudio tem atualizações relativamente frequentes e sempre surgem formas facilitadas para trabalhar, caso a sua versão se distancie da que estamos utilizando (Versão 1.3.1056) é possível que existam facilidades atualmente não implementadas. Atualize o seu RStudio e se atualize para conseguir rodar as análises sempre como os melhores pacotes.

Vamos começar abrindo o banco de dados. O banco que usaremos neste capítulo pode ser acessado no seu computador diretamente pelo R utilizando a função a seguir. Você deve inserir essa função no primeiro quadrante, que fica localizado no setor superior esquerdo do seu RStudio. Nessa parte você colocará todo o seu *script* que apresentaremos aqui. Caso tenha dificuldades, por favor, releia o capítulo sobre a utilização do R que consta neste livro.

```
>dasspoly<-read.csv("https://raw.
githubusercontent.com/wagnerLM/netusf/
master/dasspoly",sep = ";")
```

Ao rodar a função utilizando a tecla *Run* ou (control/command + enter) você verá que o banco de dados que utilizaremos ficará carregado no quadrante superior direito, onde está escrito *Environment*, *History* e *Connections*. Ao utilizar a função View(dasspoly) você poderá visualizar todo banco de dados.

Ao utilizar esta outra função você estará inserindo o nome resumido dos itens.

```
1   >dasslabels<-scan("https://raw.
    githubusercontent.com/wagnerLM/
    netusf/master/dasslabels",what =
    "character", sep = "\n")
```

Com esta outra você terá acesso aos itens completos.

```
1   >dassnames<-scan("https://raw.
    githubusercontent.com/wagnerLM/
    netusf/master/dassnames",what =
    "character",sep = "\n")
```

Para realizar o conjunto de análises que iremos conduzir precisamos instalar alguns pacotes. Os primeiros a serem utilizados serão o psych (Revelle, 2019), que contém as principais análises utilizadas em psicometria e o qgraph (Epskamp et al., 2012). Lembre-se de que em qualquer pacote você pode acessar na aba Help para obter informações detalhadas sobre cada função dos pacotes e seus argumentos.

```
1   > install.packages("psych")
2   > install.packages("qgraph")
```

Quando você for realizar novamente as suas análises, você não precisará instalar o psych ou qualquer outro pacote novamente, mas precisará ativá-lo. Para isso, use um dos *scripts* a seguir:

```
1   > library(psych)
```

ou

```
1   > require(psych)
```

A DASS-21 contém as subescalas de estresse, ansiedade, depressão. Em nosso exemplo utilizaremos apenas a subescala de depressão. O banco disponível tem todos os itens da DASS-21, contudo, é preciso selecionar no banco somente os itens da subescala que são do nosso interesse. Os itens da DASS-21 que pertencem à medida de depressão são 3, 5, 10, 13, 16, 17 e 21. Para utilizar somente esses itens precisamos selecioná-los dentro do banco e salvá-los em um objeto, o nome desse objeto será dasspoly_sub. Conseguiremos realizar tal operação utilizando a função a seguir:

```
1   > dasspoly_sub
    <-dasspoly[,c(3,5,10,13,16,17,21)]
```

Antes de estimar a nossa rede vamos primeiro observar as correlações bivariadas entre os itens. A função cor_auto é excelente pois ela permite computar automaticamente o coeficiente de correlação adequado para cada par de variáveis de seu banco de dados. Isso quer dizer que nos casos em que os itens tiverem uma estrutura de categorias ordenadas, como a maioria das escalas Likert ou tipo Likert utilizadas na psicologia, a função gerará uma matriz de correlações policóricas (Olsson, 1979), ou ainda correlações polisseriais quando uma das variáveis for contínua e outra ordinal (Olsson et al., 1982). Esse procedimento vai nos ajudar a observar as primeiras informações que são a base para as análises de rede. Para visualizar correlações entre os itens utilizaremos a função cor.plot, a seguir. A figura 3 deverá aparecer na aba *Plots* que fica no quadrante inferior direito no RStudio.

```
1   > cor.plot(cor_auto(dasspoly_
    sub),numbers = T)
```

Veja que na diagonal o valor será sempre 1, correspondendo a correlação do item com ele mesmo. A figura 3 utiliza um mapa de calor para uma leitura mais intuitiva da magnitude das correlações. Já com este gráfico é possível realizar o diagnóstico das associações mais e menos relevantes e indicativos de multicolinearidade. Agora vamos visualizar a relação dos itens em rede (fig. 4) e para isto utilizaremos a função a seguir:

```
1   >dasspoly_sub_g<-qgraph(cor_auto(dasspoly_sub),
    nodeNames=dasslabels[c(3,5,10,13,16,17,21)],
    posCol="blue",
    labels=colnames(dasspoly_sub))
```

**Figura 3**
*Correlações Bivariadas entre os Itens da Subescala Depressão (DASS-21)*

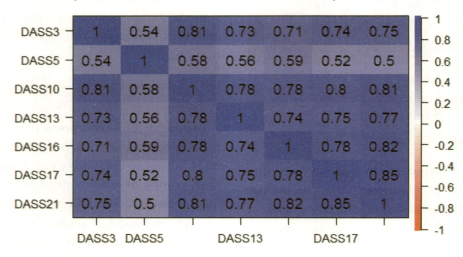

Nota: Correlações bivariadas entre os itens da subescala de depressão. Esta figura deve aparecer automaticamente no RStudio na aba *Plots*. Em seu console, a função cor_auto avisa da presença de variáveis ordinais.

Na figura 4 geramos a rede com base nas correlações bivariadas entre os itens, representadas pelas arestas azuis. Neste modelo é muito difícil fazer alguma interpretação sobre a relevância de sintomas ou mesmo sobre a estrutura da rede. Para isto, vamos adicionar mais argumentos com o intuito de deixar a representação da rede mais compreensível e informativa. Ao utilizar a próxima função você irá observar que a única diferença é a inclusão do argumento layout="spring", que aciona o algoritmo de posicionamento, aproximando e afastando os vértices de acordo com suas associações. A figura 5 representa o resultado da aplicação do algoritmo de posicionamento.

**Figura 4**
*Rede de Correlações Bivariadas*

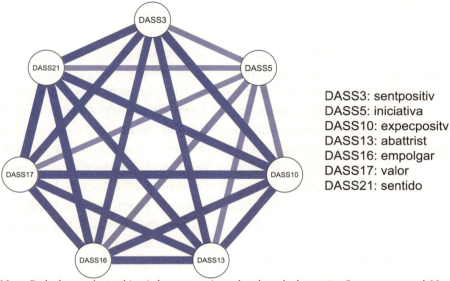

Nota: Rede de correlações bivariadas entre os itens da subescala depressão. O argumento nodeNames possibilita indicar o nome ampliado dos itens, enquanto o argumento labels permite indicar o nome reduzido que será exibido dentro dos vértices.

**Figura 5**
*Rede com Algoritmo de Posicionamento*

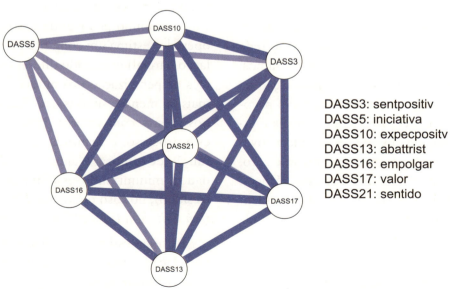

Nota: Com a utilização do algoritmo de posicionamento podemos visualizar a diferença de impacto que as variáveis DASS5 e DASS21 apresentam na rede.

```
1    >dasspoly_sub_g<-qgraph(cor_auto(dasspoly_sub),
     nodeNames=dasslabels[c(3,5,10,13,16,17,21)],
     posCol="blue",
     labels=colnames(dasspoly_sub),layout="spring")
```

Enquanto o item 21 se mostrou mais central, o item 5 ficou ligeiramente mais afastado dos demais, indicando, respectivamente, uma maior e menor correlação do item com todos os demais. Para se certificar, visualize novamente a tabela de correlações bivariadas da figura 3. Veja a relação dos itens 21 e 5 com os demais. O item 21 tem correlações acima de 0,75 com todas as outras variáveis, menos com o item 5, que por sua vez apresenta correlações abaixo de 0,6 com todos os demais itens. Dito de outra forma, correlações mais fortes ou fracas resultaram em um posicionamento distinto dos vértices na rede, esse é o resultado da aplicação do algoritmo de posicionamento.

## Correlação parcial e regularização Lasso

A utilização de correlações parciais oferece uma melhor solução para estruturas de rede do que as bivariadas. Como já demonstramos, a correlação parcial representa a informação da associação condicional entre variáveis. No pacote qgraph a matriz de correlações parciais é estimada pela inversa da matriz de variância/covariância. Sempre que a correlação parcial é zero, nenhuma aresta é desenhada entre dois vértices, indicando que duas variáveis são independentes após o controle das outras variáveis da rede (Epskamp & Fried, 2018).

Entretanto, dificilmente a correlação entre duas variáveis será exatamente zero, gerando arestas de pequena magnitude na rede. Um método cada vez mais popular para limitar o número de arestas espúrias na rede é usar técnicas de regularização estatística (Epskamp & Fried, 2018). A regularização possibilita que arestas com valor absoluto muito próximas a zero sejam fixadas em zero, resultando em redes mais interpretáveis e com parâmetros mais estáveis (Epskamp, Borsboom & Fried, 2018). As correlações parciais, por serem estimadas a partir de uma matriz padronizada de variância/covariância, podem ser interpretadas da mesma forma que coeficientes semiparciais padronizados (betas) em análises de regressão (Epskamp & Fried, 2018), considerando a seguinte escala: 0,1 = efeito pequeno, 0,3 = efeito moderado e ≥ 0,5 = efeito grande.

O método de regularização mais utilizado é o *least absolute shrinkage and selection operator* (Lasso) (Tibshi & Rani, 1996). O Lasso busca maximizar a especificidade com objetivo de incluir o mínimo possível de falsos positivos. Esse operador estima um conjunto de redes (de correlação parcial) utilizando diferentes hiperparâmetros de penalização nos modelos, gerando redes mais ou menos esparsas, isto é, com mais ou menos arestas com valores fixados em zero. Após este processo, é realizada uma seleção que tem função de otimizar o ajuste da rede (modelo) aos dados, minimizando os critérios de informação (resíduo), no caso o *Extended Bayesian Information Criterion* (Ebic) (Chen & Chen, 2008).

As redes estimadas utilizando coeficientes de correlação parcial têm como principais vantagens viabilizar a modelagem de interações únicas entre variáveis e o fato de as correlações parciais poderem ser indicativas de possíveis relações causais (Epskamp & Fried, 2018). Na função a seguir será aplicada a regularização, por meio dos argumentos graph="glasso", que especifica a regularização Lasso e sampleSize=nrow(data), que serve para especificar o tamanho da amostra, e o argumento threshold=T ajuda a reduzir a quantidade de arestas não significativas, delimitando seu peso ao parâmetro de penalização do modelo selecionado e de todos os modelos considerados no cálculo do EBIC. Na figura 6 é apresentado o resultado da rede de correlações parciais regularizada. Utilizamos ainda dois argumentos complementares, que não necessariamente são necessários com outros conjuntos de dados. Os argumentos minimum=0.1 e lambda. min.ratio=.002, referem-se, respectivamente, ao mínimo valor que deve ser apresentado na rede, considerando um tamanho de efeito pequeno, e a razão do maior e menor parâmetro de penalização dos modelos, evitando redes densas com associações espúrias.

```
1    >dasspoly_sub_g<-qgraph(cor_auto(dasspoly_sub),
     layout="spring",
     nodeNames=dasslabels[c(3,5,10,13,16,17,21)],
     posCol="blue",
     labels=colnames(dasspoly_sub),
     graph="glasso",
     sampleSize=nrow(dasspoly_sub),
     threshold=T,
     minimum=0.1,
     lambda.min.ratio=.002)
```

Após a regularização a rede ficou muito diferente, não é mesmo? A regularização reduz a complexidade do modelo, mantendo somente as informações mais importantes. Compare as diferenças entre as redes das figuras 5 e 6. Na rede de correlações parciais regularizadas é possível identificar a forte relação entre os itens 3 e 10, por exemplo, que estão menos relacionados ao restante da rede. Os itens 5 e 13 parecem ser pouco influentes no sistema, enquanto os itens 17, 21 e 16 parecem formar um agrupamento mais consistente.

Vamos observar a matriz adjacente esparsa (fig. 7), de correlações parciais regularizadas, ou matriz de predição do gráfico da figura 6. Desta vez, a matriz será extraída do grafo, utilizando a função a seguir:

```
1    > View(getWmat(dasspoly_sub_g))
2    >cor.plot(getWmat(dasspoly_
     sub_g),numbers = T)
```

Diferentes métodos de representar as interações entre indicadores em um modelo complexo de rede já foram investigados, como correlações bivariadas, correlações parciais, regressão Lasso por vértice e Lasso adaptativo. Estes métodos demonstraram desempenho ineficiente ao produzir redes esparsas, resultando em um desequilíbrio

**Figura 6**
*Redes de correlações parciais regularizadas*

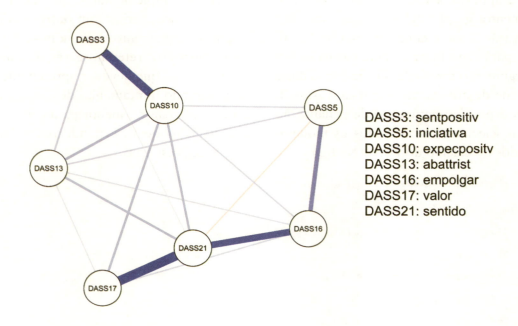

**Figura 7**
*Matriz adjacente da rede de correlações parciais*

Nota: Matriz adjacente da rede de correlações parciais regularizadas. A maior associação parcial foi entre os vértices 17 e 21 (valor e sentido de vida), seguida pela relação entre os vértices 3 e 10 (anedonia e desesperança).

entre falsos positivos e negativos (Epskamp, Kruis & Marsman, 2017). Para dados gaussianos (com distribuição normal observada ou presumida, no presente caso, itens de escalas psicométricas) o método de estimação da correlação parcial pela inversa da matriz de variância-covariância, com regularização Lasso, apresentou melhor desempenho para recuperar a estrutura generativa dos dados em estudos de simulação (Epskamp & Fried, 2018).

## Medidas de centralidade

As redes têm um conjunto amplo de métricas para a descrição do sistema como um todo e a importância (e. g., número de relações, mediação entre vértices, soma total de arestas adjacentes) de cada variável nesse sistema. Essas métricas são denominadas medidas de centralidade. Durante a divulgação inicial da técnica na área de psicologia as medidas de centralidade mais adotadas eram proximidade (*closeness*; i. e., a distância ponderada média em relação às demais variáveis força (*strength*, i. e., a soma do valor modular de todas as arestas de um vértice), e conectividade (*betweenness*, i. e., o quanto o menor caminho entre duas variáveis passam por um vértice) (Costantini et al., 2014).

Contudo, em psicologia, a direção das associações (i. e., se positivas ou negativas) é tão relevante quanto sua magnitude para a compreensão do papel das variáveis em um sistema. Por exemplo, em uma rede de sintomas ou de fatores de risco, uma variável com correlações parciais negativas terá um papel de "desativadora" desses sintomas ou de um fator de proteção, respectivamente. Desta forma, alguns pesquisadores que investigaram os sintomas mais relevantes do luto complicado (condição de luto prolongado com alterações persistentes compatíveis com depressão e perdas funcionais significativas), desenvolveram uma medida que considera os valores negativos e positivos das arestas ao calcular a centralidade de força, denominada influência esperada (*expected influence*) (Robinaugh, Millner & McNally, 2016).

A influência esperada é calculada pela soma das arestas de primeiro grau (i. e., arestas que ligam um vértice aos seus vértices adjacentes) e das arestas de segundo grau (i. e., repetindo a operação com os vértices adjacentes ao vértice-alvo). Assim se obtém a medida da influência esperada dos vértices adjacentes quando um vértice é ativado (presença, no caso dicotômico, ou altos scores, no caso ordinal/contínuo). Para identificar a centralidade dos sintomas na rede da subescala depressão da DASS21 (fig. 8), utilizaremos a função a seguir:

```
1   >centralityPlot(dasspoly_sub_g,
    include="ExpectedInfluence",
    orderBy="ExpectedInfluence",
    labels=dasslabels[c(3,5,10,13,16,17,21)])
```

Pode-se notar que os itens 10 "Eu senti que não tinha expectativas positivas a respeito de nada" e o item 21 "Eu senti que a vida não tinha sentido" são os mais influentes, isto é, uma vez ativados (altos escores), há uma grande possibilidade de seus vértices adjacentes estarem também ativados. Note que a medida não define se o vértice é causa ou efeito, mas indica tão somente a probabilidade de ativação dos vértices adjacentes. O item 5 "Eu achei difícil ter iniciativa para fazer as coisas" é o menos influente, isto é, não há uma grande associação com a ativação dos vértices adjacentes. Vértices mais influentes podem ser foco de intervenções, dada sua maior probabilidade de influenciar outros vértices.

**Figura 8**
*Gráfico da Medida de Influência Esperada para os Vértices*

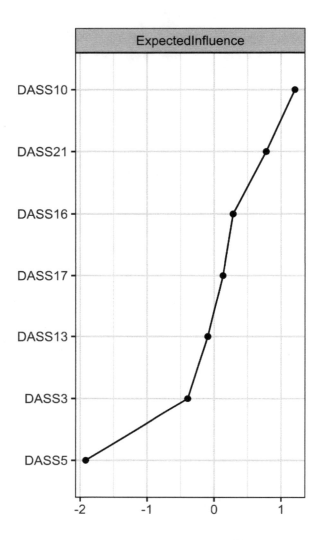

Nota: Medida de influência esperada dos itens da subescala depressão da DASS21. Os valores representam escores padronizados, isto é, com a média da medida de influência esperada centrada em zero. Os itens 10 e 21 são os mais influentes, enquanto o item 5 é o menos influente do sistema.

## Acurácia e estabilidade dos parâmetros da rede

Como mencionamos anteriormente, a análise de redes se alinha às técnicas exploratórias, abdutivas e quantitativas de geração de teoria, como, por exemplo, a análise fatorial exploratória. Após estimar a rede e fazer inferência sobre suas características estruturais (e. g., associações condicionais, influência dos vértices), naturalmente a pergunta que surge é o quão estáveis são os parâmetros estimados, especificamente, qual a acurácia dos parâmetros e qual a probabilidade de sua replicação em outra amostra (Fried & Cramer, 2017). Seja por variações amostrais, de desenho de estudo ou quaisquer outros vieses metodológicos, a rede estimada pode não ser replicável em outros contextos. Considerando estas questões fica evidente a importância de se estimar a acurácia e estabilidade da rede.

Em geral, os métodos para estimar a acurácia dos parâmetros da rede se utilizam de técnicas de reamostragem ou *bootstrapping*. Resumidamente, há dois principais métodos de reamostragem que são utilizados para estimação da acurácia e estabilidade das redes: o método Monte Carlo, que simula uma distribuição normal dos parâmetros e o método por permutação dos valores amostrais, que gera novas amostras a partir da distribuição aleatória dos valores da amostra original. Por meio desse procedimento os parâmetros dos dados originais são comparados aos dados simulados, considerando seus intervalos de confiança (Epskamp, Borsboom & Fried, 2018).

Uma das possibilidades é estimar a acurácia dos pesos das arestas da rede. Dessa forma, podemos ter mais segurança em afirmar que uma aresta tem um peso diferente de zero ou difere de outra aresta. A partir dos procedimentos de reamostragem descritos na função a seguir, conseguimos estimar os intervalos de confiança de 95% das 7x(7–1)/2=21 arestas existentes no modelo de rede. A figura 9 apresenta os valores amostrais e as médias dos valores simulados para o peso das arestas do modelo. É possível identificar que pesos próximos a 0,2 não incluem zero em seu intervalo de confiança, afastando a hipótese de falsos positivos. Os intervalos de confiança servem para realizar testes de significância na diferença entre pesos de arestas diferentes, utilizando a função differenceTest (Epskamp, Borsboom & Fried, 2018).

```
1    > Network <- estimateNetwork(dasspoly_sub,default = "EBICglasso")
2    > boot1 <- bootnet(Network, nBoots = 2500, nCores = 8)
3    > plot(boot1,plot="interval",order = "sample")
```

A função plot(boot1, labels = FALSE, order = "sample") foi usada para mostrar os intervalos de confiança (gerados pelo procedimento *bootstrapping*) para os parâmetros das arestas estimadas resultando na figura 9 abaixo.

Além da acurácia das arestas podemos também estimar e visualizar a acurácia das medidas de centralidade. Por meio dos intervalos de confiança gerados pela reamostragem é possível comparar as diferenças entre os vértices em ter-

**Figura 9**
*Estimativas pontuais e intervalos de confiança para os pesos das arestas*

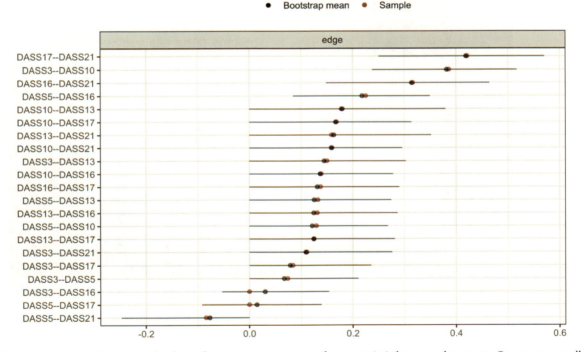

Nota: Valores amostrais, médias e intervalos de confiança por reamostragem (*bootstrapping*) dos pesos das arestas. Os pontos vermelhos indicam os valores da amostra e os pontos pretos indicam a média dos valores simulados, incluindo uma linha com o intervalo de confiança de 95%. Cada linha horizontal representa uma aresta da rede, ordenados da aresta com o maior peso até a com o menor peso.

mos de sua centralidade. Ao executar a função a seguir você encontrará uma matriz simétrica com as medidas de centralidade na diagonal e fora da diagonal estão identificados quais vértices diferem significativamente (fig. 9).

```
1  > plot(boot1, "ExpectedInfluence",
     plot = "difference", order = "sample")
```

Para investigar a estabilidade das medidas de centralidade, no caso o índice de influência esperada (*Expected Influence*), também é utilizada uma técnica de reamostragem. Retirando aleatoriamente porções da amostra *(jackknife)* e calculando-se a correlação com a medida de centralidade original da amostra. A função a seguir configura o método de reamostragem para o cálculo de estabilidade da medida de centralidade. Na figura 11 temos o gráfico da correlação, com intervalo de confiança de 95%, entre a medida de influência esperada da amostra original e as amostras simuladas. Observe que a correlação só diminui substancialmente com menos de 40% da amostra.

**Figura 10**
*Matriz de Comparação por Reamostragem para a Medida de Centralidade*

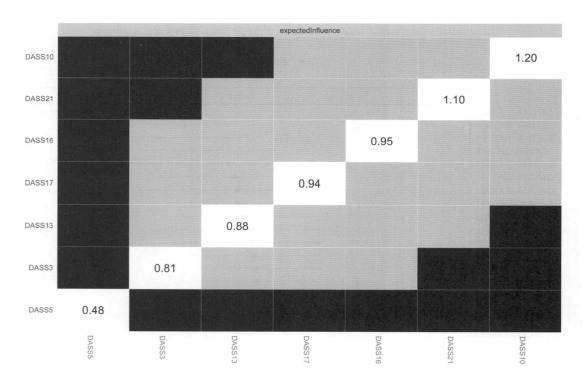

Nota: Medidas de centralidade e matriz de comparação com base em método de reamostragem. Células cor de cinza/preto indicam que não há/há diferenças significativas entre as medidas de centralidade dos dois vértices. Observe que apenas os vértices com valores de centralidade mais extremos (5, 10 e 21) apresentam diferenças significativas em relação aos demais vértices.

```
1  > boot2 <- bootnet(Network, nBoots
   = 2500, type = "case", nCores =
   8,statistics =
2  c("edge","ExpectedInfluence"))
3  > plot(boot2,"ExpectedInfluence")
   > corStability(boot2)
```

Ainda é possível calcular o coeficiente de estabilidade da correlação (*CS-coefficient*) entre as medidas de centralidade. Este coeficiente expressa qual a proporção máxima da amostra que pode ser retirada da amostra original em que se mantém uma correlação de no mínimo 0,7 com as medidas de centralidade originais. Estudos de simulação de dados sugerem valores iguais ou acima de 0,5 como desejáveis (Epskamp, Borsboom & Fried, 2018). Na amostra do presente capítulo o índice para a centralidade de influência esperada foi de 0,59. Em resumo, os dados sobre a estabilidade e acurácia indicam uma grande tendência dos vértices 5, 10 e 21 manterem-se em suas posições no ordenamento dos valores de centralidade na população.

**Figura 11**
*Gráfico de estabilidade da medida de centralidade de influência esperada*

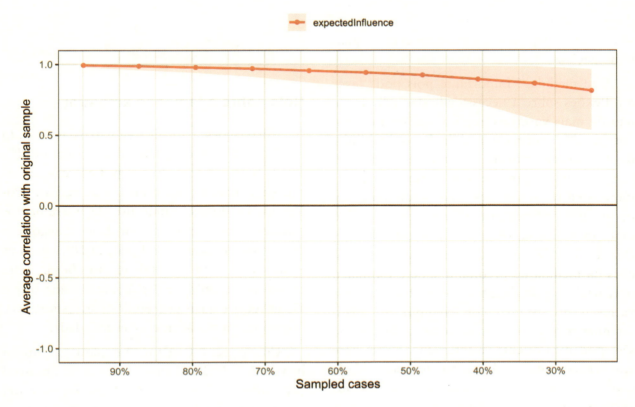

Nota: Correlações entre as medidas de centralidade de influência esperada para a amostra total e subamostras. No eixo y temos a média das correlações do índice de centralidade e no eixo x temos o percentual de participantes retirados da amostra a fim de verificar a estabilidade da rede. A área representa o intervalo de confiança de 95% para a média das correlações.

## Preditabilidade de variáveis na rede

Já abordamos no presente capítulo a interpretação das arestas em uma rede, como coeficientes padronizados de regressão. Além de estabelecer relações do tipo "quando a variável *A* aumenta um desvio-padrão a variável *B* aumenta/diminui *x* desvios-padrão", resta identificar o quanto de uma variável é explicada pelas demais variáveis às quais se conecta. Em análise de rede de dados gaussianos (ou presumidamente gaussianos) é possível obter a medida de variância de explicada de um vértice pelos seus vértices adjacentes (Haslbeck & Waldorp, 2018) e representar essa medida no próprio grafo. Novamente, esta análise não pressupõe direcionalidade em termos de variável dependente ou independente, mas todos os vértices são variáveis dependentes daqueles com os quais têm ligação.

Essa medida é importante pois pode levar a reflexões sobre a necessidade da inclusão ou não de mais variáveis explicativas no modelo. Dito de outra forma, a medida de preditabilidade dos vértices informa se a rede é amplamente determinada por meio de fortes interações mútuas entre os vértices (alta preditabilidade) ou se é determinada por outros fatores que não estão incluídos na rede (baixa preditabilidade) (Haslbeck & Waldorp, 2018). Uma das aplicações da medida de preditabilidade é estimar o potencial sucesso de intervenções baseadas nas variáveis do sistema. Por exemplo, ao analisar uma rede de sintomas, como a de depressão, podemos orientar a intervenção com base em vértices com maior grau de centralidade e preditabilidade, irradiando seus efeitos nos vértices adjacentes do sistema. Para calcular o nível de preditabilidade das variáveis basta executar os comandos a seguir.

```
1 > library(mgm)
  dasspoly_sub
  net_fit<-mgm(dasspoly_sub,
   type = c(rep("g",7)),
   level = c(rep(1,7)),
   ruleReg = "AND",
   k = 2,
   threshold = "HW",
   lambdaGam = .25)
2 > pred_fit<-predict(net_fit,dasspoly_sub,
     errorCon = "R2")
  > qgraph(net_fit$pairwise$wadj,
  pie=pred_fit$errors[,2],
3 nodeNames=dasslabels[c(3,5,10,13,16,17,21)],
  labels=colnames(dasspoly_sub),
  layout="spring",
  posCol="blue")
```

## Nota sobre o tamanho amostral

Correlações parciais regularizadas usando o método glasso, com seleção de modelo EBIC, e com base em correlações policóricas tornaram-se o padrão na estimativa de redes psicológicas devido ao grande uso de instrumentos psicométricos que produzem dados categóricos ordenados (Epskamp & Fried, 2018), como as escalas Likert ou tipo Likert. Ao chegar neste ponto do capítulo você já compreendeu o que são as redes e quais os métodos para estimá-las e inspecionar a sua acurácia e estabilidade.

Um aspecto fundamental para garantir a boa qualidade dos dados é o tamanho amostral (Epskamp & Fried, 2018). A análise de rede, assim como outras técnicas multivariadas, pressupõe coletas de grandes amostras. A recomendação geral do número ideal de participantes por

**Figura 12**
*Rede da subescala de depressão com medida de preditabilidade*

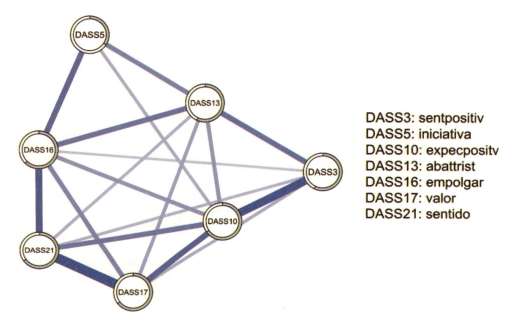

Nota: Percebe-se, por meio do gráfico circular, que os vértices 10, 16, 17 e 21 têm o maior nível de predição no modelo. Caso estivesse planejando uma intervenção, essas variáveis seriam fortes candidatas a receberem tratamento primeiro.

parâmetro estimado do modelo é da ordem da razão de 10:1 a 20:1. Em nosso exemplo, analisamos uma rede com 7 vértices, gerando 7x(7-1)/2 = 21 parâmetros do modelo. A amostra recomendada seria algo entre 210 e 420 participantes, considerando a alocação aleatória dos indivíduos. Como em geral as pesquisas em psicometria utilizam amostras por conveniência, é importante considerar o aumento significativo do tamanho amostral para estimar parâmetros com maior probabilidade de replicação.

## Conclusão

Com o presente capítulo esperamos ter proporcionado o conhecimento básico sobre a análise de rede de variáveis psicológicas, assim como seus principais métodos de estimação, medidas de acurácia, de estabilidade e de preditabilidade dos parâmetros da rede. Por meio de diferentes análises foi possível compreender que, para a amostra do presente estudo, os sintomas de desesperança e sentido de vida têm um papel importante na manutenção do sistema que denominamos depressão, mesmo em uma amostra geral, presumidamente não clínica. Estes sintomas, uma vez presentes, indicam uma maior probabilidade da ativação de outros sintomas depressivos, como anedonia e baixa autoestima. Essas interpretações têm estabilidade e acurácia consideráveis, de acordo com diferentes métodos de reamostragem.

A partir da estrutura da rede, como a matriz de predição, um psicólogo clínico pode antecipar quais sintomas seriam ativados a partir da identificação de um deles em seu/sua paciente. As análises de rede são conduzidas especialmente utilizando o software R e seus pacotes. Existem vários tutoriais que podem ser úteis para pesquisadores (e. g., Dalege, Borsboom, van Harreveld & van der Maas, 2017; Costantini et al., 2019). Uma estratégia de fixação da aprendizagem é reexecutar as análises utilizando as demais subescalas da DASS21: estresse (1, 6, 8, 11, 12, 14, 18) e ansiedade (2, 4, 7, 9, 15, 19, 20). Outros desenvolvimentos da análise de rede incluem análises de dados dicotômicos e mistos, análise de agrupamentos (comunidades) e redes de mediação e moderação, mas que não puderam ser abordados neste capítulo. A partir dos conhecimentos desenvolvidos no presente capítulo, é possível avançar nestes e outros tópicos em análise de rede.

## Referências

Bollen, K., & Lennox, R. (1991). Conventional wisdom on measurement: A structural equation perspective. *Psychological bulletin*, *110*(2), 305.

Bollen, K. A. (2002). Latent variables in psychology and the social sciences. *Annual review of psychology*, *53*(1), 605-634.

Borsboom, D., & Cramer, A. O. (2013). Network analysis: an integrative approach to the structure of psychopathology. *Annual review of clinical psychology*, *9*, 91-121.

Borsboom, D. (2017). A network theory of mental disorders. *World psychiatry*, *16*(1), 5-13.

Borsboom, D. (2008). Psychometric perspectives on diagnostic systems. *Journal of clinical psychology*, *64*(9), 1.089-1.108.

Bringmann, L. F., Vissers, N., Wichers, M., Geschwind, N., Kuppens, P, Peeters, F., Borsboom, D., & Tuerlinckx, F. (2013). A network approach to psychopathology: New insights into clinical longitudinal data. *PloS one, 8*(4), e60188.

Bringmann, L. F., Ferrer, E., Hamaker, E. L., Borsboom, D., & Tuerlinckx, F. (2018). Modeling nonstationary emotion dynamics in dyads using a time-varying vector-autoregressive model. *Multivariate behavioral research*, *53*(3), 293-314.

Costantini, G., Epskamp, S., Borsboom, D., Perugini, M., Mõttus, R., Waldorp, L. J., & Cramer, A. O. (2015). State of the aRt personality research: A tutorial on network analysis of personality data in R. *Journal of Research in Personality*, *54*, 13-29.

Cramer, A. O., Van der Sluis, S., Noordhof, A., Wichers, M., Geschwind, N., Aggen, S. H., ... & Borsboom, D. (2012). Dimensions of normal personality as networks in search of equilibrium: You can't like parties if you don't like people. *European Journal of Personality*, *26*(4), 414-431.

Cramer, A. O. J., Waldorp, L. J., van der Maas, H., & Borsboom, D. (2010). Comorbidity: A network perspective. *Behavioral and Brain Sciences, 33*, 137-193.

Dalege, J., Borsboom, D., van Harreveld, F., van den Berg, H., Conner, M., & van der Maas, H. L. (2016). Toward a formalized account of attitudes: The Causal Attitude Network (CAN) model. *Psychological review*, *123*(1), 2.

Epskamp, S., Kruis, J., & Marsman, M. (2017). Estimating psychopathological networks: Be careful what you wish for. *PloS one*, *12*(6), e0179891.

Epskamp, S., & Fried, E. I. (2018). A tutorial on regularized partial correlation networks. *Psychological methods*, *23*(4), 617.

Epskamp, S., Borsboom, D., & Fried, E. I. (2018). Estimating psychological networks and their accuracy: A tutorial paper. *Behavior Research Methods*, *50*(1), 195-212.

Epskamp, S., Rhemtulla, M., & Borsboom, D. (2017). Generalized network psychometrics: Combining network and latent variable models. *Psychometrika*, 82(4), 904-927.

Epskamp, S., Cramer, A. O., Waldorp, L. J., Schmittmann, V. D., & Borsboom, D. (2012). qgraph: Network visualizations of relationships in psychometric data. *Journal of statistical software*, 48(4), 1-18.

Frewen, P. A., Allen, S. L., Lanius, R. A., & Neufeld, R. W. (2012). Perceived causal relations: novel methodology for assessing client attributions about causal associations between variables including symptoms and functional impairment. *Assessment*, 19(4), 480-493.

Fruchterman, T. M., & Reingold, E. M. (1991). Graph drawing by force-directed placement. *Software: Practice and experience*, 21(11), 1.129-1.164.

Golino, H. F., & Epskamp, S. (2017). Exploratory graph analysis: A new approach for estimating the number of dimensions in psychological research. *PloS one*, 12(6), e0174035.

Haig, B. D. (2005). Exploratory factor analysis, theory generation, and scientific method. *Multivariate Behavioral Research*, 40(3), 303-329.

Haslbeck, J. M., & Waldorp, L. J. (2018). How well do network models predict observations? On the importance of predictability in network models. *Behavior research methods*, 50(2), 853-861.

Kruis, J., & Maris, G. (2016). Three representations of the Ising model. *Scientific reports*, 6, 34175.

Loiola, E., Bastos, A. V., & Regis, H. P. (2015). Análise de Redes Sociais. In A. V. Bastos & Regis (orgs.), *Análise de redes sociais no contexto organizacional*. EDUFBA.

Lovibond, P. F., & Lovibond, S. H. (1995). The structure of negative emotional states: Comparison of the Depression Anxiety Stress Scales (DASS) with the Beck Depression and Anxiety Inventories. *Behaviour research and therapy*, 33(3), 335-343.

Lord, F. M., & Novick, R. (1968). *Statistical theories of mental test scores*. Reading MA: Addison-Wesley.

Revelle, W. (2014). psych: Procedures for psychological, psychometric, and personality research. *Northwestern University, Evanston, Illinois*, 165, 1-10.

Rhemtulla, M., van Bork, R., & Borsboom, D. (2020). Worse than measurement error: Consequences of inappropriate latent variable measurement models. *Psychological methods*, 25(1), 30.

Robinaugh, D. J., Millner, A. J., & McNally, R. J. (2016). Identifying highly influential nodes in the complicated grief network. *Journal of abnormal psychology*, 125(6), 747.

Schmittmann, V. D., Cramer, A. O., Waldorp, L. J., Epskamp, S., Kievit, R. A., & Borsboom, D. (2013). Deconstructing the construct: A network perspective on psychological phenomena. *New ideas in psychology*, 31(1), 43-53.

Simonet, D. V., & Castille, C. M. (2020). The search for meaningful work: A network analysis of personality and the job characteristics model. *Personality and Individual Differences*, 152, 109569.

Van Borkulo, C. D., Borsboom, D., Epskamp, S., Blanken, T. F., Boschloo, L., Schoevers, R. A., & Waldorp, L. J. (2014). A new method for constructing networks from binary data. *Scientific reports*, 4(1), 1-10.

Van Borkulo, C. D., Boschloo, L., Borsboom, D., Penninx, B. W. J. H., Waldorp, L. J., & Schoevers, R. A. (2015). Association of Symptom Network Structure with the Course of Depression. *JAMA Psychiatry*, 72(12), 1.219-1.226.

Van Borkulo, C. D., Borsboom, D., Epskamp, S., Blanken, T. F., Boschloo, L., Schoevers, R. A., & Waldorp, L. J. (2014). A new method for constructing networks from binary data. *Scientific Reports*, 4(1), 1-10.

Van Der Maas, H. L. J., Dolan, C. V., Grasman, R. P. P. P., Wicherts, J. M., Huizenga, H. M., & Raijmakers, M. E. J. (2006). A dynamical model of general intelligence: The positive manifold of intelligence by mutualism. *Psychological Review*, 113(4), 842-861.

Vignola, R. C. B., & Tucci, A. M. (2014). Adaptation and validation of the depression, anxiety and stress scale (DASS) to Brazilian Portuguese. *Journal of affective disorders*, 155, 104-109.

# 21
# Análise de dados textuais com a Interface de R pour les Analyses Multidimensionnelles de Textes et de Questionnaires (Iramuteq)

*Cristiane Faiad*
*Carlos Manoel Lopes Rodrigues*
*Tiago Jessé Souza de Lima*
Universidade de Brasília

Dados qualitativos textuais podem ser coletados a partir de uma pluralidade de fontes, sejam elas naturalmente existentes (registros documentais, depoimentos, textos escritos na mídia, conteúdos de mídias sociais, a exemplo do Twitter e Facebook, registros de buscas na Web, dentre outras fontes) ou induzidas pelo pesquisador (entrevistas transcritas, respostas a questões abertas em um questionário). Esses dados textuais constituem um recurso rico e valoroso para a compreensão de cognições, sentimentos e comportamentos humanos (Carley, 1993). Mas como analisá-los? Como dar significado a esses dados textuais?

Loughran e McDonald (2016) descrevem que a análise textual é recorrente em campos de pesquisa diversos (sob variadas denominações, a exemplo de linguística computacional, processamento de linguagem natural, análise de conteúdo, estilometria) e que pode ser compreendida como um subconjunto da análise qualitativa voltada para análise de categorias de frases direcionadas, sentimentos, modelagem de tópicos e medidas de similaridade entre documentos. Trata-se de um método de coleta de dados que permite aos pesquisadores entenderem as formas como os indivíduos de variadas culturas e subculturas dão sentido a quem eles são e como eles se encaixam no mundo em que vivem (McKee, 2003). Apesar de essenciais para a pesquisa em ciências sociais, Carley (1993) considera que, a depender do objetivo, algumas estratégias de análise textual são desenvolvidas para se compreender problemas em contextos ou grupos específicos, não possibilitando a generalização dos dados. Ocorre que parte dessas críticas foram superadas com o desenvolvimento de diferentes softwares que automatizaram essas análises. É neste contexto que se insere o software Iramuteq.

Dentre as diferentes propostas de software para análise de dados textuais que surgiram nos últimos anos, o Iramuteq (Interface de R pour les Analyses Multidimensionnelles de Textes et de Questionnaires), desenvolvido pelo pesquisador francês Pierre Ratinaud (Ratinaud, 2009, 2014), tem ganhado espaço nas publicações em Psicologia no Brasil, por se tratar de um programa aberto e gratuito. O Iramuteq faz uso do software R e da linguagem de programação *python*. O software possibilita diferentes tipos de análises de dados textuais, que serão abordadas mais à frente neste capítulo, desde análises descritivas, como o cálculo de frequência de palavras, nuvem de palavras, até análises multivariadas, a exemplo da classificação hierárquica descendente e análise de similitude (Camargo & Justo, 2013). Ademais, permite a apresentação dos dados também por meio de gráficos e imagens. Importante lembrar que ele não se configura como um método de pesquisa, mas como uma ferramenta para análise quantitativa (estatística) de dados textuais.

Assim, a partir da compilação de diferentes tutoriais e manuscritos que o apresentam, a proposta deste capítulo é descrever como o Iramuteq pode ser empregado para a análise de dados textuais que subsidiam a construção de instrumentos psicológicos. Especificamente buscamos apresentar a relevância e as possibilidades de uso das análises textuais, descrever um passo a passo para o uso do Iramuteq, por meio de um exemplo prático de análise de dados de uma pesquisa, bem como discutir alguns desafios no manuseio desse software.

## A importância de ferramentas estatísticas no tratamento dos dados qualitativos

Os dados de natureza qualitativa são bastante diversificados, podendo incluir qualquer forma de comunicação humana escrita, auditiva ou visual, a exemplo de imagens, vídeos, falas, produções textuais, sejam elas naturalmente existentes, ou produzidas pelo pesquisador (Justo & Camargo, 2014). Ademais, com a revolução dos *big data*, na qual dados sobre o comportamento humano têm sido produzidos e armazenados a taxas maiores do que nunca, a exemplo de postagens em plataformas de mídia social (p. ex., Facebook, Twitter), registros de pesquisa na

Web (p. ex., Google Trends), novas fronteiras de dados qualitativos se abrem, com potencial de transformar as ciências sociais (Serfass, Nowak & Sherman, 2017). Com essa pluralidade de fontes de dados disponíveis para condução da pesquisa qualitativa, as técnicas de análise aplicadas a esses conteúdos têm também se modernizado, possibilitando tratar conjuntos maiores de dados de maneira informatizada e com maior rigor científico.

Um dos conjuntos de técnicas mais utilizados para análise de dados textuais é o que se denomina de análise de conteúdo, sistematizada por Bardin (1977). Essa é uma técnica de análise manual que tem como finalidade a descrição objetiva, sistemática e quantitativa do conteúdo manifesto da comunicação. A partir da década de 1970 essa técnica ganhou força, passando a ser amplamente utilizada nas pesquisas das ciências humanas e sociais. A proposta de Bardin foi um avanço na sistematização de dados qualitativos, fornecendo um arcabouço formal para a interpretação desses dados. No entanto, engana-se quem toma a análise de conteúdo como uma técnica simples, pois esta requer um forte treinamento teórico e metodológico do pesquisador para que seja corretamente executada. A falta de domínio dos pressupostos, métodos e técnicas na aplicação de técnicas de análise de dados qualitativos tem aberto espaço para críticas contundentes às pesquisas qualitativas, sobretudo pela falta de rigor metodológico, propensão à influência da subjetividade do pesquisador, pela limitação das evidências e casos analisados e pela falta de transparência e replicabilidade dos resultados (Aguinis & Solarino, 2019; Justo & Camargo, 2014).

Em face dessas limitações e do volume crescente de dados, a criação de softwares de análise estatística de dados qualitativos trouxe um ganho inestimável para as pesquisas nessa área. A aplicação de métodos estatísticos à análise de dados textuais é denominada de lexicometria ou textometria. De acordo com Leblanc (2015), a lexicometria consiste em considerar a análise de dados textuais de um ângulo probabilístico, que permite associar às contagens de palavras um julgamento de probabilidade. Por meio da lexicometria, é possível examinar em um *corpus* textual indexado e particionado, com base em um número limitado de variáveis, as características das diferentes partições de texto, verificar a relevância estatística dessas e a distribuição de grupos de vocábulos. Faz-se possível hierarquizar esses vocábulos com base na sua frequência (muito altas, altas, médias, baixas, *hapax* do grego *Hapax legomenon*, palavras com frequência = 1), analisar a riqueza do vocabulário a partir de uma perspectiva estilométrica, ou seja, do uso peculiar da língua por cada autor, ou para destacar quebras e mudança no vocabulário que podem revelar reversões temáticas (Leblanc, 2015).

Diferente da análise de conteúdo, na qual os dados são inicialmente interpretados e categorizados pelo pesquisador e só então organizados, quantificados e sistematizados, a análise lexical não tem como unidade de análise o conteúdo semântico dos textos, mas sim o seu vocabulário, ou seja, as palavras nele presentes. O material lexical é inicialmente submetido a cálculos estatísticos e só posteriormente é interpretado pelo pesquisador (Justo & Camargo, 2014), reduzindo o efeito de vieses cognitivos do pesquisador, a exemplo do viés de confirmação em que as pessoas buscam e interpretam informações de forma consistente com suas expectativas (Tversky & Kahneman, 1974). Portanto, a partir da lexicometria é possível quantificar, empregar cálculos estatísticos, variáveis essencialmente qualitativas, viabilizando a superação da dicotomia clássica entre quantitativo e qualitativo na análise de dados (Justo & Camargo, 2014).

Creswell e Clark (2013) consideram com maiores ganhos da informatização da análise de dados qualitativos o processo de organização da informação, maior eficiência na identificação dos segmentos dos textos, além da agilidade na codificação dos dados. Importante compreender que o histórico de programas que foram desenvolvidos para análises textuais é antigo, registrando diferentes propostas (como, p. ex., Alcestes, Atlas TI, Ethnograph, Nud*is, MAXqda) e que já realizavam análises estatísticas simples e inferenciais. Contudo, conforme Camargo e Justo (2013), o Iramuteq possibilitou avanços que serão apresentados na sequência.

## O uso do Iramuteq

O primeiro passo para o uso do Iramuteq é a instalação do software R (www.r-project.org) e, posteriormente, do Iramuteq (www.iramuteq.org). Para instalação desse software, bem como para acesso a exemplo do passo a passo de seu uso, sugerimos que os leitores acessem a página oficial do software (http://iramuteq.org/). Nessa página, acessível em francês, inglês e português, você encontrará dados sobre o Iramuteq, atualizações, exemplos de imagens produzidas (interfaces), pesquisas e, ainda, um campo para suporte. Outro importante material é o tutorial desenvolvido pelo Laboratório de Psicologia Social da UFSC (Camargo & Justo, 2013), intitulado Tutorial para uso do software de análise textual Iramuteq (http://www.iramuteq.org/documentation/fichiers/tutoriel-en-portugais).

## Preparação do corpus

Após a instalação dos softwares, iniciamos a primeira etapa da análise, com a construção do que se chama *corpus* textual. Para isso, o banco de dados deve ser tratado e padronizado, seguindo algumas regras, detalhadas mais abaixo. Como já dissemos, vários são os manuais que trazem um passo a passo para este processo. Há uma importante diferenciação entre *corpus* e texto. O *corpus* será o material utilizado para análise, construído pelo pesquisador, conforme suas necessidades e questões de pesquisa. E a depender deste último aspecto, se uma pesquisa está centrada em um tema específico, em uma amostra específica, contexto ou outra delimitação do pesquisador, a esta especificidade identificaremos como texto. O segmento de texto (ST) é a forma como o texto é fragmentado, seja pelo software, mas com possibilidade de configuração dos parâmetros pelo pesquisador de acordo com as características do material a ser analisado. Por exemplo, STs para textos curtos podem ser definidos por caracteres ao invés de palavras.

Importante lembrar que a preparação do corpus pode ser realizada de forma monotemática (os textos não são separados) ou temática (separada por temas). A título de exemplo, se eu quiser analisar o resumo de dez artigos científicos que tratem sobre estresse, eu posso montar um tema para cada artigo; posso montar um *corpus* único com todos os resumos dos manuscritos ou posso até montar um texto por grupos de autores. Também seria possível trabalhar com variáveis categóricas, dicionário de palavras ou uma lista de palavras advindas de uma técnica de associação livre, por exemplo.

Com a finalidade de ilustrar as análises descritas neste capítulo foi elaborado um *corpus* textual a partir dos dados públicos de relatos de reclamações de consumidores disponíveis no portal Consumidor.gov.br. Foram utilizados relatos específicos de reclamações sobre instituições financeiras quanto a cartões de crédito. Nomes de consumidores, instituições e demais dados que possibilitassem a atribuição de autoria dos relatos foram suprimidos.

Para o nosso exemplo, poderíamos ter separado por temáticas ou respondentes e esta decisão depende do seu objetivo de pesquisa. Vejam que separamos por relato dos consumidores e para isso, conforme estabelecido na regra do software, utilizamos o símbolo **** indicando o início de um texto, seguido pela codificação de variáveis categóricas seguindo o esquema *var_01, onde "var" se refere ao nome da variável e o 01 à codificação adotada. No exemplo a seguir é utilizada a codificação *rel_01 (relato 1), *rel_02 (relato 2) e assim por diante. Ao utilizar 01 podemos inserir até 99 relatos, caso esse número seja superado devemos utilizar 001, o que permitirá até 999 registros para essa variável. Não há limites para a quantidade de variáveis em uma linha de comando, poderíamos utilizar **** *rel_01 *sex_01 *reg_02 *sit_01 (relato 1, sexo = feminino, região = sudeste, situação = resolvido). Essa codificação é de livre-escolha do pesquisador, e permite possíveis análises comparativas.

Exemplo:

---

**** *rel_01

Entrei em contato com a central de cartões para reclamar que duas compras internacionais estornadas em meu cartão, [...].

**** *rel_02

Em fevereiro entrei em contato com o banco para negociar a fatura do cartão.

**** *rel_03

Estou com dificuldades financeiras para pagar o cartão de crédito à vista. Fiz algumas simulações de parcelamento no App.

---

A construção do *corpus* exige que o pesquisador siga algumas regras, tais como: retirar todos os parágrafos e símbolos, como um texto corrido. É comum que as pessoas montem seu banco no word, depois salvem em um arquivo do bloco de notas (*.txt*). Feito isso, um importante alerta é que você deve salvar seu banco, em formato *.txt*, e classificar seu texto em um formato UTF-8 (para mais informações, pesquise os manuais indicados neste capítulo e não se esqueça do detalhe do formato indicado).

## Análises lexicais no Iramuteq

Como dito anteriormente, as análises lexicais podem ser definidas como um grupo de técnicas estatísticas de tratamento de dados qualitativos textuais a partir de análises estatísticas que possibilitam analisar as características estruturais de um texto com base no vocabulário utilizado. Portanto, é realizada para identificar tendências, regularidades e estilos discursivos subjacentes a padrões de associação entre palavras, expressões e conceitos, reduzindo o material e dando sentido ao aglomerado de dados (Leblanc, 2015; Sousa et al., 2020). O Iramuteq permite a execução de análises lexicais de diferentes níveis de complexidade, desde análises lexicográficas clássicas, a exemplo do cálculo da frequência de palavras, até análises multivariadas que possibilitam, por exemplo, a criação de categorias ou classes que levam em consideração a relação da palavra com variáveis categóricas descritoras dos respondentes. As cinco principais análises lexicais que podem ser executadas no Iramuteq são descritas a seguir (Camargo & Justo, 2013; Camargo & Justo, 2018; Sousa et al., 2020):

1) Estatísticas textuais: o Iramuteq possibilita que as palavras sejam avaliadas de acordo com o contexto no qual ocorrem, em oposição à palavra de forma unitária, pois o software reformata o texto em ST, apresentando a frequência de ST no *corpus,* já no momento do carregamento do arquivo e apresentado no primeiro *output* de descrição do *corpus*). Inicialmente, as estatísticas textuais decompõem os textos em segmentos (enunciados), ocorrência (palavras) e formas linguísticas reduzidas pela lematização, processo de pesquisa do vocabulário que reduz as palavras com base em suas raízes (p. ex., a ocorrência das palavras discriminação e discriminado seria reduzida a forma linguística "discriminar", aparecendo nos resultados com frequência dois e não como uma ocorrência de cada forma). Esta etapa permite a construção de dicionários de formas ativas (verbos, substantivos e adjetivos) e formas suplementares (pronomes, preposições e verbos auxiliares) utilizados nas análises subsequentes. Permite explorar as características do vocabulário utilizado (frequência de formas simplificadas e tipos gramaticais, número total de ocorrências e número de textos, *hapax* etc.). A figura 1 apresenta um exemplo das estatísticas textuais descritivas.

2) Nuvem de palavras: trata-se de uma representação gráfica (fig. 2), que apresenta a distribuição das palavras (vocábulos) de acordo com sua frequência no *corpus* ou outro indicador escolhido. No gráfico, as palavras maiores apresentam maior frequência e as palavras menores frequências inferiores.

3) Análises de similitude: Trata-se de uma análise de conexão entre as palavras, possibilitando a identificação da ocorrência conjunta de palavras nos segmentos de texto e indicação do grau de conexão entre elas (fig. 3). Essa análise auxilia na identificação da estrutura do conteúdo dentro do *corpus*. O Iramuteq também permite combinar, na mesma representação, os re-

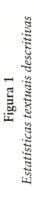

**Figura 1**
*Estatísticas textuais descritivas*

sultados da análise de similitude com a análise de especificidade (descrita abaixo) baseada em uma variável categórica. Nesse caso, o gráfico mostra palavras relacionadas com as categorias da variável (p. ex., homens e mulheres).

A figura 3 mostra quais são as conexões de proximidade entre palavras de um texto. O software também permite uma apresentação por cores que diferencia os agrupamentos.

4) Análise de Especificidades e Análise Fatorial por Correspondência (AFC): A Análise de Especificidades (fig. 4) possibilita avaliar se há diferenças na distribuição de formas linguísticas em diferentes partições de um texto em função da inserção de alguma variável categórica dicotômica (p. ex., comparar a produção textual de pessoas de orientação política de direita e de esquerda sobre um determinado tema). Quando a variável categórica apresenta três ou mais categorias é possível realizar uma Análise Fatorial por Correspondência (fig. 5), que busca analisar se as relações entre as partições de um texto e as formas linguísticas utilizadas podem ser reduzidas a um número limitado de fatores. Os fatores obtidos na AFC são plotados em um plano cartesiano, possibilitando identificar oposições que estruturam o conteúdo analisado (p. ex., analisando como a produção textual de pessoas de direita, centro e esquerda se organizam no espaço cartesiano).

A figura 5 apresenta a representação no plano cartesiano das relações de proximidade e distanciamento em termos de vocabulário dos relatos analisados. Assim é possível identificar quais relatos guardam maior semelhança vocabular e quais se diferem em relação às formas empregadas pelos autores de cada texto.

**Figura 2**
*Nuvem de palavras*

Nota: Nuvem elaborada a partir das formas ativas.

5) Classificação Hierárquica Descendente (CHD): Esta análise objetiva identificar temáticas subjacentes a um conjunto de textos, pressupondo que o uso de formas lexicais similares se vincula a representações ou conceitos comuns. Ou seja, a análise visa obter classes de ST que, ao mesmo tempo, apresentam formas linguísticas (vocábulos) semelhantes entre si, e formas linguísticas diferentes dos segmentos das outras classes. A partir dessas análises, o software organiza a análise dos dados em um dendrograma que ilustra as relações entre as classes e as formas linguísticas mais associadas com as classes. A análise é realizada em duas etapas. Inicialmente, o Iramuteq classifica os segmentos de texto em função de um conjunto de formas linguísticas extraídas dos segmentos de texto. Nessa etapa, é construída uma matriz com os segmentos de texto numerados nas linhas e as formas linguísticas nas colunas. Na interseção entre a linha e a coluna é indicada a presença (1) ou ausência (0) da forma linguística naquele segmento de texto. Em seguida, o Iramuteq realiza testes de qui-quadrado para verificar a associação entre as formas linguísticas e os segmentos de texto, de modo a identificar os segmentos de texto com

**Figura 3**
*Análise de similitude*

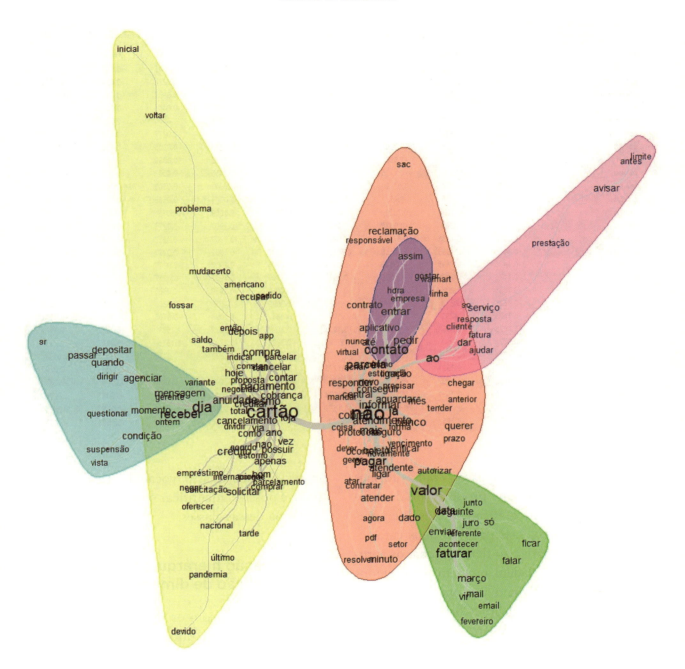

## Figura 4
*Análise de especificidades*

| Formas | Formas comuns | Tipos | Forms frequencies | Tipos de frequências | Frequência relativa das formas | | Tipos de frequências relativas | | AFC |
|---|---|---|---|---|---|---|---|---|---|
| formes | | *rel_01 | *rel_02 | *rel_03 | *rel_04 | *rel_05 | *rel_06 | *rel_07 | *rel_08 | *rel_09 |
| faturar | | 1.4396 | 1.2002 | -0.1456 | -0.2274 | -0.4433 | 1.1594 | -0.0645 | -0.0806 | -0.4098 |
| atendente | | 1.3958 | -0.1835 | -0.0626 | -0.0978 | 0.4493 | -0.1907 | -0.0277 | -0.0347 | -0.1763 |
| atendimento | | 1.2468 | -0.2205 | -0.0753 | 0.6249 | -0.2292 | -0.2292 | -0.0333 | -0.0417 | 0.4133 |
| compra | | 1.0218 | -0.295 | -0.1007 | -0.1573 | 0.2955 | 0.2955 | -0.0446 | -0.0558 | -0.2834 |
| informar | | 0.9761 | 0.2887 | -0.1071 | -0.1673 | -0.3261 | -0.3261 | -0.0474 | -0.0593 | -0.3014 |
| solicitar | | 0.5404 | -0.1835 | -0.0626 | -0.0978 | -0.1907 | -0.1907 | -0.0277 | -0.0347 | -0.1763 |
| cobrar | | 0.5057 | 0.4295 | -0.069 | -0.1077 | -0.2099 | 0.4164 | -0.0305 | -0.0382 | 1.179 |
| entrar | | 0.4207 | 0.9624 | -0.088 | -0.1374 | 0.3369 | -0.2679 | -0.0389 | -0.0487 | 0.362 |
| banco | | 0.3375 | 0.78 | -0.1135 | 0.4748 | -0.3455 | -0.3455 | -0.0502 | 0.8706 | -0.3194 |
| mais | | 0.3375 | -0.3325 | 1.6118 | -0.1773 | -0.3455 | 0.2607 | -0.0502 | -0.0628 | -0.3194 |
| contato | | 0.2896 | 0.6746 | -0.1327 | -0.2073 | 0.6496 | -0.4041 | -0.0588 | -0.0735 | 0.2389 |
| cartão | | 0.2444 | -0.5074 | 0.7322 | 0.4489 | 0.6791 | -0.5369 | 0.5083 | 1.1896 | 0.4161 |
| depois | | -0.1476 | 1.2246 | -0.0626 | -0.0978 | -0.1907 | -0.1907 | -0.0277 | -0.0347 | -0.1763 |
| contar | | -0.1476 | -0.1835 | 0.8719 | -0.0978 | -0.1907 | -0.1907 | -0.0277 | -0.0347 | -0.1763 |
| cancelar | | -0.1476 | -0.1835 | -0.0626 | 0.6953 | -0.1907 | -0.1907 | -0.0277 | -0.0347 | -0.1763 |
| novo | | -0.1476 | -0.1835 | -0.0626 | -0.0978 | -0.1907 | -0.1907 | -0.0277 | -0.0347 | -0.1763 |
| boleto | | -0.1476 | -0.1835 | -0.0626 | -0.0978 | -0.1907 | -0.1907 | -0.0277 | -0.0347 | -0.1763 |
| serviço | | -0.1625 | -0.202 | -0.069 | -0.1077 | 2.0408 | -0.2099 | -0.0305 | -0.0382 | -0.1941 |
| cobrança | | -0.1625 | 2.0878 | -0.069 | -0.1077 | -0.2099 | 2.0408 | -0.0305 | -0.0382 | -0.1941 |
| data | | -0.1625 | 0.4295 | -0.069 | -0.1077 | 0.4164 | -0.2099 | -0.0305 | -0.0382 | -0.1941 |
| juro | | -0.1625 | -0.202 | 0.8332 | -0.1077 | -0.2099 | -0.2099 | 1.1683 | -0.0382 | -0.1941 |
| pagamento | | -0.1774 | 0.3999 | -0.0753 | 1.5778 | -0.2292 | -0.2292 | 1.1315 | -0.0417 | -0.2119 |
| agenciar | | -0.1774 | -0.2205 | -0.0753 | -0.1176 | -0.2292 | -0.2292 | -0.0333 | -0.0417 | 0.4133 |
| pedir | | -0.1923 | -0.2391 | -0.0816 | -0.1275 | -0.2485 | -0.2485 | -0.0361 | 1.005 | -0.2297 |
| não | | -0.1992 | -1.2497 | -0.4264 | 0.7805 | 0.2694 | 0.2694 | -0.1887 | 0.3775 | -0.287 |
| anuidade | | -0.2073 | -0.2577 | -0.088 | -0.1374 | 1.7347 | 3.8285 | -0.0389 | -0.0487 | 1.8276 |
| crédito | | -0.2373 | -0.295 | 0.6841 | -0.1573 | -0.3066 | -0.3066 | -0.0446 | -0.0558 | 0.8923 |
| mesmo | | -0.2373 | -0.295 | -0.1007 | 0.5173 | 0.8368 | -0.3066 | -0.0446 | -0.0558 | -0.2834 |

um mesmo padrão de associação com as formas linguísticas, o que permite produzir um dendrograma que representa graficamente os diferentes conjuntos lexicais e suas palavras mais características. Em alternativa ao dendograma, os agrupamentos lexicais podem também ser plotados em um plano cartesiano por meio da aplicação da Análise Fatorial por Correspondência à CHD. Além disso, o software disponibiliza para as formas analisadas os valores do qui-quadrado e seus respectivos valores $p$ (fig. 6).

Na figura 6, temos um exemplo do número de classes apresentadas em um texto específico, ou seja, temos quatro vocabulários diferentes. Ainda é possível identificar o que se encontra em cada uma dessas classes.

## Classificação hierárquica descendente e identificação de dimensões

Em conjunto com os resultados da CHD, o Iramuteq fornece as informações descritivas do *corpus* já apresentadas nas análises descritivas iniciais e o número de classes (clusters) e a quantidade de STs classificados. No caso do *corpus* que utilizamos como exemplo, é apresentada

**Figura 5**
*Análise fatorial por correspondência*

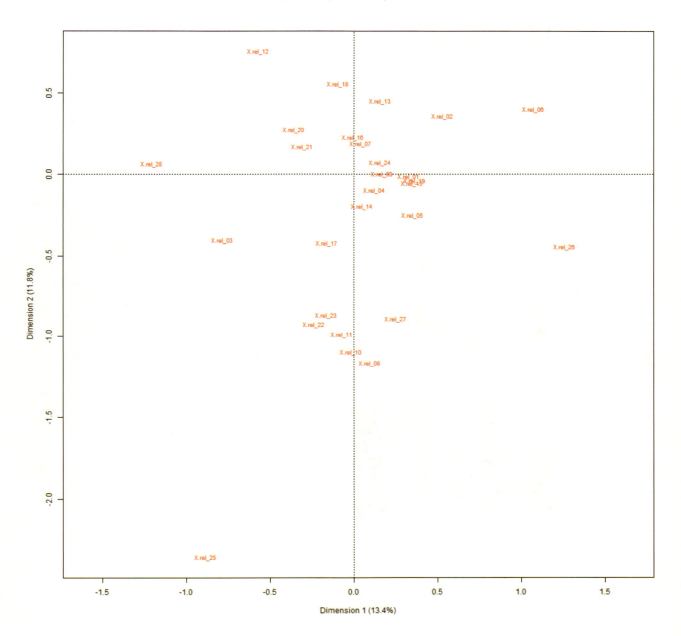

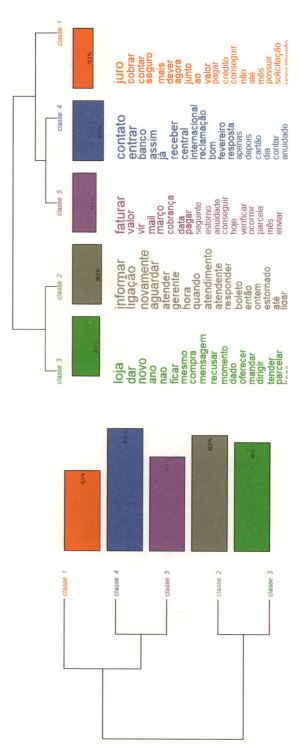

**Figura 6**
*Classificação hierárquica descendente*

a informação "81 segmentos classificados de 106 (76,41%)". Esta informação é central, uma vez que retenções com menos de 75% tornam a CHD inadequada por não fornecer uma classificação da maior parte do texto (Camargo & Justo, 2018). Baixas retenções podem estar relacionadas a *corpus* muito curtos ou que não mantenham a característica monotemática necessária. Caso a retenção não seja adequada há a possibilidade de ajustes nos parâmetros da análise para melhoria do índice (para mais informações, consultar Camargo & Justo, 2018).

Para identificação da contribuição de cada relato, ou variável, na composição das classes é possível, a partir da distância do qui-quadrado, gerar uma representação gráfica relativamente fácil de interpretar. A distância do qui-quadrado representa a distância euclidiana entre as formas características de uma classe, definida a partir da ponderação por um peso estimado a partir do inverso de sua frequência na classe (Dodge, 2008), sendo central em análises de correspondência (Greenacre, 2017). Valores de $p$ menores que 0,05 são interpretados como significativos, o que indica frequências superiores a acaso.

O exemplo apresentado na figura 7 ilustra a contribuição das formas características de cada relato utilizado na construção do *corpus* na constituição de cada classe. É necessária muita cautela na interpretação deste tipo de informação, pois pode tanto indicar um viés, como no caso de um relato que desvia do assunto geral, ou se representa uma contribuição legítima que enriquece a compreensão do fenômeno.

**Figura 7**
*Distância do qui-quadrado por relato (variável)*

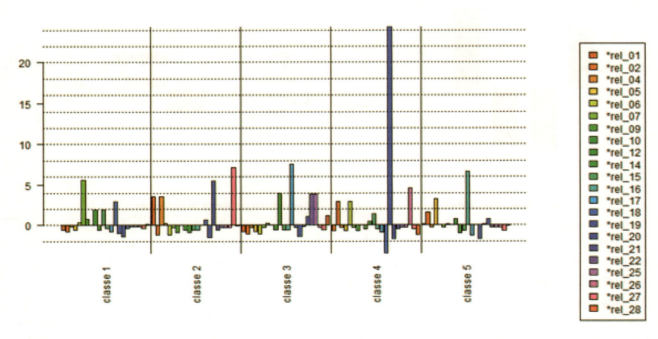

## Elaboração de itens a partir da análise lexical

Outra análise que pode auxiliar na identificação das formas mais interessantes para compor os itens se baseia na distância do qui-quadrado de cada forma específica. A partir dos perfis das classes identificadas na CHD é possível gerar um histograma de cada forma com a representação da distância do qui-quadrado, permitindo comparar a representatividade da forma em cada classe. Para tanto, o Iramuteq apresenta duas opções de visualização a partir da distância do qui-quadrado: (a) qui-quadrado por cluster e (b) qui-quadrado por classe no dendograma (fig. 8).

**Figura 8**
*Representações de distâncias do qui-quadrado por clusters e por classe no dendodrama*

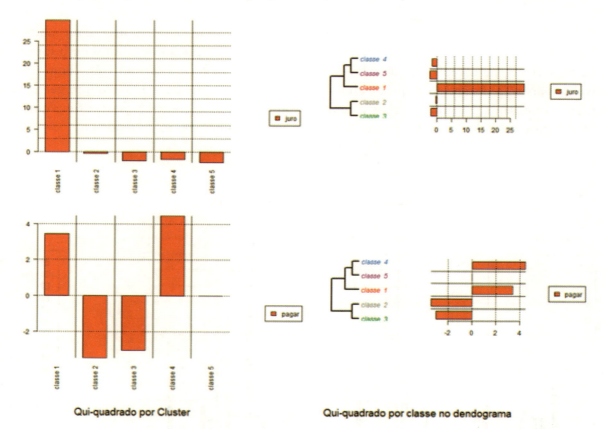

Formas com maior significância na classe, como por exemplo "juros" ($\chi^2 = 29,72$; $p < 0,0001$), tendem a ser característica de uma única classe, enquanto formas menos significativas, como no caso de "pagar" ($\chi^2 = 10,82$; $p < 0,001$), podem ser significantes em mais de uma classe. Essa informação pode subsidiar a construção de itens mais ou menos independentes entre as classes.

O Iramuteq também disponibiliza os segmentos de texto típicos de cada classe (fig. 9). Vale ressaltar que o software realiza a lemati-

**Figura 9**
*Segmentos de texto típicos de uma classe*

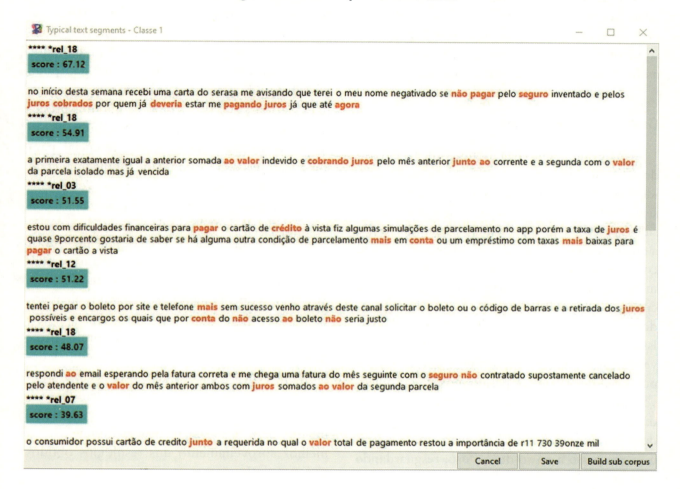

zação das formas, assim os segmentos de texto e demais saídas apresentam as formas lematizadas e não a transcrição das formas como são apresentadas no texto original. A lematização consiste no agrupamento de palavras a partir de seu radical e representação pelo infinitivo dos verbos e masculino singular dos substantivos e adjetivos. Como a lematização é baseada em um dicionário de formas reduzidas, em nosso caso "pagar" abrangerá as formas "paga", "paguei" e "pago".

## Alguns cuidados no relato de dados

Um erro comum na descrição dos dados de algumas pesquisas é achar que a nuvem de palavras oferece algum dado para além da frequência ou ocorrência de palavras. O tamanho das palavras, apesar de indicarem a maior ocorrência delas, não possibilita que o pesquisador estabeleça relações entre termos próximos. Para a relação de proximidade devemos escolher a análise de similitude, por exemplo. Cabe lembrar que o software possibilita uma representação fatorial, ou seja, estabelece a relação entre as classes no processo de comparação dos dados qualitativos (Trigueiro et al., 2016), além da possibilidade de se identificar em que contexto a palavra está associada e sua significância estatística.

## Considerações finais

Um levantamento de pesquisas que fazem uso do software, realizado por Sousa et al. (2020), identificou que a análise CHD é predominante, seguido da análise de similitude e que poucos têm sido os estudos que apresentam o método AFC e a análise de especificidades. O software tem sido comumente utilizado como uma forma unicamente exploratória dos dados, visto que alguma concepção hipotética precisa auxiliar o pesquisador no uso e procedimento de análise dos dados. Isso só reforça a necessidade de que maiores investimentos sejam realizados no conhecimento e potencial do Iramuteq, para o alcance do objetivo das pesquisas. Por isso, reforçamos a necessidade de que os pesquisadores invistam no estudo dos diferentes manuais do software, que identificam um passo a passo de seu uso, resguardando as reais possibilidades do Iramuteq.

O uso do Iramuteq, como qualquer outra ferramenta de análise de dados, não pode ser separado do conhecimento dos dados em si. As hipóteses de possíveis relacionamentos e significados surgem da familiaridade do pesquisador com seu contexto de pesquisa, o que não pode ser substituído por uma ferramenta computacional (Mertens, 2014). A compreensão dos procedimentos estatísticos subjacentes às funções do software mostra-se como um diferencial para condução das análises de dados, pois impactam diretamente nos resultados gerados. Por exemplo, nas análises de similitude é possível selecionar 27 opções de método de geração de escores, além do qui-quadrado, e 5 opções de algoritmos para geração das representações gráficas, cujo conhecimento pode auxiliar os pesquisadores na escolha das opções mais adequadas aos objetivos de seus estudos. Apresentar todas essas possibilidades fogem ao escopo de um capítulo introdutório, mas é importante indicar que estes detalhes podem ser encontrados na documentação disponível na página do software. Além disso, é recomendável o desenvolvimento de conhecimentos básicos de linguística quantitativa para melhor aproveitamento dos resultados obtidos com uso do Iramuteq.

## Referências

Aguinis, H., & Solarino, A. M. (2019). Transparency and replicability in qualitative research: The case of interviews with elite informants. *Strategic Management Journal, 40*(8), 1.291-1.315. https://doi.org/10.1002/smj.3015

Bardin (1977). *Análise de conteúdo*. Edições 70.

Camargo, B. V., & Justo, A. M. (2013). Iramuteq: um software gratuito para análise de dados textuais. *Temas em Psicologia, 21*(2), 513-518. https://doi.org/10.9788/TP2013.2-16

Camargo, B. V., & Justo, A. M. (2018). *Tutorial para uso do software Iramuteq (Interface de R pour les Analyses Multidimensionnelles de Textes et de Questionnaires)*. http://www.iramuteq.org/documentation/fichiers/tutoriel-portugais-22-11-2018

Carley, K. (1993). Coding choices for textual analysis: A comparison of content analysis and map analysis. *Sociological methodology*, 75-126. https://doi.org/10.2307/271007

Creswell J. W., Clark, V. L. P. (2013). *Pesquisa de métodos mistos*. Penso.

Dodge, Y. (2008). *The Concise Encyclopedia of Statistics*. Springer. https://doi.org/10.1007/978-0-387-32833-1_53

Greenacre, M. (2017). *Correspondence analysis in practice* (3. ed.). CRC.

Justo, A. M., & Camargo, B. V. (2014). Estudos qualitativos e o uso de softwares para análises lexicais. In C. Novikoff, S. Santos & O. Mithidieri (orgs.), *Caderno de artigos: X SIAT & II Serpro* (pp. 37-54). Lageres; Unigranrio.

Leblanc, J. M. (2015). Proposition de protocole pour l'analyse des données textuelles: pour une démarche expérimentale en lexicométrie. *Nouvelles perspectives en sciences sociales: revue internationale de systémique complexe et d'études relationnelles*, *11*(1), 25-63. https://doi.org/10.7202/1035932ar

Loughran, T., & McDonald, B. (2016). Textual analysis in accounting and finance: A survey. *Journal of Accounting Research*, *54*(4), 1.187-1.230. https://doi.org/10.1111/1475-679X.12123

McKee, A. (2003). *Textual analysis: A beginner's guide*. Sage.

Mertens, D. M. (2014). *Research and evaluation in education and psychology: Integrating diversity with quantitative, qualitative, and mixed methods*. Sage.

Ratinaud, P. (2009). *Iramuteq: Interface de R pour les Analyses Multidimensionnelles de Textes et de Questionnaires*. http://www.iramuteq.org.

Ratinaud, P. (2014). Iramuteq: Interface de R pour les Analyses Multidimensionnelles de Textes et de Questionnaires – 0.7 alpha 2. http://www.iramuteq.org.

Serfass, D., Nowak, A., & Sherman, R. (2017). Big data in psychological research. In R. Vallacher, S. Read & A. Nowak (orgs.), *Computational Social Psychology* (pp. 332-348). Routledge.

Sousa, Y. S. O., Gondim, S. M. G., Carias, I. A., Batista, J. S., & Machado, D. C. M. (2020). O uso do software Iramuteq na análise de dados de entrevistas. *Pesquisas e Práticas Psicossociais, 15*(2), 2-19.

Trigueiro, D. R. S. G., Almeida, A. S., Monroe, A. A., Costa, G. O., Bezerra, V. P., Nogueira, J. A. (2016). AIDS and jail: social representations of women in freedom deprivation situations. *Revista da Escola de Enfermagem da USP, 50*(4), 554-561. https://doi.org/10.1590/S0080-623420160000500003

Tversky, A., & Kahneman, D. (1974). Judgment under uncertainty: Heuristics and biases. *Science, 185*(4157), 1.124-1.131. https://doi.org/10.1126/science.185.4157.1124

# 22
# Processamento da linguagem natural
## Modelagem de tópicos

*Alexandre José de Souza Peres*
Universidade Federal de Mato Grosso do Sul

O processamento da linguagem natural (em inglês *natural language processing* ou NLP) pode ser definido, de maneira geral, como a área cujos métodos objetivam tornar a linguagem humana acessível aos computadores de modo a lidar tanto com a semântica quanto com o conhecimento nela presentes. Portanto, o foco do NLP é o desenvolvimento de algoritmos e representações para processar a linguagem natural humana. O NLP constitui-se na interface entre diversas áreas do conhecimento, como a ciência da computação, a inteligência artificial e as ciências cognitivas, incluindo a linguística e a psicologia. Atualmente, o NLP faz parte do cotidiano das pessoas e seus algoritmos estão por trás dos mais variados sistemas de informação: no corretor ortográfico e sintático do editor de textos, nos tradutores, nos mecanismos de busca, na seleção de postagens e propagandas da nossa *timeline*, na sugestão do próximo vídeo no aplicativo de *streaming* e na indicação de compras das lojas virtuais, por exemplo.

## Alguns conceitos básicos em NLP

O termo linguagem natural refere-se às diversas línguas que se desenvolveram natural-mente nas culturas humanas (e. g., Latim, Grego, Português etc.) – em oposição às línguas artificiais, como as linguagens de programação (e. g., C, Java, Python, R etc.) e às línguas construídas (e. g., esperanto, quenya, galactic basic, klingon etc.). Na psicologia, o adjetivo natural pode referir-se também à ideia de uma expressão linguística livre (Peres, 2018). Por exemplo, registros de expressões orais (e. g., conversações, entrevistas etc.) e textos de diferentes gêneros (e. g., literários, acadêmicos, jornalísticos, registros do fluxo da consciência etc.). Explorar a linguagem natural como fonte de informações é a estratégia que originou os modelos psicoléxicos da personalidade, como o Big Five, por exemplo, cujo desenvolvimento iniciou-se com estudos dos adjetivos presentes nos dicionários – uma fonte de dados da linguagem natural – para identificar os traços da personalidade mais relevantes.

As unidades textuais básicas são as palavras que estão situadas entre espaços em branco ou entre um espaço em branco e um sinal de pontuação. Uma palavra é formada por caracteres, ou seja, pelos símbolos tipográficos utilizados para escrever em determinada língua (e. g., letras). Cada palavra pertence a uma classe gramatical (e. g., verbos, adjetivos, substantivos etc.). Algumas classes gramaticais são chamadas de "palavras de parada" em NLP, como por exemplo os pronomes (e. g., eu, mim, você etc.), os artigos (e. g., o, a, um, uns etc.) e as preposições (e. g., de, em, para etc.). As palavras podem ser combinadas em sentenças que, por sua vez, são organizadas em parágrafos. Um texto, então, pode ser definido como um grupo de sentenças ou parágrafos (Jo, 2019).

No contexto do NLP, as palavras também são chamadas de *tokens* e o processo de separar uma palavra das outras desmanchando as sentenças é chamado de *tokenization*. Para separar as palavras, usamos seus delimitadores: espaços em branco ou pontuações. Uma vez que as palavras podem juntar-se umas às outras formando um vocábulo, como nas locuções, costuma-se utilizar com mais frequência a palavra "termo" para referir-se às unidades básicas do léxico. Um conceito importante relacionado a mais de uma palavra formando um vocábulo é o de *n-grams*, que são uma sequência de *n* palavras. Uma sequência de duas palavras é chamada de *bigram*, de três de *trigram* e assim por diante. Em muitas situações práticas podemos optar por fazer a *tokenization* por *n-grams* ao invés de palavra por palavra. Um caso comum são os nomes próprios (e. g., Fernando Pessoa). Podemos criar *bigrams* para respeitar alguns vocábulos que podem ter sido indevidamente separados no processo de *tokenization* (e. g., bem-estar, mal-educado). Também podemos utilizar os *n-grams* para identificar palavras que foram empregadas no sentido negativo. Por exemplo, Peres (2018), em uma pesquisa com o Twitter, criou *n_grams* para identificar quando um adjetivo era utilizado no sentido negativo para complementar a sentença "Eu sou", como "inteligente" em "Eu não sou inteligente", que foi recodificado como o *bigram* "não_inteligente".

Um documento, por sua vez, é um texto ou conjunto de textos que constitui um elemento de informação ou um arquivo de computador. Há centenas de formatos de documentos utilizados em processamento de texto e qualquer um desses formatos pode ser utilizado para fazer mineração de textos. Talvez o formato mais básico seja o Text File (.txt). Atualmente, a maior parte dos usuários de computadores está mais acostumada a lidar com os documentos do MS Office, tais como o Word (.doc, .docx), e com o Portable Document Format (.pdf). Mas há ainda outros formatos muito utilizados no NLP, como o HTML e o XML, que são um tipo de linguagem artificial chamada *markup* (ou marcação) – que funciona como uma linguagem de programação para a produção de textos. Cada documento também pode conter metadados, que são informações sobre o próprio documento, como por exemplo: autor, data de criação, palavras-chave etc.

Uma característica importante dos textos em qualquer desses formatos é sua formatação. A mais simples é o texto puro ou *plain text*, que não tem formatação além de espaços em branco, quebras de linhas e tabulação. Geralmente textos puros são codificados em ASCII (*American Standard Code for Information Interchange*). Essa codificação é bem simples e, embora permita o uso de símbolos, números e letras, não prevê letras acentuadas, por exemplo. Um desafio para quem trabalha com línguas que usam caracteres como letras acentuadas é lidar com os problemas de codificação. Ao trabalhar com a língua portuguesa, por exemplo, é preciso utilizar uma codificação que respeite acentos e cedilha. Para tanto, costumamos dar preferência para a codificação Unicode, como a UTF-8 e a UTF-16.

Um conjunto de documentos forma um *corpus*, cujo plural é *corpora*. Em resumo, um *corpus* é composto por *n* documentos que, por sua vez, podem ser compostos por um ou mais textos e estes são formados por parágrafos, sentenças e palavras. As formas de se organizar documentos e *corpora* podem ser variadas. Por exemplo, um livro de poesia poderia ser tratado como um *corpus* composto por um único documento que, por sua vez, é formado por *n* textos (i. e., os poemas). Um romance, por sua vez, poderia ser dividido em vários documentos, um para cada capítulo, ou ser tratado como um único *corpus* ou texto. Um *corpus* jornalístico poderia ser formado por vários documentos, cada um representando um texto (a reportagem). Caberá ao pesquisador encontrar a melhor forma de organizar seu *corpus*.

### Mineração de textos e modelagem de tópicos

O NLP lida com os mais diversos problemas, cada um com seus próprios desafios e requerendo métodos específicos. Um dos ramos do NLP é a mineração de textos (*text mining*), que pode ser definida como a aplicação de técnicas de mineração de dados – como classificação, agrupamento de dados (*clustering*), regressão e associação – ao processo de extrair o conhecimento implícito de dados textuais, mas sem necessariamente preocupar-se com sua estrutura linguística, como ocorre em outras áreas do NLP (Jo, 2019). As técnicas mais comuns em mineração de textos são a classificação, o agrupamento (*clustering*), a análise latente de *corpus* e a representação vetorial de palavras ou *Word Embedding* (Silge & Robinson, 2019). Algumas dessas técnicas se popularizaram e são facilmente encontradas em manuais de mineração de texto, como a análise de sentimentos e a modelagem de tópicos ou *topic modeling*, assunto deste capítulo.

Como já informa o nome, a modelagem de tópicos consiste em investigar quantos e quais são os tópicos (ou temas) latentes mais relevantes no texto ou no *corpus* que estamos analisando. Os resultados da modelagem de tópicos permitirão compreender quais são os termos que compõem um determinado tópico, bem como classificar os documentos de acordo com os tópicos descobertos. A modelagem de tópicos, portanto, é uma técnica de agrupamento (*clustering*) de textos, cujo objetivo é classificar os textos de acordo com os tópicos identificados (Silge & Robinson, 2019).

As técnicas de modelagem de tópicos são técnicas de classificação não supervisionadas de textos, ou seja, o pesquisador informa quais são as variáveis de entrada no modelo (i. e., os textos), mas não indica quais são as variáveis de saída. Podemos traçar um paralelo com a análise fatorial exploratória (AFE), na qual não controlamos a qual variável latente (i. e., fator) cada variável observada se associará. A ideia na modelagem de tópicos é que os documentos são formados por um conjunto de tópicos que, por sua vez, são formados pela distribuição probabilística de palavras.

Os tópicos são variáveis latentes e a distribuição probabilística das palavras nessas variáveis pode ser comparada ao conceito de carga fatorial na AFE. As técnicas mais conhecidas de modelagem de tópicos são a LSI (Latent Semantic Indexing), a LSA (Latent Semantic Analysis), a LDA (Linear Discriminant Analysis) e a LDiA (Latent Dirichlet Allocation). É importante destacar que a sigla LDA é utilizada tanto para se referir a Linear Discriminant Analysis quanto a Latent Dirichlet Allocation. Aqui adotaremos as duas siglas para diferenciar essas duas técnicas, mas o leitor encontrará muitas referências utilizando LDA para Latent Dirichlet Allocation, talvez em maior volume do que para Linear Discriminant Analysis. Neste capítulo exploraremos justamente a LDiA, a técnica mais adotada atualmente (Blei et al., 2003; Silge & Robinson, 2019).

## Aplicações da modelagem de tópicos

Podemos imaginar as possibilidades de aplicação da modelagem de tópicos a virtualmente qualquer tipo de texto com os quais costumam lidar cientistas das mais variadas áreas e que adotam diferentes métodos de pesquisa: transcrições de entrevistas, grupos focais e discursos; anais, artigos e livros científicos; enciclopédias; textos literários; textos jornalísticos e comentários de leitores; arquivos históricos; mídias sociais; avaliações de usuários sobre um produto ou serviço etc.

Na literatura encontramos vários exemplos dessa aplicabilidade. Liu et al. (2016) revisaram o uso da modelagem de tópicos em dados biológicos e médicos. Poldrack et al. (2012) e Priva e Austerweil (2015) fizeram a modelagem de tópicos da produção científica em ciências cognitivas e neurociências cognitivas – essa finalidade, inclusive, é tema de um dos primeiros trabalhos de dois dos mais influentes autores nessa área, Griffiths e Steyvers (2004). Peres (2018) utilizou a LDiA para minerar postagens de usuários do Twitter sobre si mesmos com o objetivo de identificar fatores da personalidade autóctones salientes na cultura brasileira. Além desses, é fácil encontrar muitos outros exemplos.

## Latent Dirichlet Allocation – LDiA

A LDiA é um método bayesiano de aprendizagem de máquinas proposto por Blei et al. (2003) com base na LSI probabilística e foi criado para lidar com conjuntos de dados discretos, como *corpora*. Blei et al. (2003, p. 996) definem a LDiA como um modelo probabilístico gerativo de um *corpus*, no qual os documentos são representados como uma composição aleatória de tópicos e cada tópico é caracterizado por uma distribuição de palavras. Ou seja, um texto é composto por tópicos (i. e., os temas mais relevantes) e, por sua vez, cada tópico é composto por palavras. Essa composição é probabilística. Em outros termos, podemos resumir da seguinte forma (Blei et al., 2003, p. 995): uma palavra é a unidade básica do conjunto de dados discretos, definido como um vocabulário indexado $\{1,...,V\}$; um documento, por sua vez, é uma sequência de $N$ palavras: $(w_1, w_2,..., w_N)$ um *corpus* é uma coleção de $M$ documentos: $D=\{w_1, w_2,..., w_M\}$.

Diz-se que a LDiA é um modelo probabilístico gerativo de um *corpus*, pois esse método busca reproduzir o processo que assume-se ter gerado os dados observados (Griffiths et al., 2007). Segundo Peres (2018), há uma série de algoritmos disponíveis para identificar os tópicos em um *corpus*, mas o mais comum é a amostragem de Gibbs (Chang, 2015; Griffiths et al., 2007; Grün & Hornik, 2020; Nikita, 2020; Selivanov & Wang, 2020). Recomenda-se a leitura de Griffiths et al. (2007) para conhecer mais detalhes sobre a amostragem Gibbs na LDiA.

Na LDiA, gera-se uma distribuição das palavras para cada tópico, um vetor de proporções de cada tópico para cada documento e uma designação de cada palavra a um tópico. Ou seja, em um vetor de palavras $w = (w_1, w_N)$ que representa um *corpus* com múltiplos documentos, cada palavra $w$ pertence a algum documento $d_i$. A temática ou ideia central de um documento (*gist*), $g$, é uma distribuição multinomial de tópicos, com parâmetro $\Theta^{(d)}$. Cada tópico $z_i$ é uma distribuição multinomial de $w$ palavras no vocabulário, com parâmetro $\Phi^z$. Assim, para uma palavra $w_i$ em um documento $d_i$, $P(z \mid g) = \Theta_z^{(d)}$, e para uma palavra $w_i$ em um tópico $Z_i$, $P(w \mid z) = \Theta_w^{(z)}$.

**Figura 1**
*Modelagem de tópicos (LDiA)*

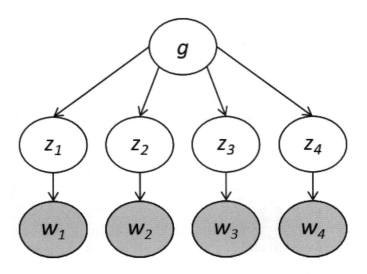

Nota: Adaptado de Griffiths et al. (2007, p. 216).

A figura 1, adaptada de Griffiths et al. (2007), ilustra a ideia geral da LDiA, que consiste em buscar inferir a estrutura latente de um texto (i. e., $g$ e $z$) a partir das variáveis observáveis (i. e., $w$). Ou seja, infere-se a estrutura latente do texto a partir das palavras nele empregadas. Para tanto, são adotadas duas distribuições de Dirichlet *a priori*: a distribuição simétrica *a priori* Dirichlet($\alpha$) sobre $\Theta^{(d)}$ para todos os documentos e a distribuição simétrica *a priori* Dirichlet($\beta$) sobre $\Phi^{(z)}$ para todos os tópicos (Griffiths & Steyvers, 2004). Passo a passo, o processo gerativo da LDiA é o seguinte (Blei et al., 2003; Griffiths et al., 2007):

1) Escolha $\theta^{(d)} \sim \text{Dirichlet}(\alpha)$, onde $\alpha$ é o parâmetro da distribuição simétrica *a priori* Dirichlet das distribuições de tópicos por documento.

2) Escolha $\phi^{(z)} \sim \text{Dirichlet}(\beta)$, onde $\beta$ é o parâmetro da distribuição simétrica *a priori* Dirichlet das distribuições de palavras por tópico.

3) Para cada palavra $w_i$ em cada vetor de palavras $w = (w_1, ..., w_N)$ de um documento $d_i$, escolha:

a) um tópico $z_i | \theta^{(di)} \sim \text{Multinomial}(\theta^{(di)})$;

b) Uma palavra de $p(w_i | z_i, \beta)$, isto é, uma palavra de uma probabilidade multinomial condicionada no tópico $z_i$.

A figura 2 ilustra a LDiA. Os hiperparâmetros $\alpha$ (i. e., a distribuição *a priori* Dirichlet de documentos por tópico) e $\beta$ (i. e., a distribuição *a priori* Dirichlet de palavras por tópico) estão fora de qualquer placa. A placa mais externa representa todas as palavras que pertencem a um documento $d_i$ e sua a distribuição por tópico, $\theta$. A letra M indica que as variáveis são repetidas M vezes, uma por documento. Já a placa mais interna representa os tópicos $z_i$ associados com cada

**Figura 2**
*Notação de placa da Latent Dirichlet Allocation*

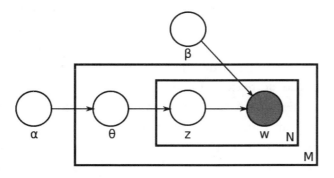

Fonte: Wikipédia (2021).

palavra $w_i$ no documento $d_i$. A letra N indica que as variáveis são repetidas N vezes, uma vez por cada palavra no documento $d_i$. O círculo $w_i$ está destacado em cinza, pois representa as variáveis observáveis na LDiA, as palavras.

## Configuração dos hiperparâmetros α e β

Ao aplicar a LDiA é necessário especificar os valores dos hiperparâmetros α e β – os parâmetros das distribuições *a priori* de tópicos por documento (θ) e de palavras por tópico (Φ), além do número de tópicos (K) a ser extraído. Geralmente, a estratégia é fixar α e β e testar diferentes quantidades de tópicos K. Não há um valor preciso para α e β, cabendo ao pesquisador considerar qualitativamente a interpretabilidade dos tópicos com diferentes valores desses parâmetros. Alguns autores indicam configurar $\alpha = 50/K$ e $\beta = .10$ ou $\beta = \frac{200}{\text{(número de variáveis)}}$ (Griffiths & Steyvers, 2004; Griffiths et al., 2007). Outros recomendam configurar α e β em 0,1 com o argumento que os tópicos gerados serão formados por poucas palavras com probabilidade alta de pertencer a eles, e cada documento será composto por poucos tópicos (Priva & Austerweil, 2015).

## Número de tópicos a serem gerados

Assim como na AFE, em que o pesquisador analisa uma série de critérios para definir quantos fatores extrair da matriz de correlações, na LDiA o número de tópicos a serem gerados a partir da matriz termo-documento é também uma questão relevante. Tanto na AFE quanto na LDiA não há um consenso sobre qual é o critério mais preciso para decidir quantas variáveis latentes manter no modelo. Na LDiA, a estratégia mais comum é a de validação cruzada, na qual se compara o ajuste de vários modelos com quantidades diferentes de tópicos. Quatro das cinco técnicas mais comuns estão implementadas no pacote do R ldatuning (Nikita, 2020). Para começar a conhecê-las mais a fundo, recomenda-se a leitura de Peres (2018). Além delas, costuma-se comparar a perplexidade dos modelos ajustados (Blei et al., 2003). Essa métrica consiste na comparação de um modelo ajustado a um conjunto de dados de treinamento a um novo conjunto de dados, chamado de dados de teste. Para tanto, costuma-se separar aleatoriamente os dados em duas amostras, uma de treinamento e uma de teste.

## Exemplo aplicado de análise usando a LDiA

### Corpus

O *corpus* a ser analisado nesse exemplo é o livro *O guardador de rebanhos*, composto por 49 poemas, de autoria do heterônimo Alberto Caeiro do poeta português Fernando Pessoa (n.d.), publicado originalmente em 1925. Esse livro tem um bom tamanho para ser explorado aqui (cerca 7.554 palavras) e não vai exigir um computador mais potente para as análises. Salvamos cada poema em um arquivo *.txt, adotando a codificação UTF-8.

## Software

Para realizar as análises desse exemplo adotamos o R (R Development Core Team, 2020) e os seguintes pacotes: tm (Feinerer & Hornik, 2019); ldatuning (Nikita, 2020); topicmodels (Grün & Hornik, 2020); e dplyr, ggplot2, purr, stringr, tibble, tidytext e widyr do Tidyverse (2020). Optamos por instalar de uma vez só todos os pacotes de NLP disponíveis no CRAN (The Comprehensive R Archive Network, 2020).

## Abrindo o *corpus* no R

Criamos uma pasta no nosso computador com os 49 documentos em formato *.txt. Para importar os documentos para o R, utilizamos o pacote tm, um dos mais empregados em mineração de textos, dotado de diversas funcionalidades, como realizar a limpeza do texto (e. g., retirar espaços em branco duplicados, retirar números e outros símbolos etc.), criar vetores numéricos a partir da frequência das palavras presentes em cada documento, como veremos a seguir, e achar os termos mais comuns em cada documento e no *corpus*.

```
library(tm)
#criar o corpus
corpus <- Vcorpus(DirSource("C:/R/Pessoa/Alberto Caeiro/O Guardador de Rebanhos",
 encoding = "UTF-8"), #codificação
 readerControl = list(language = "pt")) #língua
corpus

## <<Vcorpus>>
## Metadata: corpus specific: 0, document level (indexed): 0
## Content: documents: 49
```

## Preparando o texto

Primeiramente, iremos fazer uma limpeza básica. O comando tm_map() permite aplicar a mesma função a todos os documentos do *corpus* de uma vez só. Além das transformações mais básicas, também removemos as palavras de pa-

rada (conceito que introduzimos no começo do capítulo) e fizemos o *stemming*. Este processo reduz as palavras à sua raiz, retirando seus sufixos. Por exemplo, nesse processo as palavras "boêmio", "boêmios" e "boêmia" seriam transformadas em "boêm".

```
library(tm)
corpus <- tm_map(corpus, stripWhitespace) #remove espaços em branco duplicados
corpus <- tm_map(corpus, removePunctuation) #remove pontuações
corpus <- tm_map(corpus, removeNumbers) #remove números
corpus <- tm_map(corpus, content_transformer(tolower)) #maiúsculas em minúsculas
corpus <- tm_map(corpus, removeWords, stopwords("portuguese"))#palavras de parada
corpus <- tm_map(corpus, stemDocument) #desfolha as palavras (stemming)
```

## Transformando o *corpus* em uma matriz termo-documento (dtm)

O próximo passo é criar uma matriz que contenha a contagem de termos por documento. No nosso exemplo, quantas vezes cada termo aparece em cada poema. O pacote tm trabalha com um formato chamado de Matriz Documento-Termo (dtm) ou Matriz Termo-Documento (tdm). O formato dtm é similar ao que estamos acostumados a trabalhar em análise de dados: as observações (i. e., documentos) ficam nas linhas, as variáveis nas colunas (i. e., termos) e as células são preenchidas com o valor observado (i. e., contagem do termo no documento). A tdm é a dtm transposta.

A seguir, vemos que nosso *corpus* já vetorizado é composto por 49 documentos e 1.494 termos. Na dtm criada, há vários termos com frequência zero em alguns documentos. A informação "Non-/sparse entries" significa que 2.640 células da dtm são ocupadas por valores superiores a zero, enquanto 70.566 são iguais a zero. "Sparsity" é o resultado da fração: 1– 2640/70566 = 0,96. Ou seja, 96% das células da dtm têm valor zero. O peso (i. e., *weighting*) é dado pela frequência do termo (i. e., term frequency – tf), o que significa a contagem da frequência do termo no documento. Por exemplo, o termo "árvores" tem frequência 9 no poema V.

```
library(tm)
dtm <- DocumentTermMatrix(corpus) #criar um matriz documento-termo
inspect(dtm) #inspecionar a matriz documento-termo
## <<DocumentTermMatrix (documents: 49, terms: 1494)>>
## Non-/sparse entries: 2640/70566
## Sparsity      : 96%
## Maximal term length: 16
## Weighting     : term frequency (tf)
## Sample        :
##        Terms
## Docs                                                   árvores   cousas   deus
## I - Eu Nunca Guardei Rebanhos.txt                         0        0       0
## II - O Meu Olhar.txt                                      0        0       0
## IV - Esta Tarde a Trovoada Caiu.txt                       2        0       1
## V - Há Metafísica Bastante em Não Pensar em Nada.txt      9        8       7
## VIII - Num Meio-Dia de Fim de Primavera.txt               1        3       6
```

O pacote tm oferece a função removeSparseTerms() para lidar com o problema da esparsidade de uma dtm, algo extremamente comum em NLP. É importante esclarecer que a alta esparsidade torna impraticável trabalhar com técnicas comumente utilizadas em psicometria, como a AFE. Para diminuir a esparsidade da dtm do nosso exemplo, decidimos remover palavras com frequência zero em 95% dos documentos do *corpus*. Esclarecemos que esse é um valor arbitrário e que não há uma convenção acerca disso. Essa remoção reduziu a quantidade de termos de 1.494 para 219 e a esparsidade da matriz para 89%. Há outras estratégias para lidar com esse problema. Peres (2018), por exemplo, reduziu a esparsidade de sua dtm mantendo apenas termos com frequência maior que 100 e documentos (no caso, os documentos representavam usuários do Twitter) com mais de dois termos.

```
library(tm)
dtm <- removeSparseTerms(dtm, 0.95) #remover termos esparsos
inspect(dtm) #inspecionar a dtm
## <<DocumentTermMatrix (documents: 49, terms: 219)>>
## Non-/sparse entries: 1175/9556
## Sparsity : 89%
## Maximal term length: 12
## Weighting : term frequency (tf)
## Sample :
```

## Trabalhando com o Tidyverse

O leitor que se aventurar com NLP rapidamente irá descobrir que trabalhar com textos exige computadores pelo menos um pouco mais potentes e também o uso de recursos de programação que lidem bem com grandes volumes de dados. O *framework* Tidyverse (2020) costuma demandar menos da memória do computador e, consequentemente, fazer um processamento mais rápido. Fazem parte desse universo o pacote tidytext, especializado em mineração de texto. Assim, iremos continuar nosso exemplo adotando esses pacotes e reproduzindo os procedimentos que executamos com o tm.

No Tidyverse o formato do banco de dados é diferente, chamado tibble – ou *tidy text* no nosso contexto (Silge & Robinson, 2019). Nesse formato, cada termo irá aparecer em quantas linhas quantos forem os documentos em que aparece. Primeiramente, vamos transformar nosso *corpus* criado com o pacote tm em um formato *tidy text* – também é possível converter a dtm em uma tibble. Na sequência, retiramos as palavras de parada da nossa tibble. Como podemos ver, antes da limpeza a palavra "é" era a mais frequente. Depois, "pensar" tornou-se o termo mais frequente.

```
library(dplyr)
library(tibble)
library(tidytext)
#converter o corpus em uma tibble
tidy.text <- tidy(corpus) %>% unnest_tokens(termos, text) %>%
  count(id, termos, sort = TRUE) %>%
  arrange(desc(n))
tidy.text
##      # A tibble: 2,729 × 3
##    id      termos n
##  <chr>                                                          <chr>     <int>
##  1 V – Há Metafísica Bastante em Não Pensar em Nada.txt é        18
##  2 VIII – Num Meio-Dia de Fim de Primavera.txt                  é         18
##  3 V – Há Metafísica Bastante em Não Pensar em Nada.txt pensar  12
```

```
##    4 V - Há Metafísica Bastante em Não Pensar em Nada.txt sol      12
##    5 VIII - Num Meio-Dia de Fim de Primavera.txt                   tudo      11
##        # ... with 2,724 more rows
#criar lista de palavras de parada
palavras_parada <- read.delim("C:/R/palavras_parada.txt",
    encoding="UTF-8", header = FALSE)
# retirar as palavras de parada da tibble
tidy.text <- tidy.text %>% filter(!termos %in% palavras_parada)
tidy.text
##        # A tibble: 2,617 x 3
##  id                                                          termos    n
##  <chr>                                                       <chr>   <int>
##    1 V - Há Metafísica Bastante em Não Pensar em Nada.txt pensar  12
##    2 V - Há Metafísica Bastante em Não Pensar em Nada.txt sol     12
##    3 VIII - Num Meio-Dia de Fim de Primavera.txt                 tudo     11
##    4 V - Há Metafísica Bastante em Não Pensar em Nada.txt        9
      árvores
##    5 XX - O Tejo é mais Belo.txt                                 tejo      9
##        # ... with 2,612 more rows
# converter a dtm em uma tibble
dtm <- tidy(dtm)
```

## *Frequência dos termos e TF-IDF*

Ao criar a tibble, calcula-se automaticamente quantas vezes cada palavra aparece em cada documento (coluna $\eta$). Um gráfico muito adotado para representar $n$ é a nuvem de palavras ou *wordcloud* (fig. 3). Nele, o tamanho de cada palavra representa sua frequência no *corpus*. Para elaborá-lo, adotamos o pacote wordcloud (Fellows, 2018).

```
library(wordcloud)
tidy.text %>%
  count(termos) %>%
  with(wordcloud(termos, n, max.words =
100, scale = c(2, 0.75)))
```

No entanto, a estatística $n$ deve ser complementada com outras para entendermos a importância de um termo no documento e no *corpus*, considerando que uma das consequências de se trabalhar com matrizes esparsas é que há um desbalanceamento na distribuição dos termos entre os documentos. Ou seja, palavras muito frequentes ou muito raras acabam ganhando uma importância desproporcional nas análises.

Uma estratégia para contornar esse problema é realizar uma transformação dos dados. A transformação mais popular é a TF-IDF ou *Term Frequency – Inverse Document Frequency*, que consiste em uma medida da importância do termo no *corpus*. O cálculo da TF-IDF funciona da seguinte forma (Peres, 2018). Primeiramente, calcula-se a ocorrência de cada termo em cada documento ou $n$ (já calculado, como vimos). O segundo passo é calcular a frequência de cada termo (*term frequency – $TF_{td}$*). A frequência do termo $t$ no documento $d$ é $f_{td}$, que é normalizada dividindo-a pelo máximo de ocorrências de um termo no mesmo documento: $TF_{td} = \frac{f_{td}}{max_k f_{td}}$. A frequência de um termo $TF_{td}$ será 1 para o termo mais frequente no documento. Já os outros termos assumirão um valor entre 0 e 1 no mesmo documento.

**Figura 3**
*Nuvem de palavras com os 100 termos de maior ocorrência no corpus*

O terceiro passo é calcular a frequência inversa de um termo ou *IDF$_i$* (*inverse document frequency*): $IDF_t = \log_2(N/n_t)$, onde $n_t$ é a ocorrência de um termo $t$ nos $N$ documentos do *corpus* que contêm o termo. O resultado é escalonado a partir de uma transformação logarítmica (i. e., $\log_2$) para facilitar sua interpretação, uma vez que os valores mais altos de IDF podem ser milhares de vezes maiores que os valores mais baixos, por exemplo. Em resumo, o *IDF$_i$* revelará se o termo é comum ou raro considerando todo o *corpus*. Por fim, calcula-se o escore TF-IDF para o termo $t$ no documento $j$: TF-IDF $Tf_{td} \chi\ IDF_t$. A TF-IDF é calculada da seguinte forma utilizando o pacote tidytext.

```
#calcular TF-IDF
tidy.text <- tidy.text %>% bind_tf_idf(termos, id, n)
tidy.text
## # A tibble: 2,617 x 6
##    id                                          termos   tf      idf    tf_idf
##    <chr>                                       <chr>    <int>   <dbl>  <dbl>
##  1 V - Há Metafísica Bastante em Não
       Pens~ pensar                               12       0.0451  1.06   0.0478
##  2 V - Há Metafísica Bastante em Não
       Pens~ sol                                  12       0.0451  1.33   0.0599
##  3 VIII - Num Meio-Dia de Fim de
       Primaver~ tudo                             11       0.0212  1.59   0.0337
##  4 V - Há Metafísica Bastante em Não
       Pens~ árvor~                               9        0.0338  1.41   0.0476
##  5 XX - O Tejo é mais Belo.txt tejo            9        0.12    3.89   0.467
## # ... with 2,612 more rows
```

Para visualizarmos as diferenças resultantes do peso dado pela ocorrência de cada termo e pelo TF-IDF, vamos plotar três gráficos de colunas com os 10 termos mais relevantes, de acordo com as estatísticas *n*, TF e TF-IDF. Como é possível observar (fig. 4), a lista das 10 palavras mais relevantes permanece quase a mesma, de acordo com as três estatísticas. No entanto, a ordenação é diferente. Em um *corpus* maior, essas diferenças são ainda mais notáveis.

```
library(ggplot2)
#plotar histograma dos 10 termos com maior n
top.n.plot <- tidy.text %>%
  arrange(desc(n)) %>%
  mutate(termos = factor(termos, unique(termos))) %>%
  top_n(10) %>%
  ggplot(aes(termos, n)) +
  geom_col(color="#619CFF", fill="#619CFF", show.legend = FALSE) +
  labs(x=NULL, y="n") +
  coord_flip()

#plotar histograma dos 10 termos com maior tf
top.tf.plot <- tidy.text %>%
  arrange(desc(tf)) %>%
  mutate(termos = factor(termos, unique(termos))) %>%
  top_n(10) %>%
  ggplot(aes(termos, tf)) +
  geom_col(color="#E58700", fill="#E58700", show.legend = FALSE) +
  labs(x=NULL, y="tf") +
  coord_flip()

#plotar histograma dos 10 termos com maior TF-IDF
top.TFIDF.plot <- tidy.text %>%
  arrange(desc(tf_idf)) %>%
  mutate(termos = factor(termos, unique(termos))) %>%
  top_n(10) %>%
  ggplot(aes(termos, tf_idf)) +
  geom_col(color="#00C0AF", fill="#00C0AF", show.legend = FALSE) +
  labs(x=NULL, y="TF-IDF") +
  coord_flip()

library(ggpubr)
ggarrange(top.n.plot, top.tf.plot, top.TFIDF.plot, ncol = 3, nrow = 1)
```

**Figura 4**
*Termos mais relevantes de acordo com n, TF e TF-IDF*

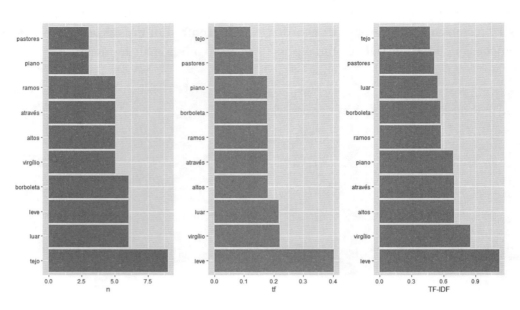

### Analisando a relação entre termos

O passo seguinte é analisarmos a relação entre os termos. Como destacamos, a dtm representa uma matriz de coocorrência dos termos em um documento e no *corpus*, o que permite calcular a frequência com que cada par de termos aparece. Com essa informação, podemos calcular a correlação entre os termos – no nosso exemplo, utilizamos o coeficiente *phi*. Para visualizar essas informações, podemos plotar as redes formadas pelas coocorrências (fig. 5) e pelas correlações (fig. 6). Podemos perceber que os pares "pensar" e "natureza", "flores" e "mim" (palavra de parada) e "sei" e "penso" são os mais comuns. No entanto, as maiores correlações são entre "direita" e esquerda" e "aparece" e "nenhum". "Direita" e "esquerda", por exemplo, ocorrem somente juntas e em três poemas: II, VIII e XXIX.

```
library(widyr)
#calcular a ocorrência de pares de termos
pares.termos <- tidy.text %>%
 pairwise_count(termos, id, sort = TRUE, upper = FALSE)
pares.termos
## # A tibble: 136,063 x 3
##                             item1          item2            n
##                             <chr>          <chr>            <dbl>
##   1                         pensar         natureza         8
##   2                         flores         mim              8
##   3                         sei            penso            8
##   4                         pensar         nada             7
```

```
##    5                     flores                saber                    7
### ... with 136,058 more rows


#calcular a correlação entre os termos
corr.termos <- tidy.text %>%
 group_by(termos) %>%
 filter(n() >= 3) %>% #apenas termos com ocorrência (n) maior que 3
 pairwise_cor(termos, id, sort = TRUE, upper = FALSE)
corr.termos
## # A tibble: 23,871 x 3
##                  item1                item2               correlation
##                  <chr>                <chr>               <dbl>
##    1             direita              esquerda            1
##    2             aparece              nenhum              1
##    3             sentido              aparece             0.857
##    4             sentido              nenhum              0.857
##    5             saber                alma                0.789
### ... with    23,866               more                rows


library(ggraph)

#network das ocorrências dos pares de termos
set.seed(1234)
pares.termos %>% filter(n >= 5) %>% graph_from_data_frame() %>%
ggraph(layout = "fr") +
 geom_edge_link(aes(edge_alpha = n, edge_width = n), edge_colour = "#F8766D") +
 geom_node_point(size = 3) +
 geom_node_text(aes(label = name), repel = TRUE,
  point.padding = unit(0.2, "lines")) +
 labs(title = "", caption = "")
theme_void()

#network das correlações entre os termos
set.seed(1234)
corr.termos %>% filter(correlation > abs(.6)) %>% graph_from_data_frame() %>%
 ggraph(layout = "fr") +
 geom_edge_link(aes(edge_alpha = correlation, edge_width = correlation),
 edge_colour = "#619CFF") +
 geom_node_point(size = 3) +
 geom_node_text(aes(label = name), repel = TRUE,
  point.padding = unit(0.2, "lines")) +
 labs(title = "", caption = "")
 theme_void()
```

**Figura 5**
*Rede criada a partir das ocorrências de pares de termos*

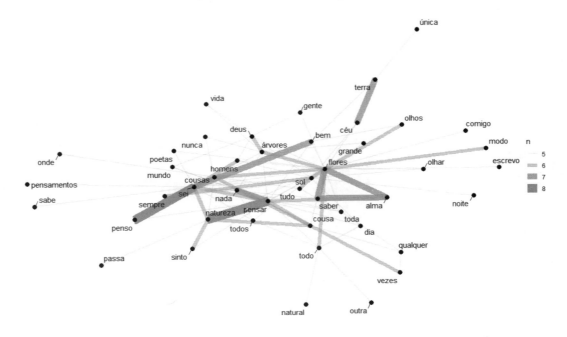

**Figura 6**
*Rede criada a partir das correlações entre pares de termos*

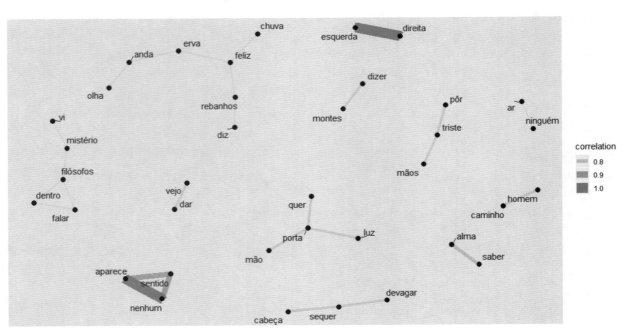

## Decidindo sobre a quantidade de tópicos a serem gerados

A seguir, vamos analisar as quatro métricas implementadas no pacote ldatuning (Nikita, 2020) – padronizadas para valores entre 0 e 1 – para avaliar a quantidade de tópicos a serem gerados. Para realizar as análises, usamos a matriz documento-termo original, ou seja, sem a transformação TF-IDF. Isso irá ocorrer com todas as análises de LDiA, uma vez que essa modelagem não trabalha com os dados transformados. Para interpretar as quatro métricas da figura 7, devemos analisar separadamente o painel superior (com as chamadas métricas de minimização) e o painel inferior (com as chamadas métricas de maximização).

No painel superior da figura 7, devemos analisar os pontos mais baixos das linhas, pois eles indicam a quantidade ótima de tópicos de acordo com as duas métricas. A métrica de Cao-Juan aponta dois tópicos, enquanto a de Arun não apresenta uma indicação clara. Ao contrário, no painel inferior da figura 7, devemos analisar os pontos superiores das linhas. A métrica de Deveaud indica dois tópicos, enquanto a de Griffiths aponta 15 – pois depois há um decréscimo no valor do indicador.

Assim como a métrica de Arun, a perplexidade também não apresenta uma indicação precisa (fig. 8). De fato, essas duas métricas indicam que um número maior de tópicos é mais informativo. Para a continuidade do nosso exemplo, vamos explorar o modelo de dois tópicos, indicado por duas das cinco métricas. No entanto, ressaltamos que o leitor deve considerar a interpretabilidade do conteúdo dos tópicos antes de tomar a decisão definitiva sobre quantos tópicos gerar (cf. Peres, 2018).

```
#Converter a tiblle em dtm, formato com o qual o pacote ldatuning trabalha
dtm <- tidy.text %>% cast_dtm(id, termos, n)
#Explorar soluções com 2 a 50 tópicos com o pacote ldatuning
library(ldatuning)
n.topicos <- FindTopicsNumber(dtm = dtm, topics = seq(from = 2, to = 50, by = 1),
 metrics = c("Griffiths2004", "CaoJuan2009",
 "Arun2010", "Deveaud2014"),
 method = "Gibbs", control = list(seed = 1),
 mc.cores = 3, verbose = TRUE)
#Explorar soluções com 2 a 50 tópicos com a métrica perplexity
library(purr)
library(topicmodels)
k_topics <- c(2, 3, 4, 5, 6, 7, 8, 9, 10, 15, 20, 25, 30, 35, 40, 45, 50)
modelos.lda <- k_topics %>% map(LDA, x = dtm, control = list(seed = 1234))
tibble(k = k_topics, perplexidade = map_dbl(modelos.lda, perplexity)) %>%
 ggplot(aes(k, perplexidade)) + geom_point() + geom_line() +
 labs(y="Perplexidade", x="Quantidade de tópicos")
```

**Figura 7**
*Quatro métricas indicando quantidade de tópicos a serem gerados*

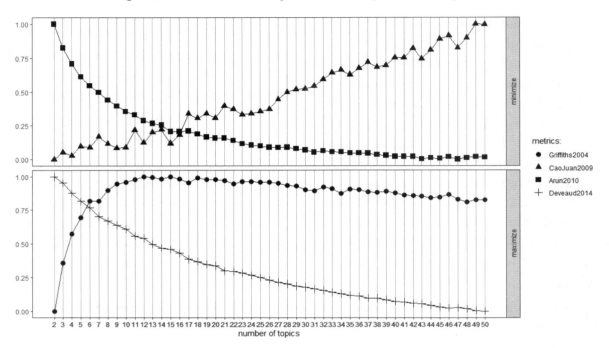

**Figura 8**
*Métrica perplexidade indicando quantidade de tópicos a serem gerados*

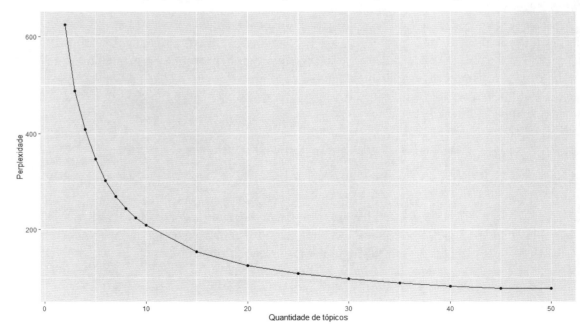

## Gerando o modelo LDiA com dois tópicos

Na sequência, geramos um modelo LDiA com dois tópicos. Para tanto, como já ressaltamos, devemos usar a matriz documento-termo original, ou seja, sem a transformação TF-IDF. Com o objetivo de obter informações para interpretar o conteúdo de cada tópico, primeiramente verificamos a distribuição dos termos por tópicos de acordo com o parâmetro *beta* e plotamos um gráfico de colunas com os 20 termos com maior probabilidade de ocorrer em cada tópico (fig. 9). Além disso, verificamos quais termos mais diferenciam os dois tópicos por meio da estratégia sugerida por Silge e Robinson (2019) de calcular a razão logarítmica binária entre os betas de cada termo em cada tópico: $log_2\left(\frac{\beta_2}{\beta_1}\right)$. Essa informação é apresentada na figura 10. É importante destacar que, para fins deste exemplo, usamos o *default* do pacote topicmodels (Grün & Hornik, 2020) e não configuramos os hiperparâmetros $\alpha$ e $\beta$.

```
#gerar modelo LDiA com dois tópicos
library(topicmodels)
LDiA <- LDA(dtm, k=2, method = "Gibbs", control = list(seed=123))
LDiA
## A LDA_Gibbs topic model with 2 topics.
#gerar tibble com distribuição dos termos por tópicos
topicos <- tidy(LDiA, matrix = "beta")
topicos
## # A tibble: 3,016 x 3
##          topic          term          beta
##          <int>          <chr>         <dbl>
## 1        1             pensar        0.0000569
## 2        2             pensar        0.0161
## 3        1             sol           0.00119
## 4        2             sol           0.0161
## # ... with 3,012 more rows
#top 20 termos de cada tópico
top20termos <- topicos %>% group_by(topic) %>% top_n(20, beta) %>%
 ungroup() %>% arrange(topic, -beta)
#gráfico de colunas com os termos de maior probabilidade em cada tópico
library(ggplot2)
top20termos %>%
mutate(term = reorder_within(term, beta, topic)) %>%
 ggplot(aes(term, beta, fill = factor(topic))) +
 geom_col(show.legend = FALSE) +
 labs(y= "Beta", x = "Termos") +
 facet_wrap(~topic, scales="free") +
 coord_flip() +
 scale_x_reordered()
#termos que mais diferenciam os dois tópicos
```

```
library(tidyr)
topico1.topico2 <- topicos %>%
 mutate(topic = paste0("topic", topic)) %>%
 spread(topic, beta) %>%
 filter(topic1 > .001 | topic2 > .001) %>%
 mutate(log_ratio = log2(topic2 / topic1))
#gráfico de barras (diverging bar) com esses termos
library(ggplot2)
topico1.topico2 %>%
 arrange(desc(abs(log_ratio))) %>%
 head(30) %>%
 ggplot(aes(x = reorder(term, log_ratio), y = log_ratio,
 fill = log_ratio > 0)) +
 geom_bar(stat = "identity") +
 scale_fill_discrete(name="Tópicos", labels=c("Tópico 1", "Tópico 2")) +
 labs(y= "Razão de log: log2(beta_topico2/beta_topico1)", x = "Termos") +
 coord_flip()
```

**Figura 9**
*Top 20 termos com maior probabilidade em cada tópico (parâmetro beta)*

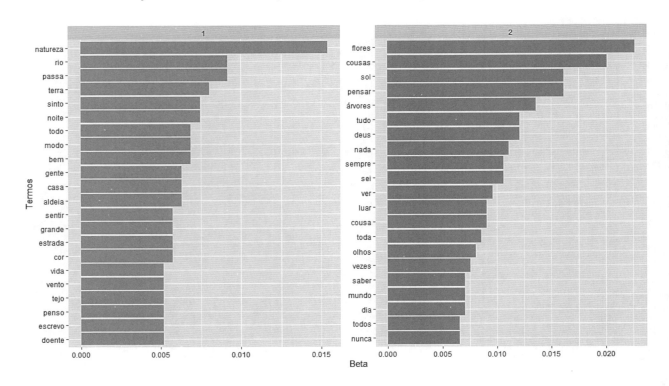

**Figura 10**
*Top 30 termos que mais diferenciam os dois tópicos*

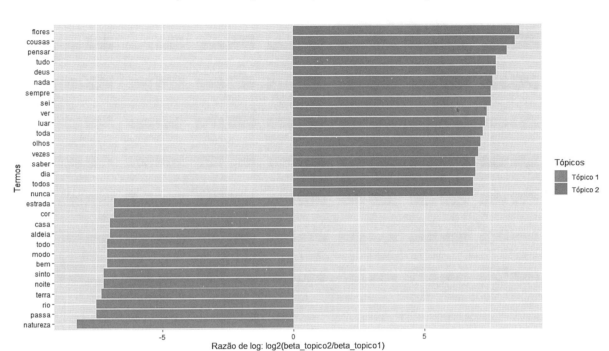

O próximo passo é analisar a distribuição dos documentos entre os tópicos a partir do parâmetro gama. A figura 11 apresenta a probabilidade de cada poema pertencer a cada tópico.

Vemos que há poemas mais fortemente ligados a um tópico, enquanto há outros com probabilidade similar de pertencer aos dois tópicos simultaneamente.

```
#gerar tibble com as probabilidades de cada poema pertencer a cada tópico
doc.topicos <- tidy(LDiA, matrix = "gamma")
#gráfico indicando as probabilidades dos poemas pertencerem a cada tópico
library(ggplot2)
doc.topicos %>%
  mutate(title = reorder(document, gamma * topic)) %>%
  ggplot(aes(factor(topic), gamma, fill=topic)) +
  scale_fill_continuous(low="deepskyblue4", high="firebrick") +
  geom_col() +
  labs(y= "Gama", x = "Tópicos") +
  theme(legend.position = "none") +
  facet_wrap(~ title, nrow = 7)
```

**Figura 11**
*Distribuição dos documentos (poemas) por tópico (parâmetro gama)*

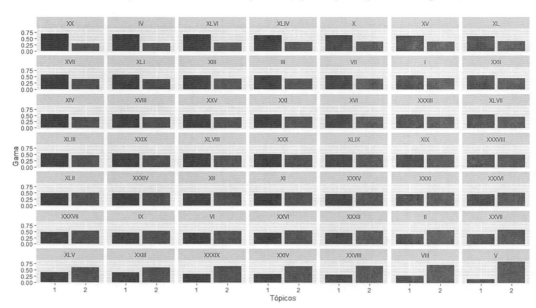

Podemos realizar uma breve interpretação do conteúdo dos dois tópicos. Para tanto, buscamos compreender os sentidos compartilhados pelos termos em cada tópico, bem como os poemas mais característicos de cada um, aproveitando-nos da classificação dos poemas por tópico. Essa interpretação é apenas um exercício, sem nenhuma fundamentação teórica sobre a obra analisada, e, portanto, sem nenhuma pretensão de ser um estudo literário.

O tópico 1 revela uma temática mais bucólica e mais ligada ao cotidiano e ao concreto. A paisagem da vida cotidiana está presente nos termos: natureza, gente, terra, casa, aldeia, estrada, vento. Os poemas mais característicos desse tópico parecem contemplar o ato de viver a vida de maneira mais simples, sem refletir sobre grandes assuntos ou aspirar grandes coisas. O poema mais caracterizado por esse tópico é o "XX – O Tejo é mais belo", em que o poeta revela que prefere o rio de sua aldeia, que não o faz pensar em nada, ao grandioso Rio Tejo, que é navegado por grandes navios, nasce na Espanha e encontra o mar que vai à América. O segundo poema mais caracterizado por esse tópico é "IV – Esta tarde a trovoada caiu", em que o poeta revela: "Sentia-me familiar e caseiro / E tendo passado a vida / Tranquilamente, como o muro do quintal".

Já o tópico 2 parece revelar uma temática mais metafísica e é constituído por palavras como pensar, saber, Deus e mundo. O poema mais caracterizado por esse tópico é o "V – Há metafísica bastante em não pensar em nada", em que o poeta reflete sobre "o sentido íntimo das cousas". O segundo poema mais caracterizado por esse tópico é o "VIII – Num meio-dia de fim de primavera", em que o poeta conta que viu Jesus Cristo descer à terra e revela: "Ele dorme dentro da minha alma / E às vezes acorda de noite / E brinca com os meus sonhos". Em ambos, o poeta cogita sobre o sentido das coisas e Deus, refletido nas flores, nas árvores, no luar, em uma criança.

## Considerações finais

Neste capítulo buscamos introduzir os principais conceitos em NLP e em mineração de textos antes de apresentar a modelagem de tópicos. Nosso exemplo focou na técnica pioneira e mais adotada atualmente, a LDiA. No entanto, há outras técnicas, entre as quais destacamos três. O modelo de tópicos correlacionados (CTM – Correlated Topic Model), que expande a LDiA para permitir a correlação entre os tópicos gerados (Blei & Lafferty, 2007). Há a modelagem estrutural de tópicos, que permite explorar covariáveis na modelagem (Roberts et al., 2014). Por fim, destacamos a modelagem de tópicos biterm (BTM – Biterm Topic Models), desenvolvida para lidar com a alta esparsidade de matrizes dtm provenientes de textos curtos, como tweets e poemas, por exemplo (Wijffels & Yan, 2020). Essa técnica faz a modelagem a partir da coocorrências de termos em todo o *corpus* ao invés de contabilizar a coocorrência de palavras por documento.

Quanto às implementações da modelagem de tópicos, privilegiamos o R, linguagem que, além de contar com muitos pacotes desenvolvidos para essa finalidade, possui uma grande comunidade bastante cooperativa e com diversos tutoriais disponíveis gratuitamente. Além disso, adotamos o *framewework* do Tidyverse (2020), pois ele se destaca entre os mais adequados para os desafios enfrentados em ciência de dados. Além dos pacotes utilizados no exemplo deste capítulo (Nikita, 2020; Grün & Hornik, 2020),

informamos que há outras implementações no R de modelagem de tópicos (e. g., Chang, 2015; Wijffels & Yan, 2020). Dentre elas, destacamos o pacote text2vec (Selivanov & Wang, 2020), que implementa uma série de técnicas de mineração de texto, entre elas a LDiA, e que permite criar um *dashboard* interativo para analisar os resultados da modelagem de tópicos chamado LDAVIS.

É importante destacar que no contexto da modelagem de tópicos não há na literatura indicações diretas sobre como reportar os resultados. As análises que relatamos no exemplo deste capítulo são aquelas geralmente incluídas nos estudos publicados. Ou seja, costuma-se reportar os 10 termos mais relevantes para cada tópico, de acordo com o parâmetro beta e, se for objetivo do estudo, costuma-se também relatar a probabilidade de cada documento pertencer a cada tópico. Por fim, a métrica perplexidade faz as vezes dos índices de ajuste que costumamos relatar em outros contextos, como Modelagem de Equações Estruturais.

Outra consideração importante que deve ser registrada é que o pesquisador deve dedicar considerável esforço na interpretação do conteúdo dos tópicos. A definição da quantidade de tópicos a serem gerados é uma questão tanto de escolha de modelo – considerando métricas de validação cruzada adotadas no exemplo – quanto de interpretabilidade e pertinência teórica dos resultados (Peres, 2018). Neste capítulo, ao ilustrar um uso da LDiA, seguimos uma estratégia bastante ingênua e empiricista, sem orientação teórica de qualquer sorte – poderíamos ter partido de estudos literários sobre a obra de Fernando Pessoa, por exemplo. Em outros contextos não meramente ilustrativos, a teoria deve guiar a interpretação dos resultados. O pesquisador deve analisar de maneira qualitativa a coerência semântica de cada tópico, considerando os sentidos compartilhados pelos termos mais relevantes em cada um. Uma estratégia complementar para avaliar a consistência dos tópicos é inspecionar a fidedignidade dos tópicos gerados (Peres, 2018).

Além de introduzir a técnica e exemplificar análises elementares, esperamos ter conseguido demonstrar o potencial da modelagem de tópicos. Essa técnica instrumentaliza o pesquisador para lidar com os mais diversos dados textuais, desde transcrições de entrevistas ou grupos focais, respostas a perguntas abertas de questionários, até os *big data*. Além disso, a modelagem de tópicos não apenas permite revelar os temas mais salientes em um *corpus*, como outras técnicas como análise de conteúdo se propõem a fazer, mas também permite classificar os documentos a partir deles. Não obstante, como destacamos, assim como qualquer outra técnica de análise de dados, especialmente em psicometria, requer do pesquisador um cuidadoso trabalho qualitativo para dar sentido aos resultados das modelagens.

## Referências

Blei, D. M., & Lafferty, J. D. (2007). A correlated topic model of science. *The Annals of Applied Statistics, 1*(1), 17-35. https://doi.org/10.1214/07-AOAS114

Blei, D. M., Ng, A. Y., & Jordan, M. I. (2003). Latent Dirichlet Allocation. *Journal of Machine Learning Research, 3,* 993-1.022. https://dl.acm.org/doi/10.5555/944919.944937

Chang, J. (2015). lda: Collapsed Gibbs Sampling Methods for Topic Models (Version 1.4.2). *The Comprehensive R Archive Network.* https://cran.r-project.org/web/packages/lda/

Feinerer, I., & Hornik, K. (2019). Tm: Text mining package (Version 0.7-7). *The Comprehensive R Archive Network.* https://cran.r-project.org/web/packages/tm/

Fellows, I. (2018, 24 ago.). Wordcloud: Word Clouds (Version 2.6). *The Comprehensive R Archive Network.* https://cran.r-project.org/web/packages/wordcloud/

Griffiths, T. L., Steyvers, M., & Tenenbaum, M. (2007). Topics in semantic representation. *Psychological Review, 114*(2), 211-244. http://dx.doi.org/10.1037/0033-295X.114.2.211

Grün, B., & Hornik, K. (2020, 19 abr.). Topicmodels: Topic models (Version 0.2-11). *The Comprehensive R Archive Network.* https://cran.r-project.org/web/packages/topicmodels

Jo, T. (2019). Text mining: Concepts, implementation, and big data challenge. *Springer Nature.* https://doi.org/10.1007/978-3-319-91815-0

Latent Dirichlet Allocation. (n.d.). In *Wikipedia.* https://en.wikipedia.org/wiki/Latent_Dirichlet_allocation

Liu, L., Tang, L., Dong, W., Yao, S., & Zhou, W. (2016). An overview of topic modeling and its current applications in bioinformatics. *SpringerPlus, 5*(1608), 1-22. https://doi.org/10.1186/s40064-016-3252-8

Nikita, M. (2020). Ldatuning: Tuning of the Latent Dirichlet Allocation Models Parameters (Version 1.0.1). *The Comprehensive R Archive Network.* https://cran.r-project.org/web/packages/ldatuning

Peres A. J. S. (2018). *The personality lexicon in Brazilian Portuguese: Studies with natural language.* Instituto de Psicologia, Universidade de Brasília. (Tese de Doutorado). https://doi.org/10.31237/osf.io/ut35m

Pessoa, F. (n.d.). O guardador de rebanhos. *Domínio Público.* http://www.dominiopublico.gov.br/download/texto/pe000001.pdf

Poldrack, R. A., Mumford, J. A., Schonberg, T., Kalar, D., Barman, B., & Yarkoni, T. (2012). Discovering relations between mind, brain, and mental disorders using topic mapping. *PLOS Computational Biology, 8*(10). https://doi.org/10.1371/journal.pcbi.1002707

Priva, U. C., & Austerweil, J. L. (2015). Analyzing the history of cognition using topic models. *Cognition, 135,* 4-9. http://dx.doi.org/10.1016/j.cognition.2014.11.006

R Development Core Team. (2020). R: A language and environment for statistical computing (Version 3.4.0). *The Comprehensive R Archive Network*. https://cran.r-project.org/

Roberts, M. E., Stewart, D. T., Lucas, C., Leder-Luis, J., Gadarian, S. K., Albertson, B., & Rand, D. G. (2014). Structural topic models for open-ended survey responses. *American Journal of Political Science, 58*(4), 1.064-1.082. https://www.jstor.org/stable/24363543

Selivanov, D., & Wang, Q. (2020, 18 fev.). Text2vec: Modern text mining framework for R (Version 3.6.0). *The Comprehensive R Archive Network*. https://cran.r-project.org/web/packages/text2vec/

Silge, J., & Robinson, D. (2019). *Text mining with R. A tidy approach*. O'Reilly. https://www.tidytextmining.com/

The Comprehensive R Archive Network. (2020, 20 fev.). *CRAN Task View: Natural Language Processing*. https://cran.r-project.org/web/views/

Tidyverse. (2020, 4 fev.). *Tidyverse. R packages for data science*. https://www.tidyverse.org/

Wijffels, J., & Yan, X. (2020, 15 mar.). BTM: Biterm Topic Models for Short Text (Version 0.3). *The Comprehensive R Archive Network*. https://cran.r-project.org/web/packages/BTM/

# 23
# Uso do *word-to-vec (word embeddings)* para análise de textos

*Ricardo Primi*
Universidade São Francisco

O objeto de estudo da psicologia é mediado por conteúdos verbais. As teorias psicológicas foram construídas a partir de análise dos discursos de pacientes sobre suas introspecções. A teoria fatorial da personalidade, que define os traços básicos, foi construída empregando-se a análise fatorial para agrupar palavras que descreviam características pessoais. Assim a análise dos discursos verbais e a análise fatorial são métodos bastante importantes na psicologia. Mas será que existe algum método sistemático para analisar textos ou discursos diretamente?

Com o avanço recente do processamento em linguagem natural temos, à nossa disposição, um conjunto de métodos de análise de textos. Mas esses métodos são pouco explorados na psicologia. Este capítulo irá explorar o uso *word-to-vec* (vetores de palavras ou *word embeddings*) para análise fatorial de instrumentos de autorrelato. Vetores de palavras são representações numéricas que codificam as informações semânticas das palavras. Este capítulo fará uma breve definição dos vetores de palavras e, em seguida, apresentará um tutorial explicando como usar os vetores de palavras para realizar uma classificação dos itens do *Big Five Inventory* a partir do conteú-

do verbal, sem a necessidade de coletar dados de pessoas respondendo ao teste. Essa aplicação poderá ser estendida para uma quantidade grande de contextos na psicologia.

## Abordagem fatorial da personalidade: Fontes de dados e a hipótese léxica

Na década de 1930, os psicólogos iniciaram estudos de identificação das características fundamentais que definem nossa individualidade. Buscaram definir uma taxonomia natural de descritores das características de personalidade a partir das palavras do dicionário. Essa abordagem foi chamada de hipótese léxica. Ela é baseada no princípio de que "as características sociais e de personalidade mais salientes foram codificadas na linguagem natural" (John, Naumann & Soto, 2008, p. 117).

Raymond Cattell (1973) argumentou que, se uma determinada característica for um atributo fundamental da personalidade, ela se expressaria de várias maneiras. Seguindo esse raciocínio classificou três tipos de dados: (a) respostas a questionários em que as pessoas são as próprias observadoras e relatoras de seu comportamento (dados Q), (b) dados de terceiros que relatam o que veem nelas em sua vida diária (dados L) e (c) medidas relativamente diretas de comportamentos em situação de testagem em laboratório (dados T).

Cattell usou as listas de adjetivos resultantes dos estudos léxicos para criar instrumentos de auto e hetero descrição. Com isso, pedia às pessoas que descrevessem a si e pessoas próximas usando essas listas. A partir da análise fatorial, Cattell sistematizou as correlações entre adjetivos – o uso concomitante de dois adjetivos para descrever uma pessoa – para identificar traços básicos de personalidade. Esse foi o início dos estudos da abordagem fatorial.

Há uma analogia interessante de Cattell que traz uma intuição sobre o que é a análise fatorial:

> Um problema que os psicólogos tentavam resolver era encontrar um método que revelasse as influências funcionalmente unitárias na floresta caótica do comportamento humano. Mas como é que, numa floresta tropical, de fato decide o caçador se as manchas escuras que vê são dois ou três troncos apodrecidos ou um só jacaré? Ele fica à espera de movimento. Se eles se movem juntos – aparecem e desaparecem juntos – ele conclui por uma única estrutura. Da mesma forma como John Stuart Mill observou em sua filosofia da ciência, o cientista deveria ter em mira a "variação concomitante" na busca de conceitos unitários (Cattell, 1963, p. 55).

## A hipótese léxica na era dos *big data*

Note que os dados necessários para análise fatorial requerem várias pessoas preenchendo listas extensas de itens (frases com adjetivos) indicando quanto cada característica as descrevem em uma escala de similaridade ao *self*. Por exemplo: *Costumo ser desorganizado*: 1: "*Não tem nada a ver comigo*", 2: "*Tem um pouco a ver comigo*", 3: "*Às vezes tem e às vezes não tem a ver comigo*, 4: "*Tem muito a ver comigo*" e 5: "*Tem tudo a ver comigo*". As histórias de vida de cada pessoa terão eventos temperados por suas características pessoais. E as maneiras características de uma pessoa agir, pensar e sentir irão aparecer a partir de concordância com adjetivos que descrevem acuradamente aquelas histórias. Assim, adjetivos similares serão usados, concomitantemente, para descreverem histórias pessoais que irão indicar atributos comuns da personalidade.

Esse é o único método de se acessar dados sobre características pessoais e estudar a personalidade? Certamente não. Na sociedade tecnológica da informação muitos dos nossos comportamentos ficam gravados em ambientes eletrônicos nos quais gastamos parte de nossas vidas (*facebook, whatsapp, twitter*). Recentemente surgiu um campo de pesquisa sobre as "pegadas digitais", que são os comportamentos registrados nas mídias sociais. Postagens no *facebook* e no *twitter* contêm expressões não incitadas, isto é, em linguagem cotidiana espontânea que podem revelar características psicológicas dos seus autores. É um tipo diferente de expressão daquela que ocorre no caso de questionários estruturados, isto é, nos quais os itens incitam temas e requerem que o sujeito escolha uma alternativa de resposta. Um conjunto de estudos demonstrou que é possível avaliar a personalidade a partir da linguagem usada em autodescrições, em posts do *facebook*, por exemplo. Os escores derivados dessas fontes exibiram validade discriminante, convergente de critério e incremental aos testes tradicionais. Também se mostraram medidas precisas com estabilidade temporal (Hirsh & Peterson, 2009; Kulkarni et al., 2018, Park et al., 2015).

## Processamento de linguagem natural e *word vectors* (ou *word embeddings*)

Esses estudos demonstram uma nova fonte de dados para os estudos taxonômicos baseados na hipótese léxica. Um exemplo pode ser lido neste livro: Peres (2021, cap. 22 deste livro). Também propõe novos métodos inovadores para avaliação psicológica sem a necessidade de que várias pessoas preencham questionários. Esses estudos empregam métodos da área de processamento de linguagem natural. Essa é uma área da computação, linguística e inteligência artificial que desenvolve métodos para decodificação de textos visando automatizar as tarefas que usam linguagem como: tradução, produção de textos, sumarização, classificação, análise de sentimentos, compreensão e produção de fala, dentre outros (Lane, Howard & Hapke, 2019).

Um elemento básico do processamento em linguagem natural é a representação das palavras. Os programas computacionais precisam codificar as palavras numericamente para poder executar métodos e modelos estatísticos a fim de compreender um texto. Em 2013, um pesquisador do Google, Tomas Mikolov, propôs um método para construir representações vetoriais numéricas das palavras. Chamou esse método de *word2vec* indicando a transformação de uma palavra em um vetor numérico representando a palavra a partir de um conjunto de fatores latentes (Mikolov, Sutskever, Chen, Corrado & Dean, 2013). Esse trabalho foi tão importante que, desde então, a maioria dos modelos de inteligência artificial (*deep learning*) que analisam textos usam em sua camada inicial de entrada dados esses vetores numéricos.

Esses vetores têm uma característica muito importante: eles consistem em variáveis latentes que capturam relações sintáticas e semânticas entre as palavras. Um produto surpreendente deste trabalho foi o fato de que as operações numéricas com esses vetores resultaram na habilidade em resolver problemas de raciocínio analógico como: Rei está para Rainha assim como Príncipe está para?

Em 1973 Rumelhart e Abrahamson propuseram um modelo para o raciocínio analógico que ajuda a explicar esses achados mais recentes sobre os vetores de palavras. Os autores propõem que a memória seja concebida como um espaço euclidiano multidimensional. Cada conceito seria representado por um ponto nesse espaço. O julgamento do grau de semelhança entre dois conceitos seria inversamente proporcional a distância euclidiana entre estes pontos. Por exemplo, eles demonstraram que 30 mamíferos poderiam ser representados em um espaço euclidiano de três dimensões (ou vetores latentes): ferocidade, antropomorfismo e tamanho. Cada um dos animais era representado por um vetor numérico, indicando a intensidade em cada uma das três dimensões/atributos. Por exemplo, um gorila tinha um valor alto nas três dimensões; um rato, tinha valores baixos nas três dimensões. Pontos próximos nesse espaço indicavam que os dois animais tinham vetores numéricos similares, que estavam espacialmente próximos, sendo, portanto, julgados como semelhantes. Inversamente, pontos distantes indicavam dissimilaridade.

Nesse modelo, as relações de similaridade semântica estão associadas a distância entre os atributos latentes que as definem. Relações analógicas, assim como de ordem sequencial (seriação) e igualdade de classe (classificação), são representadas por configurações geométricas formadas pelos pontos, tal como indicado na figura 1. Uma analogia é representada por um paralelogramo em que cada conceito é um vértice e há equilíbrio das distâncias A e B *versus* C e I. A ordenação seria indicada por uma reta com distâncias semelhantes entre os pontos; e a pertença a uma classe seria indicada quando os pontos gravitam ao redor de um ponto central.

Com base nesse modelo, dada uma analogia: A (Madri) : B (Espanha) : C (França) : D (?); se soubermos as localizações dos pontos A, B e C é

**Figura 1**
*Exemplo de representação dos termos das tarefas de raciocínio indutivo em um espaço euclidiano bidimensional*

possível achar o ponto D usando a operação com os vetores D = C + B − A. Essa foi exatamente a descoberta surpreendente que Mikolov et al. (2013) demonstraram após terem transformado as palavras em vetores. Usando os vetores correspondentes aos termos A, B e C, de um conjunto amplo de itens de raciocínio analógico, os autores conseguiram calcular os vetores correspondentes às palavras D. Ao procurar palavras cujos vetores eram próximos desse ponto eles encontraram as respostas para as analogias em cerca de 40% dos itens estudados.

Mas como esses vetores são descobertos? Quantas dimensões latentes são necessárias? Uma estratégia comum é treiná-los analisando um imenso *corpus* de textos[11], como todos os artigos da *wikipédia*, por exemplo, buscando otimizar os vetores para predizer quais palavras aparecem juntas nas entradas da *wikipédia*, Mikolov et al. (2013) treinaram os vetores em base de itens da *google* com 670 mil palavras. O número de dimensões pode variar entre 50 e 1.000. Esse número não é estimado durante a modelagem, ele é fixado previamente (ele é um hiperparâmetro). Geralmente as aplicações usam 300 dimensões.

## O modelo word2vec e o método skip-gram

Mikolov et al. (2013) criaram um método de aprendizagem dos vetores de palavras chamado *skip-gram*. Para entendermos melhor esse método vamos usar um exemplo simples de *corpus* com três frases (da música *Cultura* de Arnaldo Antunes):

---

11. Conforme definido na wikipédia um *corpus* linguístico é "um conjunto de textos escritos e registros orais de uma determinada língua que serve como base de análise". (https://pt.wikipedia.org/wiki/Corpus_lingu%C3%ADstico)

- *O bigode é a antena do gato.*
- *O cachorro é um lobo mais manso.*
- *A cegonha é a girafa do ganso.*

Esse *corpus* contém um vocabulário de 15 palavras para as quais queremos descobrir os vetores. O método *skip-gram* passa uma janela de leitura do texto com um tamanho de $k$ palavras antes e depois de uma palavra central (geralmente $k = 5$). O modelo tentará prever as palavras anteriores e posteriores (*o*: *outside words*) a partir da palavra central (*c*: *center word*). Na figura 2 vemos um exemplo de como a janela percorre a primeira sentença: "*O bigode é a antena do gato*". A palavra central está em negrito. A janela tem o tamanho de $k = 2$, duas palavras antes e duas depois da palavra central. Essa janela percorre todas as sentenças do começo ao fim, como indicado nesse exemplo. Com isso temos

**Figura 2**
*Exemplo do Método de Varredura Skip-Gram de $k = 2$*

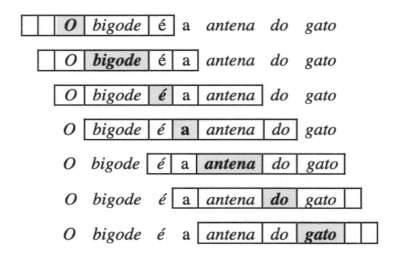

um banco de dados de coocorrência empíricas de palavras.

O modelo prevê a probabilidade de observar as palavras do contexto (*outside words o*) dada a observação da palavra central (*center word c*): $P(o|c)$. Isto é, o modelo prevê qual palavra será mais provável de ocorrer antes ou depois de uma palavra central. O modelo é dado por:

$$P(o|c) = \frac{exp(u_o^T v_c)}{\sum_{w=1}^{W} exp(u_w^T v_c)}$$

Sendo $v_o$ o vetor da palavra de contexto e $v_c$ o vetor da palavra central. Note que esses vetores terão dimensão $d$ especificada previamente à análise. Eles são vetores de variáveis latentes que irão representar cada palavra. Para simplificar, imagine que tenhamos especificado $d = 3$. A notação $u_o^T v_c$ indica o produto cruzado dos vetores. Geralmente os vetores são dispostos em colunas, o símbolo $T$ em $u_o^T$ indica que o primeiro vetor é transposto, isto é, é transformado de um vetor-coluna para vetor-linha. Assim se $u_o = 1, .8, 0$) e $u_c = (.9, .2, .4)$, a multiplicação cruzada será:

$$u_o^T v_c = (1 \quad .8 \quad 0) \times \begin{pmatrix} .9 \\ .2 \\ .4 \end{pmatrix} = (1 \times .9 + .8 \times .2 + 0 \times .4)$$

$$= 1.06$$

O denominador dessa equação é a soma dos produtos entre o vetor da palavra central e os vetores de todas as $W$ palavras do vocabulário (no nosso exemplo $W = 15$). Assim esse número normaliza o resultado do numerador para a métrica $0 - 1$. Imagine que tivéssemos os vetores apresentados na tabela 1 para as palavras de nosso vocabulário (esses valores foram inventados para ilustrar o modelo).

### Tabela 1
*Vetores das 15 palavras do* corpus *de três sentenças*

| vocab | d1 | d2 | d3 |
|---|---|---|---|
| o | 0.17 | 0.94 | 0.49 |
| bigode | 0.89 | 0.20 | 0.14 |
| é | 0.84 | 0.11 | 0.21 |
| a | 0.27 | 0.04 | 0.23 |
| antena | 0.94 | 0.18 | 0.12 |
| do | 0.39 | 0.12 | 0.72 |
| gato | 0.90 | 0.21 | 0.12 |
| cachorro | 0.03 | 0.00 | 0.01 |
| um | 0.63 | 0.71 | 0.17 |
| lobo | 0.63 | 0.19 | 0.59 |
| mais | 0.20 | 0.05 | 0.75 |
| manso | 0.01 | 0.72 | 0.74 |
| cegonha | 0.20 | 0.20 | 0.20 |
| girafa | 0.61 | 0.13 | 0.77 |
| ganso | 0.59 | 0.89 | 0.04 |

A probabilidade de observar a palavra "antena" (palavra do contexto) dado que estejamos vendo a palavra "gato" (palavra central) é função da soma dos produtos dos vetores dessas duas palavras:

$$P(antena|gato) = \frac{exp(u_{antena}^T v_{gato})}{\sum_{w=1}^{W} exp(u_w^T v_{gato})} = \frac{2.44}{26.83} = .09$$

Comparando esse resultado com probabilidade de observar a palavra "cachorro" tendo visto a palavra "gato" resultará em uma probabilidade menor $P(cachorro|gato) = .03$ já que, nesse *corpus*, essas duas palavras não aparecem juntas na mesma frase.

Esse modelo é montado para predizer a correlação (coocorrência) de palavras a partir da correlação entre os vetores numéricos que as representam. Note que o numerador dessa equação é a soma do produto de dois vetores, como acontece no numerador do coeficiente de correlação.

Após se definir o número de dimensões latentes, os valores são preenchidos com valores aleatórios. Durante a estimação – ou na fase de aprendizagem, como chamado no campo aprendizagem de máquina – o algoritmo faz a varredura das frases do *corpus* e atualiza os valores desses vetores para fazer com que a probabilidade resultante dessa equação corresponda ao que é observado: 1 para as palavras que aparecem juntas, nas janelas de observação, com a palavra central e 0, caso contrário. Nesse processo de otimização, os vetores das palavras capturam a informação de coocorrência entre as palavras. Eles capturam a semelhança semântica das palavras. O algoritmo usa o gradiente descendente, um método de cálculo numérico, para atualizar os valores dos vetores de forma a predizer, mais acuradamente, a cada passo, as palavras que aparecem na mesma frase dentro da janela de varredura (cf. Mikolov et al. 2013 para detalhes da estimação dos vetores).

Em resumo, os vetores de palavras consistem em fatores latentes que codificam a informação de similaridade entre palavras a partir da coocorrência no uso cotidiano. Assim, tanto os estudos léxicos da personalidade quanto o *word2vec* tentam categorizar as palavras em grupos pela sua similaridade semântica. Nos estudos léxicos da personalidade, a categorização ocorre em razão do uso das palavras para descrever as características pessoais em testes de autorrelato. Esses estudos consideram um conjunto bem restrito de palavras e as categorias são diretamente interpretáveis a partir da análise das palavras agrupadas (o modelo *big-five* surgiu dessa análise). No *word2vec* a conceituação ocorre em razão da maneira como as palavras são usadas na escrita (artigos da *wikipédia*, p. ex.). Esse modelo estuda vocabulários compreensivos, praticamente todas as palavras existentes, mas os agrupamentos não são imediatamente evidentes.

## Tutorial de uso do *word2vec* na avaliação da personalidade

Como podemos usar esses vetores de palavras na psicologia? Nesta parte será explorado o uso dos vetores para fazer a análise de agrupamento dos itens do *Big Five Inventory* (BFI, John et al., 2008) usando somente as informações dos vetores de palavras. A ideia deste tutorial é apresentar um uso prático dos vetores. Ele poderá ser facilmente adaptado a outras aplicações.

Há duas maneiras para usar os vetores de palavras. Podemos treinar os vetores a partir de um *corpus* de textos específico para criar variáveis latentes que aprendam os sentidos relevantes do *corpus*. Ou podemos usar vetores de palavras, já treinados, em *corpora* imensos disponibilizados por pesquisadores e organizações. Essa segunda estratégia é chamada de transferência de aprendizagem, já que utiliza informação aprendida em um *corpus* para resolver problemas em um outro conjunto de textos mais específicos. Nesse tutorial usaremos vetores já treinados (cf. esse link para um exemplo do treinamento de vetores do zero: https://blogs.rstudio.com/tensorflow/posts/2017-12-22-word-embeddings-with-keras/). Esse exemplo será feito em três etapas: (a) preparação dos textos, (b) seleção e download dos vetores de palavras, (c) análise e visualização da associação entre as palavras e itens.

## Preparação dos textos

Em primeiro lugar precisamos organizar um banco de dados com o texto que queremos analisar. O processamento dos dados feito nessa fase usa o tidyverse (Wickham et al., 2019) que é uma coleção de pacotes para ciência de dados. Faremos isso fazendo um download do arquivo com os itens do BFI no site www.labape.com.br/rprimi/R/bfi.rds. Esse arquivo é um *dataframe* otimizado pelo pacote tibble do tidyverse com onze variáveis e 44 linhas, uma para cada item. As colunas item_text_pt e item_text_us contêm os textos dos itens em português e inglês, respectivamente.

```
con<-url("http://www.labape.com.br/
rprimi/r/bfi.rds")
 bfi <- readRDS(con)
bfi <-tibble(bfi)
```

Em seguida, precisamos dividir os itens em suas palavras constituintes e criar uma base de vocábulos. Para isso usaremos o pacote tidytext (Silge & Robinson, 2017). Usaremos a função unnest_tokens desse pacote passando quatro argumentos: o dataframe (que é implicitamente passado da linha anterior select via o comando pipe %>%[12]), o nome da coluna a ser criada para armazenar as palavras output=words, nome da coluna que contém os textos que serão desmembrados input=item_text_pt e a unidade de análise token="words". Essa função retorna um *dataframe* com 247 linhas, uma para cada palavra do BFI, que designamos ao novo *dataframe* bfi2. Como algumas palavras se repetem nos itens (a palavra "sou" ocorre 17 vezes) o número total de vocábulos ou *tokens* é de 144 palavras.

```
library(tidytext)
 bfi2 <- bfi %>%
 select(CodItem, seman_pairs, domain, facet, pole, item_text_pt) %>%
 unnest_tokens(output=words, input=item_text_pt, token="words")
## [1] 113 306
## # A tibble: 102 x 2
## words n
##                   <chr>                    <int>
##      1            outros                   7
##      2            bem                      3
##      3            tarefas                  3
##      4            coisas                   2
##      5            achar                    1
##      6            adiante                  1
##      7            ajudar                   1
##      8            aluno                    1
##      9            amável                   1
##     10            arte                     1
## # … with 92 more rows
```

Algumas palavras frequentes não apresentam sentido importante para a frase como "de", "a", "o" "e", por exemplo. Essas palavras são chamadas de *stopwords*. Podemos filtrá-las usando o comando anti_join antes da análise. Abaixo lemos uma lista de *stopwords*. Além dessa lista foram adicionadas algumas palavras específicas do BFI que não representam informação específica dos traços. Note que, depois de remover essas palavras, restaram 102 vocábulos.

---

12. O comando pipe %>% é uma função do pacote magrit e passa o objeto à esquerda como primeiro argumento da função à direita. Por exemplo, dada a função y = f(x) poderíamos escrevê-la y = x %>% f. Esse comando torna o código mais fácil de ler pois funções aninhadas que deveriam ser lidas de dentro para fora podem ser lidas da esquerda para direita, por exemplo y = f(g(z(x))) ficaria: y = x %>% z %>% g %>% f.

```r
stopwords <- read_csv(
 file = "http://www.labape.com.br/rprimi/ds/stopwords.txt",
 col_names = "words")

bfi2 <- bfi2 %>% anti_join(stopwords)

bfi2 <- bfi2 %>% anti_join(
 tibble( words = c("posso", "sobre", "tudo", "gosto", "sou",
 "costumo", "facilidade", "meio", "faço", "fico", "demais",
 "dificilmente", "muitos", "pessoas")
 )
 )
bfi2 %>% count(words, sort = TRUE)



## # A tibble: 102 x 2
## words n
##                                     <chr>              <int>
##              1                      outros             7
##              2                      bem                3
##              3                      tarefas            3
##              4                      coisas             2
##              5                      achar              1
##              6                      adiante            1
##              7                      ajudar             1
##              8                      aluno              1
##              9                      amável             1
##              10                     arte               1
## # … with 92 more rows
```

## Vetores de palavras pré-treinados

Na segunda fase, iremos baixar os vetores de palavras pré-treinados por pesquisadores da Universidade de São Paulo (USP) e da Universidade Federal de São Carlos (UFSC). Hartmann e colegas (2017) treinaram vetores em um vasto *corpus* de textos com variados estilos literários (Wikipédia, G1, Mundo Estranho, Fapesp, Folhinha etc.). Os autores incluíram também dados do primeiro estudo em larga escala de treinamento de vetores em português da Universidade de Lisboa (Rodrigues, Branco, Neale & Silva, 2016). Hartmann e colegas (2017) treinaram os vetores em uma base de 3,8 milhões de sentenças, contendo 1,3 bilhões de *tokens* (palavras não únicas). Nesse estudo treinaram vários algoritmos de estimação (*FastText*, *GloVe*, *Wang2Vec* e *Word2Vec*), variando o número de dimensões latentes (50, 100, 300, 600, 1000) e métodos de varredura (*Skip-Gram* e CBOW). Avaliaram a *performance* dos modelos verificando o quanto esses vetores permitiam encontrar soluções para analogias sintáticas e semânticas. Os pesquisadores disponibilizaram os vetores em um repositório: http://www.nilc.icmc.usp.br/nilc/index.php/repositorio-de-word-embeddings-do-nilc#).

Usaremos os vetores de $D=300$ dimensões empregando o algoritmo GloVe (os vetores utilizados podem ser baixados de: https://www.kaggle.com/murilogoncalves/glove-ptbr-nilc #glove_s300.txt). Nessa fase leremos o arquivo de vetores e depois usaremos o comando left_join do pacote dplyr (parte do tidyverse) para adicionar os vetores ao *dataframe* bfi2.Tendo feito o download e salvo o arquivo no diretório de trabalho, ele pode ser lido com o comando read_delim do pacote readr.

Esse arquivo tem 929.605 linhas, uma para cada palavra, e 300 colunas, uma para cada dimensão latente. Note que esse número de linhas corresponde ao número de vocábulos únicos treinados a partir de 3,8 milhões de sentenças. Como esse arquivo é muito grande (2.66 Gb) também é possível baixar o *dataframe* bfi2 com os vetores já adicionados desse endereço: www.labape.com.br/rprimi/R/bfi2.rds

```
library(readr)
 nilc_wv <- read_delim(
 file = "glove_s300.txt",
 delim = " ",quote="",
 skip = 1,
 col_names = FALSE,
 progress = TRUE)

 names(nilc_wv)[1]<-"words"
 names(nilc_wv)[2:301]<-paste("d",
1:300, sep= "")

 bfi2 <- bfi2 %>% left_join(nilc_wv,
by="words")
```

## Análise e visualização das associações entre os itens/palavras

O BFI (John et al., 2008) é um instrumento de avaliação da personalidade com origem nos estudos fatoriais de hipótese léxica medindo cinco grandes fatores: Extroversão (E), Agradabilidade (A), Conscienciosidade (C), Emocionalidade Negativa (N) e Abertura ao Novo (O). Os estudos fatoriais dos itens reforçam a estrutura de cinco variáveis latentes. As perguntas principais da análise que faremos são: É possível classificar corretamente os itens nesses cinco grupos usando os dados dos vetores de palavras? A informação semântica dos vetores de palavras nos permitirá classificar itens de um mesmo fator como mais semelhantes entre si do que com itens de outro fator?

Faremos uma análise de similaridade entre os itens baseada nos vetores. Como um item é composto por várias palavras, e cada palavra tem um vetor, precisamos calcular a média dos vetores das palavras que compõem um item. Assim calculamos o vetor de um item com 300 dimensões obtendo-se as médias dessas dimensões das palavras que formam um item. O novo *dataframe* dos itens foi nomeado como bfi3. Note que o *dataframe* bfi2 tinha 113 linhas, uma linha para cada palavra, e o *dataframe* bfi3 tem 44 linhas, uma para cada item.

```
bfi3 <- bfi2[ , c(1, 7:306)] %>%
group_by(CodItem) %>%
summarise_all(funs(mean), na.rm = TRUE)
```

Em seguida, faremos uma análise da similaridade de cada item baseando-se no perfil nessas 300 dimensões. A similaridade de dois itens é obtida pela soma das diferenças entre os vetores nas 300 dimensões. Quanto mais próxima de zero, mais as palavras são similares. Esse procedimento é análogo ao cálculo de correlação entre os itens, a correlação é uma medida de similaridade entre dois itens.

Supondo um espaço formado por 300 dimensões, um item é um ponto nesse espaço. Dois itens com valores próximos nessas 300 dimensões estarão próximos no espaço. Assim, itens de um mesmo fator deveriam estar localizados na mesma região. O problema é que é impossível visualizar esse espaço por causa de sua alta dimensionalidade. Nós faremos a análise usando o *t-Distributed Stochastic Neighbor Embedding (t-SNE)* (van der Maaten & Hinton, 2008) que é uma técnica não linear de exploração de dados com elevada multidimensionalidade com a meta de mapear as similaridades locais, nesse espaço multidimensional, em um espaço menor bidimensional, favorecendo a visualização de padrões que eventualmente existirem nesse espaço multidimensional invisível (https://towardsdatascience.com/an-introduction-to-t-sne-with-python-example-5a3a293108d1, cf. tb.: http://lvdmaaten.github.io/tsne/).

Usaremos a função Rtsne do pacote com o mesmo nome (Krijthe, 2015) e passaremos a usar o *dataframe* bfi3 como argumento, cujas linhas contêm os itens e colunas 2:301, as médias das 300 dimensões das palavras que compõem cada item. Essa função analisa as similaridades dos itens nas 300 dimensões e retorna às coordenadas dos itens em um espaço bidimensional mapeando as similaridades locais encontradas no espaço multidimensional.

```
library(Rtsne)
set.seed(44)
tsne_out <- Rtsne(bfi3[ , 2:301],
perplexity = 13)
```

Em seguida, extraímos as coordenadas $\chi$ e $\gamma$ da lista tsne_out na qual colocamos os resultados retornados pela função Rtsne e adicionamos ao dataframe df3 e, em seguida, ao dataframe bfi via rigth_join, usando, como chave, o código do item CodItem. Na sequência usamos a função ggplot (do pacote tidyverse) para visualizar a semelhança entre os itens no espaço bidimensional que a análise tSNE resultou.

```
library(ggplot2)
 library(ggrepel)

 f1 <- bind_cols( bfi3,
        x = tsne_out$Y[, 1],
        y = tsne_out$Y[, 2]
        ) %>%
select(c(1, 302, 303)) %>%
right_join(bfi[, 1:11], by = "CodItem") %>%
mutate(fator = factor(domain, levels =c("O", "C", "E", "A", "N"))) %>%
ggplot(bfi, mapping = aes(
        y = y,
        x = x,
        color = fator
        )
        ) +
geom_point() +
geom_text_repel(
        aes(label=CodItem),
        size=2.5, vjust=-1.2
        )
 f1
```

**Figura 3**
*Semelhança entre os itens a partir dos vetores das palavras*

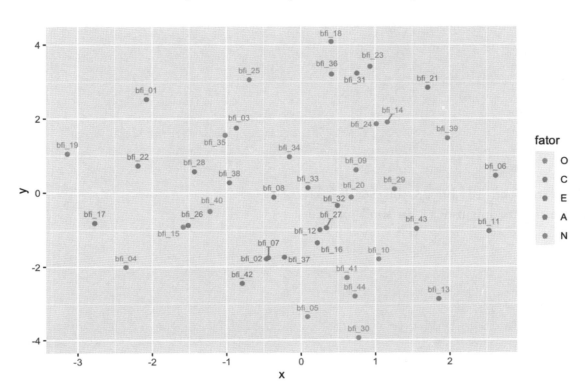

Podemos observar na figura 3 que, por um lado, os itens não estão completamente separados em cinco grupos distintamente visíveis. Por outro lado, há regiões do espaço onde se agrupam itens do mesmo fator. Por exemplo: abertura (bfi_10, bfi_05, bfi_30, bfi_44, bfi_41), agradabilidade (bfi_42, bfi_02, bfi_07, bfi_37, bfi_12, bfi_27, bfi_32) e emocionalidade negativa (bfi_14, bfi_24, bfi_39, bfi_29, bfi_09, bfi_39).

Os vetores captam informações gerais de uso das palavras tais como: aspectos sintáticos, gramaticais e semânticos. Isso pode ser observado em alguns agrupamentos de itens que são de fatores diferentes, mas apresentam uma similaridade semântica por causa de alguma palavra no item. Por exemplo todos os itens bfi_15, bfi_26, bfi_40 referem-se ao verbo pensar e refletir:

```
bfi %>% filter(CodItem %in% c("bfi_15", "bfi_26", "bfi_40")) %>%
 select(CodItem, domain, item_text_pt)
## # A tibble: 3 x 3
## CodItem domain item_text_pt
##   <chr>   <chr>  <chr>
## 1 bfi_15  O      Gosto de pensar profundamente sobre as coisas
## 2 bfi_40  O      Gosto de refletir e brincar com minhas ideias
## 3 bfi_26  E      Não tenho medo de expressar o que penso
```

Os itens bfi_35, bfi_03, bfi_28 usam a palavra "tarefa".

```
bfi %>% filter(CodItem %in% c("bfi_35", "bfi_03", "bfi_28")) %>%
  select(CodItem, domain, item_text_pt)
## # A tibble: 3 x 3
##   CodItem domain item_text_pt
##     <chr>   <chr>   <chr>
## 1   bfi_35  O       Gosto de ter uma rotina de tarefas
## 2   bfi_03  C       Sou caprichoso e detalhista nas tarefas escolares
## 3   bfi_28  C       Não desisto até terminar a tarefa
```

E os itens bfi_18, bfi_23, bfi_36, bfi_31 usam a estrutura linguística "Eu sou" ou "Eu costumo".

```
bfi %>% filter(CodItem %in% c("bfi_18", "bfi_23", "bfi_36", "bfi_31")) %>%
 select(CodItem, domain, item_text_pt)
## # A tibble: 4 x 3
## CodItem domain item_text_pt
##     <chr>   <chr>   <chr>
## 1   bfi_18  C       Costumo ser desorganizado
## 2   bfi_23  C       Costumo ser preguiçoso
## 3   bfi_31  E       Sou tímido, inibido
## 4   bfi_36  E       Sou desinibido, sociável
```

Outro método que pode ser usado para se estudar a organização latente dos itens é fazer a análise das similaridades no nível das palavras. Isso pode ajudar a entender a similaridade semântica dos vocábulos usados nos itens. Usaremos, nessa análise, o *dataframe* bfi2 que tem uma linha para cada palavra. Antes de rodar a análise é preciso eliminar linhas repetidas por causa das palavras que aparecem em mais de um item. Em seguida, rodamos a análise *t-sne* e adicionamos as coordenadas no espaço bidimensional resultantes no *dataframe* bfi2.

```
bfi2b <- bfi2 %>% select(6:306) %>%
      group_by(words) %>%
     summarize_all(.funs = mean)

 set.seed(44)
 library(Rtsne)
 tsne_out2 <- Rtsne(bfi2b[ , 2:301], perplexity = 13)
```

```
bfi2b <- bind_cols(
    bfi2b,
    x = tsne_out2$Y[, 1],
    y = tsne_out2$Y[, 2]
)
f2 <- left_join( bfi2, bfi2b[ , c(1, 302, 303)], by = "words") %>%
    mutate(fator = factor(domain, levels =c("O", "C", "E", "A", "N"))) %>%
    ggplot(bfi, mapping = aes(
    y = y,
    x = x,
    color = fator
    )
    ) +
    geom_point() +
    geom_text_repel(
    aes(label=words),
    size=2.5, vjust=-1.2
    )

f2
```

**Figura 4**
*Semelhança entre as palavras que compõem os itens*

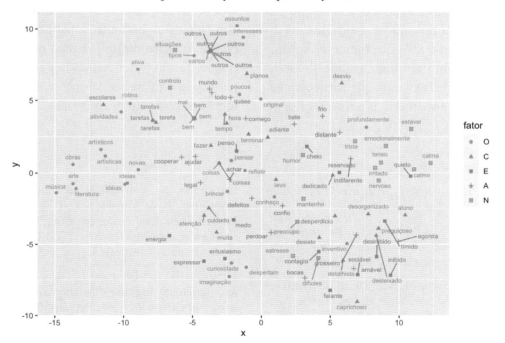

A figura 4 mostra alguns agrupamentos semânticos relevantes. À esquerda há um grupo de palavras associadas à abertura (círculos). À direita perto de $y = 0$ um grupo de palavras associadas a emocionalidade negativa (com formato x). No canto inferior direito há um conjunto de adjetivos negativos de vários fatores. Na região $x = -10$ e $y = 5$ há várias palavras referindo-se a tarefas rotinas e atividades relacionadas aos itens de conscienciosidade e abertura. Na região $x = -4$ e $y = -6$ há um grupo de palavras de extroversão e abertura. Em geral, as palavras dos itens de E, C e A parecem mais misturadas do que aquelas de N e O.

## Considerações finais

Este capítulo apresenta os vetores de palavras e exemplifica sua utilização para classificação de itens de avaliação de personalidade, buscando entender as dimensões latentes que classificam os itens no modelo *Big Five*. Os vetores de palavras são úteis para nos ajudar a explorar as dimensões latentes em textos diretamente. Vetores pré-treinados possibilitam uma grande flexibilidade para análises de textos, já que fornecem vetores para praticamente todas as palavras. Assim, o método ilustrado pode ser utilizado em qualquer situação na qual se queira analisar textos.

Mas há algumas limitações. Como os vetores são treinados em uma vasta quantidade de textos, eles codificam informações gerais do uso da linguagem. Os elementos codificados podem não ser ótimos para o problema em foco, como por exemplo para a classificação de traços descritores da personalidade. Uma possível solução seria treinar os vetores em um *corpus* de texto específico, por exemplo, em transcrições de psicoterapia. Mas isso requer uma quantidade grande de textos.

Uma segunda limitação é a polissemia, isto é, a multiplicidade de sentidos que uma mesma palavra pode conotar, dependendo do contexto. O método que demonstramos codifica um sentido por palavra e por isso não acomoda a polissemia. Mas há modelos mais sofisticados que avançam nesse ponto (como em: da Silva & Caseli, 2020).

O processamento de linguagem natural evoluiu muito, especialmente nos últimos cinco anos, com métodos bastante sofisticados. O exemplo ilustrado neste capítulo é uma pequena demonstração da sua potencialidade para sensibilizar os pesquisadores na psicologia a investirem nesses métodos bastante promissores.

## Referências

Cattell, R. B. (1963). *Análise científica da personalidade*. Ibrasa.

Cattell, R. B. (1973). *Personality and mood by questionnaire: A handbook of interpretative theory, psychometrics and practical procedures*. Jossey-Bass.

Da Silva, J. R., & Caseli, H. M. (2020). Generating Sense Embeddings for Syntactic and Semantic Analogy for Portuguese. *ArXiv*: 2001.07574 [Cs]. http://arxiv.org/abs/2001.07574

Hartmann, N., Fonseca, E., Shulby, C., Treviso, M., Rodrigues, J., & Aluisio, S. (2017). Portuguese Word Embeddings: Evaluating on Word Analogies and Natural Language Tasks. *arXiv*: 1708.06025 [Cs]. http://arxiv.org/abs/1708.06025

Hirsh, J. B., & Peterson, J. B. (2009). Personality and language use in self-narratives. *Journal of Research in Personality*, 43(3), 524-527. https://doi.org/10.1016/j.jrp.2009.01.006

John, O. P., Naumann, L. P., & Soto, C. J. (2008). Paradigm shift to the integrative Big Five trait taxonomy: History, measurement, and conceptual issues. In O. P. John, R. W. Robins & L. A. Pervin (orgs.), *Handbook of personality: Theory and research* (3. ed., pp. 114-158). Guilford.

Krijthe, J. H. (2015). *Rtsne: T-distributed stochastic neighbor embedding using barnes-hut implementation* [Manual R package version 0.15]. https://github.com/jkrijthe/Rtsne

Kulkarni, V., Kern, M. L., Stillwell, D., Kosinski, M., Matz, S., Ungar, L., ... Schwartz, H. A. (2018). Latent human traits in the language of social media: An open-vocabulary approach. *Plos One, 13*(11), e0201703. https://doi.org/10.1371/journal.pone.0201703

Lane, H., Howard, C., & Hapke, H. M. (2019). *Natural language processing in action*. Manning.

Mikolov, T., Sutskever, I., Chen, K., Corrado, G. S., & Dean, J. (2013). Distributed representations of words and phrases and their compositionality. In *Advances in neural information processing systems* (pp. 3.111-3.119).

Park, G., Schwartz, H. A., Eichstaedt, J. C., Kern, M. L., Kosinski, M., Stillwell, D. J., ... Seligman, M. E. P. (2015). Automatic personality assessment through social media language. *Journal of Personality and Social Psychology, 108*(6), 934-952. https://doi.org/10.1037/pspp0000020

Peres, A. J. S. (2020). Processamento da linguagem natural: modelagem de tópicos. In M. N. Baptista, C. Faiad & Primi (orgs.), *Tutoriais em análise de dados aplicada à psicometria*. Vozes.

Rodrigues, J., Branco, A., Neale, S., & Silva, J. (2016). LX-DSemVectors: distributional semantics models for Portuguese. In J. Silva, R. Ribeiro, P. Quaresma, A. Adami & A. Branco (orgs.), *Computational Processing of the Portuguese Language* (pp. 259-270). Springer International. https://doi.org/10.1007/978-3-319-41552-9_27

Rumelhart, D. E., & Abrahamson, A. A. (1973). A model for analogical reasoning. *Cognitive Psychology, 5*(1), 1-28. https://doi.org/10.1016/0010-0285(73)90023-6

Silge, J., & Robinson, D. (2017). *Text mining with R: A Tidy approach*. Sebastopol O'Reilly Media.

Van der Maaten, L., & Hinton, G. (2008). Visualizing Data using t-SNE. *Journal of Machine Learning Research, 9*(nov.), 2.579-2.605.

Wickham et al., (2019). Welcome to the Tidyverse. *Journal of Open-Source Software, 4*(43), 1.686. https://doi.org/10.21105/joss.01686

# Índice analítico

Acerto ao acaso 186-190, 247

Acurácia 128-129, 131-135, 139, 141, 400, 404, 412, 413, 415-417
  -diagnóstica 128-129, 134-135, 139, 141

Adaptabilidade de carreira 363, 377

Aleatório 164-165, 168-169, 173-174, 176, 308

*Alpha* 253, 278

Amostra(s) 24-27, 36-40, 42, 44-45, 48, 55-56, 61, 65-72, 75-77, 79-80, 93, 95, 100, 103, 105, 113-115, 117, 129, 135-136-139, 145, 156, 163, 186, 192, 227, 232, 234, 243, 246-247, 258, 260, 262, 274, 293-295, 300-301, 304, 306, 311, 321, 324-326, 334, 360, 363, 381, 385, 391, 404, 409, 412, 414-417, 423, 441

Amostral(is) 74, 76-77, 79, 83, 85, 93-94, 100-101, 108, 225, 294, 299, 301, 324-325, 327, 383, 385, 391, 412-413, 416-417

Amostras independentes 26-27, 64, 66, 72, 75-76

Amostras pareadas 68-69, 72

Análise de dados 12, 30, 32, 43, 62, 102, 126, 205, 225-226, 299, 360, 420-422, 434, 443, 458

Análise de Escala de Mokken (AEM) 183, 192-195, 198

Análise de especificidades 425, 434

Análise de rede(s) 400-404, 416-418

Análise de variância 43, 64, 74-75, 77-79, 85-90, 92, 100

Análise fatorial 20, 30, 38, 43, 46, 62, 143, 146, 187, 226, 235, 269, 271, 292-297, 300-302, 316, 320-321, 326, 334, 340, 353, 357, 360, 460-461, 482

Análise Fatorial Confirmatória (AFC) 143-150, 156-157, 226, 235, 295, 320-321, 324-326, 334-335, 338, 340, 357, 360-361, 377, 380, 382, 401, 425, 434

Análise Fatorial Confirmatória Multigrupo (AFCMG) 146, 269, 334

Análise Fatorial Exploratória (AFE) 292-297, 300-302, 316, 321, 325, 360-363, 365-369, 372, 374-375, 377, 380, 412, 438, 441, 443

Análise Multivariada de Variância 92-93, 100

Análise Paralela (AP) 20, 294, 296, 301-302, 308

Anova(s) 20, 27, 64, 75-78, 81, 85-88, 92, 99, 111, 117, 150, 334, 336, 372, 380

*A posteriori* 176, 222, 232, 234, 236, 240

*A priori* 144, 225-226, 230-232, 235, 387, 440-441

Aquiescência 210-211, 360-363, 368, 372, 374-375, 377

Assimetria 24, 35-36, 44-46, 65, 93, 96, 105-106, 272, 306, 384

AUC 129-131, 137

Bayes 171, 243

Bayesiana(s)/Bayesiano(s) 13, 29-30, 171, 181, 225-227, 230-236, 243, 439, 484

Bayesian Information Criterion (BIC) 117, 171-173, 176-178, 276, 280, 283, 294, 296, 301, 310, 324, 329, 337, 408

Bifator 342-343, 345-346, 349, 351-358

Big Five Inventory (BFI) 210, 460, 466

*Bootstrapping* 299, 302, 412-413

Classificação Hierárquica Descendente (CHD) 421, 426, 428, 431-432, 434

Carga(s) fatorial(is) 146, 148, 150-156, 209, 211-212, 218-220, 222, 235-236, 239-240, 293-295, 310-311, 321- 323, 327-328, 330, 332-335, 337, 339, 345-347, 349, 351-352, 356, 360-361, 367-369, 374-375, 377, 381, 383, 388, 391, 393, 438

Casos extremos 41-43, 65-66, 79

Centralidade 43, 411, 413-416

Chance(s) 20, 52, 64, 113, 133, 138-139, 175, 188, 190, 214, 231, 247, 259, 271-272, 325

Codificação dos dados 422

Coeficiente de escalabilidade H 193-194

Colinearidade 47-48, 106

Combinação linear 92-94, 96-97, 101-102, 115, 271

Comparação de médias 64, 72, 79, 336

Computerized Adaptive Testing (CAT) 185

Configural 146-147, 153, 156, 335-336

*Corpus* 422-424, 428, 431, 438-439, 441-445, 447-448, 457-458, 463-468, 474, 422-424, 428, 431, 438-439, 441-446

Correlação(ções) 20, 23-25, 29, 38, 43, 46-47, 51-62, 64, 70-71, 92-95, 102, 106-108, 110-111, 115, 144-145, 152, 156, 158, 168-169, 175, 194, 210-211, 220, 222, 235, 237, 240-243, 253-254, 293, 296, 300-302, 305, 307, 311-312, 321, 323, 325, 330, 333-334, 339, 343, 346-347, 349, 351, 353, 358, 362, 369, 375, 381, 383-384, 387, 401-409, 411, 414-416, 441, 448, 457, 461, 465, 469
  - de Pearson 54, 57, 61
  - estatisticamente significativas 53, 55
  - item-resto 254
  - paramétrica 52
  - parcial(is) 54, 56-57, 108, 110, 321, 402-403, 408-409, 411, 416

Covariância 47, 51, 93, 104, 144-145, 321, 324, 327, 330, 343, 346, 408, 411

Curva Característica do Item (CCI) 185-186, 189, 192, 196-197, 247

Curva de Informação do Item (CII) 188-189

Dados
  - atípicos 40, 48
  - ausentes 32, 37, 79
  - omissos 36-37, 39, 65
  - perdidos 36-41, 43, 48
  - qualitativos 420-422, 424, 434

Dass-21  22, 148-150, 152, 156-158, 405

*Data frame* 8, 17, 19, 21, 28, 346

*d* de Cohen 67, 70-71

Dendograma 428, 432

Diagrama 54, 61, 80, 380, 385, 402

Dificuldade(s) 30, 33, 149, 184-190, 193-195, 197, 227-230, 239-240, 247-250, 258, 262-265, 271, 279, 296, 304, 313, 315, 404

Discriminação 131, 185-186, 188-190, 194-195, 247, 270-271, 273, 275, 279, 296, 304, 313, 315, 342, 424

Dispersão 61, 74, 105, 121, 168, 178, 232, 384

Distribuição 44-46, 59, 61, 65-66, 78, 81, 93, 105-106, 108, 115, 119, 121, 217, 222, 228-234, 239-240, 247, 249, 260, 264, 274, 293, 302, 384, 412, 422, 424-425, 438-439, 445, 453, 455
  - dos dados 38, 41, 44, 46, 105, 107
  - dos resíduos 47, 106, 121, 163
  - normal 27, 44-45, 58, 65-66, 79, 81, 96, 103, 115, 119, 121, 171, 180, 192, 209, 236, 240, 243, 307, 321-322, 328, 411-412

Efeito(s) 27, 40, 44, 47, 56-57, 60, 62, 64, 70-72, 76, 78-79, 85, 87-88, 90, 92-94, 97, 99-101, 105, 107, 111-112, 114, 117, 119, 121-122, 126, 129, 144, 162-167, 169-170, 173-176, 181, 186, 209-210, 243, 274-275, 278-279, 282, 294, 306-307, 325, 336-337, 343, 345, 361-362, 377, 391, 393, 402, 408-409, 411, 416, 422

**Índice analítico**

Equações estruturais 46, 102, 143, 296, 382, 386, 394, 397

Erro
- do tipo I 55-56, 64, 67, 70, 79, 92, 100-101, 162, 274, 278
- do tipo II 80
- padrão 24, 35, 171, 229, 264, 302, 328
- padrão da diferença 67, 69

Escalar 53, 146-147, 153-154, 156-157, 335-336

Escolha forçada 205-206-207, 209-213, 215, 222

Especificidades 103, 129, 131-135, 137, 408, 423, 425, 434

Estabilidade 143, 146, 210, 246, 400-401, 404, 412, 414-417, 461

Estimação 40, 43, 106, 113, 122, 126, 143-144, 146, 148, 157-158, 186, 192, 195, 202, 228, 231-232, 234, 264, 275, 278, 302, 307, 321-322, 324, 327, 331-332, 340, 346, 352, 361-362, 377, 384, 391, 400, 411-412, 417, 465, 468

Estratos 258, 260

Estrutura fatorial 146-147, 150-153, 156, 210, 269, 307, 310, 312, 325, 338, 340, 360-363, 372

Experimentos 62, 76, 100, 227

Exploratory Structural Equation Modeling (Esem) 145, 360-363, 365-366, 368-369, 371-372, 374-375, 377

Frequentista 225, 243

Funções 11-12, 15-17, 19-20, 23-24, 28-29, 31, 37, 87, 90, 94, 154, 171-172, 209, 213-217, 271, 277-278, 282, 285, 320-321, 326, 357, 387, 434, 467
- de Resposta dos Itens (FRI) 193, 199, 201

Gaussianos 400, 411, 416

Glasso 409, 416

Graus de liberdade 67, 71, 78, 85, 88, 274, 302, 322-323, 328, 333, 345, 386

Heteroscedasticidade 46-47

Heywood 220, 294, 307

Hiperparâmetros 233, 408, 440-441, 453

Homocedasticidade 79, 107, 115, 121, 178

Homogeneidade 93, 95
- de variância 47, 65, 76-77, 81-82, 89, 93-94, 335
- monótona 193-194

Hull 294, 296, 301, 308

Igualdade das variâncias 65, 68, 97

Independência local 186-188, 321, 325, 343, 349

Índice(s) 80, 85, 90, 96, 100, 103, 117, 129, 136, 145-147, 151-152, 154, 156-158, 177, 192-194, 198, 210, 212, 247, 256, 258, 296, 301-302, 304, 307, 309-310, 312-313, 316-317, 324-325, 327-332, 335, 337, 339, 345-347, 353, 361, 366, 369, 371-374, 381, 384-385, 389, 391, 393-394, 396, 414-415, 431, 457

*Infit* 256, 258

Inflação do erro do tipo II 80

Intercepto(s) 26, 103, 146, 154, 162-172, 174-178, 210, 271-273, 304, 314-315, 335, 387
randômico 362-363, 372

Interpretação referenciada no item 248, 251, 262, 265

Intervalo de Confiança (IC) 25, 27, 68, 117, 119, 121, 168, 299, 301, 303, 306, 310, 328, 413-414

Invariância(s) 146-148, 152-154, 156-158, 186, 268-269, 276, 289, 325, 331, 334-336, 340, 361

Ipsativo(s) 147, 207, 209

Iramuteq 420-422, 424, 426, 428, 432, 434, 484

Jamovi 52, 54, 55-57, 62, 65-67, 70, 113, 115, 119, 134-135

Lasso 408-409, 411

Latent Dirichlet Allocation (LDiA) 438-441, 451, 453, 457

Latent Semantic Analysis (LSA) 438

Latent Semantic Indexing (LSI), 438-439

Lavaan 143, 145-146, 148, 150, 157-158, 213-217, 220, 320, 322, 326-328, 330, 334, 357, 363, 365, 372, 377, 380-381, 386-389, 394-397

Lematização 424, 433

Linear Discriminant Analysis (LDA) 438

Linearidade 43, 46-48, 59, 93, 105-107, 115, 119, 294, 383-384

Linguagem natural 420, 436, 460, 462, 474

Listas 17-19, 461

*Logit* 272-274

*Lordif* 276, 278

Mann-Whitney 65, 68

Mapa de construto(s) 247, 249, 251-252, 260, 262-264

Matriz(es) 11, 17, 19-23, 28, 47, 57, 93-94, 97, 144-145, 217, 220, 253, 300-302, 307, 310, 321-322, 324, 327, 346-347, 349, 352-353, 383, 385, 391, 402-403, 405, 408-409, 411, 414, 418, 426, 441, 443, 455, 448, 451, 453, 457

Máxima verossimilhança 40, 225-226, 274, 321, 327, 383

Mediação 112-113, 382, 402, 411, 418

Medidas de centralidade 411, 413-414

Método Hull 296, 301

Métrica(s) 42, 46-48, 75, 78-79, 86, 92, 111, 117, 146-147, 153, 156, 184, 190, 247, 249-250, 258, 300, 335-336, 411, 441, 451, 457, 465

Mineração de texto(s) 437-438, 442, 444, 457

*Mirt* 195, 276-278, 283, 285

*Missing* 22, 37, 40, 215-216, 294, 299-300, 306
- *values* 36, 41, 48

Modelagem 13, 29, 113, 115, 144, 165, 192, 209-210, 222, 231, 234, 252, 269, 271, 324, 343, 345, 352, 361, 394, 397, 402, 408, 420

- de Equações Estruturais (MEE) 144, 226, 361, 380, 386-387, 457, 482
- de tópicos 420, 436, 438-439, 457-458

Modelo
- Bayes 233
- de Dupla Monotonicidade (MDM) 193-194
- de Homogeneidade Monótona (MHM) 193-194
- de resposta gradual de Samejima 183, 190, 195
- Linear Geral (GLM) 43, 46, 95
- Rasch 188-189, 192, 247-248, 255, 263-264

Modelos Lineares Multinível (MLM) 163-164, 327, 331, 384

Moderação 23, 111-113, 119, 121-122, 124, 164, 174-176, 402, 418

Monotonicidade 192-194, 198-199

Multicolinearidade 43, 47-48, 93, 106, 121, 294, 406

Natural Language Processing (NLP) 436-438, 442-444, 457

*N-grams* 437

Nível 13, 24, 26, 37, 47, 59, 74-75, 78-79, 88, 93, 100, 104-105, 108, 111, 113, 126, 147, 150, 164-165, 168, 171, 173-176, 183, 185-186, 205, 211, 227, 238, 247, 256, 258, 260, 262, 268-270, 274-275, 304, 314, 325-326, 362, 416, 472
- de medida 32, 52-53, 65, 72, 322

Normalidade 36, 41, 44-46, 58, 65, 76, 79-81, 93, 105-107, 109, 115, 119, 146, 302, 307, 331, 366
- multivariada 44, 46, 93-94, 96, 383
- univariada 44, 383

Nuvem de palavras 421, 424, 433, 445

Observações 24, 35, 37, 41-43, 74, 76-77, 79-80, 93, 103, 115, 161-162, 164, 327, 443
- extremas 41
- influentes 40, 43, 48

Ômega 85, 304, 355-357

Ordenação Invariante de Itens (OII) 193

Ordinal(is) 24, 52-54, 115, 117, 146, 150, 153, 155, 193-194, 238, 274-275, 296, 300, 302, 304, 314, 322, 331-332, 347, 365-366, 384, 391, 394, 404-405, 411

*Outfit* 256, 258

*Outlier(s)* 24, 30, 32, 40-43, 48, 61, 93, 105-106, 115, 121, 294-295

Pacote 13, 15-16, 20, 23, 30, 34-35, 37-40, 43, 46, 57, 113, 135-136, 146, 165, 167, 178, 194-195, 198, 205, 213-217, 219, 229, 233, 235, 240, 251-256, 277-278, 283, 285, 303, 320, 326, 328, 338-339, 342-343, 346-347, 356-358, 363, 365, 372, 377, 381, 386-388, 395, 405, 408, 441-446, 451, 453, 457, 466-467, 469-470

Palavras de parada 437, 442, 444

Paramétrica(s) 13, 52, 54, 58, 65, 183, 188, 192, 195, 198, 202, 383

Paramétrico(s) 54, 65, 68, 75, 163, 165, 188, 192, 202

Parâmetro(s) 27, 62, 65, 79, 81, 103, 106-108, 126, 143-147, 153-154, 158, 163, 165, 167, 169, 171, 175-178, 183-190, 192, 194-195, 209, 211-212, 218, 220, 225-235, 238-239, 243, 246-247, 250, 252, 255, 263-265, 268, 271-275, 277-278, 282, 303-304, 313, 316, 321-325, 327-329, 330-331, 333-334, 339-340, 345, 352, 383-386, 391, 393-394, 400-401, 408-409, 412-413, 417, 423, 431, 439, 440-441, 453, 455, 457

Pareadas 64, 68-69, 72

Pareados 64, 211

*Path analysis* 143, 380, 382

Pearson 25, 46-47, 52-55, 57-58, 61, 64, 70, 106, 301-302

Personalidade 13, 130, 184-185, 190, 210, 214, 222, 236, 240, 252, 326, 337-338, 346, 360, 400, 436, 439, 460-461, 465-466, 469, 474

*Plain text* 437

Policórica(s) 296, 300, 347, 383-384, 405, 416

Preditabilidade 400, 416-417

*Prior* 230, 234

Processamento da linguagem natural 436ss.

Programa R 343, 346, 372, 381, 11ss., 41

Projeto R 12

Psicometria 13, 32, 53, 188, 223, 226, 230, 233, 239, 342, 380, 405, 417, 443, 458

Qui-quadrado 20, 27-28, 145, 274, 296, 324, 328, 330, 372, 384-386, 391, 393-394, 426, 428, 431-432, 434

R 11-13, 15-26, 28-33, 36-37, 39, 41, 43, 45, 47, 51, 54-55, 57-58, 62, 70-71, 78-80, 85, 88, 95-96, 113-115, 148-149, 157, 161-162, 165, 171, 175, 177-178, 181, 183, 194-195, 198, 205, 213, 217, 222, 226, 229, 233, 240, 251-252, 255, 265, 269, 271, 277, 289, 291, 303, 320, 326-327, 340, 343, 346, 365-366, 372, 377, 381, 386-388, 400, 403-404, 418, 420, 422, 436, 441-442, 457, 484

$R^2$ 108-112, 114, 117, 119, 124

Rasch-Andrich thresholds (Tau) 248, 255-256, 260

Rasch-half-points thresholds 250

Rasch-Thurstone thresholds 260

Razão de verossimilhança negativo 133

*r* de Pearson 47, 70

Reamostragem 412-414, 417

RecodeFCit 205, 213-214, 216

Rede(s) 16, 183, 226, 232, 400-406, 408-409, 411-413, 416-418, 448

Regressão(ões) 20, 25-26, 39, 43-44, 46-48, 62, 85, 93-94, 102-113, 115, 119, 121-122, 124, 126, 143, 145, 158, 161-165, 169, 269, 271-272, 274-275, 283, 289, 319, 322, 325,

330, 334-335, 337-338, 380-383, 388, 393, 403, 408-409, 416, 438

Regularização 408-409, 411

Relação linear 61, 85, 103, 105-106, 117, 238, 322, 391

Resíduo(s) 44, 46-47, 106-107, 115, 119, 121, 147, 157, 163, 178, 180, 258, 325, 335, 338, 345, 408

Retenção de fatores 293-294, 296

Rotação(ões) 38, 293, 295-296, 346, 349, 351-354, 366
- oblíquas 295
- ortogonais 295

RStudio 11, 13-14, 16, 21, 23, 25, 28-29, 33-34, 149, 195, 363, 387-388, 391, 394-397, 404-405

Samejima's Graded Response Model (SGRM) 183, 190, 195

*Scripts* 12, 30, 363, 368, 377, 387-388, 405

Segmento de texto 423, 426

semTools 143, 145, 148-149, 157

Sensibilidade 132

Significância 44, 64, 68, 78, 80, 93, 100, 104, 106, 108, 112-113, 117, 150, 162, 199, 274-275, 307, 327, 385, 413, 432
- estatística 46, 54, 56, 67, 70-71, 117, 434
- prática 70

Simetria 65, 80

Similitude 421, 424-425, 433-434

Singularidade 47, 93, 106, 115, 121

*Slope* 162-166, 168-172, 175-178, 189, 272

Software(s) 11-13, 20, 30, 32, 43, 48, 52-55, 62, 65-68, 78, 85, 88, 105, 113, 141, 149, 162, 165, 179, 181, 186, 213-214, 216, 220, 226, 252, 292, 294-296, 299, 301, 310, 316, 320, 340, 377, 387, 397, 400, 403-404, 418, 420-423, 425-426, 428, 432, 434, 442, 484

Spearman 25, 52, 54, 58, 143, 342, 360

ST 302, 423-424, 426

*Stepwise* 109, 110,

Student 64-65

TAM 252, 254-256

Tamanho
- amostral 77, 79, 225, 294, 324-325, 327, 383, 385, 416-417
- de efeito 70, 72, 93, 114, 325, 409

Teoria
- de Redes 402
- de Resposta ao Item 20, 183-184, 188, 192, 202-203, 207, 226, 247, 255, 270, 292, 296-297, 313, 315, 384, 401

Teoria Clássica dos Testes (TCT) 184-185, 202, 205, 207, 209, 227, 233, 247, 251, 253

Teste(s) 17, 20, 25-28, 32, 44-47, 49, 52-58, 60-61, 64-72, 75-81, 85-86, 88-90, 92-97, 99-100, 104-107, 113-115, 117, 119-121, 124, 128-129, 131-136, 138-139, 143-145, 147, 158, 162, 165, 168-169, 173, 184-188, 192, 194, 198, 202, 205, 222, 227-229, 232-234, 243, 246-247, 251, 258, 262-264, 268-270, 274-275, 278, 282-283, 289, 295-296, 301, 306-307, 320-321, 324-325, 327, 334-336, 342-343, 345, 355-356, 380-381, 383-385, 387, 391, 393-394, 413, 426, 441, 460-461, 466

Tetracórica(s) 300, 347, 383-384

Texto(s) 15, 16, 54, 57, 71, 128, 165, 183, 225, 269, 271, 273-275, 278, 280, 283, 289, 299, 326, 380, 384, 420, 422-426, 428, 431-433, 436-439, 440, 442, 444, 457, 460, 462-464, 466-468, 474

*Thresholds* 146-147, 153-154, 156, 211-212, 248, 250, 255-256, 259-260, 263, 304, 314-315

*Tokenization* 437

*Tokens* 437, 467-468

Traço latente 183, 185-186, 188-190, 192-195, 209, 227, 247, 249, 262, 268, 304, 313-314, 335-336, 401

TRI 13, 183-188, 190, 192-195, 198, 202, 205, 207, 209, 218, 220, 222, 226, 238, 246-247, 252, 255, 258, 262, 269-271, 275-278, 283, 289, 296, 304, 313, 315-316, 401

*t-SNE* 470, 472

Unidimensionalidade 187, 193, 305, 309, 342, 355, 358

Uniforme 47, 220, 246, 270-271, 274-276, 279

Utilidade(s) 16, 131, 133, 147, 207-209, 212, 307

Validade 62, 141, 143-144, 146, 148, 157, 205, 209-210, 212, 230, 249, 269, 342, 362, 461

Valor(es)
- extremos ou atípicos 40, 42
- preditivo 106, 108, 129, 133

Variabilidade 74, 77, 79, 85, 90, 103, 107, 117, 119, 124, 147, 181, 293, 307

Variância(s) 24, 26-27, 38, 43-44, 46-47, 51, 54-55, 57, 64-66, 68, 74-79, 81-82, 85-90, 92-94, 97, 100, 104, 108-114, 117, 119, 124, 144-148, 152-154, 156-158, 167-171, 175-176, 186, 194, 209-210, 217, 220, 232, 235, 268-269, 276, 278, 289, 301, 306, 308, 321-325, 327, 330-337, 339-340, 342-343, 346-347, 349, 351-352, 355, 357, 361-363, 381, 383, 385-386, 391, 401-402, 408, 411, 416

Variável latente 144, 184, 193, 269-271, 273, 312, 321-323, 325-326, 330-331, 333, 335-336, 343, 361, 369, 381, 387, 400, 438

Verossimilhança 40, 133, 138, 171, 225, 228, 274-275, 278-279, 282, 321, 327, 383

Vetor(es) 17-20, 25, 229, 253, 278, 280, 439, 440, 442, 460, 462-466, 468-469, 471, 474

Viés(eses) 32, 43, 180, 205-206, 209-212, 222, 294-295, 299, 362-363, 375, 383-384, 391, 394, 412, 422, 431

Wilcoxon 65

Weighted Least Square Mean and Variance adjusted (WLSMV) 150, 154, 156, 226, 238, 303, 322, 324, 330-332, 383-384, 388, 394

Word embeddings 460, 462, 466, 469

Word vectors 462

word2vec 462-463, 465-466, 468

# Sobre os autores

**Alexandre Jaloto** é biólogo e mestre em Educação em Ciências e Saúde pela Universidade Federal do Rio de Janeiro. Doutorando em Psicologia com ênfase em Avaliação Psicológica na Universidade São Francisco. Desde 2009, atua no Instituto Nacional de Estudos e Pesquisas Educacionais Anísio Teixeira (Inep) como Pesquisador-Tecnologista em Informações e Avaliações Educacionais. Desde 2015, integra a equipe de psicometria da Diretoria de Avaliação da Educação Básica. Interessa-se sobretudo por avaliação educacional em larga escala, medidas em educação e psicometria.

Endereço: Rua Barreto Leme, 1661, apto 72, Campinas, SP. CEP: 13010-201.
E-mail: alexandre.jaloto@inep.gov.br

**Alexandre José de Souza Peres** é psicólogo pela Universidade Federal de Uberlândia (UFU), com mestrado e doutorado em Psicologia Social, do Trabalho e das Organizações, linha de pesquisa Avaliação e Medidas em Psicologia, pela Universidade de Brasília (UnB). Atualmente é docente do Programa de Pós-Graduação em Psicologia e do *Campus* de Paranaíba da Universidade Federal de Mato Grosso do Sul (UFMS). Foi pesquisador-tecnologista em avaliações e informações educacionais no Inep (2009-2018), *fellow* do Strategic Data Project da Universidade de Harvard (2013-2015) e psicólogo do Ministério do Desenvolvimento Social e do Combate à Fome (2006-2009).

Endereço: Universidade Federal de Mato Grosso do Sul (UFMS), Avenida Pedro Pedrossian, 725, Paranaíba, MS. CEP: 79500-000.
E-mail: alexandre.peres@gmail.com e alexandre.peres@ufms.br

**Ana Carla Crispim** é gerente de Projetos no Edu-Lab21 no Instituto Ayrton Senna e consultora na área de desenvolvimento de testes psicológicos e metodologia de pesquisa. Tem pós-doutorado em modelagem estatística para ciências do comportamento pelo Departamento de Psicologia Experimental do Instituto de Psicologia da Universidade de São Paulo, doutorado em Psicologia, com ênfase em psicometria pelo Programa de Pós-Graduação em Psicologia da University of Kent, no Reino Unido, mestrado em Psicologia pelo Programa de Pós-Graduação em Psicologia da Universidade Federal de Santa Catarina e graduação em Psicologia na Universidade do Vale do Itajaí.

Endereço: Instituto Ayrton Senna, Rua Doutor Fernandes Coelho, 85, São Paulo, SP. CEP: 05423-040.
E-mail: anacarlacrispim@gmail.com

**André Pereira Gonçalves** é psicólogo, especialista em Avaliação Psicológica, mestre e doutorando em Psicologia pela Universidade São Francisco.

Endereço: Rua Professora Maria Pilar Borgia, 215, Campinas, SP. CEP: 13045-410.
E-mail: andregoncalvespsi@gmail.com

**Ariela Raissa Lima-Costa** é professora no Programa de Pós-Graduação Stricto Sensu em Psicologia Forense da Universidade Tuiuti do Paraná (Capes 3), doutora em Psicologia pela Universidade São Francisco (USF), com período sanduíche na Universidade de Lund, na Suécia, mestre em Psicologia pela Universidade São Francisco (USF), com ênfase em Avaliação Psicológica, e bacharela em

Psicologia pela Universidade Estadual do Piauí (Uespi).

Endereço: Rua Casemiro Augusto Rodacki, 287, Torre 1, apto 208. Curitiba, PR. CEP: 81280-480.
E-mail: arielalima10@gmail.com

**Bruno Bonfá-Araujo** é mestre e doutorando em Psicologia com ênfase em Avaliação Psicológica pela Universidade São Francisco (USF), psicólogo pela Universidade de Mogi das Cruzes (UMC), especialista em Neurociências pela Universidade Federal de São Paulo (Unifesp). Desenvolve estudos na área de personalidade sombria, psicopatologia, psicometria, adaptação e construção de instrumentos.

Endereço: Rua João Bairão, 537, Santa Isabel, SP. CEP: 07500-000.
E-mail: brunobonffa@outlook.com

**Bruno Figueiredo Damásio** é psicólogo (UEPB), mestre e doutor em Psicologia pela Universidade Federal do Rio Grande do Sul (UFRGS, Capes 7). professor permanente do Instituto de Psicologia (IP) da Universidade Federal do Rio de Janeiro (UFRJ), no Departamento de Psicometria e do Programa de Pós-Graduação em Psicologia IP/UFRJ (2013-2020). É CEO do Psicometria Online, um portal de formação de novos pesquisadores com ênfase em Psicometria e Análise Quantitativa de Dados. Tem como foco a Psicometria e a Psicologia Positiva. Suas maiores contribuições científicas encontram-se no âmbito da construção, adaptação e validação de instrumentos psicológicos, utilizando Modelagem por Equações Estruturais e teoria de resposta ao item.

**Carlos Henrique Sancineto da Silva Nunes** é psicólogo, doutor em Psicologia pelo PPGPsico da UFRGS, professor-associado do Departamento de Psicologia da Universidade Federal de Santa Catarina. Tem atuado na área de avaliação psicológica com ênfase em avaliação da personalidade, inteligência, desenvolvimento de métodos computadorizados para avaliação e psicometria.

Endereço: Departamento de Psicologia – CFH. Rua Engenheiro Agrônomo Andrey C. Ferreira, s.n., Florianópolis, SC. CEP: 88040-970.
E-mail: carlos.nunes@ufsc.br

**Carlos Manoel Lopes Rodrigues** é graduado em Psicologia pela Universidade Federal de Uberlândia (UFU), mestre e doutorando em Psicologia Social, do Trabalho e das Organizações pela Universidade de Brasília (UnB). Professor-adjunto do Centro Universitário de Brasília (Ceub) nas áreas de Avaliação Psicológica e Métodos de Pesquisa. Desenvolve estudos nas áreas de instrumentação e avaliação psicológica, psicologia da segurança e da saúde ocupacional.

Endereço: QNN8, Conjunto N, casa 34, Ceilândia, Brasília, DF. CEP: 72220-094.
E-mail: prof.carlos.manoel@gmail.com

**Claudette Maria Medeiros Vendramini** é graduada e mestre em Estatística, doutora em Educação pela Unicamp, docente da Universidade São Francisco (USF) com experiência em: educação estatística, Ensino Superior, avaliação em larga escala. Membro da Pós-Graduação Stricto Sensu em Psicologia da USF (2000-2020). Foi consultora *ad hoc* do MEC/Inep para avaliação do Enade; multiplicadora do Programa de Capacitação de Avaliadores do BASis/MEC, coordenadora da Divisão de Desenvolvimento Educacional da USF e de programas de iniciação científica da USF/CNPq; membro da Comissão Técnica de Acompanhamento e Avaliação (CTAA/Inep/MEC); coordenadora brasileira do International Statistical Literacy Project. Atualmente coordena, na USF, o Programa de Avaliação Discente, a Câmara Temática de Processos Avaliativos e o Laboratório LabMepe.

Endereço: Praça Frederico Junqueira, 33, torre A, apto 114/115, Itatiba, SP. CEP: 13256-339.
E-mail: claudettevendramini@gmail.com

**Cristiane Faiad de Moura** é mestre e doutora em Psicologia Social, do Trabalho e das Organizações, pela Universidade de Brasília (UnB), docente do Departamento de Psicologia Clínica e Programa de Pós-graduação em Psicologia Social, do Trabalho e das Organizações da UnB. Coordena o Laboratório de Pesquisa em Avaliação e Medidas (Labpam/UnB), o Centro de Pesquisa em Avaliação e Tecnologias Sociais (Cepats/IP/UnB) e o Grupo de Pesquisa em Avaliação Psicológica no Contexto de Segurança Pública, Privada e Forças Armadas.

Endereço: SHIS QI 17 Conjunto 13 Casa 14, Lago Sul, Brasília, DF. CEP: 71645-130.
E-mail: crisfaiad@gmail.com

**Douglas de Farias Dutra** é psicólogo e mestre em Psicologia pela Universidade Federal do Rio de Janeiro (UFRJ), professor de Psicologia no Instituto Brasileiro de Medicina de Reabilitação (IBMR), consultor em Psicometria e análise de dados. Tem experiência nas áreas de Psicometria e Neuropsicologia, com interesse nos seguintes temas: Desenvolvimento de medidas em Psicologia, utilização da modelagem por equações estruturais na Psicologia e relações entre o ambiente e o desenvolvimento das funções executivas.

**Elaine Rabelo Neiva** é professora do Departamento de Administração e do Programa de Pós--graduação em Psicologia Social, do Trabalho e das Organizações da Universidade de Brasília. Tem graduação, mestrado e doutorado em Psicologia pela Universidade de Brasília com estágio doutoral no exterior (doutorado sanduíche) na Universidade Complutense de Madri e pós-doutorado no programa de pós-graduação em psicologia social e organizacional da Columbia University em Nova York, Teachers College. Tem experiência na área de Psicologia, com ênfase nos seguintes temas: mudança organizacional, intervenção para a mudança, avaliação da mudança, estudos longitudinais, poder organizacional e análise organizacional.

Endereço: Universidade de Brasília, Prédio da Face. Asa Norte, Brasília, DF. CEP: 70900-910.
E-mail: elaine_neiva@uol.com.br

**Evandro Morais Peixoto** é docente do Programa de Pós-Graduação Stricto Sensu em Psicologia da Universidade São Francisco e doutor em Psicologia como Profissão e Ciência pela Pontifícia Universidade Católica de Campinas, com estágio doutoral desenvolvido na Université du Québec à Trois-Rivières UQTR, no Canadá. Integra o GT Avaliação Psicológica em Psicologia Positiva e Criatividade na Anpepp e a Comissão Consultiva em Avaliação Psicológica CCAP/CFP. Seus principais temas de investigação são: avaliação psicológica, psicometria, psicologia do esporte, desenvolvimento positivo por meio do esporte.

Endereço: Rua São Miguel Arcanjo, 1730, apto 98. Campinas, SP. CEP: 13040-061.
E-mail: peixotoem@gmail.com

**Everson Meireles** é doutor em Psicologia/Avaliação Psicológica pela Universidade São Francisco (USF), professor-adjunto do curso de Psicologia da Universidade Federal do Recôncavo da Bahia (UFRB) e membro fundador do Laboratório de Instrumentação e Avaliação Psicológica (Labiap/UFRB). Atualmente chefia a Secretaria de Integração, Avaliação e Desenvolvimento Institucional (Siadi) ligada ao gabinete da reitoria da UFRB. Desenvolve atividades de ensino, pesquisa e extensão no campo da avaliação de indivíduos, grupos e instituições, com ênfase em Métodos Quantitativos, Avaliação Psicológica, Psicometria, Construção/Validação de Medidas e Testes Psicológicos; Psicologia Social e Comportamento do Consumidor.

Endereço: Avenida Carlos Amaral, 1015, Santo Antônio de Jesus, BA. CEP: 44430-622.
E-mail: emeireles@ufrb.edu.br

**Fabio Iglesias** é professor do Programa de Pós-Graduação em Psicologia Social, do Trabalho e das Organizações e do Programa de Pós-Graduação em Psicologia Clínica, da Universidade de Brasília. É doutor em Psicologia, com pós-doutorado na University of Victoria, no Canadá. Coordena o Grupo Influência (www.influencia.unb.br), que desenvolve pesquisas aplicadas à mudança de comportamento em áreas como segurança pública, consumo e meio ambiente. Leciona metodologia, análise de dados quantitativos, delineamentos, influência social e psicologia da personalidade.

Endereço: Universidade de Brasília, ICC Sul Sala A1-116 Asa Norte, Brasília-DF. CEP: 70900-100.
E-mail: iglesias@unb.br

**Felipe Valentini** é professor do Programa de Pós-Graduação Stricto Sensu em Psicologia da Universidade São Francisco (USF); é doutor em Psicologia pela Universidade de Brasília (UnB), e realizou estágio pós-doutoral na Universidade de Massachusetts (UMASS). É bolsista de produtividade do CNPq (nível 2). Seus interesses de pesquisa se concentram em psicometria (principalmente TRI, SEM, análise multinível e viés de resposta), avaliação psicológica, inteligência e desempenho.

Endereço: Universidade São Francisco, Programa de Mestrado e Doutorado em Psicologia. Rua Waldemar César da Silveira, 105, Campinas, SP. CEP: 13045-510.
E-mail: valentini.felipe@gmail.com

**Gabriela Yukari Iwama** é psicóloga e bacharela em psicologia pela Universidade de Brasília, aluna de pós-graduação do programa de neurociência interdisciplinar da Universidade de Tübingen em colaboração com o Max Planck Institute for Biological Cybernetics. Tem interesse em modelos computacionais de tomada de decisão em psicopatologia.

Endereço: Avenida Cipriano Rodrigues, 200, apto 41/B, São Paulo, SP. CEP: 03361-010.
E-mail: gabrielaiwama@gmail.com

**Giselle Pianowski** é doutora em Avaliação Psicológica pela Universidade São Francisco (USF) e pesquisadora-associada do Rorschach Performance Assessment System.

Endereço: Avenida da Saudade, 84, apto 104, Itatiba, SP. CEP: 13253-000.
E-mail: gisellepianowski@gmail.com

**Gustavo Henrique Martins** é psicólogo e mestre em Psicologia pela Universidade São Francisco. Atualmente é doutorando do Programa de Pós-Graduação em Psicologia da Universidade São Francisco (bolsista Fapesp). Integra o Grupo de Estudo, Pesquisas e Práticas em Orientação de Carreira (Geppoc-USF). Tem se dedicado aos estudos nas áreas de Psicometria e Orientação Profissional e de Carreira.

Endereço: Rua Professora Maria Pilar Bórgia, 215, apto 401/C, Campinas, SP. CEP: 13045-410.
E-mail: gustavoh.martins95@gmail.com

**Jacob Arie Laros** recebeu o título de PhD em Psychological, Social and Educational Sciences em 1991 pela Rijksuniversiteit Groningen nos Países Baixos. Integra o corpo docente do Instituto de

Psicologia da Universidade de Brasília (UnB) desde 1995. Coordena o laboratório META (Métodos e Técnicas de Avaliação). É professor-titular aposentado do Departamento de Psicologia Social e do Trabalho da UnB, além de pesquisador colaborador sênior do Programa de Pós-graduação em Psicologia Social, do Trabalho e das Organizações no qual orienta estudantes de mestrado e doutorado e no qual ministra aulas. Seus temas de pesquisa são avaliação cognitiva, avaliação educacional, avaliação dos traços de personalidade.

Endereço: Campus da UnB, Rua Gleba A, Colina, apto 507/J, Brasília, DF. CEP: 70904-110.
E-mail: jalaros@gmail.com

**João Ricardo Nickenig Vissoci** é psicólogo pela Universidade Estadual de Maringá (UEM) e doutor em Psicologia Social pela Pontifícia Universidade Católica de São Paulo. Atua como pesquisador na divisão de Emergency Medicine do departamento de cirurgia, e Duke Global Health Institute (DGHI), na Duke University. Lidera o consórcio Methods, Analytics and Technology for Health (Math), do laboratório de pesquisa Global Emergency Medicine Innovation and Implementation (Gemini/Duke University), do Grupo de Geoprocessamento e Tecnologias em Saúde (GETS/UEM) e do grupo Psicologia, Esporte e Saúde (PES/Unicesumar). Membro do Research Design and Analysis Core (RDAC) do Duke Global Health Institute e do Grupo de Estudos em Psicologia do Esporte e Desempenho Humano (GEPEDH/UEM).

**Josemberg Moura de Andrade** é formado em Psicologia pela Universidade Federal da Paraíba, com mestrado e doutorado em Psicologia Social e do Trabalho na área de Avaliação e Medidas pela Universidade de Brasília (UnB). Atualmente é professor Associado do Departamento de Psicologia

Social e do Trabalho (PST), professor permanente credenciado ao Programa de Pós-Graduação em Psicologia Social, do Trabalho e das Organizações (PSTO) na UnB, membro da Comissão Consultiva em Avaliação Psicológica (Satepsi/CFP) e vice-coordenador do laboratório META (Métodos e Técnicas de Avaliação). Foi editor-associado da revista *Psicologia: Teoria e Pesquisa* (UnB) na área de Avaliação Psicológica.

Endereço: SHIN QL 5, conjunto 5, casa 5, Lago Norte, Brasília, DF. CEP: 71505-755.
E-mail: josemberg.andrade@gmail.com

**Kaline da Silva Lima** tem graduação em Psicologia pela Universidade Federal da Paraíba (UFPB) e mestrado em Modelos de Decisão e Saúde (UFPB). Atualmente é doutoranda no Programa de Pós-graduação em Psicologia Social (UFPB).

Endereço: Rua Paulino dos Santos Coelho, 237, João Pessoa, PB. CEP: 58052-570.
E-mail: kaline.s.lima@hotmail.com

**Karen Cristine Teixeira** é psicóloga, doutora em Psicologia pela Universidade Federal de Santa Catarina (UFSC) com ênfase na área de Avaliação Psicológica em Saúde e Desenvolvimento. Atualmente é gerente de projetos e membro do eduLab21 do Instituto Ayrton Senna. Tem experiência na área da avaliação psicológica nos contextos esportivo e educacional e em psicometria. É membro do Laboratório de Pesquisa em Avaliação Psicológica (LPAP) da UFSC.

Endereço: Rua Doutor Fernandes Coelho, 85, São Paulo, SP. CEP: 05423-040.
E-mail: kteixeira@ias.org.br

**Leonardo de Barros Mose** é mestre em Psicologia e doutorando no Programa de Pós-Graduação Stricto Sensu em Psicologia da Universidade São Francisco (USF). Graduou-se em Psicologia na Universidade Federal Fluminense (UFF). Atua na área de avaliação psicológica, com experiência em análise e prevenção de vieses de resposta no contexto de carreira e avaliação da personalidade. Interessa-se por psicometria, modelagem de equações estruturais, teoria de resposta ao item thurstoniana, formatos de escolha forçada, interesses profissionais, habilidades socioemocionais e inteligência.

Endereço: Universidade São Francisco, Programa de Mestrado e Doutorado em Psicologia. Rua Waldemar César da Silveira, 105, Campinas, SP. CEP: 13045-510.
E-mail: leonardo.mose@hotmail.com

**Leonardo Fernandes Martins** é doutor em Psicologia e professor titular do Programa de Pós-Graduação em Psicologia da Universidade Salgado de Oliveira. Seus interesses de pesquisa concentram-se na área de implementação e avaliação de programas no contexto de serviços socioassistenciais e de saúde, com foco nas áreas de álcool e outras drogas, envolvendo especialmente abordagens baseadas em métodos quantitativos.

Endereço: Rua Santo Antônio, 1495, apto 301, Juiz de Fora, MG. CEP: 36570-123.
E-mail: leomartinsjf@gmail.com

**Lucas de Francisco Carvalho** é doutor em Avaliação Psicológica pela Universidade São Francisco (USF) e professor do Programa de Pós-Graduação Stricto Sensu em Avaliação Psicológica da USF. É bolsista produtividade do CNPq, e editor da *Revista Psico-USF*.

Endereço: Avenida da Saudade, 84, apto 104, Itatiba, SP. CEP: 13253-000.
E-mail: lucas@labape.com.br

**Luciana Mourão** é doutora em Psicologia pela Universidade de Brasília com estágio pós-doutoral no Instituto Universitário de Lisboa, professora do Programa de Pós-Graduação em Psicologia da Universidade Salgado de Oliveira e professora-visitante do Programa de Pós-Graduação em Psicologia Social da Universidade do Estado do Rio de Janeiro. Coordena o Aprimora – Núcleo de Estudos em Trajetória e Desenvolvimento Profissional. Pesquisa os temas desenvolvimento profissional, avaliação educacional e trajetórias de carreira. É pesquisadora CNPq e Faperj.

Endereço: Universidade Salgado de Oliveira – Programa de Pós-Graduação em Psicologia. Rua Marechal Deodoro, 217, 2º andar, Niterói, RJ, CEP: 24030-060.
E-mail: mourao.luciana@gmail.com

**Luís Gustavo do Amaral Vinha** é professor do Departamento de Estatística da Universidade de Brasília (UnB), doutor em Psicologia Social pela UnB e tem graduação e mestrado em Estatística pela Universidade de São Paulo (USP). Tem como principais linhas de pesquisa a avaliação educacional em larga escala e avaliação de programas sociais. Como pesquisador tem trabalhado com técnicas estatísticas aplicadas aos dados de pesquisas aplicadas, como modelos hierárquicos, psicometria, análise fatorial, modelos de teoria da resposta ao item e modelos de equações estruturais.

Endereço: Instituto de Ciências Exatas (UnB). Asa Norte, Brasília, DF. CEP: 70910-900.
E-mail: lgvinha@gmail.com

**Makilim Nunes Baptista** é mestre em Psicologia pela Pontifícia Universidade Católica de Campinas (1997) e doutor pelo departamento de Psiquiatria e Psicologia Médica da Universidade Federal de São Paulo (2001). Atualmente é docente do Programa de Pós-Graduação Stricto-Sensu em Psicologia da Universidade São Francisco, bolsista produtividade pelo CNPq; coordena o Laboratório de Avaliação Psicológica em Saúde Mental (Lapsam-III) do Programa de Pós-Graduação Stricto-Sensu em Psicologia da Universidade São Francisco; preside o Ibap (2019-2021); integra o Grupo de Trabalho de Família da União Latino-Americana de Entidades de Psicologia (Ulapsi) e a Red Mundial de Suicidologos.

Endereço: Estrada da Rhodia, 7250, Campinas, SP. CEP: 13085-902.
E-mail: makilim01@gmail.com

**Maria Cristina Ferreira** é doutora em Psicologia pela Fundação Getúlio Vargas, com estágio pós--doutoral na Victoria University, Nova Zelândia. É professora-titular do Programa de Pós-Graduação em Psicologia da Universidade Salgado de Oliveira. Coordenadora do Laboratório de Psicologia Organizacional Positiva (Lapo). Seus interesses de pesquisa concentram-se na área do comportamento organizacional positivo, particularmente no que tange à adaptação e validação de instrumentos e ao teste de modelos explicativos das diferentes facetas do bem-estar no trabalho, em amostras brasileiras.

Endereço: Rua Marquês de Valença, 80, apto 602, Rio de Janeiro, RJ. CEP: 20550-030.
E-mail: mcris@centroin.com.br

**Nelson Hauck Filho** é professor no Programa de Pós-Graduação Stricto Sensu em Psicologia da Universidade São Francisco – Campinas (Capes 7). Cursou a graduação em Psicologia pela Universidade Federal de Santa Maria (UFSM) e o mestrado e o doutorado em Psicologia pela Universidade Federal do Rio Grande do Sul (UFRGS). Desenvolve estudos investigando variáveis do contexto, do indivíduo e dos itens que explicam respostas a testes psicológicos, além de maneiras de minimizar vieses (desejabilidade social, grupo de referência e aquiescência) na avaliação psicométrica via autorrelato. Interessa-se por temáticas como vieses de resposta a instrumentos de autorrelato, psicopatia, transtornos da personalidade e competências socioemocionais.

Endereço: Programa de Pós-Graduação em Psicologia da Universidade São Francisco. Rua Waldemar César da Silveira, 105, Campinas, SP. CEP: 13045-510.
E-mail: hauck.nf@gmail.com

**Pedro Afonso Cortez** é docente nos Programas de Pós-Graduação Stricto Sensu em Psicologia da Universidade Metodista de São Paulo e na Universidade Tuiuti do Paraná (UTP). Doutorou-se em Psicologia pela Universidade São Francisco (USF) com período sanduíche no Instituto Superior de Ciências do Trabalho e da Empresa (ISCTE IUL), em Lisboa. É graduado e mestre em Psicologia pela Universidade Federal de Uberlândia (UFU). É especializado em Psicologia Organizacional e do Trabalho pela Faculdade Cidade Verde (FCV), em Maringá.

Endereço: Programa de Pós-Graduação Stricto Sensu em Psicologia da Saúde. Rua do Sacramento, 230, São Bernardo do Campo, SP. CEP: 09640-000.
E-mail: cor.afonso@gmail.com

**Raissa Damasceno Cunha** é doutoranda e mestre pelo Programa de Pós-Graduação em Psicologia Social, do Trabalho e das Organizações da Universidade de Brasília. Tem interesse em psicometria, dimensionamento da força de trabalho, construção de políticas de avaliação de desempenho, comportamento do consumidor, estratégias de persuasão, personalidade no contexto do trabalho, economia comportamental e setor público. Trabalhou em projetos de pesquisa para Ministério do Planejamento, Conab, entre outros órgãos públicos e privados. Fundou a Metrika – People Analytics, realizando atividades de mentoria em análises de dados no contexto organizacional.

Endereço: QI 31, lote 10, apto 206/B, Guará II, Brasília, DF. CEP: 71065-310.
E-mail: damasceno.rc@gmail.com

**Ricardo Primi** é Psicólogo pela PUC-Campinas, doutor em Psicologia Escolar e do Desenvolvimento Humano pela Universidade de São Paulo com parte desenvolvida na Yale University, nos Estados Unidos, sob orientação de Robert J. Sternberg. É professor-associado do Programa de Pós-Graduação em Psicologia da Universidade São Francisco (mestrado e doutorado em Avaliação Psicológica). É pesquisador membro do EduLab21 – Centro de Conhecimento do Instituto Ayrton Senna. Em 2009 foi professor visitante na University of Toledo, em Ohio, com bolsa Fulbright/Capes. Em 2020, foi professor visitante na Universidade da Califórnia em Berkeley com bolsa da Capes e no Centro Lemann do Curso de Pós-Graduação em Educação na Universidade de Stanford. É bolsista Produtividade do CNPq (1A).

Endereço: Universidade São Francisco. Rua Waldemar César da Silveira, 105, Campinas, SP. CEP: 13045-510.
E-mail: ricardo.primi@usf.edu.br

**Rodolfo Augusto Matteo Ambiel** é psicólogo, doutor em Psicologia pela Universidade São Francisco, docente, vice-coordenador (2014-2016) e coordenador (desde fevereiro de 2020) do Programa de Pós-Graduação Stricto Sensu em Psicologia da Universidade São Francisco (área de concentração em Avaliação Psicológica – Capes 7). Foi editor-chefe da *Revista Psico-USF* (Qualis A2) entre 2016 e 2019 e, desde 2020, é editor-chefe da *Revista Brasileira de Orientação Profissional* (Qualis A2). Foi presidente da Associação Brasileira de Orien-

tação Profissional (Abop) nas gestões 2015-2017 e 2017-2019. É bolsista Produtividade do CNPq 1D.

Endereço: Rua João Bissoto Filho, 1724, Torre 4, apto 31, Valinhos, SP. CEP: 13275-410.
E-mail: ambielram@gmail.com

**Saulo Barros de Melo** é graduado em Administração pela Universidade de Brasília (UnB) e mestre em Controladoria e Contabilidade pela Universidade de São Paulo (USP). Integra o Grupo Inovare de Estudos sobre Mudança nas Organizações e Redes Sociais, além de ser bolsista em projeto de pesquisa fomentado pela Fundação de Apoio à Pesquisa do Distrito Federal (FAP-DF). Interessa-se em métodos e técnicas de pesquisa de enfoque quantitativo com experiência consolidada nos softwares R, Python, IBM SPSS, Jasp e Iramuteq.

Endereço: Universidade de Brasília, Prédio da Face, Asa Norte, Brasília, DF. CEP: 70900-910.
E-mail: saulobarrosm@gmail.com

**Tiago Jessé Souza de Lima** é doutor em Psicologia Social pela Universidade Federal da Paraíba. Atua como professor-adjunto do Departamento de Psicologia Social e do Trabalho (PST) e do Programa de Pós-Graduação em Psicologia Social, do Trabalho e das Organizações (PSTO) na Universidade de Brasília (UnB). Coordena o Social Change Lab (Laboratório de Pesquisa em Mudanças Sociais). Seus interesses de pesquisa e ensino se concentram nas áreas de Psicologia Social (relações intergrupais, exclusão social e consequências psicossociais na vida dos indivíduos; mudanças sociais; normas, valores e atitudes), Avaliação Psicológica (construção e adaptação de medidas para mensuração de variáveis psicossociais) e Replicação em Psicologia Social.

Endereço: CCSW 4, lote 2, apto 306/A, Brasília, DF. CEP: 70680-459.
E-mail: tiago.lima@unb.br

**Víthor Rosa Franco** é PhD e mestre pelo Programa de Pós-Graduação em Psicologia Social, do Trabalho e das Organizações da Universidade de Brasília. Seus interesses de pesquisa incluem teoria da medição e modelagem quantitativa, sendo especialmente interessado em métodos bayesianos e computacionais para pesquisa psicológica. Também tem desenvolvido métodos de análise de redes e modelagem hierárquica bayesiana em estudos de avaliações de larga escala. Atualmente trabalha como professor do Programa de Pós-Graduação em Psicologia da Universidade São Francisco.

Endereço: CLN 209, apto 209/B, Asa Norte, Brasília, DF. CEP: 70854-020.
E-mail: vithorfranco@gmail.com

**Wagner de Lara Machado** é pesquisador 2 do CNPq, professor dos cursos de pós-graduação *stricto sensu* em Psicologia (Escola de Ciências da Saúde e da Vida) e Administração (Escola de Negócios) da Pontifícia Universidade Católica do Rio Grande do Sul (PUCRS). Coordena o grupo de pesquisa Avaliação em Bem-estar e Saúde Mental (Abes) e o curso de pós-graduação *lato sensu* Psicologia Positiva: ciência do bem-estar e autor-realização. É psicólogo formado pela Universidade Luterana do Brasil (Ulbra) e doutor em Psicologia pela Universidade Federal do Rio Grande do Sul (UFRGS).

**Coleção Avaliação Psicológica**

– *Avaliação Psicológica – Aspectos teóricos e práticos*
  Manuela Lins e Juliane Callegaro Borsa (orgs.)

– *Compêndio de Avaliação Psicológica*
  Makilim Nunes Baptista, Monalisa Muniz et al.

– *Avaliação Psicológica – Guia para a prática profissional*
  Katya Luciane de Oliveira, Patrícia Waltz Schelini e
  Sabrina Martins Barroso (orgs.)

– *Formação e estratégias de ensino em Avaliação Psicológica*
  Katya Luciane Oliveira, Monalisa Muniz, Thatiana
  Helena de Lima, Daniela S. Zanini e Acácia Aparecida
  Angeli dos Santos (orgs.).

– *Avaliação Psicológica na infância e adolescência*
  Marcela Mansur-Alves, Monalisa Muniz, Daniela
  Sacramento Zanini, Makilim Nunes Baptista (orgs.)

– *Tutoriais em análise de dados aplicados à psicometria*
  Cristiane Faiad, Makilim Nunes Baptista e Ricardo
  Primi (orgs.)

## CULTURAL
- Administração
- Antropologia
- Biografias
- Comunicação
- Dinâmicas e Jogos
- Ecologia e Meio Ambiente
- Educação e Pedagogia
- Filosofia
- História
- Letras e Literatura
- Obras de referência
- Política
- Psicologia
- Saúde e Nutrição
- Serviço Social e Trabalho

## CATEQUÉTICO PASTORAL
**Catequese**
- Geral
- Crisma
- Primeira Eucaristia

**Pastoral**
- Geral
- Sacramental
- Familiar
- Social
- Ensino Religioso Escolar

## TEOLÓGICO ESPIRITUAL
- Biografias
- Devocionários
- Espiritualidade e Mística
- Espiritualidade Mariana
- Franciscanismo
- Autoconhecimento
- Liturgia
- Obras de referência
- Sagrada Escritura e Livros

**Teologia**
- Bíblica
- Histórica
- Prática
- Sistemática

## REVISTAS
- Concilium
- Estudos Bíblicos
- Grande Sinal
- REB (Revista Eclesiástica Brasileira)

## VOZES NOBILIS
Uma linha editorial especial, com importantes autores, alto valor agregado e qualidade superior.

## PRODUTOS SAZONAIS
- Folhinha do Sagrado Coração de Jesus
- Calendário de mesa do Sagrado Coração de Jesus
- Almanaque Santo Antônio
- Agendinha
- Diário Vozes
- Meditações para o dia a dia
- Encontro diário com Deus
- Guia Litúrgico

## VOZES DE BOLSO
Obras clássicas de Ciências Humanas em formato de bolso.

CADASTRE-SE
www.vozes.com.br

**EDITORA VOZES LTDA.**
Rua Frei Luís, 100 – Centro – Cep 25689-900 – Petrópolis, RJ
Tel.: (24) 2233-9000 – Fax: (24) 2231-4676 – E-mail: vendas@vozes.com.br

UNIDADES NO BRASIL: Belo Horizonte, MG – Brasília, DF – Campinas, SP – Cuiabá, MT
Curitiba, PR – Fortaleza, CE – Juiz de Fora, MG – Petrópolis, RJ – Recife, PE – São Paulo, SP